U0033646

合作或衝突——
防共問題糾結下的中日關係
（1931-1945）

Cooperation or Conflict:

Anti-Comintern Issues and Sino-Japanese Relations,

1931-1945

蕭李居　著

民國論叢｜總序

呂芳上
民國歷史文化學社社長

　　1902 年，梁啟超「新史學」的提出，揭開了中國
現代史學發展的序幕。

　　以近現代史研究而言，迄今百多年來學界關注幾
個問題：首先，近代史能否列入史學主流研究的範疇？
後朝人修前朝史固無疑義，但當代人修當代史，便成爭
議。不過，近半世紀以來，「近代史」已被學界公認是
史學研究的一個分支，民國史研究自然包含其中。與此
相關的是官修史學的適當性，排除意識形態之爭，《清
史稿》出版爭議、「新清史工程」的進行，不免引發諸
多討論，但無論官修、私修均有助於歷史的呈現，只要
不偏不倚。史家陳寅恪在《金明館叢書二編》的〈順宗
實錄與續玄怪錄〉中說，私家撰者易誣妄，官修之書多
諱飾，「考史事之本末者，苟能於官書及私著等量齊
觀，詳辨而慎取之，則庶幾得其真相，而無誣諱之失
矣」。可見官、私修史均有互稽作用。

　　其次，西方史學理論的引入，大大影響近代歷史

的書寫與詮釋。德國蘭克史學較早影響中國學者，後來政治學、社會學、經濟學等社會科學應用於歷史學，於1950年後，海峽兩岸尤為顯著。臺灣受美國影響，現代化理論大行其道；中國大陸則奉馬列主義唯物史觀為圭臬。直到1980年代意識形態退燒之後，接著而來的西方思潮——新文化史、全球史研究，風靡兩岸，近代史也不能例外。這些流行研究當然有助於新議題的開發，如何以中國或以臺灣為主體的近代史研究，則成為學者當今苦心思考的議題。

　　1912年，民國建立之後，走過1920年代中西、新舊、革命與反革命之爭，1930年代經濟大蕭條、1940年代戰爭歲月，1950年代大變局之後冷戰，繼之以白色恐怖、黨國體制、爭民權運動諸歷程，到了1980年代之後，走到物資豐饒、科技進步而心靈空虛的時代。百多年來的民國歷史發展，實接續十九世紀末葉以來求變、求新、挫折、突破與創新的過程，涉及傳統與現代、境內與域外方方面面的交涉、混融，有斷裂、有移植，也有更多的延續，在「變局」中，你中有我，我中有你，為史家提供極多可資商榷的議題。1949年，獲得諾貝爾文學獎美國作家福克納（William Faulkner）說：「過去並未死亡，甚至沒有過去。」（The past is never dead. It's not even past.）更具體的說，今天海峽兩岸的現況、流行文化，甚至政治核心議題，仍有諸多「民國元素」，歷史學家對民國歷史的回眸、凝視、觀察、細究、具機鋒的看法，均會增加人們對現狀的理解、認識和判斷力。這正是民國史家重大任務、大有可

為之處。

民國史與我們最是親近，有人仍生活在民國中，也有人追逐著「民國熱」。無庸諱言，民國歷史有資料閎富、角度多元、思潮新穎之利，但也有官方資料不願公開、人物忌諱多、品評史事不易之弊。但，訓練有素的史家，一定懂得歷史的詮釋、剪裁與呈現，要力求公允；一定知道歷史的傳承有如父母子女，父母給子女生命，子女要回饋的是生命的意義。

1950年代後帶著法統來到臺灣的民國，的確有過一段受戰爭威脅、政治「失去左眼的歲月」，也有一段絕地求生、奮力圖強，使經濟成為亞洲四小龍之一的醒目時日。如今雙目俱全、體質還算健康、前行道路不無崎嶇的環境下，史學界對超越地域、黨派成見又客觀的民國史研究，實寄予樂觀和厚望。

基於此，「民國歷史文化學社」將積極支持、鼓勵民國史有創意的研究和論作。對於研究成果，我們開闢論著系列叢書，我們秉持這樣的出版原則：對民國史不是多餘的書、不是可有可無的書，而是擲地有聲的新書、好書。

目　錄

縮略語

■ JACAR

日本亞細亞歷史資料中心

（アジア歴史資料センター，Japan Center for Asian

Historical Records）所藏檔案

■ 《外交部檔案（近）》

中央研究院近代史研究所藏《外交部檔案》

■ 《外交部檔案（國）》

國史館藏《外交部檔案》

■ 《汪檔》

國史館藏《汪兆銘史料》

■ 《政治檔案》

中國國民黨黨史館藏《政治檔案》

■ 《國民政府檔案》

國史館藏《國民政府檔案》

■ 《蔣介石日記》

美國史丹佛大學胡佛研究所檔案館（Hoover Institution

Archives, Stanford University）藏《蔣介石日記》手稿

■ 《蔣檔》

國史館藏《蔣中正總統文物》

緒　論

> 對我來說，火線是一處神秘的漩渦，雖然我還是
> 在離漩渦心很遠很遠的靜水裡，卻感到旋轉的急
> 勁緩緩然，擋不住、逃不掉地把我往裡面吸下去。
>
> 雷馬克，《西線無戰事》[1]

一、風起雲布的中日關係

　　近代中日關係發展的特色，可謂是一部戰爭與外交
交織的歷史。在歷史巨輪轉動過程中，每一段期間交織
的核心問題各有不同，中日兩國即是針對各時期核心問
題展開外交與戰爭的交鋒。「在與日本的關係中，中國
也試圖實現大體一致的目標和政策。但對付西方帝國主
義卓有成效的手段——執著、合法度、經濟抵制——在
中日關係上最多只能說未起作用，最糟的說適得其反。
而中日關係則從外交爭端走到公開軍事對抗，最終進入
野蠻。」[2]

　　探尋 1931 年九一八事變至 1945 年第二次世界大戰
結束期間中日之間交織的問題，在爬梳相關文獻與檔案
後可以發現中日關係的演變受到防共問題影響，並且成

1　雷馬克（Erich M. Remarque）著，黃文範譯，《西線無戰事》（臺
　　北：桂冠圖書，1994 年），頁 44。
2　柯偉林（William C. Kirby），〈中國的國際化：民國時代的對外關
　　係〉，《二十一世紀》，1997 年 12 月號（1997 年 12 月），頁 39。

為兩國外交爭執與戰爭衝突的框架所在。本書將嘗試從
中日之間交織的防共議題視角，考察此段期間兩國關係
的變遷，理解此問題在兩國戰爭與外交方面所扮演的角
色，以及對兩國當局外交政策的影響。

　　該段期間中日兩國戰爭與外交的歷史糾結，起
源於 1920 年代東亞國際局勢，即所謂華盛頓體系
（Washington System）的背景下而逐步演變形成。此體
系緣自美國在 1921 年 11 月至 1922 年 2 月間邀集英、
法、義、日、荷、葡、比、中等國召開華盛頓會議，解
決巴黎和會沒有解決以及新出現的遠東問題。會議期間
與會國家簽訂「四國條約」、「五國海軍條約」與「九
國公約」，以追求太平洋海軍的軍備限制體系與東亞相
對安定的政治協調體系為中心，建構成為日後學者入江
昭指稱的華盛頓體系，[3] 確立第一次世界大戰後列強在
東亞與太平洋的國際關係。[4] 之後雖然學界對於此觀點
有不同的討論與批評，但基本上此體系仍是解釋 1920
年代東亞國際政治的一個架構。[5] 其中「九國公約」是
該體系的骨幹，[6] 而各主要國家曾於 1937 年 11 月在比
利時布魯塞爾召開「九國公約」會員國會議，商議處

3　Akira Iriye, *After Imperialism: the Search for a New Order in the Far East, 1921~
　1931* (Cambridge, Massachusetts: Harvard University Press, 1965).

4　劉笑盈，《眺望珍珠港》（北京：北京廣播學院出版社，2002 年），
　頁50-82；外務省外交史料館、日本外交史辞典編纂委員会編，《新版
　日本外交史辞典》（東京：山川出版社，1992 年），頁1098-1102。

5　川島真著，廖敏淑譯，〈再論華盛頓會議體制〉，收入金光耀、王
　建朗主編，《北洋時期的中國外交》（上海：復旦大學出版社，
　2006 年），頁81。唐啟華，〈北洋外交與「凡爾賽─華盛頓體系」〉，
　收入金光耀、王建朗主編，《北洋時期的中國外交》，頁 63。

6　唐啟華，〈北洋外交與「凡爾賽─華盛頓體系」〉，頁 63。

理中日戰爭問題，說明華盛頓體系在 1930 年代仍在
運作。

　　入江昭認為華盛頓體系「暗指一種思想狀態，它表
達了列強相互合作、維護地區穩定、協助中國逐步轉型
為現代國家的意願」，「所象徵的理念，是有利於地區
穩定的多國磋商與合作」。[7] 然而，「九國公約」為主
體的華盛頓體系阻礙日本向中國大陸擴張勢力，而且
1929 年世界經濟大恐慌造成經濟與社會的不安定，加
上中國民族主義的覺醒與蘇聯共產主義的出現，影響及
威脅日本在中國東北的權益，促成欲改變現狀的日本少
壯陸軍策動九一八事變，企圖獨占在滿洲的權益。日本
內閣接受事變後關東軍在滿洲策動與發展的既成事實，
並以作為今後外交政策的前提條件，[8] 因此齋藤實內閣
於 1932 年 8 月 27 日閣議制定「由國際關係所見之時局
處理方針案」，決定日本的國際關係以九一八事變為契
機，將採取自主外交，獨立經營滿蒙。[9]

　　1933 年 9 月，廣田弘毅（1878-1948）接任外相並
提出協調外交的口號，但實際上日本方面自九一八事
變以來即採取競爭路線而不斷地衝撞華盛頓體系的約
束。[10] 不過，入江昭認為日本內閣並非在事變後即完全

7　入江昭著，李响譯，《第二次世界大戰在亞洲及太平洋的起源》
　　（北京：社會科學文獻出版社，2016 年），頁 3。

8　緒方貞子，《満州事変──政策の形成過程》（東京：岩波書店，
　　2011 年），頁 2、6。

9　「国際関係より見たる時局処理方針案」（1932 年 8 月 27 日），
　　外務省編，《日本外交年表竝主要文書》（下）（東京：原書房，
　　1978 年），頁 206。

10　熊沛彪，《日本外交史研究》（北京：商務印書館，2011 年），

排斥該體系，而是期望通過修正的華盛頓體系重建國際合作機制。直至 1936 年 8 月，廣田弘毅內閣制定「國策基準」與「帝國外交方針」，決定追求日本在東亞的地位、抵抗蘇聯與向南洋擴張等三項目標，才暗示將拋棄華盛頓體系，企圖在亞太地區建立日本的優勢地位。[11] 在此過程中，新崛起的陸軍少壯派自九一八事變期間逐步參與及掌控日本的外交決策，而且軍部的主張逐漸地納入日本國策，[12] 結果日本對外政策方面呈現出上述三項目標的訴求，並在中日全面戰爭爆發之後清楚地對各列國表明華盛頓體系已經失效，[13] 並欲建立日本在東亞的優勢地位。此種優勢地位立基於日本陸軍推動防共國防措施並輔以日本內閣展開的防共外交，實可視為東亞防共體系。此後日本陷入中日戰爭的泥淖，不得不在其所追求目標之下漸次地調整對外政策與戰略，最後展開南進而爆發太平洋戰爭，擴大戰場與規模。

日本陸軍少壯派欲打破美國主導的華盛頓體系而採取競爭的自主外交路線，必須具備與美國抗衡的武力與國力。而戰爭性質歷經第一次世界大戰的洗禮已經截然不同，戰爭型態成為必須具備國家全部力量的總體戰（total war）形式，資源貧乏的日本難以自力建構國家

頁 35-37。

11 入江昭著，李响譯，《第二次世界大戰在亞洲及太平洋的起源》，頁 28、44。

12 緒方貞子，《滿州事变——政策の形成過程》，頁 6。

13 「九国条約国会議不参加に関する帝国政府の声明」（1937 年 10 月 27 日），〈支那事変関係一件〉，第 12 卷，《戦前期外務省記録》，日本外務省外交史料館藏，JACAR Ref. B02030534800。

總動員體制所需的軍需工業。在此情況下，滿洲被日本陸軍少壯派視為國防資源來源地並成為其構想推動總體戰的一環。不過，中國民族主義興起與蘇聯勢力東進衝擊日本在滿洲的權益，同時蘇聯企圖推動世界共產革命的陰謀，直接威脅日本國內的天皇體制與國家安全，也讓陸軍少壯派萌生覬覦獨占滿洲以防範蘇聯的野心。在上述各種因素夾雜之中，蘇聯於 1928 年推動第一次五年計畫，逐步強化遠東蘇境軍備，更加引起日本陸軍方面對蘇聯的強烈警戒心。[14] 此種當面威脅的危局，促使陸軍少壯派決定日軍的備戰將以對蘇作戰為主體，[15] 是以學者梁敬錞認為九一八「事變陰謀之發端，殆始於關東軍幕僚情報處之對蘇作戰研究」。[16]

就日本外交方面而言，蘇聯對於日本的威脅並非是九一八事變前後才產生，早在明治初期雙方因為庫頁島問題，日本即針對蘇聯的前身俄羅斯而宣傳俄羅斯威脅論。1917 年俄羅斯共產革命後，俄羅斯威脅論變成蘇聯的威脅，同時加上世界共產革命的意識形態威脅，使得蘇聯威脅論夾雜軍事與共產主義的涵意。此項俄羅斯或蘇聯威脅可謂是橫貫日本外交史上決定外交政策的主要因素之一，深刻影響日本外交的走向與目的。[17]

---

14 松下芳男，《日本国防の悲劇》（東京：芙蓉書房，1976 年），頁 23-24。
15 川田稔，《戰前日本の安全保障》（東京：講談社，2013 年），頁 216。
16 梁敬錞，《九一八事變史述》（臺北：世界書局，1995 年，5 版），頁 39。
17 関静雄，《日本外交の基軸と展開》（東京：ミネルヴァ書房，1990 年），頁 2、31-32。

　　純粹從日本外交史視角觀之，防俄與防蘇（包含防
共）的概念應分別置於明治時期（1868-1912）與大正
時期（1912-1926）的脈絡展開。不過，就中日關係史
的變遷而言，日本對外政策因為蘇聯威脅因素推展防共
措施而對中日關係產生鉅變則為 1930 年代，一般多從
1935 年岡田啟介內閣制定廣田三原則前後開始論述，
然此項著眼點仍是侷限於外交場域為主。若是同時考量
外交與軍事的因素，即包含日本軍部嗾對華政策與在
華日軍干涉中國問題所造成的影響，以及諸項日方作為
牽動中國的對外政策等因素，防共問題糾纏中日關係的
發展，實肇端於日本陸軍少派壯以對蘇作戰為目標所策
動的九一八事變，背景則為日本欲打破華盛頓體系以建
立東亞優勢地位的企圖。故而本書將防共問題聚焦於中
日關係史變遷的文脈下，擬從 1931 年 9 月九一八事變
嚴重影響中日關係展開論述，至 1945 年 8 月日本投降
而中日關係的局面為之一變而結束。

二、變幻無常的防共概念

　　防共所指涉的對象，包含共產主義、共產國際、蘇
聯與中國共產黨（簡稱「中共」）等不同概念。學者酒
井哲哉指出，日本的對華政策採取在東亞防止共產主義
滲透的觀點，同一時間也在歐洲訴求共同的反蘇情感，
將反共概念作為媒介以有利展開對各國的關係。[18] 有關

---

18 酒井哲哉，〈防共概念の導入と日ソ関係の変容〉，《北大法学論
　　集》，第 40 卷第 5、6 合併号下卷（1990 年 9 月），頁 1143-1144。

日本對華訴求的廣田三原則之共同防共內容，係指「來自外蒙等之赤化勢力之威脅」的語意籠統詞句，[19] 防共概念可視為是前述防止共產主義滲透的看法。不過，外務省於 1935 年 6 月召開「對支政策討論會」研擬三原則之際，外務次官重光葵（1887-1957）認為陸軍方面對華政策的根本方針是立基於對蘇備戰，[20] 故而容納陸軍的期望而擬具共同防共的草案。因此日本對華政策所訴求的防共，在廣義上應可認為包含共產主義與蘇聯。此外，本書後續將會說明，中日戰爭爆發之後，日軍在肅清占領區治安的作戰，防共對象卻又逐漸地形成以中共為對象的治安作戰。至於日本在歐洲訴求反蘇情感部分，日本與德國在 1936 年 11 月簽訂「防共協定」（Antikominternpakt，簡稱德日「防共協定」），協定的秘密附屬議定書是以蘇聯為對象的防衛性政治條約，但公開文件則載明共同合作防衛共產國際的威脅，[21] 說明日本對德國推動防共外交的對象則為共產國際與蘇聯。可知，日本在國際關係場域以防共為訴求，但防共概念卻隨著對外關係與情況而變化。

中國方面自 1927 年 4 月中國國民黨清黨以來，國

---

19 「対支政策ニ関スル件」（1935 年 10 月 4 日），〈帝国ノ対支外交政策関係一件〉，第 4 卷，《戰前期外務省記録》，JACAR Ref. B02030150900。

20 太田一郎記，「対支政策討議会討議要録」（1935 年 6 月 29 日），外務省編纂，《日本外交文書：昭和期 II》，第一部第四卷（上）（東京：外務省，2006 年），頁 46。

21 「共産『インターナショナル』に対する日独協定」（1936 年 11 月 25 日），外務省編纂，《日本外交年表竝主要文書》（下）（東京：原書房，1978 年），頁 352-354。

民政府面對中國共產黨武裝動亂的問題，係採取軍事
圍剿方式，於 1930 年 12 月至 1934 年期間進行五次剿
共。雖然中共問題背後有著國際因素，即共產國際和蘇
聯在幕後的秘密指導和扶助，但中國方面的防共主要對
象基本上為中共。當日本政府於 1935 年 10 月正式向駐
日大使蔣作賓（1884-1942）透露以廣田三原則改善兩
國關係，其中共同防共原則的內容雖未言明針對蘇聯，
但中國方面對於日本劍指蘇聯的企圖已是瞭然於心。外
交部訓令蔣作賓針對中共問題，說明經過數年來剿除，
「赤禍已不足為慮」；對於以蘇聯為目標的共同防共問
題，則表明中國並不拒絕與日本商議此事，惟應以尊重
中國主權獨立為意旨的中國三原則為前提，[22] 但中國的
答覆內容未被日本接受。

　　由於日本的防共概念變幻不定，以及中國明示防共
對象基本上為中共且自力剿共的態度，使得中日關係的
防共問題有著被視為假議題的印象。例如：1936 年 3
月，「支那駐屯軍」司令官多田駿（1882-1948）與冀
察政務委員會委員長宋哲元（1885-1940）簽訂華北「防
共協定」，一般認為是日本以中共由陝北東渡入晉為藉
口，以達其侵略冀察目的。[23] 此外，日本自盧溝橋事變
至二戰結束期間的戰爭主要對手國為中國與美國，日蘇

---

22 「蔣大使對廣田外相傳達中國政府之回答」（1935 年 10 月 20
　　日），〈革命文獻─華北局勢與對日交涉（二）〉，《蔣檔》：
　　002-020200-00026-038。

23 陳世松主編，《宋哲元傳》（吉林：文史出版社，1992 年），頁
　　243；李雲漢，《宋哲元與七七抗戰》（臺北：傳記文學出版社，
　　1987 年），頁 138-139；常凱，〈「華北防共協定」考〉，《歷
　　史教學》，1985 年第 11 期（1985 年 11 月），頁 59。

戰爭僅於日本投降前一刻蘇聯投機性地對日宣戰，方於
中國東北地區與千島群島有過數日戰鬥。日本對中美兩
國的戰事、日蘇簽訂中立條約、戰爭後期日本對蘇外
交，以及戰爭結束前夕嘗試透過蘇聯仲介和平等事，因
為日本防共概念的一再轉換，完全模糊化日本推動防共
國防的目的，增加防共議題在中日關係史上的複雜性而
難以捉摸。

　　此外，在日本對中國提出廣田三原則前夕，蔣介
石（1887-1975）透過行政院副院長兼財政部長孔祥熙
（1880-1967）於 1935 年 7 月 4 日向蘇聯駐華全權代表
鮑格莫洛夫（Dimitri Bogomolov, 1890-1938）提議締結
互助條約。[24] 10 月 18 日，蔣介石約晤鮑格莫洛夫並直
言詢問：「蘇聯政府是否願意同中國簽定一個多少能保
證遠東和平的協定。」[25] 中國在九一八事變後與蘇聯復
交，並展開簽訂條約談判，雖無成果，但蔣介石所以積
極對蘇交涉實與廣田三原則有關。[26] 另一方面，蘇聯自
1925 年與日本建交後多次對日本提議締結互不侵犯條
約屢被拒絕，後改採出售中東鐵路方式試圖緩和日蘇關
係。而日本方面則是密切關注中蘇復交之交涉進展與訂
約內容，積極偵查各種訊息。此期間中日兩國各自展開

24 「鮑格莫洛夫致蘇聯外交人民委員部電報」（1935 年 7 月 4 日），
　　李玉貞譯，〈《中蘇外交文件》選譯（上）〉，章伯鋒主編，《近
　　代史資料》，總 79 號（北京：中國社會科學出版社，1991 年），
　　頁 218-219。

25 「鮑格莫洛夫致蘇聯外交人民委員部電報」（1934 年 10 月 19 日），
　　李玉貞譯，〈《中蘇外交文件》選譯（上）〉，頁 219-221。

26 蔣中正，《蘇俄在中國》（臺北：中央文物供應社，1981 年，
　　30 版），頁 69。

以蘇聯為目標的外交交涉，期間甚至出現德日締結「防共協定」插曲，中日蘇三國在國際外交場域上，以防共問題為重心展開縱橫捭闔戲碼。隨著盧溝橋事變引發成為中日全面戰爭，日本的策略從有意藉由調停中止戰事，到尋求與「新興支那政權」合作，成立附日政權共同防共，再到太平洋戰爭爆發前後促成蘇聯中立，以及戰末探尋蘇聯協助媾和等，其行徑猶如前所述，結果徹底模糊其防共國防的目的。

　　故而此為本書要將防共議題置於戰爭與外交場域檢討的重要原因，嘗試透過中日兩國的外交關係、對外關係及其長期戰爭的面向上，逐一爬梳防共概念的轉變，釐清防共議題對於各階段關鍵歷史發揮的影響性，不受限於議題的真假概念，重新加以檢視，才能清楚地檢視此一時期中日關係的面貌。

三、相關研究成果與觀點

　　防共問題是影響中日關係發展的因素之一，而且是一個眾所周知卻概念模糊、不容忽視但未曾深刻分析的重要議題，故而甚少有系統且全面性的研究成果，相關著作並未仔細且縱觀地分析此項因素對中日關係在各階段發展與轉折的影響，但部分期刊文章與專著章節仍有以防共視角論述此段歷史的研究成果值得參考。例如學者黃自進〈蔣介石的對日戰略：以反共為結盟訴求的探討（1933 年-1935 年）〉一文，探討蔣介石「以在華北建立親日反共政權為號召，爭取日本政府以及關東軍的認同，藉此得以接收戰區及順利完成關內外的通車及

通郵之談判過程」，同時以反共結盟為訴求，「成功瓦
解關東軍主導的華北自治運動」。[27] 此外，波多野澄雄
〈國共對立與日本：戰爭末期有關「容共」政策的糾
葛〉一文，以外相重光葵支持參謀本部戰爭指導班與中
共延安政權交涉的看法，探討重光葵推動「容共」政策
以謀打開日蘇關係的外交特質。[28]

　　然而，黃自進文章以蔣介石為主體論述中日關係，
但在防共問題上卻未能同時觸及對蘇外交構想，忽略蔣
介石多線外交思考習慣，僅有平面鋪敘對日戰略而欠
缺立體史實；波多野澄雄文章單純探討重光葵於 1944
年推動「容共」政策的過程與內容，並未說明重光於
1944 年 4 月就任外相以來即展開積極的對蘇外交，以
促成德蘇媾和與推動重慶工作的背景，使得此項政策的
出現有著唐突之感，且難以理解戰爭末期日本對蘇外交
的全貌。

　　至於其他與防共議題有關的研究成果，約略可歸納
為以下幾個觀點：第一種觀點是以「防共外交」解釋日
本對華政策與中日戰爭的歷史性質，以酒井哲哉《大正
デモクラシー体制の崩壊：內政と外交》、大畑篤四郎
〈日独防共協定‧同強化問題〉與家永三郎的著作《太
平洋戦争》敘述最為詳實。

27 黃自進，〈蔣介石的對日戰略：以反共為結盟訴求的探討（1933 年
　-1935 年）〉，收入黃自進主編，《國共關係與中日戰爭》（新北：
　稻鄉出版社，2016 年），頁 113-165。
28 波多野澄雄，〈國共對立與日本：戰爭末期有關「容共」政策的
　糾葛〉，收入黃自進主編，《國共關係與中日戰爭》，頁 213-
　235。

　　酒井哲哉的專著內容分成兩部，第一部從日本外交危機與內政的關係，分析大正民主政治體制的崩壞；第二部探討華盛頓體制下日本對外政策的蘇聯因素，並特別論述對滿政策的蘇聯因素，以及滿洲事變對於日蘇關係的影響，並據以論述「防共的國際協調主義」的形成與推展。[29] 大畑篤四郎指出在防共反共產國際的基礎上，外務省與陸軍方面有相同立場，贊同陸軍方面與德國締結「防共協定」，同時外務省也高揭反共大旗，藉以調整與世界列強的關係。而且日本與德國商討締結防共協定之前，廣田弘毅內閣已於 1936 年 8 月制定「對支實行策」，推動與中國締結「中日防共協定」與「軍事同盟協定」，故而認為廣田內閣此時高呼的「協調外交」就是「防共外交」的路線。[30] 家永三郎於其著作特別開闢「侵略中國與反共思想」一章，說明日本發動戰爭的理念。該書承認中日戰爭目的涉及很多方面，但也指出「這場戰爭是帶有對共產主義之預防戰爭的濃厚性質」，因為日本的戰爭行為「包含侵略中國在內，在其戰爭目標根柢之中，依靠武力來破壞共產主義的理念，始終一貫地表露於外在或潛藏於內的事實，是最值得注意的地方」，並進一步認為當時的英美兩國領導階層也有不少人將日本視為遠東地區共產主義的屏障。[31]

---

29 酒井哲哉，《大正デモクラシー体制の崩壊：内政と外交》（東京：東京大学出版会，1992 年）。

30 大畑篤四郎，〈日独防共協定・同強化問題〉，日本国際政治学会、太平洋戦争原因研究部編，《太平洋戦争への道（5）：三国同盟・日ソ中立条約》（東京：朝日新聞社，1963 年），頁 1-155。

31 家永三郎，《太平洋戦争》（東京：岩波書店，2002 年，2 版）。

　　然而，酒井哲哉的著作第二部觀點著重於日本的對
蘇外交，專闢一節論述對滿政策的蘇聯因素，但並非是
對華政策的全貌，惟其「防共的國協調主義」的論點值
得參酌。大畑篤四郎論點的關鍵問題是，無法解釋日本
防共外交的意涵是否就等同協調外交的疑義；家永三郎
一再強調英、美等國自九一八事變以來，即冷漠對待中
國遭受日本侵略與容忍日本侵犯其在華權益，隱含「要
將日本視為遠東的共產主義之屏障」意識的看法，[32] 同
樣是偏頗地忽略中國態度與國際情勢演變的因素。以中
國立場而言，中日外交談判過程中，日本的方式與態度
是否就是協調外交？而且日本自恃國力優勢，對於中國
問題係採取亞洲門羅主義態度與強硬外交，拒絕其他國
家介入，所謂「協調」應有待商榷。

　　第二種觀點是以國際認同日本的防共動機，合法化
日本對華戰略的行為。所謂「大東亞戰爭肯定論」相關
著作採取此種論點自無需詳述，部分對日本戰爭行為採
取反省觀念的論著，其實也隱含著此種將戰爭行為合法
化的意識。

---

32 不過，方德萬（Hans van de Ven）認為英、美等國的態度在抗戰
　爆發之際已然改變，指出：自九一八事變日本取得中國東北後，
　「許多在開放通商口岸的外國人都認為，日本人所為是一劑可以
　解決中國失序和內戰的猛藥；有西外交人士則相信，和日本合作
　會提供東亞的穩定局勢並保護他們的殖民資產。然而，〔1937 年〕
　淞滬會戰改變了這種態度。日本持續招致公眾輿論譴責的同時，
　中國在眾人眼前表現的是堅持遵守國際合約、國際合作和開放市
　場，並堅決抵抗侵略和軍國主義。」請參閱：家永三郎，《太平
　洋戰爭》，頁 119-120；方德萬（Hans van de Ven）著，何啟仁譯，
　《戰火中國 1937-1952：流轉的勝利與悲劇，近代新中國的內爆與
　崛起》（新北：聯經出版公司，2020 年），頁 150。

　　日本讀賣新聞社於 2005 年成立「戰爭責任檢證委員會」，調查與分析日本的戰爭責任，並於次年出版兩冊《検証戦争責任》。編著者將十五年戰爭時期以縱向分為八個階段，並橫向分析各個社會階層，點名批判將日本帶入戰爭之路的各個責任者，希望反省日本的戰爭行為。但是，編著者對於九一八事變原因指出肇始於日本受到外部壓力，特別是共產主義的意識形態已對日本政治和社會產生影響，使得中國東北被日本視為國防安全的最前線，故要保衛並且進而占領此地區。重點是對於國際聯盟及各列強沒有強制要求日本軍隊由中國東北撤軍一事，則引用駐日盟軍總司令部勞動局諮委員會的說法，指出各大國認為「可把日本當作滿洲的警察，當作中國與俄國的緩衝材料使用，如果中國發生共產主義革命，可借助日本的力量」。[33]

　　另外，政治評論家關岡英之《帝国陸軍見果てぬ「防共回廊」》一書雖非學術性著作，但亦值得作為例證參考。該書從地緣政治的視角指出日本陸軍曾有秘密建立「防共回廊」的戰略構想，即在滿洲國成立後，計劃支援蒙古與維吾爾族獨立，沿著東亞北方成立反共親日國家，防止蘇聯勢力南下，遮蔽蘇聯與中共聯繫，以阻止東亞赤化。但因為日本戰敗，此段歷史未被正史採

---

33 読売新聞戦争責任検証委員会編著，《検証戦争責任》Ⅰ、Ⅱ（東京：中央公論新社，2006 年）。日本讀賣新聞社為紀念第二次世界大戰結束 60 週年，主筆渡邊恒雄於 2005 年在報社成立「戰爭責任檢證委員會」，對日本的戰爭責任進行調查與分析，並以連載方式在報紙上陸續發表調查結果。2006 年中央公論新社集結連載文章出版此兩冊書籍。

納而不為人知。作者並認為若是當時實現防共回廊構
想，中共與北韓即不會建國，韓戰與越戰也不會發生，
如此就不會因為戰禍而犧牲上萬人生命。[34]

　　此種觀點係以戰後美蘇對峙的冷戰史觀理解戰前日
本的防共政策。然而，戰後冷戰史觀的意識形態並無法
正確理解戰前歷史的本質與演變，欲理解 1945 年以前
日本的防共觀念與政策，應該回歸當時歷史情境方能予
以正確評價，不致於陷入「以今論古」的謬誤。另外，
該種看法完全漠視中國的態度與立場，中國對於防共問
題的看法是否與日本相同？何以中國必須迎合日本推動
的防共政策？此事對於兩國是否有共同利益？尤其是當
日本以外交方式推動不順遂，是否表示可以採取戰爭行
為來強制推行？這些問題都是值得再深思與探究。

　　第三種觀點恰與第二種相反，批判日本藉由防共之
名，行侵略中國之實，基本上並不認為有所謂防共問題
的存在，係為日本實施大陸政策，對外侵略的假議題。
相關著作有彭敦文《國民政府對日政策及其變化──從
九一八事變到七七事變》以及陳仁霞《中德日三角關係
研究（1936-1938）》等。

　　彭敦文的專著分析日本執意對中國提出共同防共的
目的，認為日本目的包括實現華北自治，以控制華北；

---

34 関岡英之，《帝国陸軍見果てぬ「防共回廊」：機密公電が明かす、
　　戦前日本のユーラシア戦略》（東京：祥伝社，2010 年）。該書
　　於 2019 年更名《帝国陸軍知られざる地政学戦略：見果てぬ「防
　　共回廊」》，在同出版社重新出版。作者為政治評論家及非小說
　　類散文文學作家，此書亦非學術性著作，但其看法代表部分人試
　　圖以防共合理化戰爭行為的想法，茲作為例證舉出參考。

誘導中日結盟，打破中國聯蘇制日戰略，間接完成對蘇
作戰準備；取得歐美列強同情而緩和日本的國際孤立形
勢。[35] 陳仁霞的專著則指出 1936 年至 1938 年間德國對
中日兩國的關係分別是以經濟利益與政治利益為基準；
中國與德國交好除了獲得武器、技術與資金之外，也希
望利用德國來遏制日本，實行以夷制夷的傳統外交策
略；日本則是為了侵略中國，但擔心蘇聯援華抗日，所
以願意拉攏德國，希望藉由與德國締結「防共協定」以
合法化對中國的侵略。[36]

　　彭敦文的著作基本上是以民族主義史觀論述日本的
防共動機，以中文史料為主，偶有日文史料點綴也是翻
譯資料。陳仁霞因為留德背景而以德文檔案為主要論述
資料，對於中德或日德關係的論述較為精彩，但對於中
日關係多是抄錄其他著作論述，甚至出現史實錯誤的基
本問題。在此種前提下，兩位作者對於日本防共動機的
分析自有其盲點，尤其是未釐清防共的因果邏輯問題。
例如彭敦文認為日本是為了控制華北才提出防共藉口，
但日本究竟是為了推動華北自治才提出防共，或是為了

---

35 彭敦文，《國民政府對日政策及其變化──從九一八事變到七七
　　事變》（北京：社會科學文獻出版社，2007 年）。此書內容有關
　　共同防共問題的分析，曾經先以單篇文章發表為〈中日華北「共
　　同防共」問題交涉與國民政府的抉擇〉，《抗日戰爭研究》，
　　1997 年第 2 期（1997 年 5 月），頁 42-60。另外，周開慶的《中
　　日關係史話》一書的論述與所持論點亦相同，惟其著作原書名《現
　　階段的中日問題》，於 1936 年 8 月由南京拔提書店出版，1975
　　年在臺北影印再版，為時人對時局的看法與評論。請參閱：周開
　　慶，《中日關係史話》（臺北：四川文獻月刊社，1975 年，再版）。
36 陳仁霞，《中德日三角關係研究（1936-1938）》（北京：新華書店，
　　2003 年）。

防共而策動華北自治，未能釐清此種因果邏輯，自難明瞭防共的名實問題。同樣地陳仁霞指出日本為了侵略中國而憂心蘇聯援華抗日的論點，同樣未能理解日本究竟是為了達成侵略中國目的才要防備蘇聯干涉，或是為防備蘇聯才以侵略方式來控制中國。對於是項因果關係的盲點，除了要摒除民族主義史觀的偏見，更應該要回歸日文檔案，直接探究日本的防共觀念、政策與目的，方能真正釐清此項因果問題。

　　第四種觀點是由中國外交策略視角進行分析，針對戰前中國積極備戰的各種措施，在外交策略方面提出「日蘇先戰」與「制蘇攘日」論點，前者以黃自進〈「安內攘外」的另一章：蔣介石對「日蘇先戰」的期盼〉的論述為主，李義彬〈南京國民政府的聯蘇制日方針〉一文也是持此種論點；後者以鹿錫俊〈蔣介石的中日蘇關係觀與「制蘇攘日」構想〉為代表。

　　黃自進指出「日蘇先戰」是戰前蔣介石對日政策的基本方針之一，因為蔣介石認為日蘇矛盾更大，故採用「戒急用忍」心態，不欲先與日本發生衝突。雖然此項政策因中共的抗日民族統一戰線而無法實踐，但為中國奠下長期抗戰基礎。盧溝橋事變後，蔣介石也利用日本防蘇心理，精確預估日本可調度兵力，使兩國戰事得以在蔣介石設計的軌道進行。[37] 李義彬則指出九一八事變

---

[37] 黃自進，〈「安內攘外」的另一章：蔣介石對「日蘇先戰」的期盼〉，收入黃自進主編，《蔣中正與近代中日關係 1》（臺北：稻鄉出版社，2006 年），頁 123-170。本篇文章後來被作者收錄於其專著《蔣介石與日本：一部近代中日關係史的縮影》（臺北：中央研究院近代史研究所，2012 年）一書之中。此外，作者以是項觀點發表

後中日關係惡化，促進中蘇關係的改善，尤其在 1935
年起蔣介石加緊聯蘇步伐，直至 1937 年 8 月 21 日雙方
簽訂「中蘇互不侵犯條約」，表明國民政府的聯蘇制日
方針收到成效。[38] 不過，鹿錫俊卻認為戰前蔣介石並未
單純地採取「聯蘇制日」政略，而是在進行「藉蘇制
日」政策的同時也推動「藉日制蘇」的牽制戰略，也就
是以中立立場促成日蘇兩國相互牽制，實現既「攘日」
又「制俄」的雙重目標。[39]

　　關於第四種論點，主要著重於蔣介石構思如何促成
「日蘇先戰」的策略。不過，由於其關注層面在於蔣介
石的思考策略，卻忽略蔣介石習慣採取「多重路線」的
思惟與策略方式，沒有說明蔣介石是否曾經考慮接受日
本的共同防共要求。事實上，蔣介石曾於 1936 年 9 月
底預定召集何應欽與高宗武來廬山研究對日外交，首要
之點即是要與日本「談判東北問題之解決，以和緩其防
共問題之強迫；與之明言第一步解決滿州問題，取消塘
沽上海協定，恢復兩國情感，然後第二步再談共同防俄
攻守同盟問題」，並且認為「防共問題必須有相當代
價，且須與華北問題並論」。同年 10 月 10 日，中日
「調整國交」會談期間，蔣介石亦曾考慮「防共以邊區

的著作尚有〈日本的侵華政策與蔣介石的對應：1932-1945〉，《思
　　與言》，第 41 卷第 4 期（2003 年 12 月），頁 187-258。

38 李義彬，〈南京國民政府的聯蘇制日方針〉，《歷史研究》，
　　1991 年第 1 期（1991 年 2 月），頁 63-79。

39 鹿錫俊，〈蔣介石的中日蘇關係觀與「制蘇攘日」構想——兼論
　　蔣汪分歧的一個重要側面（1933-1934）〉，《近代史研究》，
　　2003 年第 4 期（2003 年 7 月），頁 50-88。

為限，作為地方事件」，並於同月 21 日決定「對防共
事要求先組織委員會討論辦法」。[40] 說明蔣介石確實曾
經動念接受與日本交涉共同防共問題，藉以解決滿洲國
與取消「塘沽協定」等問題。但上述文章卻都未曾說明
蔣介石的是項想法，使得其所持觀點的分析不夠完整，
而且會產生論述基礎是否穩固的疑慮。此外，由於論述
主體著重於蔣介石個人，並以戰前時期為期限，同樣地
無法全面性論述防共議題在中日關係史的演變。

　　以上先行研究成果在相關問題的史實發展過程均著
墨不少，各有詳實的敘述與觀點，均具有啟發與參考之
價值。但是，遺留的研究空間以及應當探討的疑問與需
要釐清的看法仍然不少，因此難以深刻理解防共議題
在近現代中日關係發展所造成的關鍵性影響及其歷史
意義。

四、歷史分期與章節架構

　　關於近現代中日關係史的分期與階段性問題，鶴見
俊輔於 1956 年針對 1931 年至 1945 年期間的中日關係
史提出「十五年戰爭論」觀點，獲得日本學術界回響與
運用。其看法是將九一八事變至日本投降的近十四年期
間，視為中日兩國進行長期戰爭的一個過程，強調歷史
的連續性。

　　「十五年戰爭論」與當初同盟國採取的方針一致，

<hr>

40 《蔣介石日記》（手稿），1936 年 9 月 26 日下週預定表、10 月
　21 日。

遠東軍事法庭即為根據此種方針，追究日本自九一八事
變以來的戰爭責任。鶴見認為第二次世界大戰肇始於
九一八事變，指出「把太平洋戰爭或大東亞戰爭看成
是對美國的戰爭並不恰當，因為這種戰爭觀點無法掌
握這次戰爭的結構，而且這樣會使日本人淡化戰爭的
責任。」[41] 此種觀點避免偶然性的「無構造歷史觀」缺
點，[42] 對於探討中日兩國走向戰爭的發展過程有極大貢
獻與成果。[43] 另外，華人方面也有採用是項觀點，吳相
湘《第二次中日戰爭史》即為華人學界綜述九一八事變
至日本投降的有名通論著作，因其認為「寫抗日戰爭史
的書如果不詳細論述日本發動九一八事變以來對東北和
華北的種種行動，也無法顯露出日本侵略中國的全貌，
不能傳信世人」。[44]

　　不過，日本方面也有反對此種以「戰爭」觀點貫
述該段中日歷史論點的看法，其中學者臼井勝美與秦
郁彥認為中日在 1933 年 5 月簽訂「塘沽協定」，結束
九一八事變以來兩國的軍事衝突，此後至盧溝橋事變之

41 鶴見俊輔，《戰時期日本の精神史（1931～1945）》（東京：岩
　　波書店，2001 年），頁 11。
42 「無構造歷史觀」是指在研究歷史問題的過程，以進行微觀的實
　　證研究為理由，強調各個事件之間的非連續性、偶發性、外因性，
　　而回避各事件之間必然的聯繫與事件的必然性。請參閱：步平，
　　〈《檢證‧戰爭責任》讀後〉，《抗日戰爭研究》，2007 年第 2
　　期（北京：2007 年 5 月），頁 238。
43 相關著作有：江口圭一，《十五年戰爭小史》（東京：青木書店，
　　1986 年）；藤原彰等編，《十五年戰爭史》（東京：青木書店，
　　1988 年）；家永三郎，《太平洋戰爭》等。
44 吳相湘，《第二次中日戰爭史》，上冊、下冊（臺北：綜合月刊社，
　　1973-74 年）。

前兩國呈現一種相對性安定期，直到盧溝橋事變後雙方
才又進入戰爭狀態。「十五年戰爭論」忽略中間此段歷
史的不連續性與重要性，故而強調「塘沽協定」的歷史
意義。[45]

　　歷史發展是一種連續性的變化過程，九一八事變至
日本投降是中日關係史上非常重要且關鍵的階段，單純
地將之劃分為戰前期與戰爭期，只是讓一般人簡單地瞭
解前後歷史的表面差異與特色，無法說明中日兩國最終
以戰爭方式解決雙方歧見與紛爭的原因。「十五年戰爭
論」雖然以連續性來觀察此段歷史，但「戰爭」觀點無
法說明盧溝橋事變之前兩國尚未展開全面戰爭的狀態，
而且當時雙方也曾經嘗試以外交方式緩和雙方緊繃關
係，特別是 1936 年下半年期間為打開兩國陷入僵局情
勢而有謂中日「調整國交」會談，所以同時採取戰爭論
與非戰爭論，即戰爭與外交觀點以及連續性看法來解釋
此段歷史將會更為適合。換言之，應該要找出圍繞此期
間中日關係發展的主軸問題並重新審視各階段的轉折，
才能真正探究此段橫跨相對安定與戰爭狀態的歷史進
程，是項主軸問題即為防共議題。

　　戰前中日關係的發展糾纏於防共問題，在戰爭期間
雖然因為「日蘇中立條約」與太平洋戰爭讓日本防共政
策隱而未明，但日本對外政策與戰爭策略的背後因素均
與是項訴求息息相關。因此欲探明中日關係史上防共問

45 代表性著作有：臼井勝美，《中国をめぐる近代日本の外交》（東
　　京：筑摩書房，1983 年）；秦郁彦，《昭和史を縱走する：柳条
　　溝事件から教科書問題まで》（東京：クラブ社，1984 年）等。

題的實質性問題、日本推動防共的目的，以及中日未能
達成共同防共的原因，不能僅由幾件獨立的歷史表象來
斷定，應該由歷史發展的連續性過程中探求，方得釐清
中日關係史上防共問題的演變歷程及其本質。同時經由
此種連續性過程，亦可呈現中日兩國在國際競合與衝突
的應對與互動，深刻理解中日關係發展的困境。故而透
過雙方各自的史料呈現己方立場，不存成見，臨空鑒衡
才是客觀性的方式，所以兩國檔案史料是本書敘述與分
析的主要基礎。在參考文獻方面，將以中日雙方官方檔
案為主，同時參酌相關人物日記與回憶錄，以及臺海兩
岸與日本出版之各種相關史料彙編。其中各檔案館要求
引註的格式不同，為齊一全書格式，原則上以華文的歷
史學界習慣使用的註釋格式為準，但仍登錄完整的檔號
方便讀者檢索查閱。

　　本書立基於前人研究成果，嘗試對糾結於防共問題
的中日關係，作一整體性的考察，探討自九一八事變至
二戰結束，防共議題對於中日兩國在外交與戰爭所引發
的作用與影響。章節架構除了序章與結論外，各章主要
內容為：

　　第一章「日本防共國防與九一八事變」，先釐清
九一八事變的發端與日本陸軍研究對蘇作戰的關聯性，
探討日軍國防策略與防共的關係。同時分析中國對於事
變性質的認識與調整因應策略的過程，以及中國對於事
變原因的調查與理解。

　　第二章「防共議題與中日『調整國交』會談」，
主要內容曾在〈中日外交談判述略〉（《抗戰史料研

究》，2012 年第 1 輯，2012 年 6 月）與〈中日華北「防共協定」與 1936 年日本對華政策〉（《國史館館刊》，第 39 期，2014 年 3 月）發表刊載。本章以此兩篇文章為主體，略予改寫與調整，並增加「中德日反共同盟構想」篇幅，論述日軍防共國防訴求演變成日本內閣制定廣田三原則之一，以及防共概念何以由對蘇軍備擴大為包含共產主義而成為中日外交場域重要議題的過程。同時將敘述汪精衛（1883-1944）嘗試透過德國中介來建構中德日反共同盟的構想，最後則考察防共議題模糊化中日為了改善邦交而舉行會談的原因。

第三章「中蘇日三角關係與互不侵犯條約」，描述日蘇與中蘇各自交涉締結互不侵犯條約的歷程，以及日本探查中蘇復交與合作的談判內情，論述中日蘇三國因防共議題在國際上展開錯綜複雜的政治和外交暗鬥。

第四章「中日戰爭初期雙方的因應」，主要敘述蔣介石在 1937 年初構思籌謀對日與對蘇政策的內容，以及中日戰爭突發情況下迅速簽訂「中蘇互不侵犯條約」的過程。同時描述日本多次研擬以共同防共為主的停戰議和方案與比較陶德曼調停向中國傳達內容，並分析此際日本防共概念的內容。

第五章「汪政權與日汪共同防共」，描述汪精衛倡言議和的背景與主張，並分析日本與汪精衛等人歷次接觸會談討論的防共議題內容。同時論述日軍分別在華中與華北推動清鄉活動與治安強化運動的背景與結果，考察日汪共同防共的情形，理解日本對中國訴求，以蘇聯與共產主義為對象的防共概念在占領地區轉化為以中共

為目標的原因。

　　第六章「戰爭末期中日對防共問題的調整」，主要論述日本因應各階段戰爭情勢而展開南進政策與聯蘇策略的背景，與相應地調整防共政策的方式，以及日本的防共概念在中日戰爭泥淖與太平洋戰場失利的惡劣局勢壓迫下的轉變結果。最後，將分析中日戰爭時期蔣介石處理中共問題策略演變過程與內容，以及戰爭結束之際迅速遣返在華的投降日軍，未將其留下協同國軍打擊共軍的原因。

　　如前所述，防共的目標包含共產主義、共產國際，蘇聯與中共等不同概念；而在層面上，涉及日本外交、軍事、體制的思想與政策，以及中國內部國共的思想分歧、武力衝突，甚至中國現代化路線之爭等範疇；對象則牽涉中國、日本、蘇聯與中共，甚至是納粹德國等，為求聚焦於中日關係發展，以及兩國在外交與戰爭的決策與因應過程，深化中日關係史研究，因此本書係以中日關係的發展為主軸，圍繞著防共問題引發的糾葛進行論述與分析。同時囿於篇幅，有關蘇聯方面將略論日蘇與中蘇針對防共問題展開的外交縱橫捭闔過程與影響。關於中共方面，擬敘述蔣介石處理策略的演變階段與國際政治的關係，並且回歸以中共為對象的防共策略。因此並未直接處理以蘇聯與中共為主體造成的防共議題，而是間接略述蘇聯與中共作為直接影響中日關係發展的因素以及造成的結果。總之，期望透過本書的詮釋，可以深刻理解此段歷史發展的脈絡，擴展歷史視野的思索。

第一章　日本防共國防與 九一八事變

　　近現代中日關係的問題與 1931 年九一八事變有絕對關係，而事變「陰謀之發端，殆始於關東軍幕僚情報處之對蘇作戰研究」。[1] 此項對蘇作戰研究最後促成事變爆發與日軍侵占中國東北全境的結果。惟作戰研究僅是事變前奏，其目的與日本國防構想與策略息息相關，欲瞭解事變的原因與本質，應當先探究其國防構想與規劃。即日軍以對蘇作戰為目的所籌謀的國防構想，說明其防共概念以防蘇為標的，並首先於國防領域展開。此外，近代日本國防思想同樣受第一次世界大戰的影響，戰爭形態由單純軍事戰轉變為包含全國一切力量的總體戰。日本陸軍在總體戰思惟下構思，重新研擬並推動國家總動員戰爭的國防政策，但日本本土資源極為貧乏，深刻影響日本陸軍研議的國防策略內容，間接地導致事變，連帶地衝擊中日關係。

　　事變翌日，中國外交部即採取「訴諸國聯」政策，並隨著有關事變情況的電文陸續傳入南京，中國方面對於事變性質的認識逐漸清楚，主政者的因應策略也有所調整。其中，事變初期中國內部曾經有建議派員至東三省調查原因，卻因故未能成行，最後則有國際聯盟派遣

1　梁敬錞，《九一八事變史述》（臺北：世界書局，1995 年，5 版），頁 39。

李頓調查團以及調查報告書的公布。

　　本章擬由日本陸軍對總體戰的認識及其國防政策構想的視角展開論述，分析關東軍策動事變與日本陸軍推動國防政策之間的關聯性。同時透過中國方面陸續接獲的事變訊息內容，逐一分析中國對於事變性質的認識過程與階段，並探討李頓調查團與中國方面對於事變原因的理解。

第一節　日本陸軍對總體戰的理解與事變

一、總體戰的資源需求

　　1914 年夏天爆發的第一次世界大戰改變以往戰爭的性質，戰爭型態不再僅是單純的軍事戰，而是包含外交戰、宣傳戰、經濟戰，並動員全國人民一切力量的總體戰形式。日本陸軍為了瞭解歐洲戰場各國戰爭體制、戰術、兵器等的情況，於大戰開始一年後的 1915 年 9 月以軍令陸乙第十二號，於陸軍省、參謀本部所屬官廳、學校的編制人員之外，特別增加配屬人員，從事臨時軍事調查任務。[2]同年 12 月 27 日，進一步於陸軍省內設置「臨時軍事調查委員」，將該調查任務組織制

2　「臨時軍事調查の為当分の内陸軍官衙学校に定員外人馬増加配属の件中改正の件」（1919 年 7 月 28 日），〈密大日記（4 冊の内 1）：大正 8 年〉，《陸軍省大日記》，日本防衛省防衛研究所藏，JACAR Ref. C03022455400。

度化，³派任教育總監部附菅野尚一（1871-1953）擔任委員長。⁴

　　菅野尚一依據 1916 年 1 月製定「臨時軍事調查委員處務規程」第二條規定，⁵於同年 5 月製作「委員業擔任區分表」，明確規範各委員的業務，呈請陸軍大臣大島健一核定。依區分表的內容，臨時軍事調查委員分為八個班，調查的主題為第一班：建軍及編制、制度；第二班：動員及補充、教育；第三班：金錢、被服、糧秣、建築、其他；第四班：衛生、軍馬；第五班：外交、戰略戰術、步兵、騎兵、砲兵、工兵、輜重兵；第六班：兵站、築城、運輸及交通；第七班：兵器；第八班：器材（包含飛機、車輛）。⁶可知日本對歐戰的調查項目極為廣泛。

　　1918 年 11 月，一戰結束。陸軍省並未結束臨時軍事調查委員會，反而於次年 7 月以特別從事調查德國與奧地利情況為由，再增加 5 名佐尉籍軍官，⁷截至 1922

3　「臨時軍事調查委員事務所開設の件」（1916 年 1 月 7 日），〈歐受大日記：大正 5 年 1 月〉，《陸軍省大日記》，JACAR Ref. C03024598300。

4　臨時軍事調查首任委員長菅野尚一於 1915 年 12 月 27 日任職；第二任村岡長太郎於 1918 年 7 月 24 日就任；第三任佐藤安之助於 1921 年 1 月 6 日上任，至 1922 年 3 月 31 日該委員會裁撤結束。請參閱：日本近代史料研究会編，《日本陸海軍の制度‧組織‧人事》（東京：東京大学出版会，1984 年），頁 130-131。

5　「臨時軍事調查委員処務規程制定の件」（1916 年 1 月 25 日），〈歐受大日記：大正 5 年 3 月〉，JACAR Ref. C03024619600。

6　菅野尚一，「業務担任区分表提出の件」（1916 年 5 月 26 日），〈歐受大日記：大正 5 年 5 月〉，JACAR Ref. C03024648600。

7　「臨時軍事調查の為当分の内陸軍官衙学校に定員外人馬増加配属の件中改正の件」（1919 年 7 月 28 日），〈密大日記（4 冊の内 1）：大正 8 年〉，JACAR Ref. C03022455400。

年 3 月底才裁撤該組織。在這段期間，臨時軍事調查委員的調查成果，以每月出版一回《臨時軍事調查委員月報》，分配給各軍事關係之官廳、學校及師團部隊研究參考。[8] 該月報自 1916 年 3 月 1 日創刊發行第一號，目前已知至少出版至第六十九號（1922 年 12 月 3 日）。此外，日本派駐歐洲武官的調查報告亦收錄在第一號至第十七號《海外差遣者報告》（1918 年 12 月 20 日至1919 年 7 月 23 日）。這些調查成果與報告，日後成為日本陸軍深入研究總體戰以及制定總體戰體制計畫，展開國家總動員構想的重要參考資料。[9]

造兵廠長官吉田豐彥（1873-1951）即運用上述調查研究成果，以及 1918 年隨同陸軍中將筑紫熊七（1863-1944）至歐洲視察研究大戰戰況與交戰各國戰時狀態的備忘錄，於 1926 年 11 月撰述出版《關於軍需工業動員常識的說明》。吉田豐彥於該著作指出一次大戰改變軍需動員的觀念，認為歐戰已形成吾等料想以外的大戰爭，現在的「國防並不是培訓陸海軍所希望的兵力就足夠，特別是產業是國防的重大要素，國防的責任有一半不得不依靠全民之力來解決」。換言之，將來的戰爭不僅僅只是軍隊的戰爭，而是以國家各種產業來支援的所謂國家總動員戰爭。為了支援戰爭所需的軍需品，他認為要有原料、製作設備、運送、人員四個要素

---

8 「臨時軍事調查委員月報調製報告の件」（1916 年 3 月 9 日），〈歐受大日記：大正 5 年 3 月〉，JACAR Ref. C03024626200。

9 纐纈厚，《総力戦体制研究——日本陸軍の国家総動員構想》（東京：社会評論社，2010 年），頁 34-37。

的配合，故特別指出必須以最大限度地開闢原料自給自
足之途，順利供給原料，並以相當的設備與適當的人
才進行製造，再透過運送機關將軍需品提供給前線軍
隊，因此建議應當立即制定建立軍需工業動員的國防
政策。[10]

　　吉田豐彥的目的在說明因應未來國家總動員戰爭之
下，建立軍需工業動員的必要性，但對於首要的原料來
源，僅是簡單指出要盡最大限度開闢自給自足之途。因
為早在 1917 年間參謀本部第二部第五課兵要地誌班長
小磯國昭（1880-1950），即已主張解決原料來源的方
式在於「搬來支那國內的國防資源」。

　　日本陸軍在 1917 年下半年大致已經理解歐洲戰場
呈現出以國家總動員型態進行的總體戰性質。[11] 在此前
後，小磯國昭參酌臨時軍事調查委員早期的調查成果，
加上其自身的研究，從戰爭資源的視角，動員該班成員
於1917 年 7 月共同撰述完成《帝國國防資源》，並向
其上司提出印刷出版的期望。次月，參謀本部以小磯國
昭私自編纂的研究資料甚有價值，予以付梓並發送各相
關單位參考。

　　小磯國昭注意到自一戰爆發以來，歐洲戰場逐漸陷
入膠著持久戰態勢的變化，認為「戰爭的勝負宛然是由
經濟戰的結果所決定」。就其觀察歐戰參戰各國國內情

---

10 防衛庁防衛研修所戰史室，《陸軍軍需動員（1）：計畫編》（東
　　京：朝雲新聞社，1967 年），頁 17-32。
11 沢文貴，〈第一次世界大戦の衝撃と日本陸軍—軍近代化論覚書—〉，
　　收入滝田毅編，《転換期のヨーロッパと日本》（東京：南窓社，
　　1997 年），頁 178。

形，理解到長期戰爭最終的勝利並不僅是由軍火所決定，而是掌握在戰時經濟得以自給自足者，故而指出經濟在未來戰爭上的重要性。小磯國昭等共同撰述的文件全面調查分析日本與中國的國防原料蘊藏與生產情形，並論述日本經濟政策以及平時經濟與戰時經濟的轉換方式，指出為了應付未來東亞的戰亂，應當盡其所能，採取各種手段，在平時就要準備好日本生存上絕對必要條件的戰時獨立經濟。而要充實日本生存所需原料，就必需仰賴中國的資源，故主張「搬來支那的原料」。為此小磯國昭建議締結「日中關稅同盟」，以日中合辦事業方式全面掌控中國的原料生產，利用日本國內工廠的特別技術生產所需資源。但是，要「搬來支那的原料」就必須注意運輸問題，鑒於戰時防衛海上運輸極為困難與危險，建議最安全的方式，是貫穿朝鮮半島與日本九州島的對馬海峽，自朝鮮釜山至日本下關，或者福岡又或唐津之間，開鑿海底隧道，以陸運方式確保中國的原料安全運抵日本。[12]

　　換言之，小磯國昭認為因應戰爭型態的改變，平時即進行戰時經濟準備是國家生存的必要條件，基本上是著眼於總體戰的資源需求問題。在此，小磯國昭的構想明白地將中國視為日本總體戰的資源供給地，建議強化日本在中國的經濟支配政策，以作為對華外交政策基礎。然而，據其於戰後在巢鴨監獄撰寫的回憶錄《葛山

12　「第7節 支那原料の搬來」，〈帝国国防資源：大正6年8月〉，《陸軍一般史料》，日本防衛省防衛研究所藏，JACAR Ref. C12121561100。

鴻爪》所述，日本所需要的國防資源將盡可能地由滿蒙當地獲得充足。[13] 此外，小磯國昭強調要安全確保支援長期消耗戰所需資源，是由當時他所在的參謀本部第二部第五課負責調查滿蒙地區獲得。這種將滿蒙地區作為日本資源供給地的觀點，就軍事戰略意義，其實是延續著「滿蒙生命線」的主張。[14]

不過，明確將滿洲視為日本總體戰一環，則是由少壯軍人組成的一夕會。該會的成立緣於 1921 年 10 月，同為日本陸軍士官學校 16 期的駐瑞士大使館武官永田鐵山（1884-1935）、駐蘇大使館武官小畑敏四郎（1885-1947），和至歐洲出差的岡村寧次（1884-1966）在德國南部巴登巴登（Baden-Baden）聚會，約定共同打倒掌控陸軍實權的薩長派閥以及建立國家總動員體制。他們三人不屬於藩閥，前途並無任何保證，因此認為惟有團結少壯軍官才能打破藩閥。[15] 三人回國後經常與志同道合的陸軍同志於東京涉谷的餐廳二葉亭聚談，並於1927 年左右將此聚會命名為二葉會。成員還包括河本大作（1883-1955）、山岡重厚（1882-1954）、板垣征四郎（1885-1948）、土肥原賢二（1883-1948）、東條英機（1884-1948）、山下奉文（1885-1946）、磯谷廉介（1886-1967）、渡久雄（1885-1939）、松村正員

---

13 防衛庁防衛研修所戰史室，《陸軍軍需動員（1）：計画編》，頁 38。
14 纐纈厚，《総力戰体制研究——日本陸軍の国家総動員構想》，頁 45。
15 緒方貞子，《満州事変——政策の形成過程》（東京：岩波書店，2011 年），頁 57。

（1884-1949）等陸軍士官學校 15 期至 17 期的軍官。[16]

　　在二葉會的聚談中，除了原本永田鐵山、岡村寧次
與小畑敏四郎在德國約定打破長州軍閥派系與建立總動
員體制的議題外，由於被稱為「支那通」的河本大作、
板垣征四郎和土肥原賢二等人相當熟悉中國情況，特別
是河本大作自 1924 年起任關東軍參謀，在其影響下二
葉會亦開始關注滿蒙問題。[17]

　　此外，參謀本部作戰課員鈴木貞一（1888-1989）
以及土橋勇逸（1891-1972）、武藤章（1892-1948）等
少壯派軍官於 1927 年 11 月仿效二葉會，成立木曜
會，宗旨為研究軍事裝備和國防方針。成員尚有石原
莞爾（1889-1949）、根本博（1891-1966）、村上啟作
（1889-1948），以及二葉會的永田鐵山、岡村寧次和東
條英機等人，惟小畑敏四郎並未加入。石原莞爾並曾於
1928 年 1 月在木曜會上報告〈戰爭史〉初稿。[18]

　　1928 年 3 月 1 日，木曜會在偕行社舉行第五次聚
會，決議在滿蒙建立政治權力，確定了「滿蒙領有論」
的主張。該次聚會先由根本博報告「關於戰爭發生的原
因」，再由成員進行討論。最後會上決定：「為了〔日
本〕帝國自存，需要在滿蒙確定完整的政治權力。為
此，〔日本〕國軍的備戰將以對俄戰爭為主體。」「對

---

16 堀幸雄，《戰前の国家主義運動史》（東京：三嶺書房，1997 年），
　　頁 106。
17 川田稔，《昭和陸軍の軌跡——永田鉄山の構想とその分岐》（東
　　京：中公新書，2011 年），頁 10。
18 堀幸雄，《戰前の国家主義運動史》，頁 106。

支的備戰不用太顧慮，僅以獲取資源為目的。」[19] 木曜
會成員受到一戰後總體戰思想影響，為了日本未來的
存立，構想建立國家總動員體制，主張完全否認中國
對於滿蒙地區主權，意圖直接占領滿蒙，不同於此時
日本田中義一內閣採取支持張作霖（1875-1928）的策
略，將滿蒙地區視為日本特殊權益地區的「滿蒙分離
政策」。[20] 值得注意的是領有論提出的時間點，距離石
原莞爾於 1931 年 9 月策動九一八事變還有三年半，距
1929 年 10 月世界經濟大恐慌造成日本經濟惡化也還差
一年餘。

　　二葉會和木曜會在 1929 年 5 月合併為一夕會，首
次聚會即決定更新陸軍人事、武力解決滿洲問題、擁立
荒木貞夫（1877-1966）和真崎甚三郎（1876-1956）及
林銑十郎（1876-1943）三位非長州派閥將官。[21] 更新
陸軍人事意指排除長州派閥出身者，並於陸軍中央重要
職上安插一夕會成員。至九一八事變爆發時，一夕會成
員基本上已在陸軍省、參謀本部、教育總監部、內閣資
源局、關東軍、陸軍大學等占據主要實權職務的課長或
班長以及教官等職位。[22] 武力解決滿洲問題意在否認中
國對於滿洲的主權，而且同年底永田鐵山、東條英機、

---

19 「木曜会記録」（1928 年）。轉引自：川田稔，《戰前日本の
　　安全保障》（東京：講談社，2013 年），頁 216。

20 林明德，《近代中日關係史》（臺北：三民書局，1984 年），
　　頁 300。

21 川田稔，《戰前日本の安全保障》，頁 221。

22 川田稔，《昭和陸軍の軌跡──永田鉄山の構想とその分岐》，
　　頁 22-24。

石原莞爾、鈴木貞一、根本博、土橋勇逸、武藤章、影佐禎昭（1893-1948）、和知鷹二（1893-1978）、花谷正（1894-1957）等人亦達成「除了以武力驅逐張學良之外已無其他方式」的共識，並決定由永田鐵山、東條英機、土橋勇逸、武藤章在陸軍省，鈴木貞一、根本博、影佐禎昭、和知鷹二在參謀本部，石原莞爾和花谷正前往滿洲，各自勸導其長官，配置人員，努力在軍部內醞釀以武力解決滿洲的氣氛。[23]

一夕會的決議與行動目的在透過組織來掌控政權，藉以建立國家總動員體制，因應未來的戰爭，組織成員以永田鐵山為核心。永田鐵山為臨時軍事調查委員，陸軍大學畢業後曾為了調查軍事，於一戰前後陸續派駐於歐洲約六年。1920 年 5 月 27 日，以臨時軍事調查委員掛名，但實際由永田鐵山獨力負責執筆完成的《關於國家總動員的意見》，可謂設置該調查委員以來數年調查研究結果的集大成報告書，[24] 也是 1920 年以後日本展開建構總體戰體制的藍圖。[25] 永田鐵山在 1926 年至 1935 年期間曾於陸軍省內擔任實質負責國家總動員政策的整備局、軍務局課、局長，九一八事變前後，一夕會在他規畫與指導下，陸軍少壯派逐步朝掌握政治實權，並按此藍圖積極推動建構國家總動員體制。

---

23 中田実，〈根本博中将回想録〉，軍事史学会編，《軍事史学》，第 11 号（1967 年 11 月），頁 84。

24 臨時軍事調査委員，《国家総動員に関する意見》（東京：陸軍省，1920 年）。

25 纐纈厚，《総力戦体制研究——日本陸軍の国家総動員構想》，頁 52。

　　永田鐵山對於一戰結束後成立的國際聯盟，指出其成立雖然是為了和平解決國家之間紛爭，但是國聯並無權威亦無實力，期待藉此保障世界永久和平是不可能達成。他認為一戰後歐洲情勢仍然紛亂，將使下次大戰無法避免，因此在現實上仍應努力充實國防。但鑑於戰爭的進化，一戰已經含有國民性質，戰爭形式在變化，現代戰爭在本質上是國民戰，形式上將是包含武力、宣傳、思想、資源、外交、政治等進行國家總動員的國力戰。[26]

　　永田鐵山將國家總動員定義為為了執行戰爭，由國家權力掌握一切資源與機能，進行最有效利用的統制與分配，內容區分為國民動員、產業動員、交通動員、財政動員和其他各種動員等。[27] 他以此觀點積極推動建置國防資源自給自足體制，指出準備總動員的措施首在增強與保護國防上必要資源，為此應先進行國防資源的調查與統計。[28] 但是由於日本資源貧乏，進行戰爭時也有必要利用國外資源，因此調查範圍必須包含國外資源，並根據調查結果予以特別保護、培育和掌控。[29] 他針對推動國家總動員最基本的資源問題，全面檢討日本國內生產鐵礦石、鐵、鋼、鉛、錫、水銀、石炭、石油

---

26 永田鉄山，《国家総動員》（大阪：大阪毎日新聞社，1928 年），頁 1-8。
27 臨時軍事調査委員，《国家総動員に関する意見》，頁 2-3。
28 永田鉄山，〈国家総動員準備施設と青少年訓練〉，收入沢本孟虎編，《国家総動員の意義》（東京：青山書院，1926 年），頁 183。
29 永田鉄山，〈国家総動員に就て〉，收入内閣統計局編，《内閣統計講習会講演録》（東京：帝国地方行政学会，1926 年），頁 13-14。

等 17 種與國防用途相關原料情況，以及這些資源在滿蒙、華北、華中等地蘊藏量，認為日本絕大部分不足的國防資源均可由滿蒙和華北、華中取得。最後，他指出鑑於日本資源現狀，日本官民應該有一致向滿蒙發展的態度。[30]

在準備總動員方面，永田鐵山特別重視確保不足資源的取得，並以對於國防極度重要的石油為例，指出日本不僅要保護石油資源，也要拓展油田以外的石油資源，尤其應該開拓滿洲的頁岩，以提煉石油。[31] 他特別關注滿蒙的態度，除了因為日本在該地區擁有許多特殊權益，是許多重要資源供給地之外，同時更可將之作為向華北和華中發展並掠取資源的橋頭堡，因此可以說他將滿蒙視為日本建構國防總動員所需資源的關鍵。就此點而言，永田鐵山延續了木曜會對於滿蒙的觀點。[32]

二、滿洲的戰略地位

（一）石原莞爾構想的虛幻與現實

九一八事變是關東軍作戰主任參謀石原莞爾主導策劃、關東軍高級參謀板垣征四郎負責行動的分工合作模式下爆發，二人同為一夕會成員，藉由策動事變以真正落實滿蒙領有論的主張。其實石原莞爾不僅重視滿洲國防資源，同時也由地理位置視角強調滿洲的戰略價值。

---

30 永田鉄山，〈現代国防概論〉，收入遠藤二雄編，《公民教育概論》（東京：義済会，1928 年），頁 247-290。

31 永田鉄山，《国家総動員》，頁 45-46。

32 川田稔，《戦前日本の安全保障》，頁 246。

1922 年 9 月，石原莞爾被派駐德國，特別關注戰爭史
的研究，1924 年 10 月回日本任陸軍大學教官，1928 年
10 月被派赴滿洲任關東軍作戰主任參謀。一般對於石
原莞爾的印象是他主張未來將發生「人類最後大戰爭」
的「日美世界最終戰爭」，有關此項結合佛教日蓮宗信
仰與研究軍事史戰略論所形成世界最終戰爭論的思想淵
源，坊間已有不少研究成果，[33] 亦非本文論述重點。
　　至於世界最終戰爭論與滿蒙領有論的關係，據石原
莞爾於 1931 年 4 月為關東軍調查班演講時表示，未來
將爆發人類最後大鬥爭的世界大戰，美國經由第一次世
界大戰已經取得參與世界最終戰爭的西洋文明選手權，
現今日本國策應該是盡速地獲得東洋文明的選手權。為
此，日本必須要有兩種能力，對內必須要有融合全世界
文化的文化力；對外要有對抗蘇聯入侵與英美壓迫的強
大威力，才能指導與領導東亞各民族。為了擁有前述的
強大能力，日本要完成三個目標：（1）建設日本以發
展國力；（2）確立日本指導朝鮮與中國的地位；（3）

---

33 有關石原莞爾主張的「世界最終戰爭論」內容，可參見石原莞爾
　　著，《最終戰爭論・戰爭史大觀》（東京：中央公論社，1993 年）。
　　相關研究可參閱：川田稔，《石原莞爾の世界戰略構想》（東京：
　　祥伝社，2016 年）；太平洋戰爭研究会編，《石原莞爾と満州事
　　変》（東京：PHP 研究所，2009 年）；野村乙二朗，《石原莞爾
　　——一軍事イデオロギストの功罪》（東京：同成社，1992 年）；
　　横山臣平，《秘録石原莞爾》（東京：芙蓉書房，1971 年）；伊
　　勢弘志，〈石原莞爾における信仰問題〉，《日本史研究》，第
　　627 号（2014 年 11 月），頁 23-40；三輪公忠，〈満州事変と「八
　　紘一宇」—石原莞爾を中心に—〉，收入軍事史学会編，《再考・
　　満州事変》（東京：錦正社，2001 年），頁 23-41；野村乙二朗，〈石
　　原莞爾の満州事変—満州事変のモデルはむしろロシア革命であ
　　った—〉，收入軍事史学会編，《再考・満州事変》，頁 58-70 等。

因應蘇聯入侵的戰略對策。為了達成這三個目標，最重要的是要先解決滿蒙問題，解決方式在於將滿蒙變成日本領土。[34]

　　石原莞爾主張占領滿蒙就可以實現上述三個目標的原因在於，首先，他認為滿蒙土地可以容納日本的人口問題，農產品可以解決日本國民的糧食問題，鞍山鐵礦與撫順石炭等足以作為日本重工業的基礎，而且在滿蒙各種企業可以救濟日本國內失業者，消除日本經濟不景氣現象。[35]日本國內政治、經濟與社會問題獲得解決後，才能進一步展開建設，發展國力。在此基礎上，方能進一步在日本國內推動總體戰制度。

　　其次，石原莞爾以為中國人欠缺維持治安與創造近代化統一國家能力，軍閥、學匪、政商為了一己之私，不僅讓中國民眾陷於連年戰亂的生靈塗炭之中，更逼使中國良民變成土匪。同時認為「拯救支那民族是日本的天職」，而滿蒙是拯救中國的根據地，惟有打倒在滿三千萬民眾的共同之敵軍閥官僚，並在日本維持中國本土治安之下，才能讓中國漢民族獲得自然的發展與幸福。[36]但實際上在這些義正辭嚴的炫麗說法之中，其實

---

34 石原莞爾，「〈欧州戰史講話〉結論」（1931 年 4 月），角田順編，《石原莞爾資料─国防論策篇一》（東京：原書房，1978 年，增補版），頁 69。

35 石原莞爾，「滿蒙問題私見」（1931 年 5 月），角田順編，《石原莞爾資料─国防論策篇一》（東京：原書房，1984 年），頁 76-77。

36 石原莞爾，「滿蒙問題私見」，頁 77；石原莞爾，「現在及將来ニ於ケル日本ノ国防」（1931 年 4 月），角田順編，《石原莞爾資料─国防論策篇一》，頁 63；石原莞爾，「橫山資源局事務官示石原私見」（1930 年 7 月 10），稻葉正夫、小林龍夫解說，《現代史資料（7）：滿洲事変》（東京：みすず書房，1964 年），頁 133。

他關心的還是日本國家發展。[37] 因為他認為「解決滿蒙問題是日本生存的唯一途徑」,[38] 並指出滿蒙是日本國運發展最為重要的戰略據點,因為惟有將滿蒙置於日本勢力之下,朝鮮的統治才能安定。同時用武力解決滿蒙問題,才能讓日本立於指導並掌控中國本土的地位。[39]

　　在石原莞爾的構想中,日美戰爭會是兩個階段的戰爭。第一階段是持久戰,戰爭原因是因為「支那問題」,也就是日本以武力解決滿蒙問題時,美國將會基於保護弱者道義的虛榮心,以主張「正義人道」和「消除軍國主義和官僚主義」口號,反對日本的對華政策而參戰。[40] 第二階段則是殲滅戰,也就是他一再強調「人類最後大戰爭」的世界最後戰爭論,將由美國與日本兩國各自代表西洋與東洋文明進行決戰。此階段戰爭性質為殲滅戰,因為將來飛機性能和武器科技進步,使得武力行動範圍與威力擴大,讓殲滅戰略得以實行,不致於墜入消耗戰略的持久戰爭之中。[41]

　　第一階段目標在讓日本得以確保西太平洋的控制權和占領滿蒙,目的在於「打開日本當下國難,確定國

37 入江昭,《日本の外交》(東京:中央公論新社,2002 年,第 33 版),頁 112。

38 石原莞爾,「国運転回ノ根本国策タル満蒙問題解決案」(1929 年 7 月 5 日),角田順編,《石原莞爾資料—国防論策篇—》,頁 40。

39 石原莞爾,「滿蒙問題私見」,頁 77。

40 石原莞爾,「講話要領」(1930 年 3 月 1 日),角田順編,《石原莞爾資料—国防論策篇—》,頁 46;石原莞爾,「現在及将来ニ於ケル日本ノ国防」,頁 60。

41 石原莞爾,「現在及将来ニ於ケル日本ノ国防」,頁 62。

運發展基礎，同時完成對美決戰戰爭的基礎準備」。[42]
此時要努力只以美國為敵，但為避免中國排日與參戰，
將同時攻擊南京，占領華北與華中各重要據點。[43] 但
是，在發展成持久戰狀態下，貧弱的日本若動員百萬大
軍出征，補給龐大軍需品，除了將使得日本面臨破產命
運，即使日本獲勝在戰後也將立即陷入苦境，有礙於世
界最終戰爭的準備。加上東亞可能會被封鎖，因此要占
領中國本部，在日本指導下確立東亞可以自給自足的方
式，以利於長期戰爭的進行。對此石莞爾原提出「以戰
養戰主義」，主張持久戰爭所需之物資與大部分費用，
均由日軍在中國占領地索取。為此關東軍司令部附、
兵要地誌主任幕僚佐久間亮三（1894-1969），曾經受
板垣征四郎與石原莞爾之令，於 1930 年 9 月完成占領
與統治滿蒙的研究，指出為了獲得供應長期作戰所需
資源，要儘速地占領滿蒙，將之完全置於日本勢力之
下。[44] 不過，石原莞爾在對美戰爭計畫中進一步提出占
領中國華北與華中，更在「以戰養戰主義」主張下，策
畫統治中國的要領，不僅設置滿蒙總督、黃河總督、長
河總督和湖廣總督，還成立包括統轄陝西、甘肅、青
海、新疆、外蒙的西方總督，領有廣東、廣西的南方總

---

42 石原莞爾，「軍事上ヨリ観タル日米戦争」（1930 年 5 月 20 日），
　角田順編，《石原莞爾資料—国防論策篇—》，頁 48。

43 石原莞爾，「対米戦争計画大綱（満蒙問題解決ノ為ノ戦争計画大
　綱）」（1931 年 4 月），稲葉正夫、小林龍夫等編，《太平洋戦争
　への道：別巻 資料編》（東京：朝日新聞社，1963 年），頁 97。

44 關東軍參謀部，「満蒙ニ於ケル占領地統治ニ関スル研究ノ抜萃」
　（1930 年 9 月），稲葉正夫、小林龍夫等編，《太平洋戦争への道：
　開戦外交史　別巻 資料編》（東京：朝日新聞社，1988 年），頁 92。

督，以及統治四川、雲南、貴州和川邊特別區的西南總督，範圍囊括中國東北、華北、華中、華南、西南、西北、塞北等地。[45]

換言之，武力解決滿蒙問題是日本為了獲得世界最終戰爭東洋文明選手權的第一步，但是若於此時與美國爆發第一階段持久戰爭時需要中國本土軍需物資與費用，而滿蒙亦是指導且進一步占領中國本土而獲取長期戰爭補給的重要戰略據點，此點與永田鐵山將滿蒙視為向華北和華中發展並掠取資源橋頭堡的構想相同。

最後，在對蘇作戰戰略方面。1930 年 3 月 1 日，石原莞爾到滿鐵調查課請求共同參與關東軍經略滿蒙計畫時，曾指出占領滿蒙目的之一在於對俄國防。[46] 雖然他認為蘇聯因革命後國內混亂致使國力疲弊以及世界革命的主張造成國際孤立，研判蘇聯對於關東軍策動事變後進占北滿一事採取軍事對抗的可能性極低，但是仍主張應勉強與蘇聯繼續維持親善關係，而且為了因應蘇聯可能利用日美第一階段持久戰時機進兵滿蒙，也規畫迎戰蘇軍進犯所需兵力以及作戰計畫。他指出若無法阻止蘇聯開戰，則日軍應立即進軍到攻勢的「終末點」，以便在經濟上與防衛上進行持久戰。所謂「終末點」指大興安嶺與呼倫貝爾等天然地形屏障下的北滿地區。他認為將蘇軍引誘至北滿平原地帶，儘速地予以一次沉重打

---

45 石原莞爾，「戰爭史大觀」（1929 年 7 月 4 日），角田順編，《石原莞爾資料—国防論策篇—》，頁 38-39；石原莞爾，「国運転回ノ根本国策タル滿蒙問題解決案」，頁 40-41；石原莞爾，「現在及将来ニ於ケル日本ノ国防」，頁 66。

46 石原莞爾，「講話要領」，頁 46。

擊以擊潰蘇軍的方式難言有利。但若是日軍先行占有北滿地區後，他研判蘇聯大軍進攻北滿的可能性甚低，而且即使蘇軍果真進犯，也可運用大興安嶺與呼倫貝爾的地形進行長期對抗。[47]

　　然而，揆諸九一八事變期間的史實發展，第一階段對美長期消耗戰並未爆發，故關東軍沒有實施攻占華北與華中等地的必要性。同樣地日蘇亦未開戰，關東軍徐圖地且順利進占北滿地區及建立滿洲國。雖然石原莞爾預測的日美長期消耗戰與日蘇開戰都未發生，但因為關東軍策動事變，以武力改變日蘇兩國以往在滿洲勢力與利益的現狀，使兩國在國防對峙態勢上產生微妙變化。尤其是 1932 年 9 月 15 日，日本與滿洲國簽訂「日滿議定書」，「約定兩國應共同擔任國家的防衛」，讓日本取得駐兵滿洲國的權益，[48] 使得日本與蘇聯在國防上形成所謂接壤國。結果實際情勢發展讓對蘇作戰戰略的需求非但未消失，反而因為國防前線上兩國直接對峙的情勢而變得更為迫切。

　　對於這個現實問題，石原莞爾於 1932 年 4 月 5 日向關東軍司令官本庄繁（1876-1945）提出一份「滿蒙與日本的國防」說帖，作為向即將由北平前來滿洲調查的國聯李頓調查團說明之用。說帖指出避免他國用軍事方式領有滿蒙，或企圖用政治方式封鎖滿蒙，對於日本

---

47 石原莞爾，「対米戦争計画大綱（満蒙問題解決ノ為ノ戦争計画大綱）」，頁 97-98。

48 「日滿議定書」（1932 年 9 月 15 日），〈帝国ノ対満蒙政策関係一件（満洲事変後ニ関スルモノヲ収ム）〉，《戦前期外務省記録》，日本外務省外交史料館藏，JACAR Ref. B02030711500。

國防是不可避免的要件，而且二十餘年來日本承擔了滿洲防禦工作，因此應以大興安嶺和黑龍江之線作為日蘇之間自然的國防邊界。[49] 在此所指他國就是意指蘇聯。同年 6 月 25 日，石原莞爾更進一步地對陸軍省人事局補任課長磯谷廉介表示：「吾等經略滿蒙是在軍事上確立對俄作戰的基礎。」[50] 他認為滿蒙是日本國防據點，前述滿洲北方邊界的呼倫貝爾和大興安嶺地形，在戰略上有特別重要價值，若將此地區完全納入日本勢力之下，則蘇聯勢力將難以東進，而且僅用滿蒙力量抗拒蘇聯東進也並不會太困難。可以說他將整個滿洲地區視為防蘇的屏障，日本將北滿納入勢力範圍後，在北方將可免去蘇聯直接壓迫與威脅，日本得以依其國策向中國本土或南洋發展。[51]

可知，對於石原莞爾而言，在日美兩階段戰爭的構想，滿洲地區對於日本對蘇作戰戰略具有不同的意義。但總體而言，滿洲北方邊界的戰略地形，是日本對抗蘇聯威脅南滿和日本本土國防的防衛地帶，同時也是日本據以解除後顧之憂，向南發展的戰略據點。因此他構想世界最終戰爭論中，日本與美國的殲滅戰是最終目的，而防蘇可謂是當中最為關鍵的戰略目標。不過，日美最終戰畢竟只是未來式的虛幻想像，九一八事變後關東軍

---

49 石原莞爾，「満蒙卜日本ノ国防」（1932 年 4 月 5 日），角田順編，《石原莞爾資料－国防論策篇－》，頁 96。

50 石原莞爾，「為磯谷大佐」（1932 年 6 月 25 日），角田順編，《石原莞爾資料－国防論策篇－》，頁 100。

51 石原莞爾，「満蒙問題私見」，頁 76-77。

貫徹滿蒙領有論，對蘇作戰戰略成為眼前迫切的現實問題，故而石原莞爾會在建立滿洲國後，指出經略滿蒙是在軍事上確立對俄作戰的基礎。關於此點，石原莞爾的主張與永田鐵山的觀點雖然都同樣地將滿洲視為日本總體戰資源供應，以及進而控制中國本土的橋頭堡，但石原莞爾身處滿洲任職關東軍的經歷，當地的現實問題使其更為重視滿洲對於蘇聯的軍事價值。

（二）關東軍的防俄戰略使命

日本在日俄戰爭（1904-05年）打敗俄國，之後依據與俄國在1905年9月簽訂的「樸茨茅斯條約（Treaty of Portsmouth）」以及同年12月與中國清廷簽署「東三省事宜條約」，獲得原屬俄國在遼東半島南部關東州租借權和南滿鐵路經營權。日本除了在遼陽設置關東總督府，並成立滿鐵守備隊，亦駐留南滿一個師團，即滿洲駐箚軍。1906年9月，關東總督府改稱關東都督府，並遷至旅順，設有民政部與陸軍部。1919年4月，關東都督府改組為關東廳，長官以文官為原則，負責監督滿鐵業務，下設民政部和外事部，另由奉天總領事兼任外事部長。關東都督府陸軍部改組為關東軍司令部，設在旅順口，守備隊和駐箚軍成為獨立的關東軍，直接受參謀總長指揮。[52]

雖然日本由俄國手中奪得南滿洲權益，但北滿地區

---

52 島田俊彥，《関東軍:在滿陸軍の独走》（東京:講談社，2005年），頁56-59。

仍為俄國勢力範圍，而且俄國還是世界第一的陸軍大
國，故而日本於 1907 年 4 月 4 日，經明治天皇裁可通
過以俄國為第一假想敵國的「帝國國防方針」。因為日
本認為俄國雖然在日俄戰爭敗戰，國內亦發生動亂，但
卻在遠東配置比戰前還多的兵力，並計劃沿著黑龍江鐵
路布置兵力，又汲汲圖謀重建海軍軍備，研判俄國將於
他日趁機對日開啟報復戰爭，侵害日本在滿鮮權利，故
而斷定俄國為其主要敵國。[53]

　　此件由山縣有朋（1838-1922）主導制定的日本國
防方針，為明治維新後首次考量日後國家發展，並衡量
國際情勢，以國防政策為中心所制定的國家戰略。方針
決定日本的國防將採取攻勢戰略，表明將來的假想敵國
以俄國為第一，美、德、法等國次之，並要求確實保持
英日同盟。同時在國防整備上應該特別重視兵員擴充，
以在東亞能對俄美採取攻勢的兵力為度。[54]在針對俄國
的作戰要領方面，指出海軍要先在東亞引誘並攻擊俄國
海軍，而且控制朝鮮海峽，並於俄國海軍朝海參崴方面
撤退時予以間接封鎖，以便在黃海執行運送陸軍的任
務。陸軍則將以滿洲、烏蘇里及朝鮮等地為戰場，其中
滿洲為主戰場，烏蘇里方面為次戰場，因此陸軍要快速
地在南滿洲和韓國咸鏡道北部集結，引誘俄軍深入並圍
攻之。此後因應戰爭進展，陸海兩軍要相互策應對浦鹽

---

53 「帝国国防方針、国防に要する兵力及帝国軍用兵綱領策定顛末」
　　（1907 年），〈日本帝国の国防方針：明治 40 年〉，《陸軍一
　　般史料》，JACAR Ref. C14061024500。

54 「帝国の国防方針」（1907 年），〈日本帝国の国防方針：明治
　　40 年〉，JACAR Ref. C14061024600。

斯德展開攻勢，期望儘速達成攻略戰果。[55]

　　在以俄國為第一假想敵的國防方針下，日本陸軍防俄任務成為身在南滿洲的滿洲駐箚軍，即日後關東軍的使命。即使日俄兩國於 1907 年至 1916 年期間簽訂四次密約，明確劃分南北滿洲的分界線、彼此尊重各自在南北滿地區特權、合力排斥其他列強投資滿洲，以及將南北滿洲分界線延伸至內外蒙古，並將內蒙古劃分為東西兩部，俄國承認日本在東蒙的特殊權益等，[56] 但日俄兩國並未因此改善彼此國防對峙關係，日本陸軍也未曾改變要求準備對俄軍備的主張。在日本陸軍一直對俄國抱有敵意且強化對俄軍備的主張下，滿洲駐箚軍在成立之初即根植了「北向軍隊」的特質。[57]

　　關東軍承續滿洲駐箚軍的該項特質，戰略思維一直以來就是以俄國為目標，將滿洲作為防止俄國南下的要塞。尤其是蘇維埃革命後，共產主義思想對中國產生巨大影響，蘇俄更扶持成立中國共產黨，對日本形成一種「意識型態兼戰略的威脅」，因此日本占有滿洲對於防止共產思想入侵的對蘇戰略地位而言非常重要。[58]九一八事變前夕的 1931 年 7 月至 8 月期間，關東軍參

---

55 「帝国軍の用兵綱領」，〈日本帝国の国防方針：明治 40 年〉，JACAR Ref. C14061025000。

56 四次日俄密約簽訂時間分別為：1907 年 7 月 30 日、1910 年 7 月 4 日、1912 年 7 月 8 日、1916 年 7 月 3 日。日俄簽訂密約的背景與過程請參閱：蔡鳳林，《日俄四次密約——近代日本「滿蒙」政策研究之一》（北京：中央民族大學出版社，2008 年）。

57 島田俊彥，《関東軍：在滿陸軍の独走》，頁 35-36。

58 James B. Crowley, *Japan's Quest for Autonomy: National Security and Foreign Policy, 1930-1938* (New Jersey: Princeton University Press, 1966), p.192；緒方貞子，《満州事変——政策の形成過程》，頁 82。

謀部即針對東京參謀本部制定該年度情勢判斷的內容，提出難以保證蘇聯不會趁日本遭逢災難之際赤化滿蒙，並更進一步企圖破壞日本內部的憂慮。[59]

　　負責九一八事變行動的板垣征四郎，於 1929 年 5 月到滿洲就任關東軍高級參謀，比石原莞爾晚七個月到滿洲任職，但卻較石原莞爾更為理解關東軍的防俄使命。板垣征四郎表示，一般日本人對於戰爭之際日本國內的物資補給問題抱持憂慮態度，但他認為在戰爭形成長期戰，即使每年需要輸入幾萬噸物資，大致以中國滿蒙與華北地區擁有的物資即可得到補充，絕無需擔憂。此點看法和小磯國昭、永田鐵山與石原莞爾相同，基本上是日本陸軍研究總體戰問題以來解決國防資源問題的觀點。不過，板垣征四郎認為滿蒙對於日本國防及國民經濟與生存上具有深刻且特別關係，不能僅單純地以經濟角度來看滿蒙與日本的關係。他由軍事與中國歷史的角度觀察滿蒙，指出滿蒙在北以黑龍江流域、西以大興安嶺和俄國為境，東南以鴨綠江和朝鮮為界，西南以松嶺、七老頭、陰山等諸山脈和中國本土隔離，四周天然的地理屏障形成戰略據點，使得滿蒙在地形上具有天賦的戰略地位。[60]

　　板垣征四郎認為若日本勢力擴及北滿，日本可以選

<hr>

59 関東軍參謀部，「情勢判断ニ関スル意見」（1931 年 7、8 月），稻葉正夫、小林龍夫解說，《現代史資料（7）：滿洲事変》，頁 162。

60 板垣征四郎，「軍事上より觀たる滿蒙に就て」（1931 年 3 月），稻葉正夫、小林龍夫解說，《現代史資料（7）：滿洲事変》，頁 139、143。

定黑龍江流域沿著大興安嶺一線作為國防第一線，以呼倫貝爾的沙漠地帶作為緩衝地帶，即使蘇聯以優勢兵力要發動攻勢將會非常地困難，而且西伯利亞的沿海州也將自然地納入日本勢力範圍。因為滿蒙不僅可對蘇聯東進產生掣肘作用，讓日本對蘇作戰更容易，亦可控制中國，得以利用其豐富的資源，海陸兩軍進行長期戰所需物資，均可由滿蒙和中國本土獲得補充。因此滿蒙問題實際上是關係到日本安危的問題，故而解決此問題對於日本國防是具有重大意義。[61] 簡言之，板垣征四郎認為日本若掌控具有戰略樞紐的滿蒙，消極地可全面防衛朝鮮，積極地可牽制蘇聯東進，而且對於中國可以掌握強力的發言權。因此他特別強調滿蒙的國防價值實際上是超越經濟問題的重大問題。[62]

九一八事變之後，板垣征四郎於 1932 年 1 月返回東京，與陸軍省及外務省討論後續的處理方針，共同擬定「滿蒙問題處理方針要綱」。3 月 12 日，該要綱經犬養毅內閣通過，成為日本政府對滿洲的基本政策。該要綱表示「務使滿蒙在〔日本〕帝國的支援下，讓該地的政治、經濟、國防、交通、通信等諸種關係上，能夠體現出帝國存立重要因素的效能。」同時明確指出「以滿蒙之地作為帝國對俄、對支的國防第一線，不允許來自外部的騷擾。為此目的，必須適時增加駐滿帝國陸軍

---

61 板垣征四郎，「滿蒙問題二就テ」（1931 年 5 月 29 日），稻葉正夫、小林龍夫等編，《太平洋戰爭への道：別卷 資料編》，頁 102-107。
62 板垣征四郎，「軍事上より觀たる滿蒙に就て」，頁 140。

的兵力，並且需有必要的海軍設施」。[63]

　　兩個月後，板垣征四郎以上述要綱為基礎，研擬情勢判斷與對策。他指出「經營滿蒙以保障國民的經濟生活、穩定國防安全，確立〔日本〕帝國存立發展基礎是現今急務」，「面對支那的計謀、國際聯盟的掣肘、美蘇的施策等阻礙此大事業因素，要適切地運用外交，避免事態激化而予以排除」。「尤其是對蘇、支兩國，或美國都有行使武力的覺悟。為此充實陸軍戰備的重點是以蘇聯為目標」。他認為「將來日蘇戰爭是可不避免」，但「帝國的戰力對於美蘇兩國將逐漸不利，是以吾等經營滿蒙重點在於完成可以呈現國防重要因素事業的大綱，勉力迅速地建設此事業」。重要是對於赤化問題，則認為可能「自滿蒙漫延至日本，故要抱持十分的注意」。因此在滿蒙施策方面，「要確立可以快速增加帝國重要國防資源的鐵、石炭、頁岩油、羊毛、棉花、鋁、鎂、紙漿等產業的方策」，以「滿足帝國軍作戰上的要求與產業開發的便利」。[64]

　　板垣征四郎相較於石原莞爾在於沒有日蓮宗的宗教信仰觀念束縛，以及曾於 1904 年 10 月由陸軍士官學校畢業後，以少尉身分參加過日俄戰爭的經驗，使其較為理解「北向軍隊」關東軍以防俄為目標使命的現實需

63 閣議決定，「滿蒙問題處理方針要綱」（1932 年 3 月 12 日），〈閣議決定書輯錄：滿洲關係閣議決定集〉，《戰前期外務省記錄》，JACAR Ref. B04120031600。

64 板垣征四郎，「板垣高級參謀の情勢判斷」（1932 年 4-5 月），稻葉正夫、小林龍夫解說，《現代史資料（7）：滿洲事變》，頁 172-179。

求，也更多由國防角度強調滿洲的戰略地位，故而直接強調滿蒙的國防價值比經濟問題更為重要，而且在國防上亦特別關注對蘇戰備與防赤的問題。

　　總而言之，九一八事變的原因在於日本的生存發展、國防需求，以及關東軍的對俄戰備使命。但由石原莞爾與板垣征四郎一再強調滿洲的國防價值觀之，九一八事變可視為關東軍防俄戰略與防赤需求的展開。就此點而言，顯示了事變性質實與日本防共國防策略息息相關。

第二節　中國對事變的認識

一、事變性質的理解

　　1931 年九一八事變當日，蔣介石正乘永安艦赴江西督師剿共。其獲知事變的訊息，最早應是 9 月 19 日上午來自宋子文（1894-1971）由上海發來的電報：

> 據路透社十九日東京電稱：昨晚中國軍隊擬拆毀
> 南滿鐵路某橋樑，在瀋陽城外與日本軍隊發生重
> 大衝突，日軍佔領北大營華軍駐防地。又據路透
> 社十九日北平電稱，張〔學良〕副司令得瀋陽來
> 電稱，日本于十八〔日〕晚十時從瀋場城內掃擊
> 華軍，致死傷甚眾。[65]

---

65 「宋子文致蔣介石效電」（1931 年 9 月 19 日），〈特交文電——

同日，宋子文再致電蔣介石表示：「據報瀋陽、長春已為日軍佔據，日軍亦將佔領牛莊消息。」[66] 約在同一時間，南京外交部方面亦向蔣介石報告日本通訊社發布的事變消息：

> 據日本通訊社發布的消息稱，十八日午後十一時日本守備隊在瀋陽北大營與華軍衝突，……今晨六時日軍佔領瀋陽。又報稱，日軍在長春、寬城子等處將華軍解除武裝，……關東軍司令部移奉天。[67]

此外，監察院長于右任（1879-1964）也將所得消息電知蔣介石：

> 頃接津大公報張季鸞君電稱：瀋垣昨夜今晨間實際已被日軍全佔，我方無抵抗。又電云：皓丑〔19日3時〕起，瀋陽日軍攻北大營，將皇姑屯至瀋

瀋陽事變（一）〉，《蔣檔》：002-090200-00003-087。就目前已知蔣介石收到有關事變訊息的 9 月 19 日電報，其末端電碼韻目未必附有時辰，但在這些「陸海空軍總司令部機要室來電紙」上有譯電者填寫的號次，此件宋子文來電號次優先於以下內文所引外交部、于右任以及張學良之來電。此外，9 月 19 日晚，蔣介石致電張學良：「中刻抵南昌，接滬電知日兵昨夜進攻瀋陽。據京消息：日以我軍有拆毀鐵路之計畫，其藉口如此，請向外宣傳時，對此應力闢之。」可知，蔣介石最初的事變訊息應是來自於此件宋子文的滬電。請參閱：「蔣介石致張學良皓戌電」（1931 年 9 月 19 日），〈革命文獻─瀋陽事變（一）〉，《蔣檔》：002-020200-00012-001。

66 「宋子文致蔣介石皓申電」（1931 年 9 月 19 日），〈特交文電─瀋陽事變（一）〉，《蔣檔》：002-090200-00003-089。

67 「外交部致蔣介石效電」（1931 年 9 月 19 日），〈特交文電─瀋陽事變（一）〉，《蔣檔》：002-090200-00003-088。

站間橋樑電線毀斷各等語。[68]

可知，宋子文、于右任、外交部以及蔣介石在 19
日上午得知事變內容主要來自外電消息，對於事變情況
的初步了解，基本上為中國軍隊拆毀南滿鐵路引發中日
軍隊衝突、瀋陽被日軍占領，以及長春與寬城子華軍被
日軍解除武裝等。

外交部電告蔣介石之際，曾表示應當採取向日本抗
議、向國際聯盟提出控訴，以及通告非戰公約簽字國等
措施。[69] 因此外交部立即在 9 月 19 日照會日本駐華公
使重光葵：「日本軍隊在長春、寬城子等處將華軍武裝
解除，與瀋陽華軍衝突，午後十二時向瀋陽城內攻擊，
十九日晨占領瀋陽。」要求電達日本政府「迅令上述日
本軍隊立即剋日退回原駐地點」。[70] 駐日公使館代辦江
洪杰（1876-?）接獲外交部訓令，亦於 20 日以同樣內
容向日本政府提出嚴重抗議。[71]

在日內瓦的駐英公使兼駐國際聯盟中國全權代表施
肇基（1877-1958）也依外交部訓令，向國聯報告事變
消息，請求主持公道。國聯輪值主席賴爾樂（Alejandro

---

68 「于右任致蔣介石皓電」（1931 年 9 月 19 日），〈特交文電－
瀋陽事變（一）〉，《蔣檔》：002-090200-00003-090。

69 「外交部致蔣介石效電」（1931 年 9 月 19 日），〈特交文電－
瀋陽事變（一）〉，《蔣檔》：002-090200-00003-088。

70 「外交部致日本公使照會」（1931 年 9 月 19 日），〈東省事變
先後與駐華日使館往來文件〉，《外交部檔案（國）》：020-
010112-0029，頁 10。

71 「江洪杰致幣原喜重郎函」（1931 年 9 月 20 日），〈駐日公使
館與日外務省關於東案往來文件抄件〉，《外交部檔案（國）》：
020-010112-0035，頁 10。

Lerroux, 1864-1949，西班牙外長）於 9 月 19 日下午召
開理事會，日本駐法大使兼國聯全權代表芳澤謙吉
（1874-1965）搶先報告，表示報紙刊載內容極為簡略，
僅知日中兩國軍隊在奉天北方滿鐵沿線發生衝突，現在
日本政府已在探尋詳細報告，並努力緩和事態發展。施
肇基僅簡單地指出，依據現在的報導，所謂事件發生原
因為中國方面的挑釁並非事實，在獲知更確實報告後將
會通報理事會。[72] 結果在中日雙方都未獲知更詳細的
事變情況之下，理事會延至 22 日再行召開。

　　事變之時，東北邊防軍司令官張學良（1901-2001）
正在北平養病，最遲在 9 月 19 日清晨 5 時左右，即收
到遼寧省政府主席臧式毅（1884-1956）和東北邊防軍
司令長官公署參謀長榮臻（1891-1960）來電報告事變
消息，並於 6 時多找來顧維鈞（1888-1985）共同研
商。[73] 直至當日下午，張學良才將事變現場消息分別電
告國民政府和蔣介石，同時通電全國：

　　　頃據瀋陽臧主席、榮參謀長皓卯〔19 日 5 時〕電
　　　稱：……日兵自昨晚十時，開始向我北大營駐軍
　　　施行攻擊，我軍抱不抵抗主義，毫無反響，……
　　　向日領迭次交涉，乃以軍隊行動，外官不能直接

---

72 「芳沢謙吉より幣原喜重郎宛第 46 号電」（1931 年 9 月 20 日），
　　外務省編纂，《日本外交文書：滿州事変》，第一卷第三冊（東京：
　　外務省，1978 年），頁 153-154；榛原茂樹、柏正彥，《滿洲事変
　　外交史》（東京：金港堂書籍株式會社，1932 年），頁 229-230。

73 顧維鈞著，中國社會科學院近代史研究所譯，《顧維鈞回憶錄》，
　　第一分冊（北京：中華書局，1983 年），頁 413。

制止等語相告，顯係支吾，並云由我軍破壞南滿
路之橋樑而起，實屬捏詞。……等語。最後復得
瀋陽電臺報告，日軍已於今晨六時三十分入省
城，……。日方宣傳因我軍襲擊南滿路，故日軍
施行追擊。但事實上我方絕無此事，即日軍犯我
北大營時，亦毫無與之抵抗。[74]

國民政府方面最初獲知事變性質訊息，係華軍拆毀
南滿鐵路引起中日兩軍衝突，經由張學良來電則確知起
因並非是華軍挑釁與兩軍衝突，但仍然未能明瞭為何會
爆發事變。

當晚張學良按顧維鈞的提議，[75] 致電蔣介石和外
交部長王正廷（1882-1961），建議「應先電達國聯，
請根據盟約召集行政院臨時會議，討論制止侵略辦法，
以維國際和平，且可喚起各國注意，日方或有所顧忌，
不致再有進展」。[76] 外交部在 9 月 20 日將張學良電文
轉知施肇基，[77] 意在告知東北軍政實際負責人張學良
也同意將此事訴諸國聯。外交部的舉措透露出東北僅名

---

74 「張學良致蔣介石效電」（1931 年 9 月 19 日），〈特交文電—瀋
　　陽事變（一）〉，《蔣檔》：002-090200-00003-094；「張學良為
　　日軍進犯瀋陽北大營通電」（1931 年 9 月 19 日），秦孝儀主編，
　　《中華民國重要史料初編——對日抗戰時期》，緒編（一）（臺北：
　　中國國民黨中央委員會黨史委員會，1981 年），頁 257-258。

75 顧維鈞著，中國社會科學院近代史研究所譯，《顧維鈞回憶錄》，
　　第一分冊，頁 414。

76 「張學良致蔣介石王正廷效酉電」（1931 年 9 月 19 日），〈特
　　交文電—瀋陽事變（一）〉，《蔣檔》：002-090200-00003-098。

77 「外交部致施肇基電」（1931 年 9 月 20 日），〈東省事變聲請
　　國聯〉，《外交部檔案（國）》：020-010112-0034，頁 20。

義上歸屬國民政府，處理東北問題時仍必須顧及張學良
的態度。[78]

　　9 月 19 日晚上 7 時半，日本駐華公使館書記官上
村伸一（1896-1983）前來外交部拜會亞洲司長徐謨
（1893-1956）表示：「日本政府現已電令軍事長官勿
令擴大。」徐謨回應此點「實為最緊要之事」，同時指
出：「此事據我方所得報告，完全係日軍挑釁，任意攻
擊，中國軍隊並未抵抗。」上村伸一則指稱：「此事係
因中國方面欲毀壞南滿軌道而起。」徐謨立即反駁：
「據中國方面所得報告並無此事。」[79] 徐謨的回應可
以說是中國首次直接面對日本，駁斥所謂事變原因是中
國軍隊破壞南滿鐵路引起的說法。此外，據日文檔案所
載，徐謨也向上村伸一表示，知道日本陸軍甚為好戰，
經常釀起事端製造機會，因此曉得此次事件只是日本陸
軍的任意行動，但日本政府仍免不了有責任。[80] 顯示徐
謨已經初步將事變認定為日軍尋釁釀起事端，並區別了
日本內閣與軍部。翌日，外交部據此態度二度照會重光
葵，指稱據確實報告已知，日本軍隊「突然攻擊不抵抗
之中國軍隊，佔領城邑。中國政府及人民不得不信貴國

---

78 劉維開，《國難期間應變圖存問題之研究──從九一八到七七》
　　（臺北：國史館，1995 年），頁 11。

79 「徐謨與上村伸一會晤紀錄」（1931 年 9 月 19 日），〈東省事
　　變先後與駐華日使館往來文件〉，《外交部檔案（國）》：020-
　　010112-0029，頁 12。

80 「上村伸一より幣原喜重郎宛第 553 号電」（1931 年 9 月 19 日），
　　外務省編纂，《日本外交文書：満州事変》，第一卷第二冊（東京：
　　外務省，1977 年），頁 296。

方面故意破壞和平」。[81]

外交部也同時在 9 月 19 日再電知施肇基：「現已完全證實，我方毫無挑釁舉動，日軍公然向我攻擊，我方雖絕未抗拒，而彼仍繼續向我開火」，重要的是「現在日軍尚無立即退出佔領區域之意態，中國政府請求國際聯合會立即並有效的依照盟約條款，取適當之措置，使日軍退出佔領區域，保持東亞和平。」[82]次日，外交部針對施肇基 19 日來電報告首次理事會會議情形，覆電指出：「芳澤所稱 Collision，實係日軍片面攻擊絕未抵抗之中國軍隊。」「日方宣傳，此事因我軍毀壞南滿路之橋樑而起，實屬捏詞，昨已電達。今日有日軍進攻前，先自炸毀路軌，以為藉口之說。如日方提及此點，應力加否認。」[83]

9 月 21 日，施肇基奉外交部訓令，正式照會國聯秘書長，控訴日軍攻擊東北中國軍隊並占領瀋陽、安東及其他城鎮與公共機關。[84]翌日，國聯召開特別理事會，決議授權主席賴爾樂向中日兩國政府發出緊急通知書：（1）從速請求中日兩國政府停止一切行動足使現在局勢愈加嚴重，或足以害及本問題和平之解決者；

---

81 「外交部致日本公使照會」（1931 年 9 月 20 日），〈東省事變先後與駐華日使館往來文件〉，《外交部檔案（國）》：020-010112-0029，頁 15。

82 「外交部致施肇基電」（1931 年 9 月 19 日），〈東省事變聲請國聯〉，《外交部檔案（國）》：020-010112-0034，頁 17。

83 「外交部致施肇基電」（1931 年 9 月 20 日），〈東省事變聲請國聯〉，《外交部檔案（國）》：020-010112-0034，頁 15。

84 「中國代表團對國際聯合會秘書長提出之書面聲請書」，〈東省事變聲請國聯〉，《外交部檔案（國）》：020-010112-0034，頁 18。

（2）商同中日代表，覓得適當辦法，俾兩國將各本國
軍隊立即撤退；（3）行政院並表決將該院開會會議紀
錄及關於此事之種種轉達美國政府參考。[85]

　　中國方面對於國聯的通知甚為不滿，國民黨中央執
行委員戴傳賢（1891-1949）在 9 月 23 日政治會議上認
為：「國聯必以為此次事件係兩方軍隊之正面衝突，或
以為現在兩方在相持之中，所以才說要兩方都撤兵。而
事實上，是日本侵佔了我國的領土，祇有要日本撤兵，
我們怎樣撤兵？」委員朱家驊（1893-1963）甚至質疑
施肇基的外交能力，指出：「施公使的答話，祇說不是
中國挑釁」，「僅僅以未接訓令為詞，便算了事。中了
日本人延長時間的惡計，殊為憾事。」[86]

　　遠在日內瓦的施肇基因距離因素，一時之間難以明
確得知事變情況，然而，事變後數日，南京方面以及在
北平的張學良是否就已經明確掌握事變實況與原因？9
月 24 日，張學良致電蔣介石與王正廷，綜合報告日軍
進攻瀋陽等地的詳情指出：「日軍此舉不過尋常尋釁性
質，為免除事件擴大起見，絕對抱不抵抗主義。」「我
方交涉員即向日領質問，日領諉為原因不明，」「日軍

85　「外交部致張學良電」（1931 年 9 月 23 日），〈東省事變國聯之
　　決議與措置（一）〉，《外交部檔案（國）》：020-010112-0030-
　　0004；「芳沢謙吉より幣原喜重郎宛第 68 号電」（1931 年 9
　　月 23 日），外務省編纂，《日本外交文書：満州事変》，第一卷第
　　三冊，頁 167-168。
86　「中國國民黨中央執行委員會政治會議第二九〇次會議記錄」
　　（1931 年 9 月 23 日），劉維開編輯，《國民政府處理九一八事
　　變之重要文獻》（臺北：中國國民黨中央委員會黨史委員會，
　　1992 年），頁 179-180。

反謂事變之起，實由我軍破壞南滿路之橋樑，」實則
「乃係日軍自行爆破北大營附近之南滿路小橋樑也。」
「奈日軍此種暴行，純屬違背國際公法。」[87] 可知，
數日後張學良綜合各方訊息，認定事變原因為單純的日
軍尋釁，違反國際公法。因此張學良除了電請外交部向
國聯申訴外，亦於 9 月 23 日派東北邊防軍副司令萬福
麟（1880-1951）前至南京面謁蔣介石，傳達希望與日
軍單獨交涉，以求速了的意見。但蔣介石與萬福麟詳談
外交形勢與東三省地位，告之「與其單獨交涉而簽喪土
辱國之約，急求速了，不如委之國際仲裁，尚有根本勝
利之望」。[88]

　　南京方面在獲知各方消息，包括張學良報告之後，
外交部在 9 月 20 日二度照會重光葵，要求「迅速轉達
貴國政府，電令日軍即刻完全退出佔領區域，恢復原
狀」。[89] 駐日使館江洪杰在同日亦依外交部訓令致函外
相幣原喜重郎（1872-1951），指出「日軍此種行動實
屬蔑視非戰公約，破壞東亞和平」，請日本政府迅令
「日軍停止一切攻擊，并即刻退回原地」。[90] 24 日，
外交部三度照會重光，再次要求日本政府「嚴令日軍停
止一切行動，即刻全部撤退佔領區域，恢復原狀」。[91]

---

87 「張學良自北平報告日軍進攻瀋陽各地詳情呈國民政府電」（1931
　　年 9 月 24 日），秦孝儀主編，《中華民國重要史料初編——對日
　　抗戰時期》，緒編（一），頁 259-260。
88 《蔣介石日記》（手稿），1931 年 9 月 23 日。
89 「外交部致日本公使照會」（1931 年 9 月 20 日）。
90 「江洪杰致幣原喜重郎函」（1931 年 9 月 20 日）。
91 「外交部致日本公使照會」（1931 年 9 月 24 日），〈東省事變先後

外交部的抗議照會，就形式上可以說是表面上必要的外
交動作，實質上則是在徐謨對日認識的基礎上，區別日
本內閣與軍部的行為，也以為事變僅是日軍的任意行
動，藉望透過外交方式讓日軍撤出占領區。可知，南京
方面對於事變的性質，基本上也與張學良的認知相同，
將事變性質定調為日軍尋釁，違反國際公法。

　　蔣介石曾指出，日本的傳統政策，「是以佔領瀋陽
為擾亂中國的根據地」。[92] 學者蔣永敬據此指出蔣介石
與張學良「對事變的性質與日軍意圖的判斷，顯然亦有
不同」。[93] 然而，蔣介石也表示「日本此次無理佔據
我東北，我們也很明白並非彼全國國民之意，而係彼國
少數野心軍人之橫暴行為」，因此「希望日本大多數國
民，一致起來，督促他們那般少數野心軍人，如期撤
兵，糾正此種破壞國際和平的行動」。[94] 同時蔣介石引
用幣原喜重郎向陸相南次郎（1874-1955）表達不認同
日軍占領東北一事，認為「幣原在外交上，是比較有
些世界眼光」。[95] 加上事變後數日，蔣介石曾秘密派遣

與駐華日使館往來文件〉，《外交部檔案（國）》：020-010112-
0029，頁 19。

92 蔣介石，「對『對日問題專門委員會報告』補充說明」（1931 年
11 月 20 日），秦孝儀主編，《中華民國重要史料初編——對日抗
戰時期》，緒編（一），頁 306。

93 蔣永敬，〈顧維鈞與「九‧一八」事變〉，收入中國抗日戰爭史學
會編，《抗日戰爭與中國歷史：「九‧一八」事變 60 周年國際學術
討論會論文集》（瀋陽：遼寧人民出版社，1994 年），頁 382。

94 蔣介石，「繼續奮鬥貫徹主張」（1931 年 10 月 26 日），秦孝儀
主編，《中華民國重要史料初編——對日抗戰時期》，緒編（一），
頁 298。

95 蔣介石，「對『對日問題專門委員會報告』補充說明」（1931 年
11 月 20 日），秦孝儀主編，《中華民國重要史料初編——對日抗

　　負責主持東北黨務的國民黨中央政治委員會委員齊世英
（1899-1987）前往日本，了解其政府與軍部的態度是
否一致。幣原喜重郎向齊世英表示「日本政府絕不擴大
這事」，而且會想辦法儘快結束此事。但要求中國政府
也要盡速處理，不要向國聯控訴，希望由「中、日兩國
自己處理，儘快解決」。[96] 可知，蔣介石對於事變性質
的認知，不同於張學良與外交部所以為的單純為日軍尋
釁，但同樣地都認為是日軍局部的軍事行為，因此力求
避免事態擴大。關於這種對日認識的看法，特種外交
委員會委員李煜瀛（1881-1973）即指出：「日本國內
軍事、經濟、外交各界人物，對東三省利益雖同抱侵
略目的，而所取途徑則頗不一致，我國似不妨利用此
點。」[97] 該委員會主席戴傳賢也曾表示，日本「外交當
局，最初與軍事當局意見不同」，並以此作為因應事
變的依據之一。[98]

　　在上述區別日本內閣與軍部，認定事變為日軍局部
軍事行為的看法下，當蔣介石於 9 月 21 日下午返抵南
京，隨即召集各幹部要員商討對日方略，決定訴諸國

　　戰時期》，緒編（一），頁 307。

96 沈雲龍、林泉、林忠勝訪問，林忠勝紀錄，《齊世英先生訪問紀錄》
　　（臺北：中央研究院近代史研究所，1990 年），頁 138-143。

97 「中央政治會議特種外交委員會第三次會議紀錄」（1931 年 10 月 2
　　日），劉維開編輯，《國民政府處理九一八事變之重要文獻》，頁
　　14-15。

98 戴傳賢，「任特種外交委員會委員長時上中央政治會議報告」
　　（1931 年 11 月），戴季陶著，陳天錫編訂，《戴季陶先生文存》
　　（一）（臺北：中國國民黨中央委員會，1959 年），頁 373。

聯。[99] 一般或會據此以為「訴諸國聯」政策出自蔣介石
個人主張，[100] 實則施肇基早於 19 日獲得外交部訓令即
已提請國聯召開會議處理，當晚張學良亦已電請外交部
電達國聯討論制止日本侵略辦法。蔣介石於會議上係
認同，並裁示將此作為處理九一八事變的初步因應政
策。此外，蔣介石曾於 1914 年 7 月至 8 月期間奉孫文
（1866-1925）指派至東北發展革命運動，使其了解東
北已與列強「構成一極複雜錯綜之關係」，認識到「東
北問題，早成歷史上國際之問題」。[101] 而該次東北之
行的經歷，讓他對東北情況有較深刻認識，「影響日後
他對東北問題的處理方式」，[102] 成為「其願意接授訴
諸國聯求解決東北問題的主要原因之一」。[103]

　　中國方面以區別日本內閣與軍部作為研判日本行動

99 「蔣主席召集會議決定對日方略紀事」（1931 年 9 月 21 日），
秦孝儀主編，《中華民國重要史料初編——對日抗戰時期》，緒
編（一），頁 281。

100 蔣永敬，〈顧維鈞與「九‧一八」事變〉，頁 381；吳天威，〈蔣
介石與「九‧一八」事變〉，收入中國抗日戰爭史學會編，《抗
日戰爭與中國歷史：「九‧一八」事變 60 周年國際學術討論會
論文集》，頁 360；黃自進，〈訴諸國聯公論：國際聯盟對「九一八
事變」的討論（1931-1933）〉，《中央研究院近代史研究所集
刊》，第 70 期（2010 年 12 月），頁 148-149。

101 蔣介石，「十年來革命經過之回顧」（1934 年 6 月 16 日），秦
孝儀主編，《先總統蔣公思想言論總集》，卷十二 演講（臺北：
中國國民黨中央委員會黨史委員會，1984 年），頁 240。

102 劉維開，〈蔣中正的東北經驗與九一八事變的應變作為——兼
論所謂「銑電」及「蔣張會面說」〉，收入中國社會科學院中
日歷史研究中心編，《九一八事變與近代中日關係——九一八
事變 70 周年國際學術討論會論文集》（北京：社會科學文獻出
版社，2004 年），頁 423。

103 劉維開，《國難期間應變圖存問題之研究——從九一八到七七》，
頁 14。

的依據，認為事變是日軍局部行動，除了是因為傳統的
既定印象之外，日本政府在事變後的態度也是不可忽略
因素。9 月 19 日上午，首相若槻禮次郎（1866-1949）
召開內閣會議商討事變對策，南次郎原欲提議派遣朝鮮
軍越境支援關東軍，但幣原喜重郎報告由外務省方面獲
得不利於陸軍的情報，結果內閣會議決定「不讓現今事
態再行擴大的方針」，[104] 並在下午透過上村伸一向徐
謨傳達日本政府已電令當地軍事長官勿使衝突擴大。
22 日，日本參謀總長金谷範三（1873-1933）訓令關東
軍，此後新行動須等待中央部指示；南次郎也訓令不得
進軍寬城子以北，亦不得將管理範圍擴大到南滿鐵道以
外，並派遣陸軍省兵務課長安藤利吉（1884-1946）搭
機至瀋陽，直接宣達陸相命令，暫時阻止關東軍準備
進軍哈爾濱的計畫。[105] 結果若槻禮次郎內閣的不擴大
方針暫時中止關東軍擴大軍事行動，對外形成日軍在東
北停止軍事行動的表象。

　　此外，若槻禮次郎內閣也於 9 月 22 日就事變發表
第一次聲明，說明日本政府採取不擴大方針，並無占領
滿洲領土的慾望。[106] 對此國聯行政院在 9 月 30 日決議
案「認為重要」。[107] 此項聲明不僅讓國聯不對日軍在

---

104 「満州事変機密作戦日誌」，稻葉正夫、小林龍夫等編，《太
　　平洋戦争への道：別巻 資料編》，頁 114-115。
105 片倉衷，「満洲事変機密政略日誌 其一」，稻葉正夫、小林龍
　　夫解說，《現代史資料（7）：満洲事変》，頁 189-190。
106 「満洲事変に関する政府第一次声明」（1931 年 9 月 24 日），
　　外務省編纂，《日本外交年表竝主要文書》（下）（東京：原
　　書房，1978 年），頁 182。
107 「國聯行政院九月三十日決議案」（1931 年 9 月 30 日），秦孝

東北行動的真實目的產生懷疑，亦讓中國方面誤判關東
軍陰謀占領東北的意圖。加上駐日公使蔣作賓於 10 月
29 日致電外交部指出，幣原喜重郎在樞密院會議面對
各顧問官質問，表示「日本已屢次聲明毫無與中國開戰
之意，不過駐兵以維持滿洲治安，保護日僑之生命財產
而已。中國若能與〔予〕以安全保障，無論何時均可
撤兵」。[108] 30 日，蔣作賓再電稱，日本因事變問題，
「宮中與軍閥暗鬥甚烈」。[109]

　　這些訊息加強中國方面對於日本外交當局的既有印
象，因此所謂「訴諸國聯」政策，理應也含有考量日本
外交當局與軍事當局意見不同作為因應事變的依據。如
同三年後蔣介石檢討中日關係時指出：「中國在九一八
以後，還以為日本雖肇此巨禍，畢竟不能不顧慮國際的
反感，也不能完全拋卻對國際條約的責任。」[110] 可謂
點出在此期間中國對幣原外交抱有想象的期望。

　　雖然若槻禮次郎內閣採取不擴大方針，但幣原喜重
郎仍冀望運用關東軍在東北軍事行動的有利形勢，排
除國聯和第三國介入，透過外交方式與中國處理滿蒙

　　　儀主編，《中華民國重要史料初編──對日抗戰時期》，緒編
　　　（一），頁 327。
108 「蔣作賓致外交部並轉蔣介石電」（1931 年 10 月 29 日），〈革
　　　命文獻─瀋陽事變（一）〉，《蔣檔》：002-020200-00012-035。
109 「蔣作賓致外交部電」（1931 年 10 月 30 日），〈革命文獻─瀋
　　　陽事變（一）〉，《蔣檔》：002-020200-00012-036、002-020200-
　　　00012-037。
110 蔣介石，「敵乎？友乎？──中日關係的檢討」（1934 年 10 月），
　　　秦孝儀主編，《中華民國重要史料初編──對日抗戰時期》，緒
　　　編（三）（臺北：中國國民黨中央委員會黨史委員會，1981 年），
　　　頁 621。

問題。[111] 他即據此方針在 10 月 9 日照會蔣作賓，認為
「就日本政府所見，目前最優先的急務在於日華雙方合
作緩和國民的感情，為此兩國之間應速協議可以確定平
常關係的數項基礎大綱」，「日本政府隨時可以與有責
任之中國代表直接會商前項根本大綱」，[112] 表達日本
希望與中國直接交涉的態度。13 日，幣原喜重郎致電
芳澤謙吉，告知內閣擬訂之 5 點基礎大綱內容，訓令
以口頭方式告知國聯常務理事會主席白里安（Aristide
Briand, 1862-1932），促成中日兩國直接交涉。[113] 16
日，芳澤謙吉將大綱內容密告白里安，並間接經由施肇
基電達給中國國民政府。[114] 26 日，若槻禮次郎內閣發
表第二次聲明，正式提出所謂「幣原五原則」，作為與
中國直接談判的基礎大綱。[115]

111 俞辛焞，《脣槍舌劍——九一八變時期的中日外交》（桂林：
　　廣西師範大學出版社，1997 年），頁 92-93。
112 「幣原喜重郎致蔣作賓照會（亞一機密第八十六號）」（1931 年
　　10 月 9 日），〈駐日公使館與日外務省關於東案往來文件抄件〉，
　　《外交部檔案（國）》：020-010112-0035，頁 19。
113 「幣原喜重郎より沢田第 86、87 号電」（1931 年 10 月 13 日），
　　外務省編纂，《日本外交文書：滿州事變》，第一卷第三冊，頁
　　271。幣原傳達芳澤的 5 點基礎大綱為：（1）彼此宣言不採取侵
　　略的政策與行動；（2）彼此約定盡可能採取手段抑止敵視的行
　　動；（3）日本再次明確表明尊重包含滿洲在內的支那領土之完
　　整；（4）支那確實保護在滿洲各地居住、旅行及經營和平事業之
　　日本人；（5）關於避免在滿洲從事鐵路競爭，以及為了實行現存
　　日支條約規定，兩國政府要締結日支鐵道系統之間必要的協議。
114 「顧維鈞致張學良諫戌電」（1931 年 10 月 16 日），中國第二歷
　　史檔案館編，〈九一八事變後顧維鈞致張學良密電選〉（上），
　　《民國檔案》，1985 年第 1 期（1985 年 2 月），頁 14。施肇基
　　致電國民政府告知的 5 點基礎大綱，除了第五點：「在滿之中日
　　鐵路避免競爭與根據條約之各路權問題之提議，投票反對」，語
　　意不清外，其餘四點與前述幣原電知芳澤的要旨內容大致相同。
115 「滿州事變に関する政府第二次声明」（1931 年 10 月 26 日），

　　中國方面對於日本外交當局欲藉機要挾的企圖亦瞭
然於胸。上海市長張羣（1889-1990）曾於事變後托人
間接向重光葵探詢日本意旨，由其謂「本主張暫置滿蒙
問題，先行解決其他懸案；今瀋事發生，不能如願，實
深遺憾」的說法，臆測日方意旨似「必須我方先行承認
解決滿蒙懸案，可方撤兵」。因此張羣於 9 月 21 日致
電蔣介石，建議「堅持日先撤兵，我始談判，庶免為
所刼持，損失更大」。[116] 特別外交委員會委員顧維鈞
亦指出：「日本堅持直接交涉，先訂大綱協定，然後
撤兵。」「而其陸軍盤據遼、吉，相機擴大，其海軍
駛入我江海要口以示威，各處僑民復遊行以尋釁，是
彼外交、軍事雙方並進，着着逼我，以圖解決。」不
過，顧維鈞仍主張應與日本直接交涉，「速定全盤方
針，擬就具體辦法，從容逐步應付」。[117] 顧維鈞分析
若槻禮次郎內閣發表第二次聲明揭示的直接談判基礎大
綱，認為由其末段措詞，「日方似已稍讓步，將基本大
綱與撤兵接收事宜並為一談，準備與吾國開議。如果日
本誠意轉圜，不難就其提議謀一無損雙方體面而有利吾

　　　外務省編纂，《日本外交年表竝主要文書》（下），頁 186。幣
　　　原五原則為：（1）放棄相互的侵略政策及行動；（2）尊重中
　　　國領土完整；（3）徹底取締防害相互通自由及煽動國際憎惡之
　　　組織性運動；（4）對日本人在滿洲各地一切和平性業務予以有
　　　效的保護；（5）尊重日本在滿洲的條約權益。

116　「張羣致蔣介石養電」（1931 年 9 月 22 日），〈特交文電—瀋
　　　陽事變（二）〉，《蔣檔》：002-090200-00004-014。張羣來電內
　　　容並未敘明所托何人，然據相關回憶錄推測，可能是當時住在
　　　上海滄洲飯店的齊世英。請參閱：沈雲龍、林泉、林忠勝訪問，
　　　林忠勝紀錄，《齊世英先生訪問紀錄》，頁 138。

117　「顧維鈞致張學良寒申電」（1931 年 10 月 14 日），中國第二歷史檔
　　　案館編，〈九一八事變後顧維鈞致張學良密電選〉（上），頁 11。

國主張途徑，以避僵局」。之後經向蔣介石說明，並取得其認同。[118]

　　然而，此時蔣介石面對寧粵之爭的國民黨分裂局面，急謀國內團結，一致對外，[119] 指示負責前往上海與粵方洽商的蔡元培（1868-1940）與李煜瀛等，以所謂「不撤兵即不談判」外交方鍼向粵方說明，冀望「有一共同精神之表現」，共赴國難。[120] 此外，雖然國聯行政院於 10 月 24 日決議日軍應自占領區撤兵，但蔣介石卻不認為日本會接受此決議。[121] 果然幣原喜重郎於 31 日答覆蔣作賓的照會，表示日本政府並不承認此項決議，仍希望中國政府贊同日本的基礎大綱進行商議。[122] 幣原喜重郎的照會令蔣介石感到「日軍不如期

---

118 「顧維鈞致張學良亥電」（1931 年 10 月 28 日），中國第二歷史檔案館編，〈九一八事變後顧維鈞致張學良密電選〉（上），頁20。

119 蔣介石得知九一八事變後，於日記表示：「日本侵略東省，是已成之事，無法補救。如我國內能從此團結一致，未始非轉禍為福之機，故對內部當謀團結也。」請參閱：《蔣介石日記》（手稿），1931 年 9 月 20 日。

120 「蔣介石致張羣轉蔡元培等感電」（1931 年 10 月 27 日），〈革命文獻—瀋陽事變（一）〉，《蔣檔》：002-020200-00012-033；「蔣介石致張羣轉李煜瀛儉午電」（1931 年 10 月 28 日），〈籌筆—統一時期（六十一）〉，《蔣檔》：002-010200-00061-071。10 月底寧粵兩方在上海召開國民黨黨內統一會議，蔣介石電知前往上海的蔡元培與李煜瀛等，指示國民政府處理事變的外交方鍼為「日本如不撤兵完畢，則我國決不與其直接交涉」，即「先撤兵而後交涉」，並強調「此為今日外交成敗，黨國存亡之惟一關鍵」。學者李君山據此指出，蔣介石因受制於粵方，對日定調寧高毋低，不予粵方反對藉口，冀望藉此團結國民黨。請參閱：李君山，《全面抗戰前的中日關係（1931-1936）》（臺北：文津出版社，2010 年），頁40。

121 「中央政治會議特種外交委員會第二十五次會議紀錄」（1931 年 10 月 29 日），劉維開編輯，《國民政府處理九一八事變之重要文獻》，頁 89。

122 「幣原喜重郎より蔣作賓宛」（1931 年 10 月 31 日），外務省編

撤退，一切困難，總無法解決」，[123] 故於 31 日當天由
中國政府致電國聯行政院，拒絕日本以基礎大綱與中國
直接交涉的要求。[124]

　　就在幣原喜重郎回覆蔣作賓照會後四天，關東軍
於 11 月 4 日進攻洮昂鐵路嫩江鐵橋，與黑龍江省代理
主席兼東北邊防軍駐黑龍江省副司令官馬占山（1885-
1950）部隊交戰，是為江橋戰役。19 日，關東軍占領
齊齊哈爾。按照石原莞爾的計畫，日本的戰略是以蘇聯
為目標，北滿洲也是必須要占領的地區。[125] 而且關東
軍方面相信成立新政權應統治包含北滿在內的全部滿
洲，才能真正結束事變。[126] 不過，若槻禮次郎內閣的

纂，《日本外交文書：滿州事變》，第一卷第二冊，頁 367；「幣
原喜重郎致蔣作賓照會（亞一普通第一〇〇號）」（1931 年 10
月 31 日），〈駐日公使館與日外務省關於東案往來文件抄件〉，
《外交部檔案（國）》：020-010112-0035，頁 32；「蔣作賓致外
交部電」（1931 年 10 月 31 日），〈革命文獻─瀋陽事變（一）〉，
《蔣檔》：002-020200-00012-038。蔣作賓於 10 月 27 日致幣原照會，
表示將按國聯行政院 10 月 24 日決議日軍自占領區撤兵一事，「準
備與日本商議關於撤兵及接收撤退區域所有各事之細目」。請參
閱：「蔣作賓致幣原照會」（1931 年 10 月 27 日），〈駐日公使
館與日外務省關於東案往來文件抄件〉，《外交部檔案（國）》：
020-010112-0035，頁 31。

123 周美華編，《蔣中正總統檔案：事略稿本》，第 12 冊，頁 215。
論者指出幣原的照會令蔣介石「已知日方無轉圜之誠意與可能，
無需再作讓步」。此外，亦認為張學良應蔣介石電召，於 10 月
29 日至 31 日至南京洽談日軍撤退後，接收失地辦法，但「兩人
亦必就其他相關問題達成若干協議，或使雙方更進一步了解彼此
意見」，亦是使得蔣介石改變態度的原因之一。請參閱：劉維開，
《國難期間應變圖存問題之研究──從九一八到七七》，頁 24。

124 「中國政府為日政府宣言事致國聯行政院節略」（1931 年 10 月
31 日），羅家倫主編，《革命文獻》，第三十九輯（臺北：中國國
民黨中央委員會黨史料編纂委員會，1966 年），頁 2385-2387。

125 石原莞爾，「滿蒙問題私見」，頁 76-77。

126 緒方貞子，《滿州事變──政策の形成過程》，頁 207。

不擴大方針，使得關東軍占領全滿洲計畫暫時受阻，
但石原莞爾等人仍努力尋找出兵藉口，謀以進占齊齊
哈爾。11 月 2 日，關東軍找到為了維護滿鐵利益將修
復嫩江鐵橋的藉口，並於次日獲得東京軍部同意後，[127]
通告於嫩江鐵橋對峙之馬占山部隊與附日的張海鵬
（1867-1949）軍隊，擬於 11 月 4 日派軍隊護送工程隊
前往修理，要求各向橋樑後退十公里，同時警告倘企圖
阻止修理行動，日軍將採取必要步驟。[128]

此時，蔣作賓於 11 月 3 日電告外交部有關在東京
所獲得密報：

〔日本〕軍閥不願與國際聯盟為敵，但不肯退出
東省，現在決計極力與美國拉籠〔攏〕，而與蘇
聯開釁。倘蘇聯強硬與日開戰，則日本既可得延
不撤兵，並可增兵東省。西園寺〔公望〕信宿即
去，頗有暫時維持內閣之意。若槻〔禮次郎〕等
下野，繼起內閣勢不能不取更加態度，時局愈難
收拾。現在若槻戀棧，極力求與軍閥妥協，故其
態度較前強硬。[129]

蔣作賓的情報同樣點出日本內閣與軍部的不和，但

---

127 片倉衷，「滿洲事變機密政略日誌 其一」，稻葉正夫、小林龍
夫解說，《現代史資料（7）：滿洲事變》，頁 242-243。

128 「滿洲日軍司令促馬占山履行修理洮昂路橋之承諾」，國史館
史料處編輯，《第二次中日戰爭各重要戰役史料彙編：東北義
勇軍》（臺北：國史館，1984 年，再版），頁 33。

129 「蔣作賓致外交部電」（1931 年 11 月 3 日），〈革命文獻─瀋
陽事變（一）〉，《蔣檔》：002-020200-00012-040。

情況卻比中國方面設想嚴重。之後隨著關東軍在 11 月
5 日占領大興，蔣作賓在 6 日兩電外交部，指出日軍「聲
言即侵佔蘇聯勢力範圍亦所不惜，擬殲滅黑軍，奪取齊
齊哈爾」。[130] 同時表示據探悉，日本陸相與參謀總長
開會後認為無需重視國聯的干涉，「決心由廣島等處增
派軍隊赴滿，以達其確實佔領東省之目的」。而且 4 日
晚上若槻禮次郎內閣首相官邸會議已「決定採取更強硬
之方針」。[131] 蔣作賓的最新情報向中國政府點出兩項
關鍵訊息，一是表明日軍是為了確實占領全部東北領土
而向北進軍；二是若槻內閣態度已與軍部協同，對外方
針將轉趨強硬。

　　此外，張學良依據馬占山的戰情電報，於 11 月 5
日致電蔣介石與外交部等表示，日軍逼占大興站，「用
意完全為掩護張海鵬軍圖亂江省」。[132] 12 日，張學良
再電知蔣介石等有關本庄繁要求馬占山下野、黑龍江省
軍由齊齊哈爾撤退以及日軍將挺進洮昂線昂昂溪車站等
三項要求，研判日軍將續向北採取攻勢。[133] 而馬占山
亦於同月 10 日致電蔣介石與張學良等，說明日軍入侵
黑龍江省情形，認為「慨自遼吉事變，日軍對於江省，

130　「蔣作賓致外交部並轉蔣介石電」（1931 年 11 月 6 日），〈革
　　命文獻—瀋陽事變（一）〉，《蔣檔》：002-020200-00012-044。
131　「蔣作賓致外交部並轉蔣介石電」（1931 年 11 月 6 日），〈特
　　交文電—瀋陽事變（一）〉，《蔣檔》：002-090200-00003-041。
132　「張學良致蔣介石外交部等微丑秘電」（1931 年 11 月 5 日），〈革
　　命文獻—瀋陽事變（一）〉，《蔣檔》：002-020200-00012-043。
133　「張學良致蔣介石戴傳賢等文戌秘電」（1931 年 11 月 12 日），〈革
　　命文獻—瀋陽事變（一）〉，《蔣檔》：002-020200-00012-049。

必欲取而甘心，百計千方，思遂其所謂計畫」。[134] 11
月 12 日，蔣介石致電嘉勉馬占山，[135] 由國民政府在 11
月 17 日真除馬占山為黑龍江省政府委員兼主席。[136] 戴
傳賢呈給中央政治會議報告指出，「判斷日本之軍事
政策，必定要達到完全佔領東三省之目的而後已」，
而且日本「外交當局，最初與軍事當局意見不同」，
但國聯行政院 10 月的撤兵決議之後，其「外交當局，
便已逐漸追隨軍部行動」。故而認為國聯不能採取任
何有力制裁，但仍須盡力表示完全信任之意，藉以爭
取各國同情。[137] 11 月 19 日，蔣介石在國民黨第四次
全國代表大會表示願意親自北上，[138] 並於次日經大會
決議通過。[139]

　　蔣介石嘉勉馬占山與南京方面的任命，說明中國方
面正式認可馬占山以武力對抗投日的洮遼鎮守使張海鵬

---

134 「馬占山致蔣介石張學良等灰電」（1931 年 11 月 10 日），〈特
　　交文電─瀋陽事變（一）〉，《蔣檔》：002-090200-00003-055。

135 「蔣介石致馬占山文電」（1931 年 11 月 12 日），〈革命文獻
　　─瀋陽事變（一）〉，《蔣檔》：002-020200-00012-051。

136 「國民政府任命馬占山為黑龍江省政府委員兼主席令」（1931 年
　　11 月 17 日），《國民政府公報》，第 927 號（1931 年 11 月 18 日）。

137 戴傳賢，「任特種外交委員會委員長時上中央政治會議報告」（1931
　　年 11 月），戴季陶著，陳天錫編訂，《戴季陶先生文存》（一），
　　頁 373-374。

138 蔣介石，「對中國國民黨第四次全國代表大會報告詞」（1931 年
　　11 月 19 日），羅家倫主編，《革命文獻》，第三十五輯（臺北：
　　中國國民黨中央委員會黨史史料編纂委員會，1984 年，影印再
　　版），頁 1248；「蔣中正同志代表主席團提議團結禦侮辦法案」
　　（1931 年 11 月 19 日），秦孝儀主編，《革命文獻》，第七十六輯（臺
　　北：中國國民黨中央委員會黨史委員會，1978 年），頁 129。

139 「中國國民黨第四次全國代表大會臨時緊急動議」（1931 年 11 月
　　20 日），羅家倫主編，《革命文獻》，第三十五輯，頁 1250。

部隊，也是此時才明白日軍策動事變的意圖並非只是局部軍事行動。而戴傳賢的報告除了承認此時才判斷出日本占領全部東北的目的，也確知日本內閣已向軍部妥協，不應當再以區分日本內閣與軍部的看法來因應事變。故而中國方面在面對事變態度，除了仍然消極地「信賴國聯」，至此刻也考慮同時採取積極「自衛抵抗」的對外方針。[140] 學者李君山認為蔣介石「北上親征」之議，真意「重在對內」，目的在「應付激昂之民意起見，固屬不能不有此舉」。[141] 但亦不能忽略中國方面在逐步認識事變性質與形勢演變的基礎下，有隨之調整對外政策的必要性。

二、事變原因的調查

1931 年 9 月 22 日，九一八事變後四日，蔣介石在國民黨南京市黨部演講，指出日軍強占瀋陽與長春等地，認為「須要本問題之前後關係，從大處研究，得其真相，以謀應付」。[142] 雖然蔣介石曾於事變後數日密派齊世英前去日本，任務在於「了解日本政府與軍部的態度是否一致」，[143] 並非調查事變的原因。不過，南京方面於同月 30 日成立特種外交委員會，委員兼主席

---

140 劉維開，《國難期間應變圖存問題之研究——從九一八到七七》，頁 25。

141 李君山，《全面抗戰前的中日關係（1931-1936）》，頁 48。

142 蔣介石，「一致奮起共救危亡」（1931 年 9 月 22 日），秦孝儀主編，《中華民國重要史料初編——對日抗戰時期》，緒編（一），頁 282。

143 沈雲龍、林泉、林忠勝訪問，林忠勝紀錄，《齊世英先生訪問紀錄》，頁 138。

戴傳賢在當日首次會議上則指出應注意「對日本真實目的所在之考察」。[144]

1932 年 1 月 11 日，蔣介石下野後在奉化武嶺學校演講「東北問題與對日方針」，認為日本以暴力侵占東北的遠因是日本併吞滿蒙之大陸政策，早自豐臣秀吉（1537-1598）西侵朝鮮半島即已開始，明治維新後將此政策定為基本國策。近因係為張學良不受日本威脅利誘，加入國民政府以促成民國統一，並且興築東北各路鐵道與要港，在經濟上與日本抗衡，又拒絕日本人的各種利權要求，遭到日本憤嫉，加上中國國內割據紛爭，授予日本可乘之機。[145] 蔣介石的說法僅是呈現事實的表象，並無法解釋關東軍策動事變的動機與日本執意占領東北的目的。

事實上，9 月 19 日上午，顧維鈞向張學良建議，「立刻派一位能說日話的人，設法去找日本旅順總督，並且也找當時南滿鐵路總裁內田康哉（1865-1936）」，因為真正解決問題的唯一希望是「探聽出當地日本負責人士的意向」，但未得張學良同意。當日下午顧維鈞再向其表示，可以採取「秘密使命而非公開任務，只是去觀察和探聽日本軍事當局到底準備走多遠，以之作為我們決定行動的基礎」。但是，張學良仍未能接受。[146]

---

144 「中央政治會議特種外交委員會第一次會議紀錄」（1931 年 9 月 30 日），劉維開編輯，《國民政府處理九一八事變之重要文獻》，頁 2。

145 蔣介石，「東北問題與對日方針」（1932 年 1 月 11 日），秦孝儀主編，《中華民國重要史料初編──對日抗戰時期》，緒編（一），頁 316-317。

146 顧維鈞著，中國社會科學院近代史研究所譯，《顧維鈞回憶錄》，

　　同日，宋子文也曾拜會重光葵，建議由中日兩國各選定 3 名委員合組共同委員會，調查事變原因並負責處理後續事宜。[147] 重光葵將此提議向幣原喜重郎報告，並於 21 日收到覆電，同意由兩國直接交涉處理。[148] 然而，宋子文卻於 22 日向重光葵表示撤回是項建議，並指出提議時相信事變僅是單純的地方騷動性質事件，但現在全東北地區均已進入戰時狀態，日本政府已命令在地軍司令官不得擴大事件。但長春至吉林均已被日軍占領，因此質疑日本內閣是否能夠統御陸軍。同時也認為在日軍未撤出之前，委員會能否安心從事調查並解決事變是有疑義。[149] 宋子文撤案的主要原因為蔣介石於 21 日回南京後，確定「訴諸國聯」為中國因應事變的政策，[150] 但也不能忽視宋子文對於事變的看法，事變性質已由地方衝突擴大為日軍全面性軍事行動。

　　顧維鈞與宋子文提議調查事變原因的意見雖未實行，但並非不重要，只是因中國已採取「訴諸國聯」政策，故而由中日兩國調查改由國際調查。先是 9 月 22

第一分冊，頁 414-415。

147 「重光葵より幣原喜重郎宛第974号電」（1931 年 9 月 19 日），外務省編纂，《日本外交文書：滿州事変》，第一卷第二冊，頁 288。

148 「幣原喜重郎より重光葵宛第372号電」（1931 年 9 月 21 日），外務省編纂，《日本外交文書：滿州事変》，第一卷第二冊，頁 305。

149 「重光葵より幣原喜重郎宛第1012号電」（1931 年 9 月 22 日），外務省編纂，《日本外交文書：滿州事変》，第一卷第二冊，頁 308。

150 黃自進，〈訴諸國聯公論：國際聯盟對「九一八事變」的討論（1931-1933）〉，頁 148。

日，國聯行政院應中國申訴召開理事會，芳澤謙吉反駁
施肇基控訴日軍侵占東北各大城市，聲言應先釐清事變
真相。對此施肇基表示，可以由理事會選定並組織調
查委員會進行調查。[151] 然而，理事會並未採納此項建
議，而是授權國聯輪值主席賴爾樂向中日兩國發出緊
急通知書。9月23日，賴爾樂與英、法、德、義四國
理事組成五人委員會，施肇基提議派遣調查員，獲得
英國代表薛錫爾（Viscount Robert Arthur James Cecil, 1893-
1972）贊同，芳澤謙吉則有所疑問。[152] 25日，幣原喜
重郎致電芳澤謙吉，指示「於目前事態之下，帝國政府
難以認同有派遣調查員之必要」。[153] 此外，美國國務
卿史汀生（Henry Lewis Stimson, 1867-1950）亦反對國
聯以強硬態度施壓日本，以為此時派遣調查員並不甚
妥當。[154] 結果此次派遣調查員提案雖得到英國代表同
意，但因日本反對與美國不支持而未能成行。

　　然而，10月4日，關東軍司令本庄繁發表聲明：

---

151 「芳沢謙吉より幣原喜重郎宛第63号電」（1931年9月23日），
　　外務省編纂，《日本外交文書：満州事変》，第一卷第三冊，
　　頁164。

152 「芳沢謙吉より幣原喜重郎宛第69号電」（1931年9月23日），
　　外務省編纂，《日本外交文書：満州事変》，第一卷第三冊，
　　頁168。

153 「幣原喜重郎より芳沢謙吉宛第16号電」（1931年9月25日），
　　外務省編纂，《日本外交文書：満州事変》，第一卷第三冊，
　　頁185。

154 「出淵勝次より幣原喜重郎宛第220号電」（1931年9月24日），
　　外務省編纂，《日本外交文書：満州事変》，第一卷第三冊，頁
　　8-9。史汀生支持幣原的協調政策，一面減輕國聯對日之壓力，一
　　面深冀幣原協調政策之成就，希望國聯居中斡旋中日兩國直接談
　　判。請參閱：梁敬錞，《九一八事變史述》，頁290、296-297。

「〔滿洲〕現今建立政權運動風起雲踊。」[155] 之後並
於 8 日以張學良在錦州設置政府屢次策謀擾亂東北治安
為由，派機轟炸錦州，傷害平民。[156] 此事引起史汀生
不悅，召見日本駐美大使出淵勝次（1878-1947）表達
不滿。[157] 美國態度轉變令幣原喜重郎甚為惶恐，立即
於同月11日致電訓令出淵勝次，解釋此二事都非日本
中央政府的政策。[158] 加上 11 月 4 日江橋戰役爆發，關
東軍占領齊齊哈爾，以及 11 月 13 日奉天特務機關長
土肥原賢二在天津日租界策動事件，挾持溥儀（1906-
1967）至東北等，各國對日本的態度漸行不利。

　10 月 29 日，駐奉天總領事林久治郎（1882-1964）
致電幣原喜重郎，認為「關於此次滿洲事件，實際上國
際聯盟是在對支那內情欠缺充分認識而倉促地處理此
事」，建議「此時我方放棄從前的做法，進而讓國聯派

155 片倉衷，「滿洲事變機密政略日誌 其一」，頁 200。此件關東
　　軍反張學良聲明，「是軍方逐漸插手外交權的象徵，在日本國
　　內產生強烈的衝擊」。請參閱：緒方貞子，《滿州事變——政
　　策の形成過程》，頁 146。
156 片倉衷，「滿洲事變機密政略日誌 其一」，稻葉正夫、小林龍夫
　　解說，《現代史資料（7）：滿洲事變》，頁 205。錦州位於北寧
　　鐵路和錦朝鐵路交會交會處，為東北與關內咽喉，自瀋陽為關東
　　軍占領後，東北邊防軍司令長官公署、遼寧省政府及其他軍政機
　　關俱於 9 月 23 日遷至該地，為中國在東北最後之重要據點。請參
　　閱「張學良致蔣介石漾亥電」（1931 年 9 月 23 日），〈特交文
　　電—瀋陽事變（一）〉，《蔣檔》：002-090200-00003-112。
157 「出淵勝次より幣原喜重郎宛第300号電」（1931 年 10 月 11 日），
　　外務省編纂，《日本外交書：滿州事變》，第一卷第三冊，
　　頁 23。
158 「幣原喜重郎より出淵勝次宛第176号電」（1931 年 10 月 11 日），
　　外務省編纂，《日本外交書：滿州事變》，第一卷第三冊，
　　頁27。此件電文可謂是「日本在外交文書上，承認軍人越軌行
　　動，日本政府無力控制之第一次」。請參閱：梁敬錞，《九一八
　　事變史述》，頁299。

遣調查員，不僅可使國聯了解滿洲實情，也可給予處理
此次事變而陷入進退維谷的國聯一條出路，並得以妥善
加以引導」。[159] 隨著國際情勢對日本不利，幣原喜重
郎在 15 日致電芳澤謙吉表示，為了讓國聯理解滿洲問
題的複雜性，由日本提議國聯派遣觀察員至當地是有
利。但不能只是調查日軍撤退事項，而是「應該去實地
了解中國整個形勢」。[160] 17 日，芳澤謙吉據此草擬試
行方案，即如果國聯行政院同意日中兩國政府以五項基
礎大綱直接交涉並締結協定，則可以考慮國聯派遣以視
察全中國為目的之觀察員。[161] 19 日，芳澤謙吉再電知
幣原喜重郎，已明確向國聯說明派遣觀察員、中日直接
交涉、日軍撤兵問題是各自獨立議題。[162] 翌日，幣原
喜重郎覆電同意，但必須於決議案內載明其任務為調查
被視為「擾亂遠東安寧秩序原因的支那整個形勢」。[163]
21 日，日本代表團提出派遣調查委員團至遠東議案。
中國方面對於日本的提案當然樂見其成，並由施肇基在

---

159 「林久治郎より幣原喜重郎宛第1140号電」（1931 年 10 月 29 日），
　　外務省編纂，《日本外交文書：満州事変》，第一卷第三冊，
　　頁 427-428。
160 「幣原喜重郎より沢田宛第 194 号電」（1931 年 11 月 15 日），
　　外務省編纂，《日本外交文書：満州事変》，第一卷第三冊，
　　頁 561。
161 「沢田より幣原喜重郎宛第 252 号電」（1931 年 11 月 17 日），
　　外務省編纂，《日本外交文書：満州事変》，第一卷第三冊，
　　頁 570。
162 「沢田より幣原喜重郎宛第 265 号電」（1931 年 11 月 19 日），
　　外務省編纂，《日本外交文書：満州事変》，第一卷第三冊，
　　頁 593。
163 「幣原喜重郎より沢田宛第 217 号電」（1931 年 11 月 20 日），
　　外務省編纂，《日本外交文書：満州事変》，第一卷第三冊，
　　頁 609。

22 日致國聯行政院節略表達數點意見，表示不反對國
聯組織委員團調查東北現在情勢，但同時也應停止東北
戰事，令日軍撤退。[164]

　　12 月 10 日，國聯行政院通過組織調查團案。[165]
1932 年 1 月 21 日，英、美、法、德、義等國組成五人
調查團，團長為英國人李頓（Lord Lytton, 1876-1947），
中國代表顧維鈞與日本代表吉田伊三郎（1878-1933）
襄助其事。2 月 3 日，調查團自美國啟程，途經東京、
上海、南京、漢口、北平，並於 4 月 19 日離平赴東北
調查，6 月 5 日返回北平，隨即往返東京與北平兩地，
草擬調查報告書，最後於 9 月 4 日在北平完成，20 日
提交國聯。10 月 2 日，調查報告書在日內瓦、南京
與東京三地同時發表，通稱「李頓調查團報告書」，
內容包括緒言與十個章節。緒言部分主要為九一八事
變以來國聯歷次之決議與調查團之組成及其調查歷程
等，第一章至第八章為敘述中日爭端的背景、原因、
發展與調查時之狀況，第九、十兩章則為解決原則及
方法的建議。[166]

　　國聯行政院新任法國籍主席白里安曾聲明調查委
員會職務，「在原則上無論何項問題關係任何情形，

---

164 「出席國聯代表施肇基為派遣調查團事致國聯行政院節略」
　　（1931 年 11 月 22 日），羅家倫主編，《革命文獻》，第三十九輯，
　　頁 2407-2408。

165 「國聯行政院第六十五屆會議對於中日爭議通過之第三次決議
　　案」（1931 年 12 月 10 日），羅家倫主編，《革命文獻》，第
　　三十九輯，頁 2413。

166 上海申社編輯，《國際聯合會調查報告書（中英文合刊本）》（上
　　海：上海申社，1932 年）。

足以影響國際關係而有擾亂中日兩國和平及和平所維
繫之諒解之虞，經該委員會認為須加研究者，均不得
除外。」「兩國政府之任何一方，得請該委員會考慮
該國政府特別願意研究之任何問題」。[167] 不過，調查
團「認為國聯並不真正像給予我們指示的措詞中所隱
含的那樣無視事實的存在，並且相信國聯也希望我們
能幫助它恢復和平，盡可能地使兩國達成作為和平基
礎的諒解」。[168] 因此調查團自行認定使命為：（1）考
察業經提交行政院之中日爭端，包括所有該項爭端之原
因、發展、及調查時之狀況；（2）考慮中日爭端之可
能的解決方法，該解決方法將使兩國基本利益能相融洽
者。[169] 簡言之，即九一八事變的原因與解決方法，也
就是報告書前八章與後兩章之內容。

　　有關事變原因，報告書駁斥日本的自衛說法，符合
中國的期待，明述「日軍在是夜所採之軍事行動，不應
認為合法之自衛手段」，並證明「日本於事前確有充分
計劃以應付中日間萬一發生之戰事。此計劃於九月十八
日至十九日之夜見諸實行，迅速準確」。[170] 不過，調
查團對於原因的調查，並非只是關注事變當夜以及其之
後東北情勢，而是「凡有足以影響目前中日間之關係

167　「國聯行政院主席白里安對國聯行政院決議案聲明」（1931 年 12
　　月 9 日），羅家倫主編，《革命文獻》，第三十九輯，頁 2415。

168　「滿洲　下一步」，王啟華譯，〈李頓赴華調查中國事件期間日記〉，
　　《民國檔案》，2002 年第 4 期（2002 年 11 月），頁 27。

169　上海申社編輯，《國際聯合會調查報告書（中英文合刊本）》，
　　頁 5。

170　上海申社編輯，《國際聯合會調查報告書（中英文合刊本）》，頁
　　49-50。

者，澈底審量方可。例如中華民國國民之志願，及日本帝國與前俄帝國之擴張政策、蘇聯傳播之共產主義，暨此三國經濟上及戰略上之需要等，均為研究滿洲問題者所應視為重要之原動力」，[171] 因此「報告書對於中國國家思想之發展及國內之紛擾狀態」，以及「日本之對外擴充政策及國內之危機」，均有調查與敘述。[172] 綜觀報告書全文，基本上是由經濟、政治與國防三個面向探查中日在東北產生紛爭的原因。但是，調查團注意到，「日本在滿洲之動作及政策，其取決於經濟原因之處或較少於其自身安全之顧慮。日本政治家及軍事當局常稱滿洲為『日本之生命線』，職此故也」。報告書表示雖然日本以為中國一旦統一，國力強盛，對日本當然會不利，但也指出「日本人口稱日本民族存在之威脅及自衛之必要時，其心中蓋重視蘇俄甚于中國。故日本對於滿洲之特別關懷，實因滿洲在軍事上為形勢要地故也」。[173] 簡言之，報告書研判九一八事變的原動力在於日本自身的國防戰略考量與需求，目的係防制蘇聯勢力的南下與可能遭受的攻擊。

調查團之所以會認為日本對於滿洲問題的考量因素特別著重在國防戰略需求，據李頓於報告書公布之後曾指出：「我們調查團被反覆告知，滿洲是日本的

171　上海申社編輯，《國際聯合會調查報告書（中英文合刊本）》，頁 1。

172　「顏惠慶對報告書意見」（1932 年 10 月 5 日），羅家倫主編，《革命文獻》，第四十輯（臺北：中國國民黨中央委員會黨史史料編纂委員會，1967 年），頁 2754。

173　上海申社編輯，《國際聯合會調查報告書（中英文合刊本）》，頁 21-25、101、103。

生命線。」[174] 或許是日本一再強調生命線的議題，反而引起李頓關注。調查團於 1932 年 2 月自美國啟程前往東北調查之前，先到東京與新任首相犬養毅（1855-1932）、外相幣原喜重郎等人，以及在上海與日使重光葵會談。李頓表示：「我們想了解日本人的情況，我們樂意知道日本的特殊利益是什麼，以及在與中國達成和解時日本想得到什麼特別的東西。」[175] 會談期間，日本方面多向調查團指稱，中國長年內亂，並無統一之中央政府，加上以國民黨為主體的國民政府主張激烈的革命外交，對內採取排外政策，對外訴諸暴力，片面擅改條約，侵害列國合法權益。日本為中國鄰國，受此危害最為嚴重，因此日本的行動是為了維護在滿洲的條約權益與保護日僑安全。[176] 只是這些說法在前一年芳澤謙吉已於在日內瓦國聯行政院歷次會議上一再陳述，調查委員們自然早已瞭然於胸。

但是，3 月 1 日，犬養毅在招待調查團午餐宴會上，強調滿洲作為日本生命線是具有左右政治、經濟及社會上國民生存的特殊緊密關係地區。[177] 此外，調

174 「滿洲　下一步」，王啟華譯，〈李頓赴華調查中國事件期間日記〉，頁 28。

175 「會談記錄」（1932 年 3 月），王啟華譯，〈李頓赴華調查中國事件期間日記〉，頁 13。

176 「国際聯盟調査委員招待晚餐会ニ於ケル芳沢外相挨拶」，〈満州事変及上海事件関係公表集〉，第 1 卷，《戦前期外務省記録》，JACAR Ref. B02030502100；「重光葵より芳沢謙吉宛電報第 579 号」（1932 年 3 月 27 日），外務省編纂，《日本外交文書：満州事変》，第二卷第一冊（東京：外務省，1979 年），頁 711。

177 「国際聯盟調査委員招待午餐ニ於ケル犬養首相及リットン卿挨拶」，〈満州事変及上海事件関係公表集〉，第 1 卷，《戦前期

查團在東京與日本國聯同志會主席石井菊次郎（1866-
1945）等人會談時，亦注意到「對於滿洲地區，他們
說：『我們的利益是非常特殊的。……日本在滿洲地區
具有不同於其他任何國家的戰略利益，在資源上也有一
種特殊利益，從這個地區，日本可以得到它所需要的
原料。日本從滿洲獲得原料的利益必須得到保證，它
的戰略地位同樣應獲得保證』」。[178] 另外，據徐永昌
（1887-1959）於日記載稱：「〔日本陸相〕荒木〔貞
夫〕對調查團說：滿洲係日本之生命線，萬不能撤兵。
又謂：滿洲係日本第一防線，日對滿絕對自衛。」[179]

　　調查團於 3 月 14 日轉抵上海，重光葵在同月 22 日
對調查團指出，「要理解原本滿蒙問題乃至日本在滿蒙
的行動，應該要探究支那實況與遠東整體形勢，特別是
俄羅斯的動態」，隨即說明蘇俄「至今尚未捨棄世界
革命的迷夢」，現在「志在乘中國混沌之際，先行徹底
赤化支那，然後將其魔掌伸向印度，成功完成赤化亞
洲，再進行世界革命」。如今「俄羅斯不僅侵蝕支那的
心臟，在中部支那的蘇維埃政治及其範圍恐怕有日本本
土六倍之大。此地與莫斯科的關係極為密切應當不容置
疑，而蔣介石等人對此卻全然無能為力」。重光葵同時
指稱，「若日本如同支那方面所希望而怯弱地退出滿

外務省記錄》，JACAR Ref. B02030502100。

178 「會談記錄」（1932 年 3 月），王啟華譯，〈李頓赴華調查中
　　國事件期間日記〉，頁 14。

179 徐永昌著，中央研究院近代史研究所編，《徐永昌日記》，第二
　　冊（臺北：中央研究院近代史研究所，1990 年），1932 年 9 月 5
　　日，頁 500。

蒙，則瞬間俄羅斯即會直接入侵該處」，「吾人不僅為了日本的存立，而是由於保全東亞全局的責任感，不得不講求遏止此種事態的手段」。而且「滿蒙是安定東亞全局的關鍵。滿蒙混亂的話，東亞全局崩壞的速度將會更快。立足於此觀點來看，即可明瞭日本對滿蒙採取的行動」。重要的是，重光葵點出「日本對於滿蒙所關心之事是政治的及經濟的兩方面。經濟上我方權利主要是基於條約，還有條約規範之外，而事實上自然發展固定的權利；在政治方面主要是國防上的問題」。[180]

同日，南滿鐵路前副總裁松岡洋右（1880-1946）亦對調查團表示：「如果中國政府接管滿洲，唯一結果將是完全的混亂，正如目前中國其他地區那樣。這將使俄羅斯坐收漁利，布爾什維克將乘虛而入。而且日本將必須再一次打日俄戰爭，此為日本所不願的。日本必須在滿洲維持秩序，保護她對俄羅斯戰略上的前沿陣地。」[181]

4 月 20 日，調查團前往滿洲展開調查，對此石原莞爾於 4 月 5 日向本庄繁提出一份「滿蒙與日本的國防」說帖，指出蘇聯努力於充實其陸軍，並以北滿作為其作戰根據地的現況之下，日本要將大興安嶺和黑龍江之線作為日蘇之間自然的國防邊界。[182] 關東軍參謀片

---

180 「重光葵より芳沢謙吉宛第 545 号電」（1932 年 3 月 23 日），外務省編纂，《日本外交文書：満州事変》，第二卷第一冊，頁 704-706。

181 朱利譯，〈李頓赴華調查中國事件期間致其妻子信件〉（上），《民國檔案》，2002 年第 2 期（2002 年 5 月），頁 31。

182 石原莞爾，「滿蒙卜日本ノ国防」（1932 年 4 月 5 日），角田順編，

倉衷（1898-1991）也為本庄繁草擬一份對調查團的說明案，表示「日本在日俄戰爭之後，〔在滿洲〕不得不對國防上寄予絕對之關切」，因此不可能將滿洲委給其他國家。日滿兩國的合作建立在「防止蘇聯的赤化，以及脫離中國本部的混亂等日滿有共同的利害關係，日本在國防上對滿洲國負有當然的責任」。[183] 5 月 5 日，關東軍參謀橋本虎之助（1883-1952）與調查團會談，說明「最近蘇聯在遠東方面兵力增加的狀況」，以及「與蘇聯關係深厚的外蒙古兵力」情況，強調雖然「輿論傳聞蘇聯目前因為五年計畫陷入困難，可以說不會採取攻勢的態度，但是，鑑於該國軍隊的配備及戰車具有攻擊的能力」，不認為蘇聯軍隊的配置僅是採取守勢的目的。另一方面，也指出當蘇聯在遠東的兵力增加完成之時，蘇聯將會暗中在北滿策動陰謀。[184]

犬養毅與荒木貞夫對調查團主張滿洲是日本的生命線，石井菊次郎則強調滿洲對日本具有的特殊利益不僅在資源方面，亦透露出滿洲的戰略利益，以及重光葵與松岡洋右都提出蘇聯因素在滿洲問題的關鍵性，基本上已向調查團明示出日本對於滿洲問題的關注偏重於國防戰略問題，並非經濟問題，以及這個國防安全威脅來自

《石原莞爾資料—国防論策篇一》，頁 96。

183 片倉衷，「軍司令官の説明案」，小林龍夫、島田俊彦解說，《現代史資料（11）：統・満洲事変》（東京：みすず書房，1977 年），頁 825-826。

184 「吉田伊三郎より芳沢謙吉宛機密文調参与第 55 号」（1932 年 5 月 6 日），外務省編纂，《日本外交文書：満州事変》，第二卷第一冊，頁 821-823。

於蘇聯，而非中國。最後關東軍方面強調蘇聯軍隊在遠東的擴充與威脅，讓調查團確認其觀察無誤。

　　中國方面對於報告書的態度，可先由國民黨中央政治會議外交委員會的審議意見一窺端倪。賀耀組（1889-1961）認為前八章「間有未及深究中日歷史關係及誤解中國之立場者」，但內容尚可稱「頗多公允適當」，只是對於後兩章之解決爭議方式認為「假定承認其原則」，則應附以條件，加以限制。[185] 何應欽（1890-1987）指出「第一章至第六章，應表示全部接受」，因為「凡此符合事實之公正忠實的觀察與評判，吾人當然表示滿意，無復異辭」。對於第七、八兩章部分內容則「不無可議」，應予辯明。至於「第九、第十兩章，應要求部分的修正」。[186] 外交部長兼外交委員會委員羅文幹（1888-1941），亦對緒言至第八章部分內容認為不可不爭之處提出說明，但仍認為「按照報告書建議，東省之名存實亡較現在名亡實亡為優，變相國際共管較現在之日本武力獨占為勝」，故對意見書之建議提出具體之修正條款，並指出「如國聯能調處，使日本就範，隨時可開始交涉」。[187] 雖然邵元冲（1890-1936）指出「第九、第十兩章所建議之原則及辦法，每

185 賀耀組，「國聯調查團報告書節要意見」，〈國際聯合會調查團（六）〉，《外交部檔案（國）》：020-990600-2080，頁68。外交委員會自1932年10月6日起，花費兩週時間審議調查報告書。
186 「外交委員會委員對於李頓報告書之意見」，〈特交檔案──瀋陽事變（二）〉，《蔣檔》：002-080103-00012-008。
187 羅文幹，「對于國聯調查團報告當書之意見」，〈國際聯合會調查團（六）〉，《外交部檔案（國）》：020-990600-2080，頁88。

多不恤與前八章所調查之事實及觀察相矛盾，而成一變相的國際共管東北之方案」，但也將重點置於對該兩章之解決原則提出修正意見。[188]

另外，孫科（1891-1973）也認為「書中確能認清九一八責任，說明日人非出自衛，非自衛者即侵略是已。書中又說明日本造成偽國。由此兩點，實感該團能辨是非，明公道。惟於解決東北方案及種種建議，日本實獲益較多」。同時對於報告書主張不能恢復九一八事變前狀態，以及建議內容「未免有遷就事實處」。[189]行政院長汪精衛同樣謂：「調查團報告書對於事實之敘述及東北事件因果之觀察，明白公認，對於日本蓄意破壞中國領土完整，以遂其侵略政策，認為該國預定之計劃一點，尤為明確。」「惟於此尚不能無憾者，調查團敘述事實後，而建議之解決方法，似覺與其自述之事實不相符合耳。」[190]蔣介石於 10 月 9 日看完報告書，認為「前八章，調查之本責任則甚為公道，余對此主張，有修正或保留之接受，不必拒絕」。[191]只是前八章內容陳述事實雖屬公允，但「在九、十兩章建議解決方案時，則幾乎完全注重日本之希望與其在東三省之實力，

188　「外交委員會委員對於李頓報告書之意見」，〈特交檔案—瀋陽事變（二）〉。

189　「孫科對報告書意見」（1932 年 10 月 4 日），羅家倫主編，《革命文獻》，第四十輯，頁 2753。

190　「汪兆銘對報告書意見」（1932 年 10 月 20 日），羅家倫主編，《革命文獻》，第四十輯，頁 2763。

191　《蔣介石日記》（手稿），1932 年 10 月 9 日。

而將九一八以來事變之責任棄置不顧」。[192]

　　中國方面基本上對於前八章的調查原因與事實等係採取肯定態度，可知原則上應是認同調查團對於事變原因的調查結果。但是，對於第九、十兩章解決方式的建議則有不同意見，認為調查結果與解決建議的內容前後矛盾，此乃因為「報告太過刻意表現出不偏頗任一方」。[193]故而外交委員會開會審查報告書，邵元冲在參閱其他委員之意見書後，即感到「建議之東北自治、設顧問會議及撤除軍備等辦法，均認為妨礙中國主權」，難獲贊同。[194]

　　其實中國獲知報告書指陳「九一八日及九一八以後之一切日本軍事動作，均無正當之理由，不能認為自衛之手段」，以及「所謂『滿洲國』者，並非真正及自然之獨立運動所產生，而為日本軍隊及日本文武官吏操縱造作之結果」，[195]確認事變責任歸究日本，即將關注重心置於報告書建議如何解決事變的意見上。而且外

192　「蔣委員長對于國聯調查團報告書之意見」（1932 年 10 月 17日），〈國際聯合會調查團（六）〉，《外交部檔案（國）》：020-990600-2080，頁 121-123。

193　方德萬（Hans van de Ven）著，何啟仁譯，《戰火中國 1937-1952：流轉的勝利與悲劇，近代新中國的內爆與崛起》（新北：聯經出版公司，2020 年），頁 83。

194　邵元冲著，王仰清、許映湖標注，《邵元冲日記》（上海：上海人民出版社，1990 年），1932 年 10 月 12 日，頁 917。

195　〈調查團報告書發表後 羅文榦昨發表宣言〉，《中央日報》，南京，1932 年 10 月 4 日，第 2 版。邵元冲也認為報告書「自第一章至第八章，多為經濟、事變之敘述及批判，其中要點，如批評九一八事實之發生，為出于日本軍事上之預謀；認滿洲國之成立，為由日本人所操縱。此評皆尚正當」。參閱邵元冲著，王仰清、許映湖標注，《邵元冲日記》，1932 年 10 月 1 日，頁 913。

交部也認為「政府之決謀定策，應以建議之部為依據，而不應以事實之部為從違」，建議「關於報告書事實之部，如有論制失當之處，可作為我方辨正之資料，而不足為政府決定政策之權衡，足為決定政策之權衡者，應惟在於建議之部」。[196] 此外，蔣介石以為「在目前情勢之下，中國政府為取得國聯及一般國際輿論之同情起見，對于報告書自宜採取溫和態度」，故而指示對於報告書應採取的態度為「事實之陳述部分，即第一章至第八章可接受，至于第九、十兩章之建議，則須要求修正。在此項修正中，永久和平之樹立與九一八以來事變之責任，應均顧及」。至於應提出之對策為「在原則上必須恢復九一八以前之狀態」，並且為了改善中日關係，可同意三項計畫，即撤除軍備及互不侵犯條約計畫、和解及公斷計畫、改善東三省行政。[197]

可知，中國方面原則上認同報告書調查事變原因的看法，但似乎並未認真深究及瞭解報告書指稱日本對蘇聯的戰略需求是日軍策劃事變動機的觀點，而此種態度或許與其急於解決眼前日軍占領東北的迫切性現實有關。即對內在於平息國內輿論對於日本侵華的怒火，並及早恢復剿共軍事；對外在於爭取國際同情，以及不欲讓蘇聯牽涉事變，以致東北問題複雜化而難以解決，同

196 吳蘭如，「國聯調查團報告書簽註」（1932 年 10 月 11 日），〈國際聯合會調查團（六）〉，《外交部檔案（國）》：020-990600-2080，頁 29。

197 「蔣委員長對于國聯調查團報告書之意見」（1932 年 10 月 17 日），〈國際聯合會調查團（六）〉，《外交部檔案（國）》：020-990600-2080，頁 120-122。

時避免影響正在進行的中蘇復交事宜。此外，國聯仲裁
國際紛爭的能力有限亦無制裁侵略者的武力，而中國方
面雖然難以贊同報告的解決方案，但仍持續「選擇以國
聯為中心的國際體系，日本則與之漸行漸遠，終致退
出國聯」。[198]中日兩國對於國際體系與世界秩序的抉
擇，在九一八事變之際已各自決定將行之路。

　　在報告書公布的前一年，吳鐵城（1888-1953）曾
於 1931 年 9 月 23 日由北平致電蔣介石，提供一件有趣
的情報：

> 日軍在東省種種佈置及繼續侵佔各重要地區，似
> 非暫時佔據模樣。最近且有向洮南、哈爾濱一帶
> 推進趨勢。日縱不明示為對俄，而俄必不信，俄
> 之增兵邊境意中事也。此間英顧問端紐今日對鐵
> 〔吳鐵城自稱〕述：一九二六年加拉罕與其一段
> 談話，有謂：「日人在東省以軍事為目的之種種
> 經營，至一九三一年日必驅逐俄於北滿之外。」
> 此段談話頗有參考之價值。

　　吳鐵城同時指出：「瀋陽事件，漢卿兄〔張學
良〕等主張始終不抵抗，但以急速解決為要。遇有機
會，無論由日方先開口，或由我方先開口，即開談
判。」[199]三日後，蔣介石回電吳鐵城囑咐張學良：

198　張力，《國際合作在中國：國際聯盟角色的考察，1919-1946》（臺
　　　北：中央研究院近代史研究所，1999 年），頁 307。

199　「吳鐵城致蔣介石等漾寅電」（1931 年 9 月 23 日），〈革命文
　　　獻─瀋陽事變（一）〉，《蔣檔》：002-020200-00012-011。

「無論日本公使代辦及其他日人，漢卿兄以不直接見
面為宜，如不得已時，可派員代見，使日人不能造謠離
間。否則漢卿兄與日人見面一次，必多予日人一造謠機
會也。」[200]

　　吳鐵城在事變最初即不認為日軍侵占東北各重要地
區僅是暫時現象，提供的情報訊息亦明示日軍係以驅逐
蘇聯的軍事目的而意圖占領東北。不過，蔣介石的覆電
已明示中國決定將事變訴諸國聯處理。或許此時中國方
面判斷事變應當僅是日軍的局部行動，故未曾關心或查
明日軍發動事變的真正動機。

　　此外，1932 年擔任《東方雜誌》主編的胡愈之
（1896-1986）曾於 1931 年 12 月在上海《社會與教育》
週刊撰述〈日本帝國主義侵佔東省中國際形勢的解判〉
一文，指出日本謀劃事變與蘇聯的關係：

　　　蘇聯目前勵行五年計畫。五年計畫成功後，國防
　　及經濟能力增強，那時中、俄如有攜手的機會，
　　日本帝國主義在滿蒙乃至全部中國的地位，當然
　　不免發生動搖。所以日本在作反蘇俄戰爭的準備
　　中，必先佔取滿蒙。因為滿洲的礦產、農業、鐵
　　路、交通各都到了日本手中，在對俄戰爭中，
　　日本的戰鬥能力增強，不然，日本是無勝利把握
　　的。……這可證明這次日本佔領遼吉事件，決不

200 「蔣介石致吳鐵城宥辰電」（1931 年 9 月 26 日），〈革命文獻
　　—瀋陽事變（一）〉，《蔣檔》：002-020200-00012-017。

> 立即引起反蘇聯戰爭，不過為了未來的反蘇聯戰
> 爭的準備而已。[201]

　　胡愈之反駁一般人認為此次事變將引起第二次日俄
戰爭的推測，表示蘇聯目前無意對日開戰，並指出此次
日本發動事變原因在於為未來對蘇戰爭作準備，故而先
謀占滿蒙。然而，胡氏的觀點似乎未被中國的黨政要人
所注意。

　　另外，12 月 29 日，江西省主席熊式輝（1893-1974）
致電蔣介石，告之軍政部次長陳儀（1883-1950）轉來
王長春（1889-1953）的電文云：

> 晤荒木〔貞夫〕陸相，將實情詳細說明，他對和
> 議熱望速成，頗以蘇俄為憂。對於滿洲統治上並
> 無成見，……條件精神以不妨礙國民政府立場為
> 標準，經濟乃取共存防共方法，熱望我國政府早
> 日安定，如能一致防共，需用武器并款項，必當
> 竭力援助。[202]

　　次年 1 月 7 日，王長春直接面見蔣介石謂：「荒
木陸相甚畏共黨，故亟願先生主持國事，共同防共」，
以不欲明訂商租權，駐軍以有限數，不致不能駐兵等。

201　胡愈之，〈日本帝國主義侵佔東省中國際形勢的解判〉。轉引
　　自〈對於日寇東北之輿論一斑〉，《東方雜誌》，第 28 卷第 23
　　號（1931 年 12 月 10 日），頁 31。
202　「熊式輝致蔣介石艷電」（1931 年 12 月 29 日），〈特交文電
　　—瀋陽事變（二）〉，《蔣檔》：002-090200-00004-223。

蔣介石對此卻認為是「倭奴卑劣手段，其亦視余為可欺也」。[203]

中國方面至遲於 1931 年 11 月上旬已研判日軍目的在占領整個東三省，但是兩個月之後，蔣介石對於荒木貞夫建議共同防共的訊息，仍視為詐欺中國的手段。可知，蔣介石似乎尚未注意日軍畏懼蘇聯勢力擴張，冀望與中國共同防共的訊息，更不用說將之與日軍意圖占領整個東三省而策動事變原因作一綜合研判。

蔣介石直至 1932 年 5 月 6 日與羅文榦商談外交時，才認為：「俄日戰爭，或不能免，吾國急應運用，但從中立原則。然必欲有中立之資格也。故準備不可不速，時不我待矣。」[204] 在此無法確知蔣介石認為日俄戰爭無法避免係將之視為事變的「果」，即日軍占領東北全境，驅逐蘇聯在北滿勢力，兩國勢力直接對峙的結果；或者以為是事變的「因」，即如同胡愈之的看法，日本策動事變的原因在為將來對蘇戰爭作準備，如今日本成功占領東北，則未來的日俄戰爭亦不遠矣。

不過，隨著日本成立滿洲國，日蘇雙方在東北直接對峙，邊境武裝衝突頻繁，[205] 以及蘇聯於 1933 年完成第一期五年國防計畫後，蔣介石於 1934 年 3 月 15 日在南昌官邸演講認為：「因日本之占領東北，進逼俄蒙，

203　《蔣介石日記》（手稿），1932 年 1 月 7 日；周美華編，《蔣中正總統檔案：事略稿本》，第 13 冊（臺北：國史館，2004 年），頁 20。

204　《蔣介石日記》（手稿），1932 年 5 月 6 日。

205　外山操、森松俊夫編，《帝国陸軍編制総覧》，第一卷（東京：芙蓉書房，1993 年），頁 62。

蘇俄亦不得不盡力經營遠東，於是日俄關係乃成東亞局勢之核心。」[206] 同年 7 月 13 日，蔣介石對廬山軍官團演講亦指出：「日本的軍事準備，不是對我們中國。」「他現在陸軍的目標是蘇聯，海軍的目標是英美。」[207] 學者黃自進認為蔣介石的談話「點出中日關係對峙的本質」，[208] 其實這段話也指出中日蘇三國關係的核心，說明蔣介石明白了日本在進行對蘇作戰的準備。但囿於資料，難以理解蔣介石將日本的對蘇作戰準備視為日本占領東北的結果或原因，故而仍然難以確知其是否已了解日本策動九一八事變是作為對蘇作戰準備的一環。

小　結

　　日本陸軍少壯派透過對一戰調查研究而認識總體戰的新觀念，並成立一夕會共謀掌控政權，建立國家總動員體制，以因應未來總體戰的戰爭形式。面對總體戰需要龐大且持久的國防資源，但日本國內資源貧乏問題，一夕會成員將目光指向中國大陸的資源，特別是主張占領滿蒙地區，不僅可直接攫取當地資源，亦可作為向華北和華中掠取資源的橋頭堡。身為一夕會成員的石原莞

206　蔣介石，「東亞大勢與中國復興之道」（1934 年 3 月 5 日），秦孝儀主編，《先總統蔣公思想言論總集》，卷十二　演講，頁 96。

207　蔣介石，「抵禦外侮與復興民族（上）」（1934 年 7 月 13 日），秦孝儀主編，《先總統蔣公思想言論總集》，卷十二　演講，頁 305。

208　黃自進，《蔣介石與日本：一部近代中日關係史的縮影》（臺北：中央研究院近代史研究所，2012 年），頁 198。

爾，雖有他個人獨特的世界最終戰爭觀，但面對國防資
源問題也與一夕會永田鐵山等人主張相同。同時因關東
軍傳統防俄戰略使命，任職當地的石原莞爾亦不得不關
注這個現實問題，特別是板垣征四郎強調滿洲的國防價
值，包括在滿洲開發對俄戰備所需國防資源，以及注意
赤化勢力由滿蒙漫延至日本的問題。可知，日本的防共
概念以對蘇作戰展開，而板垣征四郎則將之擴大為包含
共產主義，但基本上仍以前者為主。

　　日本中央軍部在 9 月 19 日凌晨收到有關事變電
報，上午 7 時陸軍省與參謀本部召開省部首長會議，當
即一致同意合理化關東軍此次行動，並決議於內閣會議
提出增派兵力案。[209] 東京中央軍部在尚未調查並確認
事變原因與情況，即做出此種決策，顯示軍部高層已認
同一夕會的武力解決滿洲問題主張，也早已料想到在滿
洲會發生軍事行動。[210] 重要的是軍部的決議，將原本
關東軍防俄戰略提升至日本全國國防策略的層次，使得
事變性質不再只侷限於日本在滿洲的對蘇軍事問題，而
是日後中日關係發展息息相關的議題。

　　中國面對遠在東北突發的九一八事變，經由逐次傳
入的訊息與關東軍行動的演變，對於事變的認識過程可

209　「滿州事變機密作戰日誌」，稻葉正夫、小林龍夫等編，《太平
　　洋戰爭への道：別卷　資料編》，頁 113。出席省部會議成員有
　　陸軍省次官杉山元、軍務局長小磯國昭、軍事課長永田鐵山，
　　以及參謀本部次長二宮治重、總務部長梅津美治郎、代理作戰
　　課長今村均、情報部長橋本虎之助。其中永田鐵山是特別被允
　　許出席此種局部長以上層級的會議。

210　川田稔，《昭和陸軍全史 1：滿州事變》（東京：講談社，2014 年），
　　頁 91。

分為三個階段，華軍拆毀鐵路而引發中日兩軍武力對抗的地方性衝突、區分日本內閣與軍部看法下日軍尋釁的局部軍事行動，至 11 月才研判日軍發動事變目的在占領東北全境，而且內閣與軍部已經協調一致行動等，應變措施也由初始「訴諸國聯」政策，調整為「信賴國聯」與「自衛抵抗」併行策略。

　　不過，中國方面在調查事變原因的態度卻甚為消極，在「訴諸國聯」策略下，經過一番波折才促成國聯組織李頓調查團，結果才有調查團報告書的公布。透過報告書內容，可知調查團認為事變動機主要在於日本防蘇戰略的考量與需求。惟中國方面或許是急於解決日軍占領東北的問題，因此關注重點集中於報告書建議的解決意見，對於調查團辛苦調查所得原因僅以採取肯定態度回應，不僅不曾深刻理解事變原因，即使在事變爆發後未久已獲知日本有防衛蘇聯戰略需求的情報，但亦未予重視。結果中國不願正視日本動機的消極態度，非但未能正本清源以解決問題，未久隨著日本防共國防的企圖擴張至華北，以及將防共概念置於對華外交主張上，中日問題逐步陷入防共糾葛之中而難以釐清。

第二章　防共議題與中日 「調整國交」會談

　　日本陸軍方面推動積極對蘇作戰的防共國防政策，直接造成九一八事變的爆發，惡化中日兩國邦交。此後在雙方都有意改善邦交並相互釋放善意的情況下，逐步地醞釀和談氣氛。在此過程期間，日本陸軍的防共國防政策被納入廣田三原則之內，成為對華政策的共同防共原則，其原因卻與中國提議改善中日關係的建議有關，並且成為中日外交交涉的主要議題，糾纏至二戰結束。

　　中國所提議的防共應是防範共產主義滲透的概念，但日軍以對蘇作戰的防共國防概念，形成日本對華政策的廣田三原則一部分而成為外交政策的一環，防共概念在表面上以共產主義為主，背後影射核心則為蘇聯。惟就具體措施而言，內容仍然空洞，直至廣田弘毅內閣於 1936 年 8 月制定「對支實行策」，決定採取與國民政府締結防共軍事協定才有明確的措施。不過，在此之前，「支那駐屯軍」司令官多田駿與冀察政務委員會委員長宋哲元，於同年 3 月已展開談判簽訂華北「防共協定」事宜。是項閫外軍人的方案在數月之後成為日本廟堂政策的措施，中間過程實耐人尋味。而在日本確定防共的具體措施後，中日兩國醞釀多時的親善氣氛在 9 月展開「調整國交」會談，結果使得以改善邦交目的的談判成為以防共問題為主軸的交涉。

　　本章將分析日軍對蘇作戰的防共國防概念如何成為

廣田三原則的對華外交政策，連帶地防共概念擴大包含共產主義的過程，以及駐屯軍的華北「防共協定」形式成為日本外交措施的原因，並且探討中日「調整國交」會談糾結於共同防共的結果。

第一節　中日和談氛圍與防共構想

一、和談氣氛的醞釀與中國三原則的提出

　　九一八事變後四個月，中日兩國又於 1932 年 1 月 28 日在上海爆發一二八事變。雖然雙方於同年 5 月簽訂「中日上海停戰及日方撤軍協定」，藉以結束一二八事變的戰事，但因九一八事變尚未解決，使得自事變以來兩國惡化的關係未能恢復。

　　1932 年 8 月 15 日，駐日公使蔣作賓拜會日本貴族院議員芳澤謙吉，表示為了恢復中日兩國間的國交，首要應該解決中國東北問題，並認為若放任日軍在東北製造事端，中日國交逐漸地惡化，則中國被赤化，日本也恐有共產化之虞。蔣作賓希望以解決東北問題為前提，向日本方面探詢恢復兩國國交之可能性。但是芳澤謙吉卻認為此問題是因中國排日所造成，只要解決排日問題並建立滿洲國，兩國國交即可恢復，結果雙方不歡而散。[1]

1　「八月十五日蔣（作賓）公使芳沢貴族院議員ヲ來訪シタル際
　　ノ會談要領」，〈日支外交關係雜纂（松本記錄）〉，《戰
　　前期外務省記錄》，日本外務省外交史料館藏，JACAR Ref.

　　芳澤謙吉於 1930 年至 1931 年間擔任日本駐法國大使兼國際聯盟全權代表，曾與中國駐英公使兼駐國際聯盟中國全權代表施肇基，在國聯針對九一八事變議題交手，並於1932年1月至5月間任犬養毅內閣外務大臣。蔣作賓並不是直接探詢現任齋藤實內閣官員的意見，但以芳澤在日本外交界之地位，實有先從旁側擊之意。因此雖然蔣作賓點明兩國同時面臨著赤化的危機，但因雙方觀點差異太大，使得其未能進一步闡明赤化問題的內容。

　　1933 年 5 月底，中日簽訂「塘沽協定」，結束了長城戰役的軍事衝突。就日本而言，可謂暫時結束九一八事變以來的軍事行動；就國民政府而言，則是得到一個休養生息、厚實國力與軍力的時機，[2] 中日關係也就在這個時候呈現出一種轉變的局勢。[3] 先是，日本駐華公使有吉明（1876-1937）於同年6月9日拜訪行政院長汪精衛，會談中汪精衛對有吉明表示將努力於轉換國人的對日情感，期望將來中日兩國可以共存，並說明能理解有吉明主張中國方面應先實行停止排日行動，動機是為了使兩國親近及改善邦交。[4]

　　其次，外交部於 6 月 29 日以密電訓令宋子文、顏

B02030134000。

2　謝國興，〈塘沽協定的由來及其意義〉，《中央研究院近代史研究所集刊》，第 13 期（1984 年 6 月），236-237。

3　周開慶，《抗戰以前之中日關係》（臺北：自由出版社，1962 年），頁 21。

4　「日支関係打開ニ資スヘキ具体的措置ニ付有吉公使ヨリ汪兆銘ニ申入ノ件」（1933 年 7 月 4 日），〈日支外交関係雑纂（松本記録）〉，JACAR Ref. B02030134000。

惠慶（1877-1950）、郭泰祺（1888-1952）和顧維鈞說
明中國政府今後的外交方針，其中針對日本部分指出：

(1) 根據三大公約及國聯議決案，繼續努力，冀
達國際解決目的。此為根本方針，但步驟上
應隨時考慮如絕交、經濟制裁等案，非俟國
際醞釀成熟，不宜輕易提出。外交上活動，
須估量國際上力量，為相機之處置。

(2) 倘日本有先交還東三省之表示，我可以表示
願建立中日新關係。否則，作為懸案。

(3) 東案未解決以前，軍事衝突雖停，仍採用各
種必要策略，惟須避免政府策動方式。

(4) 力圖國內建設，培養民情，充實國防。[5]

再次，則是外交部長羅文榦於 6 月 5 日以「塘沽協
定」簽訂之前外交部毫無所知為由，請辭部長職位。羅
文榦雖暫時獲得慰留，但仍於 8 月間被派赴新疆視察，
調解新疆督辦盛世才（1897-1970）與國民革命軍新編
第三十六師長馬仲英（1910-1937）的紛爭，由行政院
長汪精衛兼任外交部長，而汪精衛立即於 8 月 22 日任命
其摯友唐有壬（1894-1935）為外交部常務次長。唐有
壬曾留學日本，並有許多日本朋友，熟悉日本政情與意
向。此一人事變動被當時認為「政治可能今後在外交上
致力於與日妥協」。[6]

---

5 顧維鈞著，中國社會科學院近代史研究所譯，《顧維鈞回憶錄》，
第二分冊（北京：中華書局，1985 年），頁 243-244。

6 顧維鈞著，中國社會科學院近代史研究所譯，《顧維鈞回憶錄》，
第二分冊，頁 240。

　　最後，宋子文、顏惠慶、郭泰祺和顧維鈞以為前述外交部的對日外交方針訓令過於消極，「認為必須制定一項持久抗日和迅速準備應付即將來臨的國際危機的積極政策」，因此共同研擬在經濟方面要繼續加強抵抗日貨；政治方面要激勵東北義勇軍的活動；外交方面繼續努力推動國際一致行動，以達加速解決中日問題的目的；國內建設方面，努力實現政治團結、制訂國防計畫、建立基礎工業及發展全國戰略運輸網等積極的對日外交政策，並交由宋子文回國報告。9月2日，宋子文返抵南京後，於同月6日至8日於廬山與蔣介石、汪精衛、孫科、黃郛（1880-1936）、孔祥熙等人開會商討對日外交政策。結果會議上「外交政策由於意見分歧，暫定為避免與日本衝突的完全消極之外交政策」。[7]

　　汪精衛與有吉明的會談結果雖然都僅是停留在口頭外交辭令，並沒有立即提出全面改善邦交的具體方案，但對剛剛結束長城戰役的中日兩國而言，這次訪談可說是雙方希望改善關係的一種試探。外交部的訓令則表示中國方面決定將九一八事變暫作懸案，避免刺激日本，先行充實國力；唐有壬的任命亦是表明南京方面試圖運用知日派，改善自九一八事變以來中日兩國緊繃關係；廬山會議的結果則確定宋子文與顧維鈞等歐美派的對日積極政策暫時遭到擱置，主政的蔣介石與汪精衛將採取妥協與退讓的對日外交方針。

7　顧維鈞著，中國社會科學院近代史研究所譯，《顧維鈞回憶錄》，第二分冊，頁247-249、266。

　　日本方面因為建立滿洲國和退出國際聯盟，使其在國際上陷入孤立，故而外務省試圖建立新的華盛頓體制，恢復與列強的協調路線。[8] 1933 年 5 月 16 日就任外務次官的重光葵表示：「日本政府為了使支那可以與日本真正為遠東和平有所貢獻，應該努力安定支那政府，與其中央和地方政權建立平靜的關係，並與有此希望的列強共同努力。」所謂「中央和地方政權」，係指蔣介石與汪精衛合作的南京國民政府，以及在日本直接影響下而由黃郛掌控的華北政權，顯示他主張日本應該與國民政府進行提攜。[9]

　　9 月 14 日，廣田弘毅接任齋藤實內閣外相一職。因其鑑於前外相內田康哉在眾議院高唱「焦土外交」之舉過於激烈，故而標榜國際協調的「協和外交」，謀求與各國改善關係而廣受各國注目。事實上，首相齋藤實（1858-1936）在 10 月 3 日至 20 日期間召開 5 次五相會議〔首、外、陸、海、藏等五相組成〕，討論日本未來外交與國防方針時，以廣田弘毅為首的外務省在對華政策提案中指出：「為完成滿洲國之發達，謀求該國的經濟統制及與我國經濟的調節，且在帝國指導下，實現日滿支三國提攜互助，以確保東洋恆久的和平，進而對世界和平之增進有所貢獻。」同時更表示：「為使彼放棄反日政策，根絕排日運動，應常以嚴肅態度來面對。

8　Akira Iriye, *The Origins of the Second World War in Asia and Pacific* (London: Longman Group UK Limited, 1987). pp. 32-33.

9　井上寿一，《危機のなかの協調外交——日中戦争に至る対外政策の形成と展開》（東京：山川出版社，1998 年），頁 185-186。

關於解決現存的各種具體案件，必須使其徹底了解我方方針之正確，努力促其自覺反醒，並竭力避免予以我方急於改善兩國關係之印象。若是支那方面在現實上表示誠意，我方則可採取相應的好意態度。」[10]

可知，在國際協調的背後，廣田弘毅的對華外交仍是採取高壓的態度，所謂協和外交是必須基於承認滿洲國的前提上才可進行，而且是對華採取高姿態，等待中國展現誠意。如同他的私人秘書加來美智雄於 10 月 2 日對陸軍省新聞班長鈴木貞一謂：廣田弘毅對於「支那問題將不由日本方面提出，而等待來自對方自覺的提案」。[11] 簡言之，剛就任外相的廣田弘毅雖然表示要謀求與各國改善關係，但至少在對華外交方面，在 1933 年間並沒有主動採取任何實際行動。不過，日本方面對於中國方面決定採取打開兩國關係方針仍獲得相關的情報訊息。對此，廣田弘毅於 1934 年 1 月 23 日第 65 屆議會演說時表示 ：「若支那諒解帝國之真意，實際地表示誠意的話，帝國將順應之，不吝以充分友好的態度予以回報。」[12]

4 月 18 日，汪精衛藉著與有吉明會晤時回應廣田弘毅的演說，表示：「個人對於廣田外相的國際和平工

10 「外務案二対スル海軍修正案」，〈帝国ノ対外政策関係一件（対支、対満政策ヲ除ク）：五相会議関係〉，《戦前期外務省記録》，JACAR Ref. B02030015200。

11 鈴木貞一，〈鈴木貞一日記〉，1933 年 10 月 2 日，《史学雑誌》，第 87 編第 1 号（1978 年），頁 72。

12 「第六十五回帝国議会二於ケル廣田外務大臣演説」（1934 年 1 月 23 日），〈外務大臣（其ノ他）ノ演説及声明集〉，第 2，《戦前期外務省記録》，JACAR Ref. B02030025100。

作十分敬佩，希望能就此機會談論有何方式可促進改善兩國關係。」當即並提出兩項原則：（1）兩國共存共榮；（2）以誠意且和平的方法解決中國東北問題。認為基於這兩項原則，改善兩國關係才會有效果。有吉明對第一項原則表示欣然同意，但對於第二項原則卻指出「滿洲國的存在是既成事實」，「因此只要觸及此事就全然沒有考慮的餘地」，並希望中國能從東亞大局著眼，對於東北問題釋懷，捨棄以往情感，採取中日滿三國共存共榮的方針。最後，有吉明表示同意以設定原則方式打開兩國親善之途，但要求保留解決東北問題一項。[13]

　　汪精衛的建議顯示有關設定原則方式來改善中日關係，最早是由中國方面向日本提出。對中國而言，由於中日關係惡化主要是因為九一八事變，因此如同前述蔣作賓對芳澤的提議，中國方面仍以東北問題為中心，認為只要解決此問題，中日關係自然可改善。但是，就日本而言，由於日本對華外交方針在前一年10月已確定立基於承認滿洲國存在的事實之上，故而對於汪精衛提議的第二原則，有吉明當場即斷然地拒絕，不過，至少他也同意設定原則來改善兩國關係。

　　未久，軍事委員會委員長蔣介石於6月26日前往杭州前夕，主動召見有吉明表示：「有改善兩國事態的

13 「須磨彌吉郎より廣田弘毅宛第368-1号電」（1934年4月20日）、「須磨彌吉郎より廣田弘毅宛第368-2号電」（1934年4月20日）、「須磨彌吉郎より廣田弘毅宛第368-3号電」（1934年4月20日），〈日支外交関係雑纂（松本記録）〉，JACAR Ref. B02030134000。

必要，而為了實現此事，兩方可共同努力，也認為這是共同的責任。」[14] 此項舉動與汪精衛的提議，說明中國方面再次向日本遞出善意橄欖枝，只是蔣介石認為改善兩國關係是雙方的責任，不應只是由中國單方讓步，暗示日本方面也應該要有所妥協。

　　12 月 20 日，蔣介石借用法律學者徐道鄰（1907-1973）之名於《外交評論》發表〈敵乎？友乎？——中日關係的檢討〉，指出中日兩國有打開僵局的必要，表達中國希望與日本進行交涉，並廣泛地列出雙方之間的問題以及應採取途徑。其中最主要是認為中國應改變對日方針，「只要日本有誠意謀解決，中國只須要求放棄土地侵略歸還東四省，其他方式，不必拘泥」。因此向日本提出 3 點要求：（1）扶持中國真正的獨立；（2）促進文化的合作與互利的經濟提攜；（3）歸還東北四省。[15]

　　事實上，第一點及第三點的含意基本上與前述汪精衛所提兩項原則相同，即兩國共榮共存及解決東北問題。只是當時蔣介石係以徐道鄰之名發表此文，所以是直接坦率地向日本要求歸還東北四省，而非含蓄地表達要解決東北問題。至於第二點文化合作與經濟提攜則是新提出的建議。雖然蔣介石是以他人名義發表，但該文

---

14 「須磨彌吉郎より廣田弘毅宛第 732-1 号電」（1934 年 6 月 27 日），〈日支外交関係雑纂（松本記録）〉，JACAR Ref. B02030134100。

15 蔣介石，「敵乎？友乎？——中日關係的檢討」（1934 年 10 月），秦孝儀主編，《中華民國重要史料初編——對日抗戰時期》，緒編（三）（臺北：中國國民黨中央委員會黨史委員會，1981 年），頁 634-636。

的官方色彩已是眾人皆知，日本方面也是將此文章的內容看做是中國政府要人的觀點。[16]

1935 年 1 月 22 日，廣田弘毅在第 67 屆議會發表演說表示：「從前兩國間多年懸案與各種問題已逐漸獲得解決，支那國民也有漸漸諒解帝國真意的傾向，〔日本〕帝國政府對此亦不吝如實承認之。我方於今後將無遺憾地促進此種傾向，同時也希望支那能對此更加地予以協力。」[17] 他的演說促使日本駐華使館人員與武官積極地分別拜訪中國各要人交換意見。同月 29 日，日本公使館武官鈴木美通（1882-1956）及有吉明分別與蔣介石及汪精衛會談，30 日有吉明再與蔣介石會談。[18] 蔣介石在與有吉明會談結束後當日晚上宴請中央各負責人討論對日方針，會中決定 4 點原則。[19] 據邵元冲於日記所載，「六時應〔蔣〕介石招宴，中央各負責人員均到，由〔汪〕精衛報告外交狀況，並出對外交方針提案

16 柯博文（Parks M. Coble）著，馬俊亞譯，《走向「最後關頭」——中國民族國家構建中的日本因素（1931-1937）》（北京：社會科學文獻出版社，2004 年），頁 188。

17 「第六十七回帝国議会ニ於ケル廣田外務大臣演說」（1935 年 1 月 22 日），〈外務大臣（其ノ他）ノ演說及声明集〉，第 2，JACAR Ref. B02030028000。

18 島田俊彦，〈華北工作と国交調整〉，日本国際政治学会、太平洋戦争原因研究部編，《太平洋戦争への道（3）：日中戦争（上）》（東京：朝日新聞社，1962 年），頁 85。

19 沈雲龍編，《黃膺白先生年譜長編》（臺北：聯經出版公司，1976 年），頁 847。囿於資料，目前並不清楚這四點原則內容。不過，據黃郛會見土肥原賢二所言，內容是：（1）政治：滿洲問題應待機，以和平方式謀解決。未解決前，日本應表示對中國領土、主權，不得有侵害行為；（2）思想：彼此刺戟感情之言論及行動，為親善之最大障礙，中國已決自動注意改善；（3）懸案：以平等的精神，漸謀懸案之解決；（4）經濟：以平等的精神，漸謀經濟的提攜。請參閱：李君山，《全面抗戰前的中日關係（1931-1936）》（臺北：文津出版社，2010 年），頁 265。

一紙，內容大致在不喪權之原則下，謀中日之親善，以
打開目前之難關」。[20]

　　中國方面非常重視廣田弘毅在議會表達中日親善的
演說。蔣介石於 2 月 1 日接見中央社記者時予以回應
說：「此次日本廣田外相在其議會所發表對我國之演
說，吾人認為亦具誠意。我國朝野對此當有深切之諒
解。」[21] 隨即在同月 14 日接見日本大阪「朝日新聞」
記者時，亦樂觀地認為該演說「至少可說是中日關係
好轉之起點，余想廣田外相必能以此後事實證明其演
說之內容，同時我國民眾亦可因此而得一番對日之新
認識。」[22]

　　汪精衛也於 2 月 20 日在中國國民黨中央政治會議
上發表演說，指出「我們要使中國成為一個現代的國
家，有兩個必要條件，便是『統一』和『建設』」，
「要想實現『統一』和『建設』，必需要長時間的和
平」。「中國對於任何友邦，都願意在平等互助原則之
下，保持增進友誼與和平的關係」。並在提及近期的中
日關係，則認為「現今所發生的糾紛，不過是偶然的現
象，終歸是可以用時間來解決」。因此表示「讀了這次
廣田外相的演說，認為和我們素來的主張、精神上是大

20 邵元冲著，王仰清、許映湖標注，《邵元冲日記》（上海：上海
　　人民出版社，1990 年），1935 年 1 月 30 日，頁 1206-1207。

21 秦孝儀主編，《總統蔣公大事長編初稿》，卷三（臺北：中國國
　　民黨中央委員會黨史委員會，1978 年），頁 170。

22 「蔣委員長對日本大阪朝日新聞記者談話」（1935 年 2 月 14 日），
　　〈革命文獻－華北局勢與對日交涉（二）〉，《蔣檔》：002-
　　020200-00026-010。

致吻合」，同時聲明「我們願以滿腔的誠意，以和平的方法和外交的步調，來解決中日間之一切糾紛、一切懸案」。[23] 結果中日雙方友好的互動，以廣田弘毅的議會演說為契機，兩國親善的氣氛快速高漲。

　　在雙方醞釀親善氣氛之際，蔣介石與汪精衛請託駐海牙國際法庭法官王寵惠（1881-1958）返回任所時，順道訪問日本，傳達中國希望改善兩國關係的態度。蔣介石亦致電蔣作賓，說明王寵惠訪日本是中國政府及其本人意思，請介紹給日本當局以便進行接洽。[24] 王寵惠於 2 月 19 日至 26 日期間訪問日本，其間曾於 20 日與 26 日兩次會見廣田弘毅。王寵惠向廣田弘毅表示「中日兩國應速行解決東四省問題」，並提出 3 項原則來處理中日關係：

　　（1）中日兩國完全立於平等之地位；
　　（2）中日兩國應互相維持真正友誼；
　　（3）中日外交方式應歸正軌，絕不用外交和平手
　　　　段以外之壓迫或暴力。[25]

---

23 「汪精衛在中央政治會議對於中日關係之報告辭」（1935 年 2 月 13 日），〈中日關係〉，《國民政府檔案》：001-062000-00008-001。汪精衛於草擬演說辭後，以飛機快遞方式寄至牯嶺予蔣介石參閱。文件日期為草擬後寄發日期。

24 「蔣中正致蔣作賓銑電」（1935 年 2 月 16 日），〈革命文獻－華北局勢與對日交涉（二）〉，《蔣檔》：002-020200-00026-013。

25 「所謂『廣田三原則』交涉之經過」，〈廣田三原則之交涉〉，《外交部檔案（近）》：011.2/006。此件檔案內容記錄王寵惠當時提出兩大原則，然而，據日本相關檔案所載，王寵惠是提出三原則：（1）中日關係應以和平的方式來處理；（2）兩國應立於對等的往來；（3）兩國以友情相交。同時對照同年 9 月 7 日駐日大使蔣作賓與廣田會談的中日雙方檔案內容，當時王寵惠確實是提出三個原則，只是《外交部檔案》將第三個原則有關以和平方式

　　3月4日，王寵惠完成訪日任務並發表宣言，希望
「依平等基礎謀兩國親善」。[26] 據此，蔣作賓於9月7
日與廣田弘毅會談時表示，為了實現中日的親善，希望
「日本能履行前對王〔寵惠〕博士所允諾之三基本原
則」，同時「上海停戰協定、塘沽停戰協定以及華北事
件等須一律撤銷，恢復九一八以前狀態」。[27] 說明中國
政府公開向日本政府表明，希望以履行中國三原則及恢
復九一八事變前狀態來實現中日親善。

　　其實仔細檢閱中國三原則內容，可將之簡化為以主
權國家為基礎來推動平等與和平的概念或精神，可以說
完全沒有碰觸到實質問題，僅訴諸於觀念層面。對此
蔣介石在1934年11月27日在南京接受日本大阪新聞
記者訪問即表示：「解決中日問題，則應以道德信義
為基礎。」[28] 次年2月14日，蔣介石再次接受該報社
記者訪問時亦謂：「中日提攜首當以道義為出發點」，

處理中日關係一項，記錄於第二原則後半的文句之中。請參見：
東亞局第一課，「廣田大臣王寵惠会談要点」（1935年2月20日、
26日），〈帝国ノ対支外交政策関係一件〉，第4，《戰前期外
務省記録》，JACAR Ref. B02030148900。

26 陳惠芬，《王寵惠先生年譜（1881-1958）》（香港，作者自刊，
2009年），頁98。

27 蔣作賓向廣田重申王寵惠所提中國三原則的內容為：（1）中日兩
國彼此尊重對方在國際法上之完全獨立；（2）中日兩國彼此維持
真正友誼；（3）今後中日兩國間之一切事件及問題均須以平和的
外交手段從事解決。請參見「蔣大使與廣田外相談話報告」（1935
年9月8日），〈廣田三原則之交涉〉，《外交部檔案（近）》：
011.2/006；太田筆記，「廣田大臣蔣大使会談録（第二回）」
（1935年9月7日），〈帝国ノ対支外交政策関係一件〉，第4，
JACAR Ref. B02030150600。

28 蔣介石，「改善中、日問題之道」（1934年11月27日），秦孝
儀主編，《先總統蔣公思想言論總集》，卷三十八　談話（臺北：
中國國民黨中央委員會黨史委員會，1984年），頁28。

「余始終認為道義兩字，是解決中日兩國現在難局之根本原則。」[29] 蔣介石之所以不厭其煩地一再向日本強調道德信義，正透露出其內心對日本的不信任。如同他於 1934 年 7 月 13 日對廬山軍官訓練團演講謂：「我在日本時，往往和他軍官談到國際政治的問題，他們老實對我說：條約不過是一張紙，一撕就破了。由此可見他們向來就不重信義，看任何條約都沒有用，向來就是主張強權，崇尚武力。」[30] 對於蔣介石而言，中日關係問題在於日本不將中國視為獨立自主的正常國家，並自九一八事變以來一再對中國進行一系列侵略行動，因此要求日本應先改變強權與武力的觀念，捨棄對中國的輕蔑態度以及武力壓迫行為。

雖然中國方面為打開中日僵局，小心謹慎地向日本進行試探，只提出平等和平的概念，避免提出實質性問題。但在 1935 年 6 月期間，因為在華日軍於華北策動河北事件及察哈爾事件，使得中日關係一時大為緊張。6 月 14 日與 17 日，汪精衛與唐有壬分別與有吉明面談。汪精衛向有吉明表示，為了中日兩國將來十年乃至二十年著想，應促進兩國親善合作。[31] 唐有壬則針對

---

29 「蔣委員長對日本大阪朝日新聞記者談話」（1935 年 2 月 14 日），〈革命文獻－華北局勢與對日交涉（二）〉，《蔣檔》：002-020200-00026-010。

30 蔣介石，「抵禦外侮與復興民族（上）」（1934 年 7 月 13 日），秦孝儀主編，《先總統蔣公思想言論總集》，卷十二 演講（臺北：中國國民黨中央委員會黨史委員會，1984 年），頁 303。

31 「廣田弘毅より有吉明宛合第 721 号電」（1935 年 10 月 4 日），外務省編纂，《日本外交文書：昭和期 II》，第一部第四（上）（東京：外務省，2006 年），頁 68。

華北自治問題應如何解決尋問有吉的意見，並表示汪精衛不會因華北事件而改變兩國親善方針，同時指出為了防止再發生類似華北自治的糾紛，此刻兩國有提攜的必要。至於協調的具體內容，則提出經濟方面以關稅問題、整理債務；政治方面以防止共產、取締不法朝鮮人為例，希望具體地進行中日合作，以促進兩國親善。[32] 可知，此時中國方面苦於在華日軍侵逼，急於期望透過外交手段與日本中央政府進行交涉，不得不提出可以共同合作具體事項，以緩和在華日軍的壓迫。其中唐有壬提議「防止共產」的概念應是指防範共產主義的滲透。

　　汪精衛及唐有壬分別與有吉明兩次面談，對於日後日本提出廣田三原則的產生及內容可以說有著直接關係。在制定上，廣田弘毅收到有吉明有關面談電報後，認為日本方面有確定統一對華基本政策的必要，因此命令東亞局研擬調整兩國國交的基本對策方案；在內容上，中國方面主動提出合作「防止共產」一點，在概念上雖然異於日本軍部推動防共國防構想的概念，但整體而言並不相斥，結果成為三原則的「共同防共」原則。[33]

　　無論如何，中國方面為改善自九一八事變以來中日兩國惡化的關係，在歷經試探及親善氣氛的醞釀後，透過王寵惠向日本方面提出以中國三原則來改善兩國關

---

32 「有吉明より廣田弘毅宛第491号電」（1935年6月18日），外務省編纂，《日本外交文書：昭和期Ⅱ》，第一部第四（上），頁39-40。

33 秦郁彥，《日中戦爭史》（東京：河出書房，1977年，3版），頁49-50。

係。蔣作賓更向廣田弘毅明白表示，希望日本先承認中國三原則，並撤銷「上海停戰協議」與「塘沽協定」後，兩國即可商量經濟提攜，若經濟提攜成績良好，亦可商量軍事合作。可知，中國方面對於調整國交的構想與期望，是希望以中國三原則概念，兩國立於主權國家平等地位，以和平精神進行所謂調整邦交談判，才能真正達到改善兩國關係的目的。

二、廣田三原則：共同防共的制定

　　當日本陸軍少壯派籌謀在滿蒙建構防共國防戰略，關東軍據此獨斷於 1931 年策動九一八事變之後，日本參謀本部擔心事變期間，蘇聯會干涉日軍在東北的行動，曾經多次擬定作戰計畫，以因應蘇聯突然進軍東北。例如事變剛發生的 9 月底，參謀本部擬定「臨時對露作戰計畫大綱」，因應如果情勢意外發展成中蘇同盟，並以武力聯合對抗日本時，日軍應如何進行作戰的計畫。[34] 10 月初參謀本部同意關東軍向黑龍江方面推進，為了預防萬一蘇軍在此時進入黑龍江干涉，日蘇爆發衝突，參謀本部也於同月 16 日擬定「伴隨時局之對蘇支兩國作戰計畫大綱」，設想在日蘇兩國因東北利益衝突而形成斷交及開戰的情況下，指示關東軍應先確實占領全東北各要地，並根據中國軍隊與蘇軍行動情況來

---

34 防衛庁防衛研修所戰史室，《大本營陸軍部（1）—昭和十五年五月まで—》（東京：朝雲新聞社，1974 年），頁 319。（以下書名簡稱《大本營陸軍部（1）》）

指揮日軍的作戰方式。[35]

　　不過，蘇聯為了因應九一八事變後日軍在東北勢力的擴張，在 1932 年夏至 1933 年間急速強化西伯利亞鐵路的運輸能力，並增加遠東沿海州的兵力與軍備，使得日本陸軍不得不認識到重新擬定對蘇作戰計畫及軍事準備的急迫性。[36] 簡言之，日本陸軍方面躁進地策動九一八事變，以建構防共國防戰略，結果反而要先面臨對蘇戰備的重大負擔。所以 1932 年 7 月駐莫斯科使館武官河邊虎四郎（1890-1960）即向日本中央軍部報告說：「因為對蘇戰爭不可避免，必須把最大的重點放在這個戰爭的準備上。」[37]

　　針對這種東亞情勢的變化，日本陸軍省與參謀本部於 1933 年 5 月底「塘沽協定」簽訂前後，召開幾次省部長官會議，討論目前對日本國防威脅最大的假想敵國以及防衛措施。然而，在會議上，作為一夕會主要人物的參謀本部第二部長永田鐵山與第三部長小畑敏四郎，卻因為關於對蘇戰略與對華政策的意見分歧而產生對立，並成為日後被稱為統制派與皇道派鬥爭的起因之一。

35　「時局二伴フ対蘇支両国作戦計画大綱」（1931 年 11 月 16 日），稲葉正夫、小林龍夫等編，《太平洋戦争への道：別 資料編》（東京：朝日新聞社，1963 年），頁 154-155。

36　防衛庁防衛研修所戦史室，《大本営陸軍部（1）》，頁 339-342；防衛庁防衛研修所戦史室，《支那事変陸軍作戦（1）—昭和十三年一月まで—》（東京：朝雲新聞社，1975 年），頁 12。（以下書名簡稱《支那事変陸軍作戦（1）》）

37　日本毎日新聞社編，張效林譯，《遠東國際軍事法庭判決書》（北京：群眾出版社，1986 年），頁 62。

　　小畑敏四郎指出，從蘇聯角度觀察，日本的滿蒙政策是破壞蘇聯的遠東政策，給蘇聯造成極大威脅。而且蘇聯基於世界革命理論制度的遠東政策，以及其地理與國際因素而向東方海洋發展的志向，蘇聯終將會對日本採取積極的反抗措施。故而小畑敏四郎以對蘇作戰為第一要務，主張積極發展國防，充實對蘇戰備與國力，直接給予蘇聯軍事一擊，消滅其在遠東的軍隊，並且計畫在 1936 年前後對蘇開戰。對於中國因滿蒙問題而產生的排日運動，認為應該與列強協調，讓其理解日本的東亞政策，共同以中國本土為通商投資市場，合作發展經濟，並強調不以軍事與政治方式介入中國內政，以免消耗日本國力。因此對於以武力干涉中國內部一事，認為應該採取慎重的態度。

　　永田鐵山則認為蘇聯在第二次五年計畫完成後數年內仍不會完成備戰，主張此時應該著重於安定滿洲，並調整國家制度，建構全民備戰體制。他認為對蘇戰爭是「賭上國家命運的大戰爭」，要有舉國一致對抗的覺悟，進行國家總體戰，故而必須展開國家總動員。他對於建構國家總動員的「產業動員」與「工業動員」所需原料，認為由滿蒙以及中國華北與華中等地獲取，並且為了確保這些國防資源供應無虞，主張應積極對中國本土展開政治攻勢，扶持反蔣介石與反國民黨的勢力，謀劃打倒南京的國民政府，重新調整日中關係。[38]

---

38 以上小畑敏四郎與永田鐵山的意見分歧，請參閱：川田稔，《昭和陸軍の軌跡——永田鉄山の構想とその分岐》（東京：中央公論新社，2013 年，第 5 版），頁 88-92；川田稔，《昭和陸軍全史 2：

　　換言之，小畑敏四郎認為日本的國防重心應當直接置於對蘇方面，但在面對蘇聯時應該同時考量國際因素，避免日本因為對華積極政策而引發美英等列國共同對付日本，故主張與美英等國採取協調主義；永田鐵山則主張為了因應對蘇戰爭，此時重心應當努力建設滿洲國和掌控中國大陸，才能建構國防國家體制，以應付未來對蘇作戰可能形成的總體戰。[39]

　　陸相荒木貞夫與小畑敏四郎曾於 1915 年同時被派駐在俄羅斯，當小畑敏四郎於 1926 年升任參謀本部第一部作戰課長時，亦是在身為參謀本部第一部部長荒木貞夫的麾下輔佐，共同修訂「統帥綱領」，兩人關係可謂密切。因此荒木貞夫認同小畑敏四郎的見解，採用其主張，故而省部長官會議雖然一致同意蘇聯是對日本威脅最大的國家，但為了遂行陸軍期望的對華政策，決定將國防方針重心置於對蘇防衛上，因此必須急速地進行戰力與軍備的準備。[40] 約略同一時間，荒木貞夫也在地方長官會議表示：「日本不可能避免對蘇衝突，所以日本需要用軍事手段確保沿海省、外貝加爾和西伯利亞。」[41]

日中戰爭》（東京：講談社，2014 年），頁 18-39。

39 江口圭一，《十五年戰爭の開幕》（東京：小學館，1994 年），頁 232。

40 防衛庁防衛研修所戰史室，《大本営陸軍部（1）》，頁 345-348；防衛庁防衛研修所戰史室，《支那事変陸軍作戰（1）》，頁 20-21。出席會議人員，陸軍省為陸相荒木貞夫、陸軍次官柳川平助、軍務局長山岡重厚及軍事課長山下奉文，參謀本部為參謀次長真崎甚三郎、總務部長梅津美治郎、第一部長古莊幹郎、第二部長永田鐵山、第三部長小畑敏四郎，以及作戰課長鈴木率道等。

41 日本每日新聞社編，張效林譯，《遠東國際軍事法庭判決書》，

　　未久，陸軍省藉著廣田弘毅於 1933 年 9 月 14 日接
任外相的契機，於 9 月 22 日提出「帝國國策」案，後
來又於 10 月 2 日提出修正案，希望內閣能夠通過陸軍
方面期望的積極外交政策及強硬的對蘇備戰方案。該案
內容主要反映小畑敏四郎的見解，[42] 在對外政策綱要包
括有對滿、蘇、美、英、法、德、義、中國以及軍縮會
議等政策，其中在對蘇政策中認為：「要除去因遠東方
面蘇聯軍備的增強而對皇國之威脅，並且盡一切努力，
消除第三國際的思想擾亂。（其結果形成與蘇聯邦交惡
化，不得已開戰時，應不失時機，覆滅蘇國的遠東軍
備，確立國防之安全。）」在對華政策方面指出：「期
望日支經濟關係的調整，在帝國（對第三國作戰時，至
少開戰初期使其保持一定期間的中立。在萬不得已的情
況下，要將北支方面設定為緩衝地區。）」因此針對軍
備加強及改善問題建議：「對蘇、美之威脅國，期待完
善軍備，即在昭和 11〔1936〕年前後保有對此安全的
軍備。」[43] 換言之，陸軍省希望對華政策要同時搭配著
反蘇的軍事準備，像是日蘇開戰後計畫將華北地區當成
緩衝區一事，即要在對華政策中積極去進行準備。另一
方面，海軍方面也於 9 月 25 日提出「對支時局處理方
針」，卻是主張穩建地讓中國成為獨立國家，並促成

　　頁 372。

42 川田稔，《昭和陸軍全史 2：日中戰爭》，頁 25-26。

43 陸軍案，「帝国国策」（1933 年 10 月 2 日），島田俊彥、稻葉正
　　夫解說，《現代史資料（8）：日中戰爭（1）》（東京：みすず書房，
　　1964 年），頁 11-12。括弧內是陸軍省於 9 月 22 日提出的議案。

中、日、滿三國相提攜，以確立東亞的和平。[44]

在軍部相繼提出對外方針及對華政策情況下，齋藤實內閣於 1933 年 10 月 3 日至 20 日間召開了 5 次五相會議討論。陸軍方面為了消除因蘇聯在遠東方面增強軍備而對日本造成威脅，荒木貞夫希望五相會議通過陸軍省的對蘇軍事整備案，確保國防安全。但因廣田弘毅主張協和外交，而大藏大臣高橋是清（1854-1936）顧慮軍費支出過於龐大，結果在兩人聯手下，壓制了陸軍積極的對外政策議案。[45] 最後，10 月 20 日五相會議通過的外交方針，基本上是採取了外務省的穩健方案，即目前日本急務應是「完成滿洲國建全的發達」，所以要「實施外交工作，確立與主要各國之間的親善關係」。在對蘇關係上要「加以十分的警戒」，但應使「日蘇及滿蘇間的關係更圓滑」，「此時避免與蘇聯的衝突甚為重要」。[46] 而該方針並經過同月 21 日內閣會議通過，成為日本的對華政策。

然而，雖然外務省方面暫時抑制陸軍省將國防重心置於防衛蘇聯的積極對蘇備戰方案，但在對蘇抱持警戒的態度其實是同樣的。1935 年 11 月，駐瑞典公使的白鳥敏夫（1887-1949）致函駐比利時大使有田八郎

44 「海軍の対支時局処理方針」，島田俊彥、稲葉正夫解說，《現代史資料（8）：日中戦争（1）》，頁 9。

45 江口圭一，《十五年戦争小史》（東京：青木書店，1991 年），頁 68。

46 「廣田弘毅より松平恒雄出淵勝次宛合第 1952 号電」（1933 年 10 月 25 日），〈帝国ノ対外政策関係一件（対支、対満政策ヲ除ク）：五相会議関係〉，JACAR Ref. B02030015200。

（1884-1965）謂：日本應以最少限度的讓步，要求蘇
聯撤除海參崴軍備，及不許在貝加爾湖駐紮一兵一卒。
為了永久解除蘇聯威脅，建議必須使其成為弱小的資本
主義共和國，並嚴格管制其天然資源。[47] 至於身為外相
的廣田弘毅曾任日本駐蘇聯大使，對於蘇聯有一定程度
了解，懷疑蘇聯的社會主義其實是繼承帝俄時代的侵略
主義。[48] 廣田弘毅同時在 1934 年 1 月 23 日第 65 屆議
會演講時表示，對於「近來蘇聯對我國的態度，不僅呈
現若干變調的觀點，蘇聯還頻繁地利用新聞通信等，向
內外發表對我國非難之聲」一事感到遺憾。因此雖然演
講表示，即使蘇聯共產體制與日本國體思想無法相容，
但仍願意與蘇聯保持友善關係。[49] 惟演講中卻也不經意
透露出他對於蘇聯抱持不信任的跡象。而且由於蘇聯的
世界共產革命政策，連帶地影響廣田弘毅對華問題的看
法，認為應當極為注意中國的共產黨問題。不僅在前述
第65 屆議會，在 1935 年 1 月 22 日第 67 屆議會演講時
也一再表示，日本政府對於共產黨在中國的活動及擾亂
治安情況一直保持密切的關心。[50]

　　可知，不論是陸軍方面或外務省，對於蘇聯帶給日

47 日本每日新聞社編，張效林譯，《遠東國際軍事法庭判決書》，
　　頁 343-347。
48 服部龍二，《広田弘毅：「悲劇の宰相」の実像》（東京：中央公
　　論新社，2009 年，5 版），頁59。
49 「第六十五回帝国議会ニ於ケル廣田外務大臣演說」（1934 年
　　1 月 23 日），〈外務大臣（其ノ他）ノ演說及声明集〉，第 2，
　　JACAR Ref. B02030025100。
50 「第六十七回帝国議会ニ於ケル廣田外務大臣演說」（1935 年 1
　　月 22 日），〈外務大臣（其ノ他）ノ演說及声明集〉，第 2，
　　JACAR Ref. B02030028000。

本威脅的看法是一致，只是處置方式有所不同。此時陸軍方面因荒木貞夫認同小畑敏四郎的主張，將國防重心置於直接面對蘇聯的威脅，採取增強軍備，以武力方式正面消除蘇聯威脅的積極政策；外務省方面則秉持廣田弘毅所標榜的協和外交，希望緩和日蘇關係，避免與蘇聯直接發生衝突。不過，由於日本對華政策包含面對蘇聯的措施，若外務省試圖與中國進行調整國交談判，亦不得不考量陸軍方面所期望的對華與對蘇政策。

　　如前所述，1935 年 6 月 14 日及 17 日汪精衛與唐有壬為緩和在華日軍策動華北自治，分別向有吉明表示進行親善合作的期望，廣田弘毅即以此為契機，訓令相關局課研擬調整兩國國交的基本對策方案。廣田弘毅構想的中日合作關係是以協調外交為方針，先與軍部方面取得一致的共識，再推動中日在經濟、政治等方面的緊密合作。[51] 因此廣田弘毅訓令外務省相關局課著手研擬與中國調整國交方案時，要求應該聯繫陸、海軍兩省，共同商議對華基本政策。6 月 27 日，外務省相關局課應廣田弘毅之命，由外務次官重光葵在次官官邸召開「對支政策討論會」。東亞局第一課長守島伍郎（1891-1970）在會中曾表示，對滿政策及對華政策若沒有包含軍部的政策，僅擬定外務省的理想案，實際上在執行時將會有各種困難。[52] 換言之，外務省研擬調整

---

[51] 服部龍二，《広田弘毅：「悲劇の宰相」の実像》，頁 88。

[52] 太田一郎記，「対支政策討議会討議要録」（1935 年 6 月 29 日），外務省編纂，《日本外交文書：昭和期 II》，第一部第四（上），頁 46。出席者有外務次官重光葵、東亞局長桑島主計、條約局長栗山茂、參事官谷正之、東亞局課長守島伍郎及事務官上村伸一。

中日國交的對策方案時，即確定將與軍部進行協議，尤
其特別重視與陸軍方面的協調，希望能確立明確方針，
以統一日本對華步調。[53]

　　由於外務省特別重視陸軍方面的意見，在「對支政
策討論會」上，重光葵認為軍部的根本方案，可由其對
滿政策與對華政策是以對蘇作戰為根本目的，希望將來
與蘇聯開戰時，能以華北為根據地，獲得自由地對蘇活
動的方向去思考。因此可以向中國表示因為日中兩國有
共同敵人，為了防止赤化的共同目的，在華北地區必須
容認軍部的要求，例如在察哈爾設置機場和無線電臺、
延長京綏線、鋪設滄石鐵路，甚至開發四川等，即可
充分納入軍部方面的根本政策。參事官谷正之（1889-
1962）表示，此次陸軍策動的華北自治，是希望在對蘇
作戰時能不受到南京方面的束縛，故要以自身力量在華
北開拓強固的地盤，故而建議為了調整日滿華關係，可
以在所謂共同利益、共同之敵及共同文化上設立共同的
目標，一起努力邁進。[54]

　　隨後外務省東亞局根據此次會議確立的指導要領，
也就是判斷陸軍方面對滿與對華政策是立基於對蘇備戰
的考量上，認為陸軍方面的對華政策重點在於合作防
赤，再加上 6 月 17 日唐有壬向有吉明提議，在政治方

---

53 東亞局第一課，「支那關係各種案件」，〈最近支那關係諸問題
摘要（第六十八議會用）〉，下，《議會調書》，日本外務省外
交史料館藏，JACAR Ref. B13081259500。
54 太田一郎記，「対支政策討議会討議要録」（1935 年 6 月 29 日），
外務省編纂，《日本外交文書：昭和期 II》，第一部第四（上），
頁 46-47。

面可就「防止共產」一事進行兩國合作，以為中國方面
應該也會持同意的態度，而於 7 月 2 日擬就「關於對支
政策之件」草案。草案第三項要綱指出：「顧慮來自外
蒙等之赤化威脅，為日滿支三國共通之威脅，故於察哈
爾等其他與外蒙接壤地方，至少日支之間應基於排除此
威脅之立場，進行合作。」[55] 此點即所謂共同防共原則
的最初草案，可以說東亞局所擬原則是順勢採用唐有壬
的提議，同時也容納了陸軍的期望。

　　此後陸海外三省相關局課針對東亞局草案進行多次
的協調，期間陸軍省軍務局與海軍省軍務局均分別提出
兩次的修改意見及對策案，外務省亦提出修正案。[56] 至
8 月 10 日，三省在對華政策上達成基本共識，然而，
兩日後陸軍內部因皇道派與統制派的派系之爭，爆發
相澤事件，陸軍省軍務局長永田鐵山遭刺身亡，[57] 直至
10 月 4 日岡田啟介內閣召開會議，才通過三省協調的

---

55 東亜局試案，「対支政策決定ノ経緯　別紙第一号：対支政策ニ関
　　スル件」（1935 年 7 月 2 日），〈帝国ノ対支外交政策関係一件〉，
　　第 4，JACAR Ref. B02030150900。

56 東亜局第一課調書，「対支政策決定ノ経緯」，〈帝国ノ対支外
　　交政策関係一件〉，第 4，JACAR Ref. B02030150900。

57 相澤事件指日本陸軍自九一八事變後，因對於國家改造與滿蒙問
　　題的主張不同分成皇道派與統制派。皇道派強調精神超越物資，
　　主張對蘇聯的威脅直接展開攻擊。統制派受國家總體戰思想影響，
　　主張由中央規劃經濟與軍事，強調軍事現代化、機械化與國防國
　　家，認為應先向中國擴張，掌控國防資源。統制派中心人物永田
　　鐵山於 1934 年 3 月升任軍務局長，主張排除非法的革新思想及團
　　結統制軍部，並強力壓制皇道派青年將校的發展。結果引起皇道
　　派陸軍中佐相澤三郎（1889-1936）不滿，於 1935 年 8 月 12 日至
　　陸軍省官廳內斬殺永田鐵山。請參閱：日本近現代史辭典編集委
　　員會編，《日本近現代史辭典》（東京：東洋經濟新報社，1978
　　年），頁 5、202、458。

對華政策及諒解附屬文書，此即所謂廣田三原則。其中第三項共同防共原則內容為：「鑑於來自外蒙等之赤化勢力之威脅，為日滿支三國共通之威脅，支那方面應於外蒙接壤地區，為排除此威脅，在我方希望之諸項設施上予以協助。」[58]

雖然廣田三原則草案最初是由東亞局所擬，但防共原則係東亞局參酌唐有壬的提議，同時考量陸軍方面對蘇備戰的立場所研議，而陸軍省當然樂見制定此原則，只是對於細部內容上有些意見。在三省協商過程中，海軍省方面對此項原則並沒有提出修改意見，陸軍省方面則於 7 月 20 日提出對策案，於東亞局草案的「進行合作」文字前面加上「容納日本方面的希望」。[59] 8 月 5 日，陸軍省再提的對策案則是在東亞局草案「外蒙接壤地區」文字後面加上「允許我方在國防上所必要的諸項設施」。在用詞遣字上，陸軍省的態度可說是愈來愈嚴苛，要求也是越來越明確，由原本的「希望」進而明確要求「國防上所必要的諸項設施」。[60] 因此閣議通過的定案與最初東亞局草案最大差異在於日本對華態度的不同，草案文字「進行合作」被改為「予以協助」，背後所展現的態度上是由兩國平等地進行合作，變相成為要

---

58 「対支政策ニ関スル件」（1935 年 10 月 4 日），〈帝国ノ対支外交政策関係一件〉，第 4 卷，JACAR Ref. B02030150900。

59 陸軍省軍務局，「対支政策決定ノ経緯 別紙第二号：対支政策ニ関スル件」（1935 年 7 月 20 日），〈帝国ノ対支外交政策関係一件〉，第 4 卷，JACAR Ref. B02030150900。

60 陸軍對策，「対支政策決定ノ経緯 別紙第五号：対支政策ニ関スル件」（1935 年 8 月 5 日），〈帝国ノ対支外交政策関係一件〉，第 4 卷，JACAR Ref. B02030150900。

求中國應按日本的希望給予協助。簡言之，即是由平等合作變成命令要求，而這些基本上都是按陸軍要求而逐步修改而成。

10 月 7 日，廣田弘毅與駐日大使蔣作賓談論中日親善問題時，首次提出廣田三原則，包括：（1）放棄以夷制夷政策；（2）承認滿洲國；（3）共同防共。就共同防共原則內容以及廣田弘毅向蔣作賓透露的說法：「赤化運動發源某國，在中國北部邊境一帶有與日本協議防止赤化之必要。」[61] 可知，日本首次對中國提出的防共概念包含了共產主義與蘇聯。

綜上所述，可知共同防共原則的產生與中日雙方因為九一八事變造成兩國關係日漸惡化，為改善兩國緊繃關係而不約而同地釋放出善意舉動有關。過程中因為唐有壬建議兩國合作「防止共產」，反而促使日本內部各省商議統一對華政策之際，由外務省主動地將陸軍冀望的防共國防納入對華政策草案之內，明確成為日本政府的對華政策，也擴大防共概念。

---

61 「蔣大使與廣田談話報告」（1935 年 10 月 7 日），〈廣田三原則之交涉〉，《外交部檔案（近）》：011.2/006；太田一郎記，「大臣、蔣大使会談要録（第三回）」（1935 年 10 月 7 日），〈帝国ノ対支外交政策関係一件〉，第 4 卷，JACAR Ref. B02030151100。

第二節　華北「防共協定」與日本防共政策的制定

一、協定構想的產生與內容

　　1935 年 10 月 4 日，日本岡田啟介內閣制定「關於對支政策之件」及「諒解附屬文書」，即所謂廣田三原則，明確將共同防共列為對華政策。[62] 所謂「共同」，其實只是由日本單方面協助中國，並非是雙向互惠合作。問題是要如何協助？雖然內容說明是日本「希望之諸項設施」，但所指的又是那些設施呢？這些問題在當時內閣制定政策過程中，以及所通過的政策都未曾討論或說明。[63] 換言之，雖然此時日本內閣通過共同防共的對華政策，卻只是個空洞的口號，並沒有實質的方法或具體可行措施。

　　外務省於 1936 年 1 月 8 日召開內部會議，討論針對中國南京方面提出調整國交談判的因應態度，出席者包括外相廣田弘毅、次官重光葵、東亞局長桑島主計（1884-1958）、南京總領事須磨彌吉郎（1892-1970）與事務官上村伸一。會中的共識是廣田三原則的交涉方式，由駐華大使與中國外交部長以一般的外交形式，要求承認日本所提的三原則。因為此三原則的具體作法因範圍廣泛，不容易規範，而且取得軍部意見仍需要一些

62　「対支政策ニ関スル件」（1935 年 10 月 4 日），〈帝国ノ対支外交政策関係一件〉，第 4 卷，JACAR Ref. B0203015900。

63　東亜局第一課調書，「対支政策決定ノ経緯」，〈帝国ノ対支外交政策関係一件〉，第 4 卷，JACAR Ref. B0203015900。

時間，所以原則上先使中國方面承認並簽署協議。至於三原則的具體方法與措施，可待日後相關委員會討論之後再決定。[64] 可知，日本內閣制定廣田三原則政策後三個月，外務省方面對於三原則的具體可行方式仍未有概念。

1933 年 10 月 20 日，齋藤實內閣於五相會議否決了陸軍方面主張的積極對蘇備戰的對外政策，而採用外相廣田弘毅主張與各國親善的協調外交方針。但是，陸軍方面並未放棄其對華政策對發言權，持續與外務省商議，[65] 並於10 月 30 日提出對於國策的修正意見，指出在國防上要立基於日本皇國精神，依據純化的思想加強全國國民團結。同時確立平戰兩時均可因應的經濟組織，推動國民生活上及國防上重要產業的振興。而且為了補充戰時不足的資源，除了將北庫頁島、中國、南洋等地方納入日本預想的勢力範圍，謀劃取得利用該地資源，也要促進不足資料的貯藏及替代品的研究。[66]

此外，1934 年 7 月岡田啟介內閣成立，隨後於同年 12 月倫敦召開軍縮會議的前夕，通告廢棄華府議定書，解除了全部海軍軍縮條約的約束，決意與英美開軍

---

64 東亞局第一課，「対支方針協議事項」（1936 年 1 月 8 日），〈帝国ノ対支外交政策関係一件〉，第 8 卷，《戰前期外務省記錄》，JACAR Ref. B02030161500。

65 James B. Crowley, *Japan's Quest for Autonomy: National Security and Foreign Policy, 1930-1938* (Princeton: Princeton University Press, 1966), pp. 194-195.

66 陸軍省軍事課，「対內国策樹立に関する国防上の要望」（1933 年 10 月 30 日），島田俊彥、稻葉正夫解說，《現代史資料（8）：日中戰爭（1）》，頁 15。

備競賽。此事造成陸軍方面以為「廢棄軍縮條約，意味
著破壞華盛頓體制，產生了無視有關支那的『九國公
約』，以及與支那有關決議的風潮，引發陸軍在〔中
國〕大陸的行動全部可以不再受拘束而自由行動的風
氣」。[67] 加上岡田啟介內閣在軍部壓力下，對九一八事
變有功人員進行論功行賞，更加鼓勵此種傾向。[68] 結果
陸軍方面並不完全信服外務省的協調外交方針而自行其
是，但陸軍軍部中央也難以控制閫外軍人在中國大陸的
行動，尤其是關東軍與「支那駐屯軍」，最後形成日本
對華「二重外交」的現象。[69]

　　日本對中國「『二重外交』的演變具體結果，即
有後來的『廣田三原則』的提出，與華北的『何梅協
定』等一連串事件」。[70] 其實在「何梅協定」前幾個月
的 1935 年 1 月 4 日，關東軍司令官南次郎於大連召開
會議，出席者包括關東軍參謀長板垣征四郎、奉天特
務機關長土肥原賢二、「支那駐屯軍」參謀長酒井隆
（1887-1946）與日本駐北平大使館陸軍副武官高橋坦
（1893-1986），以及各地領事館武官等人。雖然目前
不清楚該會議確實內容，關東軍與駐屯軍對於分離華北
已有默契。會後關東軍即派遣土肥原賢二南下，視察中

67 重光葵，《昭和の動亂》（上）（東京：中央公論新社，2001 年），
　頁 92-93。

68 重光葵，《昭和の動亂》（上），頁 93。

69 井上壽一，《危機のなかの協調外交──日中戰爭に至る對外政
　策の形成と展開》，頁 185-198。

70 許育銘，《汪兆銘與國民政府：1931 至 1936 年對日問題下的政
　治變動》（臺北：國史館，1999 年），頁 294。

國南北情勢，而且在「何梅協定」交涉期間酒井隆也因
憑藉關東軍為後盾，對何應欽之態度驕橫粗魯之極，[71]
至於「秦土協定」，則由察哈爾代理主席秦德純（1893-
1963），與關東軍的代表土肥原賢二簽訂。這兩個協定
的產生，說明了關東軍積極介入華北事務的情況。

　　不過，關東軍與「支那駐屯軍」之間在對華事務
的態度上也並非如此地融洽。1935年8月，「支那駐屯
軍」司令官梅津美治郎（1882-1949）返日就任第一師團
長，同月19日，新任司令官多田駿由日本東京抵達天
津就任。9月24日，甫任司令官一個多月的多田駿發表
「多田聲明」。其聲明的對象係針對日本而非中國，目
的在對日本相關人士宣示他在華北問題上的發言權，藉
以試圖主導華北工作的執行，顯示他對於關東軍插手華
北事務與派遣土肥原賢二來華北活動相當不滿。[72]

　　事實上，該聲明也確實達到效果，十天後的10月
4日，日本內閣通過廣田三原則後，外務省與陸海軍方
面立即分別派遣東亞局第二課長守島伍郎、參謀本部
第二部長岡村寧次、軍令部第六課長本田忠雄（1888-
1946）等人赴華，先後在大連、上海與天津各地召開在
華官員會議，傳達中央政府的政策。其中報載守島伍郎
與駐中國各地總領事在10月25日和26日天津總領事

---

71 梁敬錞，《日本侵略華北史述》（臺北：傳記文學雜誌社，1984
　　年），頁42、56；「日關東軍大連會議」（1935年1月4日），
　　南開大學馬列主義教研室中共黨史教研組編，《華北事變資料選
　　編》（鄭州：河南人民出版社，1983年），頁60-61。

72 蕭李居，〈蔣中正對「多田聲明」的因應態度〉，《國史館館刊》，
　　第32期（2012年6月），頁91-101。

會議上，決議要求各總領事在「華北問題要與駐屯軍部取緊密聯絡」，[73] 說明外務省方面似乎認可駐屯軍在華北問題上具有一定的發言權。不久，該發言權在 1936 年 1 月 13 日陸軍省制定「北支處理要綱」獲得正式承認。此要綱並進一步指示駐屯軍要「直接以冀察與冀東兩當局為對象」來處理華北問題，其中「對冀察政務委員會的指導要透過宋哲元進行」，同時也決定在北平設立特務機關。[74] 同年 3 月，陸軍省即在北平成立特務機關，以松室孝良（1886-1969）為機關長，在駐屯軍司令官指揮下擔任指導冀察政務委員會的任務。[75]

　　冀察政務委員會於 1935 年 12 月 18 日成立，不到一個月日本方面即確定由駐屯軍主導華北業務，並以該委員會委員長宋哲元為對象來交涉華北問題。在多田駿於1935 年 8 月 19 日至 1936 年 4 月 30 日擔任駐屯軍司令官期間，與冀察方面交涉問題，包括冀東防共自治政府的撤消問題、察北六縣的行政權問題、以及共同防共問題等。[76] 前兩項問題係由冀察方面提出並希望解決，唯獨共同防共問題是駐屯軍主動提出，而且是多田駿特別關注的問題。

73 「日在華官員的大連、天津、上海會議」（1935年 10月），南開大學馬列主義教研室中共黨史教研組編，《華北事變資料選編》，頁 222。
74 「支那駐屯軍司令官ニ対スル指示：北支處理要綱」（1936年 1月13日），〈滿洲事変‧華北問題（松本記錄）〉，第9卷，《戰前期外務省記錄》，JACAR Ref. B02030481100。
75 防衛庁防衛研修所戰史室，《支那事変陸軍作戦（1）》，頁 69。
76 李雲漢，《宋哲元與七七抗戰》（臺北：傳記文學出版社，1987年），頁 131-145。

　　有關「支那駐屯軍」在 1936 年 3 月間向宋哲元提
出共同防共問題，一般看法都認為是中共軍隊在 2 月
20 日由陝北東渡黃河進入山西，造成冀察地區情勢緊
張，日本遂以共同防共為「名」或「藉口」，要脅宋哲
元簽訂華北「防共協定」，以達成侵略或進兵冀察之
實。[77] 即防共是假，侵略是實。

　　事實上，就協定構想的產生而言，早在共軍尚未
進入山西前一個月的 1 月 20 日，日本參謀本部「支那
課」課長喜多誠一（1886-1947）就向外務省事務官上
村伸一表示：「關東軍有意與冀察政務委員會之間簽訂
防共軍事協定。」[78] 但是，同月 23 日陸軍省軍務局課
員影佐禎昭則對上村伸一解釋：「北支政權與軍方的軍
事協定締結問題，最初是天津軍的提案」，並不是關東
軍的提案，而且陸軍省方面現正慎重考慮中，並希望早
點知道外務省方面的態度。[79] 說明駐屯軍最遲在中共東
渡入晉之前的 1 月 20 日，即已有要締結華北「防共協
定」的想法與動作，而日本軍部與外務省方面在此時也
都已知悉此事。此外，在駐屯軍提出此議案之前，駐

---

77 陳世松主編，《宋哲元傳》（長春：吉林文史出版社，1992 年），
　頁 243；李雲漢，《宋哲元與七七抗戰》，頁 138-139；常凱，〈「華
　北防共協定」考〉，《歷史教學》，1985 年第 11 期（1985 年 11
　月），頁 59；何智霖等編輯，《陳誠先生書信集：家書》（下）（臺
　北：國史館，2006 年），頁 365。

78 東亞一課，「參謀本部喜多大佐談要領」（1936 年 1 月 20
　日），〈帝国ノ対支外交政策関係一件〉，第 8 卷，JACAR Ref.
　B02030162300。

79 東亞一課，「陸軍省影佐中佐談要領」（1936 年 1 月 23 日），
　〈満洲事変・華北問題（松本記録）〉，第 9 卷，JACAR Ref.
　B02030481100。

德武官大島浩（1886-1975）早在 1935 年 9 月，逕自與德國「里賓特洛甫機關」主任里賓特洛甫（Joachim von Ribbentrop, 1893-1946）洽商德日結合以蘇聯為對象的防禦同盟。同年 11 月，德國提出締結「反共產國際協定」的方式，最後兩國於次年 11 月 25 日締結德日「防共協定」。在此期間，奉參謀本部之命前往柏林洽談的情報部歐美課德國班長若松只一（1893-1959），在 1935 年 11 月底 12 月初左右已將德國提案呈報參謀本部，陸軍方面並於 1936 年 1 月準備先與外務省與海軍方面商議德國送交的協定草案。[80] 顯示了駐屯軍的構想應當是參考了德國提案的形式。

雖然就時間點而言，駐屯軍參謀長永見俊德（1888-1971）與北平特務機關長松室孝良，是在 1936 年 3 月下旬左右拜會宋哲元時，提出以締結協定的方式來推動共同防共。29 日，宋哲元由北平至天津，親自與多田駿展開談判。可以說駐屯軍方面確實是在共軍入晉的契機下提出交涉，但這只是顯示駐屯軍利用共軍東進，形成冀察緊張情勢來壓迫宋哲元訂立協定的企圖，不能據此就認定防共只是個藉口，因為至少就廣田三原則的制定而言，日本方面已汲汲謀求與中國共同防共。

其實駐屯軍亟求與冀察政務委員會締結華北「防共

---

80 學者田嶋信雄根據德國武器商人威廉哈克（Wilhelm Hack）的「哈克文書」等史料，指出大島浩於 1935 年 9 月 17 日與哈克商談軍購之際，提出締結日德協定的可能性，藉以探尋里賓特洛甫的意向，自此展開德日洽商協定防範蘇聯為目標的交涉。請參閱：田嶋信雄，《ナチズム極東戰略：日独防共協定を巡る諜報戰》（東京：講談社，2001 年），頁 69-70。

協定」的目的，也與「多田聲明」有關。多田駿於聲明
表示中共問題並不足為慮，但須注意蘇聯利用中共的
行動，[81] 並提出要「通過華北五省的軍事合作來防止赤
化」的主張。[82] 華北「防共協定」確實是一種具體可行
的軍事合作方式，因此也可以說締結協定的構想就是
駐屯軍將其司令官的「多田聲明」主張具體化的一種
方式。

　有關此協定內容，當時報刊競相轉譯刊載不同條
文，本文擬此依中日兩國官方檔案所載內容來進行分
析。首先，戰後日本公開的華北「防共協定」史料條文
相當簡單，內容為：

　　日本軍及冀察中國軍基於絕對排除共產主義的精神，
　　切實地互相合作，協議從事阻過共產主義的行為。
　　關於本協定的細目另行協議之。
　　本協定以日文為正文。

　　　　　　　　　　　昭和十一年三月三十日
　　　　　　　「支那駐屯軍」司令官　多田駿
　　　　　　　冀察綏靖主任　　　宋哲元 [83]

---

81 「日本駐津軍司令官多田駿少將所發表之日文小冊子『日本對華
　之基礎觀念』之全譯」，〈日駐津司令官多田駿發表談話〉，《外
　交部檔案（國）》：020-010103-0005，頁5-18；姬野德一，《北
　支の政情》（東京：日支問題研究会，1936年），頁86-102。

82 秦郁彥，《日中戰爭史》，頁57。

83 「防共協定」（1936年3月30日），島田俊彥、稻葉正夫解說，
　《現代史資料（8）：日中戰爭（1）》，頁285。

　　有關華北「防共協定細目」內容雖僅 4 條，但細款事務甚多，包括：

　　（1）冀察方面實行左記事項：

　　　　①為了與閻錫山協同從事共匪的掃蕩，要努力與閻締結防共協定。若閻不肯時，則適時在獨自防共的立場下，進兵山西消滅共匪。

　　　　②不間斷地與日本軍部交換有關共產運動情報，且在有關防共行為上保持與日本軍部緊密的聯絡。

　　　　③為了貫徹防共，要與山東方面合作，必要時努力與之締結防共協定。

　　　　④日益強化擴充從前與西南方面的協定。

　　　　⑤由於共產主義是人類共同之敵，擾亂東洋和平，對此要用絕對排擊的態度宣示天下。

　　　　⑥鎮壓解散共產黨、藍衣社等及其類似團體與結社，黨部亦不允許存在。

　　　　⑦鑑於為了與日本採取防共協同動作，並與日本精神融合之必要，此際要貫徹與日本提攜親善的行為，鎮壓排日的團體及言論，掃除排日的教材，且對於軍隊及官民要以日支提攜親善的主旨予以教導。

　　（2）日本方實行左記事項：

　　　　①日本方面為了冀察方面的防共，同意增加必要的兵力，且廉價讓渡各種武器彈藥及飛機，但飛機在必要時可貸與。

　　　　②絕對支持有關冀察方面的防共行為。

③不間斷地與冀察方面交換有關共產運動情
　報，且提供冀察方面有關防共行為的資料。

④日本方面贊助與晉、綏、魯、及西南的提
　攜合作，且絕對地支持冀察方面阻遏中央
　軍進出北支。

（3）本協定雙方不予發表。

（4）本協定以日文為正文。

　　　　　　　　　昭和十一年三月三十一日 [84]

　　至於中國方面所探知的內容，最完整者為 1936 年
5 月 7 日外交部長張羣收到南京參謀本部通報所附的協
定內容：

（1）防共委員會仍隸屬冀察委員會，人選由華方
　　　自定，日方只擔任顧問等職。

（2）共軍未侵入冀察邊區時，防共一切任務，由
　　　該委員會主持，日方只從旁協助。

（3）如共軍侵入冀察邊區時，冀察境內華軍應開
　　　赴邊區防剿，平津由小部華軍與大部日軍共
　　　同維持後方治安。

（4）冀察境內飛機場，日方得於必要時借用。

（5）關於防共軍需物資，在雙方同意原則下，可
　　　由日方協助。[85]

---

84 「防共協定細目」（1936 年 3 月 31 日），島田俊彥、稻葉正夫解
　說，《現代史資料（8）：日中戰爭（1）》，頁 285-286。

85 「參謀本部致張羣貳書字第 34 號通報」（1936 年 5 月 7 日），〈華
　北防共問題〉，《外交部檔案（國）》：020-010102-0255，頁 36。

透過比較中日文版本的協定內容可知，首先，在性質方面，日文版本可說屬於軍事協定的性質，規範了冀察方面提供情報並努力與晉、魯及西南合作，以擴大防共範圍，駐屯軍方面除了支持冀察的防共作為，同時提供所需武器、兵力與情報；中文版本重點在於成立防共委員會的組織，防共事務由華方主導的委員會負責，日方僅為協助角色，似屬於政治性質的協定。

其次，就對象與範圍方面，中文版本為冀察政務委員會與冀察地區；日文版本則是要冀察方面努力與山西及山東方面締結防共協定，日方並贊助冀察與晉、魯、綏及西南的合作。就範圍而言，已不僅有「多田聲明」主張的華北五省，還包括西南方面，透露出日本有聯合華北與西南對南京國民政府採取夾擊之勢的企圖。

最後，兩者都為空洞的廣田三原則之「共同防共」提供具體可行的合作方式。中文版本著重在成立防共組織與日本顧問的協助角色；日本版本主要在由日方提供防共所需武器、彈藥等軍需物資，並且可派遣必要的日本軍隊協助。不論是那一種，都符合共同防共原則所謂在「希望的諸項設施上給予〔中國〕協助」精神，此點也為日後日本制定落實廣田三原則精神的對華政策帶來深刻影響。

二、協定的簽署疑義

1936 年 5 月 1 日，日本政府宣布強化「支那駐屯軍」，將司令官改為親補職，原少將級升為中將級，由日本天皇裕仁親任田代皖一郎（1881-1937）中將為司

令官，以便對華北進行增兵。多田駿被調回日本任第
十一師團長，華北防共交涉風波暫告平息。

　　宋哲元與多田駿最後是否有簽訂華北「防共協
定」？在探究此疑義之前，應先理解前述中日文版本協
定文件在內容上差異的原因。1936 年 3 月 31 日的日文
史料華北「防共協定細目」規定，日方協助冀察方面事
項包括派兵、讓渡武器與交換情報。南京方面對此事所
探知的資訊包括有：3 月 25 日，方唯智（?-?）致電外
交部情報司長李迪俊（1901-?），指出「天津軍司令官
致參謀本部電云：設共產軍侵至山西北部，則擬援助宋
哲元將其擊退」。[86] 同月 31 日，程伯昂（?-?）也電告
李迪俊：「現聞松室〔孝良〕在津向宋提議，擬調二師
團日軍沿平漢、平綏冀察境內協助防共。宋以晉局好
轉，冀察佈置嚴密，勿庸借助，正在商中。」[87] 4 月 8
日，程伯昂再電告李迪俊：「據報冀察防共協定，永見
〔俊德〕攜回國請示，」「為協助防共，駐屯軍第五師
團一部將提前開駐保定、石莊、靜海，對晉境中央軍予
以監視。」[88] 同日，外交部北平特派員程錫庚（1893-
1939）致電外交部長張羣：「經查明宋在津與多田、松
室商妥河北防共辦法，至必須時，准日軍進駐保定以

86　「方唯智致李迪俊有電」（1936 年 3 月 25 日），〈華北防共問題〉，
　　《外交部檔案（國）》：020-010102-0255，頁 17-18。

87　「程伯昂致李迪俊世電」（1936 年 3 月 31 日），〈華北防共問題〉，
　　《外交部檔案（國）》：020-010102-0255，頁 19。

88　「程伯昂致李迪俊庚電」（1936 年 4 月 8 日），〈華北防共問題〉，
　　《外交部檔案（國）》：020-010102-0255，頁 23。

南、順德以北，但並未簽訂協定。」[89] 可知，在 4 月 8
日駐屯軍參謀長永見俊德返回東京出席師團長會議時，
雙方的交涉暫告一段落，這段時期雙方交涉重點在於日
本出兵問題，此點也與日文史料華北「防共協定細目」
的日本派兵條件相同。

就在永見俊德返回東京的次日，陸軍省次官梅津美
治郎於 4 月 9 日致電關東軍參謀長板垣征四郎與駐屯軍
參謀長永見俊德，以及北平、濟南、上海、漢口、南京
與廣東等地日本武官，表示「關於支那駐屯軍司令官與
冀察綏靖主任之間所商定的防共協定」，將理解為「記
錄彼我軍事當局者之間關於防共的對話」。[90]

不過，永見俊德於 4 月 18 日再來天津後，仍然與
華北方面再次展開交涉，即當時媒體全面報導正式開始
交涉的時刻。此後南京方面獲知的情報包括：4 月 21
日，南京參謀本部致函外交部指出：「關於宋與日方定
防共協定一事，經宋、陳（中孚）與多田、松室等在天
津會商，均同意成立冀察防共委員會」，「幾經商權，
日方始允松室改充該會高等顧問，正副委員長皆由華方
分任。」[91] 5 月 7 日，南京參謀本部再致張羣有關華北
「防共協定」完整內容的通報，第一條規定「防共委員

---

89 「程錫庚致張羣等齊電」（1936 年 4 月 8 日），〈華北防共問題〉，
　《外交部檔案（國）》：020-010102-0255，頁 22。

90 「梅津美治郎より板垣征四郎宛陸滿第 113 号電」，（1936 年 4
　月 9 日），〈密大日記：昭和 11 年〉，第 6 冊，《陸軍省大日記》，
　日本防衛省防衛研究所藏，JACAR Ref. C01004225100。

91 「參謀本部致外交部貳書字第 339 號密函」（1936 年 4 月 21 日），
　〈華北防共問題〉，《外交部檔案（國）》：020-010102-0255，
　頁 27-28。

會仍隸屬冀察委員會，人選由華方自定，日方只擔任顧問等職」。[92] 這些訊息明確顯示出第二階段的交涉重點已經轉為防共委員會的組織問題，而非前一階段的軍事問題。而且如同前文的分析，就協定對象與範圍而言，第二階段交涉的協定內容為冀察地區，第一階段交涉的協定則涉及華北五省與西南地區。

可知，多田駿與宋哲元之間有關防共議題的交涉內容是前後有別，前者以軍事為主，應是 3 月 30 日與 31 日的日文史料華北「防共協定」與細目文件；後者為 4 月中旬永見俊德返回天津後的防共組織議題，推測極可能為南京參謀本部探知協定完整內容的通報〔為區別起見，本文依協定內容範圍與對象的差異，以下稱前者為華北「防共協定」；後者為冀察「防共協定」〕。雙方交涉內容前後不同的關鍵，則為 4 月 9 日梅津美治郎致電在華日軍的指示，打消了前者的協定內容，因此有關協定的簽訂問題也應該分開考察。[93]

關於 3 月底的華北「防共協定」簽署問題，李迪俊於 4 月 6 日接獲程伯昂由北平來電稱：「據報宋在津與多田、松室及韓〔復榘〕代表張聯陞、何其鞏商

---

92 「參謀本部致張羣貳書字第 34 號通報」（1936 年 5 月 7 日）。

93 有關華北「防共協定」，係於《島田文書》第 22 卷中抄寫在海軍用箋上的資料，1964 年出版刊載於島田俊彥、稻葉正夫解說，《現代史資料（8）：日中戰爭（1）》，並未發現內容相似的中文版本；至於冀察「防共協定」，目前也僅有 1936 年 5 月 7 日參謀本部致張羣通報之中文版本，同樣未發現相似的日文版本。兩件協定各自的中、日文版本，仍有待蒐尋。但透過本文分析，兩件協定的內容與性質完全不同，將之視為兩件各自獨立的協定文本，應是屬於合理推論。

妥冀察防共協定八項，並准日軍在保定以南、順德以北駐防。」[94] 程錫庚奉外交部電令，經過兩天探查後於8日電告外交部，表示查明雙方確實「商妥河北防共辦法」，也同樣探知「准日軍進駐保定以南、順德以北」的消息，不過確認雙方「並未簽訂協定」。[95]

依據南京方面的情報訊息，加上4月9日梅津美治郎致在華日軍的電稿，可以合理推測宋哲元與多田駿似已「商妥」協定，即達成「口頭約定」。由於日本方面規定駐屯軍要締結此種執行軍事行動的協定，事先需要得到日本中央軍部的認可，[96] 因此在多田駿與宋哲元商定之後，如前述4月8日程伯昂探知呈報的消息，「冀察防共協定永見攜回國請示」。請示結果如梅津美治郎電稿文件內容曾刪除「軍部方面締結一般政治協定，由於是越權的行為」等文字，[97] 此件商妥的協定不被日本陸軍省方面所認可，僅將之視為雙方「關於防共的對話」，因此實際上此件協定可以說並未完成簽訂程序。

雖然陸軍省不同意締結3月底的華北「防共協定」，但駐屯軍方面並不因此放棄推動與冀察方面共同防共。4月18日，程錫庚電告張羣：「日方對於簽訂防共協定事，近仍積極要求，當局正商辦法，日內當有

---

94 「程伯昂致李迪俊麻電」（1936年4月6日），〈華北防共問題〉，《外交部檔案（國）》：020-010102-0255，頁20。

95 「程錫庚致張羣等齊電」（1936年4月8日）。

96 「北支防共軍事協定締結二關スル件」，〈滿洲事變‧華北問題（松本記錄）〉，第9卷，JACAR Ref. B02030481100。

97 「梅津美治郎より板垣征四郎宛陸滿第113号電」，（1936年4月9日），〈密大日記：昭和11年〉，第6冊，JACAR Ref. C01004225100。

發展。」[98] 而程伯昂也於 23 日來電表示，關於協定一事，「蕭〔振瀛〕已承認在商締中，並表示內容並無秘密」，「馬日〔21 日〕蕭、陳〔中孚〕等晤永見，磋商結果向宋請示，經召集會議，復派蕭等訪永見交換意見，大體已定」。[99] 此時雙方交涉的協定內容如前述兩件南京參謀本部轉知外交部的情報，主要為成立防共委員會的議題。

關於第二階段冀察「防共協定」是否已經簽署的問題。首先，依據交涉當時訊息，身為冀察方面的首腦人物，即天津市長兼冀察政務委員會經濟委員會主席委員蕭振瀛（1890-1947）已經承認在商締中，且「大體已定」，而南京參謀本部亦查悉「自永見返津不久，即已簽訂」的情報訊息。

另外，觀察多田駿的繼任者，即 1936 年 5 月 1 日接任「支那駐屯軍」司令官的田代皖一郎對於防共的態度，以及宋哲元的回應內容，或許可以有助於釐清此疑義。1937 年 1 月 21 日，外交部接獲來自天津的情報指出：「田代擬藉陝共禍為口實，要求宋對冀察防共有一確實辦法，以免共匪由綏晉境竄入冀察境內，關於去歲防共協定各辦法，亦求切實履行。馬〔21 日〕晚，田代官邸宴宋，特即當面言明。宋於前日已有所聞，故先發抵制發表一告冀察同志書，內容以自力防共為骨幹，

98 「程錫庚致張羣等巧電」（1936 年 4 月 18 日），〈華北防共問題〉，《外交部檔案（國）》：020-010102-0255，頁 26。
99 「程伯昂致李迪俊梗電」（1936 年 4 月 23 日），〈華北防共問題〉，《外交部檔案（國）》：020-010102-0255，頁 29。

表示冀察對於共匪已無時不在應用自力防範，無須外力參加。」[100] 所謂陝事即西安事變，對駐屯軍而言，事變意謂共禍又起，深怕重演 1936 年上半年共軍入晉影響冀察的情勢。

1 月 21 日晚宴上宋哲元與田代皖一郎究竟談了些什麼？根據情報，兩人談 4 件事，其中「華北防共事，此為田代向宋要求，請宋對陝事注意，並為負責措置，免共禍入冀察境內。宋表示有絕對把握可以防共匪不入境」。[101] 1 月 26 日下午 3 時，宋哲元偕陳覺生（1899-1937）至天津張園訪晤田代皖一郎，關於防共問題，「宋再為負責表示，決不使共匪獲逞，竄入冀察境地內，現時二十九軍力量足以配備完密」，不過田代皖一郎認為有「詳密共同計劃必要」。[102] 2 月 5 日，宋哲元再偕陳覺生等到張園與田代皖一郎會談，商討「防共組織與冀察外委會主席委員問題」，[103] 不過「田代對陝事解決，一再指為〔南京〕中央業已容共，日本不能忽視，應由冀察開始防共組織」。[104]

---

100 「天津鐵致外交部第83687號電」（1937年1月21日），〈華北防共問題〉，《外交部檔案（國）》：020-010102-0255，頁46。

101 「天津鐵致外交部情報司第83705號電」（1937年1月22日），〈華北一般情勢（二）〉，《外交部檔案（國）》：020-010102-0253，頁150。

102 「天津鐵致外交部第83881號電」（1937年1月27日），〈華北一般情勢（二）〉，《外交部檔案（國）》：020-010102-0253，頁164。

103 「天津鐵致外交部第84157號電」（1937年2月5日），〈華北一般情勢（二）〉，《外交部檔案（國）》：020-010102-0253，頁181。

104 「天津鐵致外交部第84185號電」（1937年2月6日），〈華北一般情勢（二）〉，《外交部檔案（國）》：020-010102-0253，

　　按照 1936 年 5 月 7 日南京參謀本部通報張羣有關
協定的內容，除了成立防共委員會，也規定「共軍未侵
入冀察邊區時，防共一切任務，由該委員會主持，日方
只從旁協助」，而該委員會「人選由華方自定，日方只
擔任顧問等職」。[105] 故而田代皖一郎因為憂慮西安事
變可能使共黨勢力漫延至冀察地區，可以直接要求宋哲
元「切實履行」冀察「防共協定」各辦法，但因協定規
定委員會由華方主持，日方為協助角色，因此只能無可
奈何地「要求宋對冀察防共有一確實辦法」。而宋哲元
也依委員會負責一切防共任務的規定，以第二十九軍力
量足以「自力防共」回應，同時事先抵制，「發表告
冀察同志書，以自力防共，並闡明勦匪不能視同內戰
兩項意義，以昭示於日方冀察當局之態度，免日方來
擾」，[106] 極力防止駐屯軍直接涉入冀察的防共事務。
只是田代皖一郎仍不信任宋哲元的保證與第二十九軍的
力量，強調有「詳密共同計劃必要」，意圖藉此契機於
冀察成立防共戰線與實現五省防共組織。[107]

　　依據前述蕭振瀛的表態與南京參謀本部的情資，以
及田代皖一郎的要求與宋哲元的回應，可知第二階段的
冀察「防共協定」極有可能已經簽署。然而，由於 5 月

頁 184。

105　「參謀本部致張羣貳書字第 34 號通報」（1936 年 5 月 7 日）。
106　「天津慎致外交部第 83787 號電」，（1937 年 1 月 24 日），〈華
　　　北防共問題〉，《外交部檔案（國）》：020-010102-0255，頁 49。
107　「天津慎致外交部第 82705 號電」（1936 年 12 月 21 日），《外
　　　交部檔案（國）》：020-010102-0253，頁 94；「程伯昂致李迪
　　　俊儉電」（1936 年 12 月 28 日），〈華北一般情勢（二）〉，《外
　　　交部檔案（國）》：020-010102-0253，頁 101-102。

7 日南京參謀本部致張羣的情報並未述明簽署日期，故推測可能是宋哲元於 4 月 21 日聽取蕭振瀛等晤見永見俊德的磋商結果，再派蕭振瀛等與永見交換意見之後，到多田駿於 4 月 30 日離任的期間。若再參酌 4 月 21 日上午在成都的蔣介石接獲南京毛慶祥（1898-1993）電告曰：天津裴鳴宇（1891-1983）致廣州曾克剛（?-?）電文指出，「冀察防共協定簽字後，濮陽發現土匪千餘人，日人藉口指係共匪，倘中國軍隊不能早日肅清，日軍根據協定，即派兵進剿」。[108] 或許可以進一步推測，冀察「防共協定」在 4 月 21 日蕭振瀛等人奉宋哲元之令與永見交換意見後，當日即已簽署。不過，實情仍需待發掘直接史料才能真正地證明。

三、協定的形式與軍事同盟政策

中共在 1936 年 2 月東入山西，雖然在 5 月 1 日即退回陝西，但卻對日本造成極大的震撼。日本方面憂慮共軍可能會沿著滿洲國西邊的察哈爾、綏遠貫通共產國際道路，加上南京方面也利用這個時機派中央軍北上山西，以及未久蘇聯與外蒙古簽訂互助條約，讓華北形勢

---

108 周琇環編，《蔣中正總統檔案：事略稿本》，第 36 冊（臺北：國史館，2008 年），頁 445。裴鳴宇，原名曾綽，字孟裕，化名鳴宇，山東諸城人。1911 年冬參加辛亥革命，1916 年討袁之役，任中華革命軍第二師參謀長。之後於國民黨「聯俄容共」時期南下廣州，並於北伐期間在北伐軍第一集團軍政治部工作。中原大戰後未獲蔣中正賞識，轉而投靠胡漢民。1931 年下半年到天津英租界設立電台，出版《民聲報》，製造反蔣輿論，幫助粵系拉攏華北地方實力派。另，查無曾克剛的生平。請參閱：徐友春主編，《民國人物大辭典（增訂本）》（下），（石家莊：河北人民出版社，2007 年），頁 2309。

產生急速的變化。因此日本方面在憂心共黨勢力進入
華北地區外，也對於中國中央軍北上一事極為不滿，[109]
使得日本東京政府內部產生與中國南京方面簽署防共協
定及軍事同盟的意見。[110] 這個意見的關鍵在於締結協
定對象的改變，即華北「防共協定」的主體是「支那駐
屯軍」司令官多田駿與冀察政務委員會委員長宋哲元，
二人都是地方軍人，此時日本東京方面考慮以中國南京
方面為交涉主體，因此使得「防共協定」問題開始提升
至國與國之間的外交層次。

　　1936 年 1 月 20 日與 23 日，外務省事務官上村伸
一分別經由參謀本部「支那課」課長喜多誠一和陸軍省
軍務局課員影佐禎昭得知「支那駐屯軍」有意與冀察政
務委員會簽訂「防共軍事協定」的訊息。此外，駐德使
館參事官兼代理大使井上庚二郎（1890-1969）亦於同
月間向外務省報告有關大島浩在德國與德方要人交涉締
結以蘇聯為對象的協定消息。[111] 這些訊息使得外務省
方面瞭解到對於空洞的共同防共原則，實質上可採用
「防共協定」的具體方式。

　　在日本軍部方面，雖然陸軍中佐青木宣純（1859-

---

109 1936 年 3 月由駐華使館武官回日本東京任陸軍省軍務局長的磯
谷廉介即認為，國民政府誇大宣傳中共東入山西的數量高達 2 萬
之眾，是為了派中央軍北上山西製造藉口。見「天津、北平、
張家口各公館長ヨリ有田大使ニ対スル報告要旨」（1936 年 4
月），〈帝国ノ対支外交政策関係一件〉，第 8 卷，JACAR Ref.
B02030163300。

110 秦郁彥，《日中戰爭史》，頁 95。

111 大畑篤四郎，〈日独防共協定・同強化問題〉，日本国際政治学会、
太平洋戦争原因研究部編，《太平洋戦争への道（5）：三国同盟・
日ソ中立条約》（東京：朝日新聞社，1963 年），頁 20。

1924）與少佐坂西利八郎（1871-1950）於 1901 年至 1902
年在華擔任顧問期間，曾經慫恿袁世凱（1859-1916）
與段祺瑞（1865-1936）簽訂兩國共同對俄作戰方法。
1936 年 7 月，已位列中將的坂西利八郎在華旅行間期
拜訪蔣介石，也曾再次提出兩國締結對蘇軍事協定意
見。[112] 會後蔣介石認為「坂西之來意與語氣，應加以
研究」，[113] 但其實並無進一步的想法或動作。

　　事實上，反而是外務省方面對於推動與國民政府簽
訂「防共協定」的態度最為積極，特別是南京總領事須
磨彌吉郎，主張不能無視中國方面追求統一與要求平等
的呼聲，認為應以外交常軌與國民政府直接交涉來調整
兩國國交。[114] 南京總領事館雖然與「支那駐屯軍」並
無直接關係，但由於 1935 年間發生華北分離與華北自
治運動，華北情勢形成直接影響中日關係的重要問題，
加上東亞局第二課長守島伍郎前來要求各總領事對於華
北問題要與駐屯軍聯密聯繫，讓關心中日關係發展卻身
在南京的須磨彌吉郎對於華北情勢抱以極大關注，須磨
彌吉郎甚至於 1935 年 7 月考察華北問題而撰文檢討日
本的對華政策。[115] 故而須磨彌吉郎對於 1936 年初駐屯

---

112 須磨彌吉郎，「五省特政会案由來記」（1936 年 7 月 16 日），〈帝
　　国ノ対支外交政策関係一件〉，第 6 卷，《戰前期外務省記錄》，
　　JACAR Ref. B02030155600。

113 《蔣介石日記》（手稿），1936 年 7 月 1 日；葉健青編，《蔣中
　　正總統檔案：事略稿本》，第 37 冊（臺北：國史館，2009 年），
　　頁 324。

114 劉傑，《日中戰爭下の外交》（東京：吉川弘文館，1995 年），
　　頁 15-17。

115 「華北事件ヲ顧ミテ対支政策ニ及フ」（1935 年 7 月 1 日），
　　〈帝国ノ対支外交政策関係一件〉，第 4 卷，JACAR Ref.

軍方面將與冀察方面締結「防共協定」一事，應當不會
不知情。就算須磨彌吉郎未曾由上村伸一方面聽聞華
北「防共協定」的訊息，最遲亦在 1936 年 4 月 30 日
至 5 月 2 日期間，與已調任駐華使館武官喜多誠一交談
時應該已得知此事。[116] 而且須磨彌吉郎亦曾自述觀察
九一八事變之後的中日時局，以其自身在華使館十一年
工作經驗，並考察世界情勢，思考未來中日兩國關係走
向，認為「日支攻守同盟論」是解決緊繃的兩國關係最
好方案，[117] 故而在 1936 年 5 月 15 日私下草擬以「共
同防共」為重點的「五省特政會案」，主張交涉對象就
是國民政府。

　　須磨彌吉郎的「五省特政會案」要求國民政府依外
蒙特政會與東三省特政會先例，在華北五省設置特政
會，以處理華北問題，並主張由王克敏（1876-1945）
任秘書長執行庶務，國民政府可派遣閻錫山（1883-
1960）為指導長官，但只是作為由中國中央政府控制的
名義，所有實權與責任集中在秘書長一職。須磨彌吉郎
強調設置五省特政會的重點在於共同防共，因此中國應
與日本透過軍事合作來遏制及防範所有共產主義的行
為。在方法上，約定「日方以及五省特政會將會互相交

B02030150300。

116 「須磨総領事喜多武官会談要領」（1936 年 5 月 2 日稿），
　　〈帝国ノ対支外交政策関係一件〉，第 8 卷，JACAR Ref.
　　B02030163400。

117 須磨彌吉郎，「日支関係ノ或ル結着点」（1936 年 7 月 14 日），
　　〈帝国ノ対支外交政策関係一件〉，第 8 卷，JACAR Ref.
　　B02030163800。

換關於共產主義運動所有相關的情報，並且為了執行防
共行動，所有防共的兵器以及軍需品等相關物品，皆
需要互相保持緊密的連絡。」[118] 雖然名為「保持緊密
的連絡」，但以當時中國軍備水準與能力而言，應是
由日本方面提供給特政會軍需物資，不論是贈與或出售
方式。

　　須磨彌吉郎方案的內容其實和「多田聲明」倡導
「通過華北五省的軍事合作來防止赤化」主張相同，在
方法上也和3月底華北「防共協定」內容類似，都是透
過日方提供軍事協助來合作防共的一種軍事協定。雖然
他認為日本與國民政府只要簽訂「備忘錄」即可，以免
讓中國有恢復中央軍進駐河北的藉口，但與特政會之間
則主張為了讓所需的共同軍事行動能達到統一指揮與圓
滿合作的結果，必要的事項將由日本與華北五省特政會
軍務當局之間另訂協定。可知，他應是參酌多田駿的主
張與辦法，將日本關外軍人的構想提升至外交層次的方
案，冀望透過東京方面與南京方面的外交交涉，授權華
北五省特政會簽訂協定，以實現華北的軍事合作防共。

　　1936年5月29日，須磨彌吉郎攜帶方案由南京返
抵日本東京，先徵求外務省方面的意見，並取得中央軍
部同意後，再由東亞局第一課事務官太田一郎（1902-
?）參考軍部意見，以須磨彌吉郎方案為基礎，於6月
12日擬定「關於設置北支五省特政會之件」。太田一

---

118 須磨彌吉郎，「五省特政会案由來記」（1936年7月16日），
〈帝国ノ対支外交政策関係一件〉，第6卷，JACAR Ref.
B02030155600。

郎所擬方案說明，如果軍部方面承認華北問題透過在南京與國民政府進行外交交涉來解決的話，本案將會更有效果。[119] 顯示外務省的態度是順應此時國民政府提出調整國交的談判，要求軍部將華北問題交付外務省主導，並以國民政府為對象來處理。

另一方面，岡田啟介內閣因二二六事件而倒台，廣田弘毅於 1936 年 3 月組閣，以有田八郎為外相，在對華外交方針仍以廣田三原則為主軸，但陸海軍兩省因修改國防方針而要求調整對外政策。陸海軍經過協調後，於 6 月 8 日改訂「帝國國防方針」及「用兵綱領」，將美國與蘇聯並列為主要假想敵，中國與英國為次要假想敵。[120] 隨後陸海軍方面與外務省協商，共同於 6 月 30 日確立「國策大綱」的對外政策，[121] 使得日本在對外發展時，作為日本「後方基地的中國，特別是華北的戰略地位更加突出和重要」。[122] 陸海軍方面在制定「國策大綱」後，共同向外務省提出確定外交方針的要求。此後一個多月三省之間即以外交方針為主題不斷協商，最後在 8 月 7 日在五相會議上折衷陸海軍的戰爭構想，

119　太田一郎，「北支五省特政会設置ニ関スル説明」（1936 年 6 月 12 日），〈帝国ノ対支外交政策関係一件〉，第 6 卷，JACAR Ref. B02030157200。

120　「帝国国防方針‧用兵綱領第三次改訂」（1936 年 6 月 8 日），島田俊彦、稲葉正夫解說，《現代史資料（8）：日中戰爭（1）》，頁 356。

121　上村伸一，「国策大綱決定の経緯」（1936 年 8 月 12 日），島田俊彦、稲葉正夫解說，《現代史資料（8）：日中戰爭（1）》，頁 359。

122　臧運祜，《七七事變前的日本對華政策》（北京：社會科學文獻出版社，2000 年），頁 239。

決定南北並進的「國策基準」，隨後再召開四相會議
（藏相除外）通過「帝國外交方針」。[123]

　　由於「國策基準」決定「為圖滿洲國之健全發展與
日滿國防的鞏固，要除去北方蘇聯威脅，同時防備英
美，應具體實現日滿支三國的緊密合作」，[124] 因此「帝
國外交方針」是以對蘇聯問題為中心而展開的外交政
策。此件外交方針指出蘇聯在遠東配置強大軍備，不但
對日本國防構成直接威脅，對日本東亞政策的推行亦將
形成重大障礙，認為「當前外交政策重點應置於粉碎蘇
聯的東亞侵略企圖，特別是消解軍備的威脅與阻止赤化
的入侵」。因此期望能透過外交交涉來調整與主要列國
的關係，讓國際情勢能變得對日本有利，使日本能依外
交手段破壞蘇聯對東亞的侵略企圖，阻止其赤化目的，
以排除日本實行東亞政策的障礙。為了實現此目的，首
要在於落實對華政策的執行，故而在此突顯出對華外交
的重要性。特別是方針中說明對華政策重點，在「鑒於
日蘇關係現狀，先迅速使北支成為防共親日滿的特殊
地域，而且在獲取國防資源，擴充交通設施的同時，
使全支那轉向反蘇附日」，至於實行的策略，則明訂
另行制定。[125] 換言之，日本陸軍並未改變擴充軍備的
目標，為了達成此目標而寄望於華北的資源，以及中國

123　江口圭一，《十五年戰爭小史》，頁 97；防衛庁防衛研修所戰
　　史室，《大本營陸軍部（1）》，頁 389-391。
124　「国策ノ基準」（1936 年 8 月 7 日），〈帝国ノ対支外交政策
　　関係一件〉，第 6 卷，JACAR Ref. B02030157900。
125　「帝国外交方針」（1936 年 8 月 7 日），〈帝国ノ対支外交政
　　策関係一件〉，第 6 卷，JACAR Ref. B02030155900。

的協助。

　　隨後外務、陸軍與海軍三省相關事務官員依據「帝
國外交方針」研究對華政策的具體可行方式，研究結果
先經「時局委員會」審議後，於 8 月 11 日再經外務、
陸軍、海軍及大藏省各大臣同意制定並通過「第二次北
支處理要綱」和「對支實行策」。[126] 有關「第二次北
支處理要綱」內容是以防備蘇聯的考量來處理華北問
題，重點在於將華北「建設為防共親日滿地帶，並藉由
國防資源的獲得及交通設施的擴充，使此地一來作為
蘇國侵略的準備，二來成為實現日滿支三國提攜共助
的基礎」。[127]

　　「對支實行策」則指出要設法誘導國民政府轉向親
日態度。內容上值得注意的是，日本將對華政策區分為
華北、南京政權、其他地方政權及內蒙四部分，但說明
日本不援助以分立為目的的地方政權，並在對華北問
題上，因考慮到國民政府的面子，指出應在其授權形式
下，實際上承認華北聯省分治，確切的施行方式有：

　　（1）締結防共軍事協定

　　　　　①由兩國軍事專家，組織秘密專門委員會。

　　　　　②專門委員會就防共協定的施行範圍、協定的
　　　　　　內容、達成目的的手段等進行協議。

　　（2）締結中日軍事同盟

126　防衛庁防衛研修所戰史室，《支那事變陸軍作戰（1）》，頁 88。
127　關係諸省間決定，「第二次北支処理要綱」（1936 年 8 月 11
　　　日），〈帝国ノ対支外交政策関係一件〉，第 6 卷，JACAR
　　　Ref. B02030156400。

對於第三國的侵略，以締結攻守同盟為目的，由中日兩國相同人數，組織秘密專門委員會。

（3）促進中日懸案的解決

①聘任日籍最高政治顧問。

②聘任日籍軍事顧問。

③開始中日航空聯絡：設立「北支航空會社」、開闢臺灣與福建以及福岡與上海間航線。

④締結中日互惠關稅協定。

（4）促進中日經濟提攜

進行經濟提攜工作，不受中國政局動向的影響，期待建構中日不可分的關係。[128]

最後外務省以國民政府為交涉對象的態度獲得其他省部認同，並呈現於對華政策之中。同時為了實現「帝國外交方針」的目的，因此「對支實行策」提出要與國民政府締結「防共軍事協定」與「日中軍事同盟」。

可知，廣田弘毅內閣通過以締結軍事防共協定形式的「對支實行策」，基本上是承襲「支那駐屯軍」一開始提出的華北「防共協定」形式與內容，而駐屯軍提出的協定形式，應當是參考德國的「反共產國際協定」提案，中間再經須磨彌吉郎「五省特政會案」改成和國民政府交涉，要求授權華北五省特政會與日本簽署協定，再到「對支實行策」時已經明確以國民政府為對象來

---

128 「対支実行策」（1936 年 8 月 11 日），〈帝国ノ対支外交政策関係一件〉，第 6 卷，JACAR Ref. B02030156800。

締結協定，為空洞的廣田三原則之共同防共找到具體
可行方案。

第三節　中日會談下的防共外交

一、汪精衛的中德日反共同盟構想

　　1933 年 1 月，希特勒（Adolf Hitler, 1889-1945）出
任德國總理，積極推動復興經濟與重新武裝的政策。由
於德國亟需中國東北的大豆等糧食作物與工業原料，
在德國商人海耶毛遂自薦之下，希特勒於 1934 年 2 月
任命其為「德國臨時特派員」，授權前往滿洲國拓展
商務。但是，由於海耶提出德國在滿洲國的要價超過
日本的要求，以及德國外交部反對等原因，海耶在次
年 2 月被撤免特派員身分，開拓德滿貿易的活動並未
成功。雖然海耶未能實現德滿貿易的企圖，但他在滿
洲與日本的活動卻在國際間引發德國將承認滿洲國的
謠言，[129] 以及德日締結密約成立聯盟的傳聞，被稱為
「海耶事件」。[130]

---

129 陳仁霞，《中德日三角關係研究（1936-1938）》，頁 52。有關
　　德國與滿洲國的關係，請參閱：周惠民，〈德國對「滿洲國」
　　及「汪政權」的外交態度〉，《國立政治大學歷史學報》，第
　　23 期（2005 年 5 月），頁 147-170。

130 「海耶事件」係指德國商人海耶企圖運用德國資本與工業產品
　　開發滿洲與蒙古，透過蒂森工業集團總裁蒂森（Fritz Thyssen）
　　和納粹黨高級官員戴慈（Daitz）的引見，晉見希特勒，並於
　　1934 年 2 月被希特勒任命為德國臨時特派員，授權前往滿洲拓
　　商德滿貿易。然而，海耶將開拓德滿貿易與承認滿洲國混為一
　　談，違背德國外交部的遠東政策，加上德國對華經濟利益等因

　　有關德日密約的說法，最早出現於1934年2月初，
報紙報導：「英國上議院副議長莫勒爵士六日在紐約宣
稱：日德間關於日本之獨霸已成立某種諒解，渠已得有
相當確實之證據。」[131] 此事在同年9月至10月間在國
際上風傳沸揚，先是9月29日，法國巴黎相關消息指
稱，德日密約為互為承認勢力範圍的權益，該約「主動
者為德川、荒木等。密約內容規定德國承認日本在西伯
利亞、貝加爾湖以東的權益；而日本則承認德國在烏
克蘭的權益。兩國在政治軍事技術上協力。」[132] 10月
4日，巴黎新聞界進一步揭露德日密約的消息，表示密
約有效時期為五年，並謂「唯兩國政府及參謀本部則已
著手準備，擬訂兩國在軍事及政治方面合作之詳細辦
法」。最後信誓旦旦指稱，「此項密約之存在絕對無
疑義，而其目的乃令全世界淪入火焰與槍刀之中」。[133]

<hr>

素考量下，德國於1935年2月撤免海那的特派員身分。但是，
海耶在滿洲與日本的活動，在國際間引發德國將承認滿洲國以
及與日本簽訂密約的傳聞。請參閱：柯偉林（W. C. Kirby）著，
陳謙平等譯，《德國與中華民國》（北京：社會科學文獻出版社，
2004年），頁154-155；馬振犢、戚如高著，《友乎？敵乎？德
國與中國抗戰》（桂林：廣西師範大學出版社，1997年），頁
69-72；陳仁霞，《中德日三角關係研究（1936-1938）》（北京：
新華書店，2003年），頁48-63；周惠民，《德國對華政策研究》
（臺北：三民書局，1995年），頁135-161；郭恆鈺、羅梅君主編，
許琳菲、孫書豪譯，《德國外交檔案：1928～1938年代中德關
係》（臺北：中央研究院近代史研究所，1991年），頁162。

131 〈日德密約說　英上院副議長稱獲有證據〉，《申報》，上海，
　　1934年2月9日，版7；〈英人口中之日德諒解？〉，《中央
　　日報》，南京，1934年2月9日，張1版3。
132 王紀元，〈日德密約與國際局勢〉，《申報週刊》，第1卷第2
　　期（1936年1月12日），頁35。
133 〈巴黎夜報傳　日德締結密約〉，《申報》，上海，1934年10
　　月4日，版7。

10月下旬，英國倫敦新聞界也傳出德日軍購與軍事合作的具體訊息，指出「日本與德國之間，已於六週前秘密訂立一極重要之商務協定，其內容係規定日本以極大數量之大豆，與德國之化學品、炸藥、機關槍及飛機引擎等相交換。大豆可供人畜之食料，德國每年當輸貨一百萬噸。另有一種協定，係由德國遣派飛行家及工程師五百人，於一九三五年前往日本云。」[134]

中國方面對於德日接近的訊息自然極為關注。1934年6月5日，駐德公使劉崇傑（1880-1956）致電外交部表示：「蘇俄方面消息，德日對蘇俄有密契。經向各方探詢，未能證實。」經於私下詢問德國外交部東方股長，「彼絕對否認，聲稱德日並無任何接洽」。最後，劉崇傑認為「德日確係互相拉籠交情，但目前情形似無具體結合，我方仍宜隨時嚴令注意」。[135] 10月3日，外交部致電蔣介石云：「據駐蘇聯大使館一日電稱：『俄報載巴黎電，德日秘約訂于本年八月間，係軍事政治性質，規定德日技術及軍事合作。近六個月內，德擬派航空人員及工程師五百人赴日。德海軍大將班克奉令籌畫，與日合作，俾海軍砲術益臻完善。』」並表示「已電令駐德使館密探詳情」。[136] 此電報令蔣介石開

134　〈英報載稱　日德締密約〉，《中央日報》，南京，1934年10月23日，張2版1；〈英報驚人消息　日德締結秘密協定〉，《申報》，上海，1934年10月23日，版6。

135　「外交部總務司致蔣介石魚電」（1934年6月6日），〈特交文電─對英法德義關係（六）〉，《蔣檔》：002-090103-00016-038。

136　「外交部致蔣介石江電」（1934年10月3日），〈特交檔案─民國二十三年（四十二）〉，《蔣檔》：002-080200-00184-108。

始注意「倭德同盟消息」。[137] 10 月 13 日，劉崇傑覆電外交部謂：

> 日本松山少將率領練習艦及日本賀陽宮親王先後訪德以來，日德軍事密約之說時有所聞。偵查結果雖未能證實，然購買飛機、飛船及僱製機人員一節，綜合各方消息，似近事實，但數量條件不明。德商人海爾〔海耶〕與國社黨某幹部有聯絡，去年以來在日本滿洲甚活動。昨日美國聯合通信社東京電文：日本新立一公司基金五十萬，專營購買德齊柏林飛船業務，閱或即此人斡旋其中。關于密約，德外部人完全否認。此間俄美使館亦甚注意，據談調查尚無結果。[138]

劉崇傑表示雖然巴黎輿論傳聞德日軍事密約，但經偵查後無法證實，然而雙方似在洽商軍購，並懷疑應為海耶居中接洽斡旋。10 月 18 日，駐日公使蔣作賓也覆電外交部表示：

> 經向各方詳查，去年德國實業代表海爾奉政府命赴滿洲調查商業，並交涉以德國輸出品作為購買大豆之價金。日本以滿洲所用貨物多係日本獨占販賣，不容他國競爭，故磋商多次，尚無結果。適日本海軍界近來認飛船在戰時頗有能力，亟欲

---

137 《蔣介石日記》（手稿），1934 年 10 月 6 日。
138 「外交部總務司致蔣介石刪電」（1934 年 10 月 15 日），〈特交檔案—民國二十三年（四十四）〉，《蔣檔》：002-080200-00186-117。

購用，遂計劃由民間設立一航空公司，定期航行
東京新嘉坡，集資金五千萬元，購買德飛船三架，
每架價格五百萬元，擬即以此價抵償豆價。此訊
由中外商業報十月十一日登載後，日本政府即嚴
禁發賣，對外極端否認。查日德自去年以來，貿
易上極為接近，但軍事合作密約似尚未成立。[139]

　　蔣作賓調查的結果即為海耶交涉德滿貿易的消息，
並探知日本海軍有意透過民間公司洽購德國飛船，亦指
出德日雖有展開經濟關係，但似未有軍事密約。

　　11 月下旬，劉崇傑持續就德日密約傳聞向德國外
交部表達關切之意。「德國外交部向中國駐柏林公使就
其所詢作出保證指出，德日間沒有秘密協定」，並且
授權德國駐華公使陶德曼（Oskar P. Trautmann, 1877-
1950）在中國報紙公開否認此事。[140] 同月 26 日，劉崇
傑致電蔣介石，直接簡單表示：「日德密約事，近來英
法又傳說，今日德外部復極力否認。」[141]

　　因海耶事件引發巴黎與倫敦新聞界前後報導的德日
密約傳聞，內容主要為德日約定勢力範圍以及軍購與軍
事合作，與最後締結的德日「防共協定」性質完全不

139 「外交部總務司致蔣介石效電」（1934 年 10 月 19 日），〈特
交檔案—民國二十三年（四十五）〉，《蔣檔》：002-080200-
00187-051。

140 郭恆鈺、羅梅君主編，許琳菲、孫書豪譯，《德國外交檔案：
1928～1938 年代中德關係》，頁 44、167。

141 「劉崇傑致蔣介石宥電」（1934 年 11 月 26 日），〈特交檔案—
民國二十三年（五十二）〉，《蔣檔》：002-080200-00194-070。

同。由於駐德與駐日使館方面均無法偵查到德日締結密約的詳情，海耶事件引發的德日軍事合作密約傳言風波，基本上約於 1934 年底逐漸淡去。

但是，日本透過滿洲經濟拉近德國關係確有其事。1935 年 2 月 25 日，俞大維（1897-1993）轉呈蔣介石柏林譚伯羽（1900-1982）來電謂：「德日密約消息，此間探訪，皆無從證實。惟駐奧德使巴本氏與我駐奧代辦談話，承認德日有接近事實。巴氏為政府要人，非尋常公使可比，不能無疑。」[142] 巴本（Fanz von Papen, 1879-1969）曾於 1932 年 6 月至 12 月間擔任德國威瑪共和最後時期的總理，1933 年 1 月，希特勒執政後，擔任希特勒內閣的副總理。1934 年 8 月轉任駐奧地利公使，暗中協助納粹德國於1938 年 3 月完成德奧合併。由於巴本的身分特殊，因此譚伯羽雖然仍查無密約消息，但認為其承認德日接近之語不可輕忽。

1935 年 5 月，軍事委員會調查統計局查獲德日同盟的具體情報，並匯報蔣介石：

> 駐華德使陶德曼在東京與日政府商訂某種同盟之說已證實。其要點為：（A）德國贊助日偽一切工業及化學兵器。（B）日德在東非取共同合作政策。（C）日德共同防止赤化，并對蘇聯取軍事同盟態度。[143]

142 「俞大維致蔣介石有申秘電」（1935 年 2 月 25 日），〈特交檔案—民國二十四年（十三）〉，《蔣檔》：002-080200-00211-028。
143 「軍委會調查統計局致蔣介石真電」（1935 年 5 月 11 日），〈陸

　　陶德曼的對華態度一向秉持德國外交部傳統的遠東政策，主張中立立場，「不捲入中日衝突，對兩國保持同等的友好關係」，並批判德國駐日大使狄克遜（Herbert von Dirksen, 1882-1955）的親日立場，[144] 不致於會出面與日本商訂同盟條約。重點是此件情報問題在於德國與日本締結同盟，何以需由駐華公使至東京簽署，而非由當地駐日大使或另派特使前往東京商訂。就現有已知相關史料，未曾得見中國方面對於此件匪夷所思的情報有任何反應。但是，此件有關密約內容的情報卻是首次明確指出德日兩國將採取共同防共的同盟態度。

　　不過，隨著中德使館於 1935 年 6 月底由公使升格為大使，程天放（1899-1967）被派任為首任駐德大使，南京新聞界以此評論，認為「證實了中國對德日聯合的擔憂」，並列舉德日聯合的可能原因，包括兩國國內都充斥極端民族主義、仇視蘇聯，以及德國希望將滿洲作為工業產口銷售地區等。[145] 南京新聞界報導德日聯合以蘇聯為對象的反共同盟傳聞，卻讓行政院長兼外交部長汪精衛積極設法緩和中日緊繃的關係找到一個施力點。

　　1935 年 9 月間，汪精衛參酌先前傳聞德日聯合同

　　海空勤各項情報（一）），《國民政府檔案》：001-071000-00001-006，頁 19。

144　郭恆鈺、羅梅君主編，許琳菲、孫書豪譯，《德國外交檔案：1928～1938 年代中德關係》，頁 154。

145　郭恆鈺、羅梅君主編，許琳菲、孫書豪譯，《德國外交檔案：1928～1938 年代中德關係》，頁 51-52。

盟的訊息，萌生中德日三國合作反共的構想。據其於
1942 年 7 月的回憶指出：

> 當時日本的外務大臣廣田便有三原則的提出，共
> 同防共便是其中之一，及至〔民國〕二十四年秋
> 間，日德義的共同防共已經開始醞釀了，兄弟當
> 時任行政長兼外交部長，知道這個機會不可失，
> 如果中日德義能夠建立一條共同陣線，則反共大
> 業可成，中日和平，也從此可復。……於是與日
> 德義三國，聯絡進行。[146]

　　廣田三原則係於 1935 年 10 月 4 日經岡田啟介內閣
閣議通過，廣田弘毅於同月 7 日與蔣作賓會談時首次對
中國方面提出。義大利於 1937 年 11 月 6 日才加入德日
「反共協定」。在傳聞德日聯合的時間點上，汪精衛
萌生構想而尚未展開行動之時尚無其回憶中的廣田三原
則，成員亦無義大利，但汪精衛謂建立一條共同陣線則
確有其事。依據德國外交檔案所載，1935 年 9 月底，
在貝德（Paul E. Beede, ?-?）的一封私人信件中指出：
「汪精衛和蔣介石已一致同意尋求對日和解。滿州問題
暫懸而不決，中國願與日本一致反對蘇聯，並希望『德
國加入此聯合』。此項提議不擬經正常外交管道向德國
提出，而擬以克里拜（Hermann Kriebel, 1876-1941）和

---

146 汪精衛，〈十年來和平運動之經過〉（1942 年 7 月）。轉引自
　　許育銘，《汪兆銘與國民政府：1931 年至 1936 年對日問題下的
　　政治變動》，頁 377。

納粹黨為中介。」[147] 克里拜時任德國駐上海總領事，貝
德為德商奧特伏爾夫（Otto Wolff, ?-?）派在上海的代表，
伏爾夫與德國外交部有密切關係，並掌控中德貿易。

　　貝德所言之事並非無的放矢，1935 年 10 月中旬，
「汪精衛請〔德國駐上海〕海外通訊社的代理人費何爾
察〔Furholzer, ?-?〕赴柏林，直接遞交一份記錄，該記
錄係費何爾察、汪精衛和蔣介石經三天商議後，就中日
和解和建立反蘇陣線問題達成的協議」。費何爾察應汪
精衛委託將所記之備忘錄交予克里拜，探詢希特勒對於
中國所提條款的意見，條款略為：

（1）日中之間實現和解的可能性。

（2）德、中、日在經濟和反共領域內進行合作的
　　　可能性。

（3）關於德國是否願意充當中間人，促成上述三
　　　國之間進行合作的問題，汪精衛建議，可否由
　　　與日本政界關係良好且親密的索爾夫〔Wilhelm
　　　Soft, ?-?，1920 年至 1928 年任德國駐日大使〕
　　　大使出面，向日本人提出這一試探性建議。

（4）中國方面歡迎德國方面採取這一步驟。[148]

147　郭恆鈺、羅梅君主編，許琳菲、孫書豪譯，《德國外交檔案：
　　　1928～1938 年代中德關係》，頁 175。

148　「第 416 號文件：外交部第三司一位副部長的備忘錄」（1935
　　　年 11 月 18 日），收入傅虹霖，《張學良與西安事變》（臺北：
　　　時報文化，1989 年），附錄 I，頁 360；郭恆鈺、羅梅君主編，
　　　許琳菲、孫書豪譯，《德國外交檔案：1928～1938 年代中德關
　　　係》，頁 175-176。其中第（3）項的內容，後者譯文為：「關
　　　鍵在於，德國是否有意從中協調，帶領三國共同合作」。

　　10 月中旬，中國方面已經由蔣作賓的轉知獲悉「廣田三原則」，汪精衛認為可由德國從中協調，在共同防共方面建立合作的基礎，除了透過蔣作賓在東京與廣田弘毅交涉外，亦希望拉入德國在經濟和反共領域進行三國合作，即如唐有壬在 6 月對有吉明提議可先在經濟的關稅與政治的反共議題協商合作。

　　日本駐日武官大島浩與德國「里賓特洛甫機關」主任里賓特洛甫在 1935 年 9 月間正式接觸並開始交涉以蘇聯為對象的同盟協定，對於中國於同年 10 月向德國提出中德日三國在經濟和反共方面進行合作的方案，克里拜認為應該「把中國也包括進來，否則，如果中國獲悉德日談判的消息，會產生猜疑。中國和日本之間達成諒解會有利於德國向這兩個國家的出口」。因此里賓特洛甫召見大島浩，試探日本對於「中國加入德日反蘇協定」的態度，但未提及此為中國方面的提議。大島浩回答：「日本軍事當局熱衷於解決同中國和英國的關係問題。」里賓特洛甫與克里拜聯合向希特勒報告此事，希特勒表示：「基本上樂意為中國的倡議提供結果。」11 月 15 日，克里拜致電汪精衛：「德國元首對於解決中日關係問題極為關切。元首對於您的建議和誠摯的信任表示衷心的感謝。現在各種磋商工作已安排就緒，一俟波茨坦方面的報告返回，即行開始會談。同時元首希望您不要使用外交渠道處理這件事。」[149] 此時德日兩國

---

149 「第 416 號文件：外交部第三司一位副部長的備忘錄」（1935
　　年 11 月 18 日），收入傅虹霖，《張學良與西安事變》，附錄 I，
　　頁 361；郭恆鈺、羅梅君主編，許琳菲、孫書豪譯，《德國外交

均避開外交部門在交涉此事，希特勒建議中國不要使用
外交渠道，或許是擔心德國外交部涉入此事。

　　然而，汪精衛卻於 11 月 1 日中國國民黨召開第四
屆中央執行委員會第六次全體會議開幕儀式後合影時，
遭到暴徒槍擊受傷。汪精衛遇刺後於醫院療養，辭去行
政院長與外交部長之職，國民政府在 12 月上旬改組，
蔣介石出任行政院長。有關 11 月中旬克里拜的來電訊
息，汪精衛於蔣介石在 1936 年 1 月 5 日前往上海探視
時才告之，並表示希望前往德國繼續接洽，蔣介石同意
「在柏林所談及之措施」。[150]

　　在此期間，中國於 1935 年 11 月 3 日宣布「法幣政
策」，引發日本認為中英聯合打擊日本在華利益的疑
慮，以及在華日軍自該年 10 月開始積極推動華北自治
運動。雖然最後擾攘多時的華北自治運動於 12 月 18 日
成立冀察政務委員會暫時平息，但在華日軍對此結果卻
甚為不滿，駐華大使館附屬武官磯谷廉介即怒云：「北
支自治運動的結果完全出乎吾等所期待之外。」「吾等
所冀求者，並非單純地排除在北支的國民黨員，而是完
全排除國民黨統治北支。」[151] 這些局勢的發展致使中
日已然緊繃關係更形嚴重。

　　德國駐日大使狄克遜將以上情形自東京電告德國外

　　　檔案：1928～1938 年代中德關係》，頁 176。

150　郭恆鈺、羅梅君主編，許琳菲、孫書豪譯，《德國外交檔案：
　　　1928～1938 年代中德關係》，頁 177。

151　「冀察政務委員會成立磯谷武官聲明」（1935 年 12 月 20 日），
　　　收入秦郁彥，《日中戰爭史》，付錄資料，頁 339。

交部，指出「日中緊張關係顯著惡化」，並認為「在日
本，由於這種緊張情勢，中國所有關德國加入東亞經濟
政治發展的建議，率皆被用格外懷疑的眼光看待。若
實現這些建議，則德國將捲入衝突」。因此德國外交部
指示克里拜：「由於局勢被新事件所改變而顯得模糊不
清，故事情要暫緩執行，必須阻止蔣介石採取官方步
驟，因為德國目前幾乎無法插手。」克里拜於 1936 年
1 月 12 日在上海拜會汪精衛，但未說明德國改變態度
一事，僅云：「樂於將中國『所希望的（德國）協助方
式』轉達柏林。」[152]

　　德國為避免被捲入中日衝突，在 1935 年 12 月底已
明確放棄中國方面倡議的中德日同盟防共的構想。但
是，德國與日本的防共協定交涉仍繼續進行。中國方
面未能清楚明確獲知德國的態度，汪精衛仍按計畫赴
德商洽，於 1936 年 2 月 19 日啟程，3 月 17 日行抵法
國馬賽時，接獲蔣介石要求中止與德國協議同盟的電
報。汪精衛認為蔣介石停止此議係與其秘密派遣陳立夫
（1900-2001）赴歐與蘇聯接洽有關，[153] 其實原因應該
是蔣介石採取多重路線，同時自 1935 年 10 月開始透過
蘇聯駐華大使鮑格莫洛夫與蘇聯進行密談，重要的是蔣
介石不願讓汪精衛插足中德關係，「況且汪的構想並非

152　郭恆鈺、羅梅君主編，許琳菲、孫書豪譯，《德國外交檔案：
　　　1928～1938 年代中德關係》，頁 177；「第 493 號文件：上海
　　　總領事致外交部的電報」（1936 年 1 月 13 日），收入傅虹霖，
　　　《張學良與西安事變》，附錄 II，頁 363。

153　汪精衛，〈十年來和平運動之經過〉（1942 年 7 月），轉引自
　　　許育銘，《汪兆銘與國民政府：1931 年至 1936 年對日問題下的
　　　政治變動》，頁 384。

是蔣對德國最迫切的〔軍備貿易〕的期望，並且有礙與
蘇聯締結軍事同盟的交涉」。[154]

　　有關與蘇聯密談一事，1936 年 2 月，蔣介石以為
「俄共態度漸冷」，「應再觀其後」。[155] 因此除了上
述因素之外，同時也須考察此時蘇聯態度的轉變，以及
1936 年 2 月 26 日日本國內發生二二六事件的影響。事
實上，蔣介石自 1933 年 5 月「塘沽協定」以來試圖緩
和中日緊張關係的期望，因為 1935 年上半年河北事件
產生的「何梅協定」，致使中國國民黨黨部及中央軍等
撤出河北，此時其態度已出現微妙變化，「認為此後沒
有再對日本遷就的必要」。[156] 同年下半年，日本策動
華北自治運動的紛擾，風雲日緊，蔣介石於 11 月 19 日
國民黨五全代會演講對外關係，公開宣示最後關頭。[157]
只是蔣介石在慷慨激昂的演說後經過一個月的沉澱與思
考，仍然認為「倭侵略先內蒙與華北，如我以倭不用兵
至黃河右岸及不下哀的美敦書，強逼宣戰，則我仍忍辱
負重，以待時機」。[158] 因此雖然歷經一整年的華北風

154　許育銘，《汪兆銘與國民政府：1931 年至 1936 年對日問題下的
　　　政治變動》，頁 385。
155　《蔣介石日記》（手稿），1936 年 2 月 26 日；蔡盛琦編，《蔣
　　　中正總統檔案：事略稿本》，第 35 冊（臺北：國史館，2009 年），
　　　頁 663。
156　劉維開，《國難期間應變圖存問題之研究──從九一八到七七》
　　　（臺北：國史館，1995 年），頁 295；許育銘，《汪兆銘與國
　　　民政府：1931 年至 1936 年對日問題下的政治變動》，頁 336。
157　「蔣委員長對第五次全國代表大會演講對外方針並提建議」
　　　（1935 年 11 月 19 日），秦孝儀主編，《中華民國重要史料初編
　　　──對日抗戰時期》，緒編（三），頁 657-659。
158　《蔣介石日記》（手稿），1935 年 12 月 29 日。

波的紛亂，原則上在 1935 年底蔣介石對日仍持隱忍態度，尚未否決汪精衛的中德日同盟構想。

不過，隨著蘇聯態度於 1936 年初轉趨冷淡，以及日本二二六事件所引發的局勢改變，才讓蔣介石重新思考中日蘇三國關係。1935 年 5 月 2 日，蘇聯與法國簽訂「蘇法互助協定」（Russian-French Mutual Assistance Pact）。[159] 耙梳《蔣介石日記》內容，此事在 1935 年間似乎未引起蔣介石的關注。惟法國議會於 1936 年 2 月間審議此協定，並於該月 27 日通過，而蘇聯亦於 3 月 28 日批准換文，故而蔣介石於 2 月 2 日的日記載明應注意「法俄協定原文」。由於該協定內容略為規範任一當事國遭受任一歐洲國家攻擊或威脅的危險情勢下，兩當事國應磋商採取互助措施的規定，蔣介石據此認定此協定為軍事同盟性質，並於 4 日日記逕行稱之為「俄法軍事協定」。或許是蘇法同盟的確立，蔣介石猜測蘇聯部署好了歐洲戰線，故而感到蘇聯對於中蘇密談事轉趨冷默。不過，對於「俄態冷淡」，蔣介石仍然認為應

159　「蘇法互助協定」於 1935 年 5 月 2 日在巴黎正式簽訂，其源於兩國於三年前簽署的「蘇法互不侵犯條約」。法國鑑於德國與蘇聯簽訂「拉帕洛條約」（1922 年）與「柏林條約」（1926 年），德蘇關係友好發展，為避免該兩國進一步發展同盟而危及法國安全，乃於 1931 年 7 月與蘇聯談判，並於 1932 年 11 月締結「蘇法互不侵犯條約」。此後由於希特勒在 1933 年 1 月出任德國總理，並於 10 月退出國聯，法國為反制納粹德國日益增強的侵略行為，亦積極拉攏與蘇聯的關係。先是於 1934 年 1 月 11 日簽訂「法蘇貿易公約」，再由其外長向蘇聯駐法大使提議簽訂雙邊互約以補充「蘇法互不侵犯條約」，獲得蘇聯積極回應。雙方於 1935 年 5 月締結「蘇法互助協定」，內容規範任一當事國遭受任一歐洲國家威脅或攻擊的危險情勢下，兩當事國應磋商採取互助措施等，可謂是軍事同盟性質。法國議會於 1936 年 2 月 27 日批准該約，3 月 28 日蘇聯批准換文。

為「一時現象」。[160]

　　因此有關蔣介石的態度，關鍵在於二二六事件造成情勢的鉅變。對於二二六事件的影響，蔣介石曾於1936年3月2日「與美大使談東亞局勢，謂：『東京政變，對內外影響重大，足以發生新局勢也。』」[161] 事件發生後翌日，蔣介石推測「倭變為叛者勝利，達成其少壯派之目的，則禍亂日急，侵略必益烈，然俄方或更為著急」。2月29日，蔣介石以為「倭寇政變之新成分促成倭俄戰爭」，而且「倭志在攻俄而制華，如善為運用，則必生效」，只是仍難以推測「華俄如協定果能使倭屈服乎？抑強其速攻乎？」3月上旬，蔣介石評估「倭叛軍解決後之形勢，預料不出三個月必引起倭俄之戰。如其政府對少壯派高壓愈力，則變化愈速，非引起外戰必再遭內亂，少壯派既可煽動軍心，更可挑戰對外」，而且他認為「倭其少壯派與元老派發生鬥爭，其結果當歸少壯派勝利。我若不於其勝負未決之前求得自立，則國危而已矣」。對於日本於事件後擬由廣田弘毅出面組閣，收拾情勢，他亦以為「倭廣田組閣名為和俄，而實必攻俄。但對我國壓迫必益加急」，並且對此「自詡所逆不為誤，若俄倭三月之內不啟釁，則倭之內政必起更大之革命」。尤其是德軍於3月7日進占非武裝區的萊茵蘭（Rheinland）地區，蔣介石認為法德將

160 《蔣介石日記》（手稿），1936年2月2日、4日、26日、3月7日本週反省錄。不僅是蔣介石關注「蘇法互助協定」，此協定與蘇聯於1934年9月加入國聯也是日本提出廣田三原則的重要背景之一。
161 周琇環編，《蔣中正總統檔案：事略稿本》，第36冊，頁11。

因此開戰，而且蘇聯因「蘇法互助協定」亦將對德宣戰，進而認定「倭待西方俄德戰事之機」。然而，由於英法兩國對德軍進入萊茵蘭一事採取綏靖態度，戰事未發生，致使蔣介石疑惑「萊茵河案，法德不即戰爭乎？」只是即使德法蘇戰爭未爆發，蔣介石仍執意認為「世界戰爭必起於倭俄，以其意在促成俄德戰爭，且以為倭俄開戰，則德必乘機攻俄也」。[162]

因為有關日本與德國秘密協定的消息於 1935 年 12 月底再度被新聞界披露，直指兩國在柏林商訂軍事互助協定，以公開的對付共產國際協定，掩護共同對付蘇聯的軍事密約。[163] 故而蔣介石懷疑日本將利用傳聞中的德日軍事密約對蘇開戰，引發德蘇戰爭。

此外，1936 年 2 月 20 日，中共軍隊由陝北東渡黃河入晉，3 月中旬蔣介石聽聞內蒙古德王（1902-1966）聯合關東軍集兵百靈廟的情報，即指出「如果此說屬確，則必為倭寇乘此赤匪亂晉之機先發制人，以為攻俄戰略展開之張本，倭俄開戰之期更近矣」。3 月底，蔣介石「判斷倭政結果，元老派必順從急進軍部之意，一致攻俄，以冀其軍部不積極干預內政為惟一方針。然一經日俄開戰，則其國內一切皆受戰時軍法之統制，仍不能免其軍部干政」，並且料定「倭俄正式宣戰，不能出

---

162 《蔣介石日記》（手稿），1936年2月27日、29日、本月反省錄、3月1日、3日、5日、9日、14日。

163 〈日德商訂 軍事協定說 經日方切實否認〉，《中央日報》，南京，1935年12月30日，張1版3；〈以反共為烟幕 日德商締密約 軍事互助共同防俄 倫敦政界深切注意〉，《申報》，上海，1935年12月31日，版6。

於本年六月之內，否則倭寇不有外戰，必啟內訌」。[164]

　　換言之，蔣介石認為二二六事件將使日本加速展開攻擊蘇聯的政策，其目的在促成蘇德戰爭的爆發，共同解決蘇聯威脅。由於日本採取攻俄制華策略，故當其積極進動攻俄政策時，對中國的壓力將更加急迫。

　　可知，蔣介石最後阻止汪精衛推動中德日聯合同盟的構想，應該同時由蔣介石觀察 1936 年年初歐洲與東亞情勢演變，並據以研判可能發展結果的視角予以理解。由於蘇聯與法國完成結盟的換文程序與二二六事件之後，歐洲與東亞同時產生新的局勢，自 1936 年 3 月之後，蔣介石認為此時對日方針，「以承認我東北主權與不訂防共協約為要點」，面對日方的壓力，「應以抗戰之決心，而與之言和」，並且「在中立原則上，而不妨礙倭之抗俄程度以內，與之談判」，並且更考慮「倭情如何使其迎合我中立之心理？如何拒絕其軍事協定？」[165]

　　在蔣介石已認定日本即將對蘇聯開戰的情勢下，自然以為無需於此時藉助德國從中協調中日關係，帶領三國共同合作來改善與日本的緊繃關係，而是認為中國應該於日蘇開戰時採取中立政策，再觀察後續發展，同時加上蔣介石不願讓汪精衛插足中德關係的私心。因此蔣介石在 3 月汪精衛抵達歐洲即將與德國展開洽商時，立即去電要求停止。結果汪精衛自 1935 年 9 月底萌生並

164　《蔣介石日記》（手稿），1936年 3 月 15 日、本月反省錄。
165　《蔣介石日記》（手稿），1936年 3 月 2 日、3 日、13 日。

展開的中德日聯合反共同盟構想，最後卻是因為蘇法互
助結盟的確定與日本國內爆發的二二六事件戛然而止。

二、調整國交的交涉

　　雖然汪精衛期望透過德國為中介而建構中德日反共
同盟的行動被蔣介石阻止，但日本方面並不知曉此事，
而中日醞釀和談以改善兩國惡化關係的步調亦未因此中
斷。外相廣田弘毅於 10 月 7 日向駐日大使蔣作賓透露
廣田三原則內容，表示以上三點為兩國提攜的絕對必要
條件，「中國政府如能完全同意，日本對於貴國所提三
大原則即逐漸商議實行」。其中蔣作賓對於共同防共一
項的答覆，中文檔案所載為「中國將來或不至絕無商量
之意」。[166] 由於回答內容過於空洞，無法看出蔣作賓
對此問題的看法。不過在日文檔案中，蔣作賓表示：
「當真有立即實行的必要，或有關其方法及地域等，尚
有種種需要考量之點甚多。」[167] 此答覆內容則另外顯
示出蔣作賓當場即已顧慮此事背後所牽涉問題之廣泛及
其重要性。

　　外交部在收到蔣作賓的報告後，經研究並擬就答覆
內容，於 10 月 20 日電訓蔣作賓。次日蔣作賓會晤廣田
弘毅，由參事官丁紹伋（1884-?）當場朗讀答覆文的日
文譯本。對於防共問題，中國方面表示數年來剿共已獲

---

166 「蔣大使與廣田談話報告」（1935年10月7日），〈廣田三原
　　則之交涉〉，《外交部檔案（近）》：011.2/006。

167 太田一郎記，「大臣、蔣大使会談要録（第三回）」（1935
　　年10月7日），〈帝国ノ対支外交政策関係一件〉，第4卷，
　　JACAR Ref. B02030151100。

得成果,「赤禍已不足為患」,「至於中國北邊一帶之境界地方,應如何防範,若日本照中國所提中日親善基本前提條件之三大原則,業已完全實行,則中國在不妨礙中國主權獨立原則下,擬與日本協議有效之方法」。[168] 外交部的答覆說明中國的防共概念包含中共與蘇聯,但不願與日本商議中共問題,而欲縮小防共概念的內涵。

廣田弘毅對於「不足為患」的答覆相當不以為然,一再申述防共的重要性,表示「日本經常顧念東洋的和平與發展,努力保持促進此事。因此對於攪亂東洋的和平及阻害它發展的赤禍,有著重大的關心。在貴國的赤禍威脅,特別是對於西北地方及蒙古方面的赤禍事態,可說視之極為重要」。並認為兩國對於赤禍的觀察有著天壤之別的相異,同時也不悅地責問所謂實行中國三原則之後是何時?對此蔣作賓只是含糊回答,最後仍表示「目下無急於協議防赤之必要」。[169]

中國方面的答覆文對於是否和日本合作防共提出兩個前提,一是要求日本先實行中國三原則;二是不妨礙中國主權獨立原則。就第一點而言,顯示中國方面仍希望可以按照本身的構想改善兩國關係。第二點係蔣介石所提出,在 10 月 13 日蔣介石尚未看過蔣作賓電文時致

168 「蔣大使對廣田外相傳達中國政府之回答」(1935 年 10 月 20 日),〈革命文獻─華北局勢與對日交涉(二)〉,《蔣檔》:002-020200-00026-038。

169 「大臣、蔣大使会談録(第四回)」(1935 年 10 月 21 日),〈帝国ノ対支外交政策関係一件〉,第 4 卷,JACAR Ref. B02030151600;「所謂『廣田三原則』交涉之經過」,〈廣田三原則之交涉〉,《外交部檔案(近)》:011.2/006。

電汪精衛，即表示：「我方應立對案之原則，無論施行何事，欲求其切實有效，必須尊重中國之主權與不妨礙中國之統一。」[170]

如前所述，此時期蔣介石曾同意汪精衛推動中德日三國在經濟與反共事項合作，目的在期望德國充當中間人緩和中日緊繃關係。既然以德國為介，自是冀望藉由德國來確保中國在主權獨立原則下進行國際合作。然而，此時廣田弘毅正式向蔣作賓提出共同防共，中國方面被動地面對日本提出兩國防共方案，加上此時在華日軍積極策動華北自治，使得苦於應付的中國不得不利用此外交時機，提出不妨礙主權獨立原則的要求。

以上是日本傳達廣田三原則給中國後，雙方首次的交手，惟雙方各堅持先實行己方的三原則，使得交涉並無結果。但日本外務省方面仍透過駐華使館探聽中國高層的態度。10月25日，駐華大使有吉明致電廣田弘毅，轉述黃郛告知日本使館官員有關他與蔣介石談論廣田三原則的情況。黃郛表示：「蔣說到，對於此次的提案中包括軍事事項，且此提案係全經由廣田外相之手所提議，意味著外交正常化，而應以重要視之。」隨即「蔣特別詢問關於赤化防止的協同工作範圍，而答以要以如何的事項為限度與日本方面商談。」[171] 顯示蔣介

---

170 「蔣委員長致汪兆銘院長告以對日所提三條我方應立對案之原則電」（1935年10月13日），秦孝儀主編，《中華民國重要史料初編——對日抗戰時期》，緒編（三），頁642。

171 「有吉明より廣田弘毅宛第863号電」（1935年10月25日），〈帝国ノ対支外交政策関係一件〉，第4卷，JACAR Ref. B02030151700。

石將廣田三原則視為兩國外交正常化的表現而予以重
視，同時也對共同防共一事有所興趣。

由於有吉明的情報，使得廣田弘毅對於中日的交涉
仍持著樂觀的態度。不過有吉於 11 月 20 日在南京與蔣
介石會見時，蔣介石表示三原則中之第二與第三兩項涉
及華北問題，「如果在華北發生事態，結果本問題將陷
入無法商談的狀態」。有吉問道：「依據貴方意見，是
否以能否無事地收拾北支事態為條件，決定三原則如何
實行？」蔣介石說明：「並非說有特別條件之意思。本
來此次日本方面提案的三原則，其問題與華北問題有密
切關係，因此若華北發生事端的話，三原則中的第二及
第三項自然無法實行。」[172] 一個月後的 12 月 20 日，新
任外交部長張羣與有吉明會談時也指出：「在進行商討
解決中日雙方問題時，日方在華北一切策動務須停止，
否則不良影響之所及，一切問題將無從解決。」[173] 廣田
弘毅對於中國的說法相當不以為然，致電有吉明表示：
「自治問題和關於三大原則的日支交涉是全然個別的
問題，要截然區別，蓋自治問題本來就是支那的內政
問題。」[174]

---

172 「蔣委員長會晤有吉大使談話紀錄」（1935年11月20日），民
　　國歷史文化學社編輯部，《近代中日關係史料彙編：偽組織的
　　建立與各國態度》（臺北：民國歷史文化學社，2020年），頁
　　188；「須磨彌吉郎より廣田弘毅宛第1291-1号電」（1935年11
　　月21日），〈帝国ノ対支外交政策関係一件〉，第 5 卷，《戰前
　　期外務省記録》，JACAR Ref. B02030152600。

173 「張部長會晤有吉大使談話紀錄」（1935 年 12 月 20 日），〈革命
　　文獻—華北局勢與對日交涉（二）〉，《蔣檔》：002-020200-
　　00026-046。

174 「廣田弘毅より有吉明宛第 316 号電」（1935 年 11 月 27 日），

　　然而，此後中國方面仍不斷地在談判中向日本提起華北問題；日本則否認華北自治是由日方所策動，企圖以具體談判來實施廣田三原則。結果最初中日雙方試圖進行調整國交的構想，在日本拋出廣田三原則後，由各自堅持先實行己方的三原則，再到是否同時處理華北自治問題，使得之後調整中日關係的談判陷入上述兩個問題的爭執中，無法進入實質議題的討論，呈現一種僵持停滯的局面。

　　中日兩國對於廣田三原則的交涉一開始即陷入程序與議題之爭，在 1935 年年底暫時中止。此時中國方面在同年12 月進行黨政人事調整，由蔣介石出任行政院長，張羣任外交部長，原駐日大使蔣作賓回國擔任內政部長，許世英（1873-1964）被派任為駐日大使。不久日本方面同樣有人事的變動，1936 年 2 月因二二六事件，岡田啟介內閣倒台，改由廣田弘毅在 3 月組閣。

　　廣田弘毅內閣相繼於 1936 年 8 月 7 日通過「國策基準」與「帝國外交方針」，以及同月 11 日制定「第二次北支處理要綱」和「對支實行策」，確定日本的國策著重在對蘇關係，為了完成對蘇備戰的準備，在對華政策以促進兩國共同防共為重點，有關防共的內容亦決定採取軍事協定與軍事同盟的方式。換言之，日本為消除來自蘇聯的威脅，將中國置於首要目標和基地的地位，而華北則是實行對華政策的第一目標。[175] 因此

〈帝国ノ対支外交政策関係一件〉，第 5 卷，JACAR Ref. B02030152900。

175　臧運祜，《七七事變前的日本對華政策》，頁 245。

當 8 月初蔣介石透過《大公報》主筆張季鸞向日本駐華大使川越茂（1881-1969）轉達國民政府將據既定方針，就各具體問題準備與日方洽商時，川越茂向張季鸞表示，「日本對俄國策，殆已一定，中日談話，應談此事。」[176] 所指的即是中日共同防共一事。

1936 年 8 月爆發成都事件，[177] 日本以這個排日流血衝突為契機，決定派川越茂與中國再次展開談判。雙方此時才真正再開始進行實質問題的談判，而日本方面經過這幾個月也已經找到並確認共同防共的實質方式與內容。

9 月 5 日，外務省訓令川越茂，指示與中國交涉的事項，內容除了要求國民政府對這事件的道歉、懲處責任者、嚴懲犯人和賠償等處置問題外，還有要求國民政府以具體措施表明調整國交的誠意。[178] 日本駐華使館館員將訓令內容具體化為 7 項要求，包括：（1）締結防共協定；（2）聘用日本顧問；（3）開闢福岡與上海航線；（4）締結關稅協定；（5）在華北設定特殊制定；（6）引渡不法鮮人；（7）成都開埠與合作開發四川經濟。同月 8 日與 10 日，駐南京總領事須磨彌吉郎兩

---

176 「張季鸞致蔣介石函」（1936年8月9日），〈特交檔案—國交調整（二）〉，《蔣檔》：002-080103-00002-014。

177 成都事件指因成都民眾不滿日本政府以強硬態度派員在此地設立領事館，部分民眾於 1936 年 8 月 24 日，包圍和搗毀先行抵達該地進行籌備設館事宜的四名日本人所居住的大川飯店，並毆斃二名日本人的事件。

178 「有田八郎より川越茂宛第 223、224、225号電」（1936年9月5日），外務省編纂，《日本外交文書：昭和期Ⅱ》，第一部第五卷（上）（東京：外務省，2008年），頁 96-100。

次會晤張羣先行研商預備會議，曾先告知這些要求，[179]
15 日，張羣與川越茂第一次會談時，日方即明確要求
以此 7 項要求進行交涉。[180] 事實上，這個訓令是外務
省依據前述「對支實行策」和「第二次北支處理綱要」
所制定，[181] 顯示日本企圖利用重啟談判的機會，將對
華政策的措施全部搬上檯面，透過談判的方式要求中國
接受。

　　張羣與川越茂交涉調整國交的會談，自 9 月 15 日
開始進行，至 12 月 3 日期間共進行八次會談，議題粗
略約可分為 13 項。其中 9 月 16 日第二次會談，主要在
討論北海事件，由川越茂傳達日方的意見。[182] 12 月 3
日第八次會談，則是張羣召見川越茂洽談日本海軍陸戰
隊在青島登陸，及其他不法行為等所謂「青島事件」，
席間雖然發生川越茂強硬要求張羣接受日本片面擬定的
前七次會談「備忘錄」，但該次會談內容主要還是青島

179 「第一次訓令による日支交涉情況一覧表」，島田俊彦、稻葉
　　正夫解說，《現代史資料（8）：日中戰爭（1）》，頁 294。

180 「張羣川越部份會談記錄」（1936年9月15日），中國第二歷
　　史檔案館編，〈有關張羣出任南京國民政府外交部長期間中日
　　交涉的一組史料〉，《民國檔案》，1988年第2期（1988年5
　　月），頁 24-27。

181 「資料解說」，島田俊彦、稻葉正夫解說，《現代史資料（8）：
　　日中戰爭（1）》，頁 xliv。

182 張羣，《我與日本七十年》（臺北：中日關係研究會，1980年），
　　頁 61；「須磨彌吉郎より有田八郎宛第 699 号電」（1936 年 9
　　月 16 日），外務省編纂，《日本外交文書：昭和期 II》，第一
　　部第五卷（上），頁 110-111；周開慶，《抗戰以前之中日關係》，
　　頁 71。「北海事件」指 1936 年 9 月 3 日，廣東欽州北海群眾進
　　行反日示威，一名民眾闖入當地由日本人經營的丸一藥房，殺
　　害店主中野順三的事件。

事件。[183] 因此除了這兩次之外，二人會談係以共同防共與華北問題兩項為中心，而且自第四次至第七次的會談，交涉重點就是防共議題。[184]

事實上，在9月23日第三次會談幾乎瀕於決裂後，日本方面由外相有田八郎在10月2日致電川越茂，通報四相會議決定的第二次訓令內容。[185] 同一天東京方面也派外務省東亞局長桑島主計來華，當面向川越茂說明日本中央政府的意旨。隨後國民政府應日本的要求，蔣介石於10月8日接見川越茂，當下川越茂即直接透露日本的要求，也說明第二次訓令各項內容，並明確指出「其中最重要的是防共問題與北支問題」。[186] 然而，由於蔣介石表示：「對於業經調查之成都與北海事件，中國政府準備依照國際慣例，即時解決。關於其他問題，仍應由外交部張〔羣〕部長川越大使繼續商討，張部長之意見，即係政府之意見。」[187] 川越茂無奈地只

---

183 「張羣川越會談記錄」（1936年12月3日），中國第二歷史檔案館編，〈有關張羣出任南京國民政府外交部長期間中日交涉的一組史料〉，頁33-35。

184 有關八次會談內容與議題，匯整自以下資料：中國第二歷史檔案館編，〈有關張羣出任南京國民政府外交部長期間中日交涉的一組史料〉，頁24-44；〈川越‧張群会談〉，外務省編纂，《日本外交文書：昭和期Ⅱ》第一部第五卷（上），頁96-213；〈特交文電一迭筆事端（五）〉，《蔣檔》：002-090200-00018-044。

185 「十月二日四相会議に於て決定の川越大使宛訓令」，島田俊彥、稻葉正夫解說，《現代史資料（8）：日中戰爭（1）》，頁297-298。

186 「須磨彌吉郎より有田八郎宛第810号電」（1936年10月8日），外務省編纂，《日本外交文書：昭和期Ⅱ》，第一部第五卷（上），頁133-136。

187 「蔣委員長接見日本駐華大使川越茂談話紀要」（1936年10月8日），秦孝儀編，《中華民國重要史料初編——對日抗戰時

能回去繼續和張羣交涉，因此自第四次會談起，自然以
共同防共與華北問題為主。

　　日本在 9 月開始進行會談時，將對華政策的全部措
施都搬上檯上來交涉，然而此時卻突然減少議題，專注
在防共與華北問題。原因除了中國方面堅持不退讓的態
度外，最主要是因廣田弘毅內閣此時正與德國商討締結
防共協定事宜，並積極推動所謂「防共外交」。[188] 因
此日本方面認為若能同時締結「中日防共協定」，不僅
對於防蘇國策有極大的幫助，更能突破日本在退出國聯
以來的國際孤立地位。但由於廣田弘毅內閣對於此項日
德「防共協定」附加中日「防共協定」的防共外交構
想，無法在給川越茂的電報說明，故而急派桑島主計
來華親自說明。[189]

　　只是中國方面當初主動出擊，提出「平等與和平」
概念的中國三原則來改善中日兩國關係，希望先避免觸
及實質問題，而要求日本尊重中國，以基於平等的精神
來調整國交。惟中國方面未曾料及日本卻避開中國三原
則的問題，反而拋出廣田三原則，尤其是共同防共一項
經過廣田內閣充實了明確的措施，可說是牽涉甚廣的實
質問題，似乎不能稱之為概念性的原則。

　　張羣曾於 1935 年 12 月 20 日會晤有吉明時表示：

期》，緒編（三），頁 675。
188　大畑篤四郎，〈日独防共協定・同強化問題〉，頁 12。
189　戶部良一等，〈『日本外交文書』昭和期 II 第一部第五所收
　　「川越・張羣会談」関係文書について〉，《外交史料館報》，
　　第 22号（2008年 12月），頁 65。

「中日問題始終未能圓滿解決,究其原因,不外每遇一事輒為一時之解決,未作根本之打算。」[190] 1936 年 7 月 10 日,張羣在國民黨五屆二中全會作外交報告時,也主張「中日兩國的關係,要有一個整體的調整,不能今天這個問題,明天又是那個問題,支離錯綜一無準繩。中日兩國應站在東亞和平基礎之上,根本求出一個共同可行的辦法,彼此本於平等的原則,互諒互助,求其實現。枝枝節節的交涉,為我們所根本反對的」。[191] 說明張羣完全明瞭蔣介石與汪精衛主動打開中日僵局,以及試圖用中國三原則和日本調整國交的目的。

然而,9 月 15 日張羣與川越茂第一次會談是因成都事件而展開,就會談內容所示,張羣在心態上似乎沒有將這次會談當成是全面調整國交的交涉,而認為是解決成都事件的一般性會談。因此張羣在面對川越茂所提 7 項要求以及來勢洶洶的強硬態度時似乎慌了手腳,會談後致電蔣介石,建議同意與日本無條件簽訂以前所擬上海福岡聯航案,以緩和空氣,因「倘不速與解決一二問題,其必斷然妄行,以遂其念圖概可想見」。[192] 張羣慌張失措的反應與建議,反而陷入其事後所說的「枝枝節節的交涉」問題。第二天蔣介石以強烈的口氣駁

---

190 「張部長會晤有吉大使談話紀錄」(1935年12月20日),〈革命文獻—華北局勢與對日交涉(二)〉,《蔣檔》:002-020200-00026-046,頁 1。

191 「中國國民黨五屆二中全會張羣委員外交報告」(1936 年 7 月 10 日),秦孝儀編,《中華民國重要史料初編——對日抗戰時期》,緒編(三),頁 663。

192 「張羣致蔣介石銑午電」(1936年9月16日),〈特交文電—迭肇事端(五)〉,《蔣檔》:002-090200-00018-065,頁 3。

斥，認為「前函所述，乃為我最大讓步之限度」，並指示「此時外交應目無斗牛以視之，不可以蓉、北二案自餒其氣，彼既不欲先解決蓉案，則我亦以應作無蓉案時方鍼與態度處之。須知其本題固不在蓉、北二案也」。[193]

張羣面對初次會談的慌亂態度，除了前述心態上未將之當作調整國交的的談判外，同時也是因為川越茂就任駐華大使後，6 月 22 日在上海接見日本記者時談話表示，在對華外交之根本方針，將努力於遂行廣田三原則及其他對華國策，並「認為中日提攜結果，亦係經濟問題。哲學、宗教、文學之提攜，固然亦重要，關於此問題。可委諸日本內地之種種學者。惟余覺得經濟提攜，最為重要」。可知，川越履新後的談話係向中國方面透露日本對華政策著重於「中日經濟提攜」。[194] 但是，川越茂在首次會談即拋出包含防共協定、日本顧問、航線、關稅協定等 7 項要求，完全出乎張羣的意料之外。張羣於會談中對川越茂埋怨表示：「在貴大使初發表為駐華大使時，我國朝野時不知日本意向如何，嗣見各報登載貴大使之談話，似皆以經濟合作問題為中心。故外交部所準備與貴大使商談者，皆是經濟問題，亞洲司研究室亦皆以此問題為中心而從事工作。」[195]

---

193 「蔣介石致張羣篠午電」（1936 年 9 月 17 日），〈革命文獻─華北局勢與對日交涉（二）〉，《蔣檔》：002-020200-00026-060。

194 周開慶，《抗戰以前之中日關係》，頁 62-63。

195 「張羣川越會談紀要」（1936 年 10 月 26 日），中國第二歷史檔案館編，〈有關張羣出任南京國民政府外交部長期間中日交涉的一組史料〉，頁 31。

事實上，在前一天蔣介石已獲知張嘉璈（1889-1979）
的情報，指出日本駐華使館武官喜多誠一和南京駐在武
官雨宮巽（1892-1945）表示「蓉案不重要」，重要是
「如何共同防共」，最關鍵是要求中國表明是聯蘇抑
或聯日。[196] 但不知是否是因忽略這件情報而未電知張
羣，致使張羣未能在會談前得知日本的真意，反受川越
茂放話煙幕所影響。

　　張羣接受蔣介石指示後，在 9 月 23 日第三次會談
時，除了針對日本的要求說明中國立場後，也向川越茂
強調「中日關係之調整，應合乎平等及互尊領土與主權
之原則，若僅有利於一方之問題進行商討，是不得謂為
國交之調整」。同時提出 5 項中國對案，並堅決地表
示：「我所提出的5 項，是目前兩國糾紛的癥結所在，
若不能解決，則中日邦交無從調整。」[197] 此次張羣提
出中國三原則的內涵，試圖將交涉導回調整國交之途，
以符合中國當初主動打開兩國僵局的初衷。但因川越茂
拒絕討論中國對案，結果會談不歡而散。

　　此後自 10 月 19 日第四次會談起，交涉重點在於防
共議題，川越茂將之分為「一般防共問題」與「華北防
共問題」，要求與中國簽訂「防共協定」。在此川越茂
將防共問題分為兩部分，其實只是將防範共產主義與對

196 「張嘉璈致蔣介石電」（1936年 9月14日），〈革命文獻—華北
　　局勢與對日交涉（二）〉，《蔣檔》：002-020200-00026-059。
197 「張羣致蔣介石梗戌電」（1936年 9月23日），〈特交文電—迭
　　肇事端（五）〉，《蔣檔》：002-090200-00018-044；「須磨彌吉
　　郎より有田八郎宛第738号電」（1936年9月24日），外務省編纂，
　　《日本外交文書：昭和期Ⅱ》，第一部第五（上），頁 111-117。

蘇備戰的兩種防共概念分開處理。只是無論川越茂提議
用何種方式合作，以減少中國人民的疑惑，例如：「如
慮中國人民對日本所提議之任何問題都有作用，則此項
辦法作為中國提議亦無不可，如認為『協定』二字不妥
當，即易其他方式亦無不可。」但張羣都未予允諾。第
五次會談張羣甚至對川越茂表示對於一般防共問題「勿
談為妥」，同時電令駐日大使許世英訪晤外相有田八郎，建議緩談華北自治與共同防共問題，以打開中日
交涉的僵局。[198]

　　雖然蔣介石曾研判二二六事件將促使日本加速展開
對蘇開戰的政策，但經過半年後日蘇情勢仍無變動。此
時面對日本在中日「調整國交」會談提出兩國合作防共
議題，因此將對日外交方針轉回中日實質問題上，一開
始即認為「防共問題必須有相當代價，且須與華北問題
並論」，只是覺得「對倭拒絕一切尚非其時，尤以防共
問題為更重要，否則不能與俄交涉」。故而蔣介石決定
指示張羣與川越茂交涉時，「防共以邊區為限，作為地
方事件」，同時也讓駐蘇大使蔣廷黻（1895-1965）「知
倭寇要求防共內容與範圍」，並傳達給蘇聯政府。[199]

　　顯示蔣介石一開始並非絕對地排斥日本的防共訴
求，惟需要有相當的代價，因此嘗試利用中日「調整國
交」談判防共問題的契機，期望可以與日本方面解決華
北主權問題，或者藉著運用蘇聯方面對於中日交涉防共

---

198 張羣，《我與日本七十年》，頁 74。
199 《蔣介石日記》（手稿），1936 年 9 月 26 日下週預定表、10 月
　　10 日、18 日、22 日。

問題的重視，獲取中蘇實質的軍事合作。[200] 而且由「以邊區為限」的指示，也說明蔣介石將防共概念限制同於此刻日本防範共產主義與蘇聯的概念，不欲涉及中國內部的中共問題，避免日本擴大防共概念內容，藉中共問題而干涉中國內政。

日方於 11 月 10 日第七次會談表示讓步，川越茂同意緩談一般防共問題，但仍希望能與中國方面就華北防共問題達成協議。張羣則以蔣介石主張防共問題須與華北問題並論的立場，重申以同時解決冀東問題為條件，即解散冀東防共自治政府。不過，川越茂認為「冀東問題與防共完全無關，自不能併為一談」，更直接表明「日本因對俄關係在遠東責任非常重大，故對北境一帶之共同防共甚為重視，此實根據廣田三原則而來」。川越茂同時提議：「北部邊境一帶之防共問題，可先指定專家商討，不必組共同委員會，冀東問題亦可於此委員會中提出討論。」然而，張羣卻直言：「貴大使熟悉中國情形，現在中國能否辦理此事想亦明白，故本人想來想去，仍以留待將來再談為妥。」[201] 也就是張羣對於華北防共問題亦都不願再商討，顯示中國方面對於會談似已失去興趣。果然 14 日「綏遠戰役」爆發，20 日蔣介石即電張羣指示：「綏東問題未了，我方對外交應不能定期開議，此勢所必然，但亦不說中止或停止等語，

---

200 有關蔣介石尋求與蘇聯合作並期望簽訂「中蘇軍事互助條約」詳情，請參閱本書第三章第二節。

201 「張羣川越會談摘要」（1936 年 11 月 10 日），中國第二歷史檔案館編，〈有關張羣出任南京國民政府外交部長期間中日交涉的一組史料〉，頁 32-33。

總勿使其有所藉口，反以破裂或停止之責加於我也」，並令其「應即準備決裂時一切之手續為要。」[202] 表示蔣介石已準備中止會談，放棄藉由日本冀望的防共要求來解決華北主權問題。

　　未久，12月2日發生青島事件，張羣於次日就此事召見川越茂，是為第八次會談。不過，會談開始張羣即表示：「因綏遠問題發生，致調整國交問題發生阻礙，殊為遺憾。」最後又重申：「自前次會談後，迄今已有廿餘日，其所以不晤談者，實因發生綏遠問題，形勢異常惡化，已屬無可奈可。現又發生青島問題，更如困難。」故而向川越茂暗示要中止會談，加上會談中川越茂強硬要求張羣接受日本片面擬定前七次會談的備忘錄，雙方洽談氣氛不佳，兩國醞釀三年餘的改善邦交談判就此結束。

小　結

　　自從中日於1933年5月簽訂「塘沽協定」，暫時結束九一八事變以來的軍事衝突，雙方都有意化解兩國緊繃的關係，中國方面率先提出中國三原則據以改善邦交，因而促使日本國內研議統一的對華政策，並於1935年10月4日制定廣田三原則。惟三原則之中的共同防共，卻是源自唐有壬向有吉明提議兩國可在政治上

---

202 「蔣介石致張羣號巳電」（1936年11月20日），〈革命文獻——華北局勢與對日交涉（二）〉，《蔣檔》：002-020200-00026-083。

「防止共產」的建議，讓日本外務省順勢採用此提議，而得以容納陸軍方面欲推動對蘇作戰的防共國防措施與構想，結果成為對華外交方案內容一部分，並經岡田啟介內閣會議通過形成日本政府的對華政策。

唐有壬提出的防共為防範共產主義的概念，日本外務省採取是項提議，並容納陸軍的防共國防構想，因此日本的防共概念包含了共產主義與蘇聯。當廣田弘毅於 10 月 7 日向蔣作賓提出以廣田三原則改善兩國邦交，自此防共問題正式成為中日外交上主要議題。

岡田啟介內閣制定廣田三原則卻沒有具體可行措施，只是空洞的政策口號。此時駐德武官大島浩逕自與德國交涉德日「防共協定」，正好為「支那駐屯軍」司令官多田駿所參酌並據以與冀察方面交涉締結華北「防共協定」。關注華北問題發展的駐南京總領事須磨彌吉郎，參考多田駿的主張與做法，私擬以防共為重點的「五省特政會案」，經外務省與軍部認同，在廣田弘毅內閣修改國防方針與調整對外政策過程中，被納入 1936 年 8 月 11 日通過的「對支實行策」，決定以國民政府為交涉對象，要求締結「防共軍事協定」與「日中軍事同盟」。結果軍事防共措施與防共協定形式，在層次上，由閫外軍人的作為升級為外務省準備與南京方面展開外交談判的國家政策；在內容上，則為空洞的共同防共原則找到具體可行方案。

日本的共同防共原則既已有具體方案，隨即在同年 9 月中旬展開中日「調整國交」會談上強力對華訴求共同防共。在此前一年，雖然有蔣介石認同汪精衛推動

中德日三國進行經濟與反共事務合作的插曲，但其目的
在冀望運用德國為中間人，在確保中國主權獨立的前提
下緩和中日緊張關係。此次中日會談被動地單獨面對日
本的防共訴求，惟前一年遭逢在華日軍製造華北事件與
推動華北自治，促使蔣介石認為應以解決華北主權問題
作為共同防共的代價，並將中共問題排除在防共概念之
外，但被日方所拒。結果中日「調整國交」會談召開目
的起始於改善九一八事變以來的緊繃關係，卻因糾纏於
防共問題而變調，而使得兩國由於九一八事變惡化的邦
交因防共議題糾葛而難以化解。不過，防共問題不僅只
是糾纏著中日兩國，由於此議題涉及蘇聯因素，結果
在同一時期也因為此議題引發中日蘇在東亞展開競合
爭逐。

第三章　中蘇日三角關係與互不侵犯條約

　　九一八事變造成的中日糾紛，表面上是單純的東北領土問題，但日本陸軍的防共主張成為日本對華政策，不僅令中日問題複雜化，而且日本以蘇聯為對象的防共訴求，使得惡化的中日關係因蘇聯因素而更形錯綜糾葛。事變之後，蘇聯因為日軍在遠東蘇境造成威脅，除了積極增強遠東蘇境兵力與國防設施，在外交上多次提議締結「日蘇互不侵犯條約」，但屢次遭到日本拒絕。日本外務省曾針對締約問題作出研究報告，分述拒絕的真正理由與應付的表面理由；不過，其實外務省內部意見並非一致，陸軍內部對於此議案的態度也有不同。

　　另一方面，中蘇兩國在事變之前已經斷交，事變後中國立即展開與蘇聯復交事宜，惟因復交前是否先行締結互不侵犯條約而產生分歧。中國此時對蘇復交與交涉締約的動作，目的是否涉及聯合蘇聯意圖，實為值得關注的議題。此後蔣介石在 1935 年下半年轉變對蘇態度，積極探詢軍事互助的可能性。一般觀點多歸因於該年上半年在華日軍策動華北事件，但在前一年蔣介石已主動探詢調整對蘇關係的可能性。此次蔣介石突然大動作地轉變態度，並冀望與蘇聯軍事互助合作的動機同樣令人玩味。

　　日本既然冀望於與中國共同防共，必然亟為關注中蘇動向，積極透過各種管道探查中蘇復交情勢與交涉締

約進程，特別是著重於中蘇復交是否會順勢合作，甚至
締結互不侵犯條約，探知是否會妨礙中日共同防共的
推動。在此期間日本基本上掌握中蘇關係發展的大致情
況，在盧溝橋事變之前已確知中蘇並無簽訂密約，但對
於 1935 年下半年至 1936 年間中蘇交涉軍事互助條約一
事的內情則毫無所悉，其原因主要與日本對華情報來源
管道有關。

　　戰前中日蘇三國因防共問題呈現一種既複雜又紛亂
的關係，本章擬由互不侵犯條約一事的視角，分別陳述
此段期間日蘇與中蘇的關係，以及日本對中蘇關係發展
的關注重點。同時說明中國在中蘇復交與交涉締約期
間，呈現出防範共產主義、蘇聯與中共的防共概念，以
及日本拒絕蘇聯締約要求的理由，可看出仍是防止共產
主義滲透與蘇聯侵犯權益的防共概念。

第一節　日蘇互不侵犯條約的交涉

一、蘇聯的提案

　　第一次世界大戰末期，日本曾於 1918 年 8 月與英、
美、法、義等國以援助被蘇俄紅軍攻擊的捷克斯洛伐克
軍團為由，出兵蘇俄遠東地區及西伯利亞地區。1919
年 6 月 28 日，參戰國在巴黎和會簽署「凡爾賽和約」，
一戰結束，各國陸續自蘇俄境內撤軍，惟獨日軍仍滯留
該地。1925 年 1 月 24 日，日本與蘇聯在北京簽訂「日
蘇基本條約」，雙方締結邦交，互派大使，蘇境內的日

軍至此才全部撤軍。[1]

　　日本最後不得已撤軍並與蘇聯建交，主要是因1921至1922年華盛頓會議後「華盛頓體制」形成，國際情勢轉變的結果。華盛頓會議締結各項條約，包括「五國海軍協定」規定美、英、日、法、義五國主力艦比例，日本海軍認為是列強將其力量限定於對英美海軍的不利地位。「四國條約」的簽訂宣告終止「英日同盟」，但是，「英日同盟承認在亞洲地區的相互特殊利益，一直是日本對大陸進行擴張的國際支柱」，而「四國條約」與「具有攻守同盟性質的英日同盟，其性質是不同的。日本如此就完全喪失1902年以來一直恃以進行大陸擴張的國際支柱」。[2]「九國公約」則迫使日本放棄對華「二十一條」，並於會外會與中國直接交涉山東問題，被迫放棄趁一戰時期自德國奪取的山東特權。[3] 在此同時，英美等國亦在一戰後企圖恢復戰前華在勢力範圍，並在東北地區與日本競爭，積極擴張勢力。日本認為國際形勢對其不利，為守住日本在滿洲的權益，以及對抗中國民族主義的昂揚，有必要安定日蘇關係，因此放棄武力干涉蘇聯社會主義革命，自庫頁島北部撤軍。

　　至於日蘇邦交一事對於蘇聯的意義，不僅在於日本

1　李凡，《日蘇關係史（1917-1991）》（北京：人民出版社，2005年），頁15-46。

2　信夫清三郎編，《日本外交史：1853-1972 II》（東京：每日新聞社，1974年），頁317。

3　劉笑盈，《眺望珍珠港──美日從合作走向戰爭的歷史透視》（北京：北京廣播學院出版社，2002年），頁77-78。

正式承認其在遠東領土主權，重要的是在蘇聯與西歐諸國，特別是英蘇關係緊張之下，與日本建交有助於其進入國際社會。[4] 因此蘇聯方面趁著 1926 年 4 月與德國簽訂中立性質的「柏林條約（Treaty of Berlin）」，[5] 在西歐突破外交困境的大好情勢之下，由駐日臨時代辦 Besedovskii（?-?）在 1926 年 8 月 25 日向日本外務次官出淵勝次提議，雙方進一步締結類似德蘇中立條約的協定。

　　一般認知以為蘇聯在 1931 年日本發動九一八事變侵占中國東北，面臨日本威脅其遠東領土，才向日本提議締結互不侵犯條約，[6] 卻甚少注意到在事變之前日蘇之間即曾多次洽詢或交涉締約之事。不過，出淵勝次於 9 月 30 日答覆：「待解決改訂兩國漁業協約等問題後，再行考慮政治條約。」此後 Besedovskii 多次再向日本提出此議，但出淵於次年 1 月 14 日私下向其表示，兩國的親善關係實際上並無簽訂此種協定的必要，政治協定應另行再議。[7]

　　1927 年 5 月 24 日，蘇聯駐日全權代表多夫加列

4　V. A. グリニューク（Vladimir A. Griniuk）等，〈ソ連外交と対中・日関係〉，收入五百旗頭真、下斗米伸夫編，《日ロ関係史：パラレル・ヒストリーの挑戦》（東京：東京大学出版会，2015 年），頁 233。

5　「柏林條約」是 1926 年 4 月 24 日由德國外長與蘇聯駐德大使在柏林簽署的條約，內容約略為規定今後五年期間，締約國一方被第三國攻擊的情況下，他方當事國應採取中立態度。

6　陳立文，〈對蘇關係〉，收入呂芳上主編，《中國抗日戰爭史新編（五）：對外關係》（臺北：國史館，2015 年），頁 103。

7　「日ソ不可侵条約に関する両国会談抄」，〈日ソ不可侵条約問題一件〉，《戦前期外務省記録》，日本外務省外交檔案館藏，JACAR Ref. B04013485500。

夫斯基（V. S. Dovgalevskii, ?-?）直接向日本首相兼外相
田中義一（1864-1929）表示，在完成兩國建交的情勢
之下，提議應開始協商有關締結不可侵犯條約。6月
16日，田中義一回覆希望先行協商各種懸案以及中東
鐵路與滿鐵運貨協定等具體問題，以期促進兩國經濟
關係。7月1日，多夫加列夫斯基進一步向田中義一
表示，「確信成立此條約將可一掃東亞日漸不安的局
勢」，並希望日本方面再行考慮。另外，蘇聯副外交
人民委員加拉罕（Lev Karakhan, 1889-1937）也於同年
10月14日向日本駐蘇大使田中都吉（1877-1961）表
示，為了化解兩國在滿洲的權益紛爭，締結互不侵犯條
約是有其意義。田中都吉謂：在兩國簽訂基本條約後，
還有其他經濟上各種懸案要解決，現在直接締結互不侵
犯條約的話，是不會受到日本國民的歡迎。加拉罕則指
出：「沒有必要將互不侵犯條約與其他懸案的交涉混為
一談，並認為締結互不侵犯條約有其本身的效果。」然
而，日本政府對蘇聯的意見並無任何回應，因此1928
年3月8日，蘇聯駐日全權代表托羅雅諾夫斯基（A.
A. Troianovskii, ?-?）於日蘇交涉通商條約之時，直接向
首相田中義一詢問：兩國洽商締結互不侵犯條約的時機
是否已經成熟？不過，田中義一仍表示待簽訂通商等其
他條約之後再行考慮。[8]此時期對於日本政府而言，日
蘇關係的紛爭在於沿著蘇聯東方領土的日本海、鄂霍次

---

8 「日ソ不可侵条約に関する両国会談抄」，〈日ソ不可侵条約問
題一件〉，JACAR Ref. B04013485500。

克海、白令海等沿海海域的漁權問題，以及庫頁島北部
的石油與煤炭利權等問題，在尚未因關東軍策動九一八
事變急劇改變東北亞情勢之前，國防問題尚屬其次。

　　1920 年代後期，蘇聯向日本提出締約建議，基本
上是蘇聯採行與周邊鄰國締結互不侵犯或中立條約的外
交政策之一，[9] 藉以突破國際上被西歐諸國的排擠並避
免國境紛爭。蘇聯除了在 1926 年與德國簽訂「柏林條
約」，也於 1929 年與羅馬尼亞、愛沙尼亞，以及拉脫
維亞等國簽訂公約，宣布彼此之間不訴諸戰爭，同時也
分別與土耳其（1925 年）、阿富汗（1926 年）、立陶
宛（1926 年）、波斯（1927 年）等國簽訂互不侵犯條
約。此外，蘇聯亦於 1923 年至 1928 年間與前述各國，
以及波蘭、芬蘭等國以簽署條約、協定等方式解決國境
紛爭。[10]

　　不過，進入 1930 年代之後，日本關東軍策動九一
八事變，對滿洲展開軍事侵略，卻引發蘇聯高層對於遠
東國境安全的關注，並開始增加蘇聯遠東軍集團的人員
編制與強化技術和裝備。包括在 1932 年 4 月創設遠東
海軍，再於 1933 年 2 月成立特別建設軍團以擴大建設
國防設施，該年 5 月起採取措施以強化軍隊的戰鬥能
力，同時開始進行阿穆爾河畔共青城（黑龍江左岸河畔
城市，位於伯力西方約 404 公里處，清朝稱為瓦倫）的

9　戶部良一，〈日本の対ソ政策──日ソ不侵略条約問題を中心とし
　　て〉，收入五百旗頭真、下斗米伸夫編，《日ロ関係史：パラレル・
　　ヒストリーの挑戦》，頁 250。

10　「ソ連と欧州諸国との条約」，〈日ソ不可侵条約問題一件〉，
　　JACAR Ref. B04013485500。

城市基礎建設，1933年夏天設置黑龍江造船廠，並在
1934年開始建築機場等。總而言之，蘇聯以防衛國境
為目的，積極地開發遠東領土。[11]

　　相對於積極的國防整備，蘇聯在外交上卻是立即決
定對日本採取消極妥協的綏靖政策。九一八事變後五
天的9月23日，蘇聯共產黨中央委員會總書記史達林
（Joseph Stalin, 1878-1953）致函人民委員會主席莫洛托
夫（Vyacheslav Molotov, 1890-1986）、委員卡岡諾維奇
（Lazar Kaganovich, 1893-1991）表示，對於關東軍在滿
洲的軍事行動，「我方當然不考慮軍事干涉，在現階段
外交介入也是不適當。此時干涉活動只是會讓帝國主義
者團結，他們之間的關係不和對我們才是有利的」。[12]

　　1930年代初期，蘇聯考量國內情勢依舊複雜，第
一次五年計畫仍在進行中，國際地位也相當脆弱，而且
欠缺政治同盟國以及外國的經濟援助，不得不堅持採取
避免與其他國家發生軍事衝突的方針。尤其是蘇聯與中
國已在1929年斷交，短期內無法在東亞籌組同盟，對
於日本在滿洲的軍事侵略並無採取強硬政策的理由與
實力。[13] 而且蘇聯對於九一八事變性質的理解，以為其
背後是企圖干涉蘇聯的反蘇者所策動，在日軍占領滿

---

11 A. S. ローシキナ（Anastasiia S. Lozhkina）等，〈スターリンの日本
　　像と対日政策〉，收入五百旗頭真、下斗米伸夫編，《日ロ関係史：
　　パラレル・ヒストリーの挑戦》，頁272。

12 Khlevniuk. O. V. (red.), *Stalin i Kaganovich, Perepiska, 1931-1936* (Moskva,
　　2001). 轉引自富田武，《戰間期の日ソ関係（1917-1937）》（東京：
　　岩波書店，2010年），頁79-80。

13 A. S. ローシキナ（Anastasiia S. Lozhkina）等，〈スターリンの日
　　本像と対日政策〉，頁273-274。

洲後，發動反蘇戰爭的危險性將大為增加。[14] 就此點而
言，關東軍是具有防俄使命的「北向軍隊」，此亦為其
策動九一八事變極為重要原因，蘇聯憂慮事變引發日蘇
開戰的判斷不能說沒有道理。因此蘇聯面臨日本可能的
軍事攻擊行動，除了增強遠東領土的國防實力，外交上
也持續推動與日本締結互不侵犯條約，先行確保遠東國
境的安全。

　　1931 年 12 月 31 日，前駐法大使芳澤謙吉返日就
任犬養毅內閣外相的途中行經莫斯科，蘇聯人民外交委
員李維諾夫（Maxim Litvinov, 1876-1951）宴請芳澤謙
吉等一行人午餐招待會後另闢密室洽談，對其表示蘇聯
外交政策基礎在於「保持與所有鄰國的和平與友好關
係」，因此向日本提議締結互不侵犯條約。李維諾夫更
說明，「蘇聯的動機是，在目前外國軍國主義以及冒險
分子策動破壞蘇日關係的時機」，兩國締結互不侵犯條
約是絕對有必要的。當下芳澤謙吉對於此建議並無任何
立場與想法，僅略謂：「請待返抵東京與政府商談後再
予以答覆。」[15] 日本駐蘇大使館方面曾私下詢問德國駐
蘇大使館對於此事的看法，據其觀察認為此為蘇聯與鄰
國締結類似條約的一般性政策，並非基於特別必要的原

---

14 平井友義，〈ソ連の動向（一九二六年～一九三三年）〉，日本国
　　際政治学会、太平洋戦争原因研究部編，《太平洋戦争への道（2）：
　　満州事変》（東京：朝日新聞社，1962 年），頁 322-323。

15 外務省調査局，「日蘇不可侵条約問題座談会記録」（1947
　　年 7 月 30 日），〈日ソ不可侵条約問題一件〉，JACAR Ref.
　　B04013485500。

因。[16] 芳澤謙吉返日之後立即向犬養毅與陸相荒木貞夫說明此事，但兩人對此案卻是興趣缺缺。

　　不過，蘇聯則積極地訓令駐日全權代表托羅雅諾夫斯基於 1932 年 1 月 12 日拜會犬養毅，詢問前一年李維諾夫向芳澤謙吉提議兩國締結互不侵犯條約的意見。犬養毅以今日首次聽聞此事，日本政府當慎重研究為藉口，避免直接回應此問題。同時犬養毅將話題轉移至漁權紛爭問題，表明：「〔日本〕帝國未有對俄侵略的意圖，目前兩國間糾紛的原因在於漁業問題，而此為蘇聯的無理要求所造成，若蘇聯改變此態度即可立即解決此事，並且可以在東京或莫斯科進行交涉。」[17] 遭到犬養毅婉拒的托羅雅諾夫斯基並未灰心氣餒，在隨後與外務次官永井松三（1877-1957）交換意見時，針對日本一再以漁業問題為由拒絕一事，表示若日本方面同意締約，蘇聯對於兩國間經濟問題，特別是漁業問題將會有善意回應，並建議可以立即在莫斯科或東京展開正式交涉。只是日本方面的反應依舊消極。[18]

二、日本的態度

　　此後犬養毅內閣因為一二八事變，忙著與中國處理

---

16 「広田弘毅より犬養毅宛電報第 21 号」（1932 年 1 月 14 日），外務省編纂，《日本外交文書：昭和期 II》，第二部第一卷（東京：外務省，1996 年），頁 395。

17 「日ソ不可侵条約に関する両国会談抄」，〈日ソ不可侵条約問題一件〉，JACAR Ref. B04013485500；「犬養大臣露国大使会談録」，外務省編纂，《日本外交文書：昭和期 II》第二部第一卷，頁 389-390。

18 平井友義，〈ソ連の動向（一九二六年～一九三三年）〉，頁 327。

上海的軍事衝突，無暇顧及蘇聯提議締結互不侵犯條約之事。芳澤謙吉也未將此條約問題提交內閣會議討論，卻另行指示外務省歐美局長松島肇（1883-1961）研究。歐美局第一課於 1932 年 1 月作成研究報告，認為此時應拒絕蘇聯的建議，因為締約將可能會有以下不利的影響：

（1）在蘇聯境內日僑的權益將受到蘇聯政府的迫害，而且日本在東北亞漁業權與庫頁島北部的利權亦將受到重大的打擊。

（2）九一八事變之後的情勢發展，日蘇不可避免地將會在北滿及蒙古發生利害衝突，締約之後蘇聯將會對日本採取蠻橫粗暴的態度。

歐美局第一課指出上述是拒絕的真正原因，但建議以下述理由應付蘇聯再次提出條約問題：

（1）日蘇兩國均已加入不戰條約，實際上已達到互不侵犯條約的目的。

（2）鑑於日蘇兩國沒有相互侵略意圖，故無特別締結互不侵犯條約的必要性。

（3）兩國政治關係多是受到通商與經濟因素影響，解決存在兩國之間通商與經濟的各種懸案才是急務。[19]

此後蘇聯方面仍持續積極運作，不過暫時未再直接向日本閣員提議，而是利用其他時機再向日方表達締約

---

19 「ソ連の不侵略条約提議に対する我方態度決定に至る経緯資料」，〈日ソ不可侵条約問題一件〉，JACAR Ref. B04013485500。

意願。1932 年 1 月 26 日，托羅雅諾夫斯基拜會日俄協
會幹事田中清次郎進行會談。田中清次郎表示本身與多
數日本人都贊成互不侵犯條約，只是要先解決漁業問題
作為條件。托羅雅諾夫斯基並不認同將解決漁業問題作
為互不侵犯條約的前題，雙方交換意見後仍無共識。[20]

　　1932 年 3 月，國際裁軍會議在日內瓦舉行，蘇聯
出席代表李維諾夫向日本出席代表駐英大使松平恒雄
（1877-1949）表示：「蘇聯對於目前滿洲狀況仍未消
除憂慮，蘇日之間採取互不侵犯條約或其方法消除彼此
間疑慮是很重要。」松平恒雄回應指出：「雙方既然無
任何侵略的意圖，如果在此際締結條約，反而會遭受他
國猜疑。」[21]據芳澤謙吉於戰後回憶指出，當時外務省
並未訓令松平恒雄回應此事，松平恒雄的國際猜疑說
法係其即席反應，[22]故而不是採取日本政府一貫以經
濟和漁業權問題作為推辭。

　　犬養毅內閣非但未正式討論蘇聯提出互不侵犯條約
案，陸軍、海軍、外務三省反而於 1932 年 1 月 6 日協
商並同意關東軍高級參謀板垣征四郎帶來的「支那問題
處理方針要綱」，決定將滿蒙由中國政權分離出來，另
外建立獨立政權，將之作為日本「帝國對俄和對支國

---

20 富田武，《戰間期の日ソ関係（1917-1937）》，頁 80。

21 「日ソ不可侵条約に関する両国会談抄」，〈日ソ不可侵条約問
　 題一件〉，JACAR Ref. B04013485500。

22 外務省調査局，「日蘇不可侵条約問題座談会記録」（1947
　 年 7 月 30 日），〈日ソ不可侵条約問題一件〉，JACAR Ref.
　 B04013485500。

防的第一線」。[23] 此件三省協議案表明，「到 1932 年初，日本軍部與政府對於處理滿蒙問題的原有分歧已經統一，且與關東軍一致」。[24] 犬養毅內閣於 3 月 12 日刪除此案有關對華政策部分，於閣議通過此政策，另行命名為「滿蒙問題處理方針要綱」，明確表明滿蒙是日本「帝國存在的重要要素」，以及將此地區視為對蘇與對華的國防前線。[25] 雖然犬養毅對托羅雅諾夫斯基表示日本沒有侵略蘇聯意圖，但卻立即透過內閣會議將防蘇立為國策。

同年 5 月中旬，日本國內爆發五一五事件，犬養毅遭到激進少壯軍人殺害，結束日本的憲政政黨政治，開啟日後的軍部內閣。[26] 日本政府於 5 月底由海軍大將齋藤實組閣並暫兼外相，陸相荒木貞夫留任。7 月，內田康哉接任外相，芳澤謙吉指示歐美局第一課研究回應蘇聯建議的理由尚未運用已先行去職。

齋藤實內閣於 1932 年 8 月 27 日通過「從國際關係所見時局處理方針案」，承襲犬養毅內閣的滿蒙方針，再次確認日本將獨自發展滿蒙地區。不過，對於近期北滿形勢隱藏日蘇紛爭的危機，認為考量現時國際關係，

---

23 「支那問題處理方針要綱」（1932 年 1 月 6 日），稻葉正夫、小林龍夫解說，《現代史資料（7）：滿洲事變》（東京：みすず書房，1964 年），頁 342-343。

24 臧運祜，《七七事變前的日本對華政策》（北京：社會科學文獻出版社，2000 年），頁 18。

25 「滿蒙問題處理方針要綱」（1932 年 3 月 12 日），外務省編纂，《日本外交年表竝主要文書》（下）（東京：原書房，1978 年，第 6 刷），頁 204-205。

26 堀幸雄，《戰前の国家主義運動史》（東京：三嶺書房，1997 年），頁 126。

「此時避免與蘇聯的衝突是極為重要」。如果蘇聯再提議締約，決定「滿洲國和蘇聯或者〔日本〕帝國與蘇聯之間可以不依據條約的形式，設法互相表明互不侵犯的意圖，以緩和日蘇關係」。[27] 可知，日本在滿洲建立政權以作為對蘇國防前線，但是卻是期望可以有其他方式達到互不侵犯條約目的，以避免與蘇聯爆發衝突，依舊不願同意蘇聯的締約建議。

雖然齋藤實內閣不同意蘇聯提議締約的態度已經定調，但外務省歐美局第一課仍於同年 10 月再次就締約問題制作一份較為完整的研究報告。首先，匯整蘇聯提議締約的表面理由：

（1）外國軍國主義及冒險分子策動惡化日蘇關係，兩國締約將使其企圖無疾而終。

（2）兩國高層對日蘇親善有所疑慮無非是顧及民眾的恐懼態度，但一般民眾經常被各種小事件刺激而導致輿論沸騰，結果連累兩國國交。兩國締約將可以緩和民心，消除民眾恐懼。

（3）兩國締約可安定民心，將有助於解決兩國之間各種懸案。

不過，歐美局第一課認為蘇聯提議締約的真正理由是，蘇聯透過第三國際在世界各地進行共產宣傳與滲透活動，此時與其各個鄰國提議締結互不侵犯條約，乃是因蘇聯現在國力終究無法同時對抗各國的敵對立場。故

---

27 「国際関係より見たる時局処理方針案」（1932 年 8 月 27 日），外務省編纂，《日本外交年表竝主要文書》（下），頁 206-210。

而蘇聯在其國力充實以及財政經濟復興之前，極力避免
與各國發生衝突。

因此歐美局第一課擬議日本政府採取的態度為：

甲案：立即回應蘇聯的締約提議

日本政府努力於處理九一八事變，但此事並非
短期可以圓滿處理完畢。此後數年間若未處理
好與蘇聯之關係，將會對國運前途招來重大危
機。日蘇兩國締約將可安定兩國關係，有利於
解決各種懸案。而且可於條約附加適當期限，
日後日本變更對蘇政策即可而更新條約。

乙案：立即拒絕締約

（1）締約後，蘇聯雖無實力反擊日本，但卻可能
採用惡毒手段壓迫在蘇日僑的權利利益，並
且打擊日本在北洋漁權與庫頁島北部利益。

（2）締約後，蘇聯對於日蘇在北滿和蒙古的利益
衝突必定採取蠻橫粗暴態度，而且將妨礙日
本在北滿的軍事行動和各種設施的建設。

（3）日本應先與蘇聯解決北洋漁業問題和庫頁島
北部利權問題，並且調整日蘇在北滿的利害
問題後，再思考締約問題。

（4）日本以解決前項各種問題作為締約前提條
件，考慮到蘇聯將反駁表示先行締結互不侵
犯條約，依此建立兩國親善關係，即可醞釀
和平解決各種懸案的氛圍，容易調整兩國在
北滿的關係。對此，日本應主張兩國紛爭原
因為前述各種問題，締結互不侵犯條約並無

　　　　法建立兩國永遠的和平關係，而且無助於兩
　　　　國親善關係，其效用只不過可以預防第三國
　　　　惡意策動破壞兩國關係而已。
丙案：不表明是否締約
　（1）如乙案前兩點所述，互不侵犯條約不僅對於
　　　　日本並無利益，而且在蘇聯不放棄世界共產
　　　　主義政策，以及蘇聯在滿蒙占有特殊地位情
　　　　況下，日本終究將與其發生衝突。然而，此
　　　　時日本正傾注全力於九一八事變善後措施的
　　　　重大時期，應該回避與蘇聯的糾紛。
　（2）現在與蘇聯締結附加期限的互不侵犯條約，
　　　　若無重大理由，將來拒絕其續約更新要求將
　　　　甚為困難。若只是漫然地拒絕續約反有招致
　　　　其顯示侵略意思的危險。因而考量到預期將
　　　　來兩國會爆發衝突，不可締結此種條約。
　（3）應該如何回避蘇聯提議締結互不侵犯條約的
　　　　理由：
　　　　①由蘇聯與其他國家締結或正在交涉的互不
　　　　　侵犯條約條款來看，其目的依據日蘇已加
　　　　　入的「非戰條約」以及「日蘇基本條約」
　　　　　第五條內容，都已有約略達到。
　　　　②無視「非戰條約」的存在，如今進一步締
　　　　　結互不侵犯條約，不僅是輕視「非戰條
　　　　　約」效力，亦將產生有無締結互不侵犯條
　　　　　約國家之間親疏有別的疑慮。
　　　　③萬一蘇聯與第三國發生戰爭，就世界和平

而言，只要蘇聯並非侵略國，日本依其國
策當然會遵守中立。此點在 1929 年中蘇
中東路事件之際即可明白日本的態度。

④由蘇聯與其他國家締結互不侵犯條約內有
關解決紛爭方法的規定來看，排除第三者
調停和仲裁，僅是組織兩當事國之間的和
解委員會。沒有第三者仲介的和解委員會
與外交交涉並無差別。

⑤依據前項理由，本件互不侵犯條約有疊層
架屋之嫌，不僅沒有必要，而且在日本法
制上（樞密院關係）也有困難。

⑥因為外國軍國主義及冒險分子策動惡化日
蘇關係而確保兩國親善政策是毫無意義，
一般民眾擔心畏懼兩國關係，當局者應當
思考指導民眾對於兩國關係有正確的認識
即已足夠。[28]

雖然歐美局對締約問題擬就詳細的研究報告，其
實外務省內部對於蘇聯提議締約的態度卻是有不同意
見。歐美局長松島肇認為日蘇兩國之間已有非戰條約，
互不侵犯條約只是疊床架屋，故而原則上並不贊同締
約。[29] 1932 年 9 月卸任駐蘇大使職務的廣田弘毅由莫
斯科返日，認為應先解決各種懸案，再談互不侵犯條約

---

28 「ソ連の不侵略条約提議に対する我方態度決定に至る経
　　緯資料」，〈日ソ不可侵条約問題一件〉，JACAR Ref.
　　B04013485500。

29 森島守人，《陰謀・暗殺・軍刀——一外交官の回想》（東京：
　　岩波書店，2015 年，第 14 刷），頁 104。

問題。[30] 情報部長白鳥敏夫也認為與蘇聯簽訂互不侵犯
條約，將會有礙於保持與英美的友好關係，[31] 並且從意
識型態的觀點，強烈反對與不同體制的蘇聯合作。[32] 此
年夏天新任日本駐滿大使館參事官的川越茂表明：「蘇
聯之所以不敢挑釁，係因我方在軍備上對蘇聯採取進擊
的態勢。因此我方無必要放棄此一有利形勢，否則只會
強化蘇聯的立場，導致對蘇交涉的不利。」直接表示反
對的立場。[33] 上述各人均反對締約，只是看法與理由各
異。不過，外務次官有田八郎、亞細亞局長谷正之和奉
天代理總領事森島守人（1896-1975）卻認為應該與蘇
聯締約，但前二人認為過早倡議此事，反而會讓反對派
更加團結，於事無補，故而態度消極。[34] 因此就歐美局
研究報告內容可見，基本上是在齋藤實內閣已確定的對
蘇方針以及外務省內部多數持反對意見態度下，朝著不
與蘇聯締約的基調下所擬定。

　　事實上，軍部方面的態度也是明確地分成兩派。
1932 年 2 月升任陸軍省次官小磯國昭，以及被視為統
制派精神領袖的參謀本部第二部長永田鐵山等人主張應
該立即同意締結。其中永田鐵山認為現今國際情勢對日
本不利，當務之急應該迅速建設滿洲國，加強日本的備

30 森島守人，《陰謀‧暗殺‧軍刀──一外交官の回想》，頁 102。
31 平井友義，〈ソ連の動向（一九二六年～一九三三年）〉，日本國際
　政治学会、太平洋戦争原因研究部編，《太平洋戦争への道（4）：
　開戦外交史》，頁 330。
32 森島守人，《陰謀‧暗殺‧軍刀──一外交官の回想》，頁 103-104。
33 森島守人，《陰謀‧暗殺‧軍刀──一外交官の回想》，頁 102。
34 森島守人，《陰謀‧暗殺‧軍刀──一外交官の回想》，頁 104。

戰實力，[35] 故而可以締約方式來緩和與蘇聯的關係。不
過，此時陸軍內部掌權者則是以陸相荒木貞夫、參謀次
長真崎甚三郎、參謀本部第三部長小畑敏四郎等主張對
蘇強硬政策的皇道派為主，認為由地緣政治與意識形態
的角度視之，未來將進行日蘇決戰，因而反對締結互
不侵犯條約。[36] 同時也指出，蘇聯提議締約是在其尚未
完成五年計畫之前，作為強化國力與軍備的一種拖延
策略，其目標終究是進行世界革命。而且蘇聯簽約之
後，在滿蒙地區將出現蠻橫態度，對於日本的漁業權和
庫頁島北部利權也將採取壓迫態度。[37] 參謀本部更基於
九一八事變後日滿共同承擔防衛滿洲任務，在國防態勢
上直接面對蘇聯，於 1932 年 8 月底重新制定「昭和八
年度對俄作戰計畫」，規劃比以往更為具體的作戰計
畫。[38] 其中，軍部對蘇強硬派指出蘇聯在締約之後，將
強化對滿洲與日本漁業權和庫頁島北部利權的態度，據
歐美局長松島肇回憶，當時研究該案時未曾與軍部任
何人商談過，完全是其個人與該局研究討論出來的看
法，[39] 而陸軍方面也有相同看法，顯示反對者同樣抱持

---

35 川田稔，《昭和陸軍の軌跡──永田鉄山の構想とその分岐》（東
　　京：中央公論新社，2011 年），頁 91-93。

36 戶部良一，〈日本の対ソ政策──日ソ不侵略条約問題を中心とし
　　て〉，頁 253。

37 「日蘇間不侵略条約締結問題に対する意見」，《法政史・荒
　　木文書》，Ⅱ-58。轉引自富田武，《戰間期の日ソ関係（1917-
　　1937）》，頁 86。

38 防衛庁防衛研修所戦史室，《大本営陸軍部（1）—昭和十五年五
　　月まで—》（東京：朝雲新聞社，1974 年），頁 338-341。（以
　　下書名簡稱《大本営陸軍部（1）》）

39 外務省調查局，「日蘇不可侵条約問題座談会記録」（1947

對蘇聯不信任的態度。未久，小磯國昭於同年 8 月被外
放為關東軍參謀長，陸軍次官改由皇道派的柳川平助
（1879-1945）擔任。結果軍部以荒木貞夫等對蘇強硬
派的反對意見為主，加上外務省部分反蘇派的呼應，在
日本政界形成不可忽視的勢力，也使得日本基本上仍持
不與蘇聯締約的態度。

　　外務省歐美局首份研究報告的的防共概念僅有防蘇
侵略權益與蘇滿邊境衝突，第二份報告則增加了防止共
產主義滲透的看法，與制定廣田三原則時的防共概念相
同。而外務與軍部反對締約的防共概念，基本上也是不
脫這些觀點。

　　在此期間，蘇聯仍然積極勸說日本同意締約。1932
年 6 月 1 日，滿洲國外交部總務司長大橋忠一（1893-
1975）在哈爾濱與蘇聯駐哈總領事斯拉夫斯基（M. M.
Slavustskii, ?-?）商談有關蘇聯承認滿洲國問題。 9 月 29
日，蘇聯駐奉天總領事向森島守人表示，關於蘇聯承
認滿洲國問題，應該要先締結蘇滿互不侵犯條約。10
月中旬，加拉罕向日本駐蘇代理大使天羽英二（1887-
1968）探詢日本國內輿論對於兩國交涉互不侵犯條約的
態度。 11 月初，國際聯盟日本首席全權代表松岡洋右
赴日內瓦參加國際聯盟會議途經莫斯科，並於同月 4 日
至 6 日期間分別與李維諾夫、加拉罕，以及《消息報》
編輯拉狄克（K. B. Radek, 1885-1939）會談，蘇聯方面

年 7 月 30 日），〈日ソ不可侵条約問題一件〉，JACAR Ref.
B04013485500。

明白對其表示，願意在日蘇締約時考慮承認滿洲國。7日，拉狄克亦向天羽英二指出，可以簽訂蘇日滿三國之間的互不侵犯條約。9日，加拉罕與天羽英二會談時言明，蘇聯可以依照日本希望，於日蘇締約之際，同時與滿洲國簽訂互不侵犯條約。[40]

大橋忠一基於滿洲國的立場，認為在謀求滿洲國健全發展的需求下，首先要消除後方的威脅，主張日蘇兩國「立即而且無條件締結條約」。森島守人雖然也持贊同意見，但清楚明白反對派的政治勢力，認為直接公開主張日蘇締約案，將助長反對論者的團結。加上他覺得在效果上，締結蘇滿互不侵犯條約比日蘇締約較為實際，因此主張先行簽訂蘇滿互不侵犯條約，至適當時機再依據「日滿議定書」第二條共同防衛的規定，日本再予以確認此種形式。[41]簡言之，即是透過簽訂蘇滿互不侵犯條約，以達到蘇聯承認滿洲國的要求與日蘇互不侵犯條約的效果。

蘇聯方面也趁勢利用滿洲國的承認問題，誘導日本共同締約。只是若蘇聯與滿洲國締約，形同兩國直接建立邦交。雖然蘇聯至1934年9月才加入國聯，此時尚非國聯會員國，難以指責蘇聯違反國聯臨時大會於1932年3月11日通過不承認滿洲國的決議。然而，在此期間中蘇兩國亦正如火如荼洽談恢復國交事宜，蘇聯此舉係以自身國家安全利益為最高原則，採取兩面外交手法

---

40 「日ソ不可侵条約に関する両国会談抄」，〈日ソ不可侵条約問題一件〉，JAACR Ref. B04013485500。

41 森島守人，《陰謀・暗殺・軍刀——一外交官の回想》，頁102-103。

而不惜出賣中國權益，顯示出蘇聯不擇手段而迫切渴望
與日本締約的態度。

　　不過，由於日本軍部在九一八事變過程中逐步增強
在國內的政治實力，也加強了對於日本政府各種政策的
影響力。[42] 日本陸軍以蘇聯為主要假想敵國，此時軍部
又是強烈反蘇的皇道派當道，蘇滿締約的實質意義無異
於日蘇締約，齋藤實內閣無法漠視軍部的反蘇態度。因
此外相內田康哉於 1932 年 12 月 13 日致托羅雅諾夫斯
基一份節略，認為此時兩國以互不侵犯條約形式建立良
好關係並非是適當時機與方法，並指出在訂約之前應該
先排除反對氛圍，即先行消除兩國之間各種紛爭的原
因。尤其在此期間，為了預防日蘇軍隊在滿洲邊境接觸
而爆發衝突事件，同時應以和平而且地方性質方式處理
偶發事件，故而最佳方法是為了預防國境事件而成立
日滿蘇委員會，如此將有助於兩國政府的協商。[43] 換言
之，日本對於締約問題，基本上仍是將解決兩國各種懸
案作為先決條件，同時也因應九一八事變後滿蘇的國境
紛爭，附加了設置解決國境問題委員會的建議。

　　1933 年 1 月 4 日，托羅雅諾夫斯基向日本遞交回
覆節略，表示不認同日本指出締約之前要先消除各種紛
爭原因的說法，認為解決現有紛爭並無法保障不再發生
新的紛爭。同時說明蘇聯政府提議締結互不侵犯條約，

---

42 緒方貞子，《満州事変──政策の形成過程》（東京：岩波書店，
　　2011 年），頁 295。

43 「一九三二年十二月十三日在本邦『ソ』大使宛『ノート』」，〈日
　　ソ不可侵条約問題一件〉，JACAR Ref. B04013485500。

並非是無視於「非戰條約」的存在，反而是強化並擴大此條約意義，努力依據互不侵犯條約適應兩國關係特殊性。最後並指出本項提議是基於蘇聯政府的一般和平政策，將來仍會保持其效力。[44] 日本於 2 月 13 日答覆蘇聯，反駁了前記蘇聯的說法，亦說明日本並無武力侵略之意圖。同時重申現今尚未到日蘇正式開交涉締約的時機，而是應該努力解決目前兩國之間的各種問題。[45] 不過，蘇聯未再回覆日本的節略，而是改採出售中東鐵路的方式，嘗試緩和日蘇之間可能的衝突情勢。

三、中東鐵路買賣交涉

在日蘇兩國以外交節略爭辯締結互不侵犯條約的意義之時，蘇聯的國際地位與遠東國防軍備亦已經逐步改善。先是與美國改善關係，並進一步在 1933 年 11 月與美國建交，同時在日本與德國於 1933 年 3 月與 10 月相繼退出國聯之後，反而於 1934 年 9 月加入。此外，1932 年 1 月，蘇聯在遠東地區的兵力不過 4 萬 2,000 人、戰車 36 輛、飛機 88 架。[46] 同年春，該地區兵力卻已急速地增至近 10 萬人、戰車 250 輛、飛機 160 架。[47] 至

---

44 「一九三三年一月四日附在本邦『ソ』大使『ノート』」，〈日ソ不可侵条約問題一件〉，JACAR Ref. B04013485500。

45 「一九三三年二月十三日在本邦『ソ』大使『ノート』」，〈日ソ不可侵条約問題一件〉，JACAR Ref. B04013485500。

46 稲子恒夫編著，《ロシアの20世紀——年表・資料・分析》（東京：東洋書店，2007 年），頁 337。

47 スチュアート・D・ゴールドマン（Stuart D. Goldman）著，山岡由美譯，麻田雅文解說，《ノモンハン 1939：第二次世界大戦の知られざる始点》（東京：みすず書房，2013 年），頁 31 圖表資料。該地區兵力卻已急速地增至近 10 萬人、戰車 250 輛、飛機 160 架。

於關東軍於九一八事變前夕在滿洲實際駐軍人數為 1 萬
400 人，編成 1 個師團與 6 個獨立守備隊（大隊）。[48]
日本雖於事變後亦極力擴張在滿洲的軍備，但在 1935
年 8 月石原莞爾新任參謀本作戰課長之際，日本在滿洲
兵力只有遠東蘇軍的三分之一，飛機與戰車數量更是
僅為五分之一。[49]

　　雖然如此，蘇聯仍然藉由出售中東鐵路予滿洲國，
試圖緩和與日本的關係。日本自成立滿洲國後，即欲徹
底排除蘇聯在滿洲利益，最主要為中東鐵路的權益。
1932 年 3 月 26 日，蘇聯指示駐日全權代表托羅雅諾夫
斯基，私下向日本表示願意出售中東鐵路，以探測日本
態度。托羅雅諾夫斯基並自 5 月 13 日起多次與日本王
子製紙會長藤原銀次郎（1869-1960）進行非正式的交
涉。8 月 29 日，日本駐蘇大使廣田弘毅向加拉罕正式
提議日本收購鐵路的要求。1933 年 5 月 2 日，李維諾
夫通知日本新任大使大田為吉（1880-1956），同意出
售鐵路。在日本堅持以滿洲國為出售對象、日本為仲介

---

48 關東軍的駐軍人數係根據日本與清廷簽訂的協定，依鐵路線每哩駐
　　軍 15 人的規定，全長 694 哩的南滿鐵路最多可駐軍 1 萬 410 人。
　　請參閱：防衛庁防衛研修所戰史室，《関東軍（1）―対ソ戰備・
　　ノモンハン事件―》（東京：朝雲新聞社，1983 年），頁 14-15。（以
　　下書名簡稱《関東軍（1）》）
49 1935 年間日本在滿洲與朝鮮的兵力有 5 個師團、飛機 220 架、戰
　　車 150 輛，遠東蘇軍有 14 個狙擊師團、飛機 950 架、戰車 850 輛。
　　該年 8 月新任參謀本部作戰課長的石原莞爾查看該課機密文件「帝
　　國陸軍作戰計畫」時，對於日本在滿兵力對於遠東蘇軍處於劣勢的
　　情況感到非常驚訝。請參閱：防衛庁防衛研修所戰史室，《関東軍
　　（1）》，頁 141-155；石原莞爾，「回想応答錄」，角田順編，《石
　　原莞爾資料―国防論策篇―》（東京：原書房，1978 年，增補版），
　　頁 434；川田稔，《石原莞爾の世界戰略構想》（東京：祥伝社，
　　2016 年），頁 169-170。

的要求下，蘇日滿三國代表自同年 6 月 26 日在東京正
式展開談判。[50] 最後，蘇聯駐日全權代表暨談判代表尤
列涅夫（K. K. Iurenev, 1888-1938）等人，於 1935 年 3
月 23 日與滿洲國代表丁士源（1879-1945）、大橋忠一
簽訂協定，將中東鐵路出售予滿洲國。協定明定出售價
款為 1 億 4,000 萬日元，未及蘇聯核定投資費用的十分
之一，亦不到蘇聯最初報價的四分之一。[51]

　　蘇聯在出售中東鐵路交涉上的重大讓步，學者楊
奎松認為是希特勒領導的納粹黨（Nationalsozialistische
Deutsche Arbeiterpartei，亦稱國家社會主義德國工人
黨，簡稱國社黨）於 1933 年 1 月底取得德國政權後即
積極重整軍備，而希特勒係為激進的反共產主義者。蘇
聯在面臨西方可能的強大潛在敵人，希望在東方緩和與
日本的關係，「因為法西斯德國的崛起遠比日本在遠東
的威脅對蘇聯嚴峻的多，聯共（布）中央迅速開始調整
其外交政策」。[52]

　　不過，學者麻田雅文則指出，在此種國際背景下
「促使蘇聯妥協讓步的最大原因，在於與日本爆發戰
爭的恐懼」。[53] 就在蘇聯正式通知日本出售鐵路後兩週

50 〈中東路賣買交涉　俄偽會議開始〉，《申報》，上海，1933 年 6
月 27 日，版 7。

51 富田武，《戰間期の日ソ関係（1917-1937）》，頁 92-103；李凡，
《日蘇關係史（1917-1991）》，頁 76-80。

52 楊奎松，〈難以確定的對手（1917-1949）〉，收入沈志華主編，
《中蘇關係史綱（1917-1991）》（北京：新華出版社，2007 年），
頁 49。

53 麻田雅文，《滿蒙：日露中の「最前線」》（東京：講談社，
2014 年），頁 222。

的 1933 年 5 月 17 日，加拉罕致函尤列涅夫指出，在面臨日本陸相荒木貞一等人主張對蘇開戰的情勢下，期望藉由提議出售中東鐵路，讓戰爭支持者失去立場。[54] 此外，美國駐日大使格魯（Joseph C. Grew, 1880-1965）1934 年 2 月 8 日日記載稱：「蘇日間常有開戰的可能，於是大部分消息靈通的人士一直感到不安。除各種挑釁事件而外，這一仗也許還會在1935 年就爆發。」[55] 3月 9 日，格魯與尤列涅夫談論出售中東鐵路談判的進展，尤列涅夫認為：「如果出售鐵路一事不能達成協定，這個事實就將是一個重要信號，表明日本人意在求戰，並將以談判失敗作為藉口，使日本輿論確信有理由進行這場戰爭。」[56] 此外，蘇聯駐華全權代表鮑格莫洛夫於 6 月初與日本駐北平使館書記官若杉要（1883-1943）會談也指出：「最近在蘇滿國境及西伯利亞方面發生諸多不幸事件。考量到此事將有害於日蘇兩國和平，若能解決北滿鐵路的讓渡問題，自然能恢復兩國親善關係的常軌。」[57] 故而雖然蘇聯同時面臨東西方來自日德兩國的壓迫，但就情勢而言，似乎此刻東方局面較為緊繃，因此不得不讓步以促成出售鐵路的協定。

54 麻田雅文，《滿蒙：日露中の「最前線」》，頁 222。

55 約瑟夫‧C‧格魯（Joseph C. Grew）著，沙青青譯，《使日十年——1932～1942 年美國駐日大使約瑟夫‧C‧格魯的日記及公私文件摘錄》（北京：社會科學文獻出版社，2020 年），頁 142-143。

56 約瑟夫‧C‧格魯著，沙青青譯，《使日十年——1932～1942 年美國駐日大使約瑟夫‧C‧格魯的日記及公私文件摘錄》，頁 149。

57 「若杉要より廣田弘毅宛第 243 号の 2 電」（1934 年 6 月 2 日），〈蘇支通商条約関係一件〉，《戰前期外務省記錄》，JACAR Ref. B04013664100。

　　然而，蘇聯決定讓步以促成出售中東鐵路協定，除了上述國際情勢與蘇聯避戰因素之外，以上論述均忽略了最重要的前提，即蘇聯遲遲未能取得與日本締結互不侵犯條約的目的。1932 年 8 月 29 日，廣田弘毅正式向蘇聯提出購路要求，次月 6 日，加拉罕答覆原則上考慮售路的可能性。不過，蘇聯方面卻拖延八個月後的 1933 年 5 月 2 日才正式通知日本同意出售鐵路。雖然學者富田武認為所謂「原則上」，恐怕是蘇聯顧慮與中國政府的關係。[58] 事實上，蘇聯正式通知出售的時機正是1933 年初蘇日兩國以外交節略爭論締約的意義之後，亦是蘇聯未再向日本提議締約的時間點，也是「聯共（布）迅速開始調整其外交政策」之時。至於蘇日兩國交涉近兩年的中東鐵路買賣談判，最後蘇聯於 1935 年春讓步而完成協議，其原因確如格魯於 1934 年 2 月指出，日俄之戰有可能在 1935 年開啟。同年 3 月 9 日，格魯亦曾對尤列涅夫表示：「東京的外國軍事專家大都認為，日本陸軍的戰鬥力將在 1935 年達到頂點。如果他們想打，1935 年春季將是最有可能發動進攻的時刻。」[59]

　　可知，蘇聯同意讓步而售路最主要原因是蘇聯於 1933 年初認知到多年來向日本提議締約的目的難於短期內達成，不得不調整對日外交策略。同時隨著日本陸軍戰力將在 1935 年達到最強盛之時，發動對蘇戰爭可能性將大為提升，故而此刻蘇聯期望「以使此舉暫時起

58 富田武，《戰間期の日ソ関係（1917-1937）》，頁 93。
59 約瑟夫・C・格魯著，沙青青譯，《使日十年——1932～1942 年美國駐日大使約瑟夫・C・格魯的日記及公私文件摘錄》，頁 150-151。

到蘇日互不侵犯條約的作用」。[60]

　　不過，蘇日關係因中東鐵路買賣而改善的友好蜜月期僅維持數月，1935 年下半年兩國關係即開始惡化。該年 7 月至 8 月間，共產國際在莫斯科召開第七次代表大會。會議結束前夕，蘇聯共產黨中央委員會機關報《真理報》發表社論，指出「德國法西斯和日本軍國主義者正在準備反對蘇聯的反革命戰爭」，因應之道「在於布爾什維克反對戰爭的鬥爭，在於把無產階級和勞動群眾的力量團結起來，在於組織起最廣泛的反對戰爭、反對法西斯的人民戰線」。[61]日本方面對此次共產國際大會的觀察，則特別注意到會中決議為了對抗帝國主義，聯合統一戰線以擁護和平與蘇聯，並以德國、日本以及波蘭作為主要目標等內容。[62]

　　另一方面，日本在華日軍亦於 1935 年策動華北事件與推動華北自治運動，並成立冀東防共自治委員會。尤列涅夫和鮑格莫洛夫等人均認為日本積極地在華北行動，是軍部激進派為了確保對蘇開戰時的戰略要地。[63]12 月 9 日，鮑格莫洛夫致電蘇聯外交人民委員部表示：「冀東防共自治政府的籌建，無疑說明新的北平自治政

60 「蘇聯與日滿關於售買中東鐵路談判前的磋商」（1933 年 5-6 月），李嘉谷編，《中蘇國家關係史資料匯編（1933-1945）》（北京：社會科學文獻出版社，1997 年），頁 1。

61 「爭取和平（《真理報》社論）」（1935 年 8 月 19 日），中共中央黨史研究室第一研究部譯，《共產國際、聯共（布）與中國革命檔案資料叢書》（17）（北京：中共黨史出版社，2007 年），頁 213。

62 「コミンテルンの世界赤化政策の真相」，〈時局宣伝資料〉，《內閣文庫》，日本国立公文書館藏，JACAR Ref. A06031097200。

63 富田武，《戰間期の日ソ関係（1917-1937）》，頁 109。

府也將在同一口號下成立。尤其是最近從北平傳來消息，說日本人的要求之一是，『把爭取、締結和簽署日滿軍事聯盟和保證防止共產黨人向這個地區的滲透』的權力交給新建的華北政務委員會。」[64] 尤其是岡田啟介內閣於 10 月 4 日通過廣田三原則，並對中國表示以此作為兩國調整國交的必要條件。其中共同防共原則意指防衛蘇聯，也意味著日本根本上並不試圖改善日蘇的緊張關係，而是採取與中國合作防共的方式，在外交與軍事上牽制蘇聯。[65]

上述日蘇兩國在 1935 年間的各種活動，可謂完全抵消蘇聯方面寄望中東鐵路買賣以緩和兩國關係的效果。加上滿洲國與蘇聯的國境紛爭，自 1931 年九一八事變至 1934 年的兩年半間約有 152 件，大部分僅是少數人越境或手槍互擊等輕微事件，但在 1935 年即迅速增加為 136 件，1936 年更是激增為 203 件，而且糾紛規模擴大成集團式的衝突事件。[66] 國境紛爭同樣自 1935 年突然暴增，也顯示日蘇關係自該年起急速惡化。

四、德日「防共協定」對蘇聯的衝擊

在日蘇關係已然低盪之際，日本進一步於 1936 年

---

64 「鮑格莫洛夫給蘇聯外交人員委員部電報」（1935 年 12 月 9 日），李玉貞譯，〈《中蘇外交文件》選譯〉（上），章伯鋒主編，《近代史資料》，總 79 號（北京：中國社會科學出版社，1991 年），頁 223。

65 戶部良一，〈日本の対ソ政策——日ソ不侵略条約問題を中心として〉，頁 258。

66 島田俊彥，《関東軍：在満陸軍の独走》（東京：講談社，2005 年，第 5 刷），頁 163-164。

11 月 25 日與德國簽訂德日「防共協定」，相關文件包
含公開的協定正文與附屬議定書，以及未公開的秘密附
屬議定書。公開的文件以共產國際為目標，略為規定締
約國「密切合作交換有關共產國際活動之情報」等，但
秘密附屬議定書則直言以蘇聯為防禦對象，載明締約國
遭受蘇聯攻擊或威脅，則另一方締約國不採取減輕蘇聯
負責效果的措施，以及未得對方同意，不得與蘇聯簽訂
違背本協定精神的政治條約。[67] 日本外務省於締約當日
發表聲明，略謂「本協定之目的，僅在共同防禦共產國
際」，「本協定之宗旨，即在此一端也。本協定背後
並無任何他種協定，蓋日本政府不欲成立或參加任何
特別國際集團也，再本協定非對付蘇聯或其他任何一
國者云」。[68]

　　雖然日本方面極力否認密約的存在，但不為世界
各國，尤其是蘇聯所採信。首先，有關德日締結聯盟
密約的傳聞，早於 1934 年初因「海耶事件」[69] 而瀰漫
於國際輿論之間。1934 年 6 月 5 日，駐德公使劉崇傑
致電外交部表示：「蘇俄方面消息，德日對蘇俄有密
契。經向各方探詢，未能證實。」[70] 顯示蘇聯在傳聞

---

67 「共産『インターナショナル』に対する日独協定」（1936 年 11
　　月 25 日），外務省編纂，《日本外交年表竝主要文書》（下），
　　頁 352-354。

68 外務省歐亞局，「昭和十一年度執務報告」（1936 年 12 月 1 日），
　　〈執務報告：昭和十一度歐亞局第一課（1936 年）〉，《戰前期
　　外務省記録》，JACAR Ref. B10070097200；〈日外務省宣言〉，
　　《申報》，上海，1936 年 11 月 26 日，版 6。

69 有關德國商人海耶開展德滿貿易的詳細經過，請參閱本書第二章
　　第三節註 130。

70 「外交部總務司致蔣介石魚電」（1934 年 6 月 6 日），〈特交文電

初始即非常關注德日接近的謠言。其次，德日兩國其
實是在 1935 年 9 月間才開始接觸洽談締結協定的可能
性，[71] 德國於 11 月擬定草案，命名為「反共產國際協
定」，而非軍事同盟或互不侵犯條約等形式，不過，德
日兩國暗地則是明確以防範蘇聯為目的而展開交涉。[72]
蘇聯方面於同年12 月間即已偵獲相關情報，並透過倫
敦電訊揭露德日談判締結軍事密約共同防蘇的消息，指
出「此番日德共有二約，一為軍事密約；一為對付共產
國際之公開協定，其動機均出諸希特勒。」[73]

　　1936 年 10 月 23 日，德日交涉結束，雙方確定協
定內容。日本樞密院審查委員會於 11 月 13 日至 18 日
審查協定案，25 日該院會議決議通過並由日本駐德大
使武者小路公共（1882-1962）與德國駐英大使里賓特
洛甫在柏林簽署。[74] 日本對德推動的防共外交，表面上
是以共產國際為目標的防共概念，秘密附屬議定書則包
含蘇聯。不過，不論是何者均令蘇聯難以接受，尤其是

　　—對英法德義關係（六）〉，《蔣檔》：002-090103-00016-038。

71 田嶋信雄，《ナチズム極東戰略：日独防共協定を巡る諜報戰》（東
　　京：講談社，2001 年，第 2 刷），頁 69-70。

72 三宅正樹，《近代ユーラシア外交史論集：日露独中の接近と抗
　　争》（東京：千倉書房，2015 年），頁 131-133；田嶋信雄，《ナ
　　チズム極東戰略：日独防共協定を巡る諜報戰》，頁 63-64。

73 〈以反共為烟幕 日德商締密約 軍事互助共同防俄 倫敦政界深切
　　注意〉，《申報》，上海，1935 年 12 月 31 日，版 6。

74 外務省欧亜局，「昭和十一年度執務報告」（1936 年 12 月 1 日），
　　〈執務報告：昭和十一度欧亜局第一課（1936 年）〉，JACAR Ref.
　　B10070097200；大畑篤四郎，〈日独防共協定・同強化問題〉，日
　　本国際政治学会・太平洋戦争原因研究部編，《太平洋戦争への道
　　（5）：三国同盟・日ソ中立条約》（東京：朝日新聞社，1963 年），
　　頁 23-31；上村伸一，《日本外交史（19）：日華事変（上）》（東
　　京：鹿島研究所出版会，1971 年），頁 184-188。

蘇聯早已偵得密約的防共對象。因此簽署前的 11 月 19 日，尤列涅夫拜會日本外相有田八郎表達蘇聯政府的態度，聲明「此項反共產主義協定，當不過係另一日德協定之假面具，而該協定將不被公佈，其目的乃係共同對待第三國」。尤列涅夫並在會面結束前表示：「此項協定將嚴重妨害蘇日邦交。」[75]

　　駐蘇大使蔣廷黻亦於同日拜會李維諾夫，據李維諾夫面告：「約有兩種：一公約將公布，內容僅定反對共產主義；一密約，內分兩款：（甲）兩國軍事協助，以對某第三國、（乙）兩國不與此第三國訂任何根本妥協條約云云。」[76] 密約條款所云「第三國」意指蘇聯，且內容與未公開的德日「防共協定」秘密議定書意旨大致相同，證明蘇聯在德日正式締結協定之前即已偵知秘密議定書內容，除了顯示蘇聯情報能力的高水準，同時也表明蘇聯甚為關注德日聯合抗蘇的舉動。11 月 22 日，尤列涅夫致函蘇聯外交委員會副委員長斯多蒙涅可夫（B. S. Stomoniakov, ?-?），認為德日「防共協定」葬送了蘇日互不侵犯條約。次年 1 月 21 日，斯多蒙涅可夫回信指出，該協定嚴重打擊蘇日關係，在未來戰爭發生前的期間，對日關係的調整將會很困難。[77]

---

75 〈德日協定事件　俄不滿日解釋　國內共產主義　何須他國鎮壓〉，《申報》，上海，1936 年 11 月 22 日，版 7。

76 「蔣廷黻與李維諾夫談話記錄」（1936 年 11 月 19 日），第二歷史檔案館編，〈駐蘇大使蔣廷黻與蘇聯外交官員會談紀錄〉，《民國檔案》，1989 年第 4 期，頁 22；「外交部致許世英第 544 號電」（1936 年 11 月 23 日），〈日德協定〉，《外交部檔案（國）》：020-010102-0165，頁 57。

77 尤列涅夫認為德日「防共協定」實質上並未改變德日兩國與蘇聯的

　　雖然蘇聯自 1933 年即未再向日本提出互不侵犯條
約案，但仍寄望以出賣中東鐵路的方式緩和蘇日關係。
然而，德日「防共協定」一事不僅讓蘇聯在戰前徹底放
棄與日本締結互不侵犯條約，亦已感到在國際情勢未因
戰爭發生鉅變之前，恐難以調整蘇日關係。故而當蘇聯
與滿洲國因爭奪黑龍江上的乾岔子島和金阿穆河島主權
的國境紛爭問題，於 1937 年 6 月 19 日爆發「乾岔子島
事件」，兩週後蘇軍即在日本的抗議下於 7 月 4 日撤兵
而結束衝突。[78] 蘇軍在此事件迅速撤兵的動作，再次突
顯出蘇聯對日的綏靖態度，結果影響日軍在三日後盧溝
橋事變時的對蘇情勢判斷，樂觀地認為蘇聯不會於此時
介入中日糾紛。關東軍司令官植田謙吉（1875-1962）
和朝鮮軍參謀長久納誠一（1887-1962）即依據此種研
判而分別致電東京參謀總長，均表示已經準備隨時可以
對華北出動部隊。[79]

關係，但就放棄締結蘇日互不侵犯條約一事而言是好的結果。惟斯
多蒙涅可夫函覆表示不認同尤列涅夫的前項觀點，認為德日締約對
於蘇日關係造對極深刻的影響。不過，信函內容並未提及蘇日互不
侵犯約之事。請參閱：「ソ連外務人民委員部次官 B. S. スモトニ
ャコフより駐日ソ連全權代表 K. K. ユレーネフ宛書簡」（1937 年
1 月 21 日），河原地英武、平野達志譯著，家近亮子、川島真、
岩谷將監修，《日中戰爭と中ソ関係──1937 年ソ連外交文書邦
訳・解題・解說》（東京：東京大学出版会，2018 年），文書 5 註
48，頁 25-26。

78 中西治，〈関東軍と日ソ対決〉，收入三宅正樹、秦郁彦編集，《昭
和史の軍部と政治 2：大陸侵攻と戰時体制》（東京：第一法規，
1983 年），頁 134-135；島田俊彦，《関東軍：在満陸軍の独走》，
頁 164-165。

79 「西村敏雄回想録」，小林龍夫、稲葉正夫解說，《現代史資料
（12）：日中戰爭（4）》（東京：みすず書房，1978 年，第 4 刷），
頁 461-462。

可知，由於日本對蘇聯的世界共產主義政策有所疑慮，並於 1935 年制定廣田三原則後推動防共外交，一再堅拒與蘇聯締結互不侵犯條約的態度，迫使蘇聯在戰前對日採取綏靖政策，亦致使中日因盧溝橋事變爆發衝突後關東軍與朝鮮軍主張積極的出兵措施，助長東京內部主張派兵華北以擴大事態的聲勢。或許可以說，蘇聯的對日綏靖政策，亦是間接上促成事變擴大成中日全面戰爭的國際背景因素之一。

第二節　中蘇復交的交涉

一、復交的分歧

中國國民黨與蘇聯的關係在北伐期間因 1927 年 4 月清黨開始惡化，國民政府遷都南京後，於同年 12 月 14 日以蘇聯支持操縱中共發動廣州武裝暴動為由頒布「斷絕俄交令」，撤銷駐各省蘇聯領事的承認；[80] 蘇聯

---

80 自 1927 年 4 月國民黨於上海實施清黨，以及 7 月武漢國民政府分共並進行寧漢合流後，蘇聯即改變對國民黨妥協方針，轉而支持中共發動武裝暴動。11 月，中共在共產國際代表的參與下，策動一系列的武裝暴動，包括 12 月 11 日的廣州暴動，然而均以失敗作收。12 月 14 日，南京國民政府通令：「查國民政府統治下各省之蘇維領事館及其國營商業機關，恆為宣傳赤化、藏匿共黨之所。」「本月十一日廣東事變驟起」，「究厥原因，皆由共產黨藉蘇俄領事館及其國營商業機關為發蹤指示之地，逆致釀成劇變，勢若燎原。」「本政府為維持治安，預防滋蔓起見」，「應即將駐在各省之蘇維埃社會聯邦共和國領事一律撤銷承認，所有各省之蘇俄國營商業機關應一併勒令停止營業，以杜亂源而便澈究。」請參見：「國民政府令」（1927 年 12 月 14 日），〈中俄絕交〉，《國民政府檔案》：001-062013-00001-001。

方面也於1929年7月因中東路事件而宣布與中國斷交，可以說北伐結束前夕雙方已無實質外交關係。此後中蘇兩國以解決中東路事件為契機，曾於 1930 年 10 月 11 日至 1931 年 10 月 7 日期間舉行莫斯科會議，中國派遣全權代表莫德惠（1883-1968）前往談判中東鐵路問題、中蘇復交與中蘇通商等案，[81] 只是歷經二十五次會談對於中東路問題遲未有頭緒，有關復交與通商之議案均未觸及，遑論附帶復交條件。

　　1931 年九一八事變，中國為了因應事變成立特種外交委員會（以下簡稱「特委會」）。9 月 30 日，特委會首次會議即著重討論對蘇復交問題，主席戴傳賢裁示指出，「對俄復交事可進行，但不必立即實行，以保留與歐美交涉之作用，並為有條件之交涉」。至於「對俄復交之條件，本人研究所及有應注意者：（一）對蒙古問題、（二）對中東路問題、（三）對共產黨問題──此問題又可分兩點：（1）過去外交機關包庇共黨之事實，今後不可再有，並須有切實之保證、（2）對共黨不可有各種物質及精神上之援助，第三國際之行動蘇俄政府須負其責」。至於「在方法上不可更引起日本

---

81 中東路事件後，中國東北當局派遣代表蔡運升與蘇方代表西曼諾夫斯基商議臨時解決中東路糾紛，然而蔡運升卻於 1929 年 12 月 22 日擅權簽訂有辱國權之「伯力條約」。國民政府為處理此問題，乃於 1930 年 2 月 12 日派遣莫德惠為全權代表前往蘇聯參加莫斯科會議進行談判。同年 7 月，國民黨中央政治會議第 236 次會議決議通過莫德惠「對於中東路、通商及復交問題有討論簽字之權，惟所簽訂諸件須經政府批准方生效力」。請參見：「國民政府為中蘇會議事致行政院密令」（1930 年 7 月 25 日），中國第二歷史檔案館編，《中華民國史檔案資料匯編》，第五輯第一編：外交（二）（南京：江蘇古籍出版社，1994 年），頁 1403。

之恐怖，及失英美之同情」。[82] 可知，此刻中國延續中蘇斷交以來以蘇聯與中共為對象的防共想法，同時也注意到歐美的反蘇情感。

　　雖然特委會因為中日關係惡化而討論對蘇復交問題，但主要在於將之作為與歐美交涉之目的，尚未進一步涉及結盟的議題。戴傳賢所提復交條件，特別是蘇聯包庇與援助中共問題，即為 1927 年「斷絕俄交令」的原因，無關乎是否聯蘇的問題，而且在方法上，也是著重於中國與國際關係的視角，強調日本反應與歐美態度。

　　1932 年 1 月 10 日，短暫下野的蔣介石聽聞孫科內閣外交部長陳友仁（1878-1944）主張對日絕交以引起歐美注意一事，致電軍政部長何應欽、參謀總長朱培德（1889-1937）與國民黨中央常務委員陳果夫（1892-1951）稱：「如對日絕交，即不得不對俄復交。」「以對俄復交，則列強對我不但不助，而且反而助日本。」[83] 此外，孔祥熙在 3 月 1 日回覆蔣介石詢問對蘇復交意見時也表示：「俄與日是否已有秘密諒解？且歐美方面，我方亦須顧慮，勿失同情，尤應注意美國。」「如我果與俄復交，能先得其諒解最好。」[84] 蔣介石的

82 「中央政治會議特種外交委員會第一次會議紀錄」（1931 年 9 月 30 日），劉維開編輯，《國民政府處理九一八事變之重要文獻》（臺北：中國國民黨中央委員會黨史委員會，1992 年），頁 6-8。
83 「蔣介石致何應欽朱培德陳果夫灰電」（1932 年 1 月 10 日），〈革命文獻－蔣主席下野與再起〉，《蔣檔》：002-020200-00014-040。
84 「孔祥熙致蔣介石東電」（1932 年 3 月 1 日），〈特交文電－淞滬事件（二）〉，《蔣檔》：002-090200-00006-146。

觀點主要是認為對蘇復交將失去西方列強支持，此項意見與財政部長孔祥熙的看法相同。可知，九一八事變初期，孔祥熙與蔣介石對於中蘇復交問題的顧慮，仍舊不出戴傳賢強調不失英美同情的態度，說明此時蔣介石等人對蘇方針係採取「一邊防止中蘇關係繼續惡化；一邊堅持對蘇回避態度」，[85] 以免失英美之同情。

隨著中國對於國際聯盟處理九一八事變的失望，以及一二八事變爆發，致使中國社會輿論對於蘇聯的期望高漲。1932 年 3 月 1 日，南京路透社電訊指出：「對俄復交之說，在中國一般民眾中已宣傳四月，以為世界不援助中國以抗日本武裝侵略，則中國唯一途徑，惟有與蘇俄攜手而已。」[86] 此外，1932 年 1 月底辭去行政院長的孫科順應此種民意輿情而改變對蘇態度，於 4 月 24 日提出「抗日救國綱領」草案，次日邀請各報記者暢談綱領內容，對於中國外交方針指出：「中國在此時，自應觀察最近國際情形，而實行與美國及蘇俄等相聯絡。」[87]

相較於社會輿論高度冀望中蘇復交，中國官方則因為 1932 年 5 月簽訂中日「上海停戰協定」，結束一二八事變的衝突，謀思直接緩和中日關係，認為中蘇復交問題似已無急迫性。然而，滯留莫斯科交涉中東鐵路等問題的中國代表團代理首席代表王曾思（?-?）卻

---

85 鹿錫俊，〈1932 年中國對蘇復交的決策過程〉，《近代史研究》，2001 年第 1 期（2001 年 1 月），頁 33。
86 〈外委會 討論對俄復交〉，《申報》，上海，1932 年 3 月 2 日，版 2。
87 〈孫科招待報界〉，《申報》，上海，1932 年 4 月 26 日，版 1。

在同月初旬屢電外交部，陳述代表團遭到蘇聯冷漠對待
的情事，並研判蘇聯態度除了似因畏懼日本外，也有期
盼與中國復交之意，同時認為防共工作屬於內政問題，
與復交無涉。5 月 6 日，外交部長羅文榦在招待報界記
者發表談話指出，「蘇聯近對我駐俄會議代表團禮儀殊
為遺憾」，對於蘇聯「有承認〔滿洲國〕傀儡政府為事
務接洽對方之意」感到憂心，但也表示外交部對於中蘇
復交問題早已研究，並且「聞俄方亦頗有希我復交之
意」。[88] 行政院據此於同月 11 日決議通過「準備對俄
復交」，「提請中央政治會議決定」。[89]

　　國民黨中央政治會議推派朱家驊和邵元冲等人，與
外交組開會討論中蘇復交案，「眾意復交事可進行，
但辦法及程序宜妥籌再定」，[90] 因為此時復交有兩項顧
慮：一是英美法義等國以為中國與蘇聯攜手，東亞情形
驟變，致使對中國「漸失其同情」；二是引起日本宣傳
蘇聯有供應中國軍火，「藉以促進日蘇之衝突，而令
歐美各國信日方之擴大亞戰局，為防止中蘇之聯合挑
戰」。據此提出兩種復交途徑：一為「與蘇聯政府互換
照會，即時恢復使領關係」；二為「不用復交形式，而
徑與蘇聯締結互不侵犯條約，該約一經簽訂，兩國邦交

88　〈羅文榦 發表外交談話〉，《申報》，上海，1932 年 5 月 7 日，
　　版 6；〈外羅報告經過〉，《中央日報》，南京，1932 年 5 月 7 日，
　　張 1 版 2。

89　〈中蘇復交問題方案〉（1932 年 5 月），《政治檔案》：政
　　1/36.2。

90　邵元冲著，王仰清、許映湖標注，《邵元冲日記》（上海：上海
　　人民出版社，1990 年），1932 年 5 月 19 日，頁 868。

當然恢復」。其中強調後項方式優點在於該約與「非戰公約」以及國聯盟約精神相符，易於獲歐美理解，以及可適時於該約內加入保障中國的外蒙主權與禁止蘇聯在中國境內宣傳共產或陰謀活動等內容。[91] 6 月 6 日，中央政治會議召開第 313 次會議，決定「不用復交形式，而逕與蘇聯締結互不侵犯條約」，自然恢復兩國邦交。[92]

　　對於中蘇復交事，羅文榦與報界記者談話透露出他憂慮的主要是蘇聯承認滿洲國的外交問題，同時也似乎認同王曾思指稱防共工作為內政問題。至於中央政治會議方面的顧慮，以及決定以簽訂互不侵犯條約途徑恢復邦交，顯示出仍舊不脫「斷絕俄交令」與戴傳賢主張應注意事項的思維，並且此時提出締約的構想也尚無涉及結盟等目的。

　　6 月 21 日，中國「逕行訂約自然復交」意向，經由出席日內瓦國際裁軍會議的中國代表顏惠慶傳達予代表蘇聯出席的外交人民委員李維諾夫。[93] 同月 29 日，在莫斯科的王曾思也與蘇聯東方司長科茲洛夫斯基會晤，就「中國政府願與蘇聯簽署互不侵犯條約和恢復中蘇關係一事交換了意見」。[94] 然而，李維諾夫於 7 月 6

91　〈中蘇復交問題方案〉（1932 年 5 月），《政治檔案》：政 1/36.2。

92　〈中俄復交案〉（1932 年 6 月），《政治檔案》：政 1/36。

93　顏惠慶著，上海市檔案館譯，《顏惠慶日記》，第二卷（上海：中國檔案出版社，1996 年），1932 年 6 月 21 日，頁 666。

94　「王曾思與科茲洛夫斯基的談話」（1932 年 7 月 1 日），李玉貞譯，〈《中蘇外交文件》選譯〉（上），頁 198。

日函覆顏惠慶，表示蘇聯願與中國無條件復交，並在恢復外交關係後，「將準備著手討論同中華民國締結互不侵犯條約的問題」。[95] 可以說中國的訂約即復交的跳躍式構想直接遭到蘇聯拒絕。

7月8日，行政院召開秘密會議，眾人皆主張立即無條件復交，並於會後由行政院長汪精衛與羅文榦分別電詢蔣介石意見。汪精衛電稱：「今晨行政院秘密會議討論此事，皆主張即行復交。前在牯嶺談話，尊意以為不宜由我方表示渴望。現李維諾夫既有蘇俄準備復交之聲明，則情勢既有變遷。尊意如何？」[96] 羅文榦則先說明科茲洛夫斯基與李維諾夫表明蘇聯的態度，即「在正式復交前，諸事均難進行」，但「蘇聯準備一俟外交關係恢復後，即行討論不侵犯條約」。其次，指出「近日日方自內田〔康哉〕就職〔外相〕後，頗有先與蘇聯接近之趨勢，而對於我方計劃之進行，故為不利之宣傳，從中搗亂」。最後，表明「經此間〔汪〕精衛先與諸同仁商酌後，認為俄事以從速解決為上策。擬即電令顏〔惠慶〕代表與李維諾夫在日內瓦先行進行復交手續，再商其他。再尊意為何？請即裁奪密示為禱」。[97] 翌日，蔣介石覆電二人：「對俄交涉，請照原定方針，以

---

95 「李維諾夫致顏惠慶的信」（1932年7月6日），李玉貞譯，〈《中蘇外交文件》選譯〉（上），頁199。

96 「汪精衛致蔣介石庚電」（1932年7月8日），〈特交文電—俄帝侵華罪行（三）〉，《蔣檔》：002-090400-00006-456。

97 「羅文榦致蔣介石齊電」（1932年7月8日），〈特交文電—俄帝侵華罪行（三）〉，《蔣檔》：002-090400-00006-449。

能否先訂互不侵犯條約為標準。」[98] 24 日，蔣介石在牯嶺與國民政府主席林森（1868-1943）面談對蘇復交事，「彼亦主張從緩」。[99] 蔣介石於次日將林森意見轉知汪精衛，謂：「對俄復交，現時如無必要，總以暫緩為宜。否則無條件復交以前，對於互不侵犯條約及限制使領宣傳等事，務須事前有一確切協商，方不為其所欺。」[100]

蔣介石曾於 8 月 5 日覆電張學良說明中蘇復交的立場與條件：「一、禁止宣傳共產；二、須互訂不侵犯條約；三俄允派員來華簽約，並解決各項懸案。」[101] 同時也曾於 9 月 2 日與羅文榦商談對蘇復交事，見其所擬條約草稿後，仍主張不能訂約，因「以余之目的，乃在外蒙問題能在不侵犯條約中解決。如不列此條，則於我只有害無利也」。[102] 蔣介石的復交條件透露出仍然不脫顧慮蘇聯利用共產意識型態侵華，其實是 1927 年「斷絕俄交令」以來的一貫思維，不僅試圖藉由與蘇聯簽訂互不侵犯條約以取得保證，同時也冀望得以解決外蒙問題。至於中共問題，蔣介石在 1932 年 8 月 30 日即

---

98 「蔣介石致汪精衛佳機電」（1932 年 7 月 9 日）、「蔣介石致羅文榦蒸機電」（1932 年 7 月 9 日），〈特交文電—俄帝侵華罪行（三）〉，《蔣檔》：002-090400-00006-456、002-090400-00006-457。

99 《蔣介石日記》（手稿），1932 年 7 月 24 日。

100 「蔣介石致汪精衛有巳電」（1932 年 7 月 25 日），〈革命文獻—黨政外交〉，《蔣檔》：002-020200-00032-051。

101 「蔣介石致張學良張羣微秘電」（1932 年 8 月 5 日），〈特交文電—俄帝侵華罪行（一）〉，《蔣檔》：002-090400-00004-034。

102 《蔣介石日記》（手稿），1932 年 9 月 2 日。

指出「對俄，先滅赤匪後准復交」，[103] 印證前述防蘇思維根植其心中，中共問題並非中蘇復交的交涉議題。

在對日問題方面，蔣介石於同年 1 月下旬已考量「對日問題決定緩和」，即使一二八事變爆發，仍「主張滬事和緩，勿使擴大，以保國家元氣」。5 月中日簽訂「淞滬停戰協定」後，以為「外交或有進展，方針應確定」，決定「對日，力求緩和，積極準備抵抗」。[104] 故而早已透過黃郛與駐日公使蔣作賓，分別暗中聯絡日本相關政軍人士，以期化解兩國糾紛，甚至阻止日本承認滿洲國。[105] 結果在蔣介石自力剿滅中共與對蘇日進行雙線外交情況下，中蘇復交一事自無絕對的急迫性。

未久，卻因阻止日本承認滿洲國的外交失敗，反而促成對蘇復交進程。1932 年 9 月 15 日，日本與滿洲國簽訂「日滿議定書」，[106] 正式承認該國。在此前一週的 9 月 7 日，外交部致電蔣介石，轉報駐日公使蔣作賓來電稱：「〔日本〕閣議已決定非公式承認〔滿洲國〕

103　《蔣介石日記》（手稿），1932 年 8 月 30 日。

104　《蔣介石日記》（手稿），1932 年 1 月 23 日、2 月 13 日、5 月 5 日、8 月 30 日。

105　相關詳請參閱：李君山，《蔣中正與中日開戰（1935-1938）：國民政府之外交準備與策略運用》（臺北：政大出版社，2017 年），頁 44-48。另外，駐日公使蔣作賓在日本的活動，亦可參見 1932 年 8 月 24 日致電蔣介石表示：「此間空氣漸趨和緩，亦不能過求急進，賓尚向各方活動」，「賓意總求其能取消偽組織，始便於商議其他。」見「蔣作賓致蔣介石敬電」（1932 年 8 月 24 日），〈特交文電—迭肇事端（二）〉，《蔣檔》：002-090200-00015-074。

106　「日滿議定書」，小林龍夫、島田俊彥解說，《現代史資料（7）：滿洲事變》（東京：みすず書房，1964 年），頁 497。

之手續，俟奏明日皇後交由武藤〔信義〕辦理。」[107] 8日，參謀本部參謀次長賀耀組也轉報駐日武官楊宣誠（1890-1962）來電稱：日本政府「準備承認滿洲手續業經完備，不日正式決行之意。報紙宣傳承認時期約在十五日前後。」[108] 另外，對蘇外交方面，羅文榦於同月 8 日來電指出，接駐英公使郭泰祺來電稱：「美國無論今冬之選舉結果如何，將承認俄國。祺意以早日與蘇俄復交為宜。」電文末羅文榦也表示：「與俄復交一節，前已面陳利害。此事總不宜落在美方之後。」[109] 次日，羅文榦致函軍事委員會秘書長楊永泰（1880-1936）稱：「日方現更宣傳俄將承認滿州國，僅此情形，我方遲慢，若在日方後，勢將喪失機會。」「中俄復交問題，應以滿州問題利害為衡。刻時機急切，務乞兄在蔣〔介石〕先生前說明一切。國際情形千變萬化，宜稍予外部及在外代表以相當酌量權限。」[110] 該件信函印證前述指出羅文榦對於中蘇復交事著重於滿洲國的外交問題。

雖然蔣介石認為「日本既一手創造偽國，則承認問題早晚必即實現」，[111] 但仍為此事感到憤慨，故於

---

107 「外交部致蔣介石虞電」（1932 年 9 月 7 日），〈特交檔案—民國二十一年（二）〉，《蔣檔》：002-080200-00054-007。

108 「賀耀組致蔣介石齊電」（1932 年 9 月 8 日），〈特交檔案—民國二十一年（三）〉，《蔣檔》：002-080200-00055-006。

109 「羅文榦致蔣介石齊電」（1932 年 9 月 8 日），〈特交檔案—民國二十一年（三）〉，《蔣檔》：002-080200-00055-005。

110 「羅文榦致楊永泰函」（1932 年 9 月 9 日），〈特交檔案—黨國先進書翰（一）〉，《蔣檔》：002-080200-00619-061。

111 「蔣介石致羅文榦庚秘電」（1932 年 9 月 8 日），〈特交文電—潘

9月9日晨得知郭泰祺來電告知美國將承認蘇聯的訊息後，乃覆電羅文榦：「對俄復交，不妨進行。」[112] 其實除了上述因素，在此前後滿洲國外交部總務司長大橋忠一與蘇聯方面洽商承認事宜，蘇聯在遲未能取得與日本締結互不侵犯條約情況下，亟思利用此契機達到與日本訂約目的。以上情勢迫使蔣介石不得不放棄中蘇先行締約的堅持，同意無條件復交，再行議約。

　　10月5日，國民黨中央政治會議第326次會議決議與蘇聯無條件復交，[113] 外交部電令顏惠慶與李維諾夫交涉。最後雙方在12月12日由顏惠慶和李維諾夫為代表在日內瓦換文，中蘇正式復交，同時在當地舉行記者會發表聲明與談話。[114]

二、中蘇共同防「中共」的擬議與蘇聯的中立條款

　　中蘇復交後，中國於1933年1月6日任命顏惠慶

　　陽事變（一）〉，《蔣檔》：002-090200-00003-233。

112　王正華編，《蔣中正總統檔案：事略稿本》，第16冊（臺北：國史館，2004年），頁316-317。

113　據出席該次中央政治會議的邵元冲指出：「羅外交部長提出中俄復交問題，討論良久，以此時國際環境，宜與俄從速復交，惟俄堅持先行無條件復交，決定准先行無條件復交。」可知，國際環境的情勢，迫使中國不得不盡速無條件與蘇聯復交。以上請參閱邵元冲著，王仰清、許映湖標注，《邵元冲日記》，1932年10月5日，頁914。

114　「外交部關於中蘇復交問題的報告」（1932年12月），中國第二歷史檔案館編，《中華民國史檔案資料匯編》，第五輯第一編：外交（二），頁1414；「李維諾夫就蘇中復交向記者的談話」（1932年12月12日），李玉貞譯，〈《中蘇外交文件》選譯〉（上），頁199-200。

為新任駐蘇大使。[115] 3 月 9 日，顏惠慶在莫斯科呈遞國書。同日，外交部訓令顏惠慶，向蘇聯提出 6 項要求，內容略為防止日軍攫取蘇聯在北滿權益、制止日軍干預蘇聯的中東路權利、拒絕承認滿洲國、中日在華北開戰之際給予物資援助、中日斷交時召回蘇聯駐東京大使、贊助對日之經濟制裁等，並「望中蘇美三國對中日糾紛全力合作」，同時也提出「我方欲與蘇方在此議訂互不侵犯條約及商約」。[116] 上述要求幾乎可謂為互助性質，若在外交部 6 項要求的基礎上再議定互不侵犯條約，可以說已經是聯蘇抗日的軍事同盟條約。

　　顏惠慶於 3 月 27 日拜會加拉罕，傳達外交部的期望。據蘇方會談紀錄史料所載，加拉罕謂：「從〔中日〕衝突伊始，我們執行的就是嚴格不干預遠東衝突和恪守中立的政策。」雖然表示蘇聯沒有承認滿洲國的打算，但拒絕撤銷已經同意滿洲國在蘇聯境內開設的五個領事館。有關若國聯各國決定召回東京大使一事，加拉罕拒絕奉告蘇聯政府的立場，表示「保持自由行動的權力」。顏惠慶詢問對於日軍將占領察哈爾，甚至進軍蒙古庫倫，蘇聯將取何種立場？加拉罕謂：「蒙古並非蘇聯領土」，難以回答此問題。過程中，加拉罕表示：「我國仍將執行一方面恪守中立，另一方面加強我國防

115　「國民政府令特任顏惠慶為駐蘇全權大使」（1933 年 1 月 6 日），〈駐外使領人員任免（六）〉，《國民政府檔案》：001-032133-00006-001。

116　「外交部致顏惠慶電」（1933 年 3 月 9 日），民國歷史文化學社編輯部，《近代中日關係史料彙編：九一八事變的發生與中國的反應》（臺北：民國歷史文化學社，2019 年），頁 93。

禦力量的政策。」並且明言指出：「我們不喜歡就我國
應該執行何種政策問題，聽取教誨。」「我們只知道一
點，我們的利益只能靠我們自身的力量來維護。」[117]

中文檔案方面，顏惠慶致電外交部的會談報告指
出，加拉罕告之蘇聯亦無承認滿洲國之意，只是對於滿
洲國派領問題，認為「允許在前，一時恐難取消。」關
於假若各國撤退駐日使節事，則是善意回應：「屆時當
加考量。」對於日軍預備進攻察哈爾事，則答稱：「如
果日本勢力擴充至外蒙，逼近俄界，決不坐視。」此
外，加拉罕也說明：「如不得已日俄衝突，俄決不希望
他國起而助俄，必須以獨立抵抗為基礎。故對於衝突之
發動，不得不極端審慎。」最後，顏惠慶綜合此次會談
的感想，認為蘇聯的「態度即日本苟不犯及俄境，蘇聯
不願過問東案」。[118]

雖然中文檔案的內容較蘇方史料較為和緩，但同樣
清楚表達了蘇聯獨立應付與日本衝突的態度。而且顏惠
慶最後的會談感想，其實也是向外交部暗示，蘇聯並無
與中國締結同盟的意願。

蘇聯駐華全權代表鮑格莫洛夫於 1933 年 3 月 23 日
抵達上海，5 月 2 日向林森呈遞國書。羅文榦因應蘇使
即將到任，於 3 月 28 日在行政院第 93 次院會提案，指
出「該大使抵後華，我國自應依照既定方針，第一步即

---

117 「加拉罕與顏惠慶談話記錄」（1933 年 3 月 27 日），李玉貞譯，
〈《中蘇外交文件》選譯〉（上），頁 202。
118 「顏惠慶致外交部第 28 號電」（1933 年 3 月 29 日），〈特交檔案
—潘楊事變（一）〉，《蔣檔》：002-080103-00011-015。

向其提議簽訂互不侵犯條約」，並列舉條約草案應包含
主要原則為：

（1）兩締約國須尊重對方國之主權、政治獨立，
及領土完整與不可侵犯權。

（2）兩締約國互相約定，不向對方國採取戰爭行
為，或施以攻擊及各種侵略行為，或侵入對
方國之領土。

（3）兩締約國互相保證，不干涉對方國之內政、
不以任何方式從事或參加破壞對方國國家安
全及政治，或社會制度之宣傳或運動。

（4）兩締約國約定，另訂和解公斷及法律解決專
約，嗣後彼此間遇有爭執或衝突，而不能以
通常外交方式解決者，須用和解方法或其他
和平方法，協商解決之。[119]

羅文幹的 4 點原則已無外交部 6 項要求軍事同盟
性質之意，基本上以「確保中國領土完整、國家安全
等『防蘇』目的為主」。[120] 此案經第 16 次國防委員會
和 4 月 5 日第 351 次國民黨中央政治會議通過，[121] 於

---

119 「羅文幹提議與蘇俄簽訂不侵犯條約原則」（1933 年 4 月 5 日），
〈中蘇互不侵犯條約暨友好條約〉，《國民政府檔案》：001-
064110-00005-001。

120 李君山，《蔣中正與中日開戰（1935-1938）：國民政府之外交準
備與策略運用》，頁 175。

121 「中國國民黨中央政治會議致國民政府密函」（1933 年 4 月 5 日），
〈中蘇互不侵犯條約暨友好條約〉，《國民政府檔案》：001-
064110-00005-001。

8 日送交行政院，[122] 令行外交部知照辦理。[123]

　　外交部擬具「中蘇互不侵犯條約」草案 11 條，並於 5 月 10 日向鮑格莫洛夫提出。[124] 草案內容略為：（1）互不侵犯領土與尊重主權；（2）戰時中立；（3）不影響或變更以前所訂條約，意在確立外蒙地位；（4）不參加與援助第三國的敵對行為與危害對方國領土完整與政治獨立之同盟或協定，即在確保中東鐵路權益與不承認滿洲國；（5）不從事擾亂對方國秩序之宣傳及不煽動民變，即指禁止宣傳共產主義；（6）不得援助意圖推翻對方國政府或亂擾亂安全之黨派，目的在阻止蘇聯接濟中共與防止滲透；（7）和平解決紛爭或衝突等。[125]

　　或許是受到蘇聯拒絕外交部 6 項要求的影響，外交部草案未有聯蘇制日目的，其中不參與第三國敵對行為條款或有牽制日本的意味，因本條款意在避免日本取得蘇聯認同其侵占中國領土與權益所造成的事實。不過，條約草案基本上是在羅文榦4點原則的框架下所擬定，而該原則內容其實是侷限於戴傳賢在第一次特委會提出應注意的問題範圍之內，在對外方面重視中國東北與外

122　「國民政府文官處致行政院等函第235號」（1933年4月8日），〈中蘇互不侵犯條約暨友好條約〉，《國民政府檔案》：001-064110-00005-002。

123　「行政院致國民政府文官處函第696號」（1933年4月14日），〈中蘇互不侵犯條約暨友好條約〉，《國民政府檔案》：001-064110-00005-003。

124　「外交部致鮑格莫洛夫照會」（1933年5月10日），〈中蘇互不侵犯條約〉，《外交部檔案（近）》：11-04-15-06-03-003。

125　「中蘇互不侵犯條約草案」（1933年5月10日），〈中蘇互不侵犯條約〉，《外交部檔案（近）》：11-04-15-06-03-003。

蒙古地位；在對內部分著重共產黨問題。

中國對於日本在兩年之後提出的共同防共要求，以內政問題為由予以拒絕，但是此時外交部條約草案有關共產黨問題的規範，例如：「不從事擾亂對方國秩序之宣傳」、「不煽動民變，或變更其人民對國家之順從，或變更其領土任何部分之政治地位」、「對於以推翻對方國政府，或更換其領土任何部分之政權，或擾亂其治安暨安全之任何黨派，不得予以援助」，以及嚴禁官員及僱員在對方國內犯有以上行為等不從事共產宣傳與滲透的條文草案，實可謂是中蘇在政治上共同防「中共」之意味。換言之，外交部草案對於應屬內政的赤化問題，企圖利用互不侵犯條約的形式，冀求蘇聯在政治上共同防範中共。而其防共概念除了前述羅文榦 4 點原則的防蘇目的，同時也將共產主義滲透與中共動亂納入概念之中。

鮑格莫洛夫於 1933 年 5 月 2 日在南京遞呈國書的同一天，李維諾夫也正式向日本駐蘇大使大田為吉提議出售中東鐵路，此項舉動似已預告中蘇交涉條約前途的暗淡。5 月 9 日，外交部向蘇聯提出抗議聲明。[126] 不過，檯面下汪精衛在外交現狀通盤考量下，向蔣介石建議「無論中東路問題如何，勿使中蘇關係再趨惡化」。[127] 似乎顯示汪精衛對於外交部草案企圖造成中

---

126 「中國外交部關於蘇聯出售中東鐵路的聲明」（1933 年 5 月 9 日），李嘉谷編，《中蘇國家關係史資料匯編（1933-1945）》，頁 3。

127 「汪精衛致蔣介石號電」（1933 年 6 月 20 日），〈特交文電──鞏固國防（四）〉，《蔣檔》：002-090102-00004-011。

蘇共同防「中共」的目的亦持期望之意。然而,蘇聯
並未理會中國的抗議,亦遲未答覆外交部所提條約草
案,反而逕自於 6 月 26 日與日本及滿洲國代表在東
京展開中東鐵路買賣第一次會議。外交部相關人員對
新聞記者表示:「當中俄復交之初,因有商訂互不侵
犯條約之議。我方主張追認一九二四年中俄協定為有
效,其中當包括中東路問題在內。」「互不侵犯條約,
當正在研商之際,俄方竟洩露我方重要意見,致起日
人收買該路之積極動作。」「此事影響不侵條約進行,
無可諱言。」[128]

　　蘇聯多年以來追求與日本簽訂互不侵犯條約而未
果,更於 1932 年底至 1933 年初,與日本之間以外交節
略辯駁此約意義,此時則冀望藉由出售中東鐵路以達締
約效用。故而蘇聯自然不願立即與中國展開互不侵犯條
約的交涉,反而是利用洩露中方條約草案,促動日本收
買中東鐵路的意願。蘇聯更進一步於 6 月底與日滿正式
展開售路會議之後,才於 7 月 31 日首次答覆中國同意
「就互不侵犯條約進行談判」,但表示將「提供一個草
案,供中國外交部參考」。[129]顯示蘇聯不願立即表達
意見的目的,在於避免影響售路會議的召開。此後蘇聯

---

128 〈中東路賣買交涉　我抗議現尚未公布〉,《申報》,上海,
　　　1933 年 6 月 27 日,版 7;〈中俄不侵條約之停頓　顯受售路影
　　　響〉,《益世報》,1933 年 6 月 27 日,收入季嘯風、沈友益主編,
　　　《中華民國史史料外編──前日本末次研究所情報資料》,第
　　　八十五冊(桂林:廣西師範大學出版社,1996 年),頁 245。
129 「蘇聯副外交人民委員致鮑格莫洛夫電報」(1933 年 7 月 31 日),
　　　李玉貞譯,〈《中蘇外交文件》選譯〉(上),頁 206。

再次拖延至 10 月 13 日向中國提出條約草案，[130] 也是因為蘇聯與日滿的中東鐵路買賣交涉於 9 月間因價格問題陷入僵局，交涉毫無進展。[131]

　　據日本軍部 8 月中旬情報的偵查，已知蘇聯將提出中蘇條約草案性質「和現在已與他國締結的互不侵犯條約相同，並沒有特殊條件」。[132] 可知：在 7 月底蘇聯通知中國同意進行交涉後未久即已擬定草案。因此蘇方條約草案於 10 月才正式對華提出的時機點，實有蘇聯運用於中東鐵路買賣交涉之意。換言之，在蘇聯重日輕中的外交策略上，顯示蘇聯的對華政策是建立在蘇日關係的需求而調整與運用。不過，蘇聯運用中蘇談判訊息方式並未對中東鐵路買賣談判產生效果，日本自九一八事變後即亟為注意中蘇復交與談判締約的發展，不斷透過各種管道偵查內情，消弭蘇聯手段的企圖。[133]

　　蘇聯提條約草案計 7 條，[134] 整體內容甚為簡單，

130　「鮑格莫洛夫致蘇聯外交人員委員會部電報」（1933 年 10 月 13 日），李玉貞譯，〈《中蘇外交文件》選譯〉（上），頁 207。

131　富田武，《戰間期の日ソ関係（1917-1937）》，頁 97。

132　陸軍省新聞班，「陸発表情報（甲）第 174 号」（1933 年 8 月 19 日），〈各種情報資料・陸軍省発表〉，《内閣》，日本国立公文書館藏，JACAR Ref. A03023804900。

133　有關日本關注中蘇復交與談判締約的動向，請參閱第三章第三節。

134　蘇聯條約草案內容略為：第 1 條規定遭受「第三國侵略時，則兩締約國之另一方須保持中立」；第 2 條規範不得與他國「締結針對另一方之任何政治性同盟或協定」；第 3 條則為要求不得建立與資助「在本國領土上存在目的在於武裝反對另一方或蓄意侵犯另一方主權之組織」；第 4 條規範雙方以和平手段解決爭端與衝突，後續條文則為有效年限、訂約換文地點與所用語言等。請參閱：「蘇維埃社會主義共和國聯盟同中華民國中立與不侵犯條約草案」，李嘉谷編，《中蘇國家關係史資料匯編（1933-1945）》，頁 40-41。

可視為中立性質之約，與中國的條約草案大相逕庭。在國防設計委員會任職的徐道鄰曾於 1933 年 3 月 14 日呈具中蘇問題意見書，指出「最近蘇俄先後與各國訂立互不侵犯條約，其中對於防止赤化問題均予以明文規定」。例如「蘇聯波斯條約」第 4 條詳細規定，「為避免干涉彼此內政及抑止對於他一方不利的宣傳或爭奪起見，締約國雙方應嚴格的禁止其所屬人員在對方領土境內從事於此類工作」等。[135] 然而，蘇聯向中國所提條約草案第 3 條著重於不得建立與資助反對另一方的「武裝」組織，並非中國在乎的防止共產黨「宣傳與滲透」問題。可以說蘇方條約草案除了表明不認同中國對於中東鐵路、滿洲國與外蒙地位的立場，同時也是拒絕中國冀望與蘇聯在政治上共同防範中共的構想。

　　蘇聯的中立條款草案並無蔣介石在意的外蒙地位等不干涉內政相關規定，也與外交部要求實務上中蘇共同防範中共的需求不符，中國方面亦遲未給予答覆。一般論述多引用 1933 年 11 月 12 日與 13 日鮑格莫洛夫致蘇聯外交人民委員電報與信函指出：「與是年夏對蘇條約的立場相反，中國政府目前對條約表現出十分冷淡的態度。」「拖延的原因是：（1）我們提出的草案不能使南京政府滿意；（2）最主要的是，南京政府目前正與日本就下一步政策進行極為重要的談判。」[136] 並且認

135 「徐道鄰擬關於中蘇兩國政治經濟外交諸問題的意見」（1933年3月14日），中國第二歷史檔案館編，《中華民國史檔案資料匯編》，第五輯第一編：外交（二），頁 1383-1384。

136 「鮑格莫洛夫致蘇聯外交人民委員部電報」（1933年11月12日）、「鮑格莫洛夫致蘇聯外交人民委員部信函」（1933年11月13日），

為由於中國仍堅持安內攘外政策，一來憂懼中蘇合作會
激怒日本，二來擔心聯蘇會影響剿共。故而據以論述，
此後兩年間中國致力中日親善與進剿中共，中蘇談判暫
時擱置。[137]

　　殊不知此時蘇聯方面也因為中東鐵路買賣談判陷入
僵局，並因此與日本爆發外交糾紛。1933 年 9 月 24 日，
日本方面透過滿洲國以擾亂治安為由，逮捕 6 名中東鐵
路俄籍職員；蘇聯方面則於 10 月 9 日以「中東鐵路占
領計畫」為題，公開新京〔長春〕與哈爾濱的蘇聯諜報
機關偵獲 4 封日本駐滿洲國大使兼關東軍司令官菱刈隆
（1871-1952）的電報，指責日本陰謀壓迫蘇聯售路。[138]
此段時期，緊繃的日蘇關係令美國駐日大使格魯感到日
蘇有開戰的可能。[139] 此種情勢同樣引起蔣介石注意，
考量「倭俄之衝突，全視吾人之進行如何，乘勢之不可
忽也」，認為「倭俄情勢急迫，吾國復興之道不遠，然

　　　李玉貞譯，〈《中蘇外交文件》選譯〉（上），頁 207-209。

137　相關論述請參閱：李君山，《蔣中正與中日開戰（1935-1938）：
　　　國民政府之外交準備與策略運用》，頁 180；李嘉谷，《合作與
　　　衝突──1931-1945 年的中蘇關係》（桂林：廣西師範大學出版社，
　　　1996 年），頁 39；王真，《動盪中的同盟──抗戰時期的中蘇關係》
　　　（桂林：廣西師範大學出版社，1993 年），頁 14-15；田保國，《民
　　　國時期中蘇關係（1917-1949）》（濟南：濟南出版社，1999 年），
　　　頁 48 等。

138　蘇聯公開的 4 封電報為日本駐滿洲國大使菱刈隆於 1933 年 9 月 4
　　　日致外相內田康哉「為了易於收買北滿鐵道交涉有關今後滿洲國
　　　進行諸工作」與「關於今後對北滿鐵道工作的日滿關係者協議事
　　　項」2 封密電，與 9 月 9 日致內田康哉「北滿鐵道交涉實施要領」
　　　密電，以及日本駐哈爾濱總領事森島守人致菱刈的報告。請參閱：
　　　富田武，《戰間期の日ソ関係（1917-1937）》，頁 97-100。

139　約瑟夫‧C‧格魯（Joseph C. Grew）著，沙青青譯，《使日十年
　　　──1932 ～ 1942 年美國駐日大使約瑟夫‧C‧格魯的日記及公
　　　私文件摘錄》，頁 142。

亦全賴努力運用」。[140] 最後，由於蘇聯憂慮中東鐵路
糾紛成為引爆日蘇衝突的導火線，急需透過售路交易以
獲得互不侵犯條約效果，不得不對日本妥協。[141] 1934
年 1 月，蘇聯向日本透露意願降價售路以換取釋放蘇籍
職員。2 月 24 日，蘇方人員被釋放。26 日，雙方重啟
談判，並於 1935 年 3 月簽訂中東鐵路買賣議定書。

　　由於忽略了此期間日蘇關係的情勢發展，致使一般
觀點多將中蘇復交後未能立即進一步調整關係究責於中
國的拒絕。[142] 事實上，此刻中蘇雙方均以對日外交為
重心，彼此都無立即展開談判的迫切性，蔣介石更是思
考趁機運用日蘇售路紛爭，故而在中蘇意見分歧的情況
下談判自然暫時中止，兩國關係亦未能於復交後即刻進
一步發展。

三、中蘇軍事互助條約的歧見

　　中蘇互不侵犯條約的談判在 1933 年 10 月間戛然中
止，直至行政院副院長兼財政部長孔祥熙，於 1935 年
7 月突向鮑格莫洛夫提議簽訂互助條約，雙方才再次對
此項相關議題展開交涉。有關蔣介石在此時對蘇態度
突然積極主動的轉變，一般看法習慣歸因於 1935 年上
半年因為「華北事件後，蔣開始試探蘇聯援華的可能

140　《蔣介石日記》（手稿），1933 年 10 月 8 日、15 日。

141　麻田雅文，《滿蒙：日露中の「最前線」》，頁 222-224。

142　此種觀點認為：「因國民政府的拒絕，本應在中蘇復交後就締結
　　　的互不侵犯條約竟延擱了近五年之久，直至全面抗戰爆發之後才
　　　簽訂。」請參閱：王真，《動盪中的同盟——抗戰時期的中蘇關
　　　係》，頁 14。

性」，即所謂「華北問題的深化」而促成。[143] 然而，
此種說法無法解釋在此刻之前的 1934 年 10 月蔣介石已
請託北京清華大學教授蔣廷黻，以其私人代表身分至莫
斯科向蘇聯政府探尋合作的可能性。

或又有籠統地指稱：「中國政府在日本帝國主義步
步進逼面前，鑒於對國聯與西方大國干預的失望，不
得不在對蘇關係調整上，採取主動。」因此蔣介石於
1934 年 6 月 22 日主動約見鮑格莫洛夫，「進行一番引
人注目的談話」，顯示「蔣介石在對蘇關係方面確有鬆
動」，「希望進一步調整中蘇關係」。[144] 只是此種論
述並未闡明「日本帝國主義步步進逼」的內容為何，也
無法說明在 1934 年中日關係相對安定的期間，[145] 為何
蔣介石會突然地在該年 6 月下旬向鮑格莫洛夫表達對蘇
態度的轉變。

中蘇再次進入實質交涉，確實為 1935 年秋天。但
該年華北情勢危急，僅能說是蔣介石加緊聯蘇步驟的
「催促點」，並非是蔣介石決定嘗試改善中蘇關係的
「觸發點」。探究蔣介石對蘇態度轉變的關鍵因素，應

---

143 周美華，〈從軍事解決到政治解決——抗戰前蔣中正剿共政策
的演變〉，《國史館館刊復刊》，第 27 期（1999 年 12 月），
頁 142-143；李君山，《蔣中正與中日開戰（1935-1938）：國民
政府之外交準備與策略運用》，頁 182-183；田保國，《民國時
期中蘇關係（1917-1949）》，頁 51。

144 李嘉谷，《合作與衝突——1931-1945 年的中蘇關係》，頁 40；
王真，《動盪中的同盟——抗戰時期的中蘇關係》，頁 35-36。

145 1933 年 5 月底，中日簽訂「塘沽協定」。就狹義而言，可以說自
九一八事變以來的軍事衝突暫告一個段落，此後中日兩國摸索著
調整國交之路。直至 1935 年上半年的華北事件與下半年的華北自
治運動等紛爭，中日關係因在華北軍的行動而再次陷入緊張。在
此前後的 1934 年期間，可謂是中日關係史上相對安定的一年。

回歸中日關係情勢之中追尋。在 1934 年間中日外交親
善雖有進展，但是該年 4 月 17 日，外務省情報部長天
羽英二在招待記者談話會上，提到日本對於歐美列強援
華行為的態度稱：

> 支那如果利用他國排斥日本，違背東亞和平的措
> 施，或是採取如同以夷制夷的排外政策，日本對
> 此不得不加以反對。其他列國方面，若也考量由
> 於滿洲事變、上海事變所產生之特殊況態，對支
> 那採取共同動作的情況，……日本在原則上不得
> 不加以反對。如果各國對於支那的個別性經濟上
> 的交涉，……若以上的行動具有擾亂東亞和平及
> 秩序的性質的話，對此則不得不加以反對。[146]

　　天羽英二的談話即所謂「天羽聲明」，被視為日
本意圖獨霸中國的「東亞門羅主義」，立即遭到中國
抗議與歐美列強反對。日本對外解釋仍然「稱是國際
社會誤會了日本的意思，但並未從東亞門羅主義的立
場上後退」。[147]

　　蔣介石對於「倭外部昨正式宣言，申明獨霸中國，
不許各國過問之意，痛憤益極」。之後蔣介石思考「各
國對倭反響，倭雖聲明無野心，但此後彼既露形，不能

---

146 「対中国国際援助問題に関する情報部長の非公式談話」（1934
　　年 4 月 17 日），外務省編纂，《日本外交年表竝主要文書》
　　（下），頁 284。

147 黃美平、宋志勇，《近代以來日本的中國觀》，第四卷（南京：
　　江蘇人民出版社，2012 年），頁 294-295。

再止，將何制之？俄態未明也，以柔克剛，可乎？」[148]
可知，在該聲明的刺激下，蔣介石思考主動調整對蘇關
係的可能性。畢竟如其在廬山軍事訓練團演講分析「塘
沽協定」之後中日情勢指出：「日本的軍事準備，不是
對我們中國。」「如果太平洋問題沒有解決，全中國是
佔領不了的，所以他早已認定，非要把與太平洋有關係
的幾個強有力的國家統統征服之後，才能達到獨吞中
國，獨霸東亞的目的。」[149] 在此情勢的研判下，蔣介
石認為中日問題與太平洋有關係的列強當屬鄰側的蘇
聯最為重要，故而除了被動地寄託於「日蘇先戰」的
期盼，[150] 也嘗試推動對兩面外交，主動地改善中蘇關
係，建構「藉蘇制日」的可能性，[151] 避免將中國對外
關係孤注一擲於尚難預測結果的中日親善外交一途。但
是，由於「俄態未明」，蔣介石於 1934 年 6 月 22 日邀
約鮑格莫洛夫共進早餐，嘗試先了解蘇聯的態度。

　　蔣介石對於此次早宴會晤，日記中僅簡單記載「本
日會俄使」五字。[152] 但鮑格莫洛夫將會晤談話內容致
電報告蘇聯外交人民委員部，指稱蔣介石藉由詢問蘇聯

148 《蔣介石日記》（手稿），1934 年 4 月 19 日、22 日。

149 蔣介石，「抵禦外侮與復興民族（上）」（1934 年 7 月 13 日），
秦孝儀主編，《先總統蔣公思想言論總集》，卷十二演講（臺北：
中國國民黨中央委員會黨史委員會，1984 年），頁 304-305。

150 有關蔣介石期盼「日蘇先戰」的相關論述，請參閱：黃自進，《蔣
介石與日本：一部近代中日關係史的縮影》（臺北：中央研究
院近代史研究所，2012 年），頁 195-220。

151 「藉蘇制日」的研究論點請參閱：鹿錫俊，〈蔣介石的中日蘇關
係觀與「制俄攘日」構想──兼論蔣汪分此的一個重要側面（1933
～ 1934）〉，《近代史研究》，2003 年第 4 期，頁 50-88。

152 《蔣介石日記》（手稿），1934 年 6 月 22 日。

參加國聯的可能性，表示「蘇聯加入國聯以後，中蘇兩國將更便於合作」。對於中蘇關係，蔣介石「保證說，中蘇兩國是近鄰，中國對蘇聯，就像對友鄰一樣，倘發生不測，中國將永遠支持蘇聯，並竭盡一切可能證實這種友誼」。鮑格莫洛夫答稱「贊同他關於蘇中關係可以改善的看法」。陪同早宴的孔祥熙也認為「今後將很容易談具體問題」。鮑格莫洛夫於電報最後指出此次談話的感想，認為「基本上證實了我們關於蔣介石的立場已有某些改變的情報」。[153]

　　蔣介石與鮑格莫洛夫的早餐會面，只是向蘇聯政府透露出改善中蘇關係的意願，蔣介石仍難以明瞭蘇聯政府真實態度。7月27日，蔣介石在牯嶺約見預備赴歐蒐集資料的北京清華大學教授蔣廷黻，委請其直接向蘇聯政府「測探中蘇兩國合作的可能性」。[154] 蔣廷黻於10月16日以蔣介石私人代表身分拜會蘇聯副外交人民委員斯多蒙涅可夫，轉達了蔣介石的囑咐稱：「蔣介石認為中蘇兩國由許多共同的利益聯繫在一起，他認為如果蘇聯的利益和地位受到什麼打擊或損害，中國也必將被殃及。」蔣廷黻進一步表明：「蔣介石謀求的接近蘇聯，不是通過形式上的結盟或別的什麼公開表示。他希望通過培養相互間的理解與信任來達到這個目的。他向蘇聯政府保證：在任何時候、任何情況下，中國絕不會

153　「鮑格莫洛夫致蘇聯外交人民委員部電」（1934年6月22日），李嘉谷編，《中蘇國家關係史資料匯編（1933-1945）》，頁43-44。原彙編誤載為1933年。

154　蔣廷黻口述，謝鍾璉譯，《蔣廷黻回憶錄》（臺北：傳記文學出版社，1979年），頁153。

站在日本一方與蘇聯作對，在一定的條件下，中國會同
蘇聯肩併肩地抵禦來犯的敵人。為了作到這一點，要按
步就班地認真做好準備，比如，可以通過外交合作的途
徑。」斯多蒙涅可夫贊同蔣廷黻的看法，表示：「願意
發展同中國最真摯、最友好的關係。」最後，蔣廷黻
謂：「假如中蘇間能重新開始認真的接觸，我們今天的
會談在這當中必將起決定性的作用。」[155] 蔣廷黻直接
與斯多蒙涅可夫的會談，讓蔣介石得以瞭解蘇聯政府的
態度。此後確如蔣廷黻回憶所云，經過此次會談，中蘇
改善關係「初步試探的階段已經過去」。[156]

　　1935 年間在華日軍積極策動華北事件，中日情勢
轉趨嚴峻，催促蔣介石加快聯蘇步伐，直接向蘇聯提出
合作的方案。同年 7 月 4 日，孔祥熙未經約晤即逕自拜
會鮑格莫洛夫，藉由「介紹察哈爾局勢」向其提出警
告，指出「日本的下一個目標就是滲透至綏遠」，然後
就會開始進攻蘇聯在意的外蒙古。孔祥熙順勢直接提出
此行的目的，詢問：「蘇聯政府是否打算同中國簽定互
助條約？」不過，遭到鮑格莫洛夫的拒絕，認為「互助
條約的簽定應以良好關係為先決條件，即在貿易條約、
互不侵犯條約都早已成為定局的情況下才能談及」。[157]

　　孔祥熙的提議被拒，但蔣介石仍於 10 月 18 日直接

155 「斯托莫尼亞科夫與蔣廷黻談話記錄」（1934 年 10 月 16 日），
　　李玉貞譯，〈《中蘇外交文件》選譯〉（上），頁 210-214。

156 蔣廷黻口述，謝鍾璉譯，《蔣廷黻回憶錄》，頁 153。

157 「鮑格莫洛夫致蘇聯外交人民委員部電報」（1935 年 7 月 4 日），
　　李玉貞譯，〈《中蘇外交文件》選譯〉（上），頁 218-219。

約晤鮑格莫洛夫。雖說華北危機的激化催促蔣介石與鮑格莫洛夫再次展開關鍵性的會面，但是此時誘發蔣介石在三個多月後主動出擊的「展開點」，則是 10 月 7 日廣田弘毅正式向蔣作實提出廣田三原則，迫使蔣介石「認為對蘇交涉應該積極進行」。[158]

18 日，鮑格莫洛夫與蔣介石會晤之前，孔祥熙先秘密地向其告知：「日本人提出了新的要求，堅持簽定反蘇軍事協定。」意在暗示中日蘇三國之間的情勢已有新的變化。隨後正式會面時，蔣介石直言詢問：「蘇聯政府是否願意同中國簽定一個多少能保證遠東和平的協定。」鮑格莫洛夫認為蔣介石「指的是秘密軍事協定」，但是不願回答其問題，反而問道：「日本政府要求中國政府承認滿洲國和締結反蘇軍事同盟一事是否屬實？」蔣介石謂：「日本政府沒有正式提出這些要求，日本政府非正式地提出了第一個要求。至於第二個要求，問題是籠統地提出，而沒有指明蘇聯，只作為反對布爾什維〔克〕主義的軍事同盟。」[159] 實際上，蔣介石所指稱的即為廣田三原則其中的承認滿洲國與共同防共兩項。

目前尚無資料說明為何蔣介石對於聯蘇的期望會越過互不侵犯條約，直接訴諸軍事同盟性質的互助條約。或許是鑑於蘇聯與法國在 1932 年 11 月締結「蘇法互不

158　蔣中正，《蘇俄在中國》（臺北：中央文物供應社，1981 年，30 版），頁 69。

159　「鮑格莫洛夫致蘇聯外交人民委員部電報」（1934 年 10 月 19 日），李玉貞譯，〈《中蘇外交文件》選譯〉（上），頁 219-221。

侵犯條約」，之後為了因應德國納粹的執政、退出國聯以及之後的擴軍行動等日益增強的威脅，蘇法兩國進一步於 1935 年 5 月在巴黎簽訂「蘇法互助協定」的案例，[160] 蔣介石認為廣田三原則的共同防共原則出現，說明日本已明確將聯中制蘇策略搬上檯面，脅迫中國順從。中蘇兩國面對日本威嚇的危險局勢，如同蘇法兩國面臨納粹德國威脅的情勢，故以為可以此相似的國家危機為背景，直接訴諸中蘇互助協定。

蘇聯因為華北事變而感受到日本的威脅，「特別是對日本 1935 年 10 月拋出的廣田三原則及中國的態度感到不安」，[161] 因此「如果蘇聯拒絕中國軍事同盟的要求，而迫使中國接受廣田三原則，蘇聯的處境將更加孤立危險。在此一考量下，蘇聯對蔣〔介石〕秘密軍事協定的提議作出積極的回應」。[162] 故而在蘇聯為防止中日妥協對其形成不利的局面，斯多蒙涅可夫於 1935 年 12 月 14 日致電訓令鮑格莫洛夫告知蔣介石：「蘇聯政府不反對協議，並準備同中國方面具體討論這個問題。」[163]

或許是蔣介石與鮑格莫洛夫就中蘇一般關係交換看

---

160 「蘇法互助協定」於 1935 年 5 月 2 日在巴黎正式簽訂，內容規範任一當事國遭受任一歐洲國家威脅或攻擊的危險情勢下，兩當事國應磋商採取互助措施等，可謂是軍事同盟性質。法國議會於 1936 年 2 月 27 日批准該協定，蘇聯隨後於 3 月 28 日批准換文。

161 李嘉谷，《合作與衝突——1931-1945 年的中蘇關係》，頁 48。

162 周美華，〈從軍事解決到政治解決——抗戰前蔣中正剿共政策的演變〉，頁 143。

163 「蘇聯副外交人民委員致鮑格莫洛夫電報」（1935 年 12 月 14 日），李玉貞譯，〈《中蘇外交文件》選譯〉（上），頁 224。

法時，希望「把 1923 年 1 月的孫文、越飛宣言作為這種關係的基礎」，[164] 致使蘇聯方面產生疑慮；也或許是蘇聯政府認為「現在時機不到，尚不宜自我束縛，同蔣介石就互助問題簽一個協定，以應付一旦發生的日本武裝侵略」問題，12 月 28 日，斯多蒙涅可夫訓令鮑格莫洛夫，洽詢蔣介石有關該建議的具體想法，以及雙方政府各應承擔的義務，因為蘇聯政府「不明白，如果蔣介石的主要武裝力量用於對付中國紅軍，那麼他想怎麼安排抗日」。[165] 不過，也極有可能是 1934 年國際間的德日簽訂同盟密約傳聞於此刻再度傳出。1935 年 12 月 30 日，中文報紙引用外電報導指稱，法國新聞界載謂：「日本駐德大使館陸軍參贊，曾與德國元首希特勒軍縮專使里本特絡浦〔里賓特洛甫〕商訂軍事協定，用以共同對付蘇聯。」[166] 次日，中文報紙再載稱，蘇聯莫斯科方面引述倫敦電訊，揭露德日商締軍事密約共同防蘇的消息稱：「倫敦政界對於日德雙方在柏林談判締結軍事互助協定一節，仍極注意，談判詳情逐漸暴露。此番日德共有二約，一為軍事密約；一為對付共產國際之公開協定。」「軍事密約主要對象為蘇聯與英國，彼或將為反共產國際公約協定之附件。」[167] 蘇聯方面對於上

164　「鮑格莫洛夫致蘇聯外交人民委員部電報」（1935 年 12 月 19 日），李玉貞譯，〈《中蘇外交文件》選譯〉（上），頁 224。

165　「斯多蒙涅可夫致鮑格莫洛夫信函」（1935 年 12 月 28 日），李玉貞譯，〈《中蘇外交文件》選譯〉（上），頁 225-226。

166　〈日德軍事協定　駐柏林日陸軍參贊否認〉，《申報》，上海，1935 年 12 月 30 日，版 7；〈日德商訂　軍事協定說〉，《中央日報》，南京，1935 年 12 月 30 日，張 1 版 3。

167　〈以反共為烟幕　日德商締密約〉，《申報》，上海，1935 年

述德日密約情報在報導之前應已偵悉，在考量中蘇關係的因素，除了表面上中日與日蘇關係外，也包括甚為重要的德日關係。

1936 年 1 月 22 日，鮑格莫洛夫根據訓令會見蔣介石，提出蘇聯方面的疑問。蔣介石認為這些問題之中最重要是中共問題，並順勢要求蘇聯利用其威望，勸說中共承認事實上的國民政府，則中國就能抗日。鮑格莫洛夫指出國共談判是中國內政，表明蘇聯不願扮演國共調停的角色。有關互助條約，蔣介石表示：「中國政府並不強求蘇聯幫助中國保衛那些已被日本占領的地區，例如察哈爾的六個縣。」但建議「可以簽署一個條約，一旦日本企圖侵占蒙古、綏遠或山西，蘇中兩國政府根據條約承擔互助的義務。」[168]

此時蔣介石對於中共問題的態度，因 1934 年 10 月第五次軍事剿共順利，中共被迫突圍「長征」後而逐漸改變。國軍於 1934 年底至 1935 年期間追剿共軍過程中，雖然國民政府的「中央統一化」有所進展，但在華日軍加速分離華北的壓力，迫使蔣介石萌思聯蘇之時也構想對中共的「招降條件與利害」關係，[169] 試圖以政治解決中共問題，解除自 1927 年底「斷絕俄交令」以來對於蘇聯的憂慮。故而蔣介石於 1935 年底秘密派遣

---

12 月 31 日，版 6。

168 「鮑格莫洛夫致斯多蒙涅可夫電報」（1936 年 1 月 22 日），李玉貞譯，〈《中蘇外交文件》選譯〉（上），頁 228。

169 《蔣介石日記》（手稿），1935 年 10 月 27 日。

陳立夫與潘漢年（1906-1977）接觸以及秘密訪蘇，[170]
並令駐蘇武官鄧文儀（1905-1998）遊說蘇聯政府說服
中共承認國民政府為中央政府，[171] 同時也於 1936 年 1
月 22 日親自向鮑格莫洛夫提出透過蘇聯的影響力協助
國共談判。

　　只是蔣介石多方管道的探詢之下，蘇聯仍不願介入
國共調停問題，加上陝北共軍於 1936 年 2 月 20 日東
渡山西的情勢，令蔣介石感到憂慮，故已於 3 月 8 日
決定「俄共態度，晉匪未受打擊以前，不與之商討一
切」。[172] 10 月 17 日，西安事變之前東北軍通共一事
已有傳聞，山西省政府主席徐永昌與其談論此事表示：
「因疑而激成事實，甚可畏也。」蔣介石堅決地謂：
「共決不能容，俄非不可聯，但須我們清共後。」[173]
可以說蔣介石在蘇聯方面明拒介入國共調停後，已將政
治解決中共的可能性排除於聯蘇策略之外。

　　惟蘇聯與外蒙古於 3 月 12 日簽訂「蘇蒙互助協
定」，外交部長張羣於 4 月 7 日向鮑格莫洛夫提出嚴重
抗議。[174] 蘇聯以「感到中國政府對談判的態度發生了

170　楊奎松，〈抗戰前夕陳立夫赴蘇秘密使命失敗及原因〉，收入
　　　慶祝抗戰勝利五十週年兩岸學術討論會籌備委員會編，《慶祝抗
　　　戰勝利五十週年兩岸學術研討會論文集》，下冊（臺北：聯經，
　　　1996 年），頁 896-919。
171　楊奎松，《失去的機會？——戰時國共談判實錄》（桂林：廣西
　　　師範大學出版社，1992 年），頁 4-6。
172　《蔣介石日記》（手稿），1936 年 2 月反省錄、3 月 8 日。
173　徐永昌著，中央研究院近代史研究所編，《徐永昌日記》，第三
　　　冊（臺北：中央研究院近代史研究所，1990 年），1936 年 10 月
　　　17 日，頁 481。
174　〈蘇聯確與外蒙簽議定書　我外交提嚴重抗議〉，《中央日報》，

極為劇烈的變化」為由，沒有回覆中國所主張雙方在互
助條約義務的看法，反而特別關注中國政府對於該年
3 月至 4 月間，「支那駐屯軍」司令官多田駿與冀察政
務委員會委員長宋哲元談判締結華北「防共協定」的態
度，[175] 以及 9 月至 12 月間中日「調整國交」會談有關
共同防共的談判結果。[176]

　　有關前者，5 月 27 日，孔祥熙向鮑格莫洛夫表示
南京方面也獲得相關情報，但「宋哲元對南京的詢問作
了否定的回答」，隨即提及中蘇互助條約，指出：「無
論中國，還是蘇聯，均需要這樣的條約，該條約可以阻
止日本的侵略。」然而，鮑格莫洛夫將之解讀為「中國
同意在〔互助〕條約簽訂之後立即予以公布」，[177] 卻
未對孔祥熙談及蘇聯政府對該約有何任何具體意見。

　　至於後者，由於蘇聯方面一再拒絕中國提議締結軍
事互助條約的要求，蔣介石認為「蘇俄態度冷淡」，因
此於 9 月 26 日預定召集何欽應及高宗武（1905-1994）
前來研究對日談判對策，以為應先「談判東北問題之解
決，以和緩其防共問題之強迫」，但之後卻認為「防共
問題必須有相當代價，且須與華北問題並論」，同時也
以為「對倭拒絕一切尚非其時，尤以防共問題為更重

南京，1936 年 4 月 8 日，張 1 版 2。

175　「蘇聯副外交人民委員致鮑格莫洛夫電報」（1936 年 5 月 22 日），
　　李玉貞譯，〈《中蘇外交文件》選譯〉（上），頁 229-230。

176　「鮑格莫洛夫與張羣的談話記錄」（1936 年 11 月 7 日），李玉
　　貞譯，〈《中蘇外交文件》選譯〉（上），頁 234-239。

177　「鮑格莫洛夫致斯多蒙涅可夫電報」（1936 年 5 月 27 日），李
　　嘉谷編，《中蘇國家關係史資料匯編（1933-1945）》，頁 56。

要，否則不能與俄交涉」，故而指示張羣在與日談判時，「防共以邊區為限，作為地方事件」，也讓蔣廷黻「知倭寇要求防共內容與範圍」，藉以透露予蘇聯政府知悉。[178] 可知，蔣介石運用日本於「調整國交」會談提出與中國共同防共的要求，期望可以與日本解決華北主權問題，同時也利用此訊息，冀望藉以改變蘇聯的態度而同意簽訂中蘇軍事互助條約。

鮑格莫洛夫於 11 月 7 日拜會張羣，直言日本向中國提出的共同防赤要求，「就是日中聯合反蘇的要求」，蘇聯政府「不能對此問題漠然視之」。張羣表示，「日中關係現狀極為不利」，對日談判難以取得一致意見。之後順勢商談中蘇問題，其中對於中蘇互不侵犯條約，明言「許多人相信這類條約沒有用處」，認為此時談判應該「沿著合作互助的路線建立更加久遠的關係」。鮑格莫洛夫認為：「如要求蘇聯人民承擔一定重要任務的互助條約之類，是相當困難的，因為雙方輿論對此都根本沒有準備。」[179]

雖然 1935 年華北事件與廣田三原則的出現，一度令蘇聯感受到日本威脅的危機感而考慮蔣介石提出的互助條約，但透過 1936 年 11 月鮑格莫洛夫對張羣的答覆，可知一年後蘇聯的態度已經明確改變。原因除了前述蘇聯不清楚蔣介石的抗日計畫具體想法，關鍵因素

178 《蔣介石日記》（手稿），1936 年 9 月 26 日本週預定表、28 日、10 月 10 日、18 日、22 日。
179 「鮑格莫洛夫與張羣的談話記錄」（1936 年 11 月 7 日），李玉貞譯，〈《中蘇外交文件》選譯〉（上），頁 234-239。

應為德日兩國於 1936 年 11 月 25 日締結的德日「防共協定」。

　　德日密約傳聞於 1935 年底再起，中國方面對於此事甚為關心，德國駐華大使陶德曼於1936 年 1 月與 3 月分別拜會張羣與蔣介石時一再否認。[180] 蘇聯方面更為關注此事，李維諾夫於 11 月 10 日蘇聯中央執行團會主席團開會演說指出：「蘇俄在軍事上實優於任何敵人，或敵人聯合勢力，故不懼孤立，且知他國如無蘇俄，亦無和平可言。故蘇俄之孤立不成問題，而其他歐洲各國，如勢成孤立，即將不能抵抗侵略，蘇俄儘可靜候他國之取舍。」[181] 雖然未明言德日同盟密約一事，但李維諾夫實際是暗示蘇聯並不會畏懼德日同盟，顯示蘇聯方面應該持續掌握有德日同盟情報的訊息。報紙則於 11 月 18 日報導相關消息，指出：「德日兩國，行將團結以制共產主義之膨脹與傳播，則已不成問題矣。兩國之盟約，將於二、三星期內，由首相廣田、外相有田，提交樞密院會議。」[182] 蘇聯甚至在德日公開「防共協定」之前，已偵知德日另有簽訂以蘇聯為目標的密約內容。[183]

180　郭恆鈺、羅梅君主編，許琳菲、孫書豪譯，《德國外交檔案：1928～1938 年代中德關係》，頁 50。所引資料日期為 3 月 19 日，惟蔣介石接見陶德曼日期，在《蔣介石日記》（手稿）與《事略稿本》第 36 冊均載於 3 月 18 日。

181　〈李維諾夫演說　蘇俄有恃無恐〉，《申報》，上海，1936 年 11 月 12 日，版 6。

182　〈美記者由日抵滬談　日德同盟成熟〉，《申報》，上海，1936 年 11 月 18 日，版 9；〈美太陽報記者談　德日將簽協定〉，《中央日報》，南京，1936 年 11 月 18 日，張 2 版 1。

183　「外交部致許世英第 544 號電」（1936 年 11 月 23 日）、「蔣

　　此刻蘇聯最為關注的威脅來源轉為德國，雖然仍然
重視日本壓迫，在東方的對外政策方面依舊秉持著重日
輕中策略，但在整體對外政策已是優先因應德國威脅，
再面對日本壓迫，最後才處理對華關係的「先德再日後
中」態度。因此在 1936 年底德日締約聯合防共抗蘇情
勢明朗下，蘇聯為避免東西兩面同時受敵，自然不願簽
訂中蘇互助條約，以免因中日糾紛而在東方陷入日蘇開
戰的泥淖。

第三節　日本對中蘇復交的觀察

一、復交情勢的關注

　　1931 年 9 月 30 日，戴傳賢於特種外交委員會第一
次會議裁示不必立即實行中蘇復交，以保留與歐美交涉
之作用。[184] 說明戴傳賢處理九一八事變主要著重於歐
美態度以爭取同情，而將復交議題作為交涉工具，並非
主要目的，更無立即直接進行中蘇結盟的跳躍式構想。
然而，同一時間日本參謀本部考量隨著東三省戰局擴大
而可能形成中蘇同盟的局面，起草「臨時對露作戰計畫

　　　　廷黻致外交部第 928 號電」（1936 年 12 月 10 日），〈日德協定〉，
　　　　《外交部檔案（國）》：020-010102-0165，頁 57、147；「蔣廷
　　　　黻與斯多蒙涅可夫談話紀錄」（1936 年 12 月 9 日），第二歷史
　　　　檔案館編，〈駐蘇大使蔣廷黻與蘇聯外交官員會談紀錄〉，《民
　　　　國檔案》，頁 26-27。

184　「中央政治會議特種外交委員會第一次會議紀錄」（1931 年 9
　　　　月 30 日），劉維開編輯，《國民政府處理九一八事變之重要文
　　　　獻》，頁 6。

大綱」，預先籌劃以 15 個至 16 個師團的日軍兵力對付
中蘇結盟的作戰計畫。[185] 顯示日本基於防共國防而策
動事變，卻擔憂反而立即誘發中蘇結盟。

同年 10 月 12 日，駐漢口領事館海軍武官須賀彥
次郎（1889-1941）致電海軍省次官小林躋造（1877-
1962）表示，甫由南京返回漢口的湖北省主席何成濬
（1880-1961），日前參加蔣介石召集因應九一八事變
的秘密會議，經與其洽談而探悉該次會議研商中國對日
方針，內容略為討論中國與美蘇合作問題，但認為迫於
時機，與美國合作難期成功，至於與蘇聯合作之舉必失
國際的同情。同時也以為「現在的反日運動難保共產黨
的混入」，萬一發生事端，上海與南京可能重陷瀋陽之
覆轍，因此連日電令各省當局盡力保護日僑，並將各地
軍用品移送至洛陽與鞏縣等情報。[186]

此外，中國國民黨在中原大戰結束後，因訓政約法
問題與湯山事件而分裂成南京與廣東兩派，囿於九一八
事變國難當頭被迫和解。1931 年 10 月 27 日至 11 月 7
日間，雙方代表在上海召開和平統一會議，主要在討論
政府體制問題，也確認國民黨一致的對外政策。[187] 日
本方面在會議期間，即探悉寧粵議決對外政策包括與國

---

185 防衛庁防衛研修所戦史室，《大本営陸軍部（1）》，頁 319。

186 「須賀彥次郎より小林躋造宛第 112 号電」（1931 年 10 月 12
　　日），外務省編纂，《日本外交文書：滿州事変》，第一卷第
　　二冊（東京：外務省，1977 年），頁 341-342。

187 有關國民黨因訓政約法問題與湯山事件而分裂，以及寧粵兩派
　　代表於上海和談討論的議題與過程，請參閱：金以林，《國民
　　黨高層的派系政治：蔣介石「最高領袖」地位是如何確立的》（北
　　京：社會科學文獻出版社，2009 年），頁 85-111、269-283。

際聯盟共同抑制日本的蠻橫，以及將對蘇復交與對日問
題視為個別問題等兩大要綱。[188] 另外，次年 3 月 1 日，
南京路透社電訊指稱，一二八事變後中國民眾以為目前
中國僅能與蘇聯合作而別無他途，而且洛陽會議將決定
對蘇復交議題等輿情，亦於翌日由上海總領事村井倉松
（1888-1953）電知外相芳澤謙吉參酌。[189]

　　由於九一八事變是日本關東軍防俄戰略的展開，整
個情勢在事變後升級為日本對外關係的議題。中國若與
蘇聯復交甚至合作，關係到日本對蘇戰略的推動，因此
日本對於中蘇動向保持高度關注。以上的訊息說明日本
在事變初期，已經充分掌握中國對於與蘇聯復交合作的
輿論與執政者的顧慮等相關情資。

　　1932 年 6 月初，中國決定與蘇聯以締結互不侵犯
條約方式恢復邦交，並分別經由顏惠慶與王曾思傳達此
意向。此次訊息，日本方面直至 7 月 1 日蘇聯相關報紙
刊載王曾思與科茲洛夫斯基會晤內容方才得知。駐蘇聯
大使廣田弘毅立即將此件消息致電兼任外相齋藤實，[190]
也於當日拜會蘇聯副外交人員委員加拉罕，探詢此項報
導的真實性。加拉罕明言確有此事，不過指出係由王曾

---

188 「幣原喜重郎より松平恒雄宛合第 1270 号電」（1931 年 11 月
　　3 日），外務省編纂，《日本外交文書：滿州事變》，第一卷第
　　二冊，頁 372。

189 〈外委會 討論對俄復交〉，《申報》，上海，1932 年 3 月 2 日，
　　版 2；「村井倉松より芳澤謙吉宛第 415 号電」（1932 年 3 月 2
　　日），外務省編纂，《日本外交文書：滿州事變》，第二卷第
　　二冊（東京：外務省，1980 年），頁 719-720。

190 「廣田弘毅より齋藤実宛第 386 号電」（1932 年 7 月 1 日），〈蘇
　　連邦中華民国間不侵略条約関係一件〉，《戰前期外務省記録》，
　　JACAR Ref. B04013514200。

思以口頭傳達方式中國政府意向，並非是收到中國政府相關照會。雖然廣田弘毅表明若蘇聯與中國復交並合作，可能會對日蘇友好關係造成不好的影響。加拉罕則認為，日本政府鑑於蘇聯政府歷來對於中日關係的態度，應能了解蘇聯的立場，同時也表示蘇聯方面並無拒絕中國提議復交的理由。[191]

蘇聯雖然同意中蘇復交，卻拒絕中國的「逕行訂約自然復交」建議，結果在中國內部引發復交有無附帶條件的矛盾紛爭。不過，同年 6 月中旬，相關報紙卻刊載稱：羅文榦電告莫德惠，「俟蘇聯同意後，政府即令派莫德惠為對俄簽訂互不侵犯條約全權代表」。[192] 7 月 12 日的報導也指出，蘇聯當局對於王曾思口頭傳遞中國提議締約一事，鑑於問題的重要性要求中國派遣全權代表前來商議，而汪精衛已決定派遣王正廷為代表等小道消息。[193]

日本駐上海總領事館諜報人員於 7 月 17 日向孫科的秘書探悉此事內情。翌日，上海總領事村井倉松致電外相內田康哉報告偵查的情報，略為王正廷赴京與汪精衛會商，並且已經被委派為赴蘇洽商的全權代表，中

191 「廣田弘毅より齋藤実宛第 388 号電」（1932 年 7 月 1 日），〈蘇連邦中華民国間不侵略条約関係一件〉，JACAR Ref. B04013514200。

192 〈中俄訂立互不侵犯條約 蘇俄已願意接受〉，《晨報》，1932 年 6 月 12 日，收入季嘯風、沈友益主編，《中華民國史史料外編——前日本末次研究所情報資料》，第八十五冊，頁 102。

193 「村井倉松より内田康哉宛第 841 号電」（1932 年 7 月 13 日），〈蘇連邦中華民国間不侵略条約関係一件〉，JACAR Ref. B04013514400。

國方面的復交先決條件為：（1）締結互不侵犯條約、
（2）不承認滿洲國、（3）保證於中國領土內不宣傳共
產主義、（4）繼續談判中東鐵路問題。蘇聯方面則提
出：（1）訂立特殊海關條約，並給予蘇聯出產貨品各
種優待措施、（2）禁止反蘇的出版品、演說及傳單、
（3）取消在華白俄人的教會及政治組織。其中，中國
方面對於蘇聯第 2 項條件有意見，認為恐會影響將來
打擊共產黨而面有難色；蘇聯方面則不滿於中國第 4 項
條件，以為與滿洲國共同管理中東鐵路更為符合利益
而無法接受。[194] 然而，四天後代理南京總領事上村伸
一，經由與外交部亞洲司長沈覲鼎（1894-1961）秘密
談話，則否定了村井倉松偵悉的情報內容，確知中蘇兩
國在莫斯科商談締結互不侵犯條約消息並非事實，雙方
交涉尚未到任命全權代表程度，應該也沒有任何人為了
交涉而被任命為全權代表。[195]

此後中國方面因日本承認滿洲國、蘇滿接近，以
及美國大選後即將與蘇聯建立等情勢變化，不得已於
1932 年 10 月 5 日決議與蘇聯無條件復交。11 月 15 日，
上村伸一透過諜報人員從外交部方面探知，中國方面研
判美國在總統大選後有意與蘇聯建交，因此冀望利用此

194　「村井倉松より內田康哉宛第 851 号電」（1932 年 7 月 18 日），
　　〈蘇連邦中華民国間不侵略条約関係一件〉，JACAR Ref.
　　B04013514200。
195　「上村伸一より內田康哉宛第 525 号電」（1932 年 7 月 21 日），
　　〈蘇連邦中華民国間不侵略条約関係一件〉，JACAR Ref.
　　B04013514200。

機會進行中蘇復交。[196] 12 月 7 日，上村伸一甚至偵獲蘇聯秘密地派遣兩位密使前來上海，非正式地與中國有關人員交涉復交事宜，擬待交涉有進展後再於巴黎展開正式談判，其中一位密使更於日前到南京與羅文榦秘密會面等情報。[197] 不過，都未進一步探悉有關互不侵犯條約的訊息。

　　12 月 12 日，中蘇恢復邦交。兩日後《中央日報》社評對此事發表評論：「亞洲目前之大勢，中日親善之道，殊不可通。介於兩大之我國，和甲不能，必求和乙，和乙所以減少甲之壓迫。是由消極方面言，聯乙可以制甲。」[198] 上村伸一立即電知外務省，認為該社評意指：「此時介於日露兩大國之間的支那與露國，以減少日本的壓迫，或者更進一步與露國合作，將得以牽制日本。」上村伸一同時也轉述《新京日報》的報導稱，中蘇「復交後，進一步締結互不侵犯條約以及通商條約，支那方面將在政治經濟上取得有利地位，日本方面則因此處於不利地位」。[199]

---

196 「上村伸一より內田康哉宛第 754 号電」（1932 年 11 月 15 日），〈東支鉄道関係一件：露支国交回復関係〉，《戰前期外務省記録》，JACAR Ref. B10074623600。

197 「上村伸一より內田康哉宛第 799 号電」（1932 年 12 月 7 日），〈東支鉄道関係一件：露支国交回復関係〉，JACAR Ref. B10074623600。

198 〈社評　中俄恢復邦交〉，《中央日報》，南京，1932 年 12 月 14 日，張 1 版 2。

199 「上村伸一より內田康哉宛第 819 号電」（1932 年 12 月 14 日），〈東支鉄道関係一件：露支国交回復関係〉，JACAR Ref. B10074623600。日文檔案內容對於蘇聯的稱呼，多稱為「ソ連」，亦有稱「蘇連邦」、「蘇聯邦」、「露国」或「ロシア」。

　　不過，來自北平的消息則有不同看法。12月20日，任職北平使館書記官中山詳一（1889-1945）根據記者耿堅白（1899-1972）的情報指稱，中國方面「一般以為由於露支復交得以牽制日本，是外交上的勝利而受到歡迎。實際上，此事不過是蔣介石的對內政策」。因為中國社會輿論對國聯的不滿逐漸高漲，蔣介石為了將國民注意力由國聯轉移到對蘇問題，同時拉攏住汪精衛與孫科的聯俄派，故而突然立即同意無條件復交。蔣介石為了掃除國民對於中蘇復交可能讓中國再次赤化，復交之時已令各地官憲嚴厲取締共產黨。[200]雖然未清楚為何該名記者將汪精衛歸納為聯蘇派，但日本方面積極探悉各方消息，可知日本非常在意中蘇復交對日本的可能影響，以及是否同時秘密締結互不侵犯條約。

　　日本方面由中國各方探詢不到確實的情報，因此上村伸一於12月24日直接向外交部情報司長吳南如（1898-1975）探聽中蘇談判互不侵犯條約事。據吳南如私下告之：「締結互不侵犯條約之事是今夏顏惠慶順道拜訪莫斯科之際，由中國方面提出，但蘇聯面有難色，使得此件交涉暫時中止。儘管今日中蘇恢復邦交後，並無外傳在莫斯科的中國外交代表正火速地展開此事的交涉情事。」之後面對上村伸一詢問，吳南如再說明：「滯留在莫斯科的莫德惠隨員王曾思，僅是隨員層級的人員，並無南京政府的外交代表資格，因此不得從

200　「中山詳一より內田康哉宛第688号電」（1932年12月20日），〈東支鉄道関係一件：露支国交回復関係〉，JACAR Ref. B10074623600。

事重要的交涉。」至於通商條約，吳南如也指出原本
應該是莫德惠負責談判，但在中斷之後至今也尚未開始
交涉。[201]

　　日本除了透過各種管道在中國偵查各種訊息，也經
由蘇聯方面獲悉相關訊息。12 月 11 日，中蘇復交前一
日，加拉罕召見日本代理大使天羽英二，說明中蘇復交
一事的緣由，表示當時中國方面的提議附加條件，蘇聯
答覆希望無條件復交。李維諾夫在昨日來電謂顏惠慶傳
達中國政府同意無條件復交，因此蘇聯政府已經訓令李
維諾大答應中國的提議，大約在明日兩國即會進行復交
換文。最後強調此事乃是基於蘇聯政府的根本政策，並
無任何意義。[202] 就蘇聯而言，此時仍渴望與日本締結
互不侵犯條約，故而加拉罕急於向日本解釋中蘇復交並
無任何條件與特別意義。

　　12 月 15 日，哈爾濱總領事森島守人趁著蘇聯總領
事斯拉夫斯基來訪之際，詢問有關中蘇條約已經成立的
傳聞。斯拉夫斯基表示，接獲蘇聯政府電報僅云：「從
前斷絕的露支邦交在 1932 年 12 月恢復。」內容並未言
及任何互不侵犯條約。同時指出從前中國方面提出各種
條件，但蘇聯仍堅持無條件復交，此次是李維諾夫出使
日內瓦之際，由於中國方面讓步才使得復交交涉得以成

201 「上村伸一より内田康哉宛第 852 号電」（1932 年 12 月 24
　　日），〈蘇連邦中華民国間不侵略条約関係一件〉，JACAR Ref.
　　B04013514200。

202 「天羽英二より内田康哉宛電」（電號脫漏）（1932 年 12 月
　　11 日），〈東支鉄道関係一件：露支国交回復関係〉，JACAR
　　Ref. B10074623600。

立。[203] 同月 27 日，天羽英二也利用與加拉罕商議要事之後的閒談，詢問有關中蘇條約之事。加拉罕表示，有關李維諾夫和顏惠慶之間洽商中蘇互不侵犯條約一事相關報導全無根據，中國提議復交同時締結此條約，但蘇聯並未與之洽商。不過，蘇聯基於與國境接壤國締結互不侵犯條約的方針，遲早蘇中兩國會交涉此事，只是目前確實尚未商議此事。[204]

可知，日本方面對於中蘇復交可能對日本的影響，主要仍是著重於該兩國是否會合作，甚至是否已經同時締結互不侵犯條約。各駐外使節透過多種管道探查，日本方面已確知中蘇復交時並未立即簽訂互不侵犯條約，不過也得知中蘇在復交後將會展開交涉訂約事宜。因此當蘇聯駐華全權代表鮑格莫洛夫於 1933 年 4 月 26 日進入南京後，日本駐蘇大使大田為吉即於次日對加拉罕表示，要蘇聯注意中蘇恢復邦交後可能會帶來不好的影響。[205] 其實已是在向蘇聯暗示中蘇復交後進一步洽商互不侵犯條約的舉動將會惡化日蘇關係。

---

203 「森島守人より內田康哉宛第 1193 号電」（1932 年 12 月 15 日），〈蘇連邦中華民国間不侵略条約関係一件〉，JACAR Ref. B04013514200。

204 「大田為吉より內田康哉宛第 972 号電」（1932 年 12 月 28 日），〈蘇連邦中華民国間不侵略条約関係一件〉，JACAR Ref. B04013514200。

205 平井友義，〈ソ連の動向（一九二六年～一九三三年）〉，日本国際政治学会、太平洋戦争原因研究部編，《太平洋戦争への道（2）：満州事変》，頁 335。

二、交涉訊息的確認

　　1933 年 3 月 28 日，外交部長羅文榦因應中蘇復交後蘇使即將來華到任，於行政院第 93 次院會提出與蘇聯簽訂互不侵犯條約應包含 4 點原則，[206] 以作為外交部擬就條約草案的根據。事後外交部根據此項通過的原則草擬條約草案 11 條，於 5 月 11 日向鮑格莫洛夫提出，準備正式展開談判事宜。

　　然而，日本軍令部卻於 1932 年 12 月 27 日致電上海與北平等地武官指出：「根據南京海軍武官由支那方面獲得情報，露支復交在事前曾與美國完成協商，露支軍事協定的交涉正在進行之中。」[207] 上海公使館附屬陸軍武官更進一步透過朝日新聞記者，由南京方面探悉顏惠慶與李維諾夫於同年 12 月 12 日在日內瓦商議的「露支互不侵犯條約基本草案」，並於 1933 年 1 月 1 日呈報參謀次長，內容略為：

> （1）中蘇兩國約定在政治與經濟上保持友好的接
> 　　　觸，兩國在平等及相互尊重主權基礎上諒解
> 　　　彼此的存在。
> （2）兩締約國約定其中一方遭受第三國軍事行為
> 　　　時，另一方應遵守中立。
> （3）兩締約國約定彼此互不侵犯。包含不得加入
> 　　　與第三國間簽訂以另一締約國為目的所成立

206　「羅文榦提議與蘇俄簽訂不侵犯條約原則」，〈中蘇互不侵犯條約暨友好條約〉，《國民政府檔案》：001-064110-00005-001。

207　「軍令部次長より上海北平米国各武官宛暗号電」（1932 年 12 月 27 日），〈東支鉄道関係一件：露支国交回復関係〉，JACAR Ref. B10074623600。

的政治同盟或軍事協定，以及不得加入第三
國對另一締約國的敵對行為。

（4）兩締約國相互承認其主權及領土完整，而且
有責任制止以武力或非武力干涉另一締約國
內政事項。

（5）本條約有效期間為五年。在期滿前六個月之
前得向彼方通知是否廢止之意，否則得予以
延長五年。[208]

　　翌日，駐華公使有吉明亦將該件由使館附屬陸軍武
官探得的條約草案情報電呈外相內田康哉。[209] 此後隨
著中國駐蘇大使顏惠慶於該年 3 月 9 日在莫斯科呈遞
國書，駐蘇大使大田為吉獲悉中蘇交涉最新消息，並
於 4 月 19 日致電內田康哉稱，顏惠慶在莫斯科設宴款
待外國新聞記者，但未邀請日本記者。不過，朝日新聞
特派員透過外國通信員詢問有關中蘇互不侵犯條約是
否已經成立，顏惠慶得意地答稱，該條約在當地即已
完成交涉，俟新任蘇聯駐華大使抵達南京後，就會進
行正式簽約程序。[210] 4 月 21 日，外務省歐美局長東鄉
茂德（1882-1950）將該則電訊轉發陸軍省軍務局長山

---

208 「上海公使館附武官より參謀次長宛支第 923 号電」（1933 年 1
月 1 日），〈蘇連邦中華民国間不侵略条約関係一件〉，JACAR
Ref. B04013514200。

209 「有吉明より內田康哉宛第 3 号電」（1933 年 1 月 2 日），
〈蘇連邦中華民国間不侵略条約関係一件〉，JACAR Ref.
B04013514200。

210 「大田為吉より內田康哉宛第 204 号電」（1933 年 4 月 19
日），〈蘇連邦中華民国間不侵略条約関係一件〉，JACAR Ref.
B04013514200。

岡重厚、海軍省軍務局長寺嶋健（1882-1972）、參謀本部第二部長永田鐵山以及軍令部第三班長古賀峯一（1885-1944）等人參考。[211] 上述兩則情報案例顯示，日本軍部與外務省同樣重視中蘇交涉條約之事，也都會彼此交換相關的情報資訊。

然而，上村伸一自南京致電內田康哉謂，經向中國外交界有關人員詢問，得知中蘇條約交涉正準備開始交換意見，中國方面主張的原則有3點，包括：（1）蘇聯不可承認滿洲國、（2）蘇聯不得於中國領土內宣傳共產主義、（3）中蘇兩國整理國境邊界，將兩國軍隊各自撤退回國內。而且上述原則大致得到蘇聯的認同等。上村伸一同時表示，該項談話內容被禁止刊載，因此並未見到當地各報紙報導該項新聞。[212]

睽諸史實，中蘇於 1933 年年初均尚未擬就條約草案，顏惠慶在莫斯科也未負責與蘇方談判條約事宜，雖然朝日新聞方面探得的消息誇大不實，但上村伸一在南京與大田為吉在莫斯科分別探悉中蘇條約情報的內容差異甚大，外務省方面難以研判真實性，故內田康哉將上村伸一來電內容轉知大田為吉參酌。[213] 大田為吉

---

211 「東鄉茂德より山岡重厚など宛第1322号電」（1933 年 4 月 21 日），〈蘇連邦中華民国間不侵略条約関係一件〉，JACAR Ref. B04013514200。

212 「上村伸一より内田康哉宛第 246 号電」（1933 年 4 月 20 日），〈蘇連邦中華民国間不侵略条約関係一件〉，JACAR Ref. B04013514200。

213 「内田康哉より大田為吉宛第 103 号電」（1933 年 4 月 21 日），〈蘇連邦中華民国間不侵略条約関係一件〉，JACAR Ref. B04013514200。

於 4 月 24 日拜會加拉罕，略述以上兩件情報梗概，並表示若此事為真實，恐會惡化近日逐漸好轉的日本對蘇感情。加拉罕答稱，蘇聯尚未與中國交涉該條約，也不知蘇中兩國將於何時展開談判。話鋒一轉，加拉罕指出，前些日子內田康哉對蘇聯駐日全權代表尤列涅夫的談話，表明日本方面對於與蘇聯簽訂互不侵犯條約全然無興趣，若說蘇中兩國締約會惡化日本對蘇態度，實令蘇聯方面難以理解。大田為吉解釋內田康哉的談話旨意在認為日蘇締約時機尚早，日本並未有放棄日蘇條約之意。但是，若是蘇聯方面締結中蘇條約，日本輿論會認為蘇聯方面誤入中國計謀，並攻擊蘇聯是項措施。[214] 翌日，大田為吉將會談情形電告內田康哉，也綜合會談的感想指出，由於有加拉罕節制中蘇條約進展的情報，因此並不認為雙方已洽談至成立條約程度。只是蘇聯雖然顧慮日本態度，但若是認定日本已經放棄對蘇互不侵犯條約，難保蘇聯不會轉向迎合中國意向的局面，迅速地完成締約。[215]

　　不過，4 月 25 日晚上 11 時半，蘇聯外交人民委員會情報部門對日本方面記者表示，塔斯社對於大阪每日新聞及電通社報導蘇中兩國政府交涉締結互不侵犯條約情形，與事實不符，因此委請發表否認該項報導的消

214　「大田為吉より內田康哉宛第 224 号の 1 電」（1933 年 4 月 25 日），〈蘇連邦中華民国間不侵略条約関係一件〉，JACAR Ref. B04013514200。

215　「大田為吉より內田康哉宛第 224 号の 3 電」（1933 年 4 月 25 日），〈蘇連邦中華民国間不侵略条約関係一件〉，JACAR Ref. B04013514200。

息。大田為吉於 4 月 27 日將此事電告內田康哉，但也表示截至26 日晨間，塔斯社電訊與報紙本身亦仍未揭載是項否認訊息。[216] 5 月 8 日，大田為吉再致電內田康哉稱，蘇聯情報部門不僅對日本記者否認中蘇交涉條約之事，也對外國記者表示否認態度。不過，大田為吉認為報紙與塔斯社電訊都未刊載否認訊息，推測是考量到顏惠慶乃至中國方面的立場。同時研判前述 4 月 19 日去電略為顏惠慶對外國記者稱中蘇條約已完成交涉事宜，僅餘簽署步驟的情報可靠性甚高，以為蘇聯方面的否認舉動畢竟只是顧忌日本態度，因此推測中蘇條約的交涉應該已經進行至相當程度。[217]

事實上，新任蘇聯駐華全權代表鮑格莫洛夫於 5 月 2 日入南京遞呈到任國書，並於同月 10 日正式收到外交部提出的條約草案。未久鮑格莫洛夫返回上海臨時住所，並於 26 日和 27 日與日本公使有吉明進行互訪及答禮。 27 日，有吉明致電內田康哉表示，據鮑格莫洛夫稱有關中蘇互不侵犯條約已由對方提出草案，並已將之傳達給蘇聯政府，是項條約與通商條約都尚未展開談判事宜。[218]

大田為吉經由外務省轉來上村伸一電報得知中蘇條

---

216 「大田為吉より內田康哉宛第 225 号電」（1933 年 4 月 27 日），〈蘇連邦中華民国間不侵略条約関係一件〉，JACAR Ref. B04013514200。

217 「大田為吉より內田康哉宛第 297 号電」（1933 年 5 月 8 日），〈蘇連邦中華民国間不侵略条約関係一件〉，JACAR Ref. B04013514200。

218 「有吉明より內田康哉宛第 297 号電」，〈蘇連邦中華民国間不侵略条約関係一件〉，JACAR Ref. B04013514200。

約的交涉才正開始交換意見，加拉罕亦親口告之中蘇兩
國尚未進行條約談判，因此一時認為中蘇交涉進度應當
未到成立的階段。但是，蘇聯情報部門的否認舉動反而
令其感到可疑，回頭堅持以為顏惠慶對外國記者表示已
完成中蘇條約談判情報正確的可能性。只是中蘇交涉確
實於鮑格莫洛夫到任後在南京進行，內田康哉將有吉明
的電報轉知大田為吉知曉，[219] 此後大田為吉亦未再來
電報告莫斯科方面相關的訊息，可知日本方面應是於此
時方確認中蘇交涉在南京正準備展開。

三、談判內情的偵察

　　1933 年 5 月 10 日，外交部向鮑格莫洛夫提出互不
侵犯條約草案。但是，由於蘇聯方面著重於對日關係，
將中蘇條約交涉作為策應與日本展開的中東鐵路買賣談
判，直至 7 月 31 日才回覆中國同意就條約一事進行談
判，並延宕至 10 月 13 日提出蘇方的對案，[220] 內容基
本上為中立性質，與中方條約草案截然不同。

　　在蘇聯對華提出對案之前，日本陸軍省方面已於 8
月 19 日偵查到相關訊息：

　　　中國提案包含不承認滿洲國的中蘇互不侵犯條

219　「內田康哉より大田為吉宛合第 1077 号電」（1933 年 5 月 29
　　　日），〈蘇連邦中華民國間不侵略条約関係一件〉，JACAR Ref.
　　　B04013514200。
220　「蘇聯副外交人民委員致鮑格莫洛夫電報」（1933 年 7 月 31 日）、
　　　「鮑格莫洛夫致蘇聯外交人員委員會部電報」（1933 年 10 月 13
　　　日），李玉貞譯，〈《中蘇外交文件》選譯〉（上），頁 206-207。

約，由於中國的希望過大，已停頓三個月態勢仍然持續著。但是，蘇聯大使鮑格莫洛夫最近從莫斯科政府收到重要訓令，將與羅〔文榦〕外交部長就互不侵犯條約再展開商議。然而，今回蘇聯方面提出的草案，傳聞其內容和現在已與他國締結的互不侵犯條約相同，並沒有特殊條件。可見得此事又是蘇聯牽制日本的策略之一。[221]

另一方面，南京總領事日高信六郎（1893-1976）也由德國方面獲悉相關訊息，於同年 9 月 29 日致電外相廣田弘毅表示，依據德國駐華使館透露德國駐蘇大使的報告指出，加拉罕認為中國方面提出的條約草案主旨在牽制日本，蘇聯方面亦在研究對案。此後鮑格莫洛夫南下之際，向羅文榦提示蘇方對案內容與中方草案大相逕庭。中國方面懷疑，蘇聯企圖將條約談判作為中東鐵路問題上對付日本策略，加上無法研判蘇聯對於新疆的真正意圖，因此對於條約案並未認真地考慮。[222]

事實上，中國條約草案有締約國不參加及援助第三國的敵對行為，與危害對方國領土完整與政治獨立之同盟或協定等條款，故而令加拉罕有牽制日本之感。此時鮑格莫洛夫尚未正式對中國提出蘇方對案，未知何以情

---

221 陸軍省新聞班，「陸發表情報（甲）第 174 号」（1933 年 8 月 19 日），〈各種情報資料‧陸軍省発表〉，JACAR Ref. A03023804900。

222 「日高信六郎より廣田弘毅宛第 489 号電」（1933 年 9 月 29 日），〈蘇連邦中華民国間不侵略条約関係一件〉，JACAR Ref. B04013514200。

報訊息會指稱已向羅文榦提出，不過蘇方草案性質的確
與中方草案不同。而在中國對蘇聯提出草案的同時，蘇
聯方面已正式向日本提議出售中東鐵路，未久即與日本
展開交涉事宜，外交部人員即曾對記者埋怨，鐵路買賣
之事「影響不侵條約進行，無可諱言」。[223] 中國雖然
提出草案，但對於蘇聯態度確實有所疑慮，德方情報的
探查與分析甚為正確。此外，雖然日本方面未能探得條
約草案內容，未知雙方差距為何，不過卻也足以應付蘇
聯在買賣中東鐵路談判上運用洩露中蘇談判訊息的手
段。日本在鐵路買賣談判陷入僵局後，並無顧忌地透過
滿洲國逮捕蘇籍鐵路職員，藉以壓迫蘇聯退讓售路。

　　此後，有吉明於 10 月 20 日致電廣田弘毅謂：「19
日〔上海〕市政府情報處俄羅斯科長趙玄堂對〔日本使
館〕館員表示：『最近蘇聯大使鮑格莫洛夫提出的締結
互不侵犯條約及通商條約案，因為禁止赤化宣傳問題
等，將非常難以實現。』」[224] 讓日本得以研判中蘇雙
方條約草案的歧異，應在共產宣傳問題。故而當鮑格莫
洛夫於1934 年 6 月回任時途經平津地區，北平使館書
記官若杉要趁著與其會談之際，提出「南京政府討伐共
產軍對於蘇聯與支那關係有何影響」的疑問。鮑格莫洛
夫亟力辯說：「坊間宣傳蘇聯唆使支那內亂是不當的惡

223　〈中俄不侵條約之停頓　顯受售路影響〉，《益世報》，1933 年 6
　　　月 27 日，收入李嘯風、沈友益主編，《中華民國史史料外編——
　　　前日本末次研究所情報資料》，第八十五冊，頁 245。

224　「有吉明より廣田弘毅宛第 622 号電」（1933 年 10 月 20 日），
　　　〈蘇連邦中華民国間不侵略条約関係一件〉，JACAR Ref.
　　　B04013514200。

意推論。支那內政的現況，不待他國宣傳，產生勞農平民革命是自然的局勢。即支那的弱點是將絕大部分國家經費投入軍費，苛扣租稅卻沒有實施任何應該讓勞農百姓可以生活的經濟措施。」[225]

　　至於有關中蘇交涉的進度，前述日本已經獲悉中國未用心斟酌蘇方草案的情報，但仍未清楚後續的實際情形。天津代理總領事田中於 1933 年 11 月 9 日致電廣田弘毅謂，羅文榦於 9 日夜抵達天津，向新聞記者發表談話。其中關於外交問題，羅文榦否認將與加拉罕會面的傳聞，同時指出中蘇互不侵犯條約案是與蘇聯大使在南京折衝，但由於旅途之中，故而並未參與此問題的談判，並且表示回南京後將辭去外交部長與司法部長之職。[226] 羅文榦於 1931 年 12 月任司法行政部長，而非司法部長，並於 1932 年 1 月兼任外交部長。確如其所云，羅文榦在回南京後於 1933 年 12 月辭去外交部長兼職，但司法行政部長職務則是於 1934 年 10 月才獲准辭職。日本方面透過羅文榦的簡單談話內容，得悉中蘇將在南京談判互不侵犯條約案，但因其已非談判當事人，未能得知實際交涉進度。

　　1934 年年初，顏惠慶返華述職。有吉明於 2 月 5 日致電廣田弘毅表示，顏惠慶於 4 日抵達南京時對迎接

225　「若杉要より廣田弘毅宛第 243 号の 2 電」（1934 年 6 月 2 日），
　　〈蘇支通商条約関係一件〉，《戰前期外務省記録》，JACAR Ref.
　　B04013664100。

226　「田中より廣田弘毅宛第 520 号電」（1933 年 11 月 9 日），
　　〈蘇連邦中華民国間不侵略条約関係一件〉，JACAR Ref.
　　B04013514200。

的新聞記者表示，對於南京進行中蘇互不侵犯條約及通商條約談判一事，最近並無聽聞到任何消息。[227] 2月24日，有吉明續電謂，由於顏惠慶返華，最近又出現中蘇開始交涉的謠言。而據《申報》社評主撰陳彬龢（1897-1945）私下告之，顏惠慶向其表示駐在莫斯科時，收到蘇聯方面提出中蘇締結互不侵犯條約的建議，也將蘇方所擬條約草案呈送南京，草案內容意旨和西歐諸國之間締結的條約相同。但是，南京方面卻未有任何回應，在等得不耐煩的情形下，以過去未曾休假為由而歸國催促中央答覆，中央方面卻依然未表明態度。陳彬龢認為顏惠慶南下謁見蔣介石，應該可以得到最終的決定結果。不過，中央方面顧及目前對日關係極為微妙時刻，縱使是日蘇之間的互不侵犯條約，也是竭盡可能地先不讓日蘇締約，可以見得要答應蘇聯方面的提案是很困難，屆時顏惠慶將無顏面回任面對蘇聯。[228] 一個多月後的3月30日，南京總領事須磨彌吉郎也致電廣田弘毅稱，昨日顏惠慶親口向其表示，在與鮑格莫洛夫會面時已告之，中國方面因內部事務，一致認為現今局面並不是洽商互不侵犯條約時機，而自己歸任後也沒有洽商此條約的理由。[229]

---

227 「有吉明より廣田弘毅宛第75号電」（1934年2月5日），〈蘇連邦中華民国間不侵略条約関係一件〉，JACAR Ref. B04013514200。

228 「有吉明より廣田弘毅宛第122号電」（1934年2月24日），〈蘇連邦中華民国間不侵略条約関係一件〉，JACAR Ref. B04013514200。

229 「須磨彌吉郎より廣田弘毅宛第281号電」（1934年3月30日），〈蘇連邦中華民国間不侵略条約関係一件〉，JACAR Ref.

　　另外，若杉要也於 6 月 2 日致電廣田指出，在鮑格莫洛夫來華回任途經北平時與其會談，據表示：「蘇國的對支政策與對其他諸國相同，都是在促進和平與通商。」而且「蘇國的外交政策是藉由與相鄰各國個別地締結互不侵犯條約，確保和平，完成國內建設。在西方既已幾乎與各主要國家完成締結此項條約，但在東方則尚未達成目的，與支那之間的交涉也是全然沒有進展狀態。」[230]

　　雖然日本已知中蘇條約談判地點在南京，但顏惠慶於 1934 年年初由莫斯科回抵中國，日本方面即積極透過各種管道由其身上探取相關訊息，同時也直接向鮑格莫洛夫探問消息，除了顯示日本探索情報來源的多元性外，也說明日本亟為關注中蘇聯合的可能性，透過中蘇兩位大使的說法注意到談判似無後續進展。

　　不過，真正讓日本更加清楚掌握中蘇交涉的內情，則是外交次長唐有壬兩次向有吉明透露的秘密訊息。首次為 3 月 12 日，唐有壬拜會有吉明表示：「前些日子蘇聯大使積極地前來催促露支互不侵犯條約之事，汪精衛及其本人認為應當靜觀日蘇關係，尤其是中東鐵路買賣問題是否成立。若該買賣成立的話，應該可以一掃日蘇兩國之間的險惡氣氛，屆時也可以締結無益亦無害的露支互不侵犯條約，現今並無強行進行冒險措施的想法。」最後並強調「自己對於蘇聯抱持特別警戒且慎重

<hr>

B04013514200。

230 「若杉要より廣田弘毅宛第 243 号の 1 電」（1934 年 6 月 2 日），〈蘇支通商条約関係一件〉，JACAR Ref. B04013664100。

的態度」。[231] 另一次是 9 月 14 日，唐有壬再次前去拜
見有吉明指出：「調查顏惠慶遲未回任的理由，研判
是因為他認為可以輕鬆完成締結蘇支互不侵犯條約，
在離任之際似乎與蘇方有某種程度的約定，如今情況
使其不得歸任。」[232]

其實有關中蘇條約談判事宜主要由蔣介石一手掌
控，並視其態度而決定。自鮑格莫洛夫於 1933 年 10 月
提出蘇聯條約草案後，中國未曾回覆意見，交涉一事
已悄然而止，直至 1935 年 7 月孔祥熙召見鮑格莫洛夫
後，才再次展開該議題的交涉。在此段期間，中蘇條
約談判案並無實質的談判動作。而行政院長汪精衛於
1933 年 12 月羅文榦辭去外交部長後正式兼任該職，並
找來唐有壬在 1934 年 2 月擔任外交次長。唐有壬因職
務緣故，直接面對鮑格莫洛夫向外交部催促並接觸相關
訊息，日本經由該管道得以確認有關顏惠慶情報的真實
性，獲知中蘇條約交涉基本上在 1934 年間並無進展。

時序進入 1935 年，日本仍持續關注中蘇條約交涉
情形。2 月 18 日，有吉明電廣田弘毅謂，顏惠慶在 16
日由南京前來上海，準備自該地出發回莫斯科任職，在
上海對新聞記者發表談話，但卻未回答有關互不侵犯條
約的締結問題，僅略述三年前緊張的中蘇關係，最近已

---

231 「有吉明より廣田弘毅宛第 157 号電」（1934 年 3 月 12 日），
〈蘇連邦中華民国間不侵略条約関係一件〉，JACAR Ref.
B04013514200。

232 「有吉明より廣田弘毅宛第 927 号電」（1934 年 9 月 14 日），
〈蘇連邦中華民国間不侵略条約関係一件〉，JACAR Ref.
B04013514200。引文的「露支」或「蘇支」之詞，係按史料原文
所載，未予更動。

經有顯著改善。[233] 約近三個月後，須磨彌吉郎於 5 月
11 日與鮑格莫洛夫談話中獲悉許多中蘇問題的訊息，
並於同日致電廣田弘毅謂，據鮑格莫洛夫表示，多次與
汪精衛會面，催詢中國方面對於互不侵犯條約的態度，
汪精衛認為要確認蘇聯方面對於新疆的真正意圖。鮑格
莫洛夫答覆蘇聯也希望南京政府威令能貫澈於該省，並
且指出汪精衛看起來能夠理解此說法，但有關互不侵犯
條約則明示中國方面尚無此意願。[234] 同日，唐有壬拜
會日本公使館書記官堀內干城（1889-1951）並秘密地
對其透露：「前些日子鮑格莫洛夫提議締結露支互不侵
犯條約及通商條約的案子，外交部會議討論結果，一致
反對涉及政治性的條約，難以締結互不侵犯條約，但考
慮商議規範通商關係的條約。」[235]

　　基本上，顏惠慶迴避問題的態度，已經給予日本得
以研判中蘇交涉進度在 1935 年年初應仍無進展。鮑格
莫洛夫的談話與唐有壬洩露的外交部會議決議，讓日本
確認情勢並未變化，也透露出以汪精衛、唐有壬二人為
主的中國外交部與蘇聯雙方，對於互不侵犯條約的態度
冷熱有別。

　　不久，孔祥熙與蔣介石陸續於 1935 年 7 月與 10 月

233 「有吉明より廣田弘毅宛第148号電」（1935 年 2 月 18 日），
　　〈蘇支通商条約関係一件〉，JACAR Ref. B04013664100。

234 「須磨彌吉郎より廣田弘毅宛第456号電」（1935 年 5 月 11
　　日），〈蘇連邦中華民国間不侵略条約関係一件〉，JACAR Ref.
　　B04013514200。

235 「堀內干城より廣田弘毅宛第407号電」（1935 年 5 月 13 日），
　　〈蘇支通商条約関係一件〉，JACAR Ref. B04013664100。

分別約見鮑格莫洛夫，再度展開條約案的交涉。但是，
此後日本方面至 1936 年 4 月 15 日，駐華代理大使若杉
要經由與鮑格莫洛夫會談，才又得以獲知新的訊息。
若杉要致電外相有田八郎表示，向鮑格莫洛夫「詢問蘇
支之間互不侵犯條約的交涉情形」。鮑格莫洛夫表示：
「蘇聯方面向支那提議的互不侵犯條約，支那方面卻是
全然沒有興趣的態度。」若杉要追問：「坊間相信蘇支
之間正在進行某種密約，未知真相如何？」鮑格莫洛夫
回答：「蘇聯的基本政治方針是排斥秘密條約，故而對
於支那也不會締結秘密條約。現今不可能締結互不侵
犯條約及通商條約的情況是很明顯的。」[236] 此外，同
年 8 月 25 日，有田八郎致電莫斯科代理大使酒匂秀一
（1887-1949）指出，據駐華使領館方面呈報消息指出：
「22 日〔外交次長〕陳介對須磨表示，18 日赴滬之際，
有關新聞記者質問蘇支密約的真相一事已予以否認，並
答以通商條約的交涉目前正停頓中，若蘇方希望的話，
可以重新開啟對話。」[237]

另一方面，11 月 19 日，日本駐滿洲國大使植田謙
吉呈報有田八郎有關哈爾濱陸軍特務機關探悉的情報指
出，蘇聯駐哈爾濱總領事斯拉夫斯基於 10 月 24 日與捷
克駐哈爾濱領事會談，對於中日問題指出：「日本報紙
雜誌就蘇聯與南京政府之間關係傳布的流言蜚語，其實

236 「若杉要より有田八郎宛第 256 号電」（1936 年 4 月 15 日），
〈蘇連邦中華民国間不侵略条約関係一件〉，JACAR Ref.
B04013514200。

237 「有田八郎より宛酒匂秀一第 292 号電」（1936 年 8 月 25 日），
〈蘇支通商条約関係一件〉，JACAR Ref. B04013664100。

南京政府高層的真正心意是反蘇的。他們為了抗日而利用蘇聯並沒有感到猶豫，但由於與蘇聯接近恐會惡化與其他各國的關係。另一方面，蘇聯外交當局不希望直接參與支那問題，寧可讓給其他強國，即英美在第一線。而且並沒有存在著什麼蘇支、蘇英協約。」[238]

　　鮑格莫洛夫的埋怨與陳介（1885-1951）透露的訊息，讓日本方面得以對照中蘇兩造說法，以為中蘇條約交涉一事至 1936 年間依舊無進展。而來自哈爾濱偵悉的蘇方情報，也讓日本得知蘇聯不願置身中日糾紛之中，中蘇之間並沒有秘密條約。

　　事實上，孔祥熙與蔣介石在 1935 年下半年間已分別向鮑格莫洛夫提議直接簽訂互助協定。鮑格莫洛夫對若杉要的答覆並非謊言，中國方面對於互不侵犯條約確已無興趣，只是鮑格莫洛夫未向若杉要透露中國方面正試著向蘇聯探詢締結互助協定的可能性。此外，同屬蔣介石核心集團張羣在 1935 年底接任外交部長，在 1936 年年底與鮑格莫洛夫會談時曾指出互不侵犯條約沒有用處，中蘇談判應該「沿著合作互助的路線建立更加久遠的關係」。[239]身為外交次長的陳介即使不知此事，多少應有所聽聞。不過，由於中方多次提議均遭蘇方直接拒絕，「蘇支密約」確實並不存在，陳介的說法似乎同樣有所保留。

　　由於汪精衛於 1935 年 11 月 1 日國民黨四屆六中全

---

238 「植田謙吉より有田八郎宛公機密第 1988 号」（1936 年 11 月 19 日），〈支那蘇連邦外交関係雑纂〉，第 3 卷，《戰前期外務省記錄》，JACAR Ref. B02030820700。

239 「鮑格莫洛夫與張羣的談話記錄」（1936 年 11 月 7 日），李玉貞譯，〈《中蘇外交文件》選譯〉（上），頁 234-235。

會開幕儀式後合影時，遭到暴徒槍擊受傷，並於同年
12 月初辭去行政院長兼外交部長職務，唐有壬也隨之
辭去外交次長職務，更於同月底在上海寓所遇刺身亡，
日本喪失非常重要的情報來源管道。[240] 加上自 1935 年
下半年重啟的中蘇交涉一事係由蔣介石等核心人物直接
進行，在盧溝橋事變之前近兩年期間，日本方面僅能
探得並無「中蘇密約」存在的訊息，但對於內情卻毫無
所悉。

小　結

　　一般認知蘇聯是因為九一八事變後面臨日軍在滿洲
直接威脅，提議締結「日蘇互不侵犯條約」，殊不知在
1920 年代後期已提出締約建議。惟先前目的係因國際
地位脆弱而著重與周邊國家維持和平並減少國境紛爭，
同時突破西歐諸國在國際上的排擠；事變後則明確是在
國力未豐之前防範日軍可能的反蘇軍事攻擊。

　　中國在事變後與蘇聯復交，並立即於 1933 年起與
蘇聯展開交涉締約事宜。外交部所提條約草案在對外重
視東北與外蒙古問題；對內著重防止赤化問題，雖無明
顯的聯蘇制日涵意，但不參與第三國敵對行為與權益的
條文則有牽制日本意圖，對內的共產黨問題在政治上似

240　前述引用日本駐華使節人員呈報來自唐有壬透露消息的各件電
　　文，多有註明「唐的立場關係，請嚴禁洩露情報來源」、「請
　　勿對外部發表」、「唐的立場關係，在採用時請特別注意」等
　　文字，除了說明唐有壬與日本關係十分密切，也顯示唐有壬提
　　供的訊息是外務省方面非常重要的情報來源。

有中蘇共同防「中共」之涵意，透露出此時中國方面的
防共概念包含共產主義、蘇聯與中共。惟蘇聯中立性質
草案與中方期望差距過大，同年底談判暫時擱置。

一般以為由於中方拒絕而使兩國關係未能在復交後
進一步調整，且此後兩年致力於中日親善與武力剿共。
事實上，此刻蘇聯冀望與日本締約，更因日本屢次拒絕
而改以出售中東鐵路方式，期望取得互不侵犯條約的
作用。蘇聯不僅考量中蘇關係進一步發展會影響日蘇締
約，更利用中蘇談判一事以洩露中方草案刺激日本購路
意願。但日本自九一八事變以來即特別關注中蘇關係發
展，不斷地刺探中蘇復交與談判締約內情，並依據情報
而未讓蘇聯意圖得逞，反而憑藉情報訊息確知中蘇談判
差距過大而採取逮捕蘇籍鐵路職員方式，壓迫蘇聯售
路。可知，此時中蘇兩國都以對日外交為重心，雙方並
無立即交涉進一步調整關係的迫切性。因此與其究責於
中國拒絕，應當同時明瞭日蘇關係的影響以及中蘇各自
的期望。

此後蔣介石透過孔祥熙於 1935 年 7 月向蘇聯提議
簽訂互助條約，中蘇交涉再起。以往認為是在華日軍於
該年上半年策動華北事件而促使蔣介石轉變對蘇態度，
但危急的華北情勢僅是蔣介石加緊聯蘇步驟的「催促
點」，引起其主動且積極改善中蘇關係的「觸發點」，
是 1934 年 4 月日本意圖獨霸中國的「天羽聲明」，因
而有同年 10 月蔣廷黻訪蘇試探之行。此後中蘇經過約
一年試探，日本向中國提出廣田三原則一事，令蔣介石
「認為對蘇交涉應該積極進行」而於 10 月 18 日約晤鮑

格莫洛夫洽談，成為其主動出擊的「展開點」。由蔣介石積極轉換對蘇外交的過程之中，可以發現在日本步步壓迫的情勢力，其防共概念似乎不得不暫時擱置蘇聯，極力拉攏蘇聯合作。

蘇聯因為華北事件與廣田三原則感到不安，於1935年底正面回應蔣介石的互助協助提議。不過，蘇聯對於蔣介石欲以「孫越宣言」作為中蘇關係基礎有疑慮，重要是1934年間已有的德日締結同盟密約傳聞於此刻再起，蘇聯多次偵獲德日以蘇聯為對象的結盟情報，甚至偵得1936年11月德日「防共協定」未公布以其為目標的密約內容，德國威脅成為蘇聯優先關心的重點。蘇聯為了避免東西兩面同時受敵，以「先德再日後中」態度依序因應德國威脅、日本壓迫、對華關係。此刻中蘇互助條約反而有可能因中日糾紛而在東方引發日蘇開戰的危險，因此消極地因應蔣介石冀望的軍事互助訴求。

歷史非常複雜，人心又極幽微。防共糾葛下的中蘇與日蘇關係，隨著彼此關係發展與瞬息萬變的國際情勢，各國主政者各有其冀望的構想以及各自關注的重點與對象，國力最弱且有所求的中國，在此場國際合縱連橫所發揮的作用力畢竟有限。尤其是未久中日戰爭爆發，中國面對強敵日本侵略而極需外援的情況下，以蘇聯為對象的防共概念不得不相應地調整，優先面對眼前對日戰爭的威脅。

第四章　中日戰爭初期雙方的因應

　　1936 年間蘇聯拒絕蔣介石的軍事互助協定提議、中日「調整國交」會談因糾結於防共問題而無果告終，以及西安事變改變武力剿共政策，這些情勢都是蔣介石在 1937 年初期籌劃對日與對蘇政策必須考量的背景，因此促使其採取國聯路線的對外策略。惟具體方案與推動方式考驗著他的智慧，但其顧慮日蘇兩國可能反應的猶豫態度，以及突發的戰爭情勢，同樣可能影響施策的腳步與結果。

　　中日戰爭爆發，戰火自平津漫延至上海未久，「中蘇互不侵犯條約」即告簽訂。蔣介石以為可「使倭不再夢想其與我訂共同防俄條約」，[1] 說明中國的防共概念已明確擱置蘇聯。但日本研擬的各件停戰議和條件方案，甚至陶德曼調停均一再提出中日共同防共議題，可知雙方對於此條約的看法有異，其原因耐人尋味。在日本冀望與中國展開停戰議和交涉期間，日本拒絕「九國公約」布魯塞爾會議而發表的聲明，透露出其對於世界體系看法與企圖追求的目標，顯示了中日戰爭的結果對於型塑國際秩序具有關鍵地位。最後陶德曼調停失敗主因雖為日本加重議和條件，惟日本方面並非一次全盤托出新條件內容，但中國在初知新條件部分內容即認為難

1　《蔣介石日記》（手稿），1937 年 8 月 9 日。

以接受，此中間的過程實值得細究。

　　本章擬由 1937 年年初蔣介石謀劃與推展對外政
策，瞭解中國簽訂「中蘇互不侵犯條約」因應中日戰爭
的背景與原因，以及日本對此條約內情的偵查與情報的
研判。同時略論日本拒絕布魯塞爾會議的歷史意義，並
且比較陶德曼調停前後傳達的議和條件內容。

第一節　「瞻俄顧日」下的「中蘇互不侵犯條約」

一、「太平洋地區公約」與中英軍事合作的推動

　　1936 年 1 月 7 日，山西省政府主席徐永昌對軍事
委員會副委員長閻錫山謂：

> 今日備戰與外交，雖不可一日忽略，然收效絕甚
> 少，盡心盡力為之而已。惟求自己自強，乃絕對
> 有效。若既備戰矣，又復瞻俄顧日，終日擾擾於
> 求人，則國漸亡，吾省先入敵矣。[2]

　　雖然徐永昌以為備戰與外交均不可忽略，但主要在
強調備戰自強，對於求人的「瞻俄顧日」外交似乎並不
以為然。只是日本積極推動以蘇聯為目標的防共國防政

2　徐永昌著，中央研究院近代史研究所編，《徐永昌日記》，第三
　　冊（臺北：中央研究院近代史研究所，1990 年），1936 年 1 月 7 日，
　　頁 351-352。

策，並據以制定對華政策，身為弱國的中國被動地捲入
日蘇問題，而形成中日蘇三國複雜關係，難以回避國際
合縱連橫的紛爭。

　　蔣介石在 1936 年中日「調整國交」會談期間，曾
經以解決華北問題而考慮日本防共訴求，並且利用此會
談訊息，冀望於蘇聯同意締結互助協定，但同時又顧慮
於共同防共侵害中國主權，以及蘇聯與中共關係以及
外蒙地位問題。蔣介石的對日與對蘇外交呈現著「瞻
俄顧日」現象，此種情況在進入 1937 年後似仍難以改
變。此外，1936 年間蔣介石在軍事追剿中共過程中原
本已確定清共聯俄策略。[3] 但是，該年年底西安事變和
平落幕，迫使蔣介石不得不改以政治解決中共問題，故
於 1937 年伊始即決定採取「和俄制共」政策。[4] 然而，
蘇聯在 1936 年間，已多次明確拒絕中國的互助條約要
求，僅願交涉互不侵犯條約。後項條約並無助於中國抗
日，反有刺激中日關係的疑慮，故而如何「和俄」以應
付中日「調整國交」談判失敗後嚴峻的中日關係，成為
蔣介石在 1937 年初始需要面對的問題。

　　1936 年 12 月 25 日，外交部參事官丁紹伋於西安事
變結束後至東京觀察日本政治情勢，次日致電外交部：

　　　　日人對華觀念因陝變發生，稍有轉變。……又因

3　《蔣介石日記》（手稿），1936 年 3 月 8 日；徐永昌著，中央研究
　　院近代史研究所編，《徐永昌日記》，第三冊，1936 年 10 月 17 日，
　　頁 481。

4　《蔣介石日記》（手稿），1937 年本年政策。

> 中國人在綏遠作戰異常忠勇，若中日開戰，日軍
> 必有犧牲，加以近日□□□□之聲浪漸高，果成
> 事實，中俄兩國皆為日本之敵，軍部雖驕，不能
> 不有顧慮，已有提議，改對我方針，採用柔軟手
> 段，以排俄防共為條件，不反對國民政府者，東
> 京政府確有暫不擾亂華北之意。[5]

　　蔣介石研判日本可能因西安事變而改變對華態度，
故於 1937 年年初曾預測對日交涉的可行性，認為「不
可刺激亦不可畏縮，以維持現狀，相機進取，如刺激則
危險性尚存」，以為「先交涉取消冀東，而緩談察北，
然無防共條件，則不能達此目的」，故而考慮「收回華
北行政主權，重訂中日平等條約為號召」，惟幾經思考
後仍感到「對倭交涉危險性尚多，剛柔兩難」，[6] 顯示
蔣介石曾考慮是否再次與日本進行直接談判。但是，如
同丁紹伋指稱，日本軍部仍以「排俄防共」為條件，而
蔣介石也清楚知道日本重視防共問題，為了避免讓中國
身陷日本防共戰略的險境，考慮「進行太平洋各國會議
以制倭」，冀望「運用太平洋和平會議之召集」以親英
聯美，並在此前提下，「對倭外交方鍼，以國聯為基礎
與俄合作」。簡言之，即在處理對日問題所需的聯蘇策
略下，採行「注重國聯路線」，「外交以國聯和平集團

<hr>

5 「丁紹伋致外交部電」（1937 年 12 月 26 日），中華民國外交問題
　研究會編，民國歷史文化學社編輯部，《近代中日關係史料彙編：
　蘆溝橋事變前後的中日外交關係》（臺北：民國歷史文化學社，
　2020 年），頁 93。

6 《蔣介石日記》（手稿），民國二十六年大事表、1937 年 2 月 6 日。

為基礎」，[7] 推動和俄政策。

　　另一方面，1937 年 2 月 16 日，駐蘇大使蔣廷黻在使館宴請返蘇述職的駐華全權代表鮑格莫洛夫，表示奉南京外交部來電催請返任，並洽談中蘇兩國未來的關係。蔣廷黻表示：「據我的觀察，遠東問題不僅是中日問題，也不僅是蘇日問題，是世界問題，歐西各國及美國均在遠東有重要的利益。」「中國已準備以全力赴之，惟尚不足。愚意中蘇應攜手，作為反日的核心，然後兩國合作，以促進反日的大同盟。」同時說明對於中蘇攜手的具體意見為「政治的及軍事的合作」。鮑格莫洛夫詢問有關英美兩國態度。蔣廷黻認為「英國近來態度大變」，「英國輿論的反日一天進步一天」。但是，對於美國的態度則以為「想必趨於積極，惟美國國情特別，事前與之訂攻守同盟條約是不可能的」。不過，鮑格莫洛夫則樂觀地指出：「據我所得的消息，羅斯福的政策將趨於積極。」最後，鮑格莫洛夫認同蔣廷黻指稱中蘇「兩國的出路均在一個大聯合之中」，但因其表示尚未與蘇方當局洽談，故當日夜談僅為閒談結果。[8] 蔣廷黻的中蘇政治軍事合作仍為互助條約之意，並在此基

7　《蔣介石日記》（手稿），民國二十六年大事表、1937 年本年政策、
　　1 月 5 日、2 月 16 日。

8　「蔣廷黻與鮑格莫洛夫大使談話紀錄」（1937 年 2 月 16 日），中
　　國第二歷史檔案館編，〈駐蘇大使蔣廷黻與蘇聯外交官員會談紀
　　錄〉，《民國檔案》，1989 年第 4 期（1989 年 11 月），頁 28-29；「駐
　　華全權代表 D. V. ボゴモロフと駐ソ中華民国大使蔣廷黻の会談記
　　錄」（1937 年 2 月 16 日），河原地英武、平野達志譯著，家近亮子、
　　川島真、岩谷將監修，《日中戦争と中ソ関係——1937 年ソ連外
　　交文書邦訳・解題・解說》（東京：東京大学出版会，2018 年），
　　頁 10-13。

礎上擴大為聯合歐美各國的反日同盟，顯示南京方面的來電似有向其透露「以國聯為基礎與俄合作」構想。

　　蘇聯共產黨中央委員會政治局基於集體安全的構想，於 1937 年 3 月 8 日決議訓令鮑格莫洛夫對中國恢復互不侵犯條約的交涉、促成太平洋地區公約的締結、同意軍售中國、不反對蔣經國（1910-1988）返國等。[9] 同月 10 日，蘇聯人民外交委員李維諾夫公開對記者暢談太平洋地區公約的想法。次日，蔣廷黻拜會李維諾夫，詢問有關記者會詳情，並提出「先以中蘇協定的形式建立某個核心，讓其他太平洋地區的國家也可以參加」的意見。但是，李維諾夫以為「如果說有極小的可能性建立太平洋聯盟，那麼這一極小的可能性就會被蘇中雙邊協定化為烏有」。因為英美等國「會很樂意從遠處觀望蘇中單獨締約發生作用，希望靠這個條約就足以擋住日本對中國的侵略」。同時指出應該「從地區公約著手」，並認為「現在該做的就是要說服其他國家，特別是英美。而中國的和我國的外交則應該為此做出努力」。此外，李維諾夫也表示：「我國政府也在尋求合作的途徑，並準備給 16 日要到中國去的鮑格莫洛夫同志一些必要的指令。」[10]

9　「全連邦共産党（ボ）政治局の中国問題に関する決議より抜粋」（1937 年 3 月 8 日），河原地英武、平野達志譯著，家近亮子、川島真、岩谷將監修，《日中戦争と中ソ関係──1937 年ソ連外交文書邦訳・解題・解説》，頁 20。

10　「蘇聯外交人民委員與中國駐蘇大使蔣廷黻的談話記錄」（1937 年 3 月 11 日），李玉貞譯，〈《中蘇外交文件》選譯〉（下），章伯鋒主編，《近代史資料》，總 80 號（北京：中國社會科學出版社，1992 年），頁 186；「ソ連外務人民委員 M. M. トヴィノフと駐ソ

　　4月1日，行政院代理院長孔祥熙約晤鮑格莫洛夫，在聽聞其闡述蘇聯政府有關太平洋地區公約的觀點與建議後表示：「擔心中國若建議日本參加太平洋公約，這個建議會被說成是對滿洲國的承認。」3日，鮑格莫洛夫會見蔣介石，已由孔祥熙報告獲悉蘇聯建議內容的蔣介石認為「俄態不肯澈底」，[11] 認定蘇聯仍不願逕行與中國締結互助條約，故以身體欠佳為由，請其與外交部長王寵惠談判。會晤結束後，鮑格莫洛夫感覺到蘇聯政府「拒絕互助條約並未使中國政府感到意外」，所以藉由蘇聯「允諾支持太平洋公約並對未來簽訂雙邊條約寄以希望，便為下一步談判創造了比較有利的氣氛」，並認為有關技術合作的建議已引起其興趣，只是「蔣介石在就這個問題做出決定之前所以稱病，是想再贏得一些時間」。[12]

　　4月12日，鮑格莫洛夫正式與王寵惠進行交涉，講述蘇聯「對太平洋公約的看法，同時強調就互不侵犯條約立即開始談判是必要的和適當的」，認為該條約「有助於未來可能就互助條約進行的談判」，同時提出具體步驟：

　　（1）中國政府率先提議太平洋國家參加太平洋地區域性互助公約的談判。

中華民国大使蔣廷黻の会談記録」（1937年3月11日），河原地英武、平野達志譯著，家近亮子、川島真、岩谷將監修，《日中戦争とソ連関係——1937年ソ連外交文書邦訳・解題・解說》，頁23-24。

11　《蔣介石日記》（手稿），1937年4月2日。

12　「蘇聯駐華全權代表致蘇聯外交人民委員部電報」（1937年4月3日），李玉貞譯，〈《中蘇外交文件》選譯〉（下），頁188-190。

（2）如果太平洋公約不能簽署，蘇聯準備以後重新
　　　考慮締結蘇中雙邊互助條約的可能性問題。

（3）立即開始蘇中互不侵犯條約的談判。

　　王寵惠並未給予切實的答覆，僅表示「會把這些建議提交政府討論，會同蔣介石討論」。[13]

　　會談後王寵惠將蘇聯的建議與其看法呈報蔣介石，表示洽談中當即提出兩點疑問，包括：何以不由蘇聯邀請召開太平洋會議？以及三項步驟有無先後關係？據鮑格莫洛夫答覆略為：「蘇聯前在歐洲提議與法、德、波、捷四鄰邦締結互助協定，不料發生諸多誤會。」「若此次由中國召集，則可免去許多誤會。」以及「三步驟確有先後之關係，中蘇兩國無論訂立互不侵犯條約或互助協定，在蘇聯意見，必須經過第一步驟。」最後，鮑格莫洛夫強調：「即中國不與之締結互不侵犯條約或互助協定，亦願助中國五千萬元之軍械及軍用品。中國方面可以貨物分期償還，所以表示極盼中國鞏固國防之誠意也。」

　　對於蘇聯建議的三步驟，王寵惠認為若欲進行，有4點需要注意：

　　　（1）太平洋地區公約關係到國際心理作用；「中
　　　　　蘇互不侵犯條約」屬於消極辦法，對於中日

13　「蘇聯駐華全權代表鮑格莫洛夫與中國外交部長王寵惠談話記錄」（1937 年 4 月 12 日），李玉貞譯，〈《中蘇外交文件》選譯〉（下），頁 190-191；「駐華ソ連全權代表 D. V. ボゴモロフの日記」（1937年 4 月 1-30 日），河原地英武、平野達志譯著，家近亮子、川島真、岩谷將監修，《日中戰爭と中ソ関係——1937 年ソ連外交文書邦訳・解題・解說》，頁 37-39。

關係恐有損而無益；「中蘇互助條約」才有
實際值得特別注意。

（2）蘇聯欲與中國訂立之互助條約大體略如其與
法捷兩國之互助協定，實行互助手續煩重，
似不足以應付遠東危局。

（3）日本必極力反對中蘇進行互助條約，最好能先
得到各關係國之贊成或諒解，尤其是英國。

（4）英日談判行將正式開始，結果如何尚難預料。

最後，王寵惠建議：「此時對於蘇聯提議似可暫取
靜觀態度，不必有切實之表示。」[14]

蘇聯方面為了對中國展現誠意，已同意釋放蔣經
國返華。中國方面於 3 月 17 日獲悉訊息，蔣經國則於
4 月下旬返抵上海。[15] 蔣介石在面對蘇聯於 1936 年間
多次拒絕互助條約的要求，而互不侵犯條約又無助於對
日問題，在 1937 年伊始即決定「以國聯為基礎與俄合
作」，有關「對俄交涉之進行，以英法為介」。因此蔣
介石於 3 月初決定派遣孔祥熙組織特使團，利用出席 5
月間英王喬治六世（George VI, 1895-1952）加冕典禮
時機，展開對英合作的工作。孔祥熙的聯英任務，包括

---

14 王寵惠，「對於蘇聯提議共同預防外患之意見」（1937 年 7 月 8 日），
〈革命文獻－對蘇外交〉，《蔣檔》：002-020300-00042-001；王寵
惠，「對於蘇聯提議之意見」（1937 年 7 月 8 日），〈對蘇俄外交
（二）〉，《蔣檔》：002-080106-00063-001。

15 《蔣介石日記》（手稿），1937 年 3 月 17 日；「毛慶祥致蔣介石
世午電」（1937 年 3 月 31 日）、「蔣廷黻致蔣介石元電」（1937
年 4 月 13 日），〈國人出國考察留學〉，《國民政府檔案》：001-
062220-00002-002。

對英借款和尋求與英國「經濟、軍事與情報合作」，[16]
以及嘗試推動太平洋地區公約。蘇聯釋放蔣經國一事，
基本上並未變更蔣介石於年初即已決定採行國聯路線的
和俄政策。

在中英軍事合作方面，緣於 1936 年 11 月德日簽
訂「防共協定」對後中德軍事合作的疑慮與影響。[17]
1936 年 12 月 2 日，外交部長張羣電蔣介石稱：「現在
國際情形，瞬息萬變，我方似應如感〔27 日〕電所陳，
於表示不滿並嚴密監視，發表中繼續與德聯絡。至德
籍顧問，似可轉飭主管機關，對於彼等行動先加嚴密
注意，俟原訂合作屆滿，苟無絕對必要者，可陸續解
僱。」[18] 同日，外交部訓令駐德大使程天放：「目前我
方對德日協定態度，一面盡量表示我方之失望與不滿，
並對德方在東亞行動嚴密監視；一面仍設法與之聯絡，
維持友好關係。」[19] 因此雖然表面上中德仍維持友好關
係，但實際上兩國關係已因此而受創。[20] 故而蔣介石派
遣孔祥熙出使倫敦推動中英軍事合作，並於 5 月 9 日電

---

16 《蔣介石日記》（手稿），1937 年 3 月 12 日、3 月 31 日本月反省錄、
   4 月 16 日。

17 蕭李居，〈國民政府對於德日「防共協定」的因應〉，《國史館館
   刊》，第 58 期（2018 年 12 月），頁 90-98。

18 「張羣致蔣介石冬四電」（1936 年 12 月 2 日），〈特交文電—
   對英法德義關係（四）〉，《蔣檔》：002-090103-00014-089。

19 「外交部致柏林大使館第 404 號電」（1936 年 12 月 2 日），〈日
   德協定〉，《外交部檔案（國）》：020-010102-0165，頁 124。

20 1937 年 5 月，蔣介石對德國駐華大使陶德曼表示：「儘管德國保
   證，此〔德日防共〕協定並非針對中國，也不會導致德日意三國
   同盟，但德中關係仍因此而受創。」請參閱：郭恆鈺、羅梅君主編，
   許琳菲、孫書豪譯，《德國外交檔案：1928 ～ 1938 年代中德關係》
   （臺北：中央研究院近代史研究所，1991 年），頁 57。

示合作原則在於注重精神與基礎，具體辦法包括：互換
情報與參謀、協助中國建設沿江沿海要塞以及建構中國
海空軍、向英國採購海空軍武器與材料等。[21] 說明中國
鑑於德日「防共協定」成立，另行推動以英國取代德國
的軍事顧問與軍售的構想。

　　在太平洋地區公約方面，蔣介石於 3 月 5 日「與美
大使說話，預備太平洋和平會議」，「凡與太平洋有
關之各大國，如英美法蘇俄等，均將邀請參加」，[22] 並
於 4 月間透過英國傳話，略謂中國願意與英、美、日
共同研商冀東、察省與華北走私等問題，[23] 嘗試透過美
英兩國探詢展開多國會談的可能性。王寵惠也於 5 月間
與鮑格莫洛夫進行交涉，並表示「基本上贊同太平洋
公約的想法」，[24] 但「認為不宜由中國單獨發起召集，
以聯合英美法蘇共同發起為佳」。[25] 奉派出使英國負責
推動該項任務的孔祥熙於 6 月 19 日電告蔣介石：「對
于外交上之目標，為聯合歐美各國共同助我。俄方欲
我提倡之沿太平洋各國不侵犯公約」，業由澳洲總理
賴恩斯（Joseph A. Lyons, 1879-1939）向英國外相艾登

21　「蔣介石致孔祥熙佳電」（1937 年 5 月 9 日），〈籌筆─統一時
　　期（一七五）〉，《蔣檔》：002-010200-00175-019。

22　《蔣介石日記》（手稿），1937 年 3 月 5 日；王正華編，《蔣中正總
　　統檔案：事略稿本》，第 40 冊（臺北：國史館，2010 年），頁 252。

23　李仕德，《英國與中國的外交關係（一九二九～一九三七）》（臺
　　北：國史館，1999 年），頁 358。

24　「鮑格莫洛夫致斯多蒙涅可夫函」（1937 年 5 月 5 日），李嘉谷編，
　　《中蘇國家關係史資料匯編（1933-1945）》（北京：社會科學文
　　獻出版社，1997 年），頁 69 註 3。

25　孫科，《中蘇關係》（上海：中華書局，1946 年），頁 16。

（Anthony Eden, 1897-1977）提出，「現該案已通過，交由英政府相機向有關係各國積極進行」。[26] 可知，蔣介石在無法直接取得中蘇互助條約的情況下，蘇聯倡議太平洋地區公約與其想法並不衝突，因此嘗試推動此議，但卻是利用孔祥熙出使英國時機，試探透過由英國出面，推動蘇聯欲中國提倡太平洋地區公約的可能性。

　　5 月中旬，英王喬治六世加冕典禮結束，孔祥熙等人積極與英國政府相關人員洽商。由於納粹德國崛起，歐洲戰雲密布，形勢緊繃。該月 16 日，孔祥熙電蔣介石稱：「因英國現正充實本身實力，在兩年以內難以現款購買，亦苦無餘力為外人製造。」[27] 21 日，孔祥熙再電謂：「關於軍事計劃，英方表示贊許。惟人選甚難，蓋英國本身現正充實軍備，所有上乘人才，自用不足。次等人才，自問亦不願推薦。且驟派顧問來華，又恐招忌他方。」[28] 事實上，英國對華關係著重於經貿方面，並非蔣介石企盼的軍事合作。艾登曾表示英國的遠東政策建立在英日中三角關係，並與美國保持聯繫，因此將日本排除在外的中英合作會十分困難。[29] 故而艾登與孔祥熙密談時，即直言「不欲因友華而招

---

26 「孔祥熙致蔣介石皓電」（1937 年 6 月 19 日），〈孔祥熙與蔣方震呈外交報告〉，《國民政府檔案》：001-060004-00001-002。

27 「孔祥熙致蔣介石銑二電」（1937 年 5 月 16 日），〈特交檔案─對英國外交（一）〉，《蔣檔》：002-080106-00057-003。

28 「孔祥熙致蔣介石馬二電」（1937 年 5 月 21 日），〈特交檔案─對英國外交（一）〉，《蔣檔》：002-080106-00057-003。

29 徐藍，《英國與中日戰爭（1931-1941）》（北京：北京師範學院出版社，1991 年），頁 107；李仕德，《英國與中國的外交關係（一九二九～一九三七）》，頁 358。

忌他方」。[30]

　　至於太平洋地區公約，雖然孔祥熙樂觀地認為「大致可望實現」，[31] 不過，英國外交部認為此構想的困難在於中日問題難以克服，並且認為就英方立場，蘇日兩國「敵對既能起到在歐洲阻止德國反對英國的作用，也將阻止日本轉向南方」。同時艾登也以為該公約目的在保證維持現狀，如此將使英國「承擔一種新的、明確的和極其沉重的義務」，故而英國方面對於此種有損國家利益且加重國際責任的公約並無興趣，結果此議亦被英方置之不理。[32]

二、中蘇軍售交涉的停頓

　　1937 年 4 月期間，鮑格莫洛夫曾向蔣介石提出中蘇技術合作的建議，所指應為軍售一事，並且也向王寵惠表示「願助中國五千萬元之軍械及軍用品，中國方面可以貨物分期償還」的允諾。為此蔣介石於 5 月 19 日思量「對俄易貨辦法」，並進一步於同月 26 日考慮「對俄購械之數量，戰車與高射砲為準，飛機次之」。惟一週後蔣介石突然決定「對俄購械問題應慎重不急」，[33] 並於 6 月 3 日轉令孔祥熙派遣特使團的成

30 「孔祥熙致蔣介石馬電」（1937 年 5 月 21 日），〈特交檔案—對英國外交（一）〉，《蔣檔》：002-080106-00057-003。

31 「孔祥熙致蔣介石陽電」（1937 年 6 月 8 日），〈特交檔案—對英國外交（一）〉，《蔣檔》：002-080106-00057-003。

32 徐藍，《英國與中日戰爭（1931-1941）》，頁 107；李仕德，《英國與中國的外交關係（一九二九～一九三七）》，頁 350。

33 《蔣介石日記》（手稿），1937 年 5 月 19 日、26 日、6 月 2 日。

員翁文灝（1889-1971）先行轉往蘇聯，「考察五年計
畫之設計、考核、管理以及組織等方法」。[34] 翁文灝於
6 月 27 日抵達莫斯科，在蔣廷黻陪伴下拜會蘇聯外交
委員會副委員長斯多蒙涅可夫等人。7 月 2 日，蔣介石
電知翁文灝，加派楊端六（1885-1966）、盧作孚（1893-
1952）、伍廷颺（1893-1950）、李宜之（?-?）、章元善
（1892-1987）、支秉淵（1897-1971）、沈德燮（1895-
?）、王承黻（1896-1988）等人於月底由中國動身往前
共同考察。[35] 蔣介石改以派遣人員考察蘇聯五年計畫的
舉動，顯示了中蘇軍售一事在戰前尚未進入實質的交涉
階段。

　　蔣介石不急於與蘇聯正式開始交涉軍售事宜之因，
首先，應與其嘗試推動中英軍事合作構想有關。3 月 31
日，蔣介石研究對英軍事合作利弊，認為「恐將來為其
要挾，或受其統制，此乃無足慮者」，因為「祇要我
國人能自立自主，則何患英之統制與威脅。而且英之
精神，亦決不如倭俄之橫暴比較，當可始終與之合作
也」。雖然經由孔祥熙的來電已可略知此事遭遇阻礙，

---

34 「蔣介石致孔祥熙江電」（1937 年 6 月 3 日），〈特交檔案─民國
　二十六年（四）〉，《蔣檔》：002-080200-00279-017；翁文灝著，
　李學通、劉萍、翁文鈞整理，《翁文灝日記》（北京：中華書局，
　2010 年），1937 年 6 月 5 日，頁 142。

35 蔣介石曾於 6 月 28 日電告：「擬派楊端六、盧作孚、李宜之、章
　元善、伍廷颺等十人，自下月起程，至俄考察經濟建設。」不過，
　蔣介石於 7 月 2 日再電知派遣之確定人選。請參閱：翁文灝著，李
　學通、劉萍、翁文鈞整理，《翁文灝日記》，1937 年 6 月 27 日、
　28 日、7 月 3 日，頁 148-149；「蔣介石致陳果夫儉機電」（1937
　年 6 月 28 日），〈特交檔案─民國二十六年（四）〉，《蔣檔》：
　002-080200-00279-162。

但蔣介石於 5 月 23 日以為「英方表示猶在推托與迎合之間，惟事實則不易促成，要在吾人再加努力進步耳。然英人性態，非到最後時期則不易表示，安知其非內已決定方鍼乎？」29 日，仍認為「英國對我尚須觀望，一時不易有切實之合作。如我能國內再進一步之統一與建設，則其事必成」。[36] 說明蔣介石明知推動中英軍事合作的困難，但仍對此構想懷抱期望，以避免蘇聯的橫暴。

其次，對蘇外交方面，除了上述蔣介石信英懼蘇的主觀認知外，主要在於蔣介石雖然在 1937 年年初已決定和俄政策，但仍以為「對倭不宜過於冷淡，免俄居奇」，注意到「在轉換地位寬緩之中，對倭更應注重，不可過於冷淡」，並認為在「對外倭與俄二問題，應澈底分析運用」，同時強調「對俄先解決外蒙與中國直接洽商獨立問題，然後承認其十年後之獨立」，但「中國在外蒙之宗主權須確定」，並由「中俄兩國協商宣言為永久獨立國」。[37] 可知，蔣介石籌劃聯蘇制日政策，除了採行國聯路線與蘇合作外，也顧慮若因此疏離日本而讓蘇聯操奇逐贏，反將置中國於不利地位，故而謀思中蘇合作之前，應先行解決外蒙古地位等有關雙方主權與領土問題，放緩中蘇軍售交涉步伐。

最後，中日關係方面，1937 年 1 月 25 日，日本參

---

36 《蔣介石日記》（手稿），1937 年 3 月 31 日、5 月 23 日、29 日本週反省錄。

37 《蔣介石日記》（手稿），1937 年 4 月 11 日、22 日、23 日、5 月 19 日。

謀本部表達對華政策意見，建議「變更對支政策，即以
互助共榮之經濟的、文化的工作為主力，對於其統一
運動採取公正態度，不進行北支分治工作」。[38] 2 月 1
日，軍令部第三部長野村直邦（1885-1973）致函第一
部長橫井忠雄（1895-1965），指出鑑於中國於西安事
變後事實上已漸次朝向統一與英美對中國的援助，以及
日本歷年來對華外交的失敗經驗，認為「現時最為迫切
之事是，應對既定的對支政策加以再檢討，準備和戰兩
手策略，以期萬無一失」。[39] 可知，日本軍部方面因中
日調整國交談判失敗與西安事變後中國情勢鉅變，已於
1937 年年初興起一股「中國再認識論」與調整對華政
策之議論。

　　廣田弘毅內閣於該年 1 月 23 日宣布總辭，由
九一八事變期間以「越境將軍」聞名的林銑十郎在 2 月
2 日組閣，並在前駐華公使小幡酉吉（1873-1947）推
薦下，由駐法大使佐藤尚武（1882-1971）於 3 月 3 日
出任外相。佐藤尚武在任職前也曾向首相林銑十郎和陸
相杉山元（1880-1945）提出「以平等立場與中國調整
國交」等入閣條件並獲得同意，[40] 因此其首要任務即在

---

38 參謀本部，「陸軍省に対し対支政策に関する意志表示」（1937
　年1月25日），島田俊彥、稻葉正夫解說，《現代史資料（8）：
　日中戰爭（1）》（東京：みすず書房，1964年），頁384。

39 軍令部第三部長，「情報綜合」（1937年2月1日），島田俊彥、稻
　葉正夫解說，《現代史資料（8）：日中戰爭（1）》，頁419-420。

40 佐藤尚武向首相林銑十郎與陸相杉山元提出4項入閣條件，分別
　為：（1）避免戰爭，和平地推展國際關係、（2）平等立場與中
　國調整國交、（3）對蘇聯維持和平關係、（4）調整日英國交等。
　請參閱：佐藤尚武，《回顧八十年》（東京：ゆまに書房，2002年），
　頁358-359。

改善因調整國交失敗而陷入僵局的中日關係。[41]

4月5日，佐藤尚武在內閣會議說明調整對華政策的根本方針：

> 鑑於最近支那的統一運動等，此際暫停北支五省的分治、防共軍事協定的締結、日支軍事同盟的締結等政治性問題，目前日支提攜的重點為專注於文化的、經濟的工作推展，首先以日支大眾為基礎，努力於樹立兩國不可分的經濟相互依存關係，以此謀求逐漸的國交調整。

在具體的外交措施方面，佐藤尚武認為應「以公正態度面對支那統一運動」，「同時努力消弭支那方面採取每日態度的根本原因，使南京政權逐漸地拋棄容共及依賴歐美的政策」。[42]

廣田弘毅內閣的倒台與佐藤尚武調整對華外交，讓中日調整國交談判期間糾結的防共議題暫時遭到擱置，日本改以推動文化與經濟為主體的對華新外交，故而在佐藤尚武就任未久即促成醞釀多時的日中親善經濟使節團成行。該團以日華貿易協會會長兒玉謙次（1871-1954）為首，於3月12日至22日至上海和南京考察，

---

41 信夫清三郎編，《日本外交史Ⅱ》（東京：每日新聞社，1974年），頁410。

42 「対支政策ノ調整二関スル佐藤外務大臣閣議説明」（1937年4月5日），〈帝国ノ対支外交政策関係一件〉，第7卷，《戦前期外務省記録》，日本外務省外交史料館藏，JACAR Ref. B02030159600。

並與中國方面有關人士進行交流與懇談。

　　中國方面雖然未能精準確悉日本調整對華政策的詳細內容，但對於日本轉換對華外交的風聲亦有所聞。3月8日，丁紹伋呈「現時日本各派之對華意見」報告，認為「現今日本各派對華意見，漸形接近，似有均主暫觀之趨勢」，其原因主要為：（1）日本軍人對華認識之改變；（2）日本外交之失敗，對於軍人對華政策大有影響；（3）日本內閣根基不固，影響其對華政策。結果各派對華意見，漸趨一致，內容為：

> 日本各派有力有識人士，因恐中國聯俄，提議對於中國改取溫和態度，阻止中國與蘇俄攜手，並以若干交換條件，使中國承認日本所提聯結中日經濟之要求，用以消弭大戰者，逐漸加多。此議已為軍部穩健派所首肯，現正向各方運動對華外交一元化。[43]

　　丁紹伋指出日本各派逐漸統一對華政策，重點在促成中日經濟合作，目的則是為了阻止中蘇合作，以避免陷於中蘇對日聯合戰線的不利局面。

　　3月16日，日本經濟考察團成員大日本製糖會社社長藤山愛一郎（1897-1985）拜會財政部長孔祥熙，當場明言：「數年來中日邦交，殊欠圓滿。此次設法調

---

43 丁紹伋，「現時日本各派之對華意見」（1937 年 3 月 8 日），民國歷史文化學社編輯部，《近代中日關係史料彙編：蘆溝橋事變前後的中日外交關係》（臺北：民國歷史文化學社，2020 年），頁 100。

整，即計劃由經濟提攜著手。」而且「經由中日經濟提攜，敝國政府即可加緊約束軍閥。軍閥一受約束，則華北種種不合理之事實，必能消解。」翌日，藤山愛一郎與王寵惠會晤，也面告：「甚望當此中日進行經濟提攜之際，勿對華北問題過事要求，以致刺激軍部，引起軍部之反抗。」對於日本方面希望中日關係專注於經濟合作，不願面對華北問題的態度，孔祥熙當即指出，中日情感惡劣的原因，「不外由於貴國一部份軍閥對華之種種非法行動，本人以為此種惡劣情感，如不加以消除，則經濟提攜恐亦難收良果」。王寵惠也表示：「經濟提攜絕不能漠視人民之感情，而欲求兩國人民感情之融洽，則政治問題勢亦不得不加以改善。」[44] 孔祥熙、王寵惠二人的回應，顯示了並不認同日本方面欲避開政治問題而僅以經濟合作方式來調整中日邦交的企圖。

至於蔣介石對於日本轉換對華政策與日本經濟考察團來訪等情勢變化的看法，在 3 月 12 日擬對考察團致詞稿時，以為主旨應「以親仁睦鄰之基礎必植乎平等互惠之上」，「吾意日本必須輔助中國在政治上之獨立，然後乃得臻乎平等之域，而中日之親善與東亞之和平，以及共存共榮之目的，乃得達到而不致虛談也」。15 日，感到「今年之中國必須在日本偽親善及共匪假投降情勢之下，穩定本國陣線，加強國力之充實也。」對於

44　「孔祥熙會晤藤山愛一郎談話紀錄」（1937 年 3 月 16 日）、「王寵惠會晤藤山愛一郎談話紀錄」（1937 年 3 月 17 日），民國歷史文化學社編輯部，《近代中日關係史料彙編：蘆溝橋事變前後的中日外交關係》，頁 120、125。

華北問題，5月2日，自記「冀東問題對倭應表明，如
欲談中倭國交，應自冀東問題為討論之起點」。5日，
認為「倭寇急遽交涉之對策，今已立於主地位，非取消
冀東偽組織與平等原則之外，不能再談也」。[45] 顯示蔣
介石對於日本倡導經濟合作的誠意抱持疑慮，同樣認為
中日若欲再次調整邦交應從華北政治議題著手。

　　然而，蔣介石對於此段期間日本欲緩和對華外交的
態勢中，也注意到「倭對外交形勢似在竭力退讓，欲思
轉變政策之中」，以為「倭之近態亟應分析」。因此蔣
介石此時雖然尚在盤算以易貨方式向蘇採購軍械的可
能性，但5月31日林銑十郎內閣總辭，蔣介石於6月
2日得知將由近衛文麿（1891-1945）組閣，反而認為
「倭政尚未到極端關頭，猶有轉迴餘地，此為倭之利，
然吾亦得有準備時間，亦非害也」，當即於同日決定
「對俄購械問題應慎重不急」，[46] 並於次日去電孔祥熙
指派翁文灝赴蘇考察。此外，參謀本部第二廳於6月4
日呈報有關唐有壬之兄唐圭良（?-?）在上海探知情報，
略謂與報知社特派員百武末義（?-?）交換意見，據其
稱：「近衛父子皆為漢學家，對中國頗有深切之認識。
當交涉停頓時，伊曾宣言，謂兩國外交各有其立場，不
能過於拘執，應互相原諒」，研判「伊出組閣，中日交
涉當有好轉之希望」，對於取消冀東與交還察北問題，
亦可望與其交涉解決。百武末義為該報政治部主任，與

---

45 《蔣介石日記》（手稿），1937年3月12日、15日、5月2日、5日。
46 《蔣介石日記》（手稿），1937年5月11日、22日、6月2日。

小幡酉吉及兒玉謙次關係密切，且剛由日本國內奉派來
滬。[47] 其對於近衛文麿的分析使得讓蔣介石更加確認，
「倭閣改組，近衛組閣，於中國仍無損益，如其能取和
緩政策，則於我爭得時間矣」。[48]

另外，丁紹伋於 3 月 8 日所呈報告曾指出：「如中
國內部團結堅固，聯絡英美成功，且備戰工作愈急，聯
俄聲浪愈高，則日本軍人之對華政策必愈趨軟化。然若
中國實行聯俄，則彼為制機先計，即與中國開戰，亦未
可知也。」[49] 鮑格莫洛夫於 5 月 7 日致電蘇聯政府也認
為「日本對華政策確有些『緩和』」，「相反，中國政
府卻要求日本履行作為一切經濟談判先決條件的一系列
政治協議」，並研判「日中談判是使中蘇談判拖延的原
因」，[50] 因為「中國人清楚地估計到，日本最害怕簽訂
中蘇協定，所以擔心目前一切中蘇談判給中日協定造成
困難」。[51] 鮑格莫洛夫所指中蘇談判內容主要指曾向王
寵惠建議立即展開互不侵犯條約交涉以及軍售議題。所
以顧慮日本對於中蘇關係過於密切的可能反應，也是蔣
介石雖然推動聯蘇策略，但是對於中蘇軍售案卻躊躇不

47 「參謀本部第二廳呈蔣介石電」（1937 年 6 月 3 日），〈特交檔案
　　—民國二十六年（四）〉，《蔣檔》：002-080200-00279-021。

48 《蔣介石日記》（手稿），1937 年 6 月 5 日本週反省錄。

49 丁紹伋，「現時日本各派之對華意見」（1937 年 3 月 8 日），民
　　國歷史文化學社編輯部，《近代中日關係史料彙編：蘆溝橋事變
　　前後的中日外交關係》，頁 100。

50 「鮑格莫洛夫致蘇聯外交人民委員部電」（1937 年 5 月 7 日），
　　李嘉谷編，《中蘇國家關係史資料匯編（1933-1945）》，頁 69。

51 「鮑格莫洛夫致斯多蒙涅可夫函」（1937 年 5 月 5 日），李嘉谷編，
　　《中蘇國家關係史資料匯編（1933-1945）》，頁 69，註 3。

前的考量因素。

可知，中蘇軍售因蔣介石仍對中英軍事合作懷有期盼，以及對於蘇聯外交態度與中蘇懸案而懷有疑慮。但最重要是日本推動「佐藤外交」以來逐步對華政策讓步的氛圍，讓他以為近衛文麿上台組閣將對華採取和緩政策的認知，樂觀地以為中國仍有備戰時間，並且顧忌日本對於中蘇關係發展的可能反應，故而放緩對蘇購買軍械交涉腳步。

三、盧溝橋事變與「中蘇互不侵犯條約」的簽訂

在蔣介石「瞻俄顧日」猶豫遲疑之時，1937 年 7 月爆發盧溝橋事變，並演變為中日戰爭。此件地方局部性衝突擴大成戰爭，除了因為華北現場立即將事件性質升級為武力對抗，[52] 也和「中日兩國政府都不願意妥協有關」。[53]

日本首相近衛文麿於 7 月 11 日召開內閣會議，通過「華北派兵案」以及發表派兵聲明，[54] 並於當晚在首相官邸邀請參眾兩院、財界與媒體界等代表，表明日本

---

52 有關盧溝橋事變初期，華北現場的中國第二十九軍與日本「支那駐屯軍」當下反應與處置，形塑了事變性質與大小，並影響事變發展方向與可能解決方式等詳情，請參閱：蕭李居，〈盧溝橋事變與戰爭的爆發〉，收入呂芳上主編，《中國抗日戰爭史新編（一）：和戰抉擇》（臺北：國史館，2015 年），頁 409-420。

53 黃自進，《蔣介石與日本：一部近代中日關係史的縮影》（臺北：中央研究院近代史研究所，2012 年），頁 253。

54 「帝国政府声明」（1937 年 7 月 11 日），〈支那事変関係一件〉，第 12 卷，《戰前期外務省記錄》，JACAR Ref. B02030534700。

政府決心，期望形成「舉國一致」的協助戰爭體制。[55]
由於近衛「鑑於滿洲事變的慘痛教訓，試圖把事變的領
導權從軍部手中收回，故而對於軍部的主張，先行展現
強硬的態度，表示政府不是一味地只有追隨」。[56] 近衛
文麿甚至樂觀地認為可藉由該事變機會給予中國一擊，
迫其屈服，以解決兩國多年來的懸案。[57] 雖然該事變為
偶發事件，但近衛文麿面對事變的積極態度，可以說完
全出乎蔣介石對其評估，中國並未因近衛文麿組閣而爭
取到更多備戰時間。

　　不過，蔣介石對於糾纏中日關係的華北紛爭亦已無
意退讓，[58] 除了於 7 月 8 日電覆冀察政務委員會委員長
暨第二十九軍長宋哲元，指示固守宛平城，以及電令軍
事委員會委員長徐永昌與參謀總長程潛（1882-1968）
「準備向華北增援」。[59] 同時也「準備動員，不避戰
爭」，並考慮「乘此衝突之機，對倭可否進一步要求其
撤退豐台之倭兵，或取消冀東偽組織」。[60] 顯示中日兩
國主政者都有利用該事變解決華北問題的企圖。

---

55 原田熊雄，《西園寺公と政局》，第六卷（東京：岩波書店，1951
　　年），頁 33。

56 重光葵，《昭和の動乱》（上）（東京：中央公論新社，2001 年），
　　頁 190。

57 1937 年 7 月 16 日，近衛文麿對海相米內光政表示：「在解決此次
　　〔盧溝橋事變〕問題的同時，開始談判根本解決對支問題。」請
　　參閱：緒方竹虎，《一軍人の生涯──回想の米內光政》（東京：
　　文藝春秋新社，1956 年），頁 28。

58 黃自進，《蔣介石與日本：一部近代中日關係史的縮影》，頁 255。

59 「蔣介石致宋哲元庚電」（1937 年 7 月 8 日）、「蔣介石致徐永昌
　　程潛庚電」（1937 年 7 月 8 日），〈特交文電—盧溝禦侮（二）〉，
　　《蔣檔》：002-090105-00002-047、002-090105-00002-042。

60 《蔣介石日記》（手稿），1937 年 7 月 9 日。

　　中日關係驟變的情勢，讓陷入停滯的中蘇合作交涉再度浮上檯面。蔣介石獲知事變訊息後即召見立法院長孫科與王寵惠表示：「蘆溝橋事變，可大可小，如係局部事件，當可稍拖時間，俾吾人得所準備。如立即擴大，則非全面抗戰不可。而欲抗戰，最有關係者為蘇聯的軍械供應及互助協定問題的進行決定。」同時指示二人儘速與鮑格莫洛夫商洽此事。[61] 7月13日，孫科邀約鮑格莫洛夫，但卻是以「日中戰爭會對蘇滿交界處的局勢產生什麼影響」的模棱兩可題目提問，雖然鮑格莫洛夫理解其意指「一旦爆發中日大戰，蘇聯是否會幫助中國」，或者「日本是否會同時興兵反蘇」，但卻故意模糊回應。[62] 三日後，孫科再次約見，才直言告之：「中國同意就穩定遠東和平一事」與蘇聯開始談判「蘇中雙邊互助條約」。鮑格莫洛夫同意將中國的建議傳達給蘇聯政府，但也再次闡述戰前已提出按太平洋地區公約、互不侵犯條約、互助條約三項順序進行的蘇聯政府意見。[63]

---

61 孫科，《中蘇關係》，頁16。

62 「蘇聯駐華全權代表與中國立法院院長孫科談話記錄」（1937年7月13日），李玉貞譯，〈《中蘇外交文件》選譯〉（下），頁192；「駐華全權代表 D. V. ボゴモロフと立法院院長孫科の会談記録」（1937年7月13日），河原地英武、平野達志譯著，家近亮子、川島真、岩谷將監修，《日中戰爭と中ソ関係──1937年ソ連外交文書邦訳・解題・解說》，頁59。

63 「蘇聯駐華全權代表致蘇聯外交人民委員部電」（1937年7月16日），李玉貞譯，〈《中蘇外交文件》選譯〉（下），頁193-194；「上海より駐華全權代表 D. V. ボゴモロフのソ連外務人民委員部宛電報」（1937年7月16日），河原地英武、平野達志譯著，家近亮子、川島真、岩谷將監修，《日中戰爭と中ソ関係──1937年ソ連外交文書邦訳・解題・解說》，頁62。

　　王寵惠根據戰前與鮑格莫洛夫的會談與探詢，認為
蘇聯欲與中國訂立之互助協定，類似其與法捷兩國所訂
之協定，手續煩重，不足應付遠東危局，因此「試擬中
蘇互助協定草案」呈報蔣介石參考。草案內容先規範
協定範圍「對於雙方內部之政治、經濟、社會及其他各
種制度不得發生任何影響」，條文意旨略為：（1）中
華民國或蘇聯遠東領土有被侵犯危險時，兩國應即商定
辦法，實行「國際聯合會盟約」第十條之規定，以及彼
此予以軍事及其他援助 ；（2）一方軍隊為實行前項義
務，經雙方同意得調至他方領土內，若他方請求調回應
即調回；（3）本協定有效期間十年等。[64] 顯示中國方
面既渴望於蘇聯軍事援助，卻又對蘇聯世界共產革命的
威脅懷有戒心。

　　此後王寵惠請孫科先行與鮑格莫洛夫談判，另行與
日本駐華大使館參事官日高信六郎交涉，試圖以外交折
衝方式和平化解盧溝橋事變的衝突。但中日雙方對事變
原因與解決方式的觀點差距太大，近衛文麿內閣於 7 月
20 日決議暫時中止與中國外交部的交涉。[65] 另一方面，

---

64 王寵惠，「對於蘇聯提議共同預防外患之意見」（1937 年 7 月 8
　日），〈革命文獻─對蘇外交〉，《蔣檔》：002-020300-00042-
　001；王寵惠，「對於蘇聯提議之意見」（1937 年 7 月 8 日），
　〈對蘇俄外交（二）〉，《蔣檔》：002-080106-00063-001。 另
　外，「國際聯合會盟約」第十條規定：「聯合會會員擔任尊
　重並保持所有聯合會各會員國之領土完整，及現有之政治上
　獨立，以防禦外來之侵犯。如遇此種侵犯，或有此種侵犯之
　任何威嚇或危險之虞時，行政院應履行此項義務之方法。」
　請參閱：薛典曾、郭子雄編，《中國參加之國際公約彙編》
　（臺北：臺灣商務印書館，1971 年，臺一版），頁 295-296。
65 「外務当局見解」（1937 年 7 月 20 日），外務省編，《日本外
　交文書：日中戰爭》，第一冊（東京：六一書房，2011 年），頁

孫科與鮑格莫洛夫談判無結果，王寵惠隨即於 7 月 23
日約見鮑格莫洛夫，再次探詢蘇聯方面是否可能立即與
中國開始洽談雙邊互助條約。鮑格莫洛夫直接聲明，由
先前的會談應該非常清楚，蘇聯的立場仍如以往，「蘇
聯政府認為目前不可能就互助條約開始任何談判」。[66]

另外，中國國民黨中央組織部長陳立夫奉蔣介石指
示，也於 7 月 19 日拜會鮑格莫洛夫，提出請蘇聯政府
增加軍事貸款問題，同時提議「中蘇最好馬上開始談判
互助條約」。鮑格莫洛夫再次重申蘇聯政府的觀點，並
提醒陳立夫注意，蘇聯政府認為互不侵犯條約具有特別
重要意義，應該由此條約開始談判。鮑格莫洛夫就此次
會談情形，向蘇聯政府建議可以贊同蔣介石要求擴大貸
款額度，但認為「應該堅持簽署一項互不侵犯條約，為
此可提出一個理由，說我們必須得到保證，使我們的武
器不被用來對付我們」。[67]

此為鮑格莫洛夫首次將互不侵犯條約與軍械供應問

26-27。有關南京外交部與日本駐華大使館進行折衝，試圖解決盧
溝橋事變過程與雙方爭執觀點，請參閱：蕭李居，〈盧溝橋事變
與戰爭的爆發〉，頁 457-466。

66 「蘇聯駐華全權代表致蘇聯外交人民委員部電」，（1937 年 7 月
23 日），李玉貞譯，〈《中蘇外交文件》選譯〉（下），頁 200；「駐
華全權代表 D. V. ボゴモロフのソ連外務人民委員部宛電報」（1937
年 7 月 23 日），河原地英武、平野達志譯著，家近亮子、川島真、
岩谷將監修，《日中戰爭とソ連外交文書邦
訳・解題・解說》，頁 76。

67 「蘇聯駐華全權代表致蘇聯外交人民委員部電」（1937 年 7 月 19
日），李玉貞譯，〈《中蘇外交文件》選譯〉（下），頁 198-199；「上
海より駐華全權代表 D. V. ボゴモロフのソ連外務人民委員部宛電
報」（1937 年 7 月 19 日），河原地英武、平野達志譯著，家近亮子、
川島真、岩谷將監修，《日中戰爭とソ連関係── 1937 年ソ連外
交文書邦訳・解題・解說》，頁 71-72。

題連結掛勾，以條約作為保證。不過，7月26日，軍事委員會第六部主任秘書張沖（1904-1941）奉蔣介石命令，向其轉達「要求把軍事供貨問題與一切政治問題分開」，而視為「純商務性的，蘇聯方面不承擔任何政治義務」。加上25日與26日在華北相繼發生廊坊事件與廣安門事件，華北情勢劇變，致使鮑格莫洛夫改變態度，建議蘇聯政府，「鑒於華北事態的迅速發展，更妥善的辦法是不把軍事供貨同互不侵犯條約攬在一起，從商務方面入手解決這個問題」。[68]然而，31日，蘇聯外交人民委員李維諾夫電告鮑格莫洛夫：「目前時機更加不宜簽署互助條約，因為這樣的條約會意味著我們立即對日宣戰。武器的訂貨擬增至一億中國圓，一年內交貨。」「提供軍事物資務必以先簽署互不侵犯條約為先決條件。」[69]

　　8月2日，鮑格莫洛夫與蔣介石會談時，「肯定地說明蘇聯政府認為不可能在目前就互助條約進行任何談判」。至於軍械供應與互不侵犯條約問題，蔣介石表示「如果與蘇聯簽訂的互不侵犯條約中不會有任何招致侵犯中國主權的內容」，原則上同意立即簽約。但「不能同意把軍事供貨和互不侵犯條約用任何形式聯繫起

68　「蘇聯駐華全權代表致蘇聯外交人民委員部電」（1937年7月26日），李玉貞譯，〈《中蘇外交文件》選譯〉（下），頁201-202。

69　「蘇聯外交人民委員致蘇聯駐華全權代表鮑格莫洛夫電」（1937年7月31日），李玉貞譯，〈《中蘇外交文件》選譯〉（下），頁204；「ソ連外務人民委員 M. M. トヴィノフの駐華全權代表 D. V. ボゴモロフ宛電報」（1937年7月31日），河原地英武・平野達志譯著，家近亮子・川島真・岩谷將監修，《日中戰爭と中ソ関係——1937年ソ連外交文書邦訳・解題・解說》，頁87。

來」，因為如此會讓「互不侵犯條約說成是為軍事援助協定而付的報酬」。鮑格莫洛夫說明條約規範「不進攻另一方這個義務絕不可能被說成為某事物而付出的報酬」，並希望中國方面理解蘇聯政府處境，即軍事供貨是蘇聯「遵照有利於增強中國軍事實力的願望提出的建議」，但希望以該條約形式獲得中國不會用蘇聯提供的武器進攻蘇聯的保證。雖然蔣介石認為「俄之外交狡詐無比」，[70] 但由於平津戰役開打，華北情勢丕變，在無法達成與蘇聯締結互助條約以及面對戰爭情勢嚴峻與軍械需求的情況下，最終不得不同意與蘇聯開始展開互不侵犯條約談判，只是仍不忘再次提醒，「務必使是條約中沒有侵犯中國主權的內容」。[71]

鮑格莫洛夫的說明，暗指蘇聯的顧慮，一方面憂心若未支援武器，中國可能難持久抗拒日軍攻擊並立即潰敗，致使蘇聯將馬上面臨日軍全面占領中國後的武力北向威脅；一方面也擔心提供武器之後，假如中國與日本妥協，所供應的軍械反而成為中日聯合用來攻擊蘇聯的武器。至於蔣介石接受鮑格莫洛夫要求的保證，事實上已是默認了對於中國毫無助益的互不侵犯條約尚餘擔保軍貨需求報酬的微薄價值，卻也不忘記注意「俄提不侵犯條約，對外蒙問題與不宣共產問題」等可能侵犯中國主權的疑慮。[72]

---

70 《蔣介石日記》（手稿），1937 年 8 月 1 日。
71 「蘇聯駐華全權代表致蘇聯外交人民委員部電」（1937 年 8 月 2 日），李玉貞譯，〈《中蘇外交文件》選譯〉（下），頁 206-208。
72 《蔣介石日記》（手稿），1937 年 8 月 6 日。

　　8 月 5 日，鮑格莫洛夫向王寵惠提交蘇方條約草案。然而，蔣介石雖然同意與蘇聯簽訂條約，但為了「防蘇聯先與我訂不侵犯條約，藉此威脅倭寇，要求與倭亦訂不侵條約，以為固守中立之計」，[73] 乃由陳立夫在同月 8 日將中方草案交予鮑格莫洛夫時，提出雙方簽字之際，「口頭上要保證不同日本簽訂互不侵犯條約」的要求。蘇聯政府同意中方要求，但也於 13 日訓令鮑格莫洛夫對中國方面主張「在互不侵犯條約期間，中國方面負有不可締結所謂反共條約的義務」。同時說明若是中日結束戰爭狀況之際，蘇方提出關於與日本締結互不侵犯條約的問題，就中蘇條約的文意，日本侵略第三國的情況下，我方有放棄此件條約的權利。[74]

　　蔣介石的盤算在於試圖要讓蘇聯參戰，或謂仍冀望日蘇開戰，如此即使中蘇未能締結互助協定，卻有互助之實，得以減輕中國面對日軍侵略的壓力，故而希望事先制止蘇聯左右逢源，分別與中日兩國簽訂互不侵犯條約，在戰爭期間採取中立立場的可能性。蘇聯的企圖在以條約防止中國與日本簽訂反共協定，不但間接限制中日和談停戰的可能性，[75] 利用中國在東方牽制日本，更

----

73 《蔣介石日記》（手稿），1937 年 8 月 2 日。

74 「1937 年 8 月 10 日付全連邦共産党（ボ）中央委員会政治局指令」（1937 年 8 月 13 日），河原地英武、平野達志譯著，家近亮子、川島真、岩谷將監修，《日中戰爭と中ソ関係——1937 年ソ連外交文書邦訳・解題・解說》，頁 101；李嘉谷，《合作與衝突——1931-1945 年的中蘇關係》（桂林：廣西師範大學出版社，1996 年），頁 71-72。

75 中日兩國自 1936 年下半年調整國交談判即糾結於是否締結「防共協定」的議題，盧溝橋事變爆發後，日本即多方宣傳日軍「對華行動之目的，主在在打倒中國之共產運動」，同時所擬的和談原則亦多有共同防共之條款。可知，中日「防共協定」為日本停戰

直接阻止中國加入德日等反共陣營，厚實反共軸心陣營。至於其不同意中國對蘇要求被限制在條約有效期間一事，說明蘇聯企圖保留調整對日關係的彈性，避免被中蘇條約束縛。

中蘇雙方經過協商後，8 月 21 日由王寵惠與鮑格莫洛夫代表簽訂「中蘇互不侵犯條約」，[76] 並於 29 日在南京與莫斯科正式對外公布。條約簽訂後，中蘇雙方立即開始研議軍需項目，並秘密地展開對華信用借款談判，以借款方式提供中國所需軍火物資。蘇聯對華信用借款共計三次，首次為 1938 年 3 月 1 日在莫斯科商定。不過，在商定之前，蘇聯已於簽訂互不侵犯條約後即積極供應中國軍械，「目的在促使中國政府積極有效地抗擊日本帝國主義的侵略，在東方拖住日本，使日本帝國主義無力侵犯蘇聯的遠東地區」。[77]

中蘇雙方簽約之際也交換秘密口頭聲明，內容包含蘇聯政府表明在中日關係未恢復正常之前，不與日本簽訂任何形式的條約；中華民國政府表明在條約有效期間，中華民國與第三國之間不締結事實上以蘇聯為目標

　和談的基本要求。請參閱：「毛慶祥呈蔣介石日文無線密電第 6920
　號」（1937 年 10 月 11 日），〈特交檔案—呈表彙集（六十三）〉，
　《蔣檔》：002-080200-00490-011，以及本書第四章第三節。

76 「中蘇互不侵犯條約」（1937 年 8 月 21 日），〈革命文獻—對
　蘇外交〉，《蔣檔》：002-020300-00042-001；「ソヴィエト社会
　主義共和国連邦および中華民国の間の不可侵条約」（1937 年 8
　月 21 日），河原地英武、平野達志譯著，家近亮子、川島真、岩
　谷將監修，《日中戦争と中ソ関係——1937 年ソ連外交文書邦訳・
　解題・解説》，頁 107-109。

77 李嘉谷，《合作與衝突——1931-1945 年的中蘇關係》，頁 77。

的有關共同防共的條約。[78] 不過，中國在公布互不侵犯條約之時，外交部發言人稱：「此舉不獨對于中蘇兩國間之和平多加一重保障，且為太平洋各國以不侵犯之保證共謀安全之嚆矢。」同時說明：「此項條約之內容，極為簡單，純係消極性質，即以不侵略及不協助侵略國為維持和平方法。約文簡駭，而宗旨正大，實為非戰公約及其他維持和平條約之一種有力的補充文件。」並且進一步解釋：「世界各國在最近十年間，締結不侵犯條約者，不知凡幾，即雙方所抱主義迥然不同之國，亦多締結此約者。中蘇二國簽訂之不侵犯條約，與各國締結者，並無異致。雖在太平洋各國間尚屬創例，而與世界確保和平之主旨正相符合。」[79]

外交部的解釋內容反應出中國方面多年來對於蘇聯的不信任與中蘇關係的顧慮，即九一八事變後中蘇復交期間戴傳賢在特種外交委員會第一次會議上討論該議題時指出，「在方法上，不可更引起日本之恐怖及失英美之同情」，[80] 也是蔣介石與孔祥熙憂心中蘇接近「則列強對我不但不助，而且反而助日本」。[81] 只是最後因中

---

78 「D. V. ボゴモロフの I. V. スターリン宛暗号電報」（1937 年 8 月 26 日），河原地英武、平野達志譯著，家近亮子、川島真、岩谷將監修，《日中戦争と中ソ関係――1937 年ソ連外交文書邦訳・解題・解說》，頁 130。

79 〈本條約之內容與意義〉，《中央日報》，南京，1937 年 8 月 30 日，版 2。

80 「中央政治會議特種外交委員會第一次會議紀錄」（1931 年 9 月 30 日），民國歷史文化學社編輯部，《近代中日關係史料彙編：九一八事變的發生與中國的反應》（臺北：民國歷史文化學社，2019 年），頁 192。

81 「孔祥熙致蔣介石東電」（1932 年 3 月 1 日），〈特交文電―淞

日戰爭爆發，寇深禍急，中國急需軍械的現實下，不得不倉促簽下符合蘇聯冀望的中蘇條約。如次節所論述，日本方面即是由此觀點分析蔣介石的對蘇態度及理解中蘇條約的性質。

此外，外交部發言人在公布條約時說明：「酷愛和平為我國人之特性，今日以武力侵凌我者，苟能幡然覺悟，變更其國策，則吾人亦深願與之簽訂不侵犯條約，共維東亞之安全，而謀人類之幸福。中蘇二國不侵犯條約之締結，或為東亞大局好轉之朕兆。」[82] 王寵惠在條約公布之前也將此事告訴法、英、美、德、義等大使，並表示：「條約並不意味著中國政府放棄傳統的『反共』政策。」而且「中國並未因條約而承擔任何秘密義務，中國也準備同日本簽署同樣的條約。」[83]

乍看之下，外交部發言人的說明與王寵惠的說法，似乎違背秘密口頭聲明的約定。事實上，這些發言內容正是透露出多年來中國的反共概念係以中共為主要對象的內政性質，迥異於日本的防共概念以蘇聯為主要目標的外交目的。王寵惠謂「中國也準備同日本簽署同樣的條約」，所指自然是互不侵犯條約，而非共同防共條約。

滬事件（二）〉，《蔣檔》：002-090200-00006-146。

82 〈外部發言人談話〉，《申報》，上海，1937年8月30日，版2。

83 「蘇聯副外交人民委員致蘇聯駐華全權代表鮑格莫洛夫電」（1937年9月2日），李玉貞譯，〈《中蘇外交文件》選譯〉（下），頁222；「ソ連外務人民委員代理 B. S. ストモニャコフよりの駐華ソ連全權代表 D. V. ボゴモロフ宛電報」（1937年9月2日），河原地英武、平野達志譯著，家近亮子、川島真、岩谷將監修，《日中戰爭と中ソ関係—— 1937年ソ連外交文書邦訳・解題・解説》，頁143-144。

第二節　日本對「中蘇互不侵犯條約」的關注

一、條約情報的確認

　　1937 年 7 月中下旬，盧溝橋事變後，立法院長孫科、外交部長王寵惠與中國國民黨中央組織部長陳立夫等人依照蔣介石的指示，分別與蘇聯駐華全權代表鮑格莫洛夫接洽簽訂互助協定與提供軍械事宜。停滯多時的中蘇條約交涉因為中日戰爭爆發而再度展開，並首由孫科於 7 月 13 日與 16 日在上海約見鮑格莫洛夫開始商談。就在二人會晤後，國際間沉寂多時的中蘇條約傳聞再度風起，日本方面也陸續探得相關訊息。

　　依據交通部電政司長溫毓慶（1895-?）負責的軍事委員會密電檢譯所截獲日本無線密電，日本駐南京總領事館於 7 月 17 日致電東京外務省指稱：

> 據由上海得來之諜報，十月二日蘇聯大使館方面曾向中國方面要求不侵犯及互助條約之簽印。華北事變發生後，十日，蘇聯方面復要求謂：「有對軍事同盟簽印之用意云。」當局方面在調查中。[84]

---

[84] 「日文無線密電第 2596 號」（1937 年 7 月 17 日），〈特交檔案—呈表彙集（六十一）〉，《蔣檔》：002-080200-00488-002。該件首行原載「十月二日」，經比對外相廣田弘毅轉發電文以及後續引用 7 月 22 日上海總領事岡本季正呈廣田弘毅之報告內容，「十月」應為「本月」之誤，此外譯電其他內容均與日文電文檔案內容相同。

日本大使館所得諜報的內容與日期均非事實，但日本方面仍然非常重視此訊息。外相廣田弘毅於當日將該情報轉電日本駐美、英、蘇與滿洲國各大使，並於次日致電指示駐蘇大使重光葵，要特別注意莫斯科相關訊息，如果蘇聯方面有輕舉妄動而造成不利局面的可能性，應當立即予以阻止。[85]

不過，同樣依據密電檢譯所的日本密電，7月20日，日本駐上海總領事館致電東京外務省謂：蘇聯大使館書記官奧沙尼（?-?）表示：「中國方面，現畏懼蘇聯，加以警戒，縱使由蘇聯要請締結軍事協定，恐亦不應。又，由中國方面要求締結該項協定，想亦未必也。」至於蘇聯對於盧溝橋事變的態度，由於「莫斯科亦因不能預料事件之發展如何，故不得表明態度也。」文末另指出，「據情報，中蘇文化協會準備向外國作擴大的宣傳云。」[86]

兩日後，上海總領事岡本季正（1892-1967）針對中蘇密約傳聞問題直接呈報廣田弘毅指出，當地陸軍武官室也查獲相同諜報，但此種情報自以前即屢有傳聞，而且也謠傳蘇聯方面唆使南京對日抗戰的情報，不過此種消息與蔣介石親近的上海商學院長裴復恆（1902-?）對同盟通訊社上海分社長松本重治（1899-1989）的說

85 「廣田弘毅より在英米露滿大使宛合第570号電」（1937年7月17日）、「廣田弘毅より重光葵宛第327号電」（1937年7月18日），〈蘇連邦中華民国間不侵略条約関係一件〉，《戰前期外務省記録》，JACAR Ref. B04013514200。

86 「日文無線密電第2740號」（1937年7月20日），〈特交檔案—呈表彙集（六十一）〉，《蔣檔》：002-080200-00488-013。此件譯電內容與7月22日上海總領事岡本季正呈報廣田弘毅報告所述相同。

法不同。若說蘇聯方面再度提議締結條約，但當日前後鮑格莫洛夫身在上海，並未前去南京。鑑於執行此種重要提議的人物不在南京的事實，前項情報的真偽是相當可疑。而且除了上述兩日前去電報告來至上海的奧沙尼透露中蘇兩方對於締結軍事協定的態度外，外論編譯社長方煥如（與外交部情報司長李迪俊有特殊關係）也曾對總領事館員表示，14 日由南京歸來，在該地未曾聽聞任何有關中蘇條約消息。由於至今並無蘇聯提議締約的確實情報，也未有提出的模樣，故而研判此事或許是南京方面的宣傳。[87]

裴復恆時任上海商學院長，同時也是國防設計委員會委員。由於近衛文麿內閣會議於 7 月 11 日通過「華北派兵案」，並發表派兵聲明。松本重治為了探聽中國方面的反應，於 13 日傍晚約晤其暢談事變後情勢。裴復恆對於松本重治提出「蔣介石的意圖為何」的疑問答覆：

> 不久蔣先生就要統一中國之時在西安被抓，結果對於目前「停止內戰」和「一致抗日」的「國民期望」，蔣先生目前也無法直接反對吧。但是，蔣先生希望極力避免中共要求的立即對日開戰。因此如果日本仍然要武力侵略的話，他也不得不應戰。這就正中了中共的下懷。儘管此非其本意，

---

87 岡本季正，「蘇側ノ蘇支密約提議說及北支事變ニ對スル蘇側態度ニ關スル『オシャーニン』談報告ノ件」（1937 年 7 月 22 日），〈蘇連邦中華民國間不侵略條約關係一件〉，JACAR Ref. B04013514200。

　　但亦不得不這麼做。[88]

　　就裴復恆所述，表明蔣介石極力避免情勢演變成如
中共要求對日開戰的局面。對此岡本季正認為這是在暗
示中國方面不會回應蘇聯提出締結條約的建議，與奧沙
尼透露的訊息意思相似，都是在意指蔣介石會避免惡化
已經發生武力衝突的中日關係，故而岡本季正綜合各種
訊息據以研判蘇聯提議中蘇締約的說法並非事實。

　　此後，密電檢譯所的日本密電顯示，岡本季正於
7月31日再致電外務省，以佐證中蘇條約之說並無其
事。電文略謂，鮑格莫洛夫於20日赴南京，23日與王
寵惠會見。外論譯社社長方煥如對上海總領事館館員
稱：「鮑氏于上述之會見，由王氏探聽關于華北事件之
解釋後，僅質問今次事變，英國等有無何種具體的申請
而已。處處留神煽動的言辭，態度極為慎重。兩者任何
一方，均未作援助之申請。」而且「從來倡導對蘇提攜
之親蘇派，以及軍事委員會內一部之少壯將校，」「似
不甚發揮親蘇論。又因當今次事變發生，蘇方面亦格外
冷靜，故頗為掃興。」[89]

　　其實，孫科與鮑格莫洛夫洽商無結果後，王寵惠於
7月23日召見鮑格莫洛夫，並與之洽談三個問題，包
括「蔣介石通過陳立夫向蘇聯政府提出了增告軍事貸款

88 松本重治，《上海時代：ジャーナリストの回想》（下）（東京：
　中央公論社，1975年），頁140。
89 「日文無線密電第3309號」（1937年7月31日），〈特交檔案一呈
　表彙集（六十一）〉，《蔣檔》：002-080200-00488-030。

至一億五千萬墨西哥元的問題」，是否得到蘇聯政府的答覆，以及探詢「立即開始談判雙邊互助條約」的可能性，還有瞭解蘇聯對於華北情勢的看法。[90] 方煥如只向上海總領事館員透露第三項內情，不僅未提及前兩項，甚至是與事實相反的訊息。未知是外交部方面有所隱匿，並未對其全盤拖出，抑或方煥如故意對日方傳遞真假參半的情報。

　　另外，日本駐華大使館於 7 月 25 日致電廣田弘毅表示，當日英國駐華大使許閣森（Hughe Montgomery Knatchbull-Hugessen, 1886-1971）與使館參事日高信六郎會談之時詢問：「傳聞蘇維埃現向支那邀請提攜，未知足下意見如何？」日高答稱：「同樣的謠言早已有所聞，是否事實尚有疑問。但是，趁此次事變之機，受第三國際暗中唆使的中國共產黨有各種的策動，則已得到相當可確實的情報。」許閣森謂：「本人亦不置信蘇支提攜之說，但共產黨之點，自己亦早有所聞。」[91] 許閣森與

---

90 「蘇聯駐華全權代表致蘇聯外交人民委員部電」，（1937 年 7 月 23 日），李玉貞譯，〈《中蘇外交文件》選譯〉（下），章伯鋒主編，《近代史資料》，總 80 號（北京：中國社會科學出版社，1992 年），頁 200。

91 「川越茂より廣田弘毅宛第 589 号電」（1937 年 7 月 25 日），〈蘇連邦中華民国間不侵略条約関係一件〉，JACAR Ref. B04013514200。此件發電者雖然署名駐華大使川越茂，但電文最後註明「不在」二字，推測應是代理使館業務的參事日高信六郎以其名義致電外相。因為盧溝橋事變之時川越茂正於青島出差，事變後卻逕自至天津活動，完全不理會外務省催促其至南京與外交部交涉的命令。外務省任命漢口總領事三浦義秋為外相的「返任督促使」前往天津催促，最後川越茂才於 8 月 8 日回到上海。此段期間，大使館事務由日高信六郎代理，並接受外務省訓令與外交部折衝事變的處置。請參閱：石射猪太郎，《外交官の一生》（東京：中央公論社，1986 年），頁 298。

日高信六郎的看法都認為蘇聯提議中蘇締約之說甚有疑
慮，許閣森更不相信中蘇會合作。該二人與裴復恆的說
法，也都暗示中共利用事變時機積極推動中蘇合作。

　　裴復恆認為蔣介石極力對日避戰與奧尼沙指出中國
對蘇警戒態度，以及許閣森與日高信六郎的看法都甚為
合理。然而，盧溝橋事變爆發之後，由於中國社會抗日
風潮已盛，突發性的軍事衝突進一步惡化已然緊繃的中
日關係。雖然蔣介石多年來一再對蘇聯抱持警戒，對中
蘇合作感到猶豫，但在考量中德軍貿合作已有疑慮以及
中英軍事合作未能成立的情況下，為了及早籌備因應中
日衝突擴大成戰爭局面，不得不積極主動地向蘇聯提出
締結互助協定與供應軍械的要求。由於蔣介石迫於情勢
險峻而突然轉變態度，讓中蘇條約談判再度展開，最後
甚至訂約，應是當時外界所料想不到。

　　此外，就史實而言，事變後係中國方面主動向蘇聯
提議締結條約，然而日本方面探得情報卻是由蘇聯方
面提出締約要求。或許是戰前日本已偵悉中國方面認
為 1933 年 10 月蘇聯提出的條約草案，並未符合本身需
求，未曾予以認真考慮，雖經鮑格莫洛夫多次向外交部
催詢，但是由於中國態度冷漠，自此三年多期間中蘇亦
未進行談判等情報。[92] 因此當事變爆發後相關謠言再
度風起之時，會出現是由蘇聯主動向中國提議締約的
說法。

　　由於中蘇的確在事變後再度展開條約交涉，而且此

---

92 請參閱本書第三章第三節。

後日本方面也陸續偵得相關訊息，岡本季正研判的看法未被外務省採信。8月2日，日本駐華大使館致電廣田弘毅稱：「依據最近獲得的情報，蘇支軍事協定確有其事。惟採取蘇聯、南京政府及中國共產黨三者合作關係，表面採用蘇聯與中國共產黨名義，南京政府並沒有參與的形式。具體內容未詳，但聽聞蘇聯對中國共產黨軍隊方面，立即提供軍用飛機二百架。」[93] 5日，廣東總領事中村豐一致電廣田弘毅謂，據探得情報指出，此時蘇聯方面預定與南京方面約定再次確認：（1）在非常時期互不侵犯，以及（2）相互聯絡以收復失地。為了成立上述兩國之間的諒解，將由蔣介石之子蔣經國負責。[94] 而據密電檢譯所的日本密電，上海總領事館方面也兩電外務省報告探得蘇聯人員在南京遊說中國的動向，先是8月12日電稱：「蘇聯大使館附屬武官資斌，二日歸任後頻繁往返于京滬之間，」「向中國要人極力煽動，勸告對日宣戰，並長期抗戰，蘇聯將供給飛機軍火等。」[95] 16日再電謂：「據 SLOVO 編輯長柴次哈夫向館員之密報：南京預想蘇聯之援助，以及英美法等之參與此次事件，已決定對日長期抵抗。」而且「鮑格

93 「川越茂より廣田弘毅宛第 640 号電」（1937年8月2日），〈蘇連邦中華民国間不侵略条約関係一件〉，JACAR Ref. B04013514200。本件電報內文提及中共均稱中國共產黨，並未使用「支那」二字。

94 「中村豐一より廣田弘毅宛第 330 号電」（1937年8月5日），〈蘇連邦中華民国間不侵略条約関係一件〉，JACAR Ref. B04013514200。

95 「日文無線密電第3396號」（1937年8月12日），〈特交檔案一呈表彙集（六十一）〉，《蔣檔》：002-080200-00488-044。

莫洛夫亦向南京稱述長期抵抗之必要。」[96]

　　日本大使館方面雖探得情報訊息，但未能查獲條約內容，中村豐一所得情報亦僅為中蘇諒解事項，不過卻指稱係由蔣經國承辦。至於探查蘇方負責人方面，8月6日，日本駐法大使杉村陽太郎（1884-1939）致電廣田弘毅表示，蘇聯人民外交委員李維諾夫於6日自拉脫維亞里加市發電的內容指出：「加倫將軍為了與支那締結軍事及通商條約，奉史達林之命，已於二十二日前往庫倫。」只是莫斯科相關新聞稱，中蘇兩方面同時聲明否認有軍事條約的存在。[97] 加倫（Vasily Blyukher, 1890-1938）的行蹤亦引起歐洲媒體界注意，8月26日，日本駐比利時安特衛普領事玉木鶴彌致電廣田弘毅謂，巴黎通信社刊載加倫行蹤的消息，指出加倫於7月末至庫倫，與蔣介石的代表會面，洽談主題是蘇聯與中國儘速成立軍事、經濟及通商協定。蘇聯依據條約供應中國所需飛機、戰車、大砲、彈藥等，並派送義勇兵，給予南京政府軍事與經濟援助。[98]

　　在此之前，蘇聯與中國分別於8月5日與8日向對方提交條約草案，交涉期間中方提出蘇聯口頭保證不與日本簽訂互不侵犯條約的要求，蘇方則要求中國不與

---

96 「日文無線密電第4304號」（1937年8月16日），〈特交檔案－呈表彙集（六十一）〉，《蔣檔》：002-080200-00488-049。

97 「杉村陽太郎より廣田弘毅宛第425号電」（1937年8月6日），〈蘇連邦中華民国間不侵略条約関係一件〉，JACAR Ref. B04013514200。

98 「玉木鶴彌より廣田弘毅宛第98号電」（1937年8月26日），〈蘇連邦中華民国間不侵略条約関係一件〉，JACAR Ref. B04013514400。

任何國家締結反共協定。中蘇兩國於 21 日正式簽約時
是否有上述口頭約定尚有疑慮，但日本方面則已探得該
項相關訊息。8 月 18 日，廣田弘毅電告重光葵：「據
駐南京某國方面所得情報，在先前的 15 日蘇支密約已
於該地成立。其內容為：南京政府約定以中央軍對日轉
採攻勢，而且不得與任何國家締結以防共為名之協定。
蘇聯確認該件之實行後，經由西安提供戰鬥機一百五十
架，並派遣駕駛員為第一回四、五十名，第二回四百
名。其真相正在探查中。」[99] 情報內容包含不得與任何
國家締結以防共為名的協定，顯示蘇聯所提的口頭保
證要求內容被洩露，但條約內容與真正的中蘇條約差
距仍大。日本駐蘇聯新西伯利亞市領事太田一郎針對
該件情報內容派員調查後，於 8 月 24 日電謂：「根據
本館館員的偵查，當地空軍部隊的動靜與平常並無變
化，並沒有使用該地空軍部隊經由新疆援助支那的模
樣。」[100] 因此日本方面研判所獲各件情報訊息與條約
內容的正確性仍有疑問。

　　廣田弘毅致重光葵電報草稿原載「據駐南京某國大
使館」，拍發的電文刪除「大使館」三字，就目前相
關檔案無法得知是何國大使館。不過，8 月 20 日，歐
美局長東鄉茂德與德國駐日大使狄克遜面談，告知日方

99　「廣田弘毅より重光葵宛第 417号電」（1937 年 8 月 18日），
　　〈蘇連邦中華民国間不侵略条約関係一件〉，JACAR Ref.
　　B04013514200。

100　「太田一郎より廣田弘毅宛第 46 号電」（1937 年 8 月 24日），
　　〈蘇連邦中華民国間不侵略条約関係一件〉，JACAR Ref.
　　B04013514200。

偵得有關中蘇密約成立的情報，希望德國駐華大使館方面可能幫忙探查確認。可知，前述情報來源應非是德國大使館。23 日，德國駐日大使館參事官內貝爾（Willey Nebel, ?-?）前往歐美局透露，根據德國駐華大使館方面的電報指出，中蘇密約成立的情報應該是事實。[101] 中蘇兩國於 8 月 21 日正式簽約，兩日後德國方面已轉告日方有關中蘇密約確實成立的訊息，顯示德國大使館在南京已經掌握到相關訊息，不過卻未探得條約內容。至於上海總領事館於 22 日電謂：「據諜報稱：此間蘇俄方面與南京軍事委員會間，已成立約定，交換我國軍事關係之情報。」[102] 事實上，也並非是真正的條約內容。

不過，讓日本方面確認中蘇條約已經成立的真實性，則是截獲 8 月 26 日外交部致駐日大使許世英的電文，略謂：外交部已於 21 日與蘇聯締結互不侵犯條約，預訂 30 日公布，內容為（1）重申非戰公約的原則，約定互不侵略；（2）締約一方若遭受第三國侵略時，對手國不得援助第三國；（3）本條約對於雙方以前所締結的雙面及多邊條約不發生任何影響；（4）本條約自公布之日起發生效力，期間為五年，且六個月前未通知廢止的話則繼續有效。外交部並特別說明及指示：

---

101 「ソ支密約成立說ニ關スル件」（1937 年 8 月 23 日），
　　〈蘇連邦中華民国間不侵略条約関係一件〉，JACAR Ref.
　　B04013514200。

102 「日文無線密電第 4774 號」（1937 年 8 月 22 日），〈特交檔案
　　—呈表彙集（六十一）〉，《蔣檔》：002-080200-00488-055。

約文極為簡單，與各國的互不侵犯條約大致相
同，目的僅是消極的維持和平，絕無其他任何意
思。若日本盡速地變更國策，與我國締結同樣的
條約，我方將會十分歡迎。日本的態度為何，希
予前往探悉。[103]

　　據此廣田弘毅於 7 月 28 日致電駐美、法、滿洲國
等大使，以及天津和上海等總領事館稱：「據確實之情
報，蘇支兩國之間於 8 月 21 日在南京締結互不侵犯條
約。」同時也電轉獲知的條約內容。[104]

　　同日，廣田弘毅也致電駐上海總領事館謂，擬將以
同盟通訊社上海分社的通信形式發表中蘇條約的內容，
並指示將外務省所擬訊息內容交予該社分社長松本重
治，偽裝為上海所得情報，於 28 日黃昏對外發表。其
內容為：

依據當地所得消息，支那方面由於日支事變而感
到窮困，結果轉變以前的態度，於數日前與蘇聯
之間締結互不侵犯條約。其內容大致為從前蘇聯
與各國簽訂的互不侵犯條約的程度，例如：互不
侵犯、一方若遭到第三國侵略的話，另一方不得

103 「南京外交部發東京支那大使館宛」（1937 年 8 月 26 日），
　　〈蘇連邦中華民国間不侵略条約関係一件〉，JACAR Ref.
　　B04013514300。

104 「廣田弘毅より在米佛滿各大使など宛合第 1238 号電」（1937
　　年 8 月 28 日），〈蘇連邦中華民国間不侵略条約関係一件〉，
　　JACAR Ref. B04013514300。

　　援助第三國等，性質上並無新意。然而，聽聞暗
中有約定容共事項也是可以想像的。[105]

　　日本方面相當重視截獲外交部譯電的情報，除了得
以確認事變以來中蘇成立密約傳聞，也利用於宣傳中蘇
合作的事實，搶在中蘇對外公開前夕揭露，並且故意加
上約定容共事項的臆測，形塑中蘇簽訂密約印象，目的
自然是藉此破壞中國爭取歐美同情。不過，為了防止情
報來源洩露，改寫描述形式與消息來源，並由同盟通訊
社發表。

　　8月29日，「中蘇互不侵犯條約」在南京與莫斯
科同時對外公布。翌日，岡本季正與重光葵分別自上海
與莫斯科將此消息與公告的條約內容電知廣田。[106] 由
於日本方面自事變以來即亟為關注並積極探查中蘇條約
傳聞，並且成功地透過截獲的外交部譯電，在中蘇公布
之前已經確悉條約訊息與內容。

二、密約內容的探查

　　8月29日，義大利駐日大使奧里蒂（Giacinto Auriti,

105　「廣田弘毅より上海天津総領事館など宛合第1239号電」（1937
　　年8月28日）、「廣田弘毅より上海天津総領事館など宛合第
　　1240号電」（1937年8月28日），〈蘇連邦中華民国間不侵
　　略条約関係一件〉，JACAR Ref. B04013514300。
106　「岡本季正より廣田弘毅宛第1194号電」（1937年8月30日）、
　　「重光葵より廣田弘毅宛第808号電」（1937年8月30日），
　　〈蘇連邦中華民国間不侵略条約関係一件〉，JACAR Ref.
　　B04013514300。

1883-1969）拜會外務次官堀內謙介（1886-1979）談及「中蘇互不侵犯條約」一事，指出中國外交部以公文向駐南京各國大使照會稱：（1）本條約與蘇聯同波羅的海諸國所締結之互不侵犯條約並無甚大差異；（2）全然無秘密協定；（3）中國有與任何國締結同樣條約之準備；（4）中國決非因締結該條約而採取容共政策。[107]

外交部照會的各點，尤其是否認密約與容共政策，係因國際聯盟將於9月召開大會，中國方面已準備訴諸國際聯盟，並依九國公約請美國召開九國公約簽字國會議，要求國際介入中日戰事，阻止日軍侵略行動。[108] 照會目的自然是在化解日方特意散布中國容共的訊息而喪失國際同情。

不過，杉村陽太郎於 8 月 31 日致電廣田弘毅表示，巴黎媒體評論中蘇條約意義，認為就公布的「中蘇互不侵犯條約」字面而言，並無任何意義。但就其目的可以斷言，一來是要以此條約突襲日本，激起其憤怒。

---

107 「日文無線密電第 5373 號」（1937 年 8 月 31 日），〈特交檔案—呈表彙集（六十二）〉，《蔣檔》：002-080200-00489-002。

108 1937 年 8 月 20 日，外交部將有關日本侵華之情形電知代表出席國聯會議的駐法大使顧維鈞、駐英大使郭泰祺、駐比大使錢泰。該三位代表於 9 月 13 日正式將日本侵華申訴案提交國聯秘書長，要求：（1）國聯應聲明日本為侵略國；（2）各國對日禁運軍火並停止借款。在此前幾日，孔祥熙亦建議：「依九國公約請美國召開太平洋會議，屆時再由簽字各國求一解決方法。」請參閱：「STATEMENT OF FACT ON SINO-JAPANESE CRISIS」（1937 年 8 月 20 日）、「顧維鈞等致外交部第 7 號電」（1937 年 9 月 13 日），〈中日糾紛—國聯會議〉，《外交部檔案（國）》：020-010102-0016，頁 24、56；「孔令侃致林森蔣介石汪精衛等銑電」（1937 年 8 月 16 日），民國歷史文化學社編輯部，《近代中日關係史料彙編：蘆溝橋事變發生後中國向國際的申訴》（臺北：民國歷史文化學社，2020 年），頁 22。

只是因為條約在公布之前已經曝露，此意圖可謂完全失敗。二來是猜測可能伴隨有某種軍事同盟關係，若蘇聯依據此條約把日本視為侵略者，將可能會招致蘇聯武力干涉中日衝突。對此杉村陽太郎認為應該特別注意第二個目的。[109] 顯示杉村陽太郎認同媒體方面不相信中蘇條約並無軍事密約存在的看法。

　　9月1日，廣田弘毅以「關於中蘇互不侵犯條約的政治影響」為題覆電杉村陽太郎，同時也分電日本駐美大使齋藤博（1886-1939）以及上海與天津各總領事館等稱：

> 本條約雖然約定蘇支互不侵犯，但自從北支事變後，屢屢傳聞國民政府實施容共政策，且似有締結讓兩國更加密切的合作條件，故應該予以特別重視。蓋蘇支互不侵犯條約的締結乃數年來之懸案，……今回突然急速進行，係由於日支事變影響所致，表明支那依據 1935 年第三國際第七回大會的意旨，向容共聯俄抗日之政策邁進。以蘇聯立場而論，在支那的共產活動及紅軍抬頭。以來的目標是讓〔日本〕帝國在對支政策上重視日支之間的防共協定，以至提攜等均無法成立。……就支那方面而言，姑且不論條約表面文字，可以說是在事實上讓步。鑑於這些迹象，不

109　「杉村陽太郎より廣田弘毅宛第 487 号電」（1937 年 8 月 31
　　日），〈蘇連邦中華民国間不侵略条約関係一件〉，JACAR Ref.
　　B04013514300。

難想像蘇聯方面在本條約以外，約定給予支那在長期抗日方面某些實質的援助。[110]

廣田弘毅的評析透露出日本對華政策重點在於防共協定，因此懷疑蘇聯藉由中蘇條約阻止日本對華關係的推動，同時也強烈地認為背後尚有秘密的軍事援助條約存在。

關於防共協定問題，同日駐日大使許世英拜會廣田弘毅解釋中蘇條約謂：「根據第三條，從前的中蘇條約不受任何影響。依據 1924 年中蘇條約之禁止在中國宣傳共產主義，以及外蒙是中國的領土，亦無變更。」廣田弘毅質問稱：「對於我方預定提議締結日支防共協定，今次條約在理論上是否會對此事發生阻礙？」許世英對之仍重複前言，並云：「在防共方面，中國依然應該努力，但認為無需與日本共同處理之必要。」[111]

廣田弘毅的疑問說明日本相當在意中蘇條約是否會影響中日防共協定的推動，雖然許世英避免明確答覆，但強調新條約並沒有改變以往舊條約禁止在華宣傳共產主義的規定。此外，8 月 31 日，上海總領事館觀察近期中國情勢後致電外務省謂：「蔣介石刻下仍有窺機制

110 「廣田弘毅より杉村陽太郎斎藤博宛合第 1303 号電」（1937年 9 月 1 日）、「廣田弘毅より上海天津総領事館など宛合第 1306 号電」（1937 年 9 月 1 日），〈蘇連邦中華民国間不侵略条約関係一件〉，JACAR Ref. B04013514300。廣田的電文於 8月 31 日起草，但發電日期為 9 月 1 日。

111 「廣田弘毅より杉村陽太郎斎藤博宛合第 1339 号電」（1937 年 9月 3 日），〈蘇連邦中華民国間不侵略条約関係一件〉，JACAR Ref. B04013514300。

止主戰論者，擔起對日和協之肩的魄力，是一般所承認
的。」[112] 9月4日，外務省致電上海與天津總領事館，
說明廣田弘毅與新任英國駐日大使克萊琪（Sir Robert
Craigie,1883-1959）會談情形，其中廣田弘毅認為：「中
國之事態，必須以新眼光再認識。中蘇互不侵犯條約雖
已成立，聞該條約在中國方面亦有反對者。」大使云：
「蔣介石自身亦反對此協定。」[113] 7日，岡本季正致
電廣田弘毅稱，英國《曼徹斯特衛報》派駐上海的澳洲
籍記者田伯烈（Harold John Timperley, 1898-1954）與
日高信六郎談論「中蘇互不侵犯條約」時表示，經其與
鮑格莫洛夫會見，並曾托人試探蔣介石的意向，據此觀
察中蘇條約而認為：

> 蔣介石對於蘇聯尚未能十分信賴，同樣地蘇聯也未
> 十分信任支那。因此蘇聯在經濟上、軍事上對支援
> 助問題，採取先讓支那簽訂互不侵犯條約為前提
> 的態度。當然中國簽訂該條約是由於親蘇派抬頭，
> 但就蔣而言，係顧慮日本先與蘇聯約定互不侵犯，
> 舉全力以對付支那。又，關於今後對支援助的談
> 判，可見得是地理的及技術的。蘇聯的援助至何
> 種程度而實際有助於支那則頗有疑問。[114]

---

112 「日文無線密電第5378號」（1937年8月31日），〈特交檔案
—呈表彙集（六十二）〉，《蔣檔》：002-080200-00489-002。

113 「日文無線密電第5613號」（1937年9月4日），〈特交檔案
—呈表彙集（六十二）〉，《蔣檔》：002-080200-00489-006。

114 「岡本季正より廣田弘毅宛第1327号電」（1937年9月7
日），〈蘇連邦中華民国間不侵略条約関係一件〉，JACAR Ref.

中蘇條約交涉期間，蘇聯確實認為「提供軍事物資務必以先簽署互不侵犯條約為先決條件」。[115] 然而，蔣介石顧慮的不是日本，而是「防蘇聯先與我訂不侵犯條約，藉此威脅倭寇，要求與倭亦訂不侵犯約，以為固守中立之計乎」。[116] 但蔣介石防備蘇聯的態度反而更加證明二者之間並無互信。

9 月 15 日，岡本季正再電廣田弘毅指出，義大利駐華大使柯賚（Giuliano Cora, ?-?）與日高信六郎會談時表示，在南京時多次與蔣介石會面，就其觀察以為「關於蘇支協定，蔣始終反對之。上海事件發生以來，蔣擬誘致英美之干涉。嗣見英美不動，蔣始知前非，決意締結中蘇協定」。[117]

見諸日後日本方面制定及提出中日停戰和談條件多有條列防共之要求，[118] 除了許世英對廣田弘毅的說明，最主要應該是日本方面依據相關情報而研判蔣介石並不信任蘇聯，以及反對中蘇條約的態度，故而認為該條約並未對推動中日締結防共協定的政策有產生妨礙。雖然蔣介石曾經以為「與俄訂互不侵犯條約，使倭不再夢想其與我訂共同防俄條約」，[119] 但日本方面卻非如

B04013514300。

115 「蘇聯外交人民委員致蘇聯駐華全權代表鮑格莫洛夫電」（1937 年 7 月 31 日），李玉貞譯，〈《中蘇外交文件》選譯〉（下），頁 204。

116 《蔣介石日記》（手稿），1937 年 8 月 2 日。

117 「岡本季正より廣田弘毅宛第 1456 号電」（1937 年 9 月 15 日），〈蘇連邦中華民国間不侵略条約関係一件〉，JACAR Ref. B04013514300。

118 請參閱本書第四章第三節。

119 《蔣介石日記》（手稿），1937 年 8 月 9 日。

是觀察，在對華政策上依舊積極推動共同防共。另一方面，將如後續說明，日本擬定停戰條約的內容以防範共產主義為目標的防共概念，表面上並不直接涉及蘇聯，因此並未違背「中蘇互不侵犯條約」。

至於日本對於中蘇秘密軍事條約的疑慮，川越茂於9月12日致電外務省稱，英國駐華大使館代辦賀武前來會談中日時局詢問：「蘇聯是否有干涉中日紛爭，將軍需品以至必要之人員供給於中國，援助中國抗日之可能性乎？」川越茂答稱：「以余所得之情報觀之，現在蘇聯並不願先與日本開始以軍事的紛爭。惟蘇聯以為中國之長期抗日有利於自國，故秘密供給武器與人員援助中國一事，不能無疑。又，關於今次締結之中蘇不侵犯條約，南京政府雖公式聲明，其條約內無秘密協定以至軍事同盟之存在，然在我國一部分人士對其聲明，多抱有該條約內或有某種之密約協定，以至軍事同盟之疑惑。」[120]

9月29日，日本駐齊齊哈爾總領事田中莊太郎（?-?）呈報廣田弘毅，轉呈有關該總領事館警察署長今井春一（?-?）通報當地白俄方面對於「中蘇互不侵犯條約」的看法，「認為蘇聯因為該條約而進一步對支那內部伸入赤化的魔手將更為容易。而且根據新聞報導蘇聯供給武器、彈藥或派遣專門技術人員，足以認定有軍事同盟的存在。蘇聯似有百尺竿頭更進一步

---

120 「日文無線密電第 5954 號」（1937 年 9 月 12 日），〈特交檔案
　　—呈表彙集（六十二）〉，《蔣檔》：002-080200-00489-014。

發表軍事同盟的存在，依據過去的懸案在此時實現對
日戰爭的模樣」。[121]

　　事實上，在蘇聯的堅持下，蔣介石已經默認互不侵
犯條約是蘇聯軍事供貨的保證。兩國在訂約後，即秘密
談判以借款方式供應中國軍火物資，陸續簽訂三次信用
借款合同，積極提供中國軍械。因此日本研判「中蘇
互不侵犯條約」背後另有軍事密約存在的疑慮是相當合
理，問題在於日本所懷疑的軍事密約時間與內容。

　　在軍事密約時間方面，雖然蘇聯首次對華信用借
款是於 1938 年 3 月 1 日在莫斯科商定成立，但在簽定
互不侵犯條約後即已經提供軍械。中蘇公布互不侵犯
條約後數日，外務省於 9 月 1 日致電上海、天津與長
春等總領事館稱，據探得的中國行營方面情報可知，
「蘇聯飛機七十二架（附有軍需品）已到達陝西，尚有
一百四十四架繼續來華中。」[122] 4 日，外務省再致天
津與長春總領事館指出，據可靠方面之諜報，「蘇俄已
有二十九架飛機及同數之飛行師送達南京」，而且「目
下向中國輸送中之武器，有飛機二五〇架、高射砲一五
〇尊、大砲一〇〇門，經由香港、廣東、安南、漢口等
地輸入」。[123] 5 日，岡本季正將經由上海偵得情報電告

121　田中莊太郎，「蘇支不可侵条約締結ニ対スル在斉白系露人ノ反
　　響ノ件」（1937 年 9 月 29 日），〈蘇連邦中華民國間不侵略条
　　約関係一件〉，JACAR Ref. B04013514300。
122　「日文無線密電第 5436 號」（1937 年 9 月 1 日），〈特交檔案
　　─呈表彙集（六十二）〉，《蔣檔》：002-080200-00489-002。
123　「日文無線密電第 5590 號」（1937 年 9 月 4 日），〈特交檔案
　　─呈表彙集（六十二）〉，《蔣檔》：002-080200-00489-005。

廣田弘毅：「南京由於蘇聯的斡旋，與 SKODA 之間締結購入一千萬弗武器的契約。」[124] 由於日本方面在中蘇條約公布後不久，即已多次探得蘇聯軍械入華的情報，自然令日本產生簽訂中蘇條約的同一時間也包含了軍事密約的錯覺。

在軍事密約內容方面，9 月 5 日，憲兵司令官藤江惠輔（1885-1969）呈報陸相杉山元表示，截獲美國駐華大使詹森（Nelson T. Johnson, 1887-1954）致美國駐日大使格魯有關中蘇締結密約的密報，內容略為「自北支事變發生以來，蘇支兩國之間即在密謀。蘇支相互援助條約是 8 月 22 日在南京由駐支蘇國大使鮑格莫洛夫及中國外交部長王寵惠會面所締結」。藤江惠輔指出，目前格魯連日召開大使館幹部會議討論該密約書之事，同時等待美國駐華各主要機關送來情報資料，並且注視著日本軍部與政府的態度，努力蒐集情報。

根據報告附件「蘇支密約要領書」，密約全文計五章 28 條，內容略為：

第一章： 契約的目的

　　　　蘇支密約是為了對抗日德防共協定，而且用來阻止日本的大陸發展，保護蘇支兩國的利益為目的而締結。

第二章： 效力發生條件

　　　　本契約在以下情形，共同協商發生效力：

---

124 「岡本季正より廣田弘毅宛第 1289 号電」（1937 年 9 月 5 日），〈蘇連邦中華民国間不侵略条約関係一件〉，JACAR Ref. B04013514300。

（1）中國政府完成動員計畫。

（2）中國以目前的戰術發揮最大抵抗力。

（3）戰況對中國而言形成最不利的情勢。

（4）第三國袒護日本。

（5）日本與第三國發生國際關係的糾紛。

第三章： 契約的形式

本契約是採取蘇支互不侵犯條約附帶的形式，在特種通商條約名稱下，協議以下兩點事項：

（1）一方危急之際，在精神的及物質的方面相互援助。

（2）在一定區域內蘇支兩軍共同行動。

第四章： 實施計畫

（1）成立蘇支秘密共同防衛委員會。

（2）委員會總部設於外蒙古首府烏蘭巴托，附屬於蘇支兩國外交部機關。

（3）蘇國對支那提供武器及軍需品。

（4）日支紛爭的國際化。

（5）推動蘇支互不侵犯條約成為包括英國或英法的三國或四國條約。

（6）作戰要領方面，規定戰線分配、行動地區、作戰根據地區、蘇國開始行動時期、蘇國行動的出發點等。其中蘇國負責北支、蘇滿國界及滿蒙國界的戰場；中國承擔以上海為中心的中支及南支一帶戰場。

第五章： 交換條約

（1）中國允許採納共產國際的最高方針。

（2）中國承認外蒙及新疆在軍事上、經濟上竝政治上自由活動的事實。

（3）中國為了便利前項蘇聯擔任戰線區域內外交上及軍事上的活動，應採取共通可行方法。

（4）中國以中國銀行公債與通行外蒙新疆鐵路敷設權益的形式，作為支付蘇聯方面供應軍需品內相當於二分之一的代價。

（5）中國支付蘇聯提供的技師、飛行員、指揮將校一定薪資。

（6）蘇國就供應的武器與軍需品提供飛行員、技師及指揮官。第一期自 10 月至 11 月上旬；第二期自 11 月中旬至 12 月，預定由外蒙及新疆方面運送。

（7）槍枝：第一期 5,000 枝、第二期 5,000 枝。

（8）槍枝彈藥：第一期 10 萬發、第二期 10 萬發。

（9）彈殼：第一期 3 千萬顆、第二期 1 千萬顆。

（10）馬匹：第一期 3,000 匹、第二期 2,000 匹。

（11）裝甲車：第一期 1,000 台、第二期 500 台。

註：以上武器預定 40% 使用在中國負責的戰場；60% 用於蘇聯負責的戰場。[125]

---

125 藤江惠輔，「駐支米国大使ノ駐日米国大使宛蘇支相互援助条

　　本件情報指出中蘇軍事密約簽署日期是締結互不侵犯條約後次日，形式是其附屬議定書，而且密約條文則是正約4條條款數倍以上。密約內容不僅規範蘇聯供應中國所需軍械，還包括共同軍事行動與戰區分配等，嚴然是一種以互不侵犯條約掩護的軍事同盟條約。

　　日蘇兩國曾因爭奪黑龍江的乾岔子島和金阿穆河島主權而於 1937 年 6 月 19 日發生軍事衝突，此次「乾岔子島事件」在 7 月 4 日因蘇聯撤軍而結束。[126] 盧溝橋事變爆發時，關東軍鑑於蘇聯在該事件的退讓態度，研判此期間史達林正展開大規模的肅清異己，蘇聯應無餘力介入中日紛爭，關東軍司令官植田謙吉即向參謀總長閑院宮載仁（1865-1945）報告，表示已準備可以隨時出兵華北。[127] 7 月 11 日，近衛文麿內閣通過「華北派兵案」，閑院宮載仁即於同日命令植田謙吉派遣部分關東軍部隊到華北，[128] 同月底關東軍部隊隨同「支那駐屯軍」共同投入華北戰役。由於此件情報披露蘇聯承擔華北、蘇滿邊境及滿蒙邊境戰場的任務，關東軍司令部

<hr/>

約締結二関スル密報」（1937 年 9 月 5 日），〈蘇連邦中華民國間不侵略条約関係一件〉，JACAR Ref. B04013514300。「蘇支密約要領書」內容有關中國全稱均用「中國」一詞，但兩國併用時則稱「蘇支」、「日支」等詞，本文均按檔案原文用法。

126　島田俊彥，《関東軍：在滿陸軍の独走》（東京：講談社，2005 年，第 5 刷），頁 164-165；田中文一郎，《日「ソ」交渉史》（東京：外務省歐亞局第一課，1942 年），頁 371-373。

127　「西村敏雄回想錄」，小林龍夫、稻葉正夫解說，《現代史資料（12）：日中戰爭（4）》（東京：みすず書房，1978 年，第 4 刷），頁 461-462。

128　「臨參命第 56 号」（1937 年 7 月 11 日），臼井勝美、稻葉正夫解說，《現代史資料（9）：日中戰爭（2）》（東京：みすず書房，1978 年，第 5 刷），頁 3。

於 10 月 11 日擬定「支那事變對處具體的方策要綱」，
其中指出對於蘇聯的措施應於滿洲特別是北滿充實軍
備，嚴密監視其舉動，並避免予以無用的刺激。關於蘇
聯的不法行動，要堅持以積極的態度回應，但要特別留
意不可給予進一步開戰的藉口。[129] 翌日，參謀本部向
前線作戰部隊下達今後作戰的措施，指示「北支那方面
軍」在確保太原、石家莊、德州之線後，負責擔任占領
地區的治安任務，並且整頓軍隊及恢復戰力。同時命令
在華北地區作戰的關東軍部隊，於占領太原後即應返回
滿洲國，並且規定此後關東軍與「北支那方面軍」負責
作戰地區大致以外長城線為界。[130]

可知，此件情資讓關東軍司令部方面驚覺原先研判
蘇聯無暇參與中日戰爭的錯誤，開始積極充實北滿軍
備，並監視蘇聯的行動。參謀本部也在華北戰役的戰況
順利且接近尾聲之際，因應蘇聯可能動向而命令關東軍
部隊儘速返回滿洲國，目的自然是強化蘇滿邊界的防禦
戰力。

此外，長崎縣知事岡田文秀（1892-1989）於 9 月
27 日呈報廣田弘毅、杉山元與內相馬場鍈一（1879-
1937）有關「蘇支軍事援助同盟密約」的情報，指出該
件情報係由在上海白俄諜報人員從蘇聯方面探得的確實

---

129 關東軍司令部，「支那事変対処具体的方策要綱」（1937 年 10
月 11 日），臼井勝美、稻葉正夫解說，《現代史資料（9）：日
中戰爭（2）》，頁 47。

130 參謀本部，「邇後ノ作戰二關スル件」（1937 年 10 月 12 日），
收入秦郁彥，《日中戰爭史》（東京：河出書房新社，1977 年，
3 版），附錄資料，頁 360。

情資，並由在滿白俄重要人物所提供。此件密約分三大
項，內容略為：

關於對日作戰條目

（1）關於支那軍對日作戰，要受蘇聯政府特任軍事委
　　　員及指導官的指揮監督。有關軍隊素質的選擇、
　　　部隊的配備、運送、砲術與技術作業等及一切軍
　　　事行動，均遵從前述軍事委員與指導官的指示和
　　　命令。

（2）有關變更軍事地圖、地形圖、軍用通信（密碼）
　　　等，均要有蘇聯軍事委員和指導官的指示與監督。

（3）南京政府要特別禮遇蘇聯政府任命的軍事委員和
　　　指導官，即供應高級的宿舍、食糧，同時可免費
　　　且自由使用電信、電話與其他通信。

關於日支媾和休戰密約

（1）若支那軍敗北而歸，不得不與日本交涉媾和的情
　　　況，必須將此意向通知蘇聯政府，並接受必要的
　　　指示，不可斷然與日本直接交涉。

（2）有關前款來自蘇聯的指示訓令要絕對保守秘密，
　　　不可對外發表。

（3）南京政府因為考量戰況而欲與日本進行休戰協定，
　　　應要預先通知蘇聯政府。而蘇聯政府僅限於南京
　　　政府與日本將會再展開戰鬥的情況下予以同意。
　　　南京政府負有不得違反有關休戰之約的義務。

（4）有關與日本進行媾和談判的支那代表人選，必須
　　　在得到蘇聯政府的同意後才能回答日本。

（5）雖然與日本媾和談判成立後，若蘇聯政府認為有

必要與日本再開戰的情況，南京政府應該與日本
展開戰鬥。

（6）負責與日本進行媾和交涉折衝的南京政府代表，應
有蘇聯政府的任命，而且要經由蘇聯政府的裁決。

（7）南京政府文武官中主張與日本和平解決者，還有
屬於親日派、帶有親日色彩者，要斷然予以辭退
官職，將來亦不可予以復職。而且對於以往反對
支那共產黨，若帶有反蘇色彩的文武官亦然。

關於支那對外交涉密約

（1）南京政府對於其在外特命全權大使和公使的外交
交涉應予特別訓令，不問是否重要，未經蘇聯政
府同意的交涉不得成立。

（2）南京政府外交部的事務由蘇聯政府任命一名特別
委員及三名秘書官管理。

（3）南京政府的外國借款及對外商業貿易，在與日本
交戰期間由蘇聯政府管理。[131]

該件情報雖云軍事援助同盟密約，然而內容卻甚為
荒誕不經，匪夷所思，全部為規範中國對日和戰措施、
用人權力、外交交涉以及借款和商貿等均必須經過蘇聯
政府核可的條款，並無任何蘇聯如何提供軍事援助的規
定，不僅難以稱為軍事同盟性質的協定，反而可以視為
是喪權辱國的保護國條約。

10月13日，駐山海關副領事藤井啟二（?-?）呈報

---

131 岡田文秀，「蘇支軍事援助同盟密約二関スル情報入手ノ件」
（1937年9月27日），〈蘇連邦中華民国間不侵略条約関係一
件〉，JACAR Ref. B04013514500。

廣田弘毅有關「中蘇互不侵犯條約」補充規則的情報，指出奉天憲兵隊經由住在大連的白俄人偵得該件補充規則，「全文揭露支那方面的屈辱事項」，真偽無法判明。[132] 不過，此件針對互不侵犯條約 4 條條文的各點補充規則，內容意旨與上述岡田文秀呈報的密約各條文相同，僅為形式上是以補充正約各條文的方式，異於前述密約內容分為三大項。兩件情報均得自於在滿洲的白俄人，而且內容相同，可見得訊息來源相同。由於其內容極為不合情理，故令日本方面難以研判真假。

　　除了經由在滿白俄人方面偵得難以為信的密約內容外，香港總領事水澤孝策（1890-1968）也於 12 月 7 日致電廣田弘毅稱，依據由廣東銀行方面探聽到宋子文、孫科以及蔣介石先後致宋慶齡（1893-1981）的電報可知，宋慶齡等人現於蘇聯國內，與該國當局交涉商訂秘密條約，草約內容為：

（1）中華民國改稱中華人民國；中華民國政府改稱中華人民政府。
（2）中華人民政府實施社會主義政策。
（3）中華人民政府聘請蘇聯專門人才為顧問。
（4）軍事上採取共同目標相互援助，努力達成消除東洋和平障礙的目的。
（5）澈底排除阻礙了反侵略戰爭的人物。
（6）其他細則由中華人民代表與蘇聯人民代表之

---

132 藤井啟二，「蘇支不可侵条約補充規則二関スル件」（1937 年 10 月 13 日），〈蘇連邦中華民国間不侵略条約関係一件〉，JACAR Ref. B04013514300。

間商訂。[133]

同月 13 日，重光葵致電廣田弘毅謂：莫斯科當地流傳「蘇聯乘南京陷落之機，於 12 日與支那簽訂密約的傳聞」。[134] 不過，次日新任香港總領事中村豐一致電廣田弘毅表示：「有關何應欽等一行人來到香港的目的，經過調查係攜帶蔣介石的秘密信函與 13 日在漢口召開的臨時代表會議，即所謂元旦會議議案，前來與宋子文及孫科會商」，協商包括關於蘇聯政策與先前水澤孝策去電通報的「蘇支密約」草案簽訂問題、中央政府及大本營的改組問題、宋子文出任廣東省政府主席等議題。[135] 20 日，中村豐一再次致電廣田弘毅稱：「根據諜報，數日前於長沙在蔣介石的主導之下，討論孫科等人贊同的蘇支軍事協定案，但未至確定階段。吳稚暉堅決予以反對，甚至附議應於月底在漢口召開連席會議。」[136]

不論日本方面是否相信此件經由香港方面探得，將中華民國改為中華人民國等的中蘇密約草案情報有無合

---

133 「水澤孝策より廣田弘毅宛第 918 号電」（1937 年 12 月 7 日），〈蘇連邦中華民国間不侵略条約関係一件〉，JACAR Ref. B04013514300。

134 「重光葵より廣田弘毅宛第 1273 号電」（1937 年 12 月 13 日），〈蘇連邦中華民国間不侵略条約関係一件〉，JACAR Ref. B04013514500。

135 「中村豊一より廣田弘毅宛第 948 号電」（1937 年 12 月 14 日），〈蘇連邦中華民国間不侵略条約関係一件〉，JACAR Ref. B04013514300。

136 「中村豊一より廣田弘毅宛第 971 号電」（1937 年 12 月 20 日），〈蘇連邦中華民国間不侵略条約関係一件〉，JACAR Ref. B04013514300。

於情理，至少透過相同情報來源可知中國內部對該密約仍有分歧，莫斯科傳聞 12 月 12 日中蘇兩國已經簽署的謠言有誤。

此後至 1938 年 1 月 29 日，日本駐波蘭代理大使木村惇（1891-1969）致電廣田弘毅指出，孫科於 27 日前去莫斯科，經與蘇聯當局交涉取得如下共識：

(1) 蘇聯承認支那對於外蒙主權的主張，支那於其首府烏蘭巴托設置全權公使。該公使同時也屬於外蒙政府的一員。

(2) 外蒙的兵力加入蘇聯軍隊增加至二十萬人。

(3) 蘇聯為了擴張支那軍備，給予二億元的信用貸款。

(4) 支那讓予蘇聯利權作為前項貸款的代價。[137]

翌日，重光葵致電廣田弘毅也報告相同內容的訊息，其中多出說明蘇聯「增加〔派遣〕軍事教官，對此支那政府給予通商上的便利」。最後則指出傳聞交涉結果已經成立。[138]

揆諸史實，「中蘇互不侵犯條約」簽訂後，軍事委員會參謀次長楊杰（1889-1949）與中央執行委員張冲奉蔣介石之命，於 1937 年 9 月 6 日以「工業部赴蘇實業考察團」名義飛往蘇聯洽商軍火援華事宜。由於「俄

137　「木村惇より廣田弘毅宛第 14 号電」（1938 年 1 月 29 日），〈蘇連邦中華民國間不侵略条約関係一件〉，JACAR Ref. B04013514500。

138　「重光葵より廣田弘毅宛第 102 号電」（1938 年 1 月 30 日），〈蘇連邦中華民國間不侵略条約関係一件〉，JACAR Ref. B04013514500。

人急欲堅定中國決心」，楊杰在莫斯科的初期交涉相
當順利，[139] 約於 10 月下旬首批蘇聯飛機已抵華參戰。
12 月 28 日，蔣介石在武昌約晤新任蘇聯駐華全權代表
盧幹滋（M. Lunganets Orelsky, ?-?），表示擬新組建 20
個師，希望代為「向蘇聯政府提出關於保證（指提供技
術援助）這些師的武裝、參謀部軍官、汽車運輸、炮
和其他技術設施的建議」。[140] 12 月 30 日，蔣介石致
電楊杰，告之「與俄大使談話結果」，並指示速與蘇
聯政府商議供應 20 師所需之全部武器。[141] 次年 1 月 5
日，楊杰致函蔣介石報告，經與伏羅希洛夫（Kliment
Voroshilov, 1881-1969）元帥面商，蘇聯同意供應 20 個
師所需武器，但伏羅希洛夫「以現代師之編制，以富
於靈動性及精於運用火力為主，不必過於擴大編制為
詞」，結果每師配備之兵器與所提原案相差甚大。[142]

　　至於孫科則是 1937 年 11 月奉蔣介石之命訪蘇，任
務在請求蘇聯參戰。孫科於 1938 年 1 月 7 日抵達莫斯
科，遲至 2 月 7 日致電蔣介石表示：「此間黨政軍最高
當局均已訪晤」，並與史達林、莫洛托夫、伏羅希洛夫

139 陳立文，〈對蘇關係〉，收入呂芳上主編，《中國抗日戰爭史新
　　編（五）：對外關係》（臺北：國史館，2015 年），頁 107。

140 「蘇聯駐華全權代表盧幹滋致蘇聯外交人員委員部電報」（1937
　　年 12 月 29 日），李玉貞譯，〈《中蘇外交文件》選譯〉（下），
　　頁 227-228。

141 「蔣介石致楊杰卅電」（1937 年 12 月 30 日），秦孝儀主編，《中
　　華民國重要史料初編——對日抗戰時期》，第三編 戰時外交（二）
　　（臺北：中國國民黨中央委員會黨史委員會，1981 年），頁 471。

142 「楊杰致蔣介石函」（1938 年 1 月 5 日），秦孝儀主編，《中華
　　民國重要史料初編——對日抗戰時期》，第三編 戰時外交（二），
　　頁 472-473。

三人洽談蘇聯出兵、協助設廠製造飛機與建設西北交通等。惟史達林認為蘇聯「若須立即參戰，則以國際時機未至，仍得有待，俟時機成熟」。「此時若蘇獨自出兵，恐將促成日本上下團結，促進德、意更積極助日，分裂國際對我同情，引起蘇助我赤化誤會，反于中國抗戰甚為不利」。最後，史達林並言「前此中國不免有懷疑蘇對外蒙、新疆或有領土野心者，茲可負責鄭重聲明，保證絕無是事」。[143] 接洽未成功的孫科於 3 月初離蘇至法國巴黎，5 月中旬再回至莫斯科與史達林洽商第二次信用貸款。[144]

木村惇與重光葵分於 1938 年 1 月末自華沙與莫斯科偵得的情報，有關蘇聯給予中國二億元貸款的情報，可能是蘇聯同意供應裝備中國 20 個師兵器的援助，而且交涉確實已經成立，惟洽商者為楊杰。至於孫科到莫斯科則是肩負請求蘇聯出兵的任務，會晤中史達林或有聲明保證對外蒙沒有領土野心，但並未談及情報內有關承認中國主權等細節。此件情報可能是因為孫科訪蘇行程，適逢同一時間楊杰與蘇方交涉成立供應軍械合同訊息相連結而形成，並非是軍事同盟的情報。

總之，日本懷疑「中蘇互不侵犯條約」背後有秘密軍事條約存在，並積極透過各方面進行探查。就內容而言，似以 9 月 5 日憲兵司令官藤江惠輔偵得美國駐華大

143 「孫科致蔣介石電」（1938年2月7日），秦孝儀主編，《中華民國重要史料初編──對日抗戰時期》，第三編 戰時外交（二），頁 407-408。

144 孫科，《中蘇關係》，頁 17。

使致美國駐日大使的「蘇支密約要領書」較為合理，參謀本部並因此將在華北作戰的關東軍部隊調回滿洲國，加強防蘇軍備。其他各件軍事密約情報內容多荒唐不近情理，或非軍事同盟的訊息，亦未見日本方面有轉電其他機關注意或特別的因應動作。

此後隨著中日戰爭長期化與戰場擴大，日本大本營鑑於 1938 年 3 月至 4 月初台兒莊戰役失利，決定實行徐州作戰，夾擊中國主力部隊並頓挫中國抗戰意志，因此再次投入兵力。在 1938 年 7 月張鼓峰事件之前，日軍在滿洲僅餘 6 個師團、在朝鮮則只有 1 個師團，[145] 顯示截至 1938 年初，日本方面據各方情報研判，「中蘇互不侵犯條約」背後即使有密約，僅為供應武器而非軍事同盟性質。

第三節　日本的防共條件與陶德曼調停

一、防共條件的擬定

中國面臨 1937 年 7 月盧溝橋事變引發的中日戰事，基本上是以和戰兩手策略予以因應，不論是在和或戰的策略上都採取「多途並進」方式，8 月 21 日簽訂「中蘇互不侵犯條約」即為中國應戰的方式之一。應戰策略

145　スチュアート・D・ゴールドマン著，山岡由美訳，《ノモンハン 1939：第二次世界大戦の知られざる始点》（東京：みすず書房，2013年），頁 87。

為「以戰促和」的博奕手段，即採取升級衝突的威脅來
威攝日本，冀望日本不願升級衝突而撤兵。但此種以提
高衝突的威脅來避免衝突升級的做法，也有可能造成反
效果，形成雙方皆輸的零和結果。[146]

和平停戰形式包括折衝交涉與國際仲裁。前者方
面，外交部長王寵惠自 7 月 10 日起，與日本駐華大使
館參事官日高信六郎進行折衝，提議雙方同時撤兵以解
決紛爭，但未被日方所接受。[147] 後者方面，則是中國
訴諸國聯，指控日本違反「九國公約」，破壞中國領土
主權完整。[148] 由於國聯面對中國的控訴案無所做為，
反而促成 11 月 3 日九國公約布魯塞爾會議的召開。[149]

日本近衛文麿內閣面對比利時政府的邀約，於 10
月 27 日臨時內閣會議決定正式拒約與會。[150] 同時由內
閣對外發表聲明，重申日軍行動屬於自衛，並提出中日

---

146 詹姆斯・多爾蒂（James E. Dougherty）、小羅伯特・普法爾
　　茨格拉夫（Robert L. Pfaltzgraff Jr.）著，閻學通等譯，《爭論
　　中的國際關係理論》（北京：世界知識出版社，2003 年），頁
　　604-633。

147 蕭李居，〈盧溝橋事變與戰爭的爆發〉，頁 457-466。

148 國史館中華民國史外交志編纂委員會編，《中華民國史外交志
　　（初稿）》（臺北：國史館，2002 年），頁 117。

149 吳相湘，《第二次中日戰爭史》，上冊（臺北：綜合月刊社，
　　1973 年），頁 419-421。雖然國聯沒有具體處理中國控訴日本侵
　　略的力量與作為，但中國仍持續運用國聯的各種場合爭取國際
　　同情，例如藉由參與國際勞工大會的機會，斥責日本的侵略，
　　表現出尊重原有國際秩序，訴求國際支持。請參閱：張力，《國
　　際合作在中國：國際聯盟角色的考察，1919-1946》（臺北：中
　　央研究院近代史研究所，1999 年），頁 307-308。

150 「一九三七年十月二十七日帝国政府回答」，（1937年10月27
　　日），〈支那事変関係一件：九ヶ国条約締約国会議関係〉，
　　《戦前期外務省記録》，JACAR Ref. B02030664600。

直接交涉，而化解紛爭的關鍵，在於中國摒棄排日政策
及排除與之勾結的赤化勢力。[151] 此件聲明表示日本以
外交形式正式向「九國公約」會員國否認此公約的有
效性，同時顯示日本公開期望與中國合作建立東亞防
共體系。

　　日本欲與中國合作成立反共的東亞體系，由其自戰
爭爆發以來歷次所擬停戰條件內容可一窺日本的此項企
圖。盧溝橋事變爆發之初，參謀本部作戰部長石原莞
爾為了避免與中國陷入消耗對蘇戰備國力的長期戰，[152]
曾於 7 月 11 日透過內閣書記官長風見章（1886-1961）
建議首相近衛文麿儘速地到南京與中國黨政要人進行折
衝。[153] 近衛文麿的智囊團昭和研究會鑑於西安事變後
中共利用國民黨推動抗日統一戰線，中國在日本壓迫下
恐有赤化之虞，將使日本捲入赤化勢力漩渦，因此提議
由內閣負責人前往南京與蔣介石面談化解事變。惟風見
章以為近衛無法統制陸軍行為，即使與蔣介石會談卻難
以落實議和條件，將有損近衛文麿與日本的顏面。故而
近衛文麿決定另派宮崎龍介（1892-1971）赴華試探，
但卻在 7 月 24 日啟程時在神戶被日本憲兵逮捕。[154]

---

151 「九国条約国会議不参加に関する帝国政府の声明」（1937年
　　10月 27日），〈支那事変関係一件〉，第 12 卷，JACAR Ref.
　　B02030534800。
152 川田稔，《石原莞爾の世界戦略構想》（東京：祥伝社，2016
　　年），頁 213-224。
153 「緊急措置ニ関スル意見」（1937年 7 月 11 日），稲葉正夫、
　　小林龍夫等編，《太平洋戦争への道：別巻 資料編》（東京：
　　朝日新聞社，1963年），頁 257。
154 酒井三郎，《昭和研究会：ある知識人集団の軌跡》（東京：
　　中央公論社，1992年），頁 76-82。

　　宮崎龍介赴華試探任務遭到軍部干涉而中輟，未知是否攜有預備交涉之案件。不過，外務省東亞局第一課則於宮崎龍介出發前一週的 7 月 17 日擬定「關於北支事變的日支交涉要綱」，以撤兵為條件，向南京政府提出有關華北問題、軍事同盟問題、排日問題、承認滿洲國等 4 項要求。其中前兩項與防共有關，前者要求南京政府承認華北特殊性，於華北五省創設特政會，中國中央軍自該地區撤離，「支那駐屯軍」因應情況得派遣至必要地點；後者指出鑑於蘇聯勢力蔓延中國境內，日中兩國締結軍事同盟，以期達成共同防共目的。[155] 翌日，該課事務官松村基樹（?-?）進一步草擬「日支國交調整試案」，詳細舉出雙方應交涉的各項議題，包括維持在華日軍於華北簽訂的各項協定，以及於察哈爾、綏遠、甘肅之線締結防共軍事協定。同時表示日本尊重中國主權且不侵犯其領土，但要求中國方面承諾：（1）承認滿洲國或約定不再爭論滿洲問題；（2）在日蘇開戰情況下援助日本或保持友好中立。[156] 就東亞局研擬議和方案的動作，顯示其認為盧溝橋事變是自「前一年 12 月 3 日「川越‧張羣會談」中止以來，貫徹各種對華要求絕佳時機的到來」。[157] 不過，此二案均未曾有機會提報內閣會議討論。

155　東亜局第一課，「北支事変に関する日支交渉要綱」。轉引自島田俊彥，〈「船津工作など」〉，收入日本國際政治学会編，《日中戦争と国際的対応》（東京：有斐閣，1972年），頁 107。

156　松村基樹，「日支国交調整試案」。轉引自島田俊彥，〈「船津工作など」〉，頁 108。

157　島田俊彥，〈「船津工作など」〉，頁 105。

　　另一方面，東亞局也於 7 月 18 日擬定「時局收拾策」與「現地解決同時應該承南京政府作為對象的提案」，提供外相廣田弘毅作為 7 月 19 日出席五相會議與內閣會議參考之用，該日會議主要討論中國外交部於當日函覆日本駐華大使館的節略。[158] 前項收拾策的解決事變方針採取「現地交涉」，並排除國民政府干涉華北事務的立場，內閣會議決議採取是項方案函覆外交部，要求國民政府立即停止軍事行動。[159] 未被內閣採納的後項提案立場與前項收拾策的差別在於雙方撤兵後，日本將與國民政府在華北合作。提案分甲乙兩案，甲案指出只要南京立即撤兵，日本亦當撤兵並發表「歡迎取締排日（或敦睦邦交）及在北支進行日支提攜」聲明；[160] 乙案則是進一步提出日方要求中國承諾與合作的條件，內容與前述 7 月 17 日東亞局第一課草擬交涉要綱所提 4 項要求略同，是將軍事同盟問題納入華北三省的特殊施政之中，要求共同排除共產主義，但略過滿洲國承認問題。[161]

　　7 月 28 日，盧溝橋事變擴大為平津戰役，中日戰火

---

158 有關盧溝橋事變初期，駐華大使館參事官日高信六郎與外交部相關人員進行折衝以及互致備忘錄與節略等過程，請參閱：蕭李居，〈盧溝橋事變與戰爭的爆發〉，頁 457-466。

159 「時局拾收策」（1937 年 7 月 18 日），〈支那事變関係一件〉，第 4 卷，《戰前期外務省記錄》，JACAR Ref. B02030522700。

160 「現地解決卜共二南京政府ヲシテ承認セシムヘキ提案（甲案）」，〈支那事変関係一件〉，第 4 卷，JACAR Ref. B02030522700。

161 「現地解決卜共二南京政府ヲシテ承認セシムヘキ提案（乙案）」，〈支那事変関係一件〉，第 4 卷，JACAR Ref. B02030522700。

漫延。日皇裕仁（1901-1989）於 7 月 29 日召見近衛文
麿表示：「是否嘗試依靠外交交涉來解決此局勢？」[162]
31 日，陸軍省軍務課長柴山兼四郎（1889-1956）主動拜
訪外務省東亞局長石射豬太郎（1887-1954），商議如何
「促使支那方面先提出日支停戰」的方法。石射豬太郎
認為要立即進行外交交涉的時機已過，希望先透過私人
管道，向中國方面傳達有「收拾局面的可能性」。最後
決定委請非官方人士的日本在華紡織同業會理事長船津
辰一郎（1873-1956），向外交部亞洲司長高宗武傳達
日方意思。[163] 另一方面，近衛文麿內閣於 8 月 2 日決
議由外務省出面對南京方面展開外交交涉，並分於 6 日
與 7 日通過「日支國交全般的調整案要綱」與「日華停
戰條件」。調整案要綱要求日中成立防共協定，據此實
現非武裝地區的防共，並排除南京在內蒙與綏遠的勢
力。[164] 停戰條件則在華北設定非武裝地區範圍，華軍
不可駐屯，由保安隊維持治安，並嚴格取締此地區內的
排日抗日及防止赤化。[165]

　　東亞局自盧溝橋事變以來歷次所擬中日交涉要點與
停戰條件等，基本上都融入此次日本準備的調整案要綱

162　石射豬太郎著，伊藤隆、劉傑編，《石射豬太郎日記》（東京：
　　　中央公論社，1993 年），1937 年 7 月 31 日，頁 174；石射豬太
　　　郎，《外交官の一生》，頁 304。

163　石射豬太郎著，伊藤隆、劉傑編，《石射豬太郎日記》，1937
　　　年 7 月 31 日、8 月 3 日，頁 174-175；石射豬太郎，《外交官の一
　　　生》，頁 304-307。

164　「日支国交全般的調整案要綱」（1937 年 8 月 6 日），〈支那
　　　事変関係一件〉，第 4 卷，JACAR Ref. B02030522900。

165　「日華停戰条件」（1937 年 8 月 7 日），〈支那事変関係一件〉，
　　　第 4 卷，JACAR Ref. B02030522900。

與停戰條件內容。其中由於中日在華北爆發戰事的契機
而回應陸軍方面要求，增列成立非武裝地區項目，而且
特別強調在此地區實施防共，顯示日本陸軍方面企圖在
最低限度內先行實現華北防共的要求。

　8月7日午後，船津辰一郎抵達上海後立即前往總
領事館會晤總領事岡本季正，領取前述調整案要綱與停
戰條件案。惟駐華大使川越茂自盧溝橋事變爆發以來
即前往天津活動，卻也於同日黃昏返滬，並於當夜約
見船津辰一郎商談。9日上午，船津辰一郎與高宗武會
面，談及不滿於中國釋放全國各界救國聯合會的沈鈞
儒（1875-1963）等人、擔憂上海局面的緊張、希望中
國嚴厲取締排日運動等，但未傳達日本意向與前述兩
件方案，最後在高宗武表示午後將與川越茂會面而匆
匆結束會談。[166] 廣田弘毅曾於 8 月 7 日電令川越茂，
先由船津辰一郎出面，待中國向日本大使館提出停戰
議和要求，再由川越茂展開交涉工作。但川越茂認為沒
有與南京方面交涉的必要，干擾東京方面規劃的船津辰
一郎密使任務，[167] 而且與高宗武會面也完全未透露國
交調整案與停戰案內容。[168]

　南京方面的報紙於 8 月 4 日報導川越茂將南下入

166　船津辰一郎，「平和工作失敗日記抜萃」，〈支那事変関係一
　　件：善後措置（和平交渉ヲ含ム）〉，《戰前期外務省記録》，
　　JACAR Ref. B02030666600。
167　石射猪太郎著，伊藤隆、劉傑編，《石射猪太郎日記》，1937
　　年 8 月 10 日、9 月 4 日，頁 178、190。
168　石射猪太郎，《外交官の一生》，頁 310。

京，[169] 國防最高會議副主席汪精衛與陶希聖（1899-1988）等人得知後分別致函蔣介石，建議嘗試展開外交交涉。[170] 對此蔣介石認為「川越南來交涉之方鍼，不應拒絕」，並思考「對川越之運用」，[171] 可謂完全認同此看法。此外，軍事委員會密電檢譯所截獲 8 月 6 日東京方面致駐漢口、南京與上海總領事館無線密電稱：「今後數日內，適逢以外交交涉，收拾時局之途徑已開，請銜此意旨向中國方面切示。復請與貴地海軍方面懇談，絕對囑勿肇事。大使已向關係各官轉電。」[172] 中國對於日本秘密推動的「船津工作」完全不知情，經由川越茂南行訊息與日本密電情報，誤以為川越茂南下是欲前來進行議和交涉。基本上，蔣介石採取和戰兩手策略，在 8 月 7 日晚上召開國防會議與國防委員會聯席會議，雖然通過「決心抗戰」決議以凝聚民心，但同時也採取「在未正式宣戰以前，與彼交涉仍不輕棄和平」的態度。[173] 惟川越茂無意與南京交涉，中日在陷入全面性戰爭的淞滬會戰漩渦之前，錯失一次議和交涉的可能性。

169 〈川越離津 昨飛大連當日南下〉，《中央日報》，南京，1937 年 8 月 4 日，張 1 版 3。

170 「汪精衛致蔣介石函」（1937 年 8 月 4 日），〈家書—蔣中正與宋美齡等來往函〉，《蔣檔》：002-040100-00008-017；「陶希聖致陳布雷函」（1937 年 8 月 5 日），〈特交檔案—和平醞釀（七）〉，《蔣檔》：002-080103-00033-003。

171 《蔣介石日記》（手稿），1937 年 8 月 5 日、6 日。

172 「日文無線密電第 3688號譯文」（1937 年 8 月 7 日），〈特交檔案—呈表彙集（六十一）〉，《蔣檔》：002-080200-00488-039。

173 「抗戰爆發後南京國民政府國防聯席會議記錄」，《民國檔案》，1996 年第 1 期（1996 年 2 月），頁 32。

　　淞滬會戰爆發，以上海為商貿根據地的英國在華利益首當其衝。英國新任駐日大使克萊琪適於淞滬會戰戰火最猛烈期間的 9 月 3 日在東京就任。克萊琪對於中國的國聯申訴案與抗戰持悲觀看法，[174] 因此到任數日內訪晤廣田弘毅三次，表達由英國調停中日紛爭的意願，探詢日本對華要求內容。9 月 16 日，廣田弘毅以個人意見表達日方的訴求，包括：（1）於天津、北平之線沿南邊劃為非武裝地帶，兩國均不可駐軍；（2）承認滿洲國；（3）停止排日和侮日行為；（4）實現防共；（5）在華北的對外機會均等。克萊琪表示日本的要求大體上極為合理，但認為不要碰觸思想問題，防共問題應以特別方法處理，建議例如由日華之間直接簽訂密約。不過，克萊琪也認為「在今日此種情況之下，蔣介石終究是無法答應防共」。[175]

　　雖然克萊琪將日本對華要求防共稱為思想問題，但防共在國際競合消長鬥爭激烈的 1930 年代已非是單純的思想議題，也是極為重要的列強勢力競爭與國防問題。當時英國為對抗納粹德國擴張，已考慮與蘇聯合作，在避免刺激蘇聯的考量下，自然不願在英國調停時碰觸防共議題。[176]

　　英國駐華大使館代辦賀武奉英國外交部訓令，於 9

174　李仕德，《英國與中國的外交關係（一九二九～一九三七）》，頁 383。

175　原田熊雄，《西園寺公と政局》，第六卷，頁 99。

176　上村伸一，《日本外交史（20）：日華事変（下）》（東京：鹿島研究所出版会，1971年），頁 177。

月底向蔣介石傳達廣田弘毅提示的條件。蔣介石表示由
自身提出和平議和要求將會很困難，但中國隨時準備與
日本交涉，若廣田弘毅非正式派人前來即可以考慮進
行洽商。[177] 此時中日兩軍在淞滬戰場暫時陷入僵局，
加上國聯於 10 月 6 日通過精神支持中國抵抗及建請
「九國公約」會員國召開會議處理，蔣介石認為「英美
輿論反倭甚激，眾怒已成，與倭一大打擊」，整個「國
際形勢轉佳」，因此視「倭托英轉達條件仍在夢想之
中」。[178] 可以說此時蔣介石雖然抱持不拒絕日本派人
洽商和平的態度，但在國際情勢有利情況下，關注重心
冀望於國際組織的干預處置，尚未認真考慮英國仲介。

　　此外，以英法為首的國聯受理中國申訴日本侵略案
而召開大會，日本國內於 9 月底起興起排英運動，國聯
於 10 月初的決議更惡化日本國內對英印象。[179] 加上日
本「軍部在當時對於英美抱持全面性的反感」，「如今
中日間居中調停依賴英美，對軍部而言，不禁恰有將
日本命運委托在敵人之手的感覺，因此對此持反對態
度」。[180] 結果曇花一現的克萊琪調停行動未及經過內
閣會議認可即草草結束。

　　雖然日本陸軍反對英國介入調停，但軍部方面仍然
冀望在攻占上海之後結束戰事。尤其是蘇聯自盧溝橋事

177　広田弘毅伝記刊行会，《広田弘毅》（東京：中央公論事業出版，
　　　1966 年），頁 297。
178　《蔣介石日記》（手稿），1937 年 10 月 2 日本週反省錄、4 日。
179　原田熊雄，《西園寺公と政局》，第六卷，頁 105。
180　重光葵，《昭和の動乱》（上），頁 195-196。

變以來，在遠東逐步增兵至 20 個狙擊師，對於日軍在滿洲與朝鮮的 7 個師團形成威脅壓力。[181] 此外，近衛文麿內閣也憂慮中日戰爭由華北漫延至華中後會進一步演變為長期戰，希望利用日軍於華北與上海戰場取得的戰果，作為外交上與中國談判議和的有利條件，以謀結束戰爭。[182] 因此近衛文麿內閣參酌「船津工作」的交涉內容，於 9 月 20 日擬就「支那事變對處要綱」草稿，25 日經外務、陸軍、海軍三省事務當局課長會議討論，分獲各省大臣裁決，提交 10 月 1 日總理、外務、陸軍、海軍四相會議通過。[183]

「支那事變對處要綱」決定「以軍事行動成果與外交措施的適當時機相輔相成，儘速終結此次事變」的方針，條列了收拾時局的條件。[184] 條件內容如表 4-1 首列所示，基本上是對「船津工作」國交調整案及停戰交涉案內容的再確認，因此條件大致相同，[185] 僅因應淞滬會戰而增列設置上海非武裝地區，可謂緩緊均有。[186]

---

181 防衛庁防衛研修所戰史室，《大本営陸軍部（1）—昭和十五年五月まで—》，（東京：朝雲新聞社，1974年），頁 478。（以下書名簡稱《大本営陸軍部（1）》）

182 東亜局第一課，「日支変処理経過」（1938年6月9日），〈支那事変関係一件：善後措置（和平交渉ヲ含ム）〉，JACAR Ref. B02030666700；防衛庁防衛研修所戰史室，《支那事変陸軍作戰（1）—昭和十三年一月まで—》（東京：朝雲新聞社，1975年），頁 345。（以下書名簡稱《支那事変陸軍作戰（1）》）。

183 防衛庁防衛研修所戰史室，《支那事変陸軍作戰（1）》，頁 345。

184 「支那事変対処要綱」（1937年10月1日），〈支那事変関係一件〉，第23巻，《戰前期外務省記録》，JACAR Ref. B02030566100。

185 石射猪太郎，《外交官の一生》，頁 321-322。

186 「事変対処要綱付属具体的方策」，〈支那事変関係一件：善

　　不過，在華北非武裝地帶實施防共雖是延續「船津工作」的國交調整案內容，但由於中蘇兩國於 8 月 21日締結「中蘇互不侵犯條約」，駐滿洲國大使植田謙吉於 9 月 6 日致電廣田弘毅，表示鑑於該條約的簽訂，建議應該特別成立華北自治政權並設立防共地帶，一方面可予痛擊採行容共政策的南京政權，一方面可安定滿洲國治安等意見。[187] 可知，中蘇締結互不侵犯條約反而更加促使日本方面認為華北防共的必要性。因此表面上條件指稱華北非武裝地帶實行防共，非武裝地帶之意在朧統涵意上似僅指防範共產主義的防共概念，但植田謙吉的建議實則暗中仍以防備蘇聯的防共國防概念。

　　　　後措置（和平交渉ヲ含ム））」，JACAR Ref. B02030666700。
187 「植田謙吉より廣田弘毅宛第 794 号電」（1937 年 9 月 6 日），
　　　外務省編，《日本外交文書：日中戰爭》，第一冊，頁 179。

表 4-1：陶德曼調停初次條件表

	「收拾時局具體方策」（10月1日）	和談根本原則（11月2日）
非武裝地區	① 華北：於特定地域（大概自永定河附近接連張家口之線）設定非武裝地帶，該地區治安由限制武裝的中國警察負責。② 上海：在上海四周一定地區內設定為非武裝地帶，由國際警察或限制武裝的中國警察維持治安。	① 在華北設立從滿洲國境延伸到天津、北平之間的非武裝地帶，由中國警察隊維持治安。華北全部行政權歸屬中國，但日本希望行政長官由親日人物擔任。② 擴大上海的非武裝地帶，並設置國際警察隊管理。
滿洲與內蒙	① 中國正式承認滿洲國。② 中國承認內蒙錫察兩盟的德國現狀。	內蒙古樹立與外蒙古相同國際地位的自治政府。
共同防共	① 日中間防共協定。② 華北非武裝地帶依此實現防共。	共同對共產主義作戰。此與中蘇互不侵犯條約不抵觸。
敦睦邦交	中國嚴格取締全國的抗日排日，徹底實施邦交敦睦令。	廢止中國的抗日政策。（以去年張羣與川越茂大使交涉時的態度處理）
經濟問題	① 降低特定產品關稅。② 廢止冀東特殊貿易，並恢復中國取締非武裝地帶海面的走私。	降低日本商品的海關稅。
軍事問題	廢止自由飛行。	
撤銷協定	撤銷塘沽停戰協定、土肥原秦德純協定及梅津何應欽協定。	
華北政權	同意撤銷冀察與冀東，南京政府可任意實施此地區行政。但希望該地區行政首腦任用能實現日中融合的有力人士。	
其他		中國政府尊重外國人在華的權利。

資料來源：「事変対処要綱付属具体的方策」（1937年10月1日）、〈支那事変関係一件：善後措置（和平交渉ヲ含ム）〉，《戰前期外務省記錄》，JACAR Ref. B02030666700；広田弘毅伝記刊行会，《広田弘毅》（東京：中央公論事業出版，1966年），頁300。

　　由於對處要綱不反對第三國調停中日戰爭，因此時局委員會於次日針對第三國斡旋應採取的方針擬具草

案，[188] 經陸海外三省事務當局討論修正，於 10 月 22
日經陸海外三省正式確定採取由第三國斡旋的方針。文
件內容表示「此時英美及其他第三國方面好意的斡旋應
是得宜作法，但莫如利用支那方面提出而較為有利，特
別是如同與日本有友好關係的德義兩國，如受到支那方
面委托來從事斡旋，應是更為巧妙之事」。文件附記尚
指出「在對支軍事行動目的未達成的時機，防止受理第
三國公正和平勸告的斡旋」，「必要時將此方針訓令駐
外使臣以進行第三國斡旋工作」，但不可過早公開，避
免造成日本急於收拾事變而焦頭爛額的印象。[189] 可以
說日本已確認採取第三國調停方式，但也表明期望能透
過德義兩國進行斡旋。

　　在三省事務當局討論該方針文件期間，外務省東亞
局的 10 月 16 日對案文件標註「日本在拒絕參加九國會
議之際，向英美德義等透露此意向→此點陸海軍不贊
成」等字樣，[190] 參照前述東亞局自盧溝橋事變以來多
次研擬中日交涉項目，再次印證東亞局渴望透過外交策
略解決中日戰爭的迫切態度。學者宮田昌明表示由於

188　時局委員会，「日支事変ニ対スル第三国ノ斡旋乃至干渉ニ対
　　シ帝国政府ノ採ルヘキ方針決定ノ件」（1937 年 10 月 2 日），〈支
　　那事変関係一件：善後措置（和平交渉ヲ含ム）〉，JACAR
　　Ref. B02030666700。

189　陸海外三省決定，「日支事変ニ対スル第三国ノ斡旋乃至干渉
　　ニ対シ帝国政府ノ採ルヘキ方針決定ノ件」（1937 年 10 月 22
　　日），〈支那事変関係一件〉，第 14 卷，《戰前期外務省記錄》，
　　JACAR Ref. B02030540700。

190　東亜局，「日支事変ニ対スル第三国ノ斡旋乃至干渉ニ対シ帝
　　国政府ノ採ルヘキ方針決定ノ件」（1937 年 10 月 16 日），〈支
　　那事変関係一件〉，第 14 卷，JACAR Ref. B02030540700。

日軍在上海的 10 月攻勢成效不彰，此時正籌劃杭州灣
登陸作戰計畫，以為日本表明拒絕參加布魯塞爾會議
之時，未必是達成「對支軍事行動的目的」的時機。[191]
故而外務省條約局曾於 10 月 16 日起草外相致電駐英與
駐美兩大使電文，除了敘明日本政府拒絕出席九國公約
布魯塞爾會議原因，也表示日本將來絕對不排斥第三者
善意斡旋的方針，有關促成中日兩國直接解決事變的動
機，不排除英美德義等少數有力第三國的善意周旋。結
果該電文也因軍部反對在拒絕出席布魯塞爾會議之時透
露斡旋意向，而未能拍發成為廢案。[192]

　　條約局因軍部的態度而撤廢電文，陸海外三省之間
也已同意希望由德義斡旋。不過，「廣田由對南京政府
的影響力和其傳統外交技術觀點視之，認為仲介之事除
了英國之外別無他法」，[193] 因此在 10 月 27 日分別召
見英、美、法、德、義各國大使，說明日本不參加布魯
塞爾會議理由後，也表明為打開中日直接交涉，將接受
第三國善意斡旋。對此英國曾非正式表示其意願，但如
前所述，由於日本國內反英輿論高漲以及陸軍反對而作
罷。在此前後，石原莞爾運用參謀本部第二部部員馬奈
木敬信（1894-1979）中佐與德國駐日大使館武官奧特
（Eugen Ott, 1889-1977）的私人關係，指示其進行秘

---

191 宮田昌明，〈トラウトマン工作再考〉，收入軍事史学会編，《日
　　中戦争の諸相》（東京：錦正社，1997 年），頁 147。

192 「廣田弘毅より吉田茂斎藤博宛電（廢案）」（1937 年 10 月
　　16 日起草），〈支那事変関係一件：九ヶ国条約締約国会議関
　　係〉，JACAR Ref. B02030664500。

193 上村伸一，《日本外交史（20）：日華事変（下）》，頁 179。

密交涉。二人前往上海，邀請德國駐華大使陶德曼出面調停。陶德曼奉德國外交部訓令於 10 月 29 日拜會外交部常務次長陳介，表示德國可以為中日交涉進行聯繫，陳介答覆希望先知道日本的條件，自此正式展開陶德曼的調停。[194]

二、陶德曼調停的推動

11 月 2 日，廣田弘毅與德國駐日大使狄克遜會談，說明日本提出的和平交涉根本原則。[195] 如同表 4-1 第二列所示，此根本原則雖然僅有 7 點，但與 10 月 1 日「收拾時局具體方策」對照可知，日本所期望的各項要求均已包含在內，其中針對共同防共議題，特別說明與「中蘇互不侵犯條約」不抵觸。[196] 此點顯示日本採取與對德防共外交的手法，與中國公開合作防共係以防範共產主義為目的的防共概念。此外，撤廢華北各協定與冀察和冀東組織等各項善意全部被隱略，應是欲留作談判籌碼。其中雖然未提及承認滿洲國問題，但華北非武裝地帶的設定是以滿洲國境往平津延伸，基本上已經是以滿洲國存在事實為前提。此外，可能因透過第三國仲介而多了「中國政府尊重外國人在華的權利」，日本自然也

194 石射猪太郎，《外交官の一生》，321；重光葵，《昭和の動乱》（上），頁 195-196；広田弘毅伝記刊行会，《広田弘毅》，頁 298-299；防衛庁防衛研修所戦史室，《支那事変陸軍作戦(1)》，頁 454-455。

195 広田弘毅伝記刊行会，《広田弘毅》，頁 300。

196 日本根據相關情報的研判，據以認為「中蘇互不侵犯條約」不妨礙推動中日共同防共的看法，請參閱本書第四章第二節。

屬於在華外國人之列。

11 月 5 日，陶德曼向蔣介石傳達前述廣田弘毅提
示的和談根本原則，蔣介石告之「如條件不苛刻，可作
為討論之基礎，但須停戰後始可談論」。[197] 不過，也
表明「不能正式承認日本的要求，因為中國現正是布魯
塞爾會議列強關切的對象，而列強是有意在華盛頓條約
的基礎上覓致和平的」。[198] 因此雖然陶德曼調停已啟
動，但因中方的停戰訴求與等待布魯塞爾會議結果，而
無立即的後續活動。

對於陶德曼傳來日方議和條件內容，蔣介石認為
「敵托德國傳達媾和條件，試探防共協定為主」。[199]
學者家永三郎指出：「日中戰爭的目的相當分歧，不能
否認經濟的支配慾望是重要因素。但是，通過和平交涉
所歸納出最低要求是維持滿洲國與防共駐兵的此項事
實，和滿洲國作為對蘇軍事前進基地而負有重要使命，
兩者結合考慮之時，就不應忽略此場戰爭是帶有對共產
主義進行預防戰爭的濃厚性質。」[200] 揆諸盧溝橋事變
以來外務省東亞局所擬各件交涉草案、「船津工作」的
國交調整要綱、「收拾時局具體方策」，以及廣田弘毅

197 「外交部致東京大使館第871號電」（1937 年 11 月 6 日），〈德
國調停中日戰事〉，《外交部檔案（國）》：020-990700-0009，
頁 9。

198 「陶德曼致德國外交部第290號電」（1937 年 11 月 5 日），施
子愉譯，〈抗戰初期德日法西斯誘降的陰謀〉，中國社會科學
院歷史研究所第三所編，《近代史資料》，總 14 號（北京：科
學出版，1957 年），頁 74-75。

199 《蔣介石日記》（手稿），1937 年 11 月 5 日。

200 家永三郎，《太平洋戰爭》（東京：岩波書店，2002 年），頁 114。

分別於 9 月與 11 月向克萊琪與狄克遜透露的歷次議和條件，顯示日本對中國基本要求主要是承認滿洲國與防共協定，而肇建滿洲國係緣於日本建構防共國防的需求。陶德曼首次傳達議和條件內有關設立華北非武裝地帶、成立內蒙古自治政府與廢止中國抗日政策等，亦可視為間接關乎日本的防共需求，故而蔣介石初見條件內容會有此種認知。

11 月 24 日，布魯塞爾會議舉行最後一次會議，中國方面向大會提出制止日本侵略中國的議案並無具體結果。[201] 廣田弘毅立即於 25 日再次通知狄克遜，表示「日本希望在短期內發動和平談判，由德國參加」。[202] 顯示日本急於以攻占上海的戰果結束戰事。在漢口的陶德曼奉德國外交部訓令，於 28 日與 29 日分別拜會行政院副院長孔祥熙與外交部長王寵惠，轉達日本政府欲結束戰爭局面的期望。孔祥熙與王寵惠分別致電蔣介石，建議不宜輕易放過德國的調停。[203]　30 日，孔祥熙約晤汪精衛、王寵惠、軍事委員會秘書長張羣、外交部政務次長徐謨詳談此事後，立即再函蔣介石，表示眾議均「盼局面從速轉圜」，以為「天賜良機，絕不可

201 吳相湘，《第二次中日戰爭史》，上冊，頁 424。
202 「德國外交部致狄克遜第 306 號電」（1937 年 12 月 4 日），施子愉譯，〈抗戰初期德日法西斯誘降的陰謀〉，頁 84。
203 「孔祥熙致蔣介石儉亥電」（1937 年 11 月 28 日），〈特交文卷—民國二十六年二月至民國二十七年十二月〉，《蔣檔》：002-070100-00045-033；「王寵惠致蔣介石艷亥電」（1937 年 11 月 29 日），〈德國調停中日戰事〉，《外交部檔案（國）》：020-990700-0009-0015。

失」。[204] 汪精衛也致函蔣介石陳述國際情勢，建議此次「德大使之提議，在原則上可以接受」。[205] 因此蔣介石決定約晤陶德曼來南京面談。

12月2日下午4時，蔣介石約集軍事委員會副參謀總長白崇禧（1893-1966）、軍事委員會軍法執行總監唐生智（1889-1970）、第三戰區司令長官顧祝同（1893-1987）與軍事委員會辦公廳主任徐永昌等人討論，諸將領均認為可以考慮談判，其中白崇禧質疑「防共協定性質為何」，並認為「與日議和不宜失去與國」。[206] 下午5時，蔣介石接見陶德曼，表示「中國願意接受德國的調停」，並列舉中國意見，包括不得侵犯華北主權的完整與獨立、在和平談判期間自始由德國任中介人、和平談判不得涉及中國與第三國之間的協約等。陶德曼「提醒蔣介石注意到日本的反共的要求」，不過「認為這個要求與中蘇互不侵犯條約並不衝突」。對於此點，蔣介石並未反對。[207]

白崇禧針對防共協定和「不宜失去與國」提出疑問，以及蔣介石對陶德曼要求不得涉及中國與第三國協

---

204 「孔祥熙致蔣介石函」（1937年11月30日），〈特交檔案—和平醞釀（六）〉，《蔣檔》：002-080103-00032-004。此封信函並無年月，據信函內容並參酌汪精衛信函與其他資料，研判該信函旁原註明「廿七年」之紅字有誤，應為1937年11月。

205 「汪精衛致蔣介石函」（1937年11月30日），〈革命文獻—對德外交〉，《蔣檔》：002-020300-00044-007。

206 「無標題」，〈德國調停中日戰事〉，《外交部檔案（國）》：020-990700-0009，頁14。

207 「陶德曼致德國外交部第2號電」（1937年12月2日），施子愉譯，〈抗戰初期德日法西斯誘降的陰謀〉，頁78。

約的意見，其實是「恐蘇俄不諒解」的顧慮，[208] 畢竟現階段中國急需蘇聯供應的軍械。陶德曼認為日本防共要求與「中蘇互不侵犯條約」不衝突的說法，只是簡單地轉達日本對於此問題的觀點，因為陶德曼在 10 月 29 日曾對陳介指出：「中國與俄國締結條約，卻犯了一個嚴重的錯誤，因為這樣一來，就使得她與日本成立協定比較困難了。修改中國對俄國的政策是必要的。」同時也對德國外交部表示：「日本大使〔川越茂〕對這一點頗為含糊。」[209] 顯示陶德曼內心對於此二事的矛盾也是懷抱疑慮，但奉德國外交部指示調停行動的性質為「一個遞信員的地位」訓令，[210] 未便表達個人看法。蔣介石也曾經認為「與俄訂互不侵犯條約，使倭不再夢想其與我訂共同防俄條約」，[211] 始料未及的是日本並非持相同看法，仍然一再對中國提出是項要求。學者平野達志認為陶德曼調停期間即使日本方面屢次向中國提出共同防共案，中國方面仍舊未予參加。就結果而言，蘇聯成功地透過「中蘇互不侵犯條約」的秘密口頭聲明，實現牽制中國方面接受日本共同防共案的意圖。[212]

208　徐永昌著，中央研究院近代史研究所編，《徐永昌日記》，第四冊（臺北：中央研究院近代史研究所，1990 年），1937 年 12 月 2 日，頁 194。

209　「陶德曼致德國外交部第 268 號電」（1937 年 10 月 29 日），施子愉譯，〈抗戰初期德日法西斯誘降的陰謀〉，頁 69。

210　「德國外交部致陶德曼第 160 號電」（1937 年 10 月 30 日），施子愉譯，〈抗戰初期德日法西斯誘降的陰謀〉，頁 71。

211　《蔣介石日記》（手稿），1937 年 8 月 9 日。

212　平野達志，〈解題〉，河原地英武、平野達志譯著，家近亮子、川島真、岩谷將監修，《日中戦争と中ソ関係——1937 年ソ連外交文書邦訳・解題・解説》，頁 260。

但不能忽略的是，蔣介石也可能是在難以理解日本觀點
與冀望德國仲介以先行達成停戰的目的，未與陶德曼深
論此問題。重點將如本節後續所述，調停期間外交部擬
具透過陶德曼代為口頭答覆草案，包括日本政府希望中
國方面應採取何種步驟來實行排共政策等內容，說明外
交部的態度是不排斥與日本交涉包含防共項目在內的
議和案，但中日雙方未曾進入交涉各項議案的實質階
段，即因乞降與不停戰的形式問題而告中斷。如同汪
精衛認為停戰議和「以後所當研究者，事實問題及技術
方法而已」。[213]

　　12 月 7 日，狄克遜向廣田轉達了陶德曼與蔣介石
會談情形並準備展開交涉，惟廣田弘毅表示：「因軍事
狀態之變遷，據個人之觀察，此時能否仍以 11 月間所
提出之原則為談判之根據，殊屬疑問。」[214] 當日陸海
外三省事務當局立即開會討論議和條件，決議通過對於
非武裝地帶、防共政策與經濟合作的補充說明，以及將
賠償議題提升至議和談判即向中國索討等 4 項。[215] 然
而，外務省未及將此說明通告狄克遜，近衛文麿內閣鑑
於日軍占領上海以及攻略南京順利的情勢，在次日即決
定重新檢討和平條件，並於 12 月 21 日經閣議通過新議

213　「汪精衛致蔣介石函」（1937 年 11 月 30 日），〈革命文獻—
　　對德外交〉，《蔣檔》：002-020300-00044-007。

214　「狄克遜致德國外交部第 391 號電」（1937 年 12 月 7 日），施
　　子愉譯，〈抗戰初期德日法西斯誘降的陰謀〉，頁 88；「ディ
　　ルクセンより廣田弘毅宛覚書」（1937 年 12 月 7 日），外務省
　　編，《日本外交文書：日中戦争》，第一冊，頁 206-208。

215　広田弘毅伝記刊行会，《広田弘毅》，頁 302-303。

和條件案，內容包括將以新基礎條件展開交涉的答覆節
略、基本條件、口頭說明與「日支媾和交涉條件細目」
等部分。[216]

表 4-2：陶德曼調停新條件表

	「日支媾和交涉條件細目」（12月21日）	新基本條件（12月21日）	廣田弘毅兩次非正式說明（12月22日）（12月30日）
非武裝地區	① 華北五省及內蒙設定為非武裝地帶。② 在現存上海地方設立非武裝地帶，並在大上海區域由日華合作維持治安及發展經濟。	在必要區域內設立非武裝地帶，且於各該地帶成立特殊機構。	① 除北方外，也考慮在長江流域建立非武裝地帶。（22日）② 三個非裝區：內蒙古、華北、上海附近占領區。（30日）③ 上海成立特殊政權。（30日）
滿洲與內蒙	① 中國正式承認滿洲國。② 內蒙古設立防共自治政府，其國際地位與外蒙相同。		① 承認滿洲國。（22日）② 蒙古建立特殊政權。（22日）③ 內蒙古自治。（30日）
共同防共	中國確立防共政策，協助日滿兩國推動該政策。	中國放棄容共抗日滿政策，且協助日滿兩國實行防共政策。	不要求中國廢除「中蘇互不侵犯條約」及加入反共公約，但日本希望中國如此做。（22日）
敦睦邦交	中國放棄排日及反滿政策。		
經濟問題	日滿華三國締關於資源開發、關稅、貿易、航空、交通等所需之協定。	日滿華三國締結密切經濟合作之協定。	在關稅與一般貿易締結協定。（22日）

216　「在京独逸大使二対スル回答案」（1937年12月21日），〈支那事変関係一件：善後措置（和平交渉ヲ含ム）〉，JACAR Ref. B02030666700。

	「日支媾和交涉條件細目」 （12 月 21 日）	新基本條件 （12 月 21 日）	廣田弘毅 兩次非正式說明 （12 月 22 日） （12 月 30 日）
軍事問題	① 以安全保障為目的，日本於必要期間得以在華北五省、內蒙古及華中之一定區域駐兵。 ② 有關各項要求成立日華協定後，才開始談判停戰協定。		
華北政權	華北五省在中國主權之下為實現日滿華三國共存共榮，設置適當的政治機構。		華北政府有廣泛權力，在中國主權下，但不從屬中央政府。（22 日）
其他	中國對於日本賠償必要之損失。	中國對於日本賠償必要之損失。	賠款：部分戰費、損失財產、占領費用。（30 日）

資料來源：「在京独逸大使ニ対スル回答案」（1937 年 12 月 21 日），
〈支那事変関係一件：善後措置（和平交渉ヲ含ム）〉，
《戰前期外務省記錄》，JACAR Ref. B02030666700；「外交部抄呈蔣介石備忘錄」（1937 年 12 月 26 日）、「陶德曼訪王寵惠談話紀錄」（1938 年 1 月 1 日），〈革命文獻－對德外交〉，《蔣檔》：002-020300-00044-008、002-020300-00044-009；「狄克遜致德國外交部第 410 號電」（1937 年 12 月 22 日）、「狄克遜致德國外交部第 427 號電」（1937 年 12 月 30 日），施子愉譯，〈抗戰初期德日法西斯誘降的陰謀〉，中國科學院歷史研究所第三所編，《近代史資料》，總 14 號（北京：科學出版社，1957 年），頁 92、100。

12 月 22 日，廣田弘毅將答覆節略與基本條件的書面文件交付狄克遜，另以宣讀方式告知口頭說明內容：

（1）中國以行動表示防共的誠意。中國於一定期限內派遣媾和使節至日本指定地點，日本希望大致於本年底得到答覆。

（2）蔣介石表明承認基本條件後，德國不建議日中雙方停戰，而提議日中直接交涉。

廣田弘毅並未將第四部分的「日支媾和交涉條件細

目」（表 4-2 第 1 列）透露給狄克遜，係以非正式形式
回答狄克遜提問時做幾點補充說明，並且表明「在和
平談判中，日本必須繼續軍事行動」。狄克遜表示這些
條件遠超過廣田弘毅於 11 月 2 日告知的根本原則，也
認為要中國政府接受是絕對不可能，因此在電陳德國外
交部新條件訊息時，並未循往例同時電知在漢口的陶德
曼。[217] 12 月 26 日，陶德曼依照德國外交部訓令將節
略、基本條件與抄錄的口頭說明遞交孔祥熙與宋美齡
（1898-2003），並未包含廣田弘毅的非正式說明，但
孔祥熙與宋美齡二人得知後「都極為驚恐」。[218] 病榻
中的蔣介石於當晚得知新條件內容，認為「以其條件
與方式苛刻至此，我國無從考慮，亦無從接受，決置
之不理」。[219]

　　不過，鐵道部長張嘉璈則於 12 月 27 日拜訪並詢問
陶德曼謂：藉由德國的「幫助究竟是否可以使敵對行動
停止？」陶德曼「當即電詢駐東京德大使，可否開示日
方對於所提四項條件心目中所有之詳細辦法？」[220] 為
此狄克遜於 30 日拜會廣田弘毅，獲得廣田弘毅同意將

217 「狄克遜致德國外交部第 410 號電」（1937 年 12 月 22 日），
　　施子愉譯，〈抗戰初期德日法西斯誘降的陰謀〉，頁 90-93。
218 「陶德曼致德國外交部第 396 號電」（1937 年 12 月 26 日），施
　　子愉譯，〈抗戰初期德日法西斯誘降的陰謀〉，頁 97；「外交部
　　抄呈蔣介石備忘錄」（1937 年 12 月 26 日），〈革命文獻—對德
　　外交〉，《蔣檔》：002-020300-00044-008。
219 《蔣介石日記》（手稿），1937 年 12 月 26 日。
220 「陶德曼致德國外交部第 398 號電」（1937 年 12 月 27 日），
　　施子愉譯，〈抗戰初期德日法西斯誘降的陰謀〉，頁 98；「陶
　　德曼訪王寵惠談話紀錄」（1938 年 1 月 1 日），〈德國調停中
　　日戰事〉，《外交部檔案（國）》：020-990700-0009，頁 49。

12 月 22 日非正式說明告知蔣介石。「但是，不要作為日本政府的聲明」，而是狄克遜「從與日本高級官員談話中所得到的印象」。廣田弘毅同時也進一進補充非正式說明，包括三個非武裝區、內蒙古自治，以及賠款範圍等。[221] 陶德曼綜合廣田弘毅兩次非正式說明內容，於 1938 年 1 月 1 日傳達予王寵惠，並表示日方認為若談判順利，自可商議停戰。[222]

不過，透過表 4-2 可知，即使廣田弘毅經過兩次的非正式說明，但仍未向狄克遜透露「日支媾和交涉條件細目」之中有關日軍在華北、內蒙古與華中的駐兵要求。該項駐兵條件也是盧溝橋事變以來，日本歷次所擬具交涉條件之中首次出現，不過其理由是「安全保障為目的」，說明性質為治安駐兵，不同於日後的防共駐兵。此外，日本於此次加重議和條件時，也取消了最初調停所擬「收拾時局具體方策」中有關廢止自由飛行、廢除華北各協定，以及撤銷冀察和冀東政權等項目，或許這些項目是準備於中日談判期間再釋出的善意議題，作為折衝之用；也或許是日本自恃戰果而不再對華讓步的蠻橫態度。

若對照先前 11 月 2 日廣田弘毅首次向狄克遜透露7 點和談根本原則，與 12 月 21 日交付 4 項新基本條件內容（詳參表 4-1 和表 4-2），除了新增賠償項目之

---

221 「狄克遜致德國外交部第 427 號電」（1937 年 12 月 30 日），施子愉譯，〈抗戰初期德日法西斯誘降的陰謀〉，頁 99-100。
222 「陶德曼訪王寵惠談話紀錄」（1938 年 1 月 1 日），〈革命文獻—對德外交〉，《蔣檔》：002-020300-00044-009。

外，雖說新條件內容較為籠統，但基本上仍不脫根本原
則的範圍，可以說新條件其實並未較為嚴苛。但若再加
上 12 月 22 日廣田弘毅非正式說明各點，除了要求明確
承認滿洲國，也擴大非武裝地區範圍、新增經濟貿易協
定與華北自治等要求，全部的新條件確實較為廣泛與嚴
苛，故而狄克遜當場表示遠超過最初的根本原則。不
過，中國方面在 12 月 26 日獲知 4 項新基本條件時，尚
未知悉廣田弘毅非正式說明的內容，孔祥熙、宋美齡二
人驚恐與蔣介石以為苛刻，應係指口頭說明要求近似
乞和的媾和使節與交涉期間不停止戰事等方式。蔣介
石在 12 月 2 日接見陶德曼時曾表示：「對於那種認為
日本已經從這次戰爭中成為勝利者的看法，他不能接
受。」[223] 因為對於蔣介石而言，自盧溝橋事變以來採
取示硬求和的應戰動機在於以戰促和，藉以打破日本以
戰逼降的企圖，同意陶德曼調停的目的，也是在於停戰
議和，絕非投降停戰。

　　換言之，促使蔣介石在 12 月 26 日得知日本新條
件，即認為無從考慮與接受而決定置之不理的原因，並
非是新條件的內容，而是乞降與不停戰的方式。此後陶
德曼再向中國傳達了廣田弘毅的非正式說明內容，只是
讓中國方面確悉新條件內容的廣泛與嚴苛，也促使蔣
介石由原本「決置之不理」改為「應即嚴拒」的態度。
不過，徐永昌認為「堅持長期抗戰則危險太大（全國

223　「陶德曼致德國外交部第 2 號電」（1937 年 12 月 2 日），施子
愉譯，〈抗戰初期德日法西斯誘降的陰謀〉，頁 78。

無能戰之軍）；若質直言和亦萬難做通」，故於次年 1
月 13 日致電蔣介石：「和不必有成，但能延宕下去即
是大利。」[224]

外交部擬就口頭答覆草案，原「尚有數點中國政府
願明確知悉，俾得詳細研究」等文字，包括中國究應採
取何項步驟以實行日本政府的排共政策？非武裝區與特
殊制度擬設在何處及其性質？經濟合作的範圍？可否考
慮對中國方面所受之鉅大損失？[225] 然而，蔣介石覆電指示
孔祥熙：「最後四項問句切不可提，只提前文全部。」[226]
1 月 13 日下午，王寵惠據此意旨向陶德曼宣讀中國的
口頭答覆。[227] 蔣介石的指示可謂已經不欲與日本洽談
議和條件細節，但似乎難以理解何以日本在中蘇締約後
仍舊提出防共問題，因此當日進行「對倭心理與態度之
研究」，包括「中國真正放棄容共抗日之政策，表示為
東亞和平計與日本進行確實提攜之態度」，以及「履行
日本所任世界之反共義務」等。[228]

日本方面於 1 月 11 日召開中日戰爭爆發以來首次
御前會議，通過「支那事變處理根本方針」，決定將
視南京方面是否以誠意前來求和，再確認與之交涉或

---

224 徐永昌著，中央研究院近代史研究所編，《徐永昌日記》，第
    四冊，1938 年 1 月 12 日、13 日，頁 215。

225 「擬與德大使談話要旨」，〈德國調停中日戰事〉，《外交部
    檔案（國）》：020-990700-0009，頁 43-45。

226 「蔣介石致孔祥熙張羣文戌電」（1938 年 1 月 12 日），〈革命
    文獻一對德外交〉，《蔣檔》：002-020300-00044-013。

227 「王寵惠約陶德曼談話紀錄」（1938 年 1 月 13 日），〈德國調停
    中日戰事〉，《外交部檔案（國）》：020-990700-0009，頁 74。

228 《蔣介石日記》（手稿），1938 年 1 月 12 日。

不以國民政府為對手而另成立新政權兩條路線。[229] 15
日，日本召開大本營連絡會議討論中國的答覆，惟中國
近似「搪塞」[230] 的答覆聲明在會議上引起意見對立，
最後日本認為中國無求和誠意，決定中斷與國民政府
的交涉。[231] 近衛文麿內閣於 16 日發表「第一次近衛聲
明」，表明日本政府「爾後不以國民政府為對手」，期
待「新興支那政權的成立與發展，與之調整兩國國交，
並協力建設更生新支那」。[232] 此後日本仍持續推動建
設東亞防共體系，惟對象則改為「新興支那政權」。

小　結

　　1937 年伊始，蔣介石因為西安事變而改以政治解
決中共問題，在對蘇關係方面決定「和俄制共」政策。
惟蘇聯已拒絕中國的互助協定提議，同時蔣介石研判日
本可能因西安事變而改變對華政策，不願予以刺激而曾
經考慮重啟中日談判，但日本仍以「排俄防共」為對華
方針的情況下，因此構思「進行太平洋各國會議以制
倭」，決定採行國聯路線，在「對倭外交方鍼，以國聯

229　「支那事変処理根本方針」（1938 年 1 月 11 日），〈支那事
　　　変関係一件：善後措置（和平交渉ヲ含ム）〉，JACAR Ref.
　　　B02030666700。

230　1938 年 1 月 13 日，陶德曼聆聽中國對日答覆聲明之後，曾詢問
　　　王寵惠：「是否想到日本會認為這樣的答復是搪塞？」請參閱：
　　　「陶德曼致德國外交部第 22 號電」，施子愉譯，〈抗戰初期德
　　　日法西斯誘降的陰謀〉，頁 104。

231　防衛庁防衛研修所戰史室，《支那事変陸軍作戰（1）》，頁 475。

232　「帝国政府声明」（1938 年 1 月 16 日），〈支那事変関係一件〉，
　　　第 12 卷，JACAR Ref. B02030534800。

為基礎與俄合作」。蔣介石籌謀的對外政策，因為蘇聯
堅持按照太平洋地區公約、互不侵犯條約、互助條約的
順序推動，故而以推動太平洋地區公約與中英軍事合作
的方式展開，惟此二項措施均未有結果。在此期間日本
因「佐藤外交」而嘗試緩和對華政策，確實令蔣介石顧
慮日本會對中蘇關係發展而可能會有的反應，同時忌於
蘇聯對華橫暴並在中日蘇三國外交上操奇逐贏，因而冀
望於中英軍事合作，並放緩對蘇軍購交涉步伐。始料未
及的是 1937 年 7 月盧溝橋事變引爆中日戰爭，令蔣介
石迫切渴望於蘇聯軍械與互助協定。但蘇聯方面認定互
助協定意味對日宣戰，僅願提供軍械物資，並要求簽署
互不侵犯條約為先決條件。蔣介石因為平津戰火漫延，
華北情勢丕變，不得不同意蘇聯條件以獲取軍械。最後
蔣介石在 1937 年間籌劃並推動的國際政策因為「瞻俄
顧日」，結果於 8 月 21 日簽獲「中蘇互不侵犯條約」。

　　蔣介石認為與蘇聯締約後可「使倭不再夢想其與我
訂共同防俄條約」，惟日本的觀點卻與其看法有異。由
於日本非常關注中蘇條約動向，懷疑蘇聯藉由條約阻礙
日本推動對華政策，透過各種管道偵查訊息，在 8 月
26 日經由截獲外交部致駐日大使許世英電文而確認中
蘇條約已成立，並由所獲各項情報研判以為蔣介石與蘇
聯方面並無互信，以及許世英對廣田弘毅的說明，認為
該條約並未妨礙日本推動中日共同防共，加上日本在停
戰條件上採取以防範共產主義滲透的防共概念，表面上
並不會違反「中蘇互不侵犯條約」。故而日本直接拒絕
參加「九國公約」布魯塞爾會議，並發表聲明，否認公

約的時效性，同時表示期望與中國合作建立東亞防共體系。因此日本方面擬具與中國議和的歷次各件停戰條件方案，均有共同防共議案，尤其是外務省東亞局自盧溝橋事變後一旬以來，屢次研擬各種議和交涉方案，渴望再次展開中日談判，以貫徹廣田三原則的對華要求，故有「船津工作」與德國駐華大使陶德曼調停的推動。前者因川越茂的妨礙而胎死腹中；後者則在日本軍部期望由德義兩國斡旋，以及石原莞爾透過與德國駐華大使館武官私人關係而展開。

　　陶德曼調停失敗原因，一般均指向日本因為攻占南京而於 12 月 21 日加重議和條件，致使中國方面難以接受。透過陶德曼轉達日本前後兩次的議和條件內容，以及廣田弘毅故作神秘地於 22 日與 30 日，分作兩次透露包含答覆節略、基本條件、條件細目、口項說明等新條件內容的比較，可知促使蔣介石在 26 日即決定「置之不理」原因並非是新條件內容，而是乞降與不停戰的媾和方式。後來陶德曼再傳達條件細目，只是讓中國方面確認日本加重條件的嚴苛，並令蔣介石認為「應即嚴拒」。但中國方面因滬京相繼淪失，戰況情勢惡劣而採取徐永昌建議「延宕下去即是大利」策略，由外交部經由陶德曼傳達希望清楚知道議和條件性質與內容，才能研究與決定的答覆聲明。日本方面認定中國無求和誠意而決定中斷交涉，並於 1938 年 1 月發表「爾後不以國民政府為對手」的「第一次近衛聲明」。

　　中國延宕對日本新議和條件的答覆，實因中國難以接受這些條件，顯示中國對於日本欲建構東亞防共體系

的疑慮。此後蔣介石期待國際情勢轉變，除了希望能解除中國單獨抗戰的困境，其實也是期望將來出現不是由日本主導，能真正維護中國主權的戰後國際新秩序。但日本此後改變交涉對象，陸續與中華民國臨時政府、維新政府，以及汪政權合作，繼續追求建立東亞防共體系。

　　日本發表拒絕出席布魯塞爾會議的聲明，主要在表明以「九國公約」為核心的華盛頓體系已經解體，仍然冀望於與國民政府合作，共同建立東亞防共體系。此後日本方面發表「第一次近衛聲明」不僅在終止陶德曼調停，更是明白拒絕了國民政府而改與「新興支那政權」合作之意，此種「不以國民政府為對手」的涵意，實質上等同直接否認國際社會以國民政府為中國代表的共識。若拒絕出席布魯塞爾會議聲明可視為日本向國際聲稱華盛頓體系失效，期望與國民政府建立東亞防共體系的宣告書；「第一次近衛聲明」則等同是日本向世界表明已準備打破舊有國際秩序，將與「新興支那政權」推動東亞新體系的挑戰書。

第五章　汪政權與日汪共同防共

　　1938 年 1 月，日本發表「第一次近衛聲明」，冀求與「新興支那政權」合作建立東亞防共體系，結果乃有日汪合作。盧溝橋事變之初，汪精衛曾表明不避戰的立場，未久卻倡言議和。透過分析數封汪精衛致蔣介石建議對日議和的文電與戰爭情勢，或許可理解他提倡議和的情勢背景與主張。而日本決定「起用支那第一流人物」成立反蔣反共反戰新政府的策略，汪精衛為其認定目標之一。此後日本與汪派等人接觸過程中，防共問題是每次必提議題，訴求以防共駐兵為中日共同防共的方式，雙方對內容細節進行多次折衝。在此過程中，日本以蘇聯為對象的防共概念，透過歷次談判而強加於中國。

　　汪政權成立後，自 1941 年起日軍分別與汪政權及華北政務委員會，展開以共軍為目標的清鄉活動與治安強化運動。內容同樣是為肅清治安，而且目的也都與日本推動防共國防政策有關。雖然兩項工作的發動原因略有差異，但結果大致相同，就日本防共國防目的而言，應可視為日華共同防共的一種嘗試，惟就日本推動「汪精衛工作」之際，而欲達成的中日共同防共的防共概念，對象卻由蘇聯轉為中共，恐是日本始料未及的結果。

　　本章擬就汪精衛屢次倡言議和文電，與日汪歷次接

觸會談討論防共問題進行分析，瞭解汪精衛最後走出的
心境，以及日本如何透過與汪派議和談判取得防共駐兵
的目標。同時分析日軍分別在華北與華中推動清鄉與治
安強化運動的背景原因，以及該兩項工作與日本防共國
防的關聯及其防共概念轉換的原因。

第一節　汪政權的成立與日本防共駐軍

一、汪精衛與倡言議和

　　1932 年 1 月，行政院長孫科辭職。汪精衛與蔣介
石相約入京，改組政府，分別於同月 28 日出任行政院
長與 3 月 6 日擔任軍事委員會委員長，展開近四年的
蔣汪合作。汪精衛對日問題主張「一面抵抗、一面交
涉」，[1] 軍事抵抗與外交交涉相互為用。未久，汪精衛
因 1933 年長城戰役敗戰與簽訂「塘沽協定」，對日關
係前途的看法轉為悲觀態度，影響之後的對日政策，僅
餘交涉而無抵抗，甚至易為「困守待緩」，對於中國救
亡圖存並無信心。[2]
　　另一方面，孫文於1920 年初期曾與汪精衛、胡漢

1　汪兆銘，「政府對日方針」（1932 年 2 月 15 日），羅家倫主編，
　《革命文獻》，第三十六輯（臺北：中國國民黨中央委員會黨史
　史料編纂委員會，1984 年，影印再版），頁 1570-1572。有關汪
　精衛是項主張的淵源、內涵與執行結果，請參閱：許育銘，《汪
　兆銘與國民政府：1931 至 1936 年對日問題下的政治變動》（臺北：
　國史館，1999 年），頁 95-223。
2　蔣永敬，《抗戰史論》（臺北：東大圖書，1995 年），頁 353-358。

民（1979-1936）及廖仲愷（1877-1925）商量「聯俄容共」政策，後兩位分別表示有條件贊成與贊成，惟汪精衛另持異議，學者蔣永敬認為其反對意見「充分顯示了『恐共』之病」。[3] 1934 年 5 月 8 日，駐英公使郭泰祺致函汪精衛，建議中蘇合作共同以外交手段制約日本。[4] 目前未見汪精衛有無回覆意見的資料，但見諸此際汪精衛正逐步推動中日親善氣氛，以及 1935 年 9 月底取得蔣介石同意推動中德日反共同盟等舉措，可見汪精衛拒絕聯蘇制日的構想。而汪精衛此種「恐共」態度，在西安事變後國共再次合作時再次顯現。[5]

　　1937 年盧溝橋事變爆發後，汪精衛於 7 月 14 日指示《中華日報》對於盧溝橋事變的評論方針為：（1）備戰；（2）不求戰，亦不避戰；（3）從前之局部停戰協定將因日本之局部戰事行為而失其效力，[6] 並與軍事委員會秘書長張羣及侍從室第二處主任陳布雷（1890-1948）等人討論，修改蔣介石於 7 月 17 日在盧山談話會發表應戰不求戰的「最後關頭」演講稿。[7] 之後於 22 日交付張羣一篇可於中央通訊發表支持應戰不求戰談話

3　蔣永敬，〈汪精衛的「恐共」與「投日」〉，《抗日戰爭研究》，1999 年第 1 期（1990 年 2 月），頁 40。

4　「郭泰祺致汪精衛函」（1934 年 5 月 8 日），〈汪兆銘與國內外要人往返函電〉，《汪檔》：118-010100-0001-001。

5　蔣永敬，〈汪精衛的「恐共」與「投日」〉，頁 40-41。

6　「汪精衛致中華日報指示」（1937 年 7 月 14 日），〈汪兆銘與中國國民黨有關之各項函電（一）〉，《汪檔》：118-010100-0005-061。

7　劉維開，〈蔣中正委員長在盧山談話會講話的新資料〉，《近代中國》，第 118 期（1997 年 4 月），頁 156-163。

稿的因應態度。[8]

　　然而，表面上汪精衛認同應戰不求戰的抗戰方針，「但在殘酷的戰爭和犧牲面前，汪與蔣卻表現出截然不同的精神與態度」。[9] 7 月 28 日，事變激化成平津戰役，北平於次日即告陷落，天津於 8 月 1 日失守。汪精衛於 7 月 31 日自九江乘永綏艦返抵南京，對前來迎接的行政院參事陳克文（1898-1986）表示：「此次廿九軍之失敗，可得一證明，證明『日本只能威嚇，而不能真正作戰』一語完全謬誤，此語實亡國之論也。」[10] 當日外交部亞洲司長高宗武分別向蔣介石與汪精衛毛遂自薦，表明願與日本首相近衛文麿折衝，「當以熱誠說服近衛，藉近衛之政治力量，以永定河之線為轉捩點，使日軍由華北全部撤退，以救中國，並防止亞洲之破滅」。蔣介石對此不置可否；汪精衛則予以贊同。[11] 顯示汪精衛不求戰亦不避戰的立場已隨第二十九軍在平津潰退與北平淪陷而動搖，萌生避戰議和之端緒。

　　8 月 4 日，報紙刊載自盧溝橋事變即前往天津活動的日本駐華大使川越茂即將南下，[12] 汪精衛獲悉此訊息

8　「汪精衛致張羣漾電」（1937 年 7 月 23 日），〈汪兆銘與中國國民黨有關之各項函電（一）〉，《汪檔》：118-010100-0005-055。

9　李志毓，《驚弦：汪精衛的政治生涯》（香港：牛津大學出版社，2014 年），頁 156-157。

10　陳克文著，陳方正編輯校訂，《陳克文日記（1937-1952）》，上冊（臺北： 中央研究院近代史研究所，2012 年），1937 年 7 月 31 日，頁 91-92。

11　夏侯敘五，《高宗武隱居華盛頓遺事》（長沙：湖南教育出版社，2008 年），頁 60-61。

12　〈川越離津 昨飛大連當日南下〉，《中央日報》，南京，1937 年 8 月 4 日，張 1 版 3。

後立即致函蔣介石：

> 昨日未盡欲言，今日報載川越昨飛大連，當日南
> 來。……今日係為應戰而非求戰，彼即來，既先
> 開口，我無不應之理。……談判所開內容，此時
> 雖未探悉，然以意測度可歸納為數個方式。恐未
> 能詳敘，如承賜見，當繼續敷陳也。[13]

信函首述「昨日未盡欲言」等詞，透露出汪精衛於
前一日已欲建議蔣介石考慮議和之路，此時方得藉川越
茂南下消息而以信函陳述。就目前已知史料，此封信函
或許是中日戰爭爆發以來汪精衛首次向蔣介石倡言中日
談判的主張。

翌日，蔣介石亦認為「川越南來交涉之方鍼，應不
拒絕」，預定約汪精衛談話，並於 8 月 6 日預定派遣高
宗武赴滬，運用川越茂南來契機。[14] 但川越茂無意與南
京方面談判，不僅阻礙東京方面計畫「船津工作」的密
使任務，並於 9 日與高宗武會談時，亦未透露日本政府
所準備之國交調整案與停戰案內容。[15] 高宗武也因當日
「虹橋機場事件」而倉促返京，雙方無暇進一步接觸，
數日後淞滬會戰即告爆發。

---

13 「汪精衛致蔣介石函」（1937 年 8 月 4 日），〈家書—蔣中正與
　　宋美齡等來往函〉，《蔣檔》：002-040100-00008-017。

14 《蔣介石日記》（手稿），1937 年 8 月 5 日、6 日。

15 石射猪太郎，《外交官の一生》（東京：中央公論社，1986 年），
　　頁 310。

8 月 23 日，淞滬烽火初始一旬，汪精衛致函蔣介石：

> 數年來中國閔顧介於日俄之間，……故所取方針為不偏不倚，既不肯放棄主權，以徇日本共同防共之要求，而墮於無饜之懸壑；亦不肯引虎自衛，作聯俄抗日之想，以致為人劫持且湯於遠水不能救近火之苦境。……中國接受俄之援助，且力謀其援助之加強，實為當然。而對於日本當悉力抗戰之時，不惟不宜塞斷外交途徑，且當力謀外交途徑之打開。[16]

平津迅速淪亡已使得南京方面多數人對於抗戰前途感到不安，教育部長王世杰（1891-1981）於 7 月 31 日日記指出：「一般社會因中央對北平、天津政治軍事新局勢，尚乏具體表示，頗多浮議。」8 月 3 日更謂：「二、三日來，首都一般人士，均深感大戰爆發後之危險。無知識或無責任之人，感覺身家危險，有知識者則對國家前途不勝恐懼。故政府備戰雖力，而一般人之自信力仍日減。今日午後與胡適之先生談，彼亦極端恐懼，並主張汪、蔣向日本作最後之和平呼籲，而以承認偽滿洲國為議和之條件。」[17] 如同一般人惴測不安的情

---

16 「汪精衛致蔣介石函」（1937 年 8 月 23 日），〈家書—蔣中正與宋美齡等來往函〉，《蔣檔》：002-040100-00008-013。

17 王世杰著，林美莉編輯校訂，《王世杰日記》，上冊（臺北：中央研究院近代史研究所，2012 年），1937 年 7 月 31 日、8 月 3 日，頁 27-28。

緒，汪精衛同樣地對抗戰前途未感樂觀，認為應當採和戰兩途策略，在力圖抗戰之時也「力謀外交途徑之打開」。

9月2日，近衛文麿內閣經閣議決議將中日戰事稱為「支那事變」。先前近衛文麿內閣曾於7月11日閣議將雙方在盧溝橋的軍事衝突命名為「北支事變」，此時改稱係為「實質地呈現日華全面戰爭的樣態」。[18] 閣議決議改稱事變名稱當日午後，外相廣田弘毅在官邸邀集國際記者進行茶會並發表演說，指責中日戰爭的發生與擴大在於南京政府排日政策與挑釁行為，以及與赤化勢力勾結所造成，但也表明日本對於中國領土並無野心。[19] 9月5日，汪精衛藉由廣田弘毅談話再次致函蔣介石：

> 日外相廣田本月三日對外國記者之談話，想已入尊覽。此談話各國報紙皆有登載，而中宣部禁止國內報紙發表，似屬非宜，蓋至少不使各國認為吾國已以斷然之態度拒絕一切也。現在如美英法等對國對日本尚無積極以武力干涉之意，而同情中國謀有以牽制日本之侵略則已顯然。此種同情有利於我，不宜忽視。[20]

---

18 風見章，《近衛內閣》（東京：中央公論社，1982年），頁65。

19 外務省百年史編纂委員会，《外務省の百年》，下卷（東京：原書房，1979年，再版），頁282；服部龍二，《広田弘毅：「悲劇の宰相」の実像》（東京：中央公論新社，2009年，5版），頁169。

20 「汪精衛致蔣介石函」（1937年9月5日），〈家書─蔣中正與宋美齡等來往函〉，《蔣檔》：002-040100-00008-014。

　　汪精衛所指「本月三日」應係報紙於廣田弘毅談話後次日所刊載之日期，對於談話內容也是關注於日本對於中國領土並無野心之態度。因此建議不應忽視歐美列強的同情，亦不可讓各國以為中國拒絕化解戰爭的各種可能性，已暗示冀望藉由歐美出面調解中日戰爭。不過，蔣介石早已注意到「汪對外交態度」的轉變，同時也未忽略「廣田談話之作用」。[21]

　　淞滬會戰初期，中國部隊與日軍在戰場上呈現膠著，異於第二十九軍在平津戰役開戰即告潰退的難堪結果，但汪精衛仍於 9 月 8 日再度致函蔣介石：

> 抵抗之力加強，善用之可使日本知難而退，更求相安之局面。若謂此抵抗力即能制勝日本則猶未也。……今日於武力抵抗之外，實不可不謀外交途徑之打開。……日本此時羞怒交集亦固其所，而其知難而退之心事亦必萌蘗於此時可斷言也。……鄙意宜由吾兄或命外交部邀請英法美使節於一處，徵詢其意見，益坦白告以中國之立場。……俾英美法明瞭中國之抱負，而相機行事。[22]

　　汪精衛認為即使中國如何加強抗戰力量亦無法戰勝日本，可謂明言道出中日國力之懸殊。但他認為國家的武器有二：一為軍事；一為外交，而打開外交途徑「與

---

21 《蔣介石日記》（手稿），1937 年 9 月 3 日、4 日。
22 「汪精衛致蔣介石函」（1937 年 9 月 8 日），〈家書—蔣中正與宋美齡等來往函〉，《蔣檔》：002-040100-00008-015。

其行之於軍事力量難以為繼之時，不如行之於抵抗正烈
之時」，故而當此前線部隊艱苦卓決抗戰之際，日本已
然得知中國不可輕侮，因此苦口婆心地建議蔣介石邀集
歐美各大使，表明中國願以外交方式化解戰事。

　　雖然難以明瞭此時汪精衛的外交途徑是冀望於歐美
使節展開調停，抑或透過國際組織進行處置。但可知
的是此時蔣介石係採取後者，因此由外交部籌謀向國
聯控訴日本侵略中國，經出席日內瓦國聯大會的駐英
大使郭泰祺、駐法大使顧維鈞、駐比大使錢泰（1886-
1962），於 9 月 13 日正式向國聯提出申訴案。惟 10 月
6 日國聯的決議將責任推諉「九國公約」會員國，而公
約會員國於 11 月間舉行的布魯塞爾會議亦無果而終。

　　布魯塞爾會議期間，日本曾透過德國協助調停中日
戰事，但蔣介石寄望於國際組織而予以婉拒。布魯塞爾
會議失敗，德國的調停再起。德國駐華大使陶德曼於
11 月 28 日與 29 日，分別向外交部長王寵惠與財政部
長孔祥熙傳達日方欲議和的期望。30 日，汪精衛應孔
祥熙之邀與王寵惠、張羣等人商議此事之後，即於當日
再函蔣介石：

> 英美法諸國並無共同作戰之決心，……蘇俄若
> 有共同作戰之決心，則於此三月以內即應發
> 動。……外交情勢如此，故弟以為德大使提議在
> 原則上可以接受，以後所當研究者，事實問題及
> 技術方法而已。[23]

---

23 「汪精衛致蔣介石函」（1937 年 11 月 30 日），〈革命文獻—對

　　陶德曼的提議係指仍然按 11 月初議和條件進行調停，在淞滬抗戰失利及布魯塞爾會議無實質作為的惡劣情勢下，除了汪精衛之外，包括孔祥熙、王寵惠，以及軍事委員會副參謀總長白崇禧、軍法執行總監唐生智、第三戰區司令長官顧祝同等人均認為可予以考慮，故而此時再度展開陶德曼調停。惟近衛文麿內閣鑑於日軍攻占上海與南京，掠取豐碩戰果，乃於 12 月 21 日閣議通過新議和條件案。[24] 新議和條件非中國所能堪，直至 1938 年 1 月 13 日王寵惠才予以回覆「願明晰其性質與內容後，始能予以詳細研究及決定」，[25] 惟日方認為中國無求和誠意而決定中斷調停，並於 16 日發表「不以國民政府為對手」的「第一次近衛聲明」，表明將另與「新興支那政權」調整兩國國交。[26]

　　中日戰爭在陶德曼調停失敗後愈形擴大，繼 1938 年 3 月至 5 月徐州會戰後，日軍沿著長江西上逐步占領據點，中日兩國更於同年 8 月至 10 月期間展開武漢會戰。日軍於武漢會戰期間也進行廣州攻略作戰，於 10 月 12 日強行登陸廣州大亞灣。當晚蔣介石致電指示孔祥熙與汪精衛，應對英美盡量設法運用，因其「以為此

德外交〉，《蔣檔》：002-020300-00044-007。

24 閣議，「在京独逸大使ニ対スル回答案」（1937 年 12 月 21 日），〈支那事變関係一件：善後措置（和平交渉ヲ含ム）〉，《戰前期外務省記錄》，日本外務省外交史料館藏，JACAR Ref. B02030666700。

25 「王寵惠約陶德曼談話紀錄」（1938 年 1 月 13 日），〈德國調停中日戰事〉，《外交部檔案（國）》：020-990700-0009，頁 74。

26 「帝国政府声明」（1938 年 1 月 16 日），〈支那事變関係一件〉，第 12 卷，《戰前期外務省記錄》，JACAR Ref. B02030534800。

乃敵軍之絕境已到，實為我軍勝利之轉機」。[27] 翌日，
汪精衛覆電認為：「若廣州能如武漢之堅持，俟敵力疲
智盡，則大局必可好轉。」[28] 隨即在其自認為對戰況情
勢樂觀之下，再於 15 日致電蔣介石：

> 我國抗戰前途有二：一為得蘇聯出兵援助而爭取
> 勝利；一為得英法等之善意調停而相當解決。……
> 蘇聯鑒於形勢孤，大舉援我抗日殆無其事，則英
> 法等之善意調停或可謂目前唯一之出路。……當
> 此日本進兵廣東之際，英法顧念其香港安南之地
> 位，亦必著急。如善用之，或可得力。[29]

　　汪精衛在 10 月 11 日接見海通社記者訪問時曾表
示：「中國在抵抗侵略之際，同時並未關閉第三國調停
之門」，並指出日本的「如條件不妨礙中國之生存與獨
立，則或可為討論之基礎」。[30] 此時汪精衛的和議態度
如同淞滬會戰初期的看法，以為打開外交途徑應「行
之於抵抗正烈之時」，故而於 10 月 18 日再度致電蔣
介石：

27 「蔣介石致孔祥熙汪精衛文亥電」（1938 年 10 月 12 日），〈蔣
　　中正致汪兆銘等函電〉，《汪檔》：118-010100-0053-037。

28 「汪精衛致蔣介石元亥電」（1938 年 10 月 13 日），〈汪兆銘致蔣
　　中正函電〉，《汪檔》：118-010100-0043-061。

29 「汪精衛致蔣介石刪電」（1938 年 10 月 15 日），〈汪兆銘致蔣
　　中正函電〉，《汪檔》：118-010100-0043-059。

30 〈汪精衛 發表談話〉，《申報》，1938 年 10 月 13 日，版 4；「馮
　　有真致周佛海銑電」（1938 年 10 月 16 日），〈汪兆銘與各方首要
　　往返函電〉，《汪檔》：118-010100-0055-043。

如英法美方聯合表示時，我方對於條件如何，似
宜及早籌及。……如我國於此時不在條件上有所
確定，則屆時恐無以應付。弟意當以倭方廢棄一
月十六日之聲明為最低限度，其餘始可商榷。[31]

　　汪精衛建議蔣介石於英法擔憂香港安南安全之際嘗
試促成英法的調停，更催促應先準備中國的應對條件，
並簡單表明其個人意見是以日本取消「不以國民政府為
對手」聲明後方得議和。此點顯示汪精衛對於國民政府
名號的執著，似乎也預告日後汪精衛自重慶出走並邁向
與日本洽商自建政權時，仍然堅持爭取使用國民政府的
名號，得以「向國人宣稱新政權的正統性與獨立性，而
非日本扶持的傀儡政權，藉以尋求民眾的認同」。[32]

　　然而，日軍登陸大亞灣後不及十日，即於 10 月 21
日以迅雷不及掩耳之勢攻占廣州，致使武漢中國軍隊
腹背受敵，蔣介石下令撤守，日軍於同月 25 日占領武
漢。廣州與武漢同時失守，「使國民政府內部再度出現
極大的不安，引發新的悲觀與和平聲浪」。[33] 此時
抗戰前途的黯淡令陳克文不禁發出眾人疑問：「大家
懸慮的是，今後的抗戰局面怎樣呢，是否還能夠繼續

31 「汪精衛致蔣介石巧電」（1938 年 10 月 18 日），〈汪兆銘致蔣
　　中正函電〉，《汪檔》：118-010100-0043-060。

32 蕭李居，〈變調的國民政府：汪、日對新政權正統性的折衝〉，《國
　　立政治大學歷史學報》，第 32 期（2009 年 11 月），頁 145-148。

33 王奇生，〈抗戰初期的「和」聲〉，收入呂芳上主編，《戰爭的歷
　　史與記憶（1）：和與戰》（臺北：國史館，2015 年），頁 151。

抗戰？」[34]

自平津淪陷後，汪精衛多次向蔣介石倡言打開中日外交交涉之途，冀望能避戰議和以求中國的生存與獨立。惟時局發展未能如其意，烽火連天漫延中國半壁江山，亦未有停歇跡象。廣州失陷之際，難掩失望的汪精衛於 10 月 23 日私下嘆道：「現在廣州失守，武漢亦將放棄，國際有效援助又不可期，則獨立生存之條件必不可得，吾人惟有以死報國。」[35]

日本方面，近衛文麿內閣自 1938 年 1 月發表「第一次近衛聲明」至 1940 年 3 月汪政權成立期間，分治中國策略的演變可略分為三個階段，分別為合併前線日軍樹立之傀儡政權、國民政府投降參加新中國中央政權或將之擊潰、起用中國第一流人物成立反蔣反共反戰的新政府。[36] 武漢會戰結束時，日本鑑於運用第三個策略以唐紹儀（1862-1938）、吳佩孚（1874-1939）等人為對象的謀略工作成效不彰，將汪精衛列為「起用支那第一流人物」策略的主要目標。汪精衛一心倡言中日議和停戰，此刻中國半壁江山淪亡，對抗戰前途灰心的汪精衛被日本的「汪精衛工作」成功誘出而離開重慶，展開和平運動，最後於 1940 年 3 月在南京成立汪政權。

---

34 陳克文著，陳方正編輯校訂，《陳克文日記（1937-1952）》，上冊，1938 年 10 月 25 日，頁 306。

35 「汪精衛致某人電」（1938 年 10 月 23 日），〈汪兆銘與中國國民黨有關之各項函電（一）〉，《汪檔》：118-010100-0005-027。

36 有關日本分治中國策略的內容、演變與分期，請參閱：蕭李居，〈日本的新策略：尋找分治中國的「戰爭合作者」〉，收入呂芳上主編，《中國抗日戰爭史新編（四）：戰時社會》（臺北：國史館，2015 年），頁 425-430。

　　蔣介石認為汪精衛出走投日，實犯了「恐日」與「恐共」之病，因此於 1939 年 1 月國民黨五屆五中全面演講「外交趨勢與抗戰前途」，對此種恐懼之病作了嚴厲的批判，意在穩定國民黨內動搖的抗戰心理。[37]

二、和平運動與議和條件

　　自汪精衛等人（以下簡稱汪派）與日方展開接觸，試圖促成停戰和平至建立新政權期間，雙方各次接觸與談判之中多有對停戰條件進行試探與交涉，初始之時較為重要即為董道寧（1902-?）與高宗武分別潛訪日本試探的兩次密談。1938 年年初，高宗武認為「日本最近之國策，與其說是努力於攻城略地，無寧說是苦心研究如何可以解決中日問題」，因此於 1 月初派董道寧赴上海與川越茂接洽，但因日本發表「第一次近衛聲明」後召回大使，雙方外交關係中斷，乃請董道寧以私人身分赴日，試探日本對華政策的真意。[38] 董道寧於 2 月 25 日自上海啟程，3 月 10 日離日，取道大連南下，15 日返抵上海，期間分別與參謀本部次長多田駿、作戰課長本間雅晴（1887-1946）、謀略課長影佐禎昭、南滿鐵道總裁松岡洋右會談。高宗武則於 7 月 2 日至 9 日期間在日本與松岡洋右、多田駿、影佐禎昭、陸相板垣征四郎、日本共同通信社長岩永裕吉（1883-1939）、首相近衛文麿等會晤談話。

---

37 蔣永敬，〈汪精衛的「恐共」與「投日」〉，頁 44。

38 「高宗武呈蔣介石報告」（1938 年 4 月 6 日），〈特交檔案—和平醞釀（一）〉，《蔣檔》：002-080103-00027-011。

　　綜合各人歷次對董道寧與高宗武談話所釋出的議和條件內容（詳如表 5-1），可知自開戰以來日本對華要求條件仍然不出滿洲國、華北、防共、駐兵等問題。此時期拋出的條件有兩點值得注意：一是要求蔣介石下野另由汪精衛出面負責；二是明示為防蘇而駐兵，明確呈現出以對蘇備戰為目標的防共概念。

　　近衛文麿內閣官房長官風見章指出，日本鑑於「第一次近衛聲明」否定國民政府的新中國政權論並無效果，藉由 5 月 26 日內閣改組調整對華政策，轉換為以國民政府為對手。[39] 但該調整卻是附帶條件，即為 7 月 8 日五相會議制定「支那現中央政府屈服情況的對策」開列之條件：（1）合併或參加新中央政權的樹立：（2）國民政府改變名稱及改組；（3）放棄抗日容共政策及改採用親日滿防共政策；（4）蔣介石下野。[40] 簡言之，將不作為對手方針縮限於蔣介石一人。因此日方多次向董道寧與高宗武明言要求蔣介石下野以示負責，板垣征四郎甚至表示「此乃既定之方針，否則日本只有苦幹到底」。[41] 同時配合「起用第一流人物」謀略，影佐禎昭於 3 月 5 日對董道寧云：「日方希望中國有大政治家親自出馬，與日方開始交涉。」10 日，松岡洋右對

---

39 風見章，《近衛內閣》，頁 104-105。

40 五相会議，「支那現中央政府屈伏ノ場合ノ対策」（1938 年 7 月 8 日），〈支那事變関係一件〉，第 14 卷，《戰前期外務省記錄》，JACAR Ref. B02030539700。

41 「高宗武會晤板垣征四郎談話記錄」（1938 年 7 月 7 日），〈特交檔案―和平醞釀（一）〉，《蔣檔》：002-080103-00027-015。

直接對董道寧表明，日本盼望的大政治家為汪精衛。[42]

表 5-1：董道寧與高宗武密訪日本試探議和條件表

	董道寧 （1938年2月25日-3月15日）	高宗武 （1938年7月2日7月-9日）
政治問題	① 中國放棄抗日親蘇政策，改為親日抗蘇政府。 ② 蔣介石下野以示負責。 ③ 日本盼望由汪精衛出面負責交涉。	① 中國放棄以夷制夷政策。 ② 蔣介石下野負責。 ③ 國民政府改組。 ④ 由汪精衛出任負責。
滿洲國與內蒙	中國承認滿洲國。	承認滿洲國與內蒙自治由中國自動為之，不作議和條件。
華北與上海	日本同意取消臨時政府與維新政府。	① 日本在華北開發國防資源，不干涉其他中國內政問題。 ② 日本取銷冀東等組織。 ③ 在華北與上海設置高度合作地區。
共同防共	在華北嚴加防共。	中日共同防共。
駐兵與撤軍	① 日本在華北駐屯必要軍隊，用於防禦蘇聯。 ② 日本對於華中華南可不要求駐兵。 ③ 和議成立後，現有日軍分期撤退。	日本堅決要求在華駐兵。
經濟合作		中日經濟合作。
賠款	① 中國賠償青島的日本紡織會社 3 萬萬元損失。 ② 日本可以救濟中國難民或其他名義，償還中國 10 萬萬元。	彼此免除賠款。
其他		中國保障日僑在華自由安全居住。

資料來源：「高宗武呈蔣介石報告」（1938年4月6日）、「董道寧呈張羣報告」（1938年4月12日）、「高宗武呈蔣介石報告」（1938年7月21日），〈特交檔案—和平醞釀（一）〉，《蔣檔》：002-080103-00027-011、002-080103-00027-018、002-080103-00027-015。

---

42 「董道寧呈張羣報告」（1938年4月12日），〈特交檔案—和平醞釀（一）〉，《蔣檔》：002-080103-00027-018。

　　此外，日本的駐兵要求最早出現於 1937 年 12 月 21 日近衛文麿內閣通過陶德曼調停的新議和條件案，提出在華北五省、內蒙古及華中一定區域駐兵，理由為保障安全，[43] 可以說屬於治安駐兵性質，但卻故意隱瞞德國，也未曾傳達予中國。不過，1938 年 3 月上旬，影佐禎昭與松岡洋右分別向董道寧說明駐兵權問題時，均指明日本在華北方面因對蘇聯作戰關係，要求駐屯必要之軍隊，華中與華南等其他各地則不會要求駐兵。[44] 此為日本首度對中國透露要求駐兵的條件，但非訴求治安駐兵，而是明言要求防共駐兵。

　　高宗武於 1938 年 4 月間在香港與滿洲鐵道南京事務所長西義顯（?-?）會談時，曾透露蔣介石口授答覆影佐禎昭的議和條件指出，中國詮釋日本對華作戰意圖為：（1）對蘇關係上的安全保障；（2）在華經濟發展及確保依存關係。其中有關前項的區域包括東北四省、內蒙古、河北與察哈爾等三個地區，蔣介石認為前兩地區應等待他日再議，但堅決主張歸還河北與察哈爾，並指出日本應尊重中國長城以南領土主權與行政完整的意願，並在此基礎下才能展開和平條件細目的交涉。[45] 不過，當高宗武於 7 月密訪日本時，多田駿對其表示：

---

43 閣議，「在京独逸大使ニ対スル回答案」（1937 年 12 月 21 日），〈支那事変関係一件：善後措置（和平交渉ヲ含ム）〉，JACAR Ref. B02030666700。

44 「董道寧呈張羣報告」（1938 年 4 月 12 日），〈特交檔案—和平醞釀（一）〉，《蔣檔》：002-080103-00027-018。

45 西義顯，《悲劇の証人：日華和平工作秘史》（東京：文献社，1962 年），頁 136。

「華北、內蒙問題，日本之根本要求在國防資源之開發
與對俄作戰之便利。」近衛文麿親信日本共同通信社長
岩永裕吉也明言：「駐兵問題，為最嚴重之問題，軍人
所最主張者。」[46] 可謂完全忽略了蔣介石主張歸還河北
與察哈爾的要求。換言之，日本於陶德曼調停期間故意
隱匿的駐兵要求不僅於此時提出，性質也已由中日兩國
外交問題的治安駐兵，進一步形成中日蘇三國之間同盟
與對抗的防共駐兵。同時由於日本謀略的交涉目標已鎖
定汪精衛，故而對於蔣介石的要求完全不屑一顧。[47]

　　7 月 22 日，高宗武派外交部亞洲司日蘇科長周隆
庠（1905-1969）將其潛日的日記與會談紀錄送至漢口，
交由軍事委員會侍從室副主任周佛海（1897-1948）轉

---

46 「高宗武會晤多田駿談話記錄」（1938 年 7 月 4 日）、「高宗武
　　會晤岩永裕吉談話記錄」（1938 年 7 月 7 日），〈特交檔案—和
　　平醞釀（一）〉，《蔣檔》：002-080103-00027-015。

47 學者邵銘煌指出，影佐禎昭對董道寧「提及日本對議和的條件，如：
　　中國放棄抗日政策，與日本合作；承認滿洲國，日本在華北駐屯
　　必要軍隊以共同防共等。應只是一套敷衍說詞，想非日方真意所
　　在」。以及高宗武密訪日本時，「影佐在會談時表示三點：一般
　　提攜與共同防共，在華北及上海設置高度之合作地帶、經濟合作。
　　仍只是原則性方案，不值得重視。倒是日方這次對於蔣中正下野
　　一節，表現出非常堅強的態度和明確立場」。最後並著重於蔣介
　　石下野一事，因此論斷影佐特別強調此事是「日方意圖促使蔣中
　　正領導的抗戰力量潰散之謀略」。然而，不論是要求蔣介石
　　下野、共同防共、親滿政策或成立新中國政權，都是五相會議制
　　定「支那現中央政府屈服情況的對策」的條件，是處理「支那事
　　變」的政策，也均是日本真意所在。就政策推行與謀略運用而言，
　　蔣介石下野是展開「起用第一流人物」謀略的前提條件，放棄抗
　　日的停戰是必要的過程，共同防共、承認滿洲國與新中國政權才
　　是最後的目的。邵銘煌強調下野一事而否認其他條件，卻沒有說
　　明原因，應是未明白策略與目的的差異，誤將手段視為目標。換
　　言之，單純就目的論而言，蔣介石下野或汪精衛出馬均非是日本
　　絕對在意之事，日本真正重視的是如何達成與中國合作防共及承
　　認滿洲國的目標。請參閱：邵銘煌，《和比戰難？八年抗戰的暗流》
　　（臺北：政大出版社，2019 年，增訂一版），頁 86-89。

呈蔣介石，[48] 周佛海在轉呈之前已先將報告送呈汪精衛。[49] 蔣介石對於高宗武密訪日本之行甚為不悅，另一方面，周佛海認為應當難以說服蔣介石同意下野條件，故於當日拜謁汪精衛洽談半個小時，亦於 8 月 24 日與其談外交及宣傳等問題，[50] 應是「鼓動汪精衛接受日本的條件，以實現中日和平」。[51]

　　高宗武返回香港即因病入院，周佛海與汪精衛為了明瞭日本希望汪精衛出面交涉的具體條件，派遣藝文研究會香港分會國際問題研究所主持人梅思平（1896-1946）至香港找尋高宗武，由其介紹予松本重治作為新的談判對象。自 8 月 29 日至 9 月 4 日，梅思平與松本重治針對蔣介石下野、日軍撤兵、承認滿洲國、防共駐兵、排日宣傳與教育等議題在香港進行五次會談（詳如表 5-2）。最後一次會談上，梅思平詳細說明其準備由汪精衛領導的和平運動計畫內容。

　　由於梅思平的和平運動計畫是由汪精衛領導，加上松本重治提議蔣介石下野問題由中國方面處理，並以日本撤兵聲明為槓桿強化中國的和平運動，促成中國國內反對持續抗戰輿論的高漲，讓其可以有下野名義，因此蔣介石下野已非問題。其次，有關承認滿洲國問題，松

48　周佛海著，蔡德金編注，《周佛海日記全編》，上編（北京：中國文聯出版社，2003 年），1938 年 7 月 22 日，頁 147。

49　陶希聖，《潮流與點滴》（臺北：傳記文學出版社，1979 年），頁 166。

50　周佛海著，蔡德金編注，《周佛海日記全編》，上編，1938 年 7 月 22 日、8 月 24 日，頁 147、160。

51　蔡德金，《周佛海》（北京：河北人民出版社，1997 年），頁 193。

本重治強調日本的「日滿中合作」國策，並指明蔣介石
抗日目的在維護長城以南領土與行政主權完整，則東北
四省應該可以根據情況處置。梅思平回覆：東北四省若
赤化，我們也會感到非常危險，而認為值得認真考慮。
再者，撤兵與駐兵議題，松本重治以治安為由需要一年
半至兩年才能撤兵，並以防共名義與需求而堅持在華北
部分地區與蒙疆進行防共駐兵。梅思平接受限期撤兵與
防共駐兵，但堅決反對日本在以上海為中心的長江三角
洲地帶駐兵，亦獲得松本重治的同意。最後，排日與抗
日宣傳與教育問題，梅思平同意松本重治指出兩國對於
彼此的看法都應要幡然轉變。[52]

　　董道寧與高宗武密訪日本目的在探悉日本對於議和
的真意，以提供蔣介石參考，並非前往商討條件細節，
而且當時二人無法認同日方要求蔣介石下野條件，所攜
回條件可謂日本單方面要求。[53] 不過，梅思平與松本重
治香港會談結果則是雙方商討後的合議成果，日方在承
認滿洲國與防共駐兵等議題基本上已取得梅思平同意。

　　香港會談後，松本重治將會談結果轉交大本營陸

---

52 松本重治，《上海時代：ジャーナリストの回想》（下）（東京：
　　中央公論社，1975 年），頁 304-312。

53 董道寧呈報表示：「此次道寧奉高司長宗武之命，於二月二十五
　　日東渡，其唯一目的實為在此抗戰期內能得一確實情報，尤其試
　　探敵國大本營之最高當局究竟對我態度如何，以供當局之參考
　　焉。」高宗武也謂：「第三國調停案，板垣雖表示尚須考慮，但
　　日本實際上似並不反對。但對鈞座下野一層仍無變更，不過方式
　　方面尚有可以商量云云。職以根本意思未能一致，故對此層並未
　　詳與商談。」請參閱：「董道寧呈張羣報告」（1938 年 4 月 12 日）、
　　「高宗武個人觀感」，〈特交檔案─和平醞釀（一）〉，《蔣檔》：
　　002-080103-00027-018、002-080103-00027-015。

軍參謀今井武夫（1898-1982）攜回東京向陸軍方面報
告。[54] 今井武夫於 10 月 25 日返回東京呈交報告，並極
力向陸相與參謀次長建議推動「汪精衛工作」。[55] 梅思
平於 10 月 24 日返抵重慶，向周佛海、陶希聖匯報會談
結果。翌日，周佛海面謁汪精衛，報告洽談結果並陳述
情勢。此後數日，周佛海分別與汪精衛、梅思平及陶
希聖等人數度商議。30 日晚，汪精衛與周佛海商談時
局，決定授權高宗武與梅思平為代表，赴上海與日本代
表進一步洽談。[56] 日本方面接獲高宗武通知後，決定由
陸軍省軍務課長影佐禎昭帶領日方交涉代表今井武夫，
並以滿洲鐵道會社囑託伊藤芳男（1906-1950）作為助
理人員，共同前往上海談判。[57]

　　在此期間，近衛文麿內閣因為日軍結束武漢會戰掠
取空前戰果，於 11 月 3 日發表「雖國民政府亦不拒絕」
聲明，是為「第二次近衛聲明」。該聲明公開修改了
「第一次近衛聲明」的「國民政府否定論」，提出重慶
國民政府若願意放棄抗日政策、更換政府人事、參加並
分擔建設東亞新秩序等條件即可與之交涉，[58] 目的在向

---

54 影佐禎昭，〈曾走路我記〉，臼井勝美解說，《現代史資料（13）：
　　日中戰爭（5）》（東京：みすず書房，1973 年，第 2 刷），頁 361。

55 今井武夫著，高橋久志、今井貞夫監修，《日中和平工作：回想
　　と証言 1937-1947》（東京：みすず書房，2009 年），頁 68。

56 周佛海著，蔡德金編注，《周佛海日記全編》，上編，1938 年 10
　　月 24 日 -30 日，頁 186-188。

57 影佐禎昭，〈曾走路我記〉，臼井勝美解說，《現代史資料（13）：
　　日中戰爭（5）》，頁 361。

58 「帝国政府声明」（1938 年 11 月 3 日），〈支那事変関係一件〉，
　　第 12 巻，JACAR Ref. B02030534800。

汪派表明日本政府同意以議和方式結束戰爭的立場。

汪日雙方代表於上海重光堂進行談判，分為 11 月 12 日至 14 日預備會談與 11 月 19 日至 20 日正式談判。會談交涉者主要是梅思平與今井武夫，最後雙方代表於 20 日傍晚以個人身分簽署「日華協議記錄」及其附件「日華協議記錄諒解事項」，並對「日華秘密協議記錄」取得共識，是為「重光堂密約」。其中協議紀錄內容計 6 條，主旨略為締結防共協定、承認滿洲國並善鄰友好、經濟提攜、日軍撤兵等四點基本原則。[59]

重光堂會談是以梅思平與松本重治香港會談方案為基礎，如同表 5-2 所示，香港會談合意項目均已納入密約，日本從汪派取得承認滿洲國、防共駐兵與兩年期治安駐兵等成果。雙方同時在防共、經濟、賠款等問題上獲得一致意見，其中駐兵地區方面，香港會談同意在華北一部分與蒙疆地區，重光堂會談則指定限於平津地區與內蒙地方。防共議題方面，高宗武與梅思平認可締結防共協定，但以避免國民疑惑為由，提出希望以德日「防共協定」為基準的意見，亦獲得影佐禎昭與今井武夫同意。[60]

59 今井武夫，「日華協議記錄等の經緯」（1938 年 11 月 20 日），〈渡辺工作の現況〉，《陸軍一般史料》，日本防衛省防衛研究所藏，JACAR Ref. C11110699300。

60 今井武夫，「渡辺工作の現況」（1938 年 11 月 15 日），〈渡辺工作の現況〉，JACAR Ref. C11110698900。

表 5-2：香港會談與重光堂密約議和條件表

	香港會談 （1938 年 8 月 29 日 至 9 月 4 日）	重光堂密約 （1938 年 11 月 20 日）
政治 問題	① 中國自行處理蔣介石下 野問題。 ② 中國轉變排日宣傳與教 育政策。	① 汪派發表與蔣介石斷絕關係、日華 提攜及反共政策聲明，以建設東亞 新秩序。 ② 日華兩國各自實施親日親華教育及 政策。
滿洲國 與內蒙	中國考慮承認滿洲國。	中國承認滿洲國。
共同 防共	.	① 締結日華防共協定，內容以日德義 防共協定為基準。 ② 日華對蘇聯締結軍事攻守同盟條約， 平時交換情報，戰時聯合作戰。 ③ 承認內蒙地方作為防共特殊地區。
駐兵與 撤軍	① 以治安與防共名義在華北 一部分及蒙疆地區駐兵， 行政權仍屬於中國。 ② 日軍撤兵需一年半至兩年 間。 ③ 中國絕對反對日本在上 海三角洲地帶駐兵。	① 內蒙為防共特殊地區，承認日本的 防共駐兵。為確保內蒙及聯絡線， 日本將在平津地方駐兵，期限為日 華防共協定有效期間。 ② 其他日本軍隊隨著中國國內恢復治 安，於兩年內全部撤兵完畢。
經濟 合作		① 在平等互惠原則下實施日華經濟 合作。 ② 承認日本的優先權，在開發和利用 華北資源方面提供日本特的便利。
賠款		① 中國補償在華日僑因事變遭受的 損失。 ② 日本不要求賠償戰費。
其他		① 中國承認日本人在中國內地居住、 營業之自由。 ② 日本承認撤廢在華治外法權，並考 慮歸還在華租界。 ③ 日本協助救濟因事變而造成的難民。

資料來源： 松本重治，《上海時代：ジャーナリストの回想》（下）
（東京：中央公論社，1975 年），頁 306-312；今井武
夫，「日華協議記錄等の経緯」（1938 年 11 月 20 日），
〈渡辺工作の現況〉，《陸軍一般史料》，JACAR Ref.
C11110699300~C11110699400。

　　德日「防共協定」是 1936 年 11 月 25 日在柏林簽

署，僅公布以防衛共產國際活動為目的的協定正文與

附屬議定書，[61] 隱匿以蘇聯為防衛目標的秘密附屬議定書。惟德日兩國以蘇聯為對象而締約，早為國際間眾所周知的公開秘密。[62] 德日締約動機與秘密附屬議定書真正內容略為：締約國遭受蘇聯威脅或攻擊時，另一締約國不得採取減輕蘇聯負擔效果的措施。[63] 意在造成蘇聯左右支絀，顧此失彼，無法專心全力對付德日其中一方，可謂屬於消極性的政治性條約，並非積極性的軍事同盟互助條約。[64] 日汪簽署「日華協議記錄」第一條規定：「締結日華防共協定。其內容以日德義防共協定為基準，規範相互協助。」然而，雙方達成共識的「日華秘密協議記錄」規範日華兩國締結以蘇聯為對象的軍事攻守同盟條約，平時相互交換情報，戰時實行聯合作戰。

可知，會談之際梅思平等人本意為中日應該比照德日以防衛共產國際破壞活動形式來回應日本多年來共同防共要求，透露出是以共產國際為對象的防共概念。結

---

61 〈德日反共協定 昨在柏林舉行簽字〉，《申報》，上海，1936 年 11 月 26 日，版 6；〈舉世矚目之德日反共協定簽字〉，《中央日報》，南京，1936 年 11 月 26 日，張 1 版 4。

62 1936 年 11 月 25 日，駐法大使顧維鈞電外交部報告當地晚報對於德日「防共協定」的評論：「何以日本貿然與德攜手，插足于歐之糾紛。據東京官場說明，說日德協約僅以第三國際為目標，並非對俄，但英美法政府均不信之。」請參閱：「顧維鈞致外交部第 326 號電」（1936 年 11 月 25 日），〈日德協定〉，《外交部檔案（國）》：020-010102-0165，頁 63。

63 「共産『インターナショナル』に対する日独協定」（1936 年 11 月 25 日），外務省編纂，《日本外交年表竝主要文書》（下）（東京：原書房，1978 年，第 6 刷），頁 354。

64 蕭李居，〈國民政府對於德日「防共協定」的因應〉，《國史館館刊》，第 58 期（2018 年 12 月），頁 109。

果卻因未採取加入德日「防共協定」，而以該協定為基
準另行締結中日「防共協定」的方式，反遭今井武夫等
人欺瞞，另於秘密協議紀錄之中將中國直接誘入日本的
軍事防共國防策略之中，以合乎日本將蘇聯包含在內的
防共概念。

　　梅思平於 11 月底返抵重慶，攜回重光堂密約向汪
精衛與周佛海匯報。12 月 1 日，在上海的今井武夫接
獲汪派答覆，表示汪精衛承諾上海協定，但有關「日華
秘密協議記錄」部分將保留作為其個人意見以備與日本
協議餘地，同時必須於約定即將發表的近衛聲明加上日
本不會獨占中國經濟與不干涉內政之意。[65] 汪精衛要求
保留的秘密協議記錄內容即為前述中日締結以蘇聯為對
象的軍事攻守同盟，以及中日經濟合作、日本協助中國
廢除不平等條約等。

　　在重光堂會談上，汪派上也提出「中國方面行動
預定計畫」，並獲得日方認同與配合。[66] 汪精衛等人於
12 月 18 日離開重慶輾轉至河內，日本方面配合汪派行
動計畫，由近衛在 12 月 22 日發表「與更生中國調整國
交方針」聲明，是為「第三次近衛聲明」，提出日本將
與中國有識之士合作，以善鄰友好、共同防共、經濟提
攜的近衛三原則調整中日關係。[67] 汪派於同月底發表艷

---

65 今井武夫，「渡辺工作の現況（第三号）」（1938 年 12 月 6 日），
　　〈渡辺工作の現況（第三号及第四号）〉，《陸軍一般史料》，
　　JACAR Ref. C12120078500。

66 今井武夫著，高橋久志、今井貞夫監修，《日中和平工作：回想
　　と証言 1937-1947》，頁 74。

67 「近衛文麿內閣總理大臣談」（1938 年 12 月 22 日），〈支那事

電，回應近衛聲明，向重慶國民政府建議以近衛三原則
進行和平談判，開啟交涉途徑，[68] 自此汪派公開進行和
平運動活動。惟艷電並未帶來汪派預估效果，雲南與
四川軍事將領亦未通電響應。1939 年 5 月，汪派離開
河內改往上海活動。6 月，汪精衛親自赴日與東京當
局會面，商議籌建政權的步驟，逐步邁向成立新政權
之路。[69]

　　日本為了籌備樹立汪政權的工作，於 1939 年 8 月
在上海四川路設立事務所，命名梅華堂，負責協助汪派
成立新政權準備工作以及與東京方面的聯繫事務。參謀
本部將此工作命名為「梅工作」，事務所稱為「梅機
關」，由影佐禎昭負責指揮。[70] 11 月 1 日，負責統一
處理有關中國政治、經濟與文化事務的興亞院會議制定
「中央政治會議指導要領」，指出鑑於現時內外情勢發
展，在中國內部樹立新中央政府的條件已充分，得考慮
召開中央政治會議，惟需日方期望事項獲得新中央政府
主要構成分子的諒解。[71] 故而日方主動向汪派要求進行
調整中日新關係的談判，並提出「日支新關係調整要綱

変関係一件〉，第 12 卷，JACAR Ref. B02030534700。

68　「汪精衛致蔣介石等艷電」（1938 年 12 月 29 日），〈汪兆銘與中國
　　國民黨有關之各項函電（一）〉，《汪檔》：118-010100-0005-064。

69　內閣情報部，「支那新中央政府成立ノ經緯概要」（1939 年 12
　　月），〈支那事變二際シ新支那中央政府成立一件〉，第 1 卷，《戰
　　前期外務省記錄》，JACAR Ref. B02031745200。

70　影佐禎昭，〈曾走路我記〉，白井勝美解說，《現代史資料（13）：
　　日中戰爭（5）》，頁 373-374。

71　興亞院會議，「中央政治會議指導要領」（1939 年 11 月 1 日），〈支
　　那事變關係一件〉，第 3 卷，《戰前期外務省記錄》，JACAR
　　Ref. B02030519100。

草案」及附件作為談判依據，冀望先行取得汪派同意日
方的各項要求。

　　日本指派影佐禎昭率領梅機關成員與汪派在上海展
開調整中日新關係的交涉，汪派成員以梅思平為主，包
括陶希聖與周佛海等人。雙方於 11 月 1 日至 12 日展開
七次談判，再於 12 月 28 日至 30 日間簽訂「日支新關
係調整協議文件」，包括「日支新關係調整要綱」與附
件「秘密諒解事項」，以及別冊「機密諒解事項」。由
於該次談判並非是汪日雙方正式的外交交涉，而是日方
指派梅機關為代表與汪派的約定事項，[72] 是為「汪日內
約」。全部條款內容非常龐雜且嚴苛，調整要綱包括
「基本原則」與「具體原則」，略為規定中日滿三國基
於在東亞建設新秩序的理想下，實行善鄰友好、共同防
共、經濟提攜諸原則及其具體項目。附件規範新中央政
府與臨時政府、維新政府及蒙古聯合自治政府的關係，
以及中日在廈門、海南島、長江下游等地和金融財政、
經濟、交通、顧問等議題進行合作。[73]

　　以往對於該內約的認知多忽略別冊「機密諒解事
項」的存在，誤以為只有前兩件文件。而該件別冊的諒
解事項包括「防共駐兵地域關係事項」和「北支鐵道問
題關係事項」兩項。前項有兩條條款：

---

72 影佐禎昭，〈曾走路我記〉，臼井勝美解說，《現代史資料（13）：
　　日中戰爭（5）》，頁 379。

73 梅機關，「日支新關係調整二關スル協議書類」（1939 年 12 月 31
　　日），〈支那事變二際シ新支那中央政府成立一件：梅機關卜汪
　　精衛側卜ノ折衝中ノ各段階二於ケル条文關係〉，《戰前期外務
　　省記錄》，JACAR Ref. B02031754200。

（1）防共駐兵的實施以蒙疆以外之正太鐵路以北
　　　的山西省、北部河北省及膠濟鐵路沿線等地
　　　為主。但就艦船部隊方面另行規定。

（2）防共駐兵期間為日中防共協定的有效期間。

後項則是規範華北國有國營鐵路，交由新中央政府
和華北政務委員會合作成立的「北支鐵道管理委員會
（暫定）」負責管理，而由該委員會委託華北交通會社
經營，以及該會社的組成和配合軍事資源開發、軍事運
輸等規範。[74]

由於全部文件的條款數量甚多，以下僅分析共同防
共、駐兵與撤兵兩部分。共同防共方面，規定確認華北
和蒙疆為中日在國防與經濟上密切合作地區的原則下進
行防共，除了延續「重光堂密約」的交換情報之外，還
增加合作鏟除共產分子、新增開發國防所需地下資源、
聘請軍事顧問，以及承認蒙疆為高度防共自治區等。另
外，此次「汪日內約」雖然未如「重光堂密約」清楚
規定以「日德義防共協定」為基準締結「日華防共協
定」，但在談判期間，影佐禎昭表示：「防共駐兵是以
蘇聯的積極政策而繼續存在。」周佛海亦直言：「防共
終歸還是為了對付蘇聯。」[75] 顯示雙方早已有中日共同

---

74 梅機關，「日支新関係調整二関スル協議書類（別冊）」（1939 年
　12 月 31 日），〈支那事変二際シ新支那中央政府成立一件：梅機
　関ト汪精衛側トノ折衝中ノ各段階二於ケル条文関係〉，JACAR
　Ref. B02031754400。

75 「日支国交調整原則二関スル協議会：第二回会議議事要録」
　（1939 年 11 月 4 日），〈支那事変二際シ新支那中央政府成立一
　件：梅機関ト汪精衛側トノ折衝中ノ各段階二於ケル条文関係〉，
　JACAR Ref. B02031754900。

防共係以蘇聯為對象的共識。此外，「機密諒解事項」
載明防共駐兵期限以日中防共協定期間為準，說明實際
上仍須締結防共協定，只是汪派先前訴求的協定基準在
此次談判卻未再強調。

　　駐兵與撤兵方面，除了以往交涉的防共駐兵和治安
駐兵，此次新增作戰駐兵。最主要的自然為防共駐兵，
期限如上所述，規範為防共協定期間，地區包括華北
地和蒙疆地方。汪日雙方就此點爭執甚多，就華北而
言，「重光堂密約」規定日本防共駐兵為平津地方，但
日方提交的綱要草案則已擴大為華北地域。周佛海指出
兩次交涉的差異，希望仍改回平津要地。陶希聖表示若
防共包括駐兵，應該限於內蒙。梅思平也認為：「眾人
以為防共駐兵限於蒙疆及平津。從重慶出走不足一年竟
加重條件，非常令吾人意氣沮喪。」影佐禎昭辯解是因
為後來情勢變化而產生此種需求，即汪精衛於 6 月訪日
之際，已承認華北為國防與經濟強力合作地區，加上共
軍勢力已插足華北，僅駐兵平津已不足防共。雖然周佛
海表示情勢變化為無限，認為不應以此為理由，但被影
佐禎昭反譏謂：「將來汪氏獲得軍隊，當蘇聯入侵中國
時，中國將防禦西北；日本將防衛蒙疆、北支。若中國
自身得以防禦是日本求之不得，否則不論日本的喜好，
日本為了防共仍必須援助中國。此為必然的因緣。」[76]

76 「日支国交調整原則ニ関スル協議会：第二回会議議事要録」（1939
　　年11月4日），〈支那事変ニ際シ新支那中央政府成立一件：梅
　　機関ト汪精衛側トノ折衝中ノ各段階ニ於ケル条文関係〉，JACAR
　　Ref. B02031754900。

結果在影佐禎昭表明防共駐兵是以蘇聯為目標的情況下，汪派的訴求不被日方接受，華北全區被納入防共駐兵地區。

就蒙疆而言，影佐禎昭說明蒙疆自治政府行政區域包括晉北十三縣。雖然周佛海希望仍以省的行政區域為基準來劃分，陶希聖也從內蒙古自治運動歷史演變予以說明，認為晉北十三縣應歸回華北地區。但影佐禎昭駁斥指出，此劃分並非單純由民族自治而成立蒙疆政府，而是以防共作為最高目標，為蒙人與漢人相聚地區。同時認為欲變更這種既成事實是極為困難，並強烈要求汪派不要執著於不可能之事，重申只有日本的解決方案才能真正解決問題。結果汪派以要求日本同意河南不以黃河為界，該省以北地區不得劃歸為華北，而對蒙疆範圍讓步。[77]

治安駐兵方面，汪日先前交涉只簡單約定日軍在中國國內治安恢復後兩年內全部撤兵，未曾交涉駐紮地點。此次日方要綱草案僅言迅速完成撤兵，並無年限，因為汪派極力要求按「重光堂密約」的規定，並獲日本同意而載明了兩年期限的規範。不過，汪派認為日本因為駐兵需求而在軍事方面的要求範圍過於廣泛，希望能稍作限制。但被影佐禎昭以此處僅記載大略，其性質由將來之軍事協定商議細節而駁回。[78] 結果雙方約定必須

---

77 「日支国交調整原則二関スル協議会：第四回会議議事要録」（1939年11月6日），〈支那事変二際シ新支那中央政府成立一件：梅機関卜汪精衛側卜ノ折衝中ノ各段階二於ケル条文関係〉，JACAR Ref. B02031755100。

78 「日支国交調整原則二関スル協議会：第七回会議議事要録」（1939

在日華協定上規定船艦停泊與部隊駐紮的地點，以及
該地區的鐵路、航空、通訊、港口和水路必須因應日
軍的需求。

　　作戰駐兵方面並無規定年限，如同周佛海要求將防
共駐兵區別於治安與作戰駐兵之外時，曾表示：「重慶
的軍隊多，汪方沒有軍隊，因此在重慶不倒台的情況
下並非防共，而有作戰駐兵的必要。在重慶倒台為止
的五十年、六十年都需要駐兵。」[79] 顯示汪派一開始即
理解日軍的作戰駐兵要求，也明白此項駐兵難有年限規
範。不過，有關船艦停泊與部隊駐紮的地點及一切軍事
要求，則與治安駐兵的需求規定相同。

　　1940 年 1 月 6 日，興亞院會議在同意「汪日內約」
前提下，制定「關於中央政權樹立對處要綱」，決定促
成汪派建立新中央政府，並協助壓迫重慶國民政府屈
服。[80] 汪派在日本大力協助下，積極展開籌建新政權工
作，於 3 月 20 日在南京召開中國國民黨中央政治會議，
決議新政府名稱為國民政府，以南京為首都、青天白日
滿地紅旗為國旗，暫時於上方附加「和平反共建國」字

年 11 月 12 日），〈支那事變二際シ新支那中央政府成立一件：梅
機関卜汪精衛側卜ノ折衝中ノ各段階二於ケル条文関係〉，JACAR
Ref. B02031755400。

79 「日支国交調整原則二関スル協議会：第二回会議議事要録」（1939
年 11 月 4 日），〈支那事変二際シ新支那中央政府成立一件：梅
機関卜汪精衛側卜ノ折衝中ノ各段階二於ケル条文関係〉，JACAR
Ref. B02031754900。

80 興亜院会議，「中央政権樹立二関連スル対処要綱」（1940
年 1 月 6 日），〈支那事変関係一件〉，第 3 卷，JACAR Ref.
B02030519300。

樣三角黃旗。[81] 同月 30 日，以還都名義在南京正式成
立汪政權。

由於「汪日內約」並非汪日雙方的正式條約，日本
以簽訂正式的調整國交條約作為正式承認汪政權之條
件，於 4 月 1 日任命阿部信行（1875-1953）為特命全
權大使，前來南京與汪政權進行調整國交談判的任務。
雙方於 7 月 5 日至 8 月 31 日展開十六次「中日調整國
交會議」談判，並於談判結束當日簽訂草約。但日本卻
推遲簽約時程，延宕至 11 月 30 日才正式簽約，並承認
汪政權。

日本故意拖延簽約與承認汪政權，係因「汪精衛工
作」雖然成功將汪精衛誘出重慶，但原計畫號召西南國
軍將領響應和平運動卻失敗，汪派僅能於日軍占領區成
立新政權，重慶國民政府仍持續進行抗戰，實質上戰
爭並未結束。故由參謀本部主導，「支那派遣軍總司
令部」參謀今井武夫負責對西南運輸公司主任宋子良
（1899-1987）進行「桐工作」的謀略活動，已於 1939
年 11 月展開，圖謀與蔣介石進行聯繫。此外，1940 年
7 月，新成立第二次近衛文麿內閣的外相松岡洋右也利
用交通銀行董事長錢永銘（1885-1958）和上海金城銀
行經理周作民（1884-1955），嘗試與重慶國民政府方
面交涉，企圖藉由「錢永銘工作」直接與蔣介石接觸，
真正結束中日戰爭。但是，參謀本部與外務省的兩項謀

---

81 「政治會議的經過及決議事項」（1940 年 3 月 20 日），黃美真、
　張雲編，《汪精衛國民政府成立》（上海：人民出版社，1984 年），
　頁 753-754。

略工作卻同時被蔣介石運用作為阻止日本承認汪政權，
未能達成停戰目的。[82]

11月13日，日本御前會議通過「支那事變處理要
綱」，決定若至1940年11月底仍未能與重慶國民政府
達成和平，將對澈底對其進行武力戰，正式承認汪政
權。[83] 同月28日，大本營政府連絡懇談會認定「桐工
作」與「錢永銘工作」已然失敗，決定正式承認汪政
權。[84] 30日，汪精衛與阿部信行正式簽訂「關於中華
民國日本國間基本關係條約」及附屬相關文書，後者包
括附屬議定書、附屬秘密協約、附屬秘密協定、秘密交
換公文（甲）（乙）、議事錄摘要、關於協議書類對照
備忘錄等文件。[85] 二人同時與滿洲國代表臧式毅締結
「中日滿共同宣言」，[86] 以此宣言處理汪政權承認滿洲
國的問題。

「中日調整國交會議」談判期間，汪日曾針對駐兵
議題有過爭執。就防共駐兵期限問題，日方提出條約草

---

82 相關研究請參閱：藤井志津枝，《誘和——日本對華諜報工作》，
　頁173-266；楊天石，〈蔣介石親自掌控的對日秘密談判〉，收入
　氏著，《找尋真實的蔣介石——蔣介石日記解讀》（香港：三聯書
　店，2008年），頁281-285。

83 御前会議，「支那事変処理要綱」（1940年11月13日），〈支
　那事変関係一件〉，第3卷，JACAR Ref. B02030519800。

84 防衛庁防衛研修所戦史室，《支那事変陸軍作戦（3）—昭和十六
　年十二月まで—》（東京：朝雲新聞社，1975年），頁304。（以
　下書名簡稱《支那事変陸軍作戦（3）》）

85 「日本国中華民国間基本関係に関する条約」（1940年11月
　30），外務省編纂，《日本外交年表竝主要文書》（下）（東京：
　原書房，1978年，第6刷），頁466-474。

86 「日満華共同宣言」（1940年11月30日），〈日本国中華民国
　間基本関係に関する条約〉，《戦前期条約書》，日本外務省外
　交史料館藏，JACAR Ref. B13090929200。

案第 3 條略為中日合作防衛共產主義破壞工作，日軍因
應此需要而在蒙疆和華北駐屯。汪派於 7 月 9 日第三次
談判會議上指出草案未言期限，將誤解為永久駐屯，並
認為「汪日內約」的「機密諒解事項」曾規定為「日華
防共協定的存續期間」，因此要求在該條文第 3 款駐兵
事項加入「一定期間」等字句，或者第 3 款變更成「為
達上述目的計，兩國得締結防共協定」，並將原第 3 款
改為第 4 款，明確規定在防共協定有效期間內駐屯所
要軍隊。[87] 日方認為該條文意旨在規範中日合作實行防
共，建議仍如密約方式，另於其他協議文件規範。不
過，7 月 16 日，周佛海與影佐禎昭非正式會談，傳達
了汪精衛堅持於基本條約之內插入「一定期間」的意
見，迫使日方妥協而於 7 月 19 日第五次會議提出加入
此句的修正案，並經汪派同意而結束是項爭議。[88]

　　就治安駐兵問題方面，日方草案第 4 條略為中日
兩國另外協議決定為維持共同治安而密切合作。7 月 9
日，第三次會議上汪派指出「另外協議決定」等字句以
及未規定期間，恐有永久之疑慮，認為該事項為臨時性
質，不同於基本條約規範兩國永久關係，因此建議如同
密約的方式，將維持共同治安、日軍撤兵、中國方面確

---

87 「日華新關係調整條約締結交涉會議：第三回正式會議公認議事
　　錄」，〈日本国中華民国間基本関係に関する条約〉，JACAR Ref.
　　B13090929500。

88 「日華新關係調整條約締結交涉會議：第五回正式會議公認議事
　　錄」，〈日本国中華民国間基本関係に関する条約〉，JACAR Ref.
　　B13090929600；「基本條約要綱案第三條討論経過概要」，〈支那
　　事変関係一件〉，第 28 卷，《戰前期外務省記録》，JACAR Ref.
　　B02030570800。

立治安義務等事項，全部另外規範在附屬議定書，並自基本條約中刪除此條文。日方認同將上述事項明定在附屬議定書，但辯駁指出該條文為原則性規定，是以置於基本條約是非常重要。不過，為考量汪派的主張係為讓中國民眾安心，因此同意再行思考。雙方經過多次交涉，最後日方認為汪派應考慮日人在華居住與經營事業而對於中國治安的疑慮，仍執意在基本條約保留此條款，但同意修改文句，加上「日軍撤退完了之前」等文字。[89]

「中日調整國交會議」談判草案也是由日方提交會議交涉，係以「汪日密約」為基礎，依據世界情勢變遷與中日戰爭動向，以及是否適合條約化進行調整所立案而提出。[90] 雖然最後簽訂的條約及附件條款與項目，均已較密約條款簡化，但所涉事項與內容仍如密約一樣龐雜。其中，就共同防共部分和駐兵與撤兵部分，基本上密約規範的部分幾乎均予採納而條約化。

日本藉由協助汪精衛等人成立新政權而取得日華共同防共的目標。在過程中，日方利用汪派和平運動的無力以及建立新政權的需求，逐步明確並增加合作防共的項目以及擴大防共駐兵的區域等，最後運用調整國交談判方式，利用兩國基本條約全面掌控汪政權，將之納入日本防共國防圈的一環。雖說條款上解釋防共駐兵是防

---

89 「基本条約要綱案第四条討論経過概要」，〈支那事変関係一件〉，第 28 卷，JACAR Ref. B02030570800。

90 「日支国交調整交渉ニ関スル件」（1940 年 6 月 12 日），〈支那事変関係一件〉，第 28 卷，JACAR Ref. B02030570600。

衛共產主義，實則影佐禎昭已明言是為了應付蘇聯。可
知日汪締約合作防共概念是包括共產主義與蘇聯，只是
戰爭情勢與國際局勢的變化是否能如其所願順利貫徹是
項防共概念，卻又是另外一回事。

第二節　汪政權的強化與清鄉活動

一、日本長期戰方略與國防資源

　　1938 年 7 月 19 日，近衛文麿內閣經五相會議通過
強化德義日合作防共軸心案，推動日德兩國締結以蘇聯
為假想敵的防衛同盟，以及與義大利簽訂以英國為敵對
目標的協議。[91] 不過，德國對於日本不願與其締結以英
國為目標的軍事同盟興趣缺缺，乃於1939 年 8 月 23 日
與蘇聯簽訂「德蘇互不侵犯條約」。日德交涉年餘的軍
事同盟案，因突如其來的國際情勢變化而戛然中止，首
相平沼騏一郎（1867-1952）並為此於同月 28 日內閣總
辭。[92] 德國與蘇聯訂約後，隨即於 9 月 1 日入侵波蘭，
引爆第二次世界大戰。
　　日本對歐洲戰場採取中立政策及對美協調路線，惟
美日協議並不順利，美國於 1940 年 4 月 14 日告知日

---

91 五相会議，「日独伊防共協定研究方針」（1938 年 7 月 19 日），
　　外務省編，《日本外交文書：第二次欧州大戦と日本》，第一冊（東
　　京：六一書房，2012 年），頁 36-37。
92 大畑篤四郎，〈日独防共協定・同強化問題〉，日本国際政治学会、
　　太平洋戦争原因研究部編，《太平洋戦争への道（5）：三国同盟・
　　日ソ中立条約》（東京：朝日新聞社，1963 年），頁 159-161。

本，決意不承認汪政權。另一方面，德軍於同年4月突襲丹麥，結束歐洲戰場的「假戰」現象，兩個月後陸續攻占丹麥、挪威，以及荷比法等國，並於7月開始空襲英國本土。日本身陷中日戰爭泥淖而目眩神迷於德軍在歐洲戰場的壓倒性勝利，以為可藉機奪取法屬印度支那資源，並截斷重慶國民政府的物資管道，但也憂心德國順勢掠奪法荷兩國在東南亞殖民地。

　　1940年7月26日，甫組閣四日的第二次近衛文麿內閣經閣議通過「基本國策要綱」，決定把握世界史發展的必然動向，即時因應新事態確立國家態勢，傾全國之力建設日滿華為骨幹的大東亞新秩序。[93] 翌日，大本營政府連絡會議制定「伴隨世界情勢演變的時局處理要綱」，決定以「因應世界情勢變局，改善內外情勢，儘速促進支那事變的解決，同時把握時機解決南方問題」的方針，指導日本國內進行諸項措施的整備，促進國防國家的完成，同時強化與德義的關係，儘速地調整與蘇聯的邦交。[94] 由於此種國際情勢背景，近衛文麿內閣於9月4日召開四相會議制定「關於日德義樞軸強化之件」，進一步於19日經大本營政府連絡會議通過該政策，決議與德義兩國再度展開軍事同盟的交涉，[95]

---

93 閣議，「基本国策要綱」（1940年7月26日），〈支那事変関係一件〉，第15卷，《戰前期外務省記錄》，JACAR Ref. B02030544700。

94 大本營政府連絡会議，「世界情勢の推移に伴ふ時局処理要綱」（1940年7月27日），〈重要国策決定綴：卷1（大本營政府連絡会議々事録 其の1）〉，《陸軍一般史料》，JACAR Ref. C12120237300。

95 四相会議，「日独伊枢軸強化ニ関スル件」（1940年9月4日），

並在一週後即迅速地於 27 日締結「德義日三國同盟條約」。但是，美國總統羅斯福（Franklin D. Roosevelt, 1882-1945）於 7 月 27 日宣布自 8 月 1 日起禁止出口航空用油與廢鐵等物資後，更於 9 月 25 日與重慶國民政府訂立 2,500 萬美元的鎢砂借款。當日本積極發展與德義的關係之際，美日關係則有惡化跡象。

外務省基於上述國內外情勢與時局處理要綱的方針，於 9 月 10 日擬具「支那事變處理方策」，指出日本現階段目標為建設東亞新秩序，並實質掌握南方諸地區的實權，為此需先暗中推動以下三件工作：依賴日德義提攜以牽制美蘇、依據日蘇諒解以除去蘇聯的壓力、處理「支那事變」。其中最後一項工作方式在於設法與蔣介石達成以下共識後展開停戰交涉，包括：

（1）中日合作撤廢不平等條約。

（2）中日合作解放東亞民族。

（3）中國經濟開發協定。

（4）承認「阿部汪協定」。

（5）邊境地區的共同防衛及軍事同盟。

外務省構想在與蔣介石交涉成功後，派遣日本全權大使前往會晤蔣介石，完成停戰任務，再加入汪政權共同召開中日會議，談判中日合作相關事項。[96] 總之，日本雖然成立汪政權，但戰爭並未終止。外務省希望此件

外務省編，《日本外交文書：第二次歐州大戰と日本》，第一冊，頁 210-211。

96 外務省，「支那事變處理方策」（1940 年 9 月 10 日），〈支那事變關係一件〉，第 2 卷，《戰前期外務省記錄》，JACAR Ref. B02030514300。

直接與蔣介石議和的方策可以經內閣會議通過並求得大本營的諒解，以作為日本的對華方針。

在此段期間，參謀本部主導以西南運輸公司主任宋子良為對象的「桐工作」已於 1939 年 11 月展開並持續活動，新任外相松岡洋右為了由軍部方面奪回對華和平外交工作，也自 1940 年 7 月起推動「錢永銘工作」。兩方同樣企圖藉由直接與蔣介石接觸，迅速且真正地結束中日戰爭。外務省方面擬訂上述處理方策，即是認為透過與蔣介石交涉的方式才得以處理「支那事變」。因此雖然汪政權與日本特命全權代表阿部信行談判調整國交會議已於 8 月 31 日結束，卻因上述冀望於與蔣介石接觸以達成真正停戰的謀略工作，故而延後正式訂約與承認汪政權的時程。

11 月 13 日，日本舉行中日開戰以來第四次御前會議，除了通過與汪政權簽訂的「關於中華民國日本國間基本關係條約」與「中日滿共同宣言」外，也討論大本營陸海軍部聯名提出的「支那事變處理要綱」草案。軍令部總長伏見宮博恭王（1875-1946）代表大本營說明提案理由，指出在近來國際情勢趨向的變動下，考量重慶政權降伏的希望薄弱，事變的長期持久化無法避免，為此日本的政戰兩略應真正地轉變為長期態勢，同時藉由強化汪政權以支援日本統合戰力，講求用兵與養兵之策，刷新強化國內戰時體制，同時日益擴充國力以增加國防力的彈性，以期在準備應對將來世界變局之時不致有所遺憾。因此依據 7 月通過的「伴隨世界情勢演變的時局處理要綱」提出本案，確認今後處理對華關係的根

本方針。[97]

　　御前會議通過大本營提出的「支那事變處理要
綱」，決定至 1940 年 11 月底若與重慶政權仍未能實現
和平，日本將轉化為長期戰方略，即不再對重慶方面進
行政治誘和工作，而是以長期武力戰的態勢，持續對重
慶國民政府進行武力戰，以期澈底予以擊潰，同時加強
阻止英美的援蔣行為，並採取調整日蘇國交等政戰兩略
等手段，削弱重慶政權的抗戰意志，使之屈服。此外，
也必須確保蒙疆、華北重要地域及漢口附近到揚子江流
域下游重要地區，以及廣東一部分和華南沿岸重要據
點，並保持用兵彈性，澈底地肅清占領區的治安，同時
繼續進行封鎖和空戰。對於汪政權則是促使其採行協助
日本強化綜合戰力所需各項措施，主要方式在於指導其
向占領區努力滲透政治力量。有關中國經濟建設，則應
澈底開發以獲取國防資源，同時穩定占領地區民心。
最後，為因應長期大持久戰的新局面，應迅速地積極
改善國內體制，改革日本在華各機關，強化統制各項
措施。[98]

　　可知，日本欲建立以總體戰思惟的防共國防，須先
解決中日戰爭的問題，因此在因應世界情勢變化與重慶
國民政府堅拒投降的現實下，決定強化戰力，將戰爭策
略重心置於肅清占領區治安，並協助汪政權控制該地區

---

97 大本營陸海軍部，「支那事變處理要綱提案理由」（1940 年 11 月），
　〈支那事變処理要綱：御前会議議事錄（昭和 15 年 11 月 13 日）〉，
　《陸軍一般史料》，JACAR Ref. C12120182800。
98 御前会議，「支那事変処理要綱」（1940 年 11 月 13 日），〈支那
　事変関係一件〉，第 3 卷，JACAR Ref. B02030519800。

以強化汪政權的政治力，藉以支援日本戰爭體制轉化為長期武力戰的態勢。換言之，日本欲強化戰力進行長期武力戰，得先擴充國防資源，因此必須肅清占領區治安並強化汪政權，由其建設中國經濟以開發國防資源，協助日本改善體制以統合戰力。

　　日本正式承認汪政權後，外務省重新研議處理中日戰爭的方案，於 1941 年 4 月擬定「支那事變處理案」，決定：

（1）認同擴大汪政權及華北政務委員會等在占領地域的政治、經濟自由性活動範圍，採取措施使之專心於把握其治下的民心。

（2）占領軍的重點在於肅清占領地域治安，除了確保切斷援蔣運輸線及殲滅重慶空軍的作戰外，在形勢允許情況下避免新的作戰，誘導日華間逐漸地於事實上的停戰狀態。

（3）確保汪政權在揚子江流域中心三角地帶的政治經濟地盤，在情勢允許之下予以一切可能的援助。

（4）對於重慶政府要因應日蘇中立條約為中心而發展的國際情勢，了解其和平動向後通過直接交涉，採取必要措施，實現全面和平。以上由外務大臣主管。

（5）試圖於占領地開發取得所需國防資源時，注意培養地方資源，且利用中國方面及第三國人取得之。

（6）期待占領軍盡量不干預占領地政治，逐次地

　　　　將其事務移交日本駐華機關，並保持軍部與
　　　　該等機關之密切關聯。

　（7）為因應世界新情勢，要迅速地積極改善國內
　　　　體制。[99]

　　5 月 22 日，外務省進一步制定「關於強化國民政
府緊急施策一件」，指出鑑於締結日華新條約後汪政權
的狀況及重慶政權在最近國際情勢下的動向，為了圖謀
日華全面和平，並強化日本綜合國力以應付世界情勢的
彈性，依據 1940 年 11 月 13 日御前會議通過的「支那
事變處理要綱」，決定對華政策的當前緊急政治施策重
點在完成局部和平，即通過掌握占領地域的民心，集中
於扶持強化汪政權的政治、經濟與財政等。[100]

　　汪政權是在日軍勢力的背景之下指導監督而成立，
其中央政府與地方行政機關均受到日本方面的三重箝
制，包括日籍顧問及職員的內部指導、興亞院連絡部
的外部監督、駐華各地日本陸海軍的綜合監督。[101] 日方
的監督與箝制使得汪政權治權難以施展，而且日軍實質
有效的占領區僅及於點與線，使汪政權貧弱的政治力問
題更加嚴重，若謂「其『政府』之威令，不能超出南京
城亦非過言」。[102] 因此外務省遵照御前會議的決議，

99　外務省，「支那事変処理案」（1941 年 4 月），〈支那事変関係一
　　件〉，第 2 卷，JACAR Ref. B02030516500。

100　「国民政府強化ニ関スル緊急施策一件」（1941 年 5 月 22 日），
　　〈支那事変関係一件〉，第 2 卷，JACAR Ref. B02030517100。

101　重光葵，《昭和の動乱》（下）（東京：中央公論新社，2001 年），
　　頁 20、180。

102　防衛庁防衛研修所戦史室，《支那事変陸軍作戦（3）》，頁 414。

變更前一年下半年嘗試通過直接與蔣介石交涉來處理戰
爭的態度，改為強化汪政權的政策，希望日軍可以協助
肅清占領區治安，但避免干預該地區政治，經由減少日
軍箝制而增強汪政權實力，目的在藉由汪政權發揮統
治能力，以利發開國防資源，支援日本長期武力戰的
方略。

二、汪精衛的反共理念與清鄉

　　汪政權所在地南京與淞滬地區，為日本第十三軍負
責管轄的占領區。該區同時被重慶國民政府劃歸第三戰
區之內，司令長官顧祝同在日軍占據地區內設置兩個游
擊區。此外，中共新四軍也在該地區內活動及擴展實
力。日軍第十三軍司令部為了確保南京與上海等地治
安，自 1940 年 9 月起陸續對占領區外圍的第三戰區國
軍部隊與新四軍展開多次殲滅掃蕩作戰，包括三河（長
江、大運河、淮河）作戰（1940 年 9 月上旬）、江南
作戰（1940 年 10 月）、蘇北作戰（1941 年 2 月中至 3
月中）、淮南作戰（1941 年 3 月上旬）、太湖西方作
戰（1941 年 3 月下旬）等。[103]

　　1941 年 1 月 25 日，參謀本部根據「支那事變處理
要綱」的決議要點，制定對華長期作戰策略要領，指示
當地日軍對於汪政權的指導理念，在「使其一心一意協
助強化帝國綜合戰力的必要措施為主要目的，並使其努

103　防衛庁防衛研修所戰史室，《支那事変陸軍作戦（3）》，頁 373-380。

力向我占領地區滲透政治力量」。[104] 駐紮於上海的第
十三軍司令官澤田茂（1887-1980）依據該方針，對於
整飭京滬杭三角地區的治安以擴大汪政權區域的工作
指出：

> 歷來實施「一時性討伐」，顯然無法破壞潛入地
> 下的敵人組織，因此就任之初即要求有關人員為
> 治安工作尋求可行的新方法。經軍事顧問晴氣慶
> 胤中佐為主的人員研究結果，認為蔣介石對江西
> 省赤化地區採取的方式，即「軍事三分、政治七
> 分」的方法，可作為「清鄉工作」的借鏡。幸而
> 我軍經數次作戰，給予當面之中國正規軍澈底打
> 擊，現今仍有餘力可用於治安工作，因此決定提
> 早實施清鄉工作，定於 7 月 1 日開始進行。

澤田茂認為清鄉工作的目的在於使汪政權政治力
得以滲透至地方，並以此工作強化汪政權的政治實
力，故決定由日軍統一負責軍事事務，汪政權負責政治
事務。[105]

有關清鄉方案的出現，雖然澤田茂指出是由晴氣慶
胤（1901-1959）等人研議的結果，但影佐禎昭回憶表
示：「清鄉工作是汪氏自身提出的方案，畑〔俊六〕總
司令贊同汪氏的計畫，並命令駐上海軍司令官協助清鄉

---

104 堀場一雄，《支那事變戰爭指導史》（東京：時事通信社，
　　1965 年），頁 529。

105 防衛庁防衛研修所戰史室，《支那事變陸軍作戰（3）》，頁
　　414-415。

工作。」[106] 曾任清鄉委員會副秘書長，後來擔任清鄉
事務局長的汪曼雲（1904-1972）則認為，是影佐禎昭
在 1941 年初向汪精衛提出清鄉計畫。[107] 另有依據清鄉
相關會議紀錄等資料，論斷清鄉方案的策劃者，應為汪
政權特工總部主任暨警政部長李士羣（1905-1943）。[108]
其實無論該方案是如何產生，基本上都是依據日本鑑於
國際情勢鉅變與重慶方面持續抗戰而通過「支那事變處
理要綱」的方針，為了將日本戰爭體制轉化為長期武力
戰態勢的需求所逐步研議而成。

　　汪精衛對於「支那事變處理要綱」決定強化汪政權
的政策抱有極大期望，並於 1941 年 6 月再次訪日，向
日本當局提出一些具體事項，希望可以藉此「收攬民
心，摧毀重慶政權，完成全面和平及建國的任務」。[109]
故而對於日本在 1941 年間研議的清鄉工作甚感興趣，
並寄予厚望。[110] 清鄉活動自該年 7 月展開，兩個月後
的 9 月 6 日，汪精衛首次視察清鄉地區，並對清鄉委員
會駐蘇州辦事處工作人員訓話表示：「清鄉工作是和平

106　影佐禎昭，「曾走路我記」，臼井勝美解說，《現代史資料（13）：
　　　日中戰爭（5）》，頁 388。
107　汪曼雲，〈千里哀鴻說「清鄉」〉，黃美真編，《偽廷幽影錄
　　　──對汪偽政權的回憶紀實》（北京：中國文史出版社，1991 年），
　　　頁 279。
108　王建國，〈「清鄉運動」與李士羣之死〉，《安徽史學》，
　　　2004 年第 6 期（2004 年 11 月），頁 55-56。
109　「日本政府に対する希望（草案）の件」（1941 年 5 月 15 日），
　　　〈昭和 16 年：陸支密大日記第 18 号 1/3〉，《陸軍省大日記》，
　　　日本防衛省防衛研究所藏，JACAR Ref. C04122941600。
110　John H. Boyle, *China and Japan at War 1937-1945: The Politics of
　　　Collaboration* (Stanford: Stanford University Press, 1972), p. 314.

反共建國事業進程中最緊要的一個階段。」同時指出清
鄉地區是「和平反共建國的實驗場所」。[111] 表明了汪
精衛將清鄉視為其和平反共建國事業的一環。

　　在汪精衛等人推動和平運動期間，首次與日本相
關人員會談並訂立相關協議文件為 1938 年 11 月 20 日
「重光堂密約」，主旨略為締結防共協定、承認滿洲國
並善鄰友好、經濟提攜、日軍兵撤等四點基本原則。[112]
汪精衛離開重慶輾轉至河內後，於 12 月底發表艷電，
公開呼籲重慶國民政府以「近衛三原則」與日本開啟議
和，同時也要求日軍必須迅速撤兵，並限定防共駐兵地
點。[113] 可知，汪精衛完全認同重光堂秘約的四點基本
原則，而此原則可視為其最初的和平運動原始理念。汪
派於 1939 年 5 月底在上海討論建立新政權計畫，擬定
「收拾時局的具體辦法」，規劃建立新政權的步驟，並
於 6 月期間在東京與日本當局交涉籌設新政權事宜。新
政權計畫首要工作為召開中國國民黨全國代表大會，宣
布國民黨最高指導方針為「實行三民主義，復興中華民
國」，「徹底肅清共產主義的思想、行動及一切組織之
宣傳」，以及「調整國際關係，確立東亞和平」。之後

111　汪精衛，「在清鄉委員會駐蘇辦事處對清鄉工作人員訓話」
　　　（1941 年 9 月 6 日），余子道、劉其奎、曹振威編，《汪偽政
　　　權資料選編：汪精衛國民政府「清鄉」運動》（上海：人民出版社，
　　　1985 年），頁 3。

112　今井武夫，「日華協議記錄等經緯」（1938 年 11 月 20 日），〈渡
　　　辺工作の現況〉，JACAR Ref. C11110699400。

113　「汪精衛致蔣介石等艷電」（1938 年 12 月 29 日），〈汪兆
　　　銘與中國國民黨有關之各項函電（一）〉，《汪檔》：118-
　　　010100-0005-064。

在國民政府還都南京時宣告改變國策，以「和平建設、
睦鄰反共為指導方針」，同時「促進與日本之平等互惠
的談判，以調整邦交，奠定永久和平之基礎」。[114] 以
上各點，說明了汪派方面著重於汪精衛和平運動理念的
善鄰友好與反共，並且具體地朝著和平建國之路邁進。

　　汪派在東京與日本當局協商結束返華後，積極展開
籌組政權事宜。7月9日，汪精衛在上海廣播演講，說
明推動和平運動的必要性，認為中共「受了第三國際
的秘密命令，將階級鬥爭的招牌收起，將抗日的招牌掛
起，利用中國幾年來的民族意識，挑動中日戰爭」。因
此「自從盧溝橋事變發生以後，我對於中日戰爭，固然
無法阻止，然而沒有一刻不想著轉圜，對於共產黨的
陰謀，也沒有一刻不想著抵制、揭破他」。[115] 8月28
日至30日，汪派在上海召開國民黨第六次全國代表大
會，會後發表宣言，明確指出和戰問題已為中共所劫
持，故而「特鄭重宣布，自今以後，當易抗戰建國之口
號為和平建國。且鑑於共黨之死灰復燃，為禍未已，特
再鄭重宣布，以反共為和平建國之必要工作。蓋和平所
以順利建國之進行；反共則所以掃除建國之障礙」。[116]

---

114 「中国側ノ提出セル時局收拾ニ關スル具體的辦法」（1939年
　　5月28日），今井武夫著，高橋久志、今井貞夫監修，《日中
　　和平工作：回想と証言1937-1947》，頁275-279。

115 汪精衛，「我對於中日關係之根本觀念及前進目標」（1939年
　　7月9日），〔汪〕中國國民黨中央宣傳部編印，《和平反共建
　　國文獻》（出版地不詳：〔汪〕中國國民黨中央宣傳部，1941
　　年），頁11-15。

116 「中國國民黨第六次全國代表宣言」（1939年8月30日），〔汪〕
　　中國國民黨中央宣傳部編印，《和平反共建國文獻》，頁30。

大會閉幕後翌日，汪精衛致電海內外同志，特別指出：
「吾人既欲建設三民主義的中華民國，則共產思想尤在
所必摒」，並且「綜括宣言所示，非根絕赤禍，無以維
持國內之和平；非與日本協力，無以維持東亞之和平；
非與各國增進友誼，無以維持世界之和平。」[117]

　　歐戰爆發後，汪精衛認為國際形勢日亟，推動和平
工作刻不容緩，乃於 9 月 7 日致電重慶國民政府指出：
「東亞受經濟侵略主義之毒，於今百矣。最近共產主
義流毒，尤迅而且烈。中日兩國當此世界危疑震憾之
時，宜深相結合，不以東亞納此漩渦之中，同時使經濟
侵略主義及共產主義，絕跡於東亞之天地，自必事半功
倍。」[118] 10 月 1 日，汪精衛應日本《中央公論》雜誌
撰文，指出「第三次近衛聲明」以建設東亞新秩序為
言，目的在於排除同時來自西方的侵略主義與共產主
義。故而汪精衛認為建設東亞新秩序，即在「欲以自由
獨立之精神，排除侵略主義共產主義，使不得為禍於
東亞也」。[119] 1940 年 1 月，汪精衛於元旦論文明白指
出：「只要中國能根據三民主義，以完成中華民國之建
設，則民生主義實現之日，亦即共產主義在中國完全消
滅之日。」[120]

117　汪精衛，「致海內外諸同志東電」（1939 年 9 月 1 日），〔汪〕中國國民黨中央宣傳部編印，《和平反共建國文獻》，頁 41-42。

118　汪精衛，「致重慶諸同志篠電」（1939 年 9 月 17 日），〔汪〕中國國民黨中央宣傳部編印，《和平反共建國文獻》，頁 43。

119　汪精衛，「中國與東亞」（1939 年 10 月 1 日），〔汪〕中國國民黨中央宣傳部編印，《和平反共建國文獻》，頁 53。

120　汪精衛，「共同前進」（1940 年 1 月 1 日），〔汪〕中國國民黨中央宣傳部編印，《和平反共建國文獻》，頁 80。

　　當汪精衛於 1939 年 6 月自日本返華，並於 7 月在
上海的廣播演講，可視為實際展開和平工作並建立政權
的宣言。中日停戰為汪精衛推動和平運動的目的，而他
認為破壞和平，挑動中日戰爭的罪魁禍首是受第三國際
指揮的中共，繼續抗戰只會讓中日兩國被中共陰謀所犧
牲。可知，汪精衛於 1939 年 7 月正式籌建政權時認知
到中日戰爭關鍵點在於中共的陰謀，要揭開其陰謀才能
達成和平，因而使得反共逐漸成為其和平工作的重點。
此後國民黨大會宣言，以及致電海內外同志，甚至於歐
戰爆發，國際情勢丕變，汪精衛仍堅持認為排除共產主
義對東亞的危害，才能完成中華民國的建設。簡言之，
隨著汪精衛逐步實現建立新政權，反共漸成為其和平運
動及建立政權的核心，防共概念的對象是共產主義與中
共。惟汪派與日方議商停戰條件並簽訂相關協定的概念
卻是蘇聯而非中共，關於此點差異，或許是汪派將中共
視為蘇聯的代言人而未予明確區分。

　　1940 年 3 月，汪精衛還都南京並擔任國民政府代
主席兼行政院長，仍奉在重慶的林森為國民政府主席。
11 月 29 日，汪精衛解除代理，真除國民政府主席之職
時發表訓詞：「果能就統治所及之地，定堅毅之主張，
推行既定之國策，盡力做去，必能使和平反共建國之勢
力，逐漸擴大，普及於全國。目前所急需著手者，厥
為兩事，一為解除人民痛苦；一為保障地方治安。」[121]

121　汪精衛，「汪主席就職訓詞」（1940 年 11 月 29 日），〔汪〕
　　中國國民黨中央宣傳部編印，《和平反共建國文獻》，頁 145。

1941 年 3 月，汪政權召開中國國民黨中央政治委員會第 39 次會議，通過「組織清鄉委員會案」。[122] 5 月 11 日，汪精衛針對清鄉工作目的與意義發表談話：

> 確立治安，改善經濟生活，為國民政府最近設施之兩大方針。……清鄉委員會其主要職務，固在確定治安，改善經濟生活，亦于此始得著手。……從來清鄉必須組織政治力量與軍事力量相輔而行，始能使共匪絕迹，蘇解倒懸。國民政府有鑒于此，特設「清鄉委員會」。[123]

汪精衛就任國民政府主席，期許解除人民痛苦與保障地方治安，約略半年後於清鄉活動中找到具體可行方式，認為確定治安進而改善經濟生活，方得解除人民痛苦，此即為其指出的清鄉工作意義與目的。汪精衛此種一貫概念，後來被李士羣在 4 月至 5 月期間籌備談話會上定位為清鄉目標：確立治安與改善經濟。[124]

治安安定方有發展經濟的可能，而保障地方治安的前提在「使共匪絕迹」，此即為汪精衛推動和平運動與

---

122 「中央政治委員會第三十九次會議記錄」（1941 年 3 月 13 日），中國第二歷史檔案館編，《汪偽中央政治委員會暨最高國防會議議錄》（四）（桂林：廣西師範大學出版社，2002 年），頁 408。

123 汪精衛，「清鄉工作之意義──關於設立清鄉委員會的談話」（1941 年 5 月 11 日），余子道、劉其奎、曹振威編，《汪偽政權資料選編：汪精衛國民政府「清鄉」運動》，頁 2。

124 「清鄉委員會第一次至第七次籌備談話會紀錄」（1941 年 4 月 14 日 - 5 月 15 日），余子道、劉其奎、曹振威編，《汪偽政權資料選編：汪精衛國民政府「清鄉」運動》，頁 124-148。

建立政權的核心，也是他指出清鄉工作是和平反共建國
事業的一個重要階段。汪政權並在清鄉運動消滅中共的
初期成果基礎上，於 1941 年 11 月推動新國民運動，掌
握占領地民心以強化政治統治，[125] 冀望得以組織與動
員民眾，建設三民主義的中華民國。

三、清鄉的展開

　　清鄉活動從 1941 年 7 月 1 日正式展開，至 1945 年
二次大戰結束止，整個過程約可分為四個階段。第一階
段自 1941 年 7 月至 1942 年 6 月，又可分為三期，自吳
縣、常熟、崑山、太倉四個縣展開，逐期擴展至無錫、
江陰等地區。第二階段自 1942 年 7 月至 1943 年初，著
重於太湖東南地區和上海郊區。第三階段自 1943 年春
至 1944 年初，除了持續在蘇州地區、太湖東南地區和
上海郊區的清鄉工作外，其重點改置於鎮江和蘇北地
區，同時也在杭州地區和餘姚展開清鄉。第四階段自
1944 年初至 1945 年夏，除了延續前述清鄉區外，亦對
安徽、廣東、湖北的占領區部分縣分進行清鄉。[126]

　　汪政權推動清鄉數日後即有成效，清鄉委員會秘書
長李士羣於 7 月 5 日致電汪精衛：「封鎖工作推行以
來，匪共恐慌異常。今晨五時起，最後一批友軍開入，
封鎖更行強化。匪共在封鎖圈內見大兵源源開入，已手

125　劉傑，〈汪兆銘政權論〉，收入倉沢愛子編集，《岩波講座：ア
　　ジア・太平洋戦争》，第 7 卷（東京：岩波書店，2006 年），頁
　　276。
126　余子道，〈日偽在淪陷區的「清鄉」活動〉，《近代史研究》，
　　1982 年第 2 期（1982 年 3 月），頁 117-124。

忙腳亂，不及即行潛伏，經我軍警強制解決武裝者已數起。」[127] 兩週後清鄉已見成果，李士羣開始視察清鄉區，並於 7 月 15 日視察常熟後報告表示：「於十時抵達常熟城，沿途民眾已安居樂業」。[128] 8 月 24 日，李士羣電稱：「據報，崑山、太倉、常熟、吳縣等地區已無匪蹤。」[129] 26 日，李士羣再來電指出：「清鄉區常熟、大倉、吳縣、崑山境內匪患，確已平定，民生改善工作亦已開始。」[130] 9 月 15 日，清鄉區黨務辦事處副主任袁殊（1911-1987）亦致電汪精衛，報告清鄉後江南新四軍的情況指出：「偽江南行政委員會所屬各機關已一致裁撤，高級幹部已大部逃匿江北，餘均遣散。」[131]

　　中共面對初期清鄉的情況，據新四軍代理軍長陳毅（1901-1972）與政治委員劉少奇（1898-1969）於 1941 年 8 月呈報中共中央有關清鄉情報的報告表示：「蘇常太區的敵偽，在七月上半月完成占領市鎮要道及大村

127　「李士羣致汪精衛微電」（1941 年 7 月 5 日），〈民國三十一年各方為「清鄉工作」致汪兆銘之函電（一）〉，《汪檔》：118-010100-0017-048。

128　「李士羣唐生明等致汪精衛刪巳虞電」（1941 年 7 月 15 日），〈民國三十一年各方為「清鄉工作」致汪兆銘之函電（一）〉，《汪檔》：118-010100-0017-046。

129　「李士羣致汪精衛敬電」（1941 年 8 月 24 日），〈民國三十一年各方為「清鄉工作」致汪兆銘之函電（一）〉，《汪檔》：118-010100-0017-075。

130　「李士羣致汪精衛電」（1941 年 8 月 26 日），〈民國三十一年各方為「清鄉工作」致汪兆銘之函電（二）〉，《汪檔》：118-010100-0018-003。

131　「袁殊致汪精衛刪電」（1941 年 9 月 15 日），〈民國三十一年各方為「清鄉工作」致汪兆銘之函電（二）〉，《汪檔》：118-010100-0018-008。

庄，並封鎖水陸交通。下半月清鄉掃蕩，搜索清鄉。我地區之鬥爭全部失敗，部隊已損失三分之二，尚有一部正在突圍中。」[132] 相關研究亦指出，自 7 月 1 日起日偽軍共 1 萬 5 千人，「開始向蘇常太地區的新四軍第六師第十八旅和游擊根據地發起進攻。日偽首先採取閃電戰術，從四面八方向該區反復進行梳篦式的『清鄉』」。「接著大量建立據點，構成封鎖網，繼而進行政治『清鄉』」。「但由於力量對比懸殊，很難在原地堅持下去。八月下旬，十八旅主力奉命北渡長江，留下少數主力同地方武裝一起繼續堅持原地鬥爭」。[133]

　　李士羣與袁殊的清鄉成果報告，印證中共新四軍遭受清鄉掃盪後的結果，顯示清鄉活動不及兩個月似已有效，嚴重打擊盤據江南的新四軍勢力。汪精衛也迫不及待於 9 月 6 日前往視察。汪精衛於視察首站蘇州訓話指出，清鄉地區是和平反共建國的實驗場所，另外也說明：「這次清鄉工作，最顯然的，是以肅清匪共為對象。匪共的目的是借抗戰來擴張自己的地盤，擴張自己的勢力，使中華民國淪為蘇俄之一部。」「這次清鄉工作以反共為實驗場所，明明白白，毋待煩言的。」[134] 翌日，汪精衛到常熟對民眾觀迎大會演說，發言即稱：

---

132 「陳毅、劉少奇、賴傳珠關於蘇聯敵人掃蕩清鄉略況的電報」（1941 年 8 月），中央檔案館等編，《日本帝國主義侵華檔案資料選編：日汪的清鄉》（北京：中華書局，1995 年），頁 323。

133 余子道，〈日偽在淪陷區的「清鄉」活動〉，頁 118-119。

134 汪精衛，「在清鄉委員會駐蘇辦事處對清鄉工作人員訓話」（1941 年 9 月 6 日），余子道、劉其奎、曹振威編，《汪偽政權資料選編：汪精衛國民政府「清鄉」運動》，頁 3-4。

「所謂清鄉，人人都知道是清除匪共。」之後並解釋：
「我本來今日打算和各位說說清鄉的，但是不從和平
反共建國說起，清鄉便無本源，無本源便無結果」。[135]
9 日，汪精衛視察結束返京後發表談話：「清鄉工作，
是和平運動的一個實驗場所，也就是強化國民政府的
一部分的基本工作。這樣，由愛鄉而愛國，而愛東亞，由
清鄉而強化國民政府，而中日合作，復興東亞，完全是
一脈相承，彼此聯貫而不可分離的。」[136] 12 月 3 日，
汪精衛二度視察清鄉地區，期間發表的訓詞與談話，
仍然孜孜不懈地說明清鄉是樹立和平反共建國之模範等
意旨。[137]

　　清鄉活動展開前夕，汪精衛將活動目的簡單地說明
為確定治安與改善經濟生活。隨著活動推展與初期工作
順利，汪精衛明言對清鄉的期待在於強化政權，完成和
平反共建國任務的理念初衷，清楚表示此理念為清鄉
的本源，因此不諱言指出清鄉是和平反共建國的實驗場
所。同時也直言清鄉工作對象在肅清中共，並一再痛斥
中共反對和平、破壞中華民國、阻礙中日合作。說明汪
精衛的認知之中，清鄉工作核心在於反共，再進一步延

135 汪精衛，「在常熟各界民眾大會訓詞」（1941 年 9 月 7 日），
　　余子道、劉其奎、曹振威編，《汪偽政權資料選編：汪精衛國
　　民政府「清鄉」運動》，頁 7-10。
136 汪精衛，「巡視清鄉區返京後談話」（1941 年 9 月 9 日），余子道、
　　劉其奎、曹振威編，《汪偽政權資料選編：汪精衛國民政府「清
　　鄉」運動》，頁 11-13。
137 汪精衛，「二次巡視清鄉區在常熟民眾大會訓詞」（1941 年 12
　　月 4 日）、汪精衛，「二次巡視清鄉區返京後發表談話」（1941
　　年 12 月 6 日），余子道、劉其奎、曹振威編，《汪偽政權資料
　　選編：汪精衛國民政府「清鄉」運動》，頁 20-21、26。

伸至中日和平與合作復興東亞。此種以反共作為清鄉
活動的重點，基本上落實汪精衛視防共為和平運動的
核心。

　　汪精衛甫完成第二次視察清鄉區的行程，日軍即於
12月8日偷襲美國夏威夷珍珠港，揭開太平洋戰爭的
序幕。1942年4月中旬，汪精衛第三次視察清鄉地區。
視察結束後，汪精衛綜合此次行程幾次對工作人員與各
界民眾的演講，撰述一篇「三期清鄉的特點」，論述此
期清鄉工作與前兩期的不同之處。其中首要即為因應日
美戰爭的爆發，汪精衛認為：「我們必須認定，在大東
亞戰爭中，中國所處是後方的地位，必須確定治安，加
強軍事力量，並且改善經濟生活，增加生產，節約消
費，這樣才能盡後方的責任，清鄉工作，便是注重於這
些的。」同時汪精衛指出清鄉的積極性，在於「可以樹
立起局部的和平，由此展拓，成為全面的和平。全面的
和平早日實現，中國更能以其全國的力量，協助大東亞
戰爭」。[138] 同年7月10日，汪精衛對清鄉工作人員發
布訓條，說明「去年十二月八日以前，清鄉目的最重要
在促進全面和平；十二月八日以後，最重要尤在協力大
東亞戰爭」。同時指示工作人員應喚起民眾，「在農工
商業上發展其生產的力量，一面以其力量，貢獻於大東
亞戰爭。此所以謀東亞之解放，亦即所以謀中國自身之

---

138 汪精衛，「三期清鄉的特點」（1942年5月10日），余子道、
　　劉其奎、曹振威編，《汪偽政權資料選編：汪精衛國民政府「清
　　鄉」運動》，頁28。

解放」。[139] 1943 年 1 月 9 日，汪政權對英美宣戰。翌
年 3 月 1 日，汪精衛發表「清鄉工作之要義」，說明清
鄉工作「最初目的，在樹立局部和平，進而拓展全面和
平。然自我國參戰以後，清鄉工作更成為參戰義務之
一」。並指出工作最大目的，「在保障和平區域之安
全，亦即所以根絕英美之流毒。以是之故，清鄉工作對
於完遂戰爭，有其更深遠而重大之意義」。[140]

1940 年 7 月 27 日，大本營政府連絡會議討論並通
過「伴隨世界情勢的時局處理要綱」的提案理由指出：
「支那抗日政權之所以尚未放棄抗戰，很大原因在對
於〔日本〕帝國的國力評估過低與對第三國援蔣的依
賴。」[141] 因此日本為了切斷重慶國民政府的外援物資
管道以解決中日戰爭，採取南進政策，進而發動大東亞
戰爭。為此汪精衛提出使其所屬區域成為大東亞戰爭的
後方，[142] 發展生產力量，盡到後方的責任。此後太平
洋戰場的發展未如日軍設想，1942 年 6 月中途島海戰
日本海軍慘敗，失去開戰以來的戰略主導權；1943 年 2

---

139 汪精衛，「委長訓條」（1942 年 7 月 10 日），余子道、劉其奎、
曹振威編，《汪偽政權資料選編：汪精衛國民政府「清鄉」運
動》，頁 43。

140 汪精衛，「清鄉工作之要義」（1944 年 3 月 1 日），余子道、
劉其奎、曹振威編，《汪偽政權資料選編：汪精衛國民政府「清
鄉」運動》，頁 91。

141 「『世界情勢の推移に伴ふ時局処理要綱』提案理由」（1940
年 7 月），〈世界情勢の推移に伴う時局処理要綱：連絡会
議議事錄（昭和 15 年 7 月 27 日）〉，《陸軍一般史料》，
JACAR Ref. C12120200900。

142 蔡德金、劉松茂，《走向深淵——抗戰時期的汪精衛》（桂林：
廣西師範大學出版社，1997 年），頁 290。

月再於瓜達康納爾島爭奪戰敗退，日軍在太平洋戰場陷
入戰略被動的不利局面。汪政權對英美宣戰，清鄉成為
參戰義務，工作目的增加根絕英美流毒任務。

　　清鄉工作雖然在初期獲得一定的效果，但中共方面
亦迅速吸取教訓與經驗，立即進行反制。1941 年 8 月
24 日，中共中央華中局廣泛展開政治動員，指示具體
應付辦法，而新四軍司令部亦在 1942 年 4 月調整地方
政區劃和主力部隊活動區域，並將中共地方黨政機關轉
入隱匿狀態。[143] 1943 年 3 月 16 日，中共中央華中局
指示展開所謂「反清鄉鬥爭」的宣傳與教育工作，要求
「把日寇清鄉的目的在於強奪一切資源，在於捉拿我大
批壯丁到南洋去當炮灰等事實，用文字、口頭、會議
等各種方式，廣泛向根據地內各階級、各階層民眾宣
傳」等。[144] 該年 4 月 1 日，中共蘇中第四行政專員公
署制定「反『清鄉』期內緊急治罪條例」，[145] 藉以嚇
阻民眾資助汪政權。7 月 23 日，公署更發布「敵汪『清
鄉』人員自新暫行條例」，[146] 試圖主動瓦解清鄉工作
人員，最終使中共所謂「反清鄉鬥爭」逐漸產生成效。

143　仲華、季云飛，〈抗戰時期反「清鄉」鬥爭述論〉，《南京政
　　　治學院學報》，2008 年第 3 期（2008 年 5 月），頁 81-82。

144　「中共中央華中局關於反「清鄉」鬥爭的指示」（1943 年 3 月
　　　16 日），中共南通市委黨史辦公室編，《蘇中四分區反「清鄉」
　　　鬥爭》（南通：江蘇人民出版社，1985 年），頁 294。

145　「蘇中第四區行政專員公署反『清鄉』期內緊急治罪條例」（1943
　　　年 4 月 1 日），中共南通市委黨史辦公室編，《蘇中四分區反「清
　　　鄉」鬥爭》，頁 308-309。

146　「敵汪『清鄉』人員自新暫行條例」（1943 年 7 月 23 日），中
　　　共南通市委黨史辦公室編，《蘇中四分區反「清鄉」鬥爭》，
　　　頁 315-317。

　　清鄉工作目標增加以及中共的反制，再加上李士羣與周佛海因清鄉意見對立而發生權力鬥爭，而且支持清鄉的影佐禎昭與晴氣慶胤分別於 1942 年 4 月與 5 月間調離南京，結果讓清鄉工作走向衰落。1944 年 2 月 10 日，汪政權在南京舉行清鄉會議，最高軍事顧問柴山兼四郎亦參與該會議，汪精衛則因久病難以起身而未出席，由周佛海代為主持並宣讀訓詞，[147] 不過此時清鄉已成了強弩之末。[148] 學者三好章認為清鄉工作最終招致失敗，除了喪失影佐禎昭等人的政治性支持外，日軍戰力因太平洋戰場挫敗而衰退，以致影響日軍在中國戰場的軍事力也是重要因素。[149]

　　1941 年 7 月，清鄉活動展開的同一天，興亞院擬具一份對華緊急施策的研究報告，序言指出以往日本的對策多是步人後塵，而於時局劇變之時將可能造成決定日本興亡之重大危機。此際伴隨變化無常的國際情勢進展，已到了依靠日本自主決斷解決「支那事變」的時期。此時日本應確立自主的不動方針，以慎重的計畫與周到的準備渡過此一難關，故而應將解決「支那事變」一事作為核心，將保持日本綜合國力的彈性作為重點來制定日本的對外政策。

　　研究報告針對各國動向方面，推測德義方面戰勝

147 「在清鄉會議第一次會議上汪精衛的訓詞和柴山最高顧問講話」（1944 年 2 月 10 日），中央檔案館等編，《日本帝國主義侵華檔案資料選編：日汪的清鄉》，頁 258-262。

148 余子道，〈日偽在淪陷區的「清鄉」活動〉，頁 123。

149 三好章編著，《《清鄉日報》記事目錄》（福岡：中國書店，2005 年），頁 11、20。

後，必將英美等國家和共產勢力驅逐到美洲及遠東周邊
地區，此等勢力作為中國重慶及共產黨政權一環的形
態，對於日本的敵性將日益增強。至於英美終將結合為
一體，合作進行長期持久戰，並與荷屬印尼共同對日本
實行全面的經濟封鎖。而蘇聯動向會根據德蘇戰爭進展
的演變，與英美的關係將更加緊密，而且不會遽然地對
日本採取挑戰的態度，且對華援助也無重大變化，但通
過中國共產黨實施擾亂日本對華經濟活動的破壞行動將
更行強化。

　　在經濟與作戰措施方面，為了完成戰爭使命，中國
大陸對日本供應重要物質所占地位的重要性將有飛躍地
增加，故而基於增強日本綜合戰力的需求上，今後戰爭
指導方針要進行資源作戰，在共榮圈獲得日方所需物資
並使之順暢運輸；在中國戰場作戰重點置於獲得、確保
重要資源，並保持資源運輸安全。而且維持治安與資源
作戰有關聯，絕對需要依靠作戰部隊，因此應該特別明
確要求作戰部隊占領及確保資源地區的治安。[150]

　　興亞院的對華緊急施策報告主旨完全呼應了前一年
11 月 13 日御前會議通過的「支那事變處理要綱」，重
點在於確保中國占領區的資源，提供日本增強戰力所需
物質，以利解決中日戰爭。由於預測蘇聯會利用中共破
壞日本對華經濟開發與活動，因此日本推動肅清中共以
確保治安的清鄉活動，不僅與汪精衛視反共為清鄉核心

---

150 興亜院，「国際情勢ノ急転ニ応スル対支緊急施策」（1941
　　年 7 月 1 日），〈支那事変関係一件〉，第 3 卷，JACAR Ref.
　　B02030519900。

的意旨相同，同時也是在藉此強化汪政權，將其運用於
滲透占領區的政治，開發中國經濟，支援日本長期武力
戰所需的國防資源。雖然日本防共駐兵限定在華北，但
在前線與占領區分別有作戰駐兵與治安駐兵的日軍部隊
存在，在汪政權名義統治區域內，透過日軍擔負軍事任
務與汪政權負責政治事項的清鄉活動，日汪展開共同防
共工作。惟是項工作的防共概念以中共為對象，符合汪
精衛的期待，但對日本而言，卻是因為占領區需求而在
防共概念不得不增加剿共任務。

第三節　華北防共國防圈與治安強化運動

一、治安主義下的日滿華北防共圈

　　1937 年 8 月 13 日，關東軍司令官植田謙吉針對平
津戰役以及上海情勢緊繃的情勢，擬就一封意見書予參
謀總長閑院宮載仁與陸相杉山元，建議應盡速地完成華
北的作戰及派遣有力部隊至上海與山東以確保有利態
勢，並擊滅北上中國中央軍及澈底膺懲南京政權，促使
其放棄抵抗的意志。因為隨著危局曠日持久，不僅影響
對蘇作戰準備、人心安定與治安維持，並且有礙於軍備
的充實對國防資源的整備。同時建議在危局結束後應以
武力占領華北甚至樹立獨立政權，並降伏犯了容共主義

之誤的南京政權。[151]

第二天，關東軍以司令部名義向日本軍部方面提出「對時局處理要綱」，表達了因應中日戰爭局面的意見。關東軍認為處理現時中日危局的根本方法，首先在於澈底解決華北問題，解決方式在於隨著戰爭進展應該在華北樹立自主獨立性的地方政權，讓沿著滿洲地區的情勢明朗化，得以確保準備對蘇作戰正面的安全，同時確立日滿與華北經濟圈的基礎。華北政權大致以五省聯合自治為終極目標，採取親日滿、防共、道義立國為根本政策，而且為了確立新政權自主性，日軍得駐屯於各地區要衝。[152]

關東軍對於華北的覬覦，係延續戰前與「支那駐屯軍」共同策動華北自治運動的企圖，即使該運動因1935 年 12 月成立冀察政務委員會而遭到中挫，但在華日軍與東京軍部仍持續圖謀將華北地區納入防共國防圈。1936 年 6 月 30 日，參謀本部第二課擬定「國防國策大綱」指出：「要正式且積極展開以日滿華北為範圍，完成持久戰的準備，以屈伏蘇國的工作。」[153] 在此前後期間，參謀本部在戰爭指導課長石原莞爾指導

---

151 「関東軍司令官ヨリ参謀総長陸軍大臣宛」（1937 年 8 月 13 日），臼井勝美、稲葉正夫解說，《現代史資料（9）：日中戰争（2）》（東京：みすず書房，1978 年），頁 27-28。

152 関東軍司令部，「対時局処理要綱」（1937 年 8 月 14 日），臼井勝美、稲葉正夫解說，《現代史資料（9）：日中戰争（2）》，頁 29-30。

153 参謀本部第二課，「国防国策大綱」（1936 年 6 月 30 日），稲葉正夫、小林龍夫等編，《太平洋戰争への道：別巻 資料編》（東京：朝日新聞社，1963 年），頁 224。

下，參酌日滿財政經濟調查會宮崎正義（1893-1954）
所擬「產業五年計畫」草案，擬具一系列「戰爭準備
施策」，其中產業開發部分指出：「為了準備對蘇戰
爭而進行持久戰必需的產業，要以日滿北支（河北省
北部及察哈爾東南部）為範圍在昭和 16〔1941〕年前
完成。」[154]

　　1937 年 7 月 28 日，盧溝橋事變擴大為平津戰役，
日軍迅速地於次日與 8 月 1 日相繼攻占北平與天津。
日本參謀本部立即於 8 月 8 日制定「北支事變處理要
綱」，決定於國民政府主權之下在河北省北部及察哈爾
全省範圍內成立地方政權，接受軍部內部指導及占領重
要軍事據點，並根據軍部指示確立占領地治安，同時以
日滿華民營方式，採取必要統制，積極整備交通線與開
發經濟。此外，要求國民政府承認設置北平政務機關負
責華北行政事務，並由該機關與日本解決有關：（1）
日滿華防共；（2）華北經濟提攜；（3）內蒙自治政
府；（4）日滿華及日滿德聯航等問題。[155] 參謀本部的
目的自然是延續戰前「為了防共與獲得資源和市場所推
動的華北分離工作，而且更擴大目標」。[156] 此後隨著
中日戰爭的全面化，該件處理華北要綱意旨經陸、海、

154　參謀本部，「戰爭準備ノ為產業開發ニ関スル要望」（1936 年
　　7 月 23 日），稻葉正夫、小林龍夫等編，《太平洋戰爭への道：
　　別卷　資料編》，頁 226。

155　參謀本部，「北支事變處理要綱」（1937 年 8 月 8 日），〈支
　　那事變戰爭指導関係資料（大本營陸軍部の部）〉，《陸軍一
　　般史料》，JACAR Ref. C12120069700。

156　笠原十九司，《日本軍の治安戰——日中戰爭の実相》（東京：
　　岩波書店，2010 年），頁 31。

外三省協商，被納入外務省擬議「支那事變對處要綱」
草案之內，並於 10 月 1 日經首、外、陸、海四相會議
通過，[157] 成為日後日本處理華北問題的基本原則。

　　日軍占領平津地區後，為了迎戰北上的中國中央
軍，持續自日本本土增派軍隊至華北。8 月 31 日，參
謀本部以臨參命第八十二號將在華北作戰之日軍編成
「北支那方面軍」，[158] 任命寺內壽一（1879-1946）為
司令官，下轄第一軍與第二軍及其他直屬部隊，負責進
行華北戰役。11 月 8 日，太原會戰結束，華北作戰告
一段落。在上述日軍持續推動華北分離工作的計畫下，
近衛文麿內閣於 12 月 24 日經閣議通過「支那事變對處
要綱（甲）」，認為伴隨著日軍行動的進展，日本急需
處理廣大的占領地區，在鑑於今後不一定期待與南京政
府達成交涉，應在謀求收拾時局之策的同時，預先準備
因應事態發展策略。其中決定處理華北方針為：「以增
進支那民眾安寧與福利為政策要點，政治目標是建立防
共親日滿政權；經濟目標是建立日滿華不可分的關係。
指導此政權時以謀求促進此目標，並逐步擴大加強，使
之成為重生新支那之中心勢力。」其範圍依軍事行動進
展約略包含河北、山東、山西及察哈爾一部分，並撤銷
冀東防共自治政府，併入新政權。在經濟施策方面，決
定開發華北經濟目標在補強日滿經濟的綜合關係，並確
立日滿華提攜共榮的基礎，以資助日本擴充廣義國防的

---

157 堀場一雄，《支那事変戦争指導史》，頁 101。
158 「臨參命第八十二号」（1937 年 8 月 31 日），白井勝美、稻葉
　　正夫解說，《現代史資料（9）：日中戦争（2）》，頁 35。

生產力。[159] 此要綱表明日本隨著中日戰爭全面化，已出現國民政府否定論後的預備措施，即冀望於北平新成立附日政權。

12 月 14 日，日軍攻陷南京後次日，「北支那方面軍」認定南京國民政府已經「潰滅」，扶持王克敏在北平成立中華民國臨時政府，並發表施政大綱，內政方針主張掃除國民黨一黨專制的黨治弊端；防共方針提出絕對排除共產主義並主動與防共諸國合作等。[160] 24 日，方面軍特務部長喜多誠一指導設置新民會，仍以王克敏為首任會長，張燕卿（1898-1951）為副會長，繆斌（1899-1946）任中央指導部長。新民會標榜是與臨時政府為表裡一致的民眾團體，揭櫫在剿共滅黨旗幟下參加反共戰線等綱領。[161] 由於國民黨與中共合作抗日，因此新民會的反共對象包括該兩黨，口號為「反共倒蔣」、「和平建國」，並於 1938 年 6 月起陸續舉辦多次的「剿共滅黨運動週」，對民眾進行反共思想教化。[162] 1940 年 3 月，方面軍參謀長山下奉文（1885-

159 閣議，「支那事變対処要綱（甲）」（1937 年 12 月 24 日），〈支那事變関係一件〉，第 1 卷，《戰前期外務省記錄》，JACAR Ref. B02030509700。

160 「偽中華民國臨時政府成立宣言」（1937 年 12 月 14 日），中國第二歷史檔案館編，《中華民國檔案資料彙編》，第五輯第二編：附錄（上）（南京：鳳凰出版社，2010 年，第 2 刷），頁 20-21；防衛廳防衛研修所戰史室，《北支の治安戰（1）》（東京：朝雲新聞社，1968 年），頁 45。

161 郭貴儒、張同樂、封漢章，《華北偽政權史稿──從「臨時政府」到「華北政務委員會」》（北京：社會科學文獻出版社，2007 年），頁 182-185。

162 「首指部為舉行『剿共滅黨運動周』致教育部函」（1938 年 6 月 10 日），北京市檔案館編，《日偽北京新民會》（北京：光

1946）統合特務部宣撫班與新民會，強化新民會作為配合方面軍推動治安工作的行政指導機關，任務包括訓練青少年與監督清除共產思想的學校教育，以及負責治安工作所需的修補道路與維護通信設備等項目。[163] 在此臨時政府與新民會所顯示的防共概念是以共產主義與中共為主。

日本構想在「北支那方面軍」指導下，將臨時政府建立為防共親日滿政權，並強化成為新中國政權。[164] 因此「支那事變對處要綱（甲）」顯示日軍全面占領華北地區後，經過內閣會議再次確認日軍持續推動分離華北的企圖，並將之納入日滿防共圈的計畫。所以方面軍扶持成立的臨時政府與新民會採取防共政綱及推動防共思想教育活動，配合日軍的治安工作，建立日滿華北防共圈。

1938 年 1 月 16 日，日本發表不以國民政府為對手的「第一次近衛聲明」。2 月 16 日，大本營陸軍部制定現時之陸軍作戰指導綱要，決定作戰方針為：「確保支那之現占領區域（在北支那方面津浦線以西包含至黃河之線），期望其安定的同時，為了對蘇支兩國作戰要試圖完成軍隊實質上之整備，對於第三國尤其對蘇國應嚴加警戒。在情況允許之前，不擴大上述戰場或對新方

明日報出版社，1989 年），頁 188-189。

163　笠原十九司，《日本軍の治安戰──日中戰爭の実相》，頁 70-72。
164　郭貴儒、張同樂、封漢章，《華北偽政權史稿──從「臨時政府」到「華北政務委員會」》，頁 171-172。

面進行作戰。」[165] 換言之，日本在否認國民政府後，決定採取不擴大戰線方針，先專心肅清占領區治安與扶持新政權，並計畫於 1938 年間整備軍備，擴充國力，於次年開始積極作戰，一舉解決事變。[166]

但是，「北支那方面軍」第二軍欲驅逐撤退至黃河右岸的中國國軍部隊，經獲得大本營允許後派遣磯谷廉介指揮第十師團南下進行掃蕩，方面軍司令部亦派遣板垣征四郎指揮第五師團協同作戰。惟日軍在 3 月至 4 月初台兒莊戰役損失慘重，中國方面大肆宣傳捷報，致使大本營自認顏面盡失，決定以華北及華中兵力進行徐州作戰，夾攻中國主力部隊及頓挫中國抗戰意志，原先構想不擴大戰線方針為之破滅。惟日軍在 5 月 19 日攻占徐州，仍未能殲滅中國主力軍隊。大本營進一步於 8 月至 10 月間展開武漢與廣州作戰，意圖打擊遷至漢口的國民政府，迫使中國投降。惟中國軍隊於 10 月 25 日撤出武漢，國民政府也遷至重慶，日軍仍未達成擊潰國民政府的作戰目標。

徐州會戰期間，參謀本部為中日戰爭長期化進行準備，於 1938 年 4 月擬具「日支新關係調整方針」草案，但未獲陸軍省方面同意。同年 6 月，參謀本部已展開「汪精衛工作」，鑑於日本國內輿論因徐州會戰獲取戰果，並期待即將展開的武漢會戰，有可能提高要求中

---

165 「自昭和十三年二月至同年夏季支那事変帝国陸軍作戦指導要綱」（1938 年 2 月），〈北支那作戰史要：最高統帥部 1/3〉，《陸軍一般史料》，JACAR Ref. C11110922100。

166 防衛庁防衛研修所戰史室，《大本營陸軍部（1）—昭和十五年五月まで—》（東京：朝雲新聞社，1974 年），頁 534-536。

國投降條件，因此再向陸、海、外、大藏四省提出方針草案，希望以此限定中日和談條件的限度，並作為處理戰爭、規範中日新關係以及將來建設的依據。參謀本部提案經過各省協調與修正，8月底達成修正案，並於11月30日經御前會議通過。[167]「日支新關係調整方針」決定日滿華三國以下列事項為基礎，在東亞建設新秩序理想下成為東方和平的樞軸：

(1) 日滿支以互惠為基礎進行一般提攜，設定善鄰友好、防共及共同防衛、經濟提攜的原則。

(2) 北支及蒙疆設定為日支在國防上及經濟上（特別是資源之開發利用）強度結合地帶。蒙疆地方除前項外，特別為了防共而在軍事上及政治上設定為特殊地位。

(3) 揚子江下游地域設定為日支在經濟上高度合作地帶。

(4) 在南支沿岸特定島嶼設定為特殊地位。

調整方針之附件另外規範了有關善鄰友好、共同防共、經濟提攜等原則的詳細項目，包括了新中國政治形態採取分治合作主義、日滿華應當合作防共，並共同維持治安安定、中日締結防共軍事同盟、日軍為了實行中日共同防共將駐紮於華北與蒙疆重要據點、在華北及蒙疆尋覓日滿不足之資源，特別以地下資源為主。[168]此件調整方針整理自戰前以來的日本對華政策，與戰爭爆

<hr/>

167 堀場一雄，《支那事變戰爭指導史》，頁190。
168 御前会議，「日支新関係調整方針」（1938年11月30日），〈支那事変関係一件〉，第3卷，JACAR Ref. B02030518900。

發之際的停戰議和條件，成為日後與中國調整新關係的準據，也作為推動「汪精衛工作」時與汪派交涉日本冀望的項目與內容。

　　此外，大本營陸軍部與陸軍省鑑於武漢會戰後戰場擴大，兵力過於分散，日本國力已達極限，攻勢作戰難以為繼，故於 11 月 18 日制定「昭和十三年秋季以降戰爭指導方針」，決定採取「一面處理當前之支那事變，一面擴充國家總力的軍備，準備對蘇支二國之戰爭，以備將來國際轉機」方針，「在占領區確保治安並進行自主建設」，並指出「解決當前事變的目標，至少須確定將日滿北支作為自主的國防圈一環為主要目的，同時防止日支再戰，試圖鞏固與支那共同對蘇戰略之態勢」。[169] 而此項指導方針成為爾後日軍因應中日戰爭的戰略基本觀念。[170]

　　同日，陸軍省依據此方針草擬「昭和十三年秋季以降對支處理方策」，並於 12 月 6 日確定。陸軍省係立基於無法早期結束中日戰爭的觀點，採取恢復占領地治安為首要目標，各項措施均配合此項工作方針，「將占領地域區分為確保安定為主之治安地域，與潰滅抗日勢力為主之作戰地域」。治安地區包括河北省北部、包頭以東之蒙疆地方、正太線以北之山西省、山東省主要部分（膠濟鐵路沿線地方）、京滬杭三角地帶，應進行國

169　大本營陸軍部及省部，「十三年秋季以降戰爭指導方針」（1938 年 11 月 18 日），〈支那事變戰爭指導關係資料（大本營陸軍部の部）〉，JACAR Ref. C12120071000。

170　防衛庁防衛研修所戰史室，《支那事變陸軍作戰（2）─昭和十四年九月まで─》（東京：朝雲新聞社，1976 年），頁 283。

防各項建設。作戰地區為上述地區以外之占領地域，在武漢與廣東各配置一軍，作為政戰略上壓制抗日勢力的根據，並適時反擊來犯之敵軍，消耗其戰力。[171] 此處理方策則成為日本分派在中國大陸各地作戰日軍任務的準據。

　　大本營陸軍部根據該處理方策的意旨，擬定「陸軍作戰指導要綱」，決定華北方面作戰任務為專心確保占據地域安定，並因應所需可在占據地域內進行大規模的掃蕩作戰；華中方面應先恢復京滬杭之間治安與交通，並以武漢與九江為根據地配備作戰部隊，協同海軍摧毀敵軍之抗戰企圖；華南方面，以廣州與虎門為根據地配置最低限度兵力，以截斷敵軍補給為目的進行作戰。[172] 12月2日，大本營以大陸命第二四一號下達前線日軍，指出大本營的企圖，在確保占領地域並促進其安定，以穩健的長期戰態勢壓制殘存抗日勢力，命令各地日軍部隊應負責各項任務，並據以實施。[173] 換言之，日本軍部將武漢會戰後的戰略明定為「北支的治安主義與中支的作戰主義」，[174] 因此形成日軍以華北地區為重心進行治安工作的現象，[175] 主要目的為上述指導方針決定

171　省部，「昭和十三年秋季以降対支処理方策」（1938 年 12 月 6日），〈支那事變戰爭指導關係資料（大本營陸軍部の部）〉，JACAR Ref. C12120071200。

172　「陸軍作戰指導要綱」，〈支那方面作戰記錄〉，第 1 卷，《陸軍一般史料》，JACAR Ref. C11110753000。

173　「大陸命第二百四十一号」（1938 年 12 月 2 日），〈大陸命〉，第 4 卷，《陸軍一般史料》，JACAR Ref. C14060918600。

174　堀場一雄，《支那事變戰爭指導史》，頁 185。

175　笠原十九司，《日本軍の治安戰——日中戰爭の実相》，頁 35。

的「鞏固與支那共同對蘇戰略之態勢」，確保占領區
治安並自主建設，「將日滿北支作為自主的國防圈一
環」。說明大本營的華北治安戰與華北防共國防圈的防
共概念設定是以蘇聯為對象。

　　武漢會戰結束後兩個月間，日本陸續制定因應中日
長期戰爭的政戰兩略計畫。所謂中日新關係基本上仍是
延續戰前的對華訴求，從政治上謀求兩國善鄰友好、共
同防共、經濟提攜的合作關係，著眼點主要是為了完成
對蘇作戰的戰略準備，故而在武漢會戰之後著手於消化
既得戰果，並且特別著重於「北支治安主義」的治安工
作，逐步將華北納入日本與滿洲國的一環，建構為防共
國防圈。

　　1939年1月，「北支那方面軍」根據前述相關命
令，分別於 1939 年 1 月至 5 月、6 月至 9 月、10 月至
1940 年 3 月展開三期「治安肅正」活動，以作戰行動為
主體進行討伐肅清，確保華北治安。其依據方針略為：

（1）肅正作戰

　　　以掃蕩作戰完全消滅匪軍之根據地，同時進
　　　行分散各據點，於各據點所在地反復進行討
　　　伐，不予殘存匪團喘息時間與空間。

（2）各項治安工作

　　　不侷限於暫時宣撫，重點在於永獲民心，並
　　　特別留意實施恢復縣政、建設鄉村自治、開
　　　啟交通、促進歸順匪團轉業、復興商業與運
　　　輸業等。

（3）培育並裝備親日武裝團體，指導其成為當地

治安維持之核心。[176]

方面軍參謀長山下奉文於 1 月 20 日召集各部隊參謀長與特務機關長，頒布上述方針，並指出自今年起中日戰爭進入真正的長期建設階段，應樹立日滿華三國經濟合作根基，確立日軍在中國大陸自營自活主義，促進經濟開發以取得資源，同時增強後方警備以防共產軍偷襲，期許確立東亞的新秩序。[177]

3 月 30 日，參謀本部與陸軍省制定「由戰爭指導的立場有關處理現時諸案件之準據」，指示執行持久戰方式在於建設治安地域與占據作戰地域造成敵方壓力二者相互配合，以達成持久目的，在治安地域確立治安並從事建設更是特別重要手段。有關經濟建設方面，由於華北是國防上與經濟上日滿華北一環的領域，要以將之確立為日本國防圈的原則從事建設，尤其須重視治安地域。[178]

方面軍司令部依據上述方針與準據於 4 月 20 日進一步制定「治安肅正要綱」，並於同月 30 日召集各部隊參謀長傳達給前線各部隊，作為三期治安作戰與治安工作的遵循原則。要綱內容的規範與項目繁多，包含總

---

176 北支那方面軍司令部，「北支一般の状況」（1940 年 9 月），〈北支那方面軍治安肅正要綱：昭和 14 年 4 月 20 日〉，《陸軍一般史料》，JACAR Ref. C11110939700。

177 北支那方面軍司令部，「後方主任者及特務機関長会同席上に於ける方面軍參謀長口演要旨」（1939 年 1 月），〈方參特報綴：昭和 14 年 1 月〉，《陸軍一般史料》，JACAR Ref. C11111669800。

178 省部，「戰爭指導上の見地より現下諸案件処理に関する準拠」（1939 年 3 月 30 日），〈支那事變戰爭指導関係資料（大本營陸軍部の部）〉，JACAR Ref. C12120071700。

則、各機關之任務及隸屬、實施要領、歸順匪團之處理、交通通信、其他等共 6 章 59 項，詳細指出方面軍認為需要統制事項及特別期望之事項，及規範各地部隊長官具體實施的要領。[179]

就上述之方針與要綱內容可知，所謂「治安肅正」包含治安掃蕩作戰與治安建設工作，以日軍為核心先進行討伐掃蕩殘敵與匪團，再指導附日政權自治機關恢復與維持治安，目的在於運用武力與建設的剛柔相濟手段，確保並掌控華北占領地。另外，內容所指殘敵、殘匪、匪團包括了國軍殘部、游擊隊、共軍與土匪等，說明掃蕩作戰對象不僅單指共軍，還包括國軍部隊。

方面軍經過三期「肅正作戰」，表面上收到擴大華北占領區並恢復華北治安效果，但另一方面也觀察到在逐一肅清國軍游擊隊勢力之後，自第三期起中共八路軍也同時逐步地蠶食國軍與雜牌軍部隊，並擴大地盤與實力。1939 年 12 月 1 日與 2 日，方面軍召開情報主任會報，對於華北敵情狀況指出：

（1）占據地域周邊之國民政府軍，研判全局情勢如無特殊變化，將持續消極抵抗，避免戰力消耗。

（2）觀察國民政府軍內部狀況，其士氣、戰意低落為不爭之事實，但不認為會急速地喪失抗戰意志。

---

179 「治安肅正要綱」，〈治安肅正要綱：昭和 14 年 4 月 20 日〉，《陸軍一般史料》，JACAR Ref. C11110665500。

（3）根據最近情報，共產勢力已浸透北支全域。

（4）在河北各地連續發生國共糾紛，顯示中共勢
　　力的猖獗。中共赤化了地方自治組織，蠶食
　　國民政府系統行政院機關，更將其魔手伸及
　　國民政府系軍隊內，而且企圖對分散各地之
　　游擊隊、土匪進行懷柔吸收。[180]

由於會報指出「中共勢力對於北支的治安肅正，
成為最強韌之敵」，方面軍參謀長笠原幸雄（1889-
1988）特別指示：「因為今後在北支治安之癌是中國共
產黨及共產軍，對此應全力蒐集其情報，並希望努力研
究有關思想戰對策。」[181]

因此方面軍在第三期「治安肅正」即將結束前夕，
於 1940 年 3 月 19 日召開各兵團參謀長聯席會報，決定
自 4 月至 9 月底進行第一期「肅正建設」計畫。席上參
謀副長平田正判（1891-1960）說明計畫要領，認為「共
產軍對於我占據地域內進出、活動實是猖獗，此點將成
為今後治安肅正最為關心之問題」，因此討伐肅清目標
重點，將特別指向共產軍。同時指出建設華北目標為：

（1）國防上，為了確立軍部專心於對蘇作戰的態
　　勢，首先在樹立日軍在北支政治統制力，普
　　及反共親日思想，真正讓民心臣服。

---

180 北支那方面軍司令部參謀部，「情報主任者会同席上に於ける
第二課長口演要旨」（1939 年 12 月 1 日），〈昭和 14 年：
陸支受大日記第 75 号〉，《陸軍省大日記》，JACAR Ref.
C04121672900。

181 北支那方面軍參謀部，「情報主任者会同席上に於ける方面軍
參謀長口演要旨」（1939 年 12 月 1 日），〈昭和 14 年：陸支
受大日記第 75 号〉，JACAR Ref. C04121672800。

（2）經濟上，實施有效收攬民心的各項施策。糧
食方面以北支自給自足為目標；棉花與煤炭
則透過日滿擴充生產力，以充實日滿國力。

（3）思想上，建立真正貢獻於東亞建設想法的日
支合作地帶之北支，使錯誤的三民主義及共產
主義無法滲透。[182]

此外，方面軍因應同月底汪政權與華北政務委員會
成立後新情勢，為了對付共產主義滲透，統一華北思
想，於4月研訂「華北之思想戰指導要綱」，要求「排
除並掃蕩共產主義、錯誤的三民主義及依賴歐美之思
想」，對於消除思想根源的目標，特別指出「討伐行
動的重點當指向共產軍匪，澈底掃蕩並覆滅其游擊根
據地」。[183]

雖然方面軍在完成三期「治安肅正」活動後，立即
提出「肅正建設」計畫，表面上以建設為名，實質上仍
以治安掃蕩作戰為主。掃蕩對象也由原先不分國共部隊
或土匪，開始將注意力著重於共軍，並且針對共產主義
漫延，同步展開思想戰。

二、日華協力下的治安強化運動

「北支那方面軍」自1940年4月以共軍為目標，

---

182 北支那方面軍司令部，「参謀長会同席上に於ける参謀副長口演
要旨」（1940年3月19日），〈昭和15年：陸支密大日記第
17号3/3〉，《陸軍省大日記》，JACAR Ref. C04121946900。

183 多田部隊本部，「華北に於ける思想戦指導要綱」（1939年4
月20日），〈昭和15年：陸支密大日記第18号3/4〉，《陸
軍省大日記》，JACAR Ref. C04121958400。

展開第一期「肅正建設」計畫與統一華北的思想戰,而
中共方面也於同年春醞釀準備發動百團大戰,並自 8 月
20 日起至 12 月 5 日陸續在晉察冀區、晉冀魯豫區、晉
綏區、晉東南區、晉西北區等區展開三階段攻勢。第一
階段奇襲正太線、同浦線、京漢線、津浦線等華北主要
鐵路線;第二階段目標在消滅主要交通線兩側日軍與深
入中共游擊根據地的日軍據點;第三階段則是針對日軍
的大規模掃蕩而進行反掃蕩作戰。[184]

中共八路軍百團大戰的奇襲出乎日軍意料之外,致
使「北支那方面軍」遭受到不小打擊。方面軍於同年
8 月 30 日至 9 月 18 日展開第一期晉中作戰進行反擊,
10 月 11 日至 12 月 3 日進行第二期晉中作戰,企圖消
滅共軍在晉中主力。首期掃蕩作戰因共軍靈活的游擊
運動戰,日軍行動緩慢而無成效;第二期掃蕩作戰雖
未追捕到共軍主力,但達成摧毀中共根據地與設施效
果。[185] 而共軍對百團大戰進行宣傳,「洗刷其游而不擊
之恥」,並歷練戰鬥經驗,提升中共八路軍的素質,但
引來日軍清剿掃蕩,傷亡與損失慘重,[186] 故於 1941 年
年初在華北行動趨於消極。

「北支那方面軍」於1940 年 10 月展開第二期晉中
作戰前夕,也進行第二期「肅正建設」前階段計畫。雖
然計畫方針仍指出「一切措施集中於剿滅中共勢力」,

184 劉鳳翰,〈論「百團大戰」〉,《中央研究院近代史研究所集刊》,
　　第 16 期(1987 年 6 月),頁 462-467。
185 防衛庁防衛研修所戰史室,《北支の治安戰(1)》,頁 356-359。
186 劉鳳翰,〈論「百團大戰」〉,486。

但同時要求以治安第一主義為原則，圖謀迅速具體實現治安工作，內容包括：

（1）治安工作的重點置於建設模範地區。

（2）對於治安建設，誘導支那方面行政機關自然性積極的活動。

（3）讓新民會作為真正的支那民眾組織，並與行政組織成為表裡一體，作為華北建設的母體。[187]

1941 年 1 月 12 日與 13 日，「北支那方面軍」在北平召開兵團長會報，決定展開第二期「肅正建設」後階段計畫。方面軍司令官多田駿指出日軍在華北的重點仍是共產黨，要求應加快肅清活動，並強化對共黨與共軍的調查研究，策應具體對策，同時期望提升華北治安與建設的成果。[188]

不過，由於德軍於 1940 年春夏之際襲捲歐洲戰場，國際局勢發生鉅變。日本大本營連絡會議於該年 7 月 27 日制定「伴隨世界情勢演變的時局處理要綱」，決定「因應世界情勢變局，改善內外情勢，儘速促進支那事變的解決，同時把握時機解決南方問題」。[189] 顯示日本因為身陷中國戰場泥淖而遲遲未能結束中日戰爭

187　北支那方面軍司令部，「北支一般の狀況」（1940 年 9 月），〈北支那方面軍治安肅正要綱：昭和 14 年 4 月 20 日〉，JACAR Ref. C11110939700。

188　北支那方面軍司令部，「兵団長会同席に於ける方面軍司令官の訓示」（1941 年 1 月 13 日），〈北支那方面軍兵団長会同に関する綴：昭和 16 年 1 月 13 日〉，《陸軍一般史料》，JACAR Ref. C11110953300。

189　大本営政府連絡会議，「世界情勢の推移に伴ふ時局処理要綱」（1940 年 7 月 27 日），〈重要国策決定綴：卷 1（大本営政府連絡会議々事録　其の 1）〉，JACAR Ref. C12120237300。

的困境下，欣羨德軍在歐洲戰場的勝利，企圖乘機南下
東南亞奪取資源，並截阻重慶國民政府的物資管道，因
此提高對南進的興趣，並於 9 月 23 日派遣日軍進駐法
屬印度支那北部，27 日締結「德義日三國同盟」。

　　日本以上述二事為開瑞，開啟南進措施以及軸心同
盟的外交政策，使得從前集中國力處理中日戰爭的作戰
策略，自此有了大幅度的轉換，[190] 而軍部方面為此亦
研究減少在華日軍數量的可能性。1941 年 1 月 16 日，
大本營陸軍部將研究構想具體化，擬定「對支長期作
戰指導計畫」，決定在 1941 年秋季以後，轉移為長期
持久戰態勢，並逐年遞減現今在中國大陸戰場約 72 萬
8,000 人兵力，計劃在 1943 年確立在華 50 萬兵力的體
制。作戰方面以維持治安、肅清占領地域為主要目的，
不從事大規模的進攻作戰。[191]「支那派遣軍」總司令
部依據指導計畫意旨，於 2 月 10 日擬具「昭和十六年
以降長期戰現地政略指導」並傳達予在華各地部隊，指
導重點包括：「特別加強封鎖敵人領域，力求有效且合
理的遮斷占領地區及敵人領域，逐次地劃分據點，以促
進占領地域的治安肅正，謀求我國防資源的充足。」
「為了促進治安，應讓支那方面滲透政治力，並密切地
協助我方。」「對於在占據地域內之共產黨軍，依軍政
一致之辦法，積極地進行肅清處理，特別要求支那政府

---

190 堀場一雄，《支那事変戦争指導史》，頁 457-458。

191 防衛庁防衛研修所戦史室，《北支の治安戦（1）》（東京：朝
　　雲新聞社，1968 年），頁 453；田中新一著，松下芳男編，《田
　　中作戦部長の証言―大戦突入の真相―》（東京：芙蓉書房，
　　1978 年），頁 66-70。

方面的策應。」[192]

　　由於日本方面對南進的興趣濃厚，大本營準備相應
逐步地減少在華日軍數量，因此「支那派遣軍」總司令
部指示各部隊的重點，除了強調肅清占領地區的治安之
外，也特別指出要運用中國附日政權的協助與策應。
「北支那方面軍」依此於 1941 年 2 月 25 日與 26 日召
開參謀長會議，重新下達「肅正建設」計畫，指出仍基
於治安第一原則承續以往「肅正建設」措施。同時要求
注意「肅正重點依然置於剿共。全面措施針對模範地
區，特別是北支北部及重要國防資源所在地區，俾能急
速地呈現成果」。方面軍同時根據經驗，認為「剿共單
靠武力討伐，將難期待效果。要綜合發揮熱誠執著的努
力與軍政民的能力，最重要是破壞與封殺敵人組織力與
爭取民眾能力」。「對於支那方面行政機關，要指導其
全意協助軍方以治安第一主義為原則的各項措施，同時
滲透其政治力」。[193]

　　方面軍所稱對於中國方面行政機關的指導措施，為
方面軍參謀部第四課在同年 2 月 15 日所擬「治安強化
運動實施計畫」，決定利用華北政務委員成立一週年之
際，感召華北官民為了建設新生華北，共同積極且主動
地從事強化治安工作。因此指示華北政務委員會自 3 月

192　支那派遣軍總司令部，「昭和十六年以降長期戰現地政略指
　　　導」（1941 年 2 月 10 日），〈方面軍軍司令官会合に関する
　　　綴：昭和 16 年 2 月 14 日〉，《陸軍一般史料》，JACAR Ref.
　　　C11110501000~C11110501100。

193　北支那方面軍司令部，「昭和十六年度肅正建設計画」（1941
　　　年 2 月 26 日），〈昭和 16 年度肅正建設計画：昭和 16 年 2 月
　　　26 日〉，《陸軍一般史料》，JACAR Ref. C11110955600。

30 日至 4 月 3 日動員「軍、政、會各機關及民眾與各
該地區日軍協作，從事強化治安工作」，冀望得以「摧
毀敵占區和親敵地區人民的鬥志」。各地日軍指導華方
工作內容包括：擴大並加強和訓練自治自衛組織、擴大
且加強民眾組織、治安軍與警備隊等協助上述工作，單
獨或與日軍協同進行討伐、廣泛宣傳東亞新秩序的觀念
與日滿華條約內容。[194]

　　華北政務委員會是在日本決定中國政治形態為分治
合作主義的原則下，於 1940 年 3 月 30 日汪精衛還都南
京同一時間所設置。日本御前會議於 1938 年 11 月通過
「日支新關係調整方針」，確立兩國善鄰友好新關係為
「新支那的政治形態以分治合作主義原則為施策」，同
時要「在北支及蒙疆設定國防上及經濟上為日支強度結
合地帶」。[195]「汪精衛工作」進行如火如荼期間，平
沼騏一郎內閣於 1939 年 6 月 6 日經五相會議決定「新
中央政府樹立方針」，對於即將扶立的汪政權與日本關
係，再次確認「支那將來之政治形態，當適應其歷史及
現實，以分治合作主義為準則，有關其內容以『日支新
關係調整方針』為準則」。[196]

---

194 田辺盛武，「治安強化運動実施に関する件報告」（1941 年 4
　　月 1 日），〈昭和 16 年：陸支密大日記第 11 号 2/3〉，《陸軍
　　省大日記》，JACAR Ref. C04122875300；「華北方面軍參謀部
　　第四課治安強化運動實施計劃」（1941 年 2 月 15 日），北京市
　　檔案館編，《日偽在北京地區的五次強化治安運動（上）》（北
　　京：北京燕山出版社，1987 年），頁 17-18。

195 御前会議，「日支新関係調整方針」（1938 年 11 月 30 日），〈支
　　那事変関係一件〉，第 3 巻，JACAR Ref. B02030518900。

196 五相会議，「新中央政府樹立方針」（1939 年 6 月 6 日），〈支
　　那事変関係一件〉，第 3 巻，JACAR Ref. B02030519000。

　　同一期間，汪精衛為了籌組新政權而訪日並與日本重要閣員會談，在 6 月 15 日與陸相板垣征四郎第二次會談時，討論到臨時政府與維新政府問題，要求在新政權成立時取消該兩政府名義。板垣征四郎表示：「其理解是廢止臨時、維新的政府名義，而不是取消其內容與事實。」同時明言：「依照支那狀態，政治形態以分治合作主義為原則最為適當。」並認為：「北支可說是日支兩國國防上及經濟上特殊結合地帶；蒙疆是國防上，特別是對蘇防衛的防共區域；揚子江下游地域是日支經濟提攜最為密切地帶。」汪精衛認為此為中央政府與地方的權限問題，指出若地方權限過大，必與中央發生衝突，在政務上造成抵觸。但板垣征四郎認為維新與臨時兩政府是伴隨戰局發展而產生，且與日本方面已有各種既成事實，故而要求應尊重此種既成事實。汪精衛表示：「華北基於其特殊情況，可設置政務委員會之類的機構，給予比較大的自治權限。唯現於中支維新政府要成為何種形式，則是個大問題。」因此認為應再研究具體方案。[197]

　　1940 年 3 月 30 日，汪精衛還都南京，日本取消北平的中華民國臨時政府，但立即在該地成立華北政務委員會。同日，華北政務委員會委員長王克敏布告周知，申明「前臨時政府在統轄區域內所實施之政治、經濟、金融、建設等之各種工作，均仍舊接續辦理，不以本會

---

[197] 「板垣陸相汪第二次会談要領」（1939 年 6 月 15 日），〈支那事變関係一件〉，第 13 卷，《戰前期外務省記錄》，JACAR Ref. B02030535900。

初設內〔而〕有變更」。[198] 同時，依據該委員會組織
條例第一條規定：「國民政府為處理河北、山東、山西
三省及北京、天津、青島三市境內防共、治安、經濟及
其他國民政府委任各項政務，並監督所屬各省、市政
府，設置華北政務委員會。」第十條、第十二條與第
十三條也規範該會有關防共與治安事項、開發華北資
源，以及調節華北經濟與對外物資需給關係，均可在中
央法令所規定之範圍內，得為便宜之處理。[199]

　　可知，日本在推動「汪精衛工作」初期即決定對中
國採取分治合作主義，即使成立汪政權時仍未改變此原
則。汪精衛不得已讓步賦予華北高度自治權，然而對於
南京所在地之維新政府則提出強烈質疑。日方最後完全
廢除維新政府，但臨時政府卻轉型為華北政務委員會，
接續該政府全部業務工作，更在組織條例賦予日軍特別
關注防共、治安、資源的處理權限。顯示「北支那方面
軍」排除汪政權的干預而欲親自掌控華北，執著於將之
納入日滿防共圈。

　　1941 年 3 月 11 日，華北政務委員會在方面軍指示
下發布訓令：「華北境內之治安工作向由友軍代為主
持，惟華北治安之確立，實為華北全體官民安居樂業之
基礎，應由華北全體官民本身擔負此種責任，以是華北

---

198 「偽華北政務委員會委員長布告」（1940 年 3 月 30 日），中央
　　檔案館等編，《日本帝國主義侵華檔案資料選編：汪偽政權》（北
　　京：中華書局，2004 年），頁 218。

199 「偽華北政務委員會組織條例」（1940 年 4 月 9 日），中央檔
　　案館等編，《日本帝國主義侵華檔案資料選編：汪偽政權》，
　　頁 219-220。

全體官民積極強化治安，實為切要之圖。」因此「定於
本月 30 日起至 4 月 3 日止，全華北舉行大規模之『治
安強化運動』。茲並制定是項運動之實施及宣傳計畫頒
發施行。」至於運動的主要工作項目有：

（1）擴大強化鄉村地方之自治自衛組織

包括肅清共產黨並破壞其組織、訓練行政機
關職員、擴大保甲制度之實行區域、實施戶
口調查、擴充訓練自衛團、實施警備演習、
傳達情報、修築道路與城牆及橋樑等。

（2）擴大強化民眾組織

包括擴充強化合作社、訓練青少年團與婦女
會及勞工協會等。

（3）剿滅擾亂治安分子

由治安軍、警備隊、警察等自行討伐，或協
同日軍作剿滅及示威行軍等。[200]

此後，華北政務員會秉承「北支那方面軍」旨意，
陸續發動數次且期限較長的治安強化運動。方面軍在華
北政務委員會協助下，運用軍事、政治、經濟、思想、
文化等方式，對共軍的掃蕩戰改為殲滅戰，更進行分區
封鎖掃蕩，毀滅游擊區內抗日的所有人力、物力與財力
資源，摧毀抗戰意識與活動，企圖確實掌控華北地區。

治安強化運動共進行五次，運動基本原則相同，但
每次的戰略目標不同，採取方式與獲得效果亦不盡相

---

[200] 「華北政務委員會訓令」（1941 年 3 月 11 日），中央檔案館等
編，《日本帝國主義侵華檔案資料選編：華北治安強化運動》（北
京：中華書局，1997 年），頁 65-68。

同。第一次僅有五日，自1941年3月30日至4月3日，偏重於軍事掃蕩戰；第二次自1941年7月7日至9月7日，為期兩個月，偏重於思想戰，初步統一宣傳統治機構，冀望通過此次運動達到全華北為反共思想之區；第三次自1941年11月1日至12月25日，歷時兩個半月，偏重於經濟戰，企圖澈底封鎖經濟及促進重要物資之生產流通，強化日軍戰鬥力與經濟力，以摧毀中國的抗戰意志，而且運動期間正值太平洋戰爭爆發，日軍亦直接封存英美在華資金；第四次自1942年3月30日至6月15日，共兩個半月，為了因應太平洋戰爭，「北支那方面軍」於2月25日與26日召開各兵團參謀長會報，指示要努力達成建設華北為日軍總兵力站基地的使命，持續對於未治安地區實施剿共討伐作戰，對於準治安地區和治安地區展開治安強化運動，其內容將以軍事戰、思想戰、經濟戰等多管齊下的總力戰方式，企圖達到「解放東亞、剿共自衛、勤儉增產」目標；第五次自1942年10月8日至12月10日，歷時兩個月，除了以武力推動外，也加上文化工作相互配合，冀望使得工作目標與實施內容得與民眾生活相結合，以促成其自主合作，並在「建設華北能源基地與兵站」以支撐太平洋戰爭的戰略需求下，提出「建設華北，完成大東亞戰爭」的目標口號。[201]

---

201 「關於敵人『四次治安強化運動』」（1942年7月28日），中央檔案館等編，《日本帝國主義侵華檔案資料選編：華北治安強化運動》，頁447-448；「華北政務委員會第五次治安強化運動實施綱要」（1942年8月），北京市檔案館編，《日偽在北京地區的五次強化治安運動》（下）（北京：北京燕山出版社，

　　「北支那方面軍」多次「治安肅正」作戰，以及華
北政務委員會於 1941 年至 1942 年間協力與配合五次治
安強化運動，雖然是以共軍為主要目標，但同時也對華
北的國軍部隊造成相當程度打擊。此次活動之後，國
軍的敵後主力基本上已自河北與山東退出，山西僅餘黃
河岸邊若干部隊，自此國軍敵後游擊戰一蹶不振。而共
軍在此兩年間抗日部隊數量明顯減少，盤據的根據地面
積縮小近三分之一，掌控人民數量亦流失。例如：冀中
平原八路軍被迫撤至平漢路以西的山區。而日偽控制的
治安區面積則明顯增加。不過，共軍迅速地改變戰略方
針，以分散與地下式的游擊戰術保存實力，有效地避
免共軍與根據地遭到日軍進一步的剿滅。而且日軍在
1942 年 6 月 5 日中途島海戰失敗，元氣大傷，成為日
本自發動太平洋戰爭以來戰略攻勢轉為戰略相持的轉捩
點。同年 8 月 7 日至 1943 年 2 月間，美日兩國圍繞著
索羅門群島的瓜達康納爾島爭奪戰，大敗的日軍損失慘
重，退為戰略防禦態勢，完全喪失戰略主動權。日本因
應南方戰況不利，陸續由「北支那方面軍」抽調部隊前
往太平洋戰區作戰，或者參與 1944 年「一號作戰」，
方面軍無力再策動大規模掃蕩作戰與治安強化運動。共
軍獲得發展機遇，立即擴充各處根據地面積，中共八路

1987 年），頁 441；防衛庁防衛研修所戰史室，《北支の治安
戰（2）》（東京：朝雲新聞社，1971 年），頁 116-117；江沛，《日
偽「治安強化運動」研究》（天津：南開大學出版社，2006 年），
頁 36-98；張同樂，《華北淪陷區日偽政權研究》（北京：三聯
書店，2012 年），頁 295-303。

軍於兩年內由 26 萬餘人快速地增為 110 萬餘人。[202]

　　雖然治安強化運動結束且成效不如預期，但「北支那方面軍」並未放鬆以共軍為目標的治安作戰。方面軍因應部隊被抽調情況，於 1943 年擬定作戰警備計畫，改變過去部隊要同時負責作戰、政務、經濟及其他事務的「治安建設」，將軍事與政經分離，由部隊專職維護地區秩序，以警備作戰態勢進行剿共任務，同時催促華北政務委員會積極配合剿共活動，以減輕日軍負擔。[203]

　　但由於華北日軍部隊數量減少，以及中共於「一號作戰」期間大肆拓展勢力，並開始對各日軍駐軍進行襲擊。方面軍於 1944 年 9 月實施「北支警備革新計畫」，全面指導華北的警備、防共與剿共工作，並以方面軍為中心，強力插手華北政務與經濟業務。同時指示各部隊，應促使華北政務員會採行各項政經措施，自主積極地配合日方之剿共措施，以發揮剿共戰力。換言之，即仍維持警備剿共作戰方式，但再度干涉華北地方政經業務，催促華方配合。例如駐紮冀東獨立混成旅第八旅團在治安作戰成效不彰後進行警備革新，在該區擔任警備與機動剿共作戰任務，於 1944 年 10 月 17 日在豐潤縣捕獲中共正規部隊行蹤，消滅 400 餘名共軍，俘虜 170 餘名。但駐紮渤海地區獨立混第九旅團在 1944 年 10 月下旬展開「秋季二號作戰」，雖獲有成果，但該年末實施「冬季一號與二號作戰」則所獲甚少。只是成效有限

202 江沛，《日偽「治安強化運動」研究》，頁 298-301。
203 防衛庁防衛研修所戰史室，《北支の治安戰（2）》，頁 336。

之警備剿共作戰並無法挽回日軍對於華北地區的掌控，據方面軍第一課高級參謀寒川吉溢回憶指出，方面軍占領 3 個特別市與 400 個縣，治安良好者僅 3 個特別市與 7 個縣。可知，對方面軍而言，戰爭末期華北治安惡化情況甚為嚴重。[204]

綜上所述，「北支那方面軍」以對蘇戰略態勢為目標，建構日滿華北防共國防圈，積極對華北占領區進行治安作戰。但共軍以靈活的游擊戰術因應，並逐步地侵蝕國軍與雜牌軍而擴大地盤，促使方面軍改以共軍為主要目標，同時指示華北政務委員會推動五次治安強化運動。在日華協力下，方面軍進行日華共同剿共工作。惟隨著日軍在太平洋戰爭節節敗退，方面軍部隊逐次南調，武力掃蕩作戰與治安強化運動難以為繼，保存實力的共軍乘勢急速發展，但國軍的敵後勢力反而遭到治安作戰消滅。方面軍多年來的華北治安作戰工作，防共概念的對象是以蘇聯為始卻因現實情勢而改為中共，結果非旦未能完成建立對蘇戰略的日滿華北防共國防圈，反而已促成共軍在華北茁壯。

小 結

汪精衛自 1937 年 7 月 29 日北平陷落而改變「不求戰而應戰」立場後，屢次向蔣介石上書倡言議和之背景

---

204 防衛庁防衛研修所戰史室，《北支の治安戰（2）》，頁 504-517、530-538。

與內容，約略可瞭解他避戰議和的主張未被接受，進而邁向自建政權之路的思想脈絡，惟是項主張源於汪精衛多年來對日關係前途不具信心與「恐共」心態有關。之後在歷次日方與汪派接觸會談之中，防共議題為議和條件重點之一，也是汪精衛所認同的問題。日本要求在華駐兵，於陶德曼調停已納入新條件案，卻隱瞞德國而未傳達給中國，且為治安駐兵性質。首次向中國透露是項訴求為董道寧秘訪日本試探之際，並明言為防衛蘇聯的防共駐兵，並在梅思平與松本重治會談合議即獲汪派同意。此後日汪多次正式會談洽商過程中，防共駐兵地點由平津擴大至華北地區；期限由「防共協定」存續期間改為「一定期限」的不確定性等。日本諸項訴求最後均納入 1940 年 11 月日汪「基本關係條約」及附屬文書，防共問題藉由條約與汪政權達成防共駐兵與締結防共協定，將其納入日本的防共國防圈，達成日本以蘇聯為對象的防共概念需求。

惟汪政權貧弱的政治力不符日本需求，日本乃於 11 月 13 日御前會議通過「支那事變處理要綱」，決定日軍戰爭策略以肅清占領區治安為主，藉以強化汪政權，讓其建設中國經濟，開發國防資源，援助日本國力得以轉化為長期武力戰態勢。興亞院研判蘇聯利用中共擾亂日華經濟合作與開發，因此日本為確保治安而於 1941 年 7 月展開清鄉活動，以肅清中共為目標，與汪精衛視反共為清鄉核心意旨相同，是其落實和平反共建國的理念，也說明汪精衛的防共概念是念茲在茲的中共問題。

　　另外，華北為中日戰爭起始之處，也是最早淪為日軍占領地區。日本大本營在武漢會戰後，將戰略明定為「北支的治安主義與中支的作戰主義」，指示「北支那方面軍」任務為「鞏固與支那共同對蘇戰略之態勢」，要確保占領區治安並自主建設，將日滿華北作為防共國防圈的一環，因此方面軍一方面成立臨時政府與新民會，配合日軍推動防共業務；一方面展開「治安肅正」活動，掃蕩在華北的國軍、共軍與土匪等。但中共運用靈活游擊戰術，反而在華北擴張地盤與勢力，方面軍自1940年4月進行「肅正建設」計畫已將目光指向共軍。未久方面軍更動員華北官民配合肅清治安工作，自1941年3月起，指導華北政務委員會推動五次治安強化運動。兩年期間華北的國軍敵後部隊遭受嚴重打擊，自此敵後游擊戰一蹶不振；共軍數量與根據地面積也明顯縮減，但因分散與地下式游擊戰術保存實力。在方面軍部隊陸續被抽調參加太平洋作戰與「一號作戰」後，已無力再進行大規範掃蕩作戰與治安強化運動，共軍藉此契機在華北大肆發展。

　　日本與汪政權締結條約，以防共駐兵與防共協定方式取得共同防共目的。但日本要落實以中國大陸為日本國防資源供應地，完成防共國防政策，首要在確保占領區治安，以進行中日經濟合作與國防資源的開發，因此在華中與華北分別有清鄉活動與治安強化運動，結果呈現以剿共為目標的日華共同防共現象。換言之，日本以對蘇備戰的防共概念所推動的中日共同防共，在戰爭泥淖之下，日汪合作的防共概念轉化為中共。

第六章　戰爭末期中日對防共問題的調整

　　日本在盧溝橋事變兩年半後，仍苦於難以解決「支那事變」困境之中，遲遲未能完成以蘇聯為目標的防共國防政策。為了處理中日戰爭，日本利用 1940 年德軍襲捲歐洲戰場，國際情勢鉅丕契機而決定南進，因此日本展開各項外交策略予以配合，同時也相應調整防共政策，表面上日本的防共概念已策略性擱置蘇聯，但實際上是否真的取消則應當仔細檢驗。然而，太平洋戰況未如日本預期，日本在危急情況下不得不一再調整外交策略與防共政策。

　　另一方面，國共兩黨合作抗日，但互信不足，貌合神離。太平洋戰爭爆發，美國參戰，國共問題的國際因素愈顯重要，重慶國民政府因應中共問題也必須顧及是項因素。此後日本戰敗投降，由於重慶方面已經決定政治處理中共問題，以及日本立即進行軍隊復員的前提下，投降日軍被迅速繳械遣返，無涉於國共的紛爭。無論是抗戰期間或勝利初期，重慶方面防範中共的防共概念從未消失。

　　本章擬先探討日本南進目的與外交策略，以及為此相應調整的防共措施，再論述戰爭末期，日本在戰況不利情況下採取聯蘇策略的目的，以及轉化防共態度的問題。另外，將分析重慶國民政府方面如何布局國際政策，以政治方式因應戰後的中共問題，並敘述遣返日俘

的過程與法理依據。

第一節　日本的南進政策與「日蘇中立條約」

一、「結德制美和蘇」策略與曲線防共

　　1940 年 4 月，德軍在歐洲戰場發動閃電戰，席捲西歐。潰不成軍的英法盟軍於 6 月初敗退撤回英國本土，法國於 6 月 17 日投降，德軍取得空前勝利。歐洲戰局急轉急下，影響英、法、荷等國在東南亞殖民地的政治地位。國際情勢鉅變所衍生的現象吸引日本目光，萌生利用此次契機轉換處理中日戰爭的戰略與外交策略。

　　6 月 29 日，外相有田八郎針對歐戰的轉變發表「國際情勢與帝國立場」廣播演說，[1]透露出日本的南進興趣與對東南亞資源的野心。7 月 12 日，陸、海、外三省事務當局協議提出「日德義提攜強化案」，認為「處於現今國際變局之中，建設包含南洋的東亞新秩序之〔日本〕帝國，與在歐洲建設新秩序而奮鬥的德義之

1　有田八郎在廣播演說指出：「東亞諸國與南洋各地方在地理、歷史、民族，甚至經濟都有著極為緊密關係，因此彼此之間應相互扶持、互通有無、共榮共存，以增進和平與繁榮。」「現今〔日本〕帝國正為建設東亞新秩序邁進，同時對於此次歐洲戰爭的演變，特別是對於包含南洋的東亞所造成的影響抱持十分的關注。」請參閱：「有田外相演說『國際情勢と帝国の立場』」（1940 年 6 月 29 日），外務省編纂，《日本外交年表竝主要文書》（下）（東京：原書房，1978 年），頁 433-434。

間，迅速地實現緊密的協力關係。」其條件為德國承認
法領印度支那與荷屬印尼及其他南洋地方諸民族的地區
為日本生存空間，相對地日本支持德國的歐洲與非洲政
策。此外，日德兩國合作與蘇聯維持和平，萬一其中一
方與蘇聯爆發戰爭或受到威脅，日德兩國協議採取相關
措施。在對美關係方面，日德共同牽制美國的政治與經
濟壓迫，不容其干涉美洲大陸以外的各地事務。[2]

　　不過，米內光政內閣認為與德義結盟將直接衝擊
對英美關係，對於強化案抱持疑慮與謹慎態度。陸軍
方面不滿於米內光政內閣的消極，陸相畑俊六（1879-
1962）於 7 月 16 日提出辭呈，陸相、參謀總長與教育
總監組成陸軍三長官會議亦拒絕推薦繼任人選，藉由
「陸軍大臣現役武官制」迫使米內光政內閣總辭。

　　7 月 18 日，近衛文麿接獲天皇裕仁的組閣命令。
翌日，尚未正式成立內閣的近衛文麿召集準外相松岡洋
右，以及陸海軍推薦的陸海相人選東條英機與吉田善吾
（1885-1966），在其私宅荻外莊舉行荻窪會談，決定
為了處理中日戰爭以及因應世界新情勢，應該全面轉換
日本的策略，強化戰時經濟政策。其措施包括強化日德
義軸心關係，東西方相互策應以完成建設東亞新秩序的
各項重要政策、與蘇聯締結五年期日滿蒙邊境互不侵犯
條約，並於期間內充實對蘇軍備、避免與美國發生無謂
衝突，並排除其對建設東亞新秩序的干涉。對於東亞新

2　「日独伊提携強化案」（1940 年 7 月 12 日），〈日独伊同盟条約
　　関係一件〉，第 1 卷，《戰前期外務省記錄》，日本外務省外交史
　　料館藏，JACAR Ref. B04013489500。

秩序範圍則確認將納入英、法、荷、葡等國在東亞及週邊島嶼的殖民地。[3]

第二次近衛文麿內閣於 7 月 22 日正式成立，立即根據荻窪會談決定的方針先於 26 日內閣會議通過「基本國策要綱」，表示首先將重心置於結束中日戰爭，並綜觀國際變局，講求建設且富有靈活性的策略。[4] 翌日，大本營政府連絡會議制定以對外政策為重點的「伴隨世界情勢演變的時局處理要綱」，決定「為了因應世界情勢變局，改善內外情勢，儘速促進支那事變的解決，同時把握時機解決南方問題。」有關處理中日戰爭的要領為盡一切手段繼絕第三國援蔣行為，迅速地迫使重慶政權屈服。在對外施策方面以解決南方問題為目標，要領略為：

（1）將對德義蘇施策作為重點，特別要迅速地加強與德義的政治關係，試圖進一步調整對蘇邦交。

（2）對於美國，保持公正的主張和嚴謹的態度。隨著帝國推行必要措施，固然在所不辭地必然會不得已地引起關係惡化，但應經常注意其動向，採取避免由我方增加磨擦的方針。

（3）對於法屬印度支那（包含廣州灣），力求澈底斷絕援蔣行為；對於荷屬東印度，暫用外

---

3 「荻窪会談覚書」（1940 年 7 月 19 日），外務省編纂，《日本外交年表竝主要文書》（下），頁 435-436。

4 閣議，「基本国策要綱」（1940 年 7 月 26 日），〈支那事変関係一件〉，第 15 卷，《戰前期外務省記録》，JACAR Ref. B02030544700。

交措施確保其重要資源；對於香港，與切斷
滇緬公路援蔣行為互相配合，迅速鏟除敵對
勢力等。⁵

　　大本營在會議上說明提案理由表示：「支那抗日政
權之所以尚未放棄抗戰，很大原因在對於〔日本〕帝國
的國力評估過低與對第三國援蔣的依賴。因此帝國對
此將進一步全面集中政戰兩略的壓力，同時強化國內
體制，以堅決態度對付援蔣國家集團，謀求事變的迅
速解決。」⁶

　　可知，日本決定採取南進政策目的在於擺脫中日戰
爭困境，目標是藉由歐戰局勢鉅變有利於遠東情勢的契
機，切斷重慶方面的外援物資管道。此時支持中國抗戰
的外援路線主要有三條，包括經由滇緬公路與滇越鐵路
的英美援華路線，以及由西伯利亞地區經中國西北的蘇
聯援華路線。德軍席捲歐洲戰場後日本對於英法兩國已
無所畏懼，而是憂慮南進後美國的反應和北方的蘇聯威
脅，以及如何切斷蘇聯援華路線，因此日本在南進之前
準備採取「結德（義）以制美及和蘇」的對外策略。

　　結合德義關係方面，1938 年 1 月，德國外交部長
里賓特洛甫非正式向日本駐德大使館武官大島浩提出加

5　大本營政府連絡会議，「世界情勢の推移に伴ふ時局処理要綱」
　　（1940 年 7 月 27 日），〈世界情勢の推移に伴う時局処理要綱：
　　連絡会議議事録（昭和 15 年 7 月 27 日）〉，《陸軍一般史料》，
　　日本防衛省防衛研究所藏，JACAR Ref. C12120200800。

6　大本營陸海軍部，「『世界情勢の推移に伴ふ時局処理要綱』提
　　案理由」（1940 年 7 月），〈世界情勢の推移に伴う時局処理
　　要綱：連絡会議議事録（昭和 15 年 7 月 27 日）〉，JACAR Ref.
　　C12120200900。

強德日關係的期望，並進行多次交涉，但由於雙方目的
與利益的差異而難以獲得共識。[7] 第二次近衛文麿內閣

---

[7] 1936 年 11 月，德日締結「防共協定」後逐步建立密切關係。里賓
特洛甫於 1938 年 1 月向大島浩提出希望強化德日關係時並沒有提
出具體方案，反而日本自發表「第一次近衛聲明」，中日戰爭長期
化態勢明顯後特別擔憂蘇聯的軍事動向，陸海外三省事務當局自 5
月起，分別研究強化德義日三國政治合作的可能性。6 月，參謀本
部情報部歐美課德國班吉中和太郎中佐，草擬日德之間締結以蘇聯
為目標的防禦性同盟，另考慮締結以英國為對象的日義協定方案。
該方案於 7 月 19 日經五相會議通過，交由已升任大使的大島浩與
德國展開交涉。大島浩與里賓特洛甫交涉時擅作主張隱匿以英國為
目標的方案，僅提出締結德義日遭受蘇聯攻擊時相互約定行動的協
定。只以蘇聯為對象的日本方案不符合德國需求，里賓特洛甫透
過大島浩委由駐德武官笠原幸雄攜帶其私人方案回東京交予日本當
局。該方案的假想敵除了蘇聯外，尚包含英法為主的民主陣營國家。
此後，德國於 11 月初正式向日本提出以蘇聯和英法為目標的同盟
條約草案。近衛內閣於 8 月 26 日召開五相會議討論里賓特洛甫私
人方案，原則上決定強化與德國關係仍是以蘇聯為目標。不過，當
近衛內閣收到德國正式提出的條約草案，並分別於 11 月 11 日與 12
月 13 日召開五相會議與四相會議討論，則引發陸軍省與外務、海
軍兩省的對立。陸相板垣征四郎在 6 月內閣改組新就任陸相，即已
主張「要打破支那抗日政權的依賴歐美政策，必須藉由強化防共協
定與改善對美關係來牽制蘇英」，因此認同德國的同盟方案；外相
有田八郎與海相米內光政認為同盟案性質在強化防共協定，應僅以
蘇聯為對象。未久，第一次近衛文麿內閣於 1939 年 1 月 4 日總辭，
新任的平沼騏一郎內閣稍作讓步，但決定仍以蘇聯與共產國際赤化
國家為假想敵的模糊妥協案與德國洽商。雖然德日兩國經過幾個月
的交涉，但雙方目的與利益不同，難以取得共識。德國急於 1939
年冬季之前完成占領波蘭的軍事計畫，為了避免兩線作戰，乃於同
年 8 月 23 日與蘇聯締結「德蘇互不侵犯條約」，並於 9 月 1 日東
侵波蘭，引發第二次世界大戰。德蘇的接近衝擊了德日關係，平沼
騏一郎內閣無法處理歐洲新情勢而於 9 月 28 日總辭，新任的米內
光政內閣仍奉行專心處理中日戰爭與防共政策為主的對外政策，冷
漠地因應強化德日關係的議題，日本駐德大使來栖三郎曾經評價米
內內閣時期的對德政策為消極與被動。以上相關史料請參閱：「日
独伊防共協定研究方針」（1938 年 7 月 19 日）、「防共協定強化
に関する日独伊協定案」（1938 年 8 月 26 日），外務省編，《日
本外交文書：第二次歐州大戰と日本》，第一冊（東京：六一書房，
2012 年），頁 36-37、39-40；陸軍大臣，「支那事変指導ニ関スル
說明」（1938 年 8 月 17 日），稻葉正夫、小林龍夫など編，《太
平洋戰爭への道：別卷 資料編》（東京：朝日新聞社，1963 年），
頁 263；「日独伊三国協定方針」（1939 年 1 月 19 日），外務省編纂，
《日本外交年表竝主要文書》（下），頁 408。相關論著請參閱：

於1940 年 7 月成立之際已欲藉機推動南進政策來切斷重慶方面的外援路線，因此決定以英美為對抗目標，致使德日利益已趨一致。日本方面分別經 9 月 4 日四相會議與 19 日大本營政府連絡會議通過「關於強化日德義樞軸之件」，認為可以預見世界將被劃分為東亞、蘇聯、歐洲及美洲四大領域的戰後新形勢下，以東亞指導者自任的日本應該與歐洲指導勢力的德義緊密合作，決定和德義展開軍事同盟的交涉，以共同對付英美蘇等國。其措施為：（1）三國合作排除英國在東亞與南洋的政治和經濟權益；（2）對美國盡量採取和平手段，但應設法構成足以壓制美國的態勢；（3）從東西兩面牽制蘇聯，並因勢利導使其向波斯灣方面發展勢力範圍。[8] 外相松岡洋右依此原則與德國特使施坦麥（Max Sthamer, ?-?），於 9 月 9 日至 10 日在東京談判。19 日，御前會議通過締結三國軍事同盟案。27 日，「德義日三國同盟條約」在柏林簽字。

　　「德義日三國同盟條約」首條明訂：「日本承認且尊重德國及義大利在歐洲建設新秩序的指導地位。」第二條規定：「德國及義大利承認且尊重日本在大東亞建

三宅正樹，《日独伊三国同盟の研究》（東京：南窓社，1975 年），頁143-238；大畑篤四郎，〈日独防共協定・同強化問題〉、細谷千博，〈三国同盟と日ソ中立条約〉，日本国際政治学会・太平洋戦争原因研究部編，《太平洋戦争への道（5）：三国同盟・日ソ中立条約》（東京：朝日新聞社，1963 年），頁 54-136、159-172 等。

8　四相会議，「日独伊枢軸強化に関する件」（1940 年 9 月 4 日），〈開戦に直接関係ある重要国策決定文書〉，《陸軍一般史料》，JACAR Ref. C12120358600。

設新秩序的指導地位。」[9] 說明日本透過同盟條約，經由德義認同先獲得在東亞戰場侵奪的戰果，並藉由相互承認各自新秩序地位而取得三國合作的密切關係，依靠軸心關係而強化日本的國際地位。

制美方面，松岡洋右與施坦麥會談時，曾就以下各點取得共識：

（1）德義日三國希望美國不參加歐洲戰爭和日華糾紛。

（2）德國不要求日本介入其對英戰爭。

（3）僅有依靠德義日三國堅決一致的態度，才得以抑制美國的行動。

（4）接下來也要邀請蘇聯參加三國條約，德國就日蘇合作進行斡旋。

（5）德國盡力避免日美在東亞的衝突。[10]

德日五點共識之中就有三點與美國有關，而且松岡洋右在9月19日御前會議上報告三國軍事同盟案指出，此次與德國交涉的基礎，為德國在避免美國參戰及日本在回避日美衝突上具有共同目的。[11] 樞密院議長原嘉道（1867-1944）聆聽各方解說後即明白地表示：「本條約是以美國為對象的同盟條約，是德義欲通過公布本條

9　「日本国独逸国及伊太利国間三国条約」（1940年9月27日），〈日独伊三国条約：御前会議議事録（昭和15年9月19日）〉，《陸軍一般史料》，JACAR Ref. C12120181200。

10　服部卓四郎，《大東亜戦争全史》（東京：原書房，1981年），頁25。

11　「日独伊枢軸強化問題ニ関スル外務大臣説明案」，〈日独伊同盟条約関係一件〉，第1卷，JACAR Ref. B04013490000。

約來阻止美國參戰。」[12] 26 日，樞密院審查同盟案，松岡洋右再次說明該條約是以防止戰爭為目的，並非以進行戰爭為目的。近衛文麿亦指出：「本條約的根本考量原本就是在迴避日美衝突。」[13] 即使日本戰敗後，近衛文麿在自殺前一個月接受朝日新聞記者小坂德三郎（1916-1996）訪談口述，仍強調締結三國同盟條約具體目標有二項：（1）防止美國參戰以避免戰禍擴大；（2）確立對蘇的親善關係。[14]

因此同盟條約第三條規範：「三締約國任何一國遭到尚未參加歐洲戰爭或日本紛爭的一國攻擊時，三國須用所有政治、經濟及軍事的方法相互援助。」雖然未點明對象為何國，一般認知係指美蘇兩國，但德日締約的本意與目的實質上是偏重於美國。換言之，戰後檢討該條約是否防止美國參戰的效果或反而促成美國參戰的效應，是另外可討論議題。但此時日本是主觀地認定可藉由此種德義日同盟的態勢共同壓制美國，防止其對日本在展開南進擴張政策時可能的反擊壓迫，並嚇阻美國企圖干涉歐洲與東亞戰爭。

對蘇方面，日本在盧溝橋事變後即極為注意蘇聯動向及介意蘇聯軍需援華行為，因此持續對蘇採取強硬政

12 「御前会議」（1940 年 9 月 19 日），〈日独伊三国条約：御前会議議事録（昭和 15 年 9 月 19 日）〉，JACAR Ref. C12120181500。
13 「日独伊三国条約ニ関スル枢密院審査委員会議事概要」（1940 年 9 月 26 日），〈日独伊同盟条約関係一件〉，第 1 卷，JACAR Ref. B04013489600。
14 近衛文麿，《平和への努力》（東京：日本電報通信社，1946 年），頁 19。

策，尤其是滿洲國與蘇聯及外蒙古的邊界衝突問題，自中日戰爭爆發後更激化為軍事戰鬥行為，其中以 1938 年 7 月張鼓峰事件與 1939 年 5 月諾門罕事件的規模較大。日蘇兩國在該二次武裝衝突的傷亡均相當慘重，也都迅速簽訂停戰協定而結束。日本方面顧慮中日戰場而不願讓衝突擴大成日蘇全面戰爭，但也因此見識到蘇軍武力不容小覷。只是日本仍然痛感身陷於中國戰場泥淖，無法遂行防共國防政策而制約了對蘇戰略，因此考慮調整對蘇關係藉以先解決中日戰爭。故而前述荻窪會談主張要與蘇聯簽訂日滿蒙邊境互不侵犯條約，冀望一方面得以要求蘇聯放棄援華政策；一方面促成「北方靜謐」局面才能解除南進切斷英美援華路線時背腹受敵的威脅。

　　1940 年 7 月 27 日，大本營政府連絡會議討論「伴隨世界情勢演變的時局處理要綱」，大本營針對調整日蘇邦交問題指出：「要一掃從前對蘇折衝觀念，為了北方安定，必須採行大膽的措施（例如互不侵犯條約等）。」[15] 結果日本欲調整對蘇關係的目標，由蘇滿蒙邊境互不侵犯條約升級為直接改善日蘇關係。外務省方面當即於 10 月 3 日擬具「日蘇國交調整要綱案（試案）」，建議與蘇聯締結互不侵犯條約，同時提出雙方洽商蘇聯承認滿洲國，日本承認近來蘇聯在西歐造成的既成事實，以及蘇聯放棄援蔣態度與抑制中共的抗日

---

15 「『世界情勢の推移に伴ふ時局処理要綱』に関する所要事項の説明に就て」（1940 年 7 月），〈世界情勢の推移に伴う時局処理要綱：連絡会議議事録（昭和 15 年 7 月 27 日）〉，JACAR Ref. C12120201000。

性，日本默許中共在西北三省的地盤等。但日本在調整日蘇邦交前應先與德國協商將來如何處理蘇聯，以及認可其勢力發展的範圍等。[16]

就德國的立場而言，在聯合反英同盟或集團的目的之下，德蘇接近與德日關係並無矛盾，里賓特洛甫甚至於簽訂「德蘇互不侵犯條約」後未久的 1939 年 9 月 5日與 20 日，分別對駐德大使大島浩與訪德的寺內壽一提出各種德義日蘇四國提攜的構想。[17] 在此前後，日本外務省革新派也興起日蘇提攜論的主張，近衛於 11 月16 日對貴族院議員原田熊雄（1888-1946）表示：「親蘇親德熱潮在年輕官吏非常普遍。外務省的年輕同伙之間幾乎全部都是如此。」[18] 1940 年 9 月初，德國特使施坦麥至日本交涉德義日三國同盟事宜，曾先代表里賓特洛甫傳話予松岡洋右表示，若日本希望的話，德國願意協助調整日蘇邦交。[19] 二人隨後於 9 日與 10日會談同意由德國在日蘇親善問題上扮演「正直的仲

---

16 外務省，「日蘇国交調整要綱案（試案）」（1940 年 10 月 3 日），〈日蘇中立条約関係一件（満洲国、外蒙ノ領土保善並不可侵声明ヲ含ム））〉，第 1 卷，《戰前期外務省記錄》，JACAR Ref. B04013480200。

17 義井博，《日独伊三国同盟と日米関係》（東京：南窓社，1977 年），頁 103。

18 原田熊雄，《西園寺公と政局》，第八卷（東京：岩波書店，1952年），頁 117-118。有關「德義日蘇四國連合」或同盟的構想，請參閱：三宅正樹，《スターリン、ヒトラーと日ソ独伊連合構想》（東京：朝日新聞社，2007 年），頁 19-152；義井博，《日独伊三国同盟と日米関係》，頁 71-115。

19 斉藤良衛，「日独伊三国同盟回顧」（1953 年 8 月），〈日独伊同盟条約関係一件〉，第 3 卷，《戰前期外務省記錄》，JACAR Ref. B04013490800。

介入」。[20]

　　1940 年 10 月，里賓特洛甫致函史達林，希望邀約
蘇聯外交人民委員莫洛托夫訪問柏林。11 月 12 日，莫
洛托夫於抵達柏林後即與希特勒展開會談。13 日，里
賓特洛甫向莫洛托夫提出「德義日蘇四國條約」案，希
望蘇聯加入三國軍事同盟，並建議蘇聯向波斯灣和印度
擴張勢力。莫洛托夫依史達林的指示表示原則上贊同
後，攜帶同盟案回莫斯科研議。25 日，莫洛托夫向德
國駐蘇大使口述答覆蘇聯政府加入同盟的但書條件。希
特勒不願接受蘇聯要求，放棄四國連合外交路線，於
12 月 12 日批准對蘇作戰計畫，準備攻打蘇聯。[21]

　　里賓特洛甫曾經將該次會談的同盟案擬具為「里賓
特洛甫腹案」通告日本，其內容為：

　　（1）蘇聯在防止戰爭、恢復和平的態度上，表明
　　　　　贊同三國條約意旨。

　　（2）蘇聯承認德義日各自在歐亞新秩序的指導地
　　　　　位，三國方面約定尊重蘇聯領土。

---

20 「松岡外相・スターマー特使会談要旨」（1940 年 9 月 9-10 日），
　　外務省編纂，《日本外交年表竝主要文書》（下），頁 453。

21 里賓特洛甫向莫洛托夫表示德國希望的勢力範圍在中非，但實質上
　　德國的目標在巴爾幹地區，只是嘗試透過外交手段以四國同盟案引
　　導蘇聯向印度與波斯灣擴張勢力，避免德蘇在巴爾幹爆發衝突。蘇
　　聯政府提出加入同盟的但書條件為德軍由屬於蘇聯勢力範圍的芬蘭
　　撤軍、日本放棄庫頁島的採礦權，同時德國承認蘇聯在博斯普魯斯
　　海峽與達尼爾海峽建設軍事基地權利、對巴爾幹地區保加利亞的領
　　有權，自然難為德國所接受，促使希特勒以武力對付蘇聯的決心。
　　請參閱：三宅正樹，《スターリン、ヒトラーと日ソ独伊連合構想》，
　　頁 154-196；ワシーリー・モロジャコフ（Vassili E. Molodiakov），〈ソ
　　連と三国軍事同盟─再検討の試み─〉，收入三宅正樹、庄司潤一
　　郎など編著，《戦争と外交・同盟戦略──検証　太平洋戦争とそ
　　の戦略 2》（東京：中央公論新社，2013 年），頁 174-175。

　　（3）三國及蘇聯約定不援助各自敵對國以及不加
　　　　入敵對國家集團。

　　同時在秘密了解事項達成四國將來諒解的勢力範圍
為，日本在南洋、蘇聯在伊朗和印度方面、德國在中
非、義大利在北非。[22]

　　1941 年 2 月 3 日，松岡洋右在大本營政府連絡懇
談會報告該腹案，獲得陸海軍方同意。[23]會議同時通過
「對德義蘇交涉案要綱」，委由松岡洋右訪歐進行交
涉，期待蘇聯接受此腹案以調整日蘇邦交。不過，值得
注意的是此要綱也決定同時與德義交涉牽制蘇聯事宜，
若日滿兩國遭到攻擊的情況下，德義必須直接攻擊蘇
聯。[24]關於此點，學者服部聰指出松岡洋右認為蘇聯是
德日共同的威脅，在其認知的「里賓特洛甫腹案」並非
是要求蘇聯加入三國同盟陣營，而是構想透過締結軍事
同盟的德義日三國共同誘導，甚至可說是強迫蘇聯採取
向波斯灣發展的南進政策，意在讓蘇聯認同三國同盟陣
營並採取相同步調，故而若是德義日與蘇聯爆發戰爭情
況下則三國要共同進行協商。換言之，松岡洋右的對蘇
外交方針是運用三國同盟來確定「對蘇不戰體制」，同

22 「『リッベントロップ』腹案內容」，〈大東亜戦争関係一件：開
　　戦ニ直接関係アル重要国策決定書〉，《戦前期外務省記録》，
　　JACAR Ref. B02032959700。

23 「二月三日第八回連絡懇談会」，〈大本営政府連絡会議議事録 其
　　1（昭和 15 年 11 月 28 日～16 年 7 月 29 日）〉，《陸軍一般史料》，
　　JACAR Ref. C12120246700。

24 「対独伊蘇交渉案要綱」（1941 年 2 月 3 日），〈大東亜戦争
　　関係一件：開戦ニ直接関係アル重要国策決定書〉，JACAR Ref.
　　B02032959700。

時藉此成果達成阻止英美企圖拉攏蘇聯包圍日本的目
的。[25] 關於服部聰的說法，其實與「里賓特洛甫腹案」
透露出德國對蘇的意圖並無二致。

因此在松岡洋右的主導下，大本營政府連絡會議通
過的交涉要綱認同「里賓特洛甫腹案」原則，藉由四國
連合方式改善日蘇關係，但仍未忘懷對蘇的防共國防政
策，採取「親善」與「防範」兩手策略。可知，日本欲
實施南進政策而採取和蘇策略，其實可以視為一種策略
性的曲線防共措施。表面上，日本的防共概念暫時擱置
蘇聯，在仍存續的德日「防共協定」表面條款規範下僅
為共產國際與共產主義。但因為該協定的秘密條款與上
述兩面手法，策略性的曲線防共措施實質上並未改變日
本防備蘇聯為主的防共概念。

3 月 12 日，松岡洋右率團自東京出發至歐洲訪問。
27 日，里賓特洛甫與松岡洋右進行會談，說明與莫洛
托夫交涉蘇聯加入三國同盟經過，以及希特勒明白拒絕
蘇聯的條件，並表示不論蘇聯有何動作，德軍有信心在
數月內擊敗蘇軍。同時指出今日遠東情勢實有利於日本
攻擊新加坡，並可進一步攻占菲律賓，而且日本統治南

---

25 服部聰，《松岡洋右と日米開戰──大衆政治家の功と罪》（東
京：吉川弘文館，2020 年），頁 105-106、123-125。關於德義日三
國同盟與蘇聯的交涉問題，服部採用「同調」一詞；學者義井博使
用「四國同盟」一詞；細谷千博謂為「四國協商」；三宅正樹和相
澤淳稱為「四國連合」。以上請參閱：義井博，《日独伊三国同盟
と日米関係》，頁 128；細谷千博，〈三国同盟と日ソ中立条約〉，
頁 267；三宅正樹，《スターリン、ヒトラーと日ソ独伊連合構想》，
頁 127-152；相澤淳，〈日本と三国軍事同盟〉，收入三宅正樹、
庄司潤一郎など編著，《戦争と外交・同盟戦略──検証 太平洋
戦争とその戦略 2》，頁 163。

洋大片地域也會是令美國放棄參戰的一項因素。[26] 德國
放棄聯合四國的構想並已計畫攻擊蘇聯，無意擔任改善
日蘇關係的「正直仲介人」，甚至暗示德國準備攻打蘇
聯，使得松岡洋右欲利用德義勢力調整日蘇關係的企圖
為之幻滅。

　　4 月 7 日，松岡洋右再返回莫斯科獨力與莫洛托夫
交涉調整日蘇關係會談，提議締結互不侵犯條約。莫洛
托夫認為締結此種條約，應要同時歸還庫頁島南部與千
島群島，若日本不準備解決此問題，則可談判締結中立
條約，但需解除日本在庫頁島北部的採礦利權。戰前蘇
聯為了確保遠東蘇境安全，多次冀求與日本締結互不
侵犯條約而屢遭拒絕。1941 年上半年歐洲情勢更為緊
張，德軍已進軍東南歐並且集兵蘇聯邊界，蘇聯為了預
防德蘇戰爭之際遭到日軍攻擊，亦急需改善蘇日關係。
但蘇聯顧慮締結日蘇互不侵犯條約的結果，會形成兩國
關係密切或挑撥日本向太平洋擴張的印象，而惡化與英
美等國的關係，因此提出中立條約形式，藉以緩和其憂
慮並達到避免東西兩面作戰的目的。日蘇經過多日談
判，松岡洋右讓步締結中立條約，並以信函方式承諾於
數月內解決庫頁島北部利權問題，最後在史達林拍板
同意下，雙方於 4 月 13 日在莫斯科簽訂「日蘇中立條
約」。[27] 內容除約定互相尊重領土完整以及與第三方衝

---

26 「松岡・リッベトロップ会談要領」（1941 年 4 月 27 日），外務省編，
　　《日本外交文書：第二次歐州大戰と日本》，第一冊，頁 335。

27 曹藝，《「蘇日中立條約」與二戰時期的中國及遠東》（北京：
　　社會科學文獻出版社，2012 年），頁 28-36；李凡，《日蘇關係史
　　（1917-1991）》（北京：人民出版社，2005 年），頁 123-133；A.

突過程保持中立，也聲明互為承認滿洲國與蒙古人民共
和國。[28]

　　當松岡洋右無法利用德國的仲介與壓力來展開對蘇
交涉的策略後，學者服部聰認為此刻松岡洋右赴歐與蘇
聯交涉有兩個目的，一是日軍武力南進之時確保北方安
全的原始目的；一是在對美和解談判之際強化日本的國
際外交立場。故而松岡洋右執意取得對蘇交涉的成果，
也在日後對美交涉時強調良好的日蘇關係與三國同盟，
冀望迫使美方讓步。[29]

　　外務省各局課在「日蘇中立條約」簽約後進行法理
問題研究，並擬具答覆要旨，而樞密院審查委員會也於
4 月 24 日審查該條約並質詢相關疑問。研議和審查討
論問題主要為中立條約與中日戰爭的關係、與「德義日
三國同盟條約」的關係，以及與德日「防共協定」的關
係等三點。

　　就與中日戰爭的關係，顧問官河合操（1864-1941）
在審查會提出該條約並不抵觸「中蘇互不侵犯條約」，但
蘇聯繼續援助重慶國民政府與中國共產黨則違反本條約，
日本政府是否考慮廢棄此條約？外務省擬具答覆意見書認
為蘇聯得採中立義務與雙邊友好的態度，無法禁止其對兩

A. 柯西金著，王真譯，〈1941 年蘇日中立條約及其影響〉，《民國
檔案》，1997 年第 4 期（1997 年 11 月），頁 55-59。

28 「大日本帝国及び「ソヴィエト」社会主義共和国聯邦間中立条
約」，〈日蘇中立条約関係一件（満洲国、外蒙ノ領土保善並不可
侵声明ヲ含ム）〉，第 2 卷，《戰前期外務省記錄》，JACAR Ref.
B04013481000。

29 服部聰，《松岡洋右と日米開戰──大衆政治家の功と罪》，頁
161、198。

造紛爭國給予一切的援助。[30] 松岡洋右答辯指出，此點在
交涉期間並未言及，但蘇聯知道「中蘇互不侵犯條約」
的存在，如今即已締結本條約，不外就是相信今後如何運
用。陸相東條英機表示，依據情報中立條約確實對重慶方
面造成相當的影響，並且期待依靠運用本條約的外交工
作，達到切斷蘇聯援助重慶國民政府的目的。[31]

　　就與「德義日三國同盟條約」的關係，外務省研究
的結果認為依據三國條約第五條，蘇聯在條約規定範圍
之外，而且德國希望日蘇關係與德蘇同為互不侵犯關
係，並曾約定協助斡旋，同時締結三國條約之時已預見
與蘇聯關係，因此兩件條約並不矛盾。[32] 若美國參加歐
洲戰爭，日本依據三國條約對美開戰之時，蘇聯應依照
中立條約尊重日本領土完整及不可侵犯的義務，並遵守
中立。假如蘇聯攻擊德國或者德國對蘇聯開戰，日本將
面臨以下情況：

　　（1）應該尊重蘇聯領土的完整及不可侵犯（中立
　　　　　條約第一條）。
　　（2）應該遵守中立（中立條約第二條）。

---

30 外務省，「質問ニ対スル答案」（1941 年 4 月 19 日），〈日蘇中立
　條約関係一件（満洲国、外蒙ノ領土保善並不可侵声明ヲ含ム）〉，
　第 2 卷，JACAR Ref. B04013481000。

31 条約局第一課，「日『ソ』中立条約枢密院審查委員会議事録」
　（1941 年 4 月），〈日蘇中立条約関係一件（満洲国、外蒙ノ領土
　保善並不可侵声明ヲ含ム）〉，第 2 卷，JACAR Ref. B04013481300。

32 外務省，「質問ニ対スル答案」（1941 年 4 月 19 日），〈日蘇
　中立条約関係一件（満洲国、外蒙ノ領土保善並不可侵声明ヲ含
　ム）〉，第 2 卷，JACAR Ref. B04013481000。「德義日三國同盟
　條約」第五條規定：「日本、德國及義大利確認，前記諸項條款
　對於三締約國各自與蘇聯之間現存的政治狀況並無任何影響。」

（3）有義務援助德國（三國條約第三條）。[33]

無論德蘇開戰原因為何，日本依據該兩件條約的規定既有遵守中立也有援助德國義務。對於此項矛盾，松岡洋右在會議報告：「最初在簽訂本中立條約時，已經對蘇聯申明是以三國同盟條約為前提。總之，在國際條約之中，若比較對照的話有很多矛盾之處，主要在思考如何運用。」河合操表示：「中立條約與三國條約何者置於重點位置，現今主要是以三國條約為主，由此可令人安心。」但是，河合操話鋒一轉指出，蘇聯不會立即減少遠東兵力，若歐洲局勢發生變化，因信賴中立條約，難以保證不會勻出遠東的兵力，在此情況恐有影響日德關係之虞。松岡洋右說明曾與德義兩國主政者達成諒解，但里賓特洛甫認為應該檢討兩件條約條文。萬一德蘇衝突的情況，日本會產生是否遵守中立問題，但同樣地日蘇衝突時，德國立場也是相同。總之，在成為現實問題之際，再考慮如何運用條約。惟就日本而言，如果無視三國條約的話，就不應該有所行動。雖然里賓特洛甫曾經申明假若蘇聯攻打日本，德國保證必定會由後

---

33 外務省，「日蘇中立條約二関連シ豫想サルル質問（1941 年 4 月 18 日）」，〈日蘇中立条約関係一件（満洲国、外蒙ノ領土保善並不可侵声明ヲ含ム）〉，第 2 卷，JACAR Ref. B04013481000。「日蘇中立條約」第一條規定：「兩締約國約定，維持兩國間的和平及友好關係，並且應該相互尊重他方締約國領土完整及不可侵犯。」第二條規定：「締約國的一方成為一個或兩個以上第三國軍事行動對象的情況，締約國須在該糾紛期間保守中立。」；「德義日三國同盟條約」第三條規定：「日本、德國及義大利約定，基於上記方針所作的努力〔相互承認新秩序的領導地位〕，互相協助，並進一步約定，三締約國任一國遭到現在尚未參加歐洲戰爭及日支紛爭的一國攻擊，三國應該用所有政治、經濟及軍事方法相互援助。」

方攻擊蘇聯。但松岡洋右認為德蘇開戰不僅違反「德蘇互不侵犯條約」，也與締結「日蘇中立條約」目的矛盾，在此情況下，日本將與德國充分溝通並考量最佳因應方式。而且德國表明無需日本援助，屆時日本將依獨自見解作出決定。[34]

　　就與德日「防共協定」的關係，外務省研究的結果以為二者並無矛盾，因為「防共協定」是以共產國際而非蘇聯為目標，締結中立條約是日本的根本方針，對於防共政策並無影響。至於「防共協定」附屬秘密議定書第一條，有關遭受蘇聯攻擊威脅時有義務不採取減輕蘇聯負擔效果措施的規定，外務省指出德國在簽訂「德蘇互不侵犯條約」時已破壞是款條文規範，爾後德日對於蘇聯的立場概依新締結的三國同盟條約規定為基準，故該款條文亦未與中立條約發生矛盾問題。[35] 然而，審查會上顧問官清水澄（1868-1947）質問，是否曾經考量該兩件條約併行的關係為何？松岡洋右明言確實未曾思考過，而且里賓特洛甫以及蘇聯方面都未談及此事，惟

---

34 条約局第一課，「日『ソ』中立条約枢密院審查委員会議事録」（1941 年 4 月），〈日蘇中立条約関係一件（満洲国、外蒙ノ領土保善並不可侵声明ヲ含ム）〉，第 2 卷，JACAR Ref. B04013481300。

35 外務省，「質問ニ対スル答案」（1941 年 4 月 19 日），〈日蘇中立条約関係一件（満洲国、外蒙ノ領土保善並不可侵声明ヲ含ム）〉，第 2 卷，JACAR Ref. B04013481000。德日「防共協定」附屬秘密議定書第一條全文為：「締約國一方遭受蘇維埃社會主義共和國聯邦的非挑釁性攻擊，或非挑釁性攻擊威脅的情況，則另一方締約國有義務不採取減輕蘇維埃社會主義共和國聯邦負擔效果的措施。發生前揭情況時，締約國雙方應立即協議採取措施保衛共同利益。」請參閱：「附屬秘密協定」，〈共產「インターナショナル」に対する協定（日独防共協定）〉，《戦前期条約書条約書》，日本外務省外交史料館藏，JACAR Ref. B13090983200。

里賓特洛甫曾表明，德國方面有意在德日「防共協定」
有效期限於今年 11 月 24 日期滿時延長本協定。[36]

　　與此問題有關的防共宣傳疑義，內閣會議於4 月18
日通過內閣情報局擬定「關於日蘇中立條約成立的輿論
指導暫定方針」，明定締結本條約後，無論是共產主義
的取締都應該更須加強，但對外則避免引人側目的防共
運動。[37] 松岡洋右表示曾向莫洛托夫特別強調絕對反對
赤化宣傳，而日本國內撲滅共產主義措施也與從前無
異。內相平沼騏一郎則說明，壓制共產主義的方針與以
往並無任何變化，唯應控制民間不必要刺激蘇聯的言
論。另外，因為防共措施引申的防蘇軍備問題，陸相東
條英機在審查會表明，即使成立本條約也不考慮遞減
對蘇軍備，寧可充實軍備予以無形的壓力。但要求依
靠該本條約誘導蘇聯變更戰略態勢，減少滿蘇邊境紛
爭，緩和日方的軍備。[38]

　　松岡洋右既未曾與德蘇兩方討論「防共協定」的問
題，也未按外務省研議的答覆意見書說明，可知他並不
認為該協定的存在對於締結中立條約有造成任何困擾，

---

36 条約局第一課，「日『ソ』中立条約枢密院審査委員会議事
　　録」（1941 年 4 月），〈日蘇中立条約関係一件（満洲国、外
　　蒙ノ領土保善並不可侵声明ヲ含ム））〉，第 2 巻，JACAR Ref.
　　B04013481300。

37 情報局，「日蘇中立条約成立二関連スル輿論指導暫定方針」
　　（1941 年 4 月 18 日），〈日蘇中立条約関係一件（満洲国、外
　　蒙ノ領土保善並不可侵声明ヲ含ム））〉，第 1 巻，JACAR Ref.
　　B04013480600。

38 条約局第一課，「日『ソ』中立条約枢密院審査委員会議事
　　録」（1941 年 4 月），〈日蘇中立条約関係一件（満洲国、外
　　蒙ノ領土保善並不可侵声明ヲ含ム））〉，第 2 巻，JACAR Ref.
　　B04013481300。

加上東條英機明言不會減少對蘇軍備的態度，在在顯示
日本的防共國防政策並未因簽訂「日蘇中立條約」而有
所變動。就結果論而言，日本欲達成南進以切斷英美援
華路線目的，亟需確保北方靜謐，雖然無法促成四國聯
合或簽訂互不侵犯條約，但至少仍以締結中立條約的方
式完成和蘇策略。同時日本在法理上主觀認定將以三國
條約為主，且不影響德日「防共協定」與防共政策，說
明了日本在外交上成功地完成曲線防共的措施。

　　雖然外務省的意見書認為德日「防共協定」秘密條
款已被「德蘇互不侵犯條約」破壞，防共概念僅存公開
條款的共產國際與共產主義。但松岡洋右似乎不願直接
面對此問題，也不欲公開說明與細分此兩項與蘇聯在
防共概念上的區別，加上東條英機明言不會減少對蘇軍
備，說明日本防共概念的對象仍然包含此三項，只是在
外交策略需求下特意不予強調，因此造成蘇聯在日本防
共概念消逝的表面現象。

　　「日蘇中立條約」大幅度轉換日本的外交政策，
「北支那方面軍」、興亞院華北連絡部與天津總領事館
北平分署協議後決定，指示華北政務委員會發表「蘇聯
與中共作為個別的存在，對中共政策與以往並無任何
變化」的談話。[39] 在南京方面，汪政權外交部長褚民誼
（1884-1946）與宣傳部長林柏生（1902-1946）分別對

---

39 「土田より近衛文麿宛第257号電」（1941年4月15日），
〈日蘇中立条約関係一件（満洲国・外蒙ノ領土保善並不可侵声
明ヲ含ム））〉，第4卷，《戰前期外務省記錄》，JACAR Ref.
B04013483300。

記者表示，重慶失去蘇聯援助將逐步陷入困境之中，全面和平指日可待。汪精衛對考試院長王揖唐（1877-1948）透露出，重慶方面失去蘇聯支援以致產生重大影響而頗感喜悅，[40] 甚至認為國共分裂為必然之命運。[41] 顯示在華日軍與汪政權配合中立條約，在防共概念明確區分蘇聯與中共，因此華北治安強化運動與清鄉活動均自中立條約簽訂後同一年展開，說明該條約並未影響日汪共同防共以剿共為主的防共概念。

二、北擊蘇聯的幻滅

日本始料未及的是簽訂「日蘇中立條約」兩個月後，突於 6 月 22 日爆發德蘇戰爭，使得日本立即面臨遵守三國同盟條約或中立條約的現實問題，如此自然直接關係到是否立刻貫徹北上防共國策的抉擇。松岡洋右訪歐之際，忽視里賓特洛甫暗示德國即將攻擊蘇聯的訊息。但中立條約成立之際，駐德大使大島浩及駐歐各武官，自 4 月中旬已多次電告德軍向東線集中的諜報與德蘇可能開戰的情報。[42] 然而，參謀本部於 5 月 15 日部

40 「本多熊太郎より近衛文麿宛第 233 号電」（1941 年 4 月 14 日），〈日蘇中立条約関係一件（満洲国、外蒙ノ領土保善並不可侵声明ヲ含ム）〉，第 4 巻，JACAR Ref. B04013483300。檔案原文載「重慶失去中共援助」之文句應是有誤。

41 曹藝，《「蘇日中立條約」與二戰時期的中國及遠東》，頁 132。

42 各件情報電文，請參閱：「大島浩より近衛文麿宛第 413 号電」（1941 年 4 月 16 日）、「泉顥蔵より近衛文麿宛第 64 号電」（1941 年 4 月 18 日）、「山路章より松岡洋右宛第 32 号電」（1941 年 4 月 22 日）、「杉原千畝より松岡洋右宛第 8 号電」（1941 年 5 月 9 日）、「山路章より松岡洋右宛第 39 号電」（1941 年 5 月 9 日），外務省編，《日本外交文書：第二次欧州大戦と日本》，第一冊，頁 355-357、361、371-372、394-395、396。

長會議討論結果，研判德軍集中東線是為了支援外交，不認為兩國會立即爆發戰爭。[43] 直至 6 月 4 日，大島浩電稱於 3 日和 4 日與里賓特洛甫及希特勒會談，二人均明白告之德蘇戰爭恐難以避免。[44] 雖然兩人均未明言開戰時機，但大島浩就會談印象認為即使不清楚開戰名義，但由於眼前戰機一觸即發的情勢，兩軍對峙之下的局部衝突當立即導致全面戰爭。[45]

　　參謀本部立即於 6 月 8 日至 10 日召開部長會議，第一部長田中新一（1893-1976）認為由於德蘇開戰，世界將逐次發展為德義日對英美蘇的世界戰爭，因此不僅是對蘇戰爭，對美戰爭也必會到來。若由世界戰略立場觀之，預期對南方與北方都要行使武力，但希望先北後南的順序予以各個擊破。參謀總長杉山元表示，日本對南北發動武力均是不可避免，只是武力發動時期與作戰限度都是問題，因為國力難以進行長期作戰。雖然次長塚田攻（1886-1942）並不同意發動對蘇作戰，以為如此將過早縮減中國戰場與兵力。但杉山元原則上認同田中新一的觀點，結果參謀本部通過田中新一的意見，採取「製造與捕捉良機行使武力」方針。[46] 陸軍省軍務

43 軍事史學会編，《大本營陸軍部戰爭指導班：機密戰爭日誌》，上（東京：錦正社，2008 年），1941 年 5 月 15 日，頁 104。

44 「大島浩より松岡洋右宛第636号電」（1941年6月4日），外務省編，《日本外交文書：第二次欧州大戦と日本》，第一冊，頁 403。

45 「大島浩より松岡洋右宛第639号電」（1941年6月5日），外務省編，《日本外交文書：第二次欧州大戦と日本》，第一冊，頁 408。

46 軍事史學会編，《大本營陸軍部戰爭指導班：機密戰爭日誌》，上，1941 年 6 月 9 日，頁 113；防衛庁防衛研修所戦史室，《大本營陸軍部（2）―昭和十六年十二月まで―》（東京：朝雲新聞社，1968 年），頁 301-303。（以下書名簡稱《大本營陸軍部（2）》。）

局則於 6 月 8 日開會協商，主張觀望情勢，對北方採取瓜熟蒂落主義，即不介入德蘇戰爭，若戰局發展出現極為有利的狀態，則行使武力擊滅遠東蘇軍，一舉解決多年來的北方問題。對於南方問題，則因軍務課長佐藤賢了（1895-1975）強硬主張若軸心陣營決定性勝利情勢明朗之時，則應對南方行使武力，因此於 14 日決定同時對南方採取良機主義的方案，即德國打敗蘇聯並返回攻擊英國，在確認勝利的情況則以武力進入南方領域，將之收入勢力圈。[47]

基本上，參謀本部與陸軍省均是南北併行的方案，惟前者主張利用德蘇戰爭機會，積極主動製造契機先行以武力北上，解決北方問題後再南進的機不可失方案；後者採取被動等待德軍戰況與情勢，再決定對南北兩方採取行動的機會主義方案。

軍務局長武藤章向東條英機報告該局方案並取得同意後，提交參謀本部進行協商。陸軍省認為解決北方問題勢必動用大規模武力，為此所需戰略物質之中的液體燃料必須仰賴於南方，對北方動武一事堅持水到渠成的態度，[48] 因而刪除參謀本部方案「製造與捕捉良機」的「製造」二字，於 14 日通過「伴隨情勢發展的國防國策大綱」，決定「立基於三國樞軸的精神下因應情勢演

---

47 角田順，〈日本の対米開戦〉，日本国際政治学会、太平洋戦争原因研究部編，《太平洋戦争への道（7）：日米開戦》（東京：朝日新聞社，1963 年），頁 214-215；軍事史学会編，《大本営陸軍部戦争指導班：機密戦争日誌》，上，1941 年 6 月 14 日，頁 118；防衛庁防衛研修所戦史室，《大本営陸軍部（2）》，頁 301。

48 服部卓四郎，《大東亜戦争全史》，頁 78。

變，準備對蘇戰備。若德蘇戰爭進展對帝國極為有利則
行使武力，解決北方問題」。同時決定展開對法屬印度
支那與泰國的措施，以確保經濟圈。若美國參戰則明確
遵守三國同盟義務的態度，而對英美行使武力的時機與
方法應自主決定。[49] 結果陸軍方面最後通過的國防國策
大綱因為仰賴於南方資源的需求，已非原先南北併行方
案，而是對北方靜待時機，對南方確保資源的南行北待
方案。

　　海軍省則於 6 月 7 日依據大島浩來電情報，決定不
介入德蘇之戰並靜觀情勢變化、保持對蘇武力態勢的現
狀、面對英美挑戰應該完成陸海軍的武力準備、為了強
化對華作戰應增加在法屬印度支那的兵力等北守南進方
針。[50] 惟海軍面對陸軍北進的渴望，原則上認同陸軍靜
待時機的態度，但提出對南方武力準備要完備；對北方
武力準備按現狀基準加以整頓的要求。23 日，海軍方
面在陸海軍局部長會議上提出對北方行使武力不得妨礙
在南方對英美戰爭基本態勢的訴求，並在獲得陸軍方面
同意後通過陸軍方案。[51]

　　外務省面對德蘇即將開戰情報，則將北向或南進爭
議拉回中日戰爭困境的原點上。5 月 26 日，東亞局長
山本熊一（1889-1963）擬具「德蘇戰爭與支那事變的

---

49 軍事史学会編，《大本営陸軍部戦争指導班：機密戦争日誌》，上，
　 1941 年 6 月 9 日，頁 114；防衛庁防衛研修所戦史室，《大本営
　 陸軍部（2）》，頁 303。

50 角田順，〈日本の対米開戦〉，頁 216。

51 服部卓四郎，《大東亜戦争全史》，頁 78。

處理」，認為德蘇戰爭是德國為了獨霸歐洲大陸所必須發動。德國達成此目的之後，基於保存自身發展與實施歐陸新秩序，將在與英國媾和時立於有利地位，並且研判德英兩國可能將以表面上反共為共同目標而取得停戰媾和。至於蘇聯敗北只是時間問題，但英美因為對德關係而援助蘇聯，美國更會嘗試拉攏日本以弱化軸心同盟。此時日本可廢棄「日蘇中立條約」而積極地援助德國，但不可對蘇動武，要防止因為軸心關係而發生對英美的敵對行動。然而，若美國在蘇聯敗北解體後持續援助蘇聯在遠東的勢力，並以此為藉口獲得蘇聯在遠東領土的基地，則日本要行使武力解決遠東蘇聯問題。換言之，在情勢發展至此階段時，日本應把握機會，廢除中立條約以武力解決遠東蘇聯問題。但是，以武力掌控法屬印度支那南部並設立基地，也是日本今日急需實行的要務。因此北伐南進何者先行，應該判別遠東蘇軍動向再做決定。不過，以上日本的對蘇與對南洋諸政策均要以德英媾和為前提。

山本熊一研判德蘇戰爭後歐美列強的情勢走向後，話鋒一轉直指「支那事變的終結與世界情勢的轉變有強烈的關聯性」，今日中日直接解決事變已不可能，有鑑於此應該利用內外情勢的轉變，將中日導向和平方向。從前日本與重慶方面和平的障礙有三項，即重慶對日本不信任、對蘇聯倚賴、對歐美依賴。就第一項而言，強化汪政權應多少會有減緩不信任的效果；第二項將因德蘇戰爭而使得重慶倚靠蘇聯的勢力失勢；第三項將由於今後德蘇戰爭的進展以及不能再援助蔣介石的現實，依

賴歐美的渴望將流失。故而日本與汪政權的宣傳與實務
工作應該朝此等方向努力。在世界情勢轉變而發生上述
情況時，日本直接與重慶方面的和平尚有兩點問題，一
為汪政權；二為日本對重慶要求的條件。山本熊一建議
第一點應由重慶方面與汪政權自行解決，但商議解決的
內容與方式是否符合日本之意，則是本問題要克服的。
第二點最重要是日本應該在今後發展的新情勢下，放棄
防共駐兵的主張，此點可依重慶方面分共並討伐共產黨
的誠意與實行成效再行決定。若日本有決心解決此兩點
問題，則逐步地抽回在華部分日軍以備北伐南進則並非
不可能之事。最後指出南進和北伐都是必要，更為必須
的是努力於真正解決中日戰爭。52

　　德蘇開戰後，山本熊一立即於6月23日再擬具「德
蘇開戰情況下的國際情勢判斷及對策」，認為德國在擊
敗蘇聯的同時也應該會全力打倒英國，但美英荷將會強
化對日經濟封鎖，加上西伯利亞鐵路被封閉，自德國輸
入物資中斷，將對日本經濟造成嚴重影響。對於重慶政
府態度的分析則認為雖然英美積極援助蘇聯，實現英美
蘇中聯合，但由於戰況使得對重慶的援助實質弱化，與
共產黨部隊背後勢力的消滅，將激化國共紛爭等，重慶
方面或有考慮對日和平的可能性。因此對策方面建議德
蘇開戰初始採取靜觀態度，同時應該採取以下措施：

　　（1）有關中國方面，為準備擊蘇與南進兩略，以

52　「独蘇戰争と支那事変処理」（1941年5月26日），〈支那事
　　変関係一件〉，第2卷，《戰前期外務省記録》，JACAR Ref.
　　B02030517200。

在滿洲與法屬印度支那集結陸軍兵力為理由，表明將強化汪政權，斷然地縮短在華戰線。例如蒙疆領域到張家口為止，其他範圍則限於封鎖河北、山東、華中三角地帶、海南島、廣東及其海岸線等。然後盡速地與汪政權合作，認定重慶政府為交戰團體，執行封閉其與第三國關係的措施。

（2）對於美國，續行從前交涉的態度，同時巧妙利用英美的綏靖政策，並靈活運用中日戰爭的處理措施，以資促進全面和平。

（3）依然堅持軸心同盟為中心的外交政策。若值利用以往英美綏靖政策時而美國參戰的話，日本迫於無奈則要直接參戰。

（4）對於蘇聯，於其陷入國內混亂情況下，直接占領庫頁島北部及沿海州。若親德政權成立，則提出收買庫頁島北部、租借沿海州、貝加爾湖以東成立非武裝地區、放棄援蔣政策等要求。

（5）對於法屬印度支那及泰國，在逐次集結兵力的同時要求提供機場基地等政治與軍事要求，強化執行南進政策的準備。對於荷屬印度，準備武力之時更加努力貫徹以前的主張。[53]

東亞局在開戰後對於情勢研判較先前的分析更為樂

---

53 「独蘇開戦ノ場合ニ於ケル国際情勢ノ判断及対策」（1941 年 6 月 23 日），〈第二次欧州大戦関係一件：独蘇開戦関係〉，《戰前期外務省記錄》，JACAR Ref. B02032409500。

觀，甚至已不再強調應先處理中日戰爭的問題。因為東
亞局認為重慶方面將因開戰後喪失外援而產生各種問
題，不得不主動地考慮對日和平，使得中日戰爭已非問
題。此時日本與汪政權合作視之為交戰團體並予以封
鎖，不僅可縮短在華戰線，重慶方面甚至有議和投降的
可能，因此集結北上與南進的兵力均無問題。雖然東亞
局對於開戰後情勢發展較軍部更為樂觀，其實兩者主張
都是靜觀情勢的機會主義，趁有利時機北上並因應情勢
南進的南北武力併行方案。但東亞局在開戰前後兩個方
案的差異，顯示了比軍部更具投機性。

　　6月24日，大本營陸海軍部依陸海軍達成的共識
原則，擬定「伴隨形勢演變的帝國國策要綱」草案，提
交26日至30日第33回至第36回大本營政府懇談會，
商議德蘇開戰後日本對外政策。松岡洋右認同大島浩研
判德蘇戰爭會在短期內結束，德英戰爭也將在今年秋終
結，不應過於觀望情勢的觀點，在懇談會上指出軍部觀
望情勢的方案將使日本遭到英美蘇包圍，認為應該立即
北上攻擊蘇聯。同時表示理解軍部訴求向法屬印度支那
擴張的必要性，但可能釀成與英美戰爭，因此主張先北
上再南進。對於中日戰爭問題，松岡洋右表示曾主張先
南進再北上，認為南進的話中國問題自然可解決。如今
則認為北進至西伯利亞東部伊爾庫茨克（Irkutsk），自
然會影響蔣介石，或許可實現全面和平。不過，松岡洋
右的立即北擊蘇聯僅是其個人主張，私下東亞局亦認為
應該觀望情勢。因此雖然松岡洋右曾提出為了北上而延
期六個月後再南向進駐法屬印度支那的建議，但連近衛

文麿也未接受，反而支持軍部的主張，結果懇談會通過陸海軍方面對於北方問題靜觀時機的機會主義方案。[54]

「伴隨形勢演變的帝國國策要綱」經懇談會修改部分文字後，提交 7 月 2 日御前會議討論通過，決定「堅持努力於解決支那事變」，「為了促使蔣政權屈服，將進一步從南方諸地加強壓力。根據情勢演變，適時地對重慶政權行使交戰權」。而為了促進對南方重要地區的各項措施，要做好對英美作戰的準備。對於德蘇戰爭，以三國樞軸精神為基調但暫不介入，秘密作好對蘇作戰準備。若德蘇戰爭的進展對帝國有利，就行使武力解決北方問題，以確保北部邊界安定。同時以外交等各種手段防止美國參戰，若其參戰則基於三國條約採取行動，但行使武力的時機及方法自主決定。[55]

雖然參謀次長塚田攻在懇談會面對松岡洋右提出南北輕重的質疑曾說：「南北並無輕重之分，順序方法依據狀況決定，而且不能同時進行，南進與北上現在不能決定。」[56] 但前述陸軍於 6 月14 日決定的方案已非南北併行，而是南行北待方案。因此御前會議通過的國策

---

54 「六月二十六日第三十三回連絡懇談会」、「六月二十七日第三十四回連絡懇談会」、「六月二十八日第三十五回連絡懇談会」、「六月三十日第三十六回連絡懇談会」，〈大本營政府連絡会議議事録 其 1（昭和 15 年 11 月 28 日～ 16 年 7 月 29 日）〉，JACAR Ref. C12120249400- C12120249700。

55 御前会議，「情勢ノ推移ニ伴フ帝国国策要綱」（1941 年 7 月 2 日），〈大東亞戰爭関係一件：開戰ニ直接関係アル重要国策決定書〉，JACAR Ref. B02032959500。

56 「六月二十六日第三十三回連絡懇談会」，〈大本營政府連絡会議議事録 其 1（昭和 15 年 11 月 28 日～ 16 年 7 月 29 日）〉，JACAR Ref. C12120249400。

要綱也是繼續向南方擴展與待機北上的機會主義方案。

　　關於北上問題，不論是松岡洋右主張立即北擊蘇聯或通過軍部的靜觀時機方案，都是拋棄「日蘇中立條約」而揮軍北上構想，差別只在於時機問題。此構想顯示日本因為德蘇戰爭契機而準備拋棄曲線防共方針的和蘇策略，而該策略本是日本南進所需對外策略的一環，目的在促成北方靜謐局面，但為暫時擱置而未真正解決北方問題。此時德蘇開戰影響北方情勢，促使日本對蘇政策由外交性的曲線防共轉回武力防共的國防措施，準備直接解決北方威脅。此點證明日本雖然簽訂「日蘇中立條約」，但在此種曲線防共策略下防備蘇聯的防共概念實際上並未變更。

　　如前所述，陸軍方面於 6 月 14 日通過「伴隨情勢發展的國防國策大綱」，參謀本部立即研究南北用兵計畫，於 18 日擬具如下的兵力部署：（1）由日本國內調 2 個師團至滿洲，將駐滿鮮兵力增為 16 個師團以作為對蘇警戒之用；（2）解決北方方面，將日本國內 5 個師團與在華 4 個師團調至滿洲，將駐滿鮮對蘇攻擊兵力增為 25 個師團；（3）解決南方方面，將日本國內 5 個師團調至南方，使得南方作戰兵力增為 9 個師團。[57] 由於對蘇作戰準備採取秘密動員方式，關東軍參謀長吉本貞一（1887-1945）於 6 月 26 日對其所屬下達通告，同時呈報陸軍省次官木村兵太郎（1888-1948）稱：「伴隨德蘇開戰的時局關係事項，在處理業務上為了與平時

---

57 防衛庁防衛研修所戰史室，《大本営陸軍部（2）》，頁 318。

事項所有區別，決定自此使用關東軍特種演習（簡稱關
特演）的秘匿名稱。」[58] 自此該項對蘇作戰準備工作稱
為「關特演」。不過，陸軍省認為應在決定開戰後始得
實施動員，並對規模亦有意見，而與參謀本部進行多次
交涉。[59] 7 月 2 日，御前會議通過國策要綱，確定「秘
密作好對蘇作戰準備」，田中於 7 月 4 日前往說服東
條，而於次日決定正式動員，發動動員總兵力高達 85
萬人的關特演。[60]

準備南進方面，陸軍方面於 6 月 24 日以近衛師團
編成第二十五軍，直屬於大本營作為準備進駐法屬印度
支那南部的兵力；海軍方面亦由「支那方面艦隊」派遣
其麾下第二遣支艦隊協同陸軍部隊進駐。御前會議後次
日，杉山元向天皇裕仁呈奏準備進駐法屬印度支那南部
的命令內容並獲得核可後，發布大陸命第五〇二號，指
出大本營為了完成日本與印度支那的軍事合作關係，命
令第二十五軍司令官作好進駐準備。[61]

日本準備武力北擊蘇聯時機為德蘇戰爭的進展對其
有利之時，陸軍方面對於有利時機的構想是遠東蘇軍綜
合戰力減半，即 8 月上中旬之際，原 30 個狙擊師團減

---

58 「吉本貞一より木村兵太郎宛関参一発第 2256 号電」（1941 年 6
月 26 日），〈昭和 16 年：陸満密大日記第 9 冊 1/3〉，《陸軍省
大日記》，日本防衛省防衛研究所藏，JACAR Ref. C01003690200。

59 軍事史學會編，《大本営陸軍部戦争指導班：機密戦争日誌》，
上，1941 年 6 月 29 日、30 日，頁 124-125。

60 田中新一著，松下芳男編，《田中作戦部長の証言—大戦突入の真
相—》（東京：芙蓉書房，1978 年），頁 164-166。

61 「大陸命第五〇二号」（1941 年 7 月 3 日），〈大陸命〉，第 7 卷，
《陸軍一般史料》，JACAR Ref. C14060920000。

為 15 個；約 2,800 架戰機與 2,700 輛戰車亦減為三分之
一，設想日本可於 9 月初發動武力作戰，並預定 10 月
中旬完成作戰目的。[62] 日本以 8 月與 9 月初作為情勢判
斷與動武基準，係因西伯利亞嚴冬作戰困難。惟遠東蘇
軍西調情形並未如日本所望，參謀本部第五課長磯村武
亮（1898-1945）於 7 月 12 日報告指出：「西調的狙擊
師團約 5 個，僅占遠東蘇軍的 17%。」14 日，關東軍
參謀副長綾部橘樹（1894-1980）返日向參謀本部報告
稱：「遠東蘇軍戰力至今日為止仍未認為有顯著降低的
跡象，而且仍在強化戰備。恐怕在歐蘇全面崩潰之前，
遠東此一情勢將持續下去。」然而，參謀本部第二課
於 16 日檢討關特演指出：「北方有根本解決的目標，
但南方並無。南方必須有長期持久戰的覺悟，因兵力關
係，南北無法同時進行作戰，應期待先鞏固北方的國
防。」因此雖然蘇聯崩潰與遠東蘇軍西調未如預期，但
目前應考慮積極準備在明年春季實施。[63] 30 日，杉山
元向綾部橘樹表示：參謀本部認為德軍作戰進展不如預
期，攻略莫斯科尚需三至四週，之後據以研判對遠東的
影響，日本始得最後確認是否行使武力。如果屆時日本
真的決心開戰，有必要考慮在 10 月份進行一個月短期
作戰要領。[64] 可知，雖然德蘇戰進展遲未出現對日本有

---

62 田中新一著，松下芳男編，《田中作戰部長の証言─大戰突入の真
相─》，頁 156-158。

63 防衛庁防衛研修所戰史室，《大本営陸軍部（2）》，頁 351-354。

64 田中新一著，松下芳男編，《田中作戰部長の証言─大戰突入の
真相─》，頁 139-140。

利時機，參謀本部至 7 月底仍未放棄待機北擊蘇聯以貫
徹防共國防的構想。

　　另一方面，軍部依國策要綱的南行北待方針，著手
準備以待機北上之時，南進措施則明確展開。參謀本
部於 7 月 23 日傳達大陸命第五一八號，命令第二十五
軍與海軍協同開始進駐法屬印度支那南部。[65] 第二十五
軍部隊於 25 日在三亞乘艦出發，29 日完成進駐任務。
但美國認定日軍此舉是準備染指新加坡與荷屬印尼的先
聲，總統羅斯福於 25 日下令凍結日本在美資產，英國
與荷蘭、紐西蘭也分於 26 日與 27 日採取相同措施，美
國更進一步於 8 月 1 日全面停止對日輸出石油。[66]

　　美國強烈的反應出乎日本意料之外，而情勢劇變使
得陸軍方面關注焦點由北方轉移至南方，對英美作戰氣
氛逐漸濃厚。陸軍省軍務課表明對英美作戰的強硬態
度，參謀本部亦認為禁運石油使得日本難以回避對美
戰爭。[67] 8 月 8 日，杉山元召集塚田攻與田中新一商
談局勢。翌日，參謀本部認為依據德蘇之戰的情況，
日本期待於今年內對蘇發動武力的良機是不可能，而
美國凍結日本資產與禁運石油亦使對蘇作戰有長期化
的可能，因此決定中止關特演，放棄於是年內對蘇行

---

65 「大陸命第五一八号」（1941 年 7 月 23 日），〈大陸命〉，第 7 卷，
　　JACAR Ref. C14060920200。

66 Herbert Feis, *The Road to Pearl Harbor: The Coming of the War between the
　　United States and Japan* (Princeton, NJ: Princeton University Press, 1966),
　　pp. 255-260.

67 軍事史学会編，《大本営陸軍部戦争指導班：機密戦争日誌》，上，
　　1941 年 8 月 2 日，頁 140。

使武力的企圖。[68]

此後日本內閣與軍部均將重心置於南方問題上,並嘗試透過外交手段與美國交涉廢除石油禁運等措施,但卻堅決不讓步同意美國主張日軍自中國與法屬印度支那撤兵、放棄三國同盟條約、放棄勢力範圍主義並重回門戶開放政策等要求,美日兩國在談判中逐步走向戰爭之路,最後日軍於 12 月 8 日偷襲夏威夷珍珠港,揭開太平洋戰爭序幕。[69]

雖然南方情勢驟變造成美日關係緊繃,並迫使日本於 8 月 9 日中止於年內北擊蘇聯的構想,但陸軍方面並未因此忽視北方的威脅。同日,大本營陸軍部因應此情況制定「帝國陸軍作戰綱要」,決定:(1)以駐滿鮮 16 個師團對蘇嚴加戒備;(2)按既定方針繼續對中國作戰;(3)對南方以 11 月底為期限加強對英美之戰備。[70] 10 月 23 日至 30 日,甫成立的東條英機內閣召開多回大本營政府連絡會議,重新討論「帝國國策遂行要領」。其中針對日本若於今秋對英美開戰,研判北方形勢為:「蘇聯於開戰初期對日採取積極行動的可能性低,美國可能強行使用蘇聯領土作軍事基地,蘇聯亦會對我策動各種陰謀活動。」「美英應該會唆使蘇聯對日

---

68 田中新一著,松下芳男編,《田中作戰部長の証言——大戰突入の真相——》,頁 175-176。

69 大杉一雄,《日米開戰への道:避戰への九つの選択肢》(下)(東京:講談社,2008 年),頁 27-295;劉笑盈,《眺望珍珠港——美日從合作走向戰爭的歷史透視》(北京:北京廣播學院出版社,2002年),頁 320-343;角田順,〈日本の対米開戰〉,頁 118-387。

70 軍事史學会編,《大本營陸軍部戰爭指導班:機密戰爭日誌》,上,1941 年 8 月 9 日,頁 144-145。

採取攻勢，但只要關東軍存在，蘇聯就未敢貿然來攻，只能在滿洲、支那利用共產黨，以破壞工作、思想宣傳等謀略工作牽制我方。」「我方對南方攻略陷入長期戰的情況下，若蘇聯內部恢復安定狀態，遠東紅軍有可能逐漸轉為攻擊的態勢。」[71]

田中新一也針對 10 月 28 日統合作戰計畫草案內容，於戰後記下自己當時的戰略構想：

（1）有關發動南方作戰之對華戰略判斷方面，認為應確定對華戰爭在對南方、對華、對蘇綜合戰爭的地位，針對此地位再明確劃定對華戰爭目的與限度。而且日軍在華占領地區，顯然將成為指導綜合戰爭的基礎與提供資源的地位。

（2）對於南方作戰在綜合戰爭地位方面，以兵力觀之，南方作戰為陸軍之一部分，但以資源視之，顯然地具有決定性地位。若南方作戰進行不順或不得不擴大攻略澳洲時，陸軍將有陷入擴大用兵之危險。

（3）有關對蘇戰爭在綜合作戰的意義，認為對蘇作戰對於陸軍而言，在綜合戰爭將可能具有決定的意義，惟是否會發生則必須依據狀況而定。因此對蘇戰略在南方作戰之際，當然

---

71 「九月六日御前会議決定『帝国国策遂行要領』の具体的研究」（1941 年 10 月 23 日至 30 日），〈重要国策決定綴：卷 1（大本営政府連絡会議々事録　其の 1）〉，《陸軍一般史料》，JACAR Ref. C12120239200。

要回避戰爭。

（4）最後綜合觀察，判斷南方戰爭、中日戰爭、
　　　北方問題可能出現解決或膠著的各種狀況，
　　　指出南方戰爭至少應迅速解決第一階段作
　　　戰，將是防止各方面陷入膠著的主要因素。[72]

　　連絡會議與田中新一均認為防禦北方以進行南方作
戰的重要性，也點出若南進作戰陷入長期戰後可能出現
來自北方直接威脅的不利情況。因此參謀本部於 10 月
29 日擬定「伴隨對美英荷戰爭的帝國陸軍作戰計畫」，
並由杉山元於 11 月 5 日上奏天皇裕仁獲得核可。作戰
計畫指出：「南方作戰目的在消滅美國、英國及荷蘭在
東亞的主要根據地，並占領確保南方主要地域。」範圍
包括菲律賓、關島、香港、英屬馬來亞、緬甸、俾斯麥
群島、爪哇、蘇門答臘、婆羅洲、西里伯斯、帝汶等島
嶼，並判斷約用五個月時間即可完成占領任務。對華作
戰方針方面，則保持現有治安作戰態勢，並迅速行使對
華交戰權，掃除英美在華勢力，配合政治謀略壓迫蔣政
權屈服。對於蘇聯方面，應以現有態勢作嚴密警戒，強
化作戰準備。[73]

　　此後日本構想以本土為中心，劃定並控制滿洲、中
國重要地區、南方資源地區以及太平洋戰略地區的國防
圈區域，自可確立對英美荷中四國持久戰與防禦蘇聯的

---

72 田中新一著，松下芳男編，《田中作戰部長の証言─大戰突入の真
　相─》，頁 337-339。

73 〈大本營陸軍統帥史（案）〉，第 1 卷，《陸軍一般史料》，
　JACAR Ref. C13071252000；防衛庁防衛研修所戰史室，《大本營陸
　軍部（2）》，頁 588-594。

長期不敗態勢。換言之，陸軍方面籌劃在南方作戰告一
段落後，即可靈活且機動調整與整頓日本本土、滿洲、
中國大陸與南方的兵力，以應付蘇聯的動向。[74] 因此日
本在發動太平洋戰爭前一個月的 11 月 15 日，經大本營
政府連絡會議再次確認：「在對南方作戰期間，極力地
防止引發對蘇戰爭。」[75] 因此日本重新回到曲線防共措
施，對蘇聯保持靜謐，嚴密戒備北方的威脅，先行專力
展開南方作戰應付與中日戰爭。

第二節　日本聯蘇構想的推動與共同防共的拋棄

一、對蘇積極外交的展開

　　1941 年 12 月 8 日，日軍偷襲夏威夷珍珠港，同時
分兵順利陸續占領南洋各重要地區，開啟太平洋戰爭序
幕。但隨後在 1942 年 6 月初中途島海戰遭美軍突襲而
慘敗，以及 1943 年 2 月瓜達康納爾島爭奪戰被美軍擊
敗，日本陷入戰略防禦情勢，為了全力應付美軍的反
攻，不得不持續地採取防止日蘇戰爭爆發的策略。日軍
因瓜達康納爾島戰役的敗退而喪失南太平洋制海權，德
軍也於同月期間在史達林格勒戰役慘遭失敗，失去德蘇

---

74 服部卓四郎，《大東亜戦争全史》，頁 162。
75 大本營政府連絡会議，「対米英蘭蔣戦争終末促進に関する腹案」
　（1941 年 11 月 15 日），〈重要国策決定綴：巻 1（大本営政府
　連絡会議々事録　其の 1）〉，JACAR Ref. C12120239600。

戰場主動權，歐亞戰場同時發生關鍵性轉變，戰爭局勢
開始朝向同盟國有利方向演變。[76]

　　1943 年 3 月 1 日，日本大本營陸海軍部討論對蘇
聯的態度，認為對蘇保持靜謐有利於戰爭指導，理由是
日本要確立不敗態勢，應該要封鎖美英的反攻。因為此
時美英方面在東亞反攻愈來愈熾烈，若在北方發動新
戰爭，擴大正面戰場，只是徒然給予美英對日反攻餘
地。[77] 但是，日本在戰爭前景逐漸不利的情況下，也被
迫逐步地轉換消極的對蘇靜謐態度。

　　德軍於史達林格勒戰役瀕臨危殆之時，曾經請求日
本對蘇聯開戰。[78] 惟日本大本營政府連絡會議授權外相
谷正之，於 1943 年 2 月 24 日電示駐德大使大島浩向德
國元首希特勒說明：日本不難理解德方希望日本對蘇開
戰的實情，但日本對於蘇聯態度仍秉持前一年電示告之
的措施，[79] 即日本對於北方將作好萬全準備，但依據目
前情勢，仍堅持對北方保持靜謐，同時在東亞牽制蘇聯
勢力的方針，於太平洋與印度洋強化對美英的作戰。[80]

76 道格拉斯・福特（Douglas Ford）著，劉建波譯，《太平洋戰爭》
　　（北京：北京聯合出版公司，2014 年），頁 85-96。

77 「日本ノ対『ソ』態度ニ就テ（独側ヘ說明ノ為連絡使ノミ含迄）」
　　（1943 年 3 月 1 日），參謀本部編，《杉山メモ—大本營・政府
　　連絡会議等筆記—》，下（東京：原書房，1978 年），頁 386。

78 服部卓四郎，《大東亜戰爭全史》，頁 397。

79 「谷正之より大島浩宛第 122 号電」（1943 年 2 月 24 日），外
　　務省編，《日本外交文書：太平洋戰爭》，第一冊（東京：外務省，
　　2010 年），頁 616。

80 大本營政府連絡会議，「対独回答に関する件在独大島大使宛回
　　訓」（1942 年 7 月 25 日），〈重要国策決定綴 其 2（昭和 16 年 12
　　月 10 日〜17 年 7 月 29 日）〉，《陸軍一般史料》，JACAR Ref.
　　C12120214800。

2月26日，陸海外三省制定強化軸心國合作完成對美英戰爭的方策，希望德義盡可能進行對美英作戰；在對蘇措施方面，認為德義日三國要努力阻止美英與蘇聯的合作，日本則逐次強化對蘇戰備。[81] 翌日，大本營政府連絡會議討論當前世界情勢，預估自該年後期以降美英軍在東亞攻勢將進入高潮，但研判蘇聯仍會專心於對德之戰，不致於挑戰日本。[82] 因此為了緩和日本面對美英壓力及確立日本的不敗態勢，決定不在北方展開新戰場，對蘇聯保持靜謐。[83] 換言之，日本雖然加強對蘇戰備，但由於瓜達康納爾島戰役初敗，當下階段目標仍置於對美英作戰，對蘇聯採取消極的靜觀策略。

　　1943年4月20日，重光葵就任外相，並自上任以來即一直強調對蘇外交的重要性，主張先解決日蘇之間的庫頁島北部礦產利權與漁權問題，避免蘇聯對日態度惡化，以維持「日蘇中立條約」。[84] 大本營政府連絡會議認同重光葵的主張，於6月19日制定「關於當前對蘇施策之件」，決定「保持日蘇之間的靜謐，讓蘇聯嚴守中立條約，同時掌握美蘇關係與德蘇關係的動向，以

---

81 陸海外，「三国共同ノ対米英戦争完遂ニ関スル相互協力強化ノ方策ニ関スル件」（1943年2月26日），外務省編，《日本外交文書：太平洋戰争》，第一冊，頁609。

82 大本營政府連絡会議，「世界情勢判断」（1943年2月27日），〈重要国策決定綴　其4（昭和18年1月14日～18年9月29日）〉，《陸軍一般史料》，JACAR Ref. C12120219100。

83 大本営陸海軍部，「日本ノ対『ソ』態度ニ就テ（独側へ説明ノ為連絡使ノミ含迄）」（1943年3月1日），外務省編，《日本外交文書：太平洋戰争》，第一冊，頁615。

84 松本俊一・安東義良監修，《日本外交史（25）：大東亜戰争・終戰外交》（東京：鹿島研究所出版会，1972年），頁44。

此因應爾後世界情勢的發展。為此要謀求積極解決日蘇之間各種懸案,將庫頁島北部石油及煤炭利權有償轉讓給蘇聯」。[85] 可知,在重光的推動下,日本以此件政策為始,改變以往消極的對蘇靜默態度,採取主動性措施,企圖以日蘇懸案為餌,藉此改善兩國關係來確保蘇聯的中立。

同月,美國與澳大利亞聯軍對占領新幾內亞群島的日軍發起攻勢,並在 7 月間陸續登陸各主要島嶼。另外,義大利於 9 月 8 日向同盟國投降。日本大本營鑑於此種情勢,於 9 月初研判敵情,認為今後美軍的反攻將愈來愈激烈,同盟國方面將對軸心國方面進行連續性攻勢,並於今年年末至明年春夏之交達到高潮,因此於 9 月 15 日改變以前的作戰方針,決定建立並嚴密防守以東西加羅林群島及馬里亞納海溝一線「絕對國防圈」的戰爭指導方略。[86]

日本因應作戰方針的調整,大本營政府連絡會議於 9 月 25 日決定「世界情勢判斷」與「今後應當採取的戰爭指導大綱」,並經 30 日御前會議通過。此次日本調整作戰方針,係依據戰況演變而研判美蘇兩國的戰爭策略動向,認為美國「企圖盡速結束戰爭,欲在今明年大致取得勝利的態勢」,「其攻擊兵力重點將指向東亞,並將努力誘導蘇聯參加對日戰爭」,並且判斷「蘇

---

85 大本營政府連絡会議,「当面の対『ソ』施策に関する件」(1943年 6 月 19 日),〈重要国策決定綴 其 4(昭和 18 年 1 月 14 日~18 年 9 月 29 日)〉,JACAR Ref. C12120219700。

86 服部卓四郎,《大東亜戦争全史》,頁 472-475。

聯應會持續世界赤化政策，但現時戰爭目的首在消除當
前德國的威脅」，所以「蘇聯對於〔日本〕帝國將暫時
保持靜謐為宗旨」。同時認定重慶方面抗戰建國目的在
排除外國勢力，以維護領土與主權完整，只是藉用美英
戰力抵抗日本。但此時重慶應會採取防禦態勢而避免消
耗戰力，以便於戰後圖謀自立。[87] 因此日本決定應當採
取的戰爭指導方針在摧毀美英軍的攻勢企圖，並進一步
與德國密切合作，同時謀求對蘇關係好轉。要領則在確
立應付美英軍進攻的戰略態勢，確保防衛圈；對於蘇
聯則極力防止引發日蘇戰爭，並相機努力幹旋德蘇媾
和。對於重慶方面則持續以空襲與封鎖海陸交通方式
進行壓迫。[88]

　　日本決定對重慶不斷地進行壓迫，目的在藉由武力
壓力促成 9 月 18 日大本營政府連絡會議決定「關於對
重慶政治工作之件」的方針，企圖利用汪政權展開對重
慶的政治工作。[89] 21 日，該會議再針對重慶政治工作
方案達成諒解，同意若是重慶政權表示願意結束與美英
關係的誠意，並希望日華兩國全面和平，則日本政府準
備予以接受。其表示誠意事項為：（1）解除在華美英

87 御前会議，「世界情勢判断」（1943 年 9 月 30 日），〈今後採る
　べき戦争指導の大綱：御前会議議事録（昭和 18 年 9 月 30 日）〉，
　《陸軍一般史料》，JACAR Ref. C12120196000。
88 御前会議，「今後採るへき戦争指導の大綱」（1943 年 9 月 30
　日），〈今後採るへき戦争指導の大綱：御前会議議事録（昭和
　18 年 9 月 30 日）〉，JACAR Ref. C12120195800。
89 大本営政府連絡会議，「対重慶政治工作ニ関スル件」（1943 年
　9 月 18 日），参謀本部編，《杉山メモ─大本営・政府連絡会議
　等筆記─》，下，頁 459。

軍隊的武裝並令其撤出中國；（2）斷絕與美英的交通
聯絡。[90]

　　重光葵於 9 月 30 日御前會議說明：「就現時戰局，
若蘇聯參加對日戰爭，情勢將對〔日本〕帝國產生決定
性的不利。因此〔日本〕帝國要極力地保持日蘇關係靜
謐，促使蘇聯始終保持中立態度。」其方式包括擴大對
美英的戰果以顯示日本威力，以及嚴格避免刺激蘇聯，
而給予對日態度硬化與廢除中立條約的藉口，積極的作
法則為解決日蘇懸案以改善兩國關係。至於德日關係方
面，重光葵認為加強日德合作是日本戰時外交的核心，
雙方都有共同的戰爭目的，日本在亞洲進行的戰爭目
標，也將由德國在歐洲加以實踐，故而必須加強兩國聯
繫。雖然目前德蘇兩國對於戰爭都具有信心，故而尚看
不出兩國之間有妥協的氣氛，但若有機會，仍應努力推
動實現德蘇兩國和平，改善日蘇關係就是實現此方針的
手段。[91] 至於斡旋德蘇媾和的有利時機，外務省認為是
在德國應付蘇聯與美英的反攻取得成果之時，以及日本
抵禦美英攻勢獲得戰果。[92]

---

90 大本營政府連絡会議，「対重慶政治工作ニ関スル件」（1943 年
　 9 月 21 日），〈大東亜戦争関係一件：本邦ノ対重慶工作関係〉，
　 《戰前期外務省記録》，JACAR Ref. B02032985800。

91 服部卓四郎，《大東亜戦争全史》，頁 486-487；「帝国戦時外交
　 の基調に就て」（1943 年 10 月 1 日），武田知己監修・解説，《重
　 光葵・外交意見書集》，第 2 巻：駐華大使・外務大臣時代（上）
　 （東京：現代史料出版，2007 年），頁 284-286。

92 大本營政府連絡会議，「『今後採るべき戦争指導の大綱』参
　 考資料」（1943 年 9 月 25 日），〈今後採るべき戦争指導の大
　 綱：御前会議議事録（昭和 18 年 9 月 30 日）〉，JACAR Ref.
　 C12120197000。

此次日本通過的戰爭指導大綱在對蘇關係方面，仍為沿襲同年 6 月決定透過主動解決日蘇懸案的措施來保持對蘇靜謐態度，其目的如同重光葵在會議直言：「對蘇外交的根本問題是〔日本〕帝國在對美英戰爭期間獲得北方安全感。」[93] 重光葵認為實現德蘇和平是回復全面和平的第一步，[94] 因此同時構想利用時機調停德蘇戰爭，試圖藉由德蘇停戰讓德日兩國得以專心對美英作戰，先謀求改善軸心國方面戰況的劣勢，才得以進一步促成有利於日本的和平。此外，日本在承認汪政權後，此刻重新展開對重慶方面的謀和政治工作，目的著眼於美軍在太洋戰場展開強大攻勢情形下，冀望利用汪政權結束中國戰場。若能促進德蘇停戰，當可減少日軍的多重壓力。

日本在 1941 年 11 月 15 日開戰前夕決定的結束戰爭腹案，已有依據德蘇意向促成兩國媾和的方案。[95] 外相東鄉茂德也努力於維持日蘇關係及促進德蘇停戰，但兩國戰況激烈，東鄉茂德對於德蘇媾和一事毫無著力之處。[96] 此刻德蘇戰況與太平洋戰爭對德日軸心國都不利的情勢下，重光葵積極推動德蘇媾和，已先於 1943 年

---

93 「第十一回御前会議質疑応答経過概要（次長口述）」（1943 年 9 月 30 日），〈今後採るべき戦争指導の大綱：御前会議議事録（昭和 18 年 9 月 30 日）〉，JACAR Ref. C12120196700。

94 松本俊一、安東義良監修，《日本外交史（25）：大東亜戦争・終戦外交》，頁 642。

95 大本営政府連絡会議，「対米英蘭蒋戦争終末促進に関する腹案」（1941 年 11 月 15 日），〈重要国策決定綴：巻 1（大本営政府連絡会議々事録 其の 1）〉，JACAR Ref. C12120239600。

96 外務省百年史編纂委員会，《外務省の百年》，下卷（東京：原書房，1979 年），頁 630。

9月9日訓令駐蘇大使佐藤尚武，向蘇聯外交人民委員莫洛托夫傳達日本欲派重要人物前往莫斯科，以便正確傳達日本政府對於日蘇關係的態度。[97] 16日，莫洛托夫向佐藤尚武明言，此時不是洽談德蘇和平的時機，且日蘇關係良好，派遣特使前來並不適當。[98] 雖然重光葵的意圖被蘇聯所拒，但日本方面並未放棄藉由斡旋德蘇和平來轉寰不利的戰局，仍於9月30日御前會議通過前述方案，並期待於德軍取得戰果的契機再次推動。

然而，德軍在歐洲戰場東部戰線前景不如預期。蘇軍於7月發動強大的夏季攻勢，駐德大使大島浩於11月致電外務省表示，德軍對蘇防禦線已被突破。[99] 此後蘇軍於1944年1月9日開始反攻，德軍在東部戰場陷入極度惡劣情況。太平洋戰場方面，美軍也於1944年2月1日占領馬紹爾群島，日本設定的「絕對國防圈」外圍防衛線被突破，情勢同樣不利於日本。

至於利用汪政權展開的重慶工作方面，日本政府於1940年11月底承認汪政權前夕，曾決定不再對重慶方面進行政治誘和謀略工作。但為了因應戰爭前途不利，內閣書記官長星野直樹（1892-1978）、大東亞次官山本熊一、陸軍省軍務局長佐藤賢了、海軍省軍務局長岡敬純（1890-1973）及外務省政務局長上村伸一等人，

97 「重光葵より佐藤尚武宛第1217号電」（1944年9月9日），外務省編，《日本外交文書：太平洋戦争》，第一冊，頁919-920。
98 「佐藤尚武より重光葵宛第1906号電」（1944年9月17日），外務省編，《日本外交文書：太平洋戦争》，第一冊，頁926-928。
99 「重光葵より大島浩宛第969号電」（1943年11月29日），外務省編，《日本外交文書：太平洋戦争》，第一冊，頁624。

於 1943 年 8 月 13 日在首相官邸討論政略問題。岡敬純
提議重新展開對重慶的和平工作，不過佐藤尚武認為蔣
介石厭惡汪政權更甚於日本，以汪政權進行和平工作是
不可能之事，因此表達不贊同的意見。但星野直樹表示
此工作主要目的在分化重慶內部，並非直接以蔣介石為
對手，若真的以其為對手亦未必不可。會議最後決定積
極展開對重慶和平工作，但考慮同時進行「以蔣為對手
的全面和平」與「分化重慶工作」兩條路線，依情況從
速進行。[100] 故而前述大本營政府連絡會議於同年 9 月
18 日決定「關於對重慶政治工作之件」方針，再度展
開對重慶的誘和工作。然而，日本是項謀略工作包括和
平與分化企圖，以及如同佐藤尚武點出蔣介石更甚於憎
恨汪政權的問題。因此雖然汪精衛夫人陳璧君（1891-
1959）前往澳門探望孫科生母盧慕貞（1867-1952），
企圖與在重慶的孫科聯繫。同時汪政權方面也曾試
圖通過朱家驊、吳鐵城、陳立夫與陳果夫展開和平工
作，但全部均無結果。[101]

　　日本再次展開的重慶工作與試圖促成德蘇媾和的策
略都無從施展，難以推動全面和平首步措施。不過，在
改善日蘇關係方面則極力構思其他方案，冀望在「對美
英戰爭期間獲得北方安全感」的目的。1944 年 2 月 2

100 「次期ノ重要政略ニ関スル件」（1943 年 8 月 13 日），〈大
　　東亜戦争関係一件：本邦ノ対重慶工作関係〉，JACAR Ref.
　　B02032985600。

101 伊藤隆、照沼康孝解說，《続‧現代史資料（4）：陸軍畑俊六
　　日誌》（東京，みすず書房，1983 年），1943 年 10 月 26 日、
　　11 月 18 日，頁 443、447。

日，大本營政府連絡會議通過當前對蘇施策，決定此時正與蘇聯交涉漁業問題之際，同時迅速完成庫頁島北部利權問題的轉移，並期望可以進一步解決日滿蘇貿易與滿蘇國界問題。藏相賀屋興宣（1889-1977）於會議上認為，依據本件措施絕對可以回避日蘇戰爭。首相東條英機說明，基於全面戰爭指導策略，有必要對北方保持靜謐。重光葵則指出，為了解決中日戰爭必須完成此項措施，而與此事有關聯的是緩和對中共態度應該是解決重慶的開端。[102]

　　重光葵的發言透露出日本中央部門準備改變對於中共政策的跡象，此種改變起源於大本營陸軍部戰爭指導班運用脫離日本共產黨的佐野學（1892-1953）對於中共的觀察。佐野在該班上報告稱：「對於中共，不僅僅只有蘇聯，美國勢力也有相當程度的滲入。」並認為此點可作為將來措施的參考，而重光葵與該班班長松谷誠（1903-1998）懇談後亦認同此項觀察結果。[103] 延續該種看法，大本營政府連絡會議於 1944 年 7 月 3 日通過「伴隨對支作戰之宣傳要領」，認為對華作戰是完成大

102　「第一八二回連絡会議議事」（1944 年 2 月 2 日），〈大本営政府連絡会議議事録　其 4（昭和 18 年 2 月 17 日～19 年 7 月 11日）〉，《陸軍一般史料》，JACAR Ref. C12120269600。

103　軍事史学会編，《大本営陸軍部戦争指導班：機密戦争日誌》，下，1944 年 3 月 17 日、18 日（東京：錦正社，2008 年），頁 505-506。戰爭指導班起源於 1936 年在參謀本部創設的戰爭指導課，此後經多次調整，在 1940 年由作戰課下轄單位移為參謀次長直屬的第二十班。其任務為以長期與綜合的觀點規劃政策方案，並自 1940 年起負責制定議案提供大本營政府連絡會議進行審議，因此經常與陸軍省、海軍省、軍令部、外務省等部會進行折衝協調，為籌畫起草國家政策的首要智庫。請參閱「解題」，軍事史学会編，《大本営陸軍部戦争指導班：機密戦争日誌》，上，頁 vii-ix。

東亞戰爭的一環，應利用時機發表日本政府聲明來闡明
對華作戰目的在擊毀美英的稱霸，並非以中國為目標，
阻止美英與重慶合作。有關中共措施方面，決定對其根
據地稱呼為延安政權（暫定），而且除非不得已，在討
伐其所屬軍隊應盡量避免稱其為匪賊，以及使用反共、
剿共、滅共等名稱。中共的名稱也盡可能地不使用。[104]

　　日本對中共態度的轉變，說明在中國戰場主要抗戰
勢力除了重慶方面的國軍之外，中共的實力已是不遑多
讓。重光葵即認為現今中國存在重慶、汪政權與中共三
個勢力，蘇聯為了擴張在中國的勢力，希望重慶與中
共合作，並與美英共同採取新人民戰線而利用美英來達
成其目的。美英則將以蘇聯為後盾的中共置於反日戰線
之下，希望中共與重慶合作，不僅只是單純地在對日戰
爭方面利用中共，同時也是利用中共背後的蘇聯，於此
製造日蘇衝突的導火線，企圖完成對日本包圍陣線。但
是，由於日蘇交涉而得以防止兩國衝突的效果被顯現出
來。[105] 因此重光葵在連絡會議主導了轉換對中共態度
的政治工作，[106] 制定前述宣傳要領以及政府聲明，冀
望藉由對中共的政治拉攏，以及日本政府尊重中華民國
自主獨立與建設日華永遠善鄰友好關係的聲明，破壞

---

104 大本營政府連絡会議，「対支作戦に伴ふ宣傳要領」（1944 年 7 月
　　3 日），〈重要国策決定綴　其 5（昭和 18 年 9 月 25 日～ 19 年 8
　　月 11 日）〉，《陸軍一般史料》，JACAR Ref. C12120225200。

105 「第二戰線と支那問題」（1944 年 5 以 31 日），武田知己監修・
　　解說，《重光葵・外交意見書集》，第 3 卷：外務大臣時代（下）・
　　その他（東京：現代史料出版，2008 年），頁 76-77。

106 軍事史学会編，《大本營陸軍部戦争指導班：機密戦争日誌》，
　　下，1944 年 7 月 1 日，頁 551-552。

美英包圍日本陣線的企圖。而此項拉攏中共的政治目
的，實質上確如負責此案的大本營陸軍部參謀田中敬二
（?-?）回憶指稱，懷柔毛澤東（1893-1976）是為了與
莫洛托夫談判的手段。[107]

　　此件日本構想對中共勢力妥協的方案被「支那派
遣軍」視為容共，[108] 並以重光葵為主要推動者。[109] 然
而，在華日軍方面卻不認同日本中央的妥協方案。7 月
8 日，兼任參謀總長東條英機向「支那派遣軍」下達
前述決定的「伴隨對支作戰之宣傳要領」。派遣軍總
司令官畑俊六認為此項要領「實際上是對中共態度的
一百八十度轉變，對北支軍的剿共方針、國民政府〔汪
政權〕的指導影響頗大」，並以為派遣軍方面有必要瞭
解此為日本政府的政策，或者只是單純的宣傳，因此派
員前往東京交涉。15 日，田中敬二自東京前往中國向
派遣軍說明，今次使用延安政權之名的宣傳工作是讓重
慶軍灰色化，以及策動離間國共關係為目標。8 月 10
日，新任參謀總長梅津美治郎向派遣軍下達「對延安政
權宣傳謀略實施要領」，指出「對於中共，視其為延安

107　防衛庁防衛研修所戰史室，《北支の治安戰（2）》（東京：朝
　　　雲新聞社，1971 年），頁 525。

108　伊藤隆、照沼康孝解說，《續・現代史資料（4）：陸軍畑俊六
　　　日誌》，1944 年 8 月 21 日，頁 482。

109　「解說」，武田知己監修・解說，《重光葵・外交意見書集》，
　　　第 3 卷：外務大臣時代（下）・その他，頁 xxxv。有關戰爭末
　　　期日本「容共」政策的詳細過程與分析，請參閱：波多野澄雄，
　　　《太平洋戰爭とアジア外交》（東京：東京大学出版会，1996
　　　年），頁 245-274；波多野澄雄，〈國共對立與日本：戰爭末期
　　　有關「容共」政策的糾葛〉，收入黃自進主編，《國共關係與
　　　中日戰爭》（新北：稻鄉出版社，2016 年），頁 213-235。

地方政權，施策重點在專注化解延安政權的抗戰目的，
隨同此現象是在使重慶與延安之間發生激化磨擦，防止
美英蘇在支那合作對抗日本」，並辯解此為謀略行為，
並非容共。不過，在華日軍對於日本中央表面上不以中
共為敵以討好蘇聯，而利用中共的謀略議議紛紛，特別
是「北支那方面軍」為了剿滅中共，前後實施多次治安
肅正與治安強化運動，因此反對尤為激烈。畑俊六認為
與以前施策截然相反的話，在執行上會頗有困難，而此
事與華北特別有關係，因此交付派遣軍總參謀長松井太
久郎（1887-1969）至北京下達派遣軍命令。[110]

　　然而，「北支那方面軍」對於該項宣傳要領抱持消
極態度，而且如前一章所述，方面軍因應部隊兵力被抽
調而改採警備剿共作戰方式，但即使至 1944 年秋季以
降，仍持續對中共進行機動的警備剿共作戰。雖然成效
不彰，但並未因為日本中央對中共妥協的策略，而在華
北放鬆對中共的壓迫，甚至於 8 月 31 日在內部自行發
布廢止稱呼中共的命令。[111] 此外，參謀本部方面在梅
津美治郎下達實施要領的命令後，直至次年都未再對此
項命令發布任何具體措施。[112] 可以說此項對中共妥協
方案並未曾確實推動即束之高閣。

110　伊藤隆、照沼康孝解說，《續・現代史資料（4）：陸軍畑俊六
　　日誌》，1944 年 7 月 8 日、15 日、8 月 21 日，頁 477-483。

111　防衛庁防衛研修所戦史室，《北支の治安戦（2）》，頁 525。

112　種村佐孝，「今後の対『ソ』施策に対する意見」（1945 年 4
　　月 29 日），〈昭和 20 年大東亜戦争：戦争指導関係綴（一般
　　の部）〉，《陸軍一般史料》，JACAR Ref. C12120293800。

二、對蘇讓步條件的擬定

1944 年 7 月 9 日，美軍攻占塞班島。此事給予日本朝野極大的震撼，[113] 東條英機內閣於 7 月 18 日倒台，小磯國昭於 22 日組閣，重光葵留任外相。8 月 4 日，日本廢止大本營政府連絡會議，另行設置最高戰爭指導會議，負責策定戰爭指導根本方針與調整政戰兩略，並將會議地點移至宮中，於審議重要案件時得以奏請天皇出席。[114]

8 月 8 日，參謀本部與陸軍省相關事務課因應此情勢，共同協議擬具對外政策指導要領案，以資最高戰爭指導會議參考。該件尚在研究的要領案建議，最遲於 8 月下旬前派遣特使前往莫斯科交涉，由蘇聯斡旋日本與重慶（包含延安）停戰，必要時可先與延安政權達成停戰，並同意讓汪政權與重慶方面進行合作，同時勸導德蘇兩國恢復邦交。為了推動此政策，日本與蘇聯交涉時可讓步的條件為：

（1）約定預備廢棄防共協定；

（2）將庫頁島南部轉讓給蘇聯；

（3）滿洲作為對蘇的非武裝地帶，並將滿洲北部（大致為濱綏、濱洲線以北）轉讓給蘇聯；

（4）重慶地區作為蘇聯的勢力範圍，其他日本占領的中國地區（現汪政權統治地區）作為日

113　伊藤隆、照沼康孝解說，《續‧現代史資料（4）：陸軍畑俊六日誌》，1944 年 7 月 15 日，頁 478。

114　大本營政府連絡會議，「最高戰爭指導會議に關する件」（1944 年 8 月 4 日），〈重要國策決定綴　其 5（昭和 18 年 9 月 25 日～19 年 8 月 11 日）〉，JACAR Ref. C12120225500。

蘇勢力混合地帶。此時努力促成汪精衛、蔣
介石、中共的合作，若蔣介石不應允的話，
則支援中共，認可其取代重慶的地位；

（5）促進戰爭期間及戰後日蘇之間特別優惠的經
濟貿易合作。[115]

陸軍省部的研究案顯示，除了冀望利用中共謀略工
作進行對蘇交涉，同時也希望可以達到結束中國戰場的
目的，甚至不惜援助中共先行消滅重慶。如前所述，日
本於前一年決定重新展開對重慶政治謀略工作，並非
只有和平工作，也包含分化重慶的路線。在日本政府以
對蘇關係為重心的考量下，已決定透過中共展開對蘇外
交，加上可將重慶地區視為蘇聯勢力範圍，自然可同時
利用中共取代重慶政權，重要是屆時由日本對汪政權的
掌控並未因此而結束。

值得注意的是陸軍省部方面研究案是否放棄多年來
積極推動的防共國防政策。首先，就 1944 年下半年太
平洋戰爭局勢而言，戰爭指導班於 7 月底指出由於馬里
亞納群島部分島嶼失陷，致使太平洋中部的絕對國防圈
產生破綻，加上美日海空決戰嚴重耗損日本海軍戰力，
日本已喪失完成戰爭目的的基礎條件。美軍以對日短期
結束戰爭為目的而續行有組織的總攻勢，並企圖在今年
夏秋之時急速推動，該時期戰局的演變對日本而言已到

---

115 省部主務者案，「今後採るへき戰爭指導の大綱に基く対外政
略指導要領（案）」（1944 年 8 月 8 日），〈昭和 19 年大東亞
戰爭：戰爭指導関係綴（一般の部）〉，《陸軍一般史料》，
JACAR Ref. C12120291700。

生死關頭。因此認為日本應全力推動政戰兩略，投入所有國力與戰力，努力摧毀美軍的進攻企圖。政略活動則為初秋之前斡旋德蘇和平，以及讓重慶脫離戰場，此為完成決戰所必須的要件。[116] 大本營於 7 月 25 日與 26 日召集在外作戰各軍參謀說明新的作戰計畫，決定以呂宋島、臺灣、日本本土、北海道、千島群島為最後國防線，於 1944 年下半年與美軍展開決戰。[117]

可知，無論德蘇媾和或重慶放棄抗戰，日本政略目標都指向蘇聯，除了可以立即結束中國戰場，同時可改善日蘇關係，全力應付美軍攻勢。換言之，由於 6 月底日軍於菲律賓海海戰落敗以及塞班島在 7 月 9 日被美軍攻占，日本大本營鑑於戰局陷入極度劣勢，急需確保北方靜謐而專心全力應付美軍攻勢，不得不研議對蘇聯全面退讓的方案，其中不惜犧牲防共協定，目的主要為配合當下急迫的軍事作戰需求。

其次，就德日「防共協定」而言，此為日本自九一八事變以來推展防共國防政策的外交合作。然而，戰爭指導班認為 1944 年 6 月美英聯軍在法國諾曼第登陸與蘇軍展開夏季攻勢，歐洲戰局將逐步進入決戰階段，大勢已不利於德國。若德國無法轉換政戰局勢，其戰爭指導策略將愈來愈困難。因此要考慮蘇聯現今維持

---

116 大陸第二十班，「昭和十九年末頃を目途とする帝国戰争指導に関する說明」（1944 年 7 月 27 日），〈昭和 19 年大東亞戰争：戰争指導関係綴（一般の部）〉，JACAR Ref. C12120291600。

117 伊藤隆、照沼康孝解說，《續·現代史資料（4）：陸軍畑俊六日誌》，1944 年 7 月 31 日，頁 480。

對日的態度，在今年年末以降應該會有所改變。[118] 既然日本認為德國的戰爭前景已感到悲觀，防共協定對於日本可謂已無實質作用，而且德國戰敗可能促使蘇聯改變對日中立態度，故而日本陸軍方面以為在此之前，可利用即將喪失效用的防共協定，運用於對蘇與對華的政略工作。

最後，就日本欲給予蘇聯在華勢力範圍方面，日本願意將滿洲作為非武裝地帶，並將北滿轉讓給蘇聯，乍看之下會以為回到九一八事變之前日蘇在南北滿對峙的狀態。然而，日本卻未言及取消滿洲國之事，因此真正情勢實迥異於事變之前。實際上，滿洲國已為日本所掌控並經營多年，依「日滿議定書」負責防衛滿洲國國防之責，關東軍數量與駐地也未如事變前受到規範，日本以滿洲為基礎的防共態勢並未改變，差別只在防共線由滿蘇邊界南移到哈爾濱，東至綏芬河市與西至滿洲里一線，而此線甚至比事變前南滿鐵路北端長春還往北移至哈爾濱。而汪政權地區同樣為日軍所掌控，雖然作為日蘇共同勢力範圍，同樣地表明日本勢力並未撤出中國，日汪締約規定的防共駐兵並未結束，至於重慶地區則本非日本勢力所及，若由中共取而代之，自然為蘇聯之勢力範圍。

可知，德日「防共協定」作為日本防共政策一環，係屬外交合作的部分。對於日本陸軍方面而言，重點在

118 大陸第二十班，「昭和十九年末頃を目途とする帝国戦争指導に関する説明」（1944 年 7 月 27 日），〈昭和 19 年大東亞戰爭：戰爭指導關係綴（一般の部）〉，JACAR Ref. C12120291600。

保有滿洲國與中國本土的勢力範圍，從國防視角而言，仍可防衛蘇聯對於日本本土的赤化威脅。因此廢除已無實質用處的防共協定，並不表示日本拋棄以蘇聯為目標的防共政策或轉換防共立場，僅可云陸軍方面因應戰局惡化，為了先處理燃眉之急的美軍攻勢，不得不彈性調整防共國防措施，藉由放棄與德國的防共協定，以確保汪日共同防共。

　　參謀本部雖然與重光葵都同意採取對中共妥協的謀略來展開對蘇交涉，但雙方對於與蘇聯交涉的讓步條件則有所差異。9月4日，重光葵於最高戰爭指導會議提交「日蘇問題」資料，列舉日本希望與蘇聯交涉並實現的問題：

　　（1）再確認「日蘇中立條約」；

　　（2）延長「日蘇中立條約」；

　　（3）締結互不侵犯條約；

　　（4）締結善鄰友好條約；

　　（5）撤除滿蘇國境武裝的協定（設定非武裝地帶）；

　　（6）德蘇和平；

　　（7）斡旋對美英的和平（關於合作倡導世界和平）；

　　（8）締結對抗美英的同盟；

　　（9）交換有關戰後和平機構的意見（日蘇中）；

　（10）再度開放滿蘇交通的問題。

重光葵也推估蘇聯方面希望或應該會提出的問題為：

　　（1）自由航行津輕海峽；

　　（2）日本放棄漁業權；

　　（3）日本轉讓庫頁島南部與千島群島；

（4）改訂或廢除「日蘇基本條約」；

（5）轉讓北滿鐵路並承認蘇聯在滿洲的勢力範圍；

（6）自由地在滿洲及中國（日本占領地區）進行
　　　宣傳活動並設定權益；

（7）允許蘇聯勢力進入中國及東亞共榮圈；

（8）廢除防共協定；

（9）廢除「德義日三國同盟條約」及「德義日不
　　　單獨媾和協定」；

（10）在日本及大東亞共榮圈各國內採行民主主義
　　　政體、承認共產黨、朝鮮獨立等。[119]

　　上述問題含有滿蘇的國境與交通問題，顯示重光葵
是以滿洲國存續為前提的構想。而且雖然廢止防共協
定，但卻不僅希望與蘇聯再確認中立條約，甚至進一步
要求延長中立條約以及締結善鄰友好與互不侵犯條約，
基本上是一種外交式的曲線防共策略，異於多年前陸軍
方面強硬推動的武力防共措施。此外，重光葵不僅不認
同此時陸軍方面一味對蘇退讓的方式，也有異於其著眼
於解決當下惡化戰況的短期目標，而是由國際關係著
手，企圖利用日蘇結合對抗英美同盟、共創戰後和平機
構以及共享中國與東亞勢力範圍等方式，配合上述日本
奢望的條約，以外交手段確保日本國防安全。

　　重光葵對於以外交手段推動曲線防共的策略具有信
心，因為他認為美國與英國結合蘇聯企圖支配世界，但

119　外務大臣，「日『ソ』問題」（1944 年 9 月 4 日），〈最高戰争
　　指導会議に関する綴　其 1（昭和 19 年 8 月 4 日～20 年 4 月 16
　　日）〉，《陸軍一般史料》，JACAR Ref. C12120336200。

英國糾合西歐諸小國對抗蘇聯的東歐勢力，以維持英帝國的基礎，而蘇聯赤化東歐並波及西歐，甚至波及東亞、世界。英蘇勢力在西歐及地中海方面相爭的結果，將使世界政局持續發展。日本外交如何利用此世界形勢是存有空間，而且日本對蘇施策並非單純的交涉，而是運用外交，因此有必要操作與蘇聯有利害關係的英國。[120] 不過，重光葵的外交措施構想並不表示放鬆了防共立場。重光葵提交資料後，於 9 月 6 日第 85 次與 12 月 24 日第 86 次帝國議會演講主張「外交五原則」，包括發展善鄰友好的關係、尊重各民族及國家的民族主義、尊重主權與獨立互不干涉內政、經濟合作與開放、促進國際間文化交流等。[121] 此五原則是以「大東亞共同宣言」為基礎，重光葵特別強調「尊重民族主義」與「不干涉內政」兩原則，反映出重光對於日本赤化的警戒心。[122]

　　9 月 6 日，外務省依據重光葵提出的資料草擬「對蘇施策要綱」案，將蘇聯可能提出的要求視為日本付出的代價，並建議在此件決議範圍內賦予特使交涉全權。[123] 翌日，參謀本部與陸軍省相關事務課也參酌重

---

120 「我外交動向」（1944 年 10 月 18 日），武田知己監修‧解說，《重光葵‧外交意見書集》，第 3 卷：外務大臣時代（下）‧その他，頁 158-159；「我が外交」，外務省編纂，《終戰史錄》，上卷（東京：新聞月鑑社，1952 年），頁 180-181。

121 「印度支那問題」（1945 年 3 月 10 日），武田知己監修‧解說，《重光葵‧外交意見書集》，第 3 卷：外務大臣時代（下）‧その他，頁 368-369。

122 「解說」，武田知己監修‧解說，《重光葵‧外交意見書集》，第 3 卷：外務大臣時代（下）‧その他，頁 xxxix。

123 外務省，「対『ソ』施策要綱」（1944 年 9 月 6 日），〈最高戰

光的資料，起草「關於對蘇施策之件（案）」，建議赴蘇交涉使節最遲應在 9 月底抵達莫斯科，並且針對資料所列各項目，依據日蘇交涉達成的進度與情勢演變，區分各項目可以讓步的程度。例如防共協定問題，若僅是維持中立條約的情況則交涉時不觸及此問題；若蘇聯同意仲介日蔣和平則可考慮廢除；若強化中立條約並締結互不侵犯條約，或者實現德蘇和平，又或者維持中立條約並結束世界戰爭等情況下則可予廢止等。[124] 在此，陸軍省部認同重光葵推測蘇聯可能提出的各項要求，以及日本也應提出相應的希望，但不同意外務省建議賦予特使交涉全權，認為應該視交涉進度與情勢而有不同的退讓地步，像是防共協定一事並不願僅是維持中立即輕易廢除。

不過，日本在派遣特使一事上並不順利。9 月 5 日，重光葵致電佐藤尚武表示，因應世界政局的急迫，在日蘇關係方面有必要與蘇聯政府全面交換意見，因此擬派遣精通日本國內事務人物，例如廣田弘毅為特派使節，希望與蘇聯方面洽商。[125] 然而，佐藤尚武卻遲遲未能求見到莫洛托夫，以傳達日本政府的訴求，加上陸軍方面與外務省方面對於特使交涉權限的主張不同，最

争指導会議に関する綴　其 1（昭和 19 年 8 月 4 日～ 20 年 4 月 16 日）〉，JACAR Ref. C12120328600。

124　省部主任者案，「対『ソ』施策に関する件（案）」（1944 年 9 月 7 日），〈最高戦争指導会議に関する綴　其 1（昭和 19 年 8 月 4 日～ 20 年 4 月 16 日）〉，JACAR Ref. C12120328400。

125　「重光葵より佐藤尚武宛第 1201 号電」（1944 年 9 月 5 日），外務省編，《日本外交文書：太平洋戦争》，第一冊，頁 902。

高戰爭指導會議於 9 月 15 日討論上述外務省起草修改的「關於對蘇施策之件（案）」，但未能通過。[126] 翌日，佐藤尚武終於與莫洛托夫會面並傳達日本政府的意向，但莫洛托夫再度以日蘇關係良好，擔心派遣特使會被解釋為國內外有特殊情況之意而拒絕。[127] 日本方面並未因為蘇聯拒絕而放棄對蘇外交，但不得不調整對蘇外交方向。最高戰爭指導會議於 9 月 28 日報告「關於對蘇施策方針之件」，認為要維持日蘇中立並試圖促進日蘇邦交好轉，因此要積極解決日蘇的各件懸案，努力除去兩國之間不必要的不和因素。在德國問題方面，指出在德國戰敗而單獨進行媾和情況下，要利用蘇聯讓情勢好轉。最後，指出日蘇折衝之際，有關蘇聯方面對日提出的要求，待請訓之時再積極地考慮。[128]

可知，重光葵主導積極的對蘇外交冀望於同盟國內部的不和，即蘇聯與英國可能產生摩擦的世界局變化而嘗試予以利用，目的不僅在於維持日蘇中立關係，更企圖建構以日蘇為主的戰後世界秩序，嘗試確保戰前日本既有利益。不同於陸軍省部一開始提出的對外政策指導要領案，在對蘇交涉時全面退讓來取得北方靜謐，目的僅在配合當前情況危急的軍事作戰需求。二者雖然都提

---

126 「最高戰争指導会議記録」（1944 年 9 月 15 日），外務省編，《日本外交文書：太平洋戰争》，第一冊，頁 921-925。

127 「佐藤尚武より重光葵宛第 1906 号電」（1944 年 9 月 17 日），外務省編，《日本外交文書：太平洋戰争》，第一冊，頁 928。

128 最高戰争指導会議，「対『ソ』施策に関する件」（1944 年 9 月 28 日），〈最高戰争指導会議決定報告綴（昭和 19 年 3 月～20 年 4 月）〉，《陸軍一般史料》，JACAR Ref. C12120402600。

出廢棄防共協定，但基本上都未放棄防共立場。不過重光葵描繪的對蘇外交憧憬雖然美好，但畢竟戰時外交與戰爭勝敗互為表裡，昧於國際場合講究實力與日軍於戰場一再敗退的殘酷現實，重光葵的企圖在蘇聯簡單地拒絕特使情況下根本無從著手，結果迫使日本不得不再調整對蘇外交的方向，回歸最初維持日蘇中立，避免蘇聯對日參戰的目的。

　　日本無法打開對蘇外交，前述 8 月 8 日陸軍方面研議對外政策指導要領案，冀望蘇聯斡旋日本與重慶媾和自難推動。但中國戰場牽制著百萬日軍，無法調至太平洋戰場，抵禦危急的美軍攻勢問題仍有必要解決的急迫性。9 月 5 日，最高戰爭指導會議制定「關於對重慶政治工作實施之件」，認為要盡速地讓重慶方面停止對日抗戰，首要目標在藉由汪政權派遣適宜人物赴重慶創造機會，製造與日方直接會談的可能性。中日和談腹案略為：（1）中國善意中立，撤出在華的美英軍隊；（2）承認蔣介石返回南京與汪政權成立統一政府，且此為中國國內問題，應由兩者自行交涉；（3）廢除日汪同盟條約，不再干涉中國內政問題，延安政權與共產黨軍隊也準照此原則處理；（4）在華的美英軍撤出後，日本也完全自華撤兵；（5）不變更滿洲國現狀；（6）蒙疆問題作為中國內政處理；（7）香港歸還中國等。[129]

　　此件政策是日本時隔一年後重新提出「重慶政治工

<hr/>

129 最高戰爭指導会議，「対重慶政治工作実施ニ関スル件」（1944年9月5日），〈大東亜戦争関係一件：本邦ノ対重慶工作関係〉，JACAR Ref. B02032986200。

作」的對華謀略，也是抗戰時期最後一件的對華政策文件。前後兩件重慶工作最大差別在於 1943 年 9 月的政策以日華全面和平為餌，要求中國撤出在華的美英部隊與斷絕交通，完全未提出日本放棄在華各項權益。此件則將蔣汪合作、中共政權與軍隊、蒙疆問題都視為中國內政，不再干涉。說明此時日本已決定正式對華表明放棄中日共同防共的訴求，但仍保留滿洲國的目的，則表示日本將回到策動九一八事變的初衷，以滿洲為基地進行自主防共。

另一方面，「日蘇中立條約」於 1941 年 4 月簽訂，依據第三條規定有效期間為五年，締約國任一方在滿期一年前未通告廢除則本條約自動延長五年。[130] 條約廢除通告期限為 1945 年 4 月 5 日，日本方面為了明瞭蘇聯是否會遵守中立條約，重光葵多次訓電佐藤尚武適時探詢蘇聯態度。1945 年 1 月 3 日，佐藤尚武與莫洛托夫會談洽詢此事，莫洛托夫表示蘇聯仍會遵守條約。[131] 但當佐藤尚武於 2 月 22 日向莫洛托夫表明日本欲延長中立條約而希望得知蘇聯政府態度時，莫洛托夫則以需要再行研究為由而避免表態。[132] 此後莫洛托夫

---

130 「大日本帝国及「ソヴィエト」社会主義共和国聯邦間中立条約」，〈日蘇中立条約関係一件（満洲国、外蒙ノ領土保善並不可侵声明ヲ含ム）〉，第 2 卷，JACAR Ref. B04013481000。

131 「佐藤尚武より重光葵宛第 39 号電」（1945 年 1 月 5 日），〈大東亜戦争関係一件：戦争終結ニ関スル日蘇交渉関係（蘇連ノ対日宣戦ヲ含ム）〉，第 1 卷，《戦前期外務省記録》，JACAR Ref. B02032978200。

132 松本俊一、安東義良監修，《日本外交史（25）：大東亜戦争・終戦外交》，頁 90-91。

避見佐藤尚武，另由蘇聯副外交人民委員洛佐夫斯基
（Solomon A. Lozovsky, 1878-1952）於 3 月 24 日接見，
對於佐藤尚武急於期望蘇聯採取與日本同樣繼續維持中
立條約的態度，則以莫洛托夫因為忙碌尚未研究此事，
此後當會進行研究為由塘塞。[133] 最後，莫洛托夫在期
限截止日的 4 月 5 日召見佐藤，遞交蘇聯政府通告日本
政府決定不延長中立條約的備忘錄。[134]

　　蘇聯通告日本不延長中立條約前夕的 4 月 1 日，美
軍登陸沖繩。此二事嚴重衝擊日本國內政情，小磯國昭
內閣於同 5 日總辭。鈴木貫太郎（1868-1948）在 7 日
出面組閣並兼任外相，兩日後改由東鄉茂德擔任外相。
東鄉茂德對蘇外交構想不同於重光葵以保有戰前日本權
益為出發點，企圖聯合蘇聯共創戰後世界秩序的主張，
同時也有異於大本營只希望防止蘇聯對日參戰的想法。

　　最高戰爭指導會議曾於 2 月 15 日研判蘇聯在春季
對日通告廢除「日蘇中立條約」的可能性極高，[135] 對
此戰爭指導班於 4 月 1 日建議今後應該採取戰爭指導方

133　「佐藤尚武より重光葵宛第 582 号電」（1945 年 3 月 24 日），〈大
　　東亜戦争関係一件：戦争終結二関スル日蘇交渉関係（蘇連ノ
　　対日宣戦ヲ含ム）〉，第 1 卷，JACAR Ref. B02032978200。該
　　件電報所載發電日期為莫斯科 3 月 23 日，惟考查電報內容敘述
　　佐藤於 24 日拜訪洛佐夫斯基等情形以及東京收電日期為 3 月 25
　　日，文件所載發電日期應有誤。

134　「佐藤尚武より重光葵宛第 675 号電」（1945 年 4 月 5 日），
　　〈日蘇中立条約関係一件（満洲国、外蒙ノ領土保善並不可侵
　　声明ヲ含ム）〉，第 3 卷《戰前期外務省記錄》，JACAR Ref.
　　B04013481700。

135　最高戦争指導会議，「世界情勢判断」（1945 年 2 月 15 日），〈最
　　高戦争指導会議決定報告綴（昭和 19 年 3 月～ 20 年 4 月）〉，
　　JACAR Ref. C12120403100。

針在儘速結集國家總力，確立本土決戰準備態勢，在對
外施策要以絕對避免爆發日蘇戰爭為基本方針，措施
為：（1）在東亞結合日蘇中三國；（2）離間美英蘇
中，以及重慶和延安。[136] 戰爭指導班的對外措施意見
尚有重光對蘇外交的影響。不過，數日後重光葵卸任外
相職務，以及河邊虎四郎於同月 22 日就任參謀次長當
日拜訪東鄉茂德，表示全力支持外務省展開防止蘇聯參
戰的對蘇交涉，未再提及日蘇聯合之事。然而，東鄉茂
德卻認為應在日本戰力逐次喪失之前，透過蘇聯為仲介
儘早展開和平工作，進行有利於日本的媾和交涉。因此
向參謀總長梅津美治郎提議，召開僅由政府與軍部首長
出席的最高戰爭指導會議，以便廣泛並秘密地討論對蘇
政策。[137]

　　由首相、外相、陸相、海相、參謀總長與軍令部總
長六人構成的最高戰爭指導會議構成成員會議在 5 月
11 日、12 日與 14 日召開，重新討論對蘇外交問題，決
定儘快地與蘇聯展開洽談以達成：

　　（1）防止蘇聯對日參戰；

　　（2）進而獲得蘇聯善意的中立；

136　大陸第二十班，「總參謀長等に対する戰爭指導に関する次長
　　　說明（案）」（1945 年 4 月 1 日），〈昭和 20 年大東亜戰爭：
　　　戰爭指導関係綴（一般の部）〉，JACAR Ref. C12120293300。

137　第一復員局，「対『ソ』交渉に関する秘密討議」，〈対ソ
　　　交渉に関する秘密討議〉，《陸軍一般史料》，JACAR Ref.
　　　C12120164400。1945 年 5 月 8 日，東鄉茂德向參謀本部戰爭指導
　　　課課員種村佐孝表示，作為開戰時的外務省大臣，有責任在最後
　　　階段再認擔任外務大臣時，施展全力努力結束戰爭。請參閱：種
　　　村佐孝，《大本營機密日誌》（東京：芙蓉書房，1981 年，第 2 刷），
　　　1945 年 5 月 8 日，頁 284。

（3）進一步在結束戰爭方面為日本進行有利的
　　仲介。[138]

東鄉茂德依此決策，在舉行正式談判之前委託廣
田弘毅與蘇聯駐日全權代表馬利克（Yakov Malik, 1906-
1980）接洽，先行探詢蘇聯的態度。兩人在 6 月初與下
旬進行四次會談，之後馬利克稱病躲避廣田弘毅催促答
覆蘇聯意向，會談實質中斷。[139] 東鄉茂德於 6 月 28 日
起多次訓令佐藤尚武拜會莫洛托夫，直接洽詢蘇聯態
度。[140] 莫洛托夫直至 7 月 11 日才接見佐藤尚武，對於
日本的催詢以僅接到馬利克簡單的電報，待收到詳細的
郵報，深入了解廣田弘毅提出的內容，才能明白日本方
面的具體想法。[141] 換言之，東鄉茂德為求有利於日本
的媾和地位，而以蘇聯為仲介進行和平工作的構想，同
樣在蘇聯的回避與推拖策略而難以施展。

綜上所述，雖然自從重光葵於 1943 年上半年起推
動積極的對蘇外交，一改先前消極的對蘇靜默態度。但
不論是重光葵的聯蘇外交或東鄉茂德的對蘇和平外交，
基本上都未脫離 1941 年以來日本藉由「日蘇中立條
約」完成和蘇策略的曲線防共範疇。此段期間，日本對

138　外務大臣，「日蘇交涉要領・仮題」（1945 年 6 月 30 日），参謀
　　　本部所蔵，《敗戰の記録》（東京：原書房，2005 年），頁 278。
139　「日ソ外交交渉記録」，外務省編纂，《終戰史録》，上卷，
　　　頁 348-350。
140　「東鄉茂德より佐藤尚武宛第 843 号電」（1945 年 6 月 28 日），
　　　〈大東亜戦争関係一件：戦争終結ニ関スル日蘇交渉関係（蘇連
　　　ノ対日宣戦ヲ含ム）〉，第 1 巻，JACAR Ref. B02032978300。
141　「佐藤尚武より東鄉茂德宛第 1379 号電」（1945 年 7 月 11 日），
　　　〈大東亜戦争関係一件：戦争終結ニ関スル日蘇交渉関係（蘇連
　　　ノ対日宣戦ヲ含ム）〉，第 1 巻，JACAR Ref. B02032978300。

蘇外交的消極或積極差別，僅在於是被動地期望蘇聯會
遵守中立條約，或者主動地促使蘇聯保持中立，甚至同
盟合作，目的都是冀望在太平洋戰爭日美對決期間，蘇
聯保持中立，不會對日參戰。

三、武力防共的戰備整備

　　日本大本營陸軍部在太平洋戰爭期間，雖然一直冀
望北方保持靜謐，但未曾放鬆對蘇聯的關注，在歷次大
本營政府連絡會議與最高戰爭指導會議討論戰爭策略
與世界情勢，都會說明蘇聯動向。1944 年 11 月 6 日，
史達林在演講時逕稱日本為侵略國，但重光葵仍然樂觀
地以為蘇聯將德日兩國視為侵略國是自締結防共協定以
來的態度，不能直接認定與現時日蘇國交問題有直接關
係。[142] 不過，軍部方面則因為此事更加注意蘇聯的動
向，並於 1945 年 2 月底經由駐莫斯科武官室的報告，
獲知蘇聯利用西伯利亞鐵路開始將歐洲蘇聯部隊東運至
遠東的情報。[143] 蘇聯通告不延長「日蘇中立條約」之
後，陸軍省軍務課於 4 月 25 日根據情勢研判指出，蘇
聯逐次地增強遠東蘇境軍備，同時加強對日本的政略壓
迫，隨著東亞戰局演變而日本情勢惡化的情況下，無論
歐洲情勢如何，蘇聯極有可能對日發動武力戰。而重慶
方面依靠美國援助與作戰策應，在秋季以降實施對日

---

142 「『スターリン』演說に付て」（1944 年 11 月 18 日），武田知
　　己監修・解說，《重光葵・外交意見書集》，第 3 卷：外務大臣
　　時代（下）・その他，頁 162。

143 防衛庁防衛研修所戰史室，《関東軍（2）－関特演·終戰時の対
　　ソ戰－》（東京：朝雲新聞社，1974 年），頁 323-325。

全面反攻的可能性極高，因此在今年秋季以降要嚴格警戒。[144]

擔任對蘇戒備任務而具有「北向軍隊」性質的關東軍，[145] 自 1941 年實施「關特演」以來持續強化戰力，戰備與訓練在 1942 年至 1943 年間達到頂點。但日本因為太平洋戰況一再失利，自 1943 年下半年陸續由關東軍抽調兵力與軍備物資到南方作戰，關東軍戰力急速衰弱，截至 1944 年夏季的戰力已低於最盛期的二分之一。日本自占據滿洲後，對蘇作戰方針係以主力部隊迅速地出擊消滅蘇聯沿海州的空軍基地，避免日本本土遭到蘇聯空軍襲擊，可謂主動出擊的作戰策略。[146] 但此時關東軍戰力低落，難以執行該種作戰方針。

1944 年 9 月 18 日，大本營以大陸命第一〇三〇號下達關東軍：「對蘇聯應極力防止發生戰事。」並且指出，因為「關東軍總司令官擔任滿洲國及關東洲的防衛責任，同時為了使目前戰事順利進行，並因應北方情勢變化，應對蘇聯進行必要的作戰準備」。關於任務的執行，應遵循附件「帝國陸軍對蘇作戰計畫要領」。[147]

---

144 軍務課，「世界情勢判斷（案）」（1945 年 4 月 25 日），〈昭和 20 年大東亜戦争：戦争指導関係綴（一般の部）〉，JACAR Ref. C12120293600。

145 島田俊彦，《関東軍：在満陸軍の独走》（東京：講談社，2005 年，第 5 刷），頁 36。

146 「日『ソ』開戦前より終戦后約半歳に至る間の関東軍の概況」，〈終戦時に於ける内外地第一線軍隊の概観〉，《陸軍一般史料》，JACAR Ref. C15010230000。

147 「大陸命第一〇三〇号」（1944 年 9 月 18 日），〈大陸命綴（大東亜戦争）〉，第 16 巻，《陸軍一般史料》，JACAR Ref. C14060911100。

大本營頒布的計畫要領係採取全面持久作戰的設想所制定，關東軍依此要領研議作戰計畫，並於 1945 年 1 月上旬完成基本作戰計畫。根本方針內容為利用地形與設施在國境上擊破入侵之敵，爾後利用滿鮮廣闊地區與地形擊滅、阻止敵人入侵，策動持久作戰。不得已時應堅持確保南滿至北鮮的山岳地帶，澈底展開抗戰，以利全面戰爭的進行。[148]

由於日軍在太平洋戰場持續敗退，整體國力每況愈下。大本營鑑於現實，不得不大幅轉變主動出擊的對蘇作戰方針為被動的持久作戰策略，卻仍執意確保滿洲之地。因為滿洲對於日本防止共產思想入侵的對蘇戰略地位非常重要，[149] 也是九一八事變之前日本陸軍少壯派決定要在滿蒙建立完整政治權力，作為日本對蘇戰爭的備戰準備基地，[150] 以及事變後犬養毅內閣於1932 年3月決定「以滿蒙之地作為〔日本〕帝國對俄、對支國防第一線」的政策。

1945 年 5 月 8 日，德國投降，此刻日本大本營方面已認為蘇聯必將對日參戰。同一時間，大本營對蘇聯形勢作出如下判斷：蘇聯對東亞的企圖為其世界政策一環，不容置疑地將會利用此次世界戰爭機會，企圖在東

---

148 水町勝城，「関東軍の対ソ作戦準備」，〈昭和 20 年 2 月頃における対ソ作戦準備〉，《陸軍一般史料》，JACAR Ref. C12120163900。

149 James B. Crowley, *Japan's Quest for Autonomy: National Security and Foreign Policy, 1930-1938* (New Jersey: Princeton University Press), p. 192.

150 川田稔，《戦前日本の安全保障》（東京：講談社，2013 年），頁 216。

亞扶植並擴展其勢力。而蘇聯最為期待是在東亞大陸的滿洲與中國扶植其勢力，進而由西亞、中亞方面連結印度洋，向南方資源圈擴張勢力。蘇聯的意圖伴隨戰局進展，為其介入戰爭的藉口，以及發動對日全面政治攻勢創造前提條件。因此不得不承認尚有一年期限的中立條約，已喪失實質效力。此後大本營持續觀察蘇聯增加遠東兵力狀況，在 6 月底研判 1944 年年末兵力約 70 萬名、戰機 1,500 架、戰車 1,000 輛，到 1945 年 6 月末已增至 130 萬名、戰機 5,600 架、戰車 3,000 輛。7 月初，大本營依據蘇軍集中遠東進度與氣候因素，並預料波茨坦會議最遲會在 8 月初結束，因此研判蘇聯發動對日作戰的時機應會在夏秋之交。[151]

　　最高戰爭指導會議構成成員會議在 5 月中旬通過東鄉茂德的構想，冀望於以蘇聯為仲介進行和平工作的策略。不過日軍在沖繩戰況逐漸失勢，美軍在 5 月 27 日占領那霸、31 日，攻入首府首里城，而集中遠東的蘇軍在 5 月底也已高達 105 萬名左右。[152] 為此最高戰爭指導會議在 6 月 6 日決定新的戰爭指導基本大綱，並經 8 日御前會議通過。其中研判蘇聯動向為：「蘇聯對〔日本〕帝國至目前已透過各種措施，完成隨時可以展開敵對關係的外交態勢，同時遠東蘇聯兵力已強化，今後勢必更為加重政略性的對日壓迫。大東亞戰況對帝國甚為不利，判斷其自身犧牲最少的情況下，對日發動武

151　水町勝城，「ソ連の対日企図判断」，〈昭和 20 年 2 月頃における対ソ作戰準備〉，JACAR Ref. C12120163700。

152　服部卓四郎，《大東亜戦争全史》，頁 849。

力以達成其野心的可能性甚高。」因此決定在戰力配置方面，除了在日本本土集中兵力以強化戰場態勢外，也要兼顧因應北方情勢的鉅變。[153] 可知，日本因應蘇聯積極進中兵力於遠東的動向，對於蘇聯採取外交和平工作與準備作戰的並行政策。

5 月 28 日，大本營以大陸命第一三三五號命令「支那派遣軍」總司令官岡村寧次，迅速地將部隊自湖南、廣西、江西省方面的湘桂、粵漢鐵路沿線占領地區撤出，轉用於華中與華北方面，並且抽調一個軍司令部至滿洲。30 日，大本營同時對關東軍、「支那派遣軍」與守備朝鮮的第十七方面軍發布大陸命第一三三八號，下達關東軍戰鬥序列，並且命令派遣軍司令官將第六十三師團、第一〇七師團、第五十九師團、第三十九師團以及野戰機關砲第八十五中隊、獨立工兵第四十聯隊、第二獨立鐵道橋樑大隊等派遣至滿洲與北朝鮮，改為關東軍總司令官隸屬，同時命令第十七方面軍司令官將駐紮北朝鮮的第七十九師團、混成第一〇一聯隊、永興灣要塞守備隊、羅津要塞守備隊改隸於關東軍總司令官麾下指揮。同日，大本營也對關東軍下達大陸命第一三四〇號，命令關東軍司令官依據「滿鮮方面對蘇作戰計畫要領」，實施對蘇作戰準備。[154]

---

153 「世界情勢判斷」（1945 年 6 月 8 日），〈最高戰爭指導会議綴其の 1（昭和 20 年 1 月 11 日）〉，《陸軍一般史料》，JACAR Ref. C12120381500。

154 「大陸命第一三三五号」（1945 年 5 月 28 日）、「大陸命第一三三八号」（1945 年 5 月 30 日）、「大陸命第一三四〇号」（1945 年 5 月 30 日），〈大陸命綴（大東亜戦争）〉，第 20 巻，《陸軍一般史料》，JACAR Ref. C14060913800。

　　此一系列大陸命將關東軍的戰備態勢轉換為作戰態勢，表示日本預備展開武力防共的對蘇作戰措施，也說明日本曲線防共的外交策略已經喪失效力。因此在籌備對蘇應戰的情勢下，日本由於曲線防共以致防共概念之中隱而未顯的蘇聯再度被提升成為主要對象。值得注意是大本營收縮中國戰場戰線與抽調在華作戰日軍至滿洲的決定。大本營於前一年9月以持久作戰構想的命令指示關東軍研擬對蘇作戰計畫，但大本營內部對於此構想一直有異議，一派主張維持現有態勢，在滿蘇國境迎擊敵人的犧牲報國「湊川論」；一派主張應該將部隊後撤至鴨綠江，專心防衛日本本土與朝鮮的滿洲放棄論。1945年5月5日，大本營制定中國及滿洲方面作戰指導大綱，決定由中國方面抽調部隊至滿洲作戰，並以南滿作為防備重點。參謀本部戰爭指導課課員種村佐孝（1904-1966）認為此為因應前述兩派主張紛爭，而採取以持久作戰策略為方針的中間案。[155]

　　不過，由國境線退至以南滿為作戰重點的妥協方案，實際應該是大本營鑑於戰力不足，又需要同時防衛美軍進攻日本本土的作戰需求下，不得不做出的妥協方式。然而，即使日本本土已經面臨美軍強勢攻擊的危急情況，大本營仍未忘懷滿洲作為防共的對蘇戰略地位，甚至不惜放棄中日戰爭以來在華掠奪的戰果，由中國戰場抽調部隊北上共同防共。

　　此段期間「支那派遣軍」在中國戰場的戰爭壓力

155　種村佐孝，《大本營機密日誌》，1945年5月5日，頁284。

並未曾減輕。4 月 15 日，派遣軍總司令官岡村寧次決定以重慶為目標展開芷江作戰（中國方面稱為湘西會戰），但在雪峰山一線遭到中國方面的軍隊阻擊，以及隨著美軍攻擊沖繩進入最後階段，同時偵得重慶方面將自滇緬空運配備美式裝備的新編第六軍前來助攻的情報，岡村寧次於 5 月上旬決定中止作戰。同月底，大本營下達大陸命抽調派遣軍部隊至滿洲，迫使派遣軍總司令部放棄同時迎戰美軍由中國東部沿海登陸與重慶國軍自西方展開反攻的東西兩面作戰構想，而改採東主西副主義。為此岡村寧次下令逐次撤退與重慶國軍交戰的日軍部隊，集結於長江下游三角地帶，準備以滬杭地區為主戰場迎擊美軍的登陸。[156]

　　不過，大本營方面仍感滿洲戰備不足，於 7 月底決定「為了充實滿洲方面所需兵力，從中國大陸抽調可以轉用的最大限度兵力」，並以 1945 年年底為目標，「首先收縮湖南、廣西方面的戰線，此時盡可能將多出來的兵力（約 10 個師團和 10 個旅團）抽調至滿鮮，抵抗來犯的美、蘇軍，確保華北據點，以利全局作戰。然而，此項命令尚未執行，蘇聯已於 8 月 8 日對日宣戰，[157] 並於次日在日蘇與日滿國境展開攻擊。大本營於 8 月 9 日以大陸命第一三七五號命令負責防衛北海道、庫頁島南部、千島群島的第五方面軍，盡速地發動全面對蘇作戰。翌日，大本營對關東軍下達大陸命

156　舩木繁，《支那派遣軍総司令官岡村寧次大将》（東京：河出書房新社，1984 年），頁 330。
157　服部卓四郎，《大東亜戦争全史》，頁 856。

第一三七八號，指示要以對蘇作戰為主要戰爭目標，
擊破敵軍以保衛滿洲和朝鮮。甚至於 14 日以大陸命第
一三八〇號命令「支那派遣軍」，迅速地將一部兵力
和軍需品轉用至滿洲與朝鮮。[158] 然而，日本政府已於 8
月 10 日決定投降，並透過瑞士政府通知美、英、中、
蘇四國政府正式接受「波茨坦宣言」。

關東軍自 8 月 11 日起與蘇軍展開戰鬥，至 14 日關
東軍總司令部才經由滿洲通信社得知日本投降訊息，
並於次日聽聞「玉音放送」後停止作戰，[159] 而大本營
則於 16 日正式對包含關東軍在內的各部隊下達立即停
止戰鬥行動命令。[160] 日本以對蘇戰備為目標的防共概
念，策動九一八事變並以滿洲為基地，再對中國訴求共
同防共而展開的防共國防政策，隨著日本戰敗投降與滿
洲易主而告終。

第三節　中國的防共策略與戰後日俘的處置

一、國際孤立中共

1936 年年底發生西安事變主要原因之一為中共鼓

---

158 「大陸命第一三七五号」（1945 年 8 月 9 日）、「大陸命第一
三七八号」（1945 年 8 月 10 日）、「大陸命第一三八〇号」（1945
年 8 月 14 日），〈大陸命〉，第 21 卷，《陸軍一般史料》，
JACAR Ref. C14060924300。

159 島田俊彥，《関東軍：在満陸軍の独走》，頁 239-240。

160 「大陸命第一三八二号」（1945 年 8 月 16 日），〈大陸命〉，
第 21 卷，JACAR Ref. C14060924300。

吹「抗日民族統一戰線」的影響，[161] 迫使蔣介石停止軍事剿共，改採政治談判方式處理中共問題。1937 年 2 月 21 日，中國國民黨三中全會第六次大會通過「關於根絕赤禍之決議案」，[162] 表面上要求中共「精誠悔禍」，實則轉換為政治防共策略。畢竟國共兩黨雖然以妥協方式促成形式上團結，但彼此都懷著防範與警戒態度。[163]

中日戰爭於該年 7 月爆發，給延安的中共「突破限制並在華北擴張蔓延創造條件」。戰爭初期，國軍與日軍歷經數次會戰，國民政府於武漢會戰後被迫退居重慶，共軍則自延安四出，「進行小型游擊，且避免和強大的日軍正面接觸」，並「在日軍戰線後方建立根據地」，迅速擴展勢力。[164] 其中八路軍的數量於 1937 年 8 月為 3 萬 4 千人，至 1938 年底已擴展至 16 萬人。[165] 1939 年 1 月 6 日，蔣介石嘆道：「目前急患不在敵寇」，而在「共黨到處發展」。[166] 因此 1 月下旬，國民黨第

---

161 劉維開，《國難期間應變圖存問題之研究——從九一八到七七》（臺北：國史館，1995 年），頁 522。

162 「中國國民黨五屆三中全會通過之『根絕赤禍案』」（1937 年 2 月 21 日），秦孝儀主編，《中華民國重要史料初編——對日抗戰時期》，第五編：中共活動真相（一）（臺北：中國國民黨中央委員會黨史委員會，1985 年），頁 251-253。

163 楊奎松，《國民黨的「聯共」與「反共」》（北京：社會科學文獻出版社，2008 年），頁 386。

164 方德萬（Hans van de Ven）著，何啟仁譯，《戰火中國 1937-1952：流轉的勝利與悲劇，近代新中國的內爆與崛起》（新北：聯經出版公司，2020 年），頁 43、230。

165 張廷貴、袁偉、陳浩良，《中共抗日部隊發展史略》（北京：解放軍出版社，1990 年），頁 503。

166 《蔣介石日記》（手稿），1939 年 1 月 6 日、7 日、8 日、11 日、

五屆五中全會通過防共、溶共、限共、反共方針，並於
4 月制定頒行「防制異黨活動辦法」。[167] 說明國民黨方
面的防共概念雖然因為抗戰爆發在簽訂「中蘇互不侵犯
條約」後擱置蘇聯，但防共概念並未因為抗戰而消失，
仍保持防範中共的想法，並持續至戰後。

　　結果自 1939 年起，國共雙方軍隊在地方的磨擦與
衝突不斷升級，於 1940 年間形成針鋒相對。不過，國
民政府各項防共措施並無法達成限制中共發展。中共方
面於 1940 年 2 月制定新的發展策略，決定在華北至皖
南、江南一帶全面發展根據地，並發展鄂中與鄂東，
企圖於短期內達成擴軍百萬的目標。[168] 據中統於同年 7
月情報顯示，共軍已擴充至 46 萬 8,010 名。[169]

　　由於國共彼此疑心難釋，隨著磨擦不斷地加劇，終
在 1940 年上半年歐洲戰場鉅變與 9 月「德義日三國同
盟條約」的簽訂等國際情勢轉變背景下，於 1941 年 1
月 4 日至 14 日期間爆發新四軍事件（中共稱為：皖南
事變）。[170] 國共關係以此事件為轉捩點而有變化，共

---

16 日、17 日。

167　「中國國民黨中執會祕書處密訂『防制異黨活動辦法』電」（1939
年 4 月），中國第二歷史檔案館編，《中華民國檔案資料彙編》，
第五輯第二編：政治（二）（南京：江蘇古籍出版社，1998 年），
頁 23。

168　楊奎松，《國民黨的「聯共」與「反共」》，頁 417。

169　「朱家驊徐恩曾呈蔣介石『中國共產黨武力統計』一冊」（1940
年 7 月 2 日），秦孝儀主編，《中華民國重要史料初編——對日
抗戰時期》，第五編：中共活動真相（一），頁 466-468。

170　鄧野指出「德義日三國同盟條約」簽訂後，蔣介石綜合多種因
素分析蘇聯的對華政策，認為此時蘇聯與中共仍需國民政府繼
續抗日，只要「不與倭妥協，俄亦無奈我何」。結果形成蔣介
石解決新四軍的背景，並因參謀總長何應欽電令第十八集團軍

軍澈底自外於國民政府的指揮系統，國民政府也未再編發經費給共軍，更甚者為中共不再向重慶方面請示與匯報任何事務，在政治上完全脫離國民政府的統轄。[171]

國共緊張的對立情勢，再度因為 1941 年 6 月德蘇戰爭與 12 月太平洋戰爭等國際局勢變化的壓力，而維持年餘的妥協關係。然而，此種表面平靜的國共關係則因蘇聯為了討好美國，於 1943 年 5 月 22 日解散共產國際而再起波瀾。蔣介石以此事為契機，開始籌劃採取軍事剿滅中共的策略。然而，此事卻立刻被中共所偵知，並發動宣傳反擊，而第十八集團軍總司令朱德（1886-1976）於 7 月 4 日與 6 日分別致電胡宗南（1896-1962）以及蔣介石與何應欽等人，要求制止內戰。蔣介石於 9 日以電話指示胡宗南：「對陝北暫不動作。」[172] 另外亦覆電朱德，否認此事。[173]

不過，蔣介石並未放棄於此時以武力剿共的念頭。

總司令朱德和新四軍軍長葉挺將部隊開至指定黃河以北地區，成為點燃「新四軍事件」的導火線。不過，楊奎松認為蔣介石的目的「只是要把八路軍和新四軍驅趕到舊黃河以北的冀察兩省去，限制共產黨軍事和組織的擴張與發展。採取軍事手段解決問題，並非是蔣介石這時想要達到的目的」。同時指出蔣介石在爆發軍事衝突後數日才獲知相關消息，而且認為蔣介石並未下令開火襲擊新四軍，內心亦不想擴大事態，但「為安撫強硬派軍人」，「不得不追認結果，表現強硬」。請參閱：鄧野，《蔣介石的戰略布局：1939-1941》（北京：社會科學文獻出版社，2019 年），頁 153-154；楊奎松，《國民黨的「聯共」與「反共」》，頁 436-440。

171 楊奎松，《國民黨的「聯共」與「反共」》，頁 424、459-460。

172 胡宗南著，蔡盛琦、陳世局編輯校訂，《胡宗南先生日記》上冊（臺北：國史館，2015），頁 233，1943 年 7 月 9 日。

173 唐縱，《在蔣介石身邊八年——侍從室高級幕僚唐縱日記》（北京：群眾出版社，1991 年），1943 年 7 月 13 日，頁 368。

9月1日，蔣介石在軍事委員會會報，將準備進攻中共
延安地區的軍事計畫出示予軍令部長徐永昌，但卻不
為其所贊同。徐永昌「以為如尚能容住時，則發動時間
實有再容忍至敵不能大舉進擾之時為妥，否則敵必乘機
擾我關中，而共黨亦必竄亂甘省，當此時敵已因之張
目，英美或且停頓其進援」。[174] 此外，周恩來（1898-
1976）於8月1日在延安發表指稱：「有人以為日寇今
後不攻印必攻蘇，決無餘暇餘力來打中國，於是便以消
極抗戰來暗示日寇不打中國，以積極反共來推動日寇移
兵攻蘇」，因此認為要爭取中國抗戰勝利只有中共的路
線。[175] 同時中共也對國際進行宣傳，藉由美蘇兩國憂
心中國爆發內戰來對國民政府施壓，而令蔣介石感到
「無任駭異」。[176] 徐永昌認為恐將造成內戰漫延與外
援斷絕的看法以及美蘇壓力，促使蔣介石轉換想法，於
9月11日晚上召集幹部舉行對共方針會談，認為「共
匪猖狂之目的，在引起內戰、破壞抗戰局勢，減低政府
威信與喪失國家在國際之地位」，因此決定「對匪決策

174　徐永昌著，中央研究院近代史研究所編，《徐永昌日記》，第
　　七冊（臺北：中央研究院近代史研究所，1991年），1943年9
　　月1日、4日、10日，頁157、159、164。

175　徐永昌著，中央研究院近代史研究所編，《徐永昌日記》，第
　　七冊，1943年9月4日，頁159。

176　蘇聯塔斯社中國分社長羅果夫於8月6日在雜誌上發表〈中國
　　內部發生嚴重問題〉一文，蔣介石認為「皆為共匪宣傳，可知
　　俄國政策，對共匪並未放棄，而猶想保留其勢力」。同日，美
　　國參謀總長馬歇爾透過宋子文轉達勿制裁中共之意，蔣介石亦
　　以為「乃知俄國之陰謀與宣傳，已深中美國當局矣」。請參閱：
　　《蔣介石日記》（手稿），1943年8月8日、11日；徐永昌著，
　　中央研究院近代史研究所編，《徐永昌日記》，第七冊，1943
　　年8月7日，頁139。

仍取守勢，圍而不剿，必須用側面與非正面方法以制
之，萬不宜公開或正面的方式應付也」。[177]

學者楊天石認為促使蔣介石「不得不停止原定的進
攻延安的軍事計劃」是「由於對日抗戰仍是當時的首要
任務，也由於美蘇兩國都不贊成中國內戰的國際壓力，
以及中共多年來所表現的頑強生命力和戰鬥力等」。[178]
然而，由其以為中共目的在「減低政府威信與喪失國家
在國際之地位」的理由可知，蔣介石最主要是顧忌於國
際壓力。此因素也促使其日後處理中共問題時，首先著
重於國際政策的部署。

蔣介石既已放棄武力攻擊延安計畫，處理中共問
題回歸政治解決方式。1943 年 11 月 12 日，蔣介石約
晤董必武（1886-1975）談話，囑其促請周恩來前來商
討。[179] 1944 年 3 月，在國共兩黨就談判準備期間，蔣
介石認為「只要共黨在抗戰期間不喪害我抗戰根本問
題，不整個公開叛變，則應極端容忍，不作明令應討伐
為最大方鍼」。[180] 5 月 4 日，國共雙方代表在西安會
面，針對軍事、陝甘寧邊區、政黨政治等議題展開談
判。然而，日本亦於同年 4 月至 12 月發動一號作戰（中
國方面稱：豫湘桂會戰），奪占各重要據點，完成打通

177 《蔣介石日記》（手稿），1943 年 9 月 8 日、11 日。

178 楊天石，〈第三國際的解散與蔣介石「閃擊」延安計劃的撤銷
　　——論「第三次反共高潮」並未成「潮」〉，收入氏著，《找尋
　　真實的蔣介石——蔣介石日記解讀（二）》（香港：三聯書店，
　　2010 年），頁 94。

179 王世杰著，林美莉編輯校訂，《王世杰日記》，上冊（臺北：中央
　　研究院近代史研究所，2012 年），1943 年 11 月 12 日，頁 552。

180 《蔣介石日記》（手稿），1944 年 3 月 10 日雜錄、22 日雜錄。

大陸交通線的作戰目標，而國軍各部隊則折損慘重，結果給予中共向淪陷區進軍建立根據地，擴大地盤與加強自身政治與軍事力量機會。6 月初，中共內部召集會議，決定努力發展實力，削弱國民黨力量，並且「做好了與國民黨翻臉的準備」。[181]

日軍一號作戰深刻影響國共關係，不僅給予中共擴張機會，美國也因為國軍在該次會戰一再受挫失地，基於對日作戰的戰略需要而關注到共軍力量，並派美軍觀察組進駐延安。同年 8 月，美國總統羅斯福派遣赫爾利（Patrick J. Hurley, 1883-1963）來華調解國共問題，可以說美國於此時正式介入國共糾紛。不過，赫爾利首次調停因為國共兩黨互不相讓而沒有成果，並於 1945 年 2 月 19 日返美述職。[182] 在此段期間，蔣介石於中共極力攻擊國民黨的宣傳雖然自認「置之一笑」，但對「美國在華之文武人員，皆藉此謠諑，以喪失我政府對威信，與動搖其美國政府之對華政策，殊為可慮」。[183] 可知，美國介入國共調解以及中共對外宣傳影響美國對國民黨觀感一事，使其再度體認到中共問題與國際關係的關連性。

另一方面，美軍在太平洋戰場的跳島作戰十分順

---

181 楊奎松，《國民黨的「聯共」與「反共」》，頁 497。

182 有關戰爭末期赫爾利首次調解國共關係詳請，請參閱：梁敬錞，〈赫爾利調停國共之經過〉，《傳記文學》，第 26 卷第 4 期（1975 年 4 月），頁 5-17；關中，《中國命運‧關鍵十年：美國與國共談判真相（1937-1947）》（臺北：天下遠見，2010 年），頁 169-193。

183 《蔣介石日記》（手稿），1944 年 10 月 28 日上星期反省錄。

利，在 1944 年間相繼收復太平洋各島嶼。1945 年 1
月，美軍登陸呂宋島，收復菲律賓，使得美軍可以採
取北攻沖繩島後即可直接進軍日本本土，無需借用中
國沿海地區，使得美方不再重視包含共軍在內的中國
軍隊。此時羅斯福對華政策著重於戰後亞太地區的戰
略利益問題，決定讓已升任駐華大使的赫爾利繼續調
解國共問題，希望促成統一且親美的中國政府。1945
年 2 月 15 日，同盟軍中國戰區參謀長的魏德邁（Albert
Wedemeyer, 1896-1989）召開記者招待會，答覆記者提
問國共問題時表示，他是被命令支持中國中央政府。16
日，赫爾利返美述職前夕拜會蔣介石，表明了對其支持
的態度。[184] 赫爾利返美向羅斯福匯報對華事務後，更
於 4 月 2 日在華盛頓公開演說支持蔣介石。學者楊奎松
認為這些舉動「標誌著美國對華政策澈底轉為扶蔣抑
共」。[185] 事實上，1945 年年初，蔣介石對於此二人支
持的態度也已察覺，並於 4 月 14 日檢討外交情勢時，
綜合魏德邁自美國回華後的言行，認為「美國對華政
策，援助我中央，放棄其利用中共政策」。[186]

　　蔣介石自認美國對華態度已好轉，國際形勢漸有利
於己，外交注意力逐漸轉於蘇聯對華態度。有關戰爭
末期的中蘇關係，1944 年 4 月 11 日，蔣介石召集外交

184 陶文釗、楊奎松、王建朗，《抗日戰爭時期中國對外關係》（北
　　京：中國社會科學文獻出版社，2009 年），頁 498-499。
185 楊奎松，《國民黨的「聯共」與「反共」》，頁 526。
186 《蔣介石日記》（手稿），1945 年 1 月 6 日上星期反省錄、2
　　月 16 日、17 日、4 月 4 日、14 日上星期反省錄。

部、軍政部、軍令部、政治部等部長進行談話會，同時
出席的中央設計局秘書長王世杰主張積極設法改善中蘇
關係，以期恢復感情，若不能改善，勢必惡化。蔣介
石對此亦有同感。[187] 翌日，贛南地區行政督察專員蔣
經國與軍事委員會委員長侍從室第六組長唐縱（1905-
1981）談論蘇聯問題時認為：「蘇聯對中國之問題，不
是中共與國民黨問題，而是中國在戰後是否與蘇聯一
致。如果戰後中國參加反蘇陣線，蘇聯不願意的。中
國想打開對蘇外交，除非保證中國不致反蘇。」[188] 此
外，蘇聯駐華全權代表潘友新（Alexander Panyushkin, 1905-
1974）應召返回莫斯科後，即於 6 月 1 日拜訪駐蘇大使
傅秉常（1895-1965）暢談中蘇關係，表示：「蘇聯對
華向極友善，中國抗戰以來，尤表示友好及盡力予以援
助，此項政策至今未變。」但自去年初以來，「重慶報
紙常有反蘇之言論，中國政府中亦有反蘇者」。現今中
蘇關係「係極端嚴重，非即整理便可決裂」。傅秉常
謂：「余在此任務，一面固為促進中蘇之友善，而同時
亦盼能多與蘇聯聯繫。」「蘇聯對於英美已有此種聯
絡，中蘇關係及應聯合之重要不亞於蘇英、蘇美，是以
蘇政府方面應多與余接洽，交換意見。」潘友新「表示
同情，並謂當即轉達」。[189] 當日傅秉常即將二人對話

187　王世杰著，林美莉編輯校訂，《王世杰日記》，上冊，1944 年
　　　4 月 11 日，頁 596。

188　唐縱，《在蔣介石身邊八年──侍從室高級幕僚唐縱日記》，
　　　1944 年 4 月 12 日，頁 423。

189　傅秉常著，傅錡華、張力校註，《傅秉常日記·民國三十三年
　　　（1944）》（臺北：中央研究院近代史研究所，2014 年），

詳情電知蔣介石。另外，8 月，羅斯福派遣赫爾利來華
調整國共問題時指示其先取道莫斯科，探詢蘇聯的對華
政策。同月 31 日，蘇聯外交人民委員莫洛托夫向赫爾
利表明，蘇聯政府與中共沒有任何關係，並認為中蘇關
係惡化原因在於蔣介石的態度，希望蔣介石可以改變政
策以改善雙方關係。蘇聯的說詞加強赫爾利調解國共問
題的信心，並於 9 月抵達重慶後即建議蔣介石應當改善
中蘇關係。[190]

　　因此蔣介石在 1944 年 11 月向蘇聯方面提議，希望
派遣行政院長兼外交部長宋子文訪蘇，說明蔣介石已決
定主動改善對蘇關係。不過，蘇聯答覆延至明年 2 月
底，蔣介石認為「是其觀望我國戰事與政局之進展如
何，而定其進一步之行動」。[191] 其實是羅斯福與英國首
相邱吉爾（Winston Churchill, 1874-1965）、蘇聯人民
委員會主席史達林三巨頭正醞釀在雅爾達召開會議，而
史達林準備在會議明確提出對日參戰條件，冀望先獲得
美英的保證。[192]

　　1945 年 2 月 11 日，雅爾達會議結束。14 日，傅
秉常拜會出席此次會議的美國駐蘇大使哈里曼（W.
Averell Harriman, 1891-1986），詢問是否有討論遠東問
題。哈里曼特意隱瞞此事，但告知會議上羅斯福與史達

　　　1944 年 6 月 1 日，頁 123-124。

190　王真，《動盪中的同盟——抗戰時期的中蘇關係》（桂林：廣西
　　　師範大學出版社，1993 年），頁 259-260。

191　《蔣介石日記》（手稿），1944 年 11 月 30 日本月反省錄。

192　王真，《動盪中的同盟——抗戰時期的中蘇關係》，頁 263。

林曾詳談對華關係，「史氏表示對蔣〔介石〕主席異常熱誠，並甚希望有一強大之中國」。但對於中國「中央之改組尚以為未足，希望再加以改組，謂中國『非真正之統一』不可，意指非與中共合作」。哈里曼綜合個人感想，認為「蘇聯目的在於此次大戰以後，能獲得一安定之期間，致全力於國內之經濟建設，不受外力所干預」。是以認為中國「應盡力與之合作，蓋大勢所趨，英美政策亦決定與蘇合作到底」。因此建議中國「政府之容共改組，亦宜早日實現，宜於歐戰結束前為之」。21 日，傅秉常再訪英國駐蘇大使卡爾（Archibald C. Kerr, 1882-1951），據其表示：「在會未有討論對華事件，但以彼所參加各談話中，覺蘇之政策確係欲扶植中國，使成為一強大之國家，共同維護世界之和平。此係與英美完全相同者，三領袖於此均明白表示。」[193]

傅秉常在與美英大使洽談後，均立即致電蔣介石報告談話內容。[194] 2 月 21 日，蔣介石詳閱電報後認為：「俄史〔達林〕對華方鍼始得明瞭，其中必有難言之內容，未能盡以告我者。證諸顧使之言，俄對東北與旅大特權之要求，當非子虛。」[195] 所謂「顧使之言」，係駐英大使顧維鈞於前一年 10 月 14 日自華盛頓致電蔣介石稱，訪晤白宮參謀長李海上將（William D. Leahy, 1875-

---

193 傅秉常著，傅錡華、張力校註，《傅秉常日記‧民國三十四年（1945）》（臺北：中央研究院近代史研究所，2014 年），1945 年 2 月 14 日、20 日，頁 38-39、43-44。

194 葉惠芬編，《蔣中正總統檔案：事略稿本》，第 59 冊（臺北：國史館，2011 年），頁 726-732。

195 《蔣介石日記》（手稿），1945 年 2 月 21 日。

1959），「詢以蘇俄參加將來戰爭問題。彼答想必加入，但料蘇俄願在遠東取得旅順不凍港，英必贊成，美亦無反對之意」。[196] 雖然蔣介石早知蘇聯將覬覦東北特權作為對日參戰的條件，但經數日深思熟慮後，於2月24日仍覺得「國際趨勢似於我有利。惟對俄關係與對共方鍼陷於矛盾之中，應如何運用合宜，當加以深切檢討：甲、對共黨有限度、有條件容納其加入政府；乙、對俄表明我對共為內政之嚴正態度；丙、中國決不加入反俄陣線；丁、願與俄國互助」。[197]

可知，蔣介石經由傅秉常來電而研判史達林的對華政策在於不希望中國與蘇聯立於敵對陣營，如同前述蔣經國對唐縱所言，蘇聯對華問題在於「中國在戰後是否與蘇聯一致」。因此蔣介石決定在此種原則下改善兩國關係來拉攏蘇聯，以利處理中共問題，而貫徹國際孤立中共的目的。

此後，蔣介石經常研究「對俄交涉方鍼」，決定（1）中國反對反俄陣線；（2）國際問題方面，中國不妨礙俄國利益，且中俄兩國可取一致行動；（3）只要中共接受中央軍令與政令，不妨礙統一，則中國中央當予中共合法地位等。同時注意「對美俄平衡政策，應在美國諒解之下與俄合作，以不任英美之反俄基本，使俄國不加疑忌」，並思考「俄如提出中俄互助協定時應注

---

196 「顧維鈞致蔣介石願電」（1944年10月14日），〈革命文獻—雅爾達密約有關交涉及中蘇協定〉，《蔣檔》：002-020300-00048-001。

197 《蔣介石日記》（手稿），1945年2月24日上星期反省錄。

意事項」以及對蘇外交的戰後東北問題等。[198] 即使美
國於 6 月 15 日透過赫爾利轉達「雅爾達密約」全文，
蔣介石「閱之悲憤，不知所止」，但仍派遣蔣經國告
知蘇聯駐華全權代表彼得洛夫（Apallon A. Petrov, 1907-
1949），已接獲美國通報之條件。同時在經過一日思考
後，認為對此草案「疑懼有加，然此心反安，以已知俄
國用意與宗旨所在，今後或有妥協之途徑」。[199] 故而
於 26 日致函史達林稱，擬派宋子文訪蘇交涉，盼「閣
下開誠賜談，奠定中蘇兩國長久友誼合作之密切鞏固基
礎」。[200] 此時「中國對蘇外交的基本方針是以退讓求
和」，[201] 而蔣介石之所以願意退讓，則是冀望達成親
俄以孤立中共的國際政策目的。

　　6 月 30 日至 7 月 12 日與 8 月 7 日至 8 月 14 日期間，
以宋子文為首的中國代表團在莫斯科與史達林、莫洛托
夫展開兩階段十二次會談。最後由王世杰與莫洛托夫代
表兩國政府在 8 月 14 日晚簽訂「中蘇友好同盟條約」。
中蘇締約之際，日本已宣布投降，惟「中國在抗戰八年
後，國力衰竭，而美國冷淡、蘇俄威逼、中共勢力復暗
中滋長，各種不利狀況交織之下，對於中蘇談判實有不
宜決裂之苦衷，對於中蘇友好同盟條約實有不能不訂之

198　《蔣介石日記》（手稿），1945 年 2 月 24 日本星期預定工作課目、
　　2 月 26 日雜錄、28 日上反省錄、3 月 1 日、3 日本星期預定工
　　作課目、6 日、4 月 10 日、4 月 17 日、20 日、30 日、5 月 1 日、
　　6 日、12 日、6 月 10 日、12 日、14 日等。

199　《蔣介石日記》（手稿），1945 年 6 月 15 日、16 日上星期反省錄。

200　「蔣介石致史達林函」（1945 年 6 月 26 日），〈革命文獻－雅爾
　　達密約有關交涉及中蘇協定〉，《蔣檔》：002-020300-00048-028。

201　王真，《動盪中的同盟——抗戰時期的中蘇關係》，頁 304。

無奈。」[202] 原因包括：（1）來自美國壓力，中國仍希望美國協助中國，制止蘇聯無限制的侵略 ；（2）蘇聯進入東北已是事實，蘇軍可能久據東北不退，為所欲為。[203] 因此當時參加談判的外交部西亞司長卜道明表示，中國政府認為「即使這個條約不能發生預期的積極作用，至少也能有其消極的作用」。[204]

然而，此條約並非全然僅有上述消極作用。蔣介石於 7 月 17 日與 18 日分別聆聽宋子文與蔣經國詳報交涉情形後，認為蘇聯政策在於「求戰後二十年之安定與苦幹」以及「希望我為其友，而不與英美同為其敵」。在此認知之下，蔣介石一再檢討對蘇外交方針，以為「自主與率制應有決定」，並在 27 日「研究對俄交涉之利害得失頗切」，決定「此時對共不能不用政治解決，則對俄妥協與諒解，是為必要。只要在對日勝利前後，不發生內亂，求其安定一時，則政治解決目的與真正統一，當可達成也」。[205]

7 月 28 日，蔣介石研究國際形勢與今後政策，指出必須用政治解決中共問題是因為以武力剿共以期統一，則蘇聯必在滿蒙邊境收容中共，製造傀儡政權。「如我因此不惜與俄一戰，則在此八年戰爭以後，人力

---

202 陳立文，《宋子文與戰時外交》（臺北：國史館，1991 年），頁 328-329。

203 林桶法，《戰後中國的變局：以國民黨為中心的探討（1945-1949 年）》（臺北：臺灣商務，2003 年），頁 65。

204 吳相湘，《俄帝侵略中國史》（臺北：正中書局，1957 年），頁 484-485。

205 《蔣介石日記》（手稿），1945 年 7 月 18 日、21 日上星期反省錄、27 日。

物力疲乏萬分，政治與宣傳幾乎為俄共所籠罩之中，萬
不能如七七對日抗戰時之容易把握也」。加上蔣介石認
為「俄國已視美國為其假想敵，故其不能不以我國為其
外交政策重大之目標。如我能自立自主中立不倚，則彼
當能尊重我中立地位」。「故今日之情勢，無論對內對
外，惟有用政治與外交方法求得諒解與解決也，因此對
俄政策惟有妥協與諒解之一途」。因此將 1945 年年初
以來將處理中共策略置於國際關係與對外政策的想法，
於該日明確將之定為「親蘇俄，聯英美」，即「防美孤
立主義（不問東亞事）」，確保美國對華支持，同時
「防俄操縱，陷我孤危」，而親蘇政策與目的在於：
（1）孤立中共，使之就範；（2）鞏固統一，實施建
設；（3）用國際形勢與政治力量制服中共；（4）使
蘇對東方安心，專力防歐。[206] 簡言之，即為展開外交
布局，從國際形勢孤立中共。

　　8 月 4 日，蔣介石與彼得洛夫會談，囑其面告史達
林：「對於軍事合作，中國可以俄之主張為重；而對於
政治方面，則俄務以中國之主張為重。」[207] 所謂政治
以中國主張為重，係蔣介石於 2 月檢討對蘇外交與對中
共方針決定「對俄表明我對共為內政之嚴正態度」。加
上「中蘇友好同盟條約」第 5 條規定「彼此尊重主權及
領土完整與不干涉對方內政之原則下，共同密切友好合

206　《蔣介石日記》（手稿），1945 年 7 月 28 日「對國際形勢與今
　　後政策之研究」與「今後國際政策之方鍼」。

207　「蔣介石與彼得洛夫談話紀要」（1945 年 8 月 4 日），〈革命文
　　獻—雅爾達密約有關交涉及中蘇協定〉，《蔣檔》：002-020300-
　　00048-071。

作」，以及雙方照會載明蘇聯的援助「完全供給中國中
央政府，即國民政府」等，[208] 可以說蔣介石冀望藉由
條約規範促使蘇聯支持國民政府且不干涉內政，因為蔣
介石認為蘇聯「欲求二十年之安定，而惟一重點則在中
國，其次為土耳其，而猶恐余對彼疑懼不能置信，故其
首先表示，對中共不再扶持，對新疆叛徒亦不接濟，以
協助我國之統一」。「如我能利用抗戰勝利前後之短少
時間，鞏固統一，奠立建設基礎，則彼亦不能不守信重
約，自不敢施其故技」。[209] 若由處理中共問題策略的
視角觀之，蔣介石認為政治解決中共問題不得不對蘇妥
協的前提下，締結「中蘇友好同盟條約」實具有維繫美
國援助、拉攏蘇聯、孤立中共的戰後國際布局的積極性
意義。至於日後蘇聯是否誠意遵守條約則是另一回事。

　　可知，抗戰期間美蘇兩大強國的勢力陸續入進中
國，並對國共關係發揮實質影響力，顯示了中共問題已
與國際關係密不可分。蔣介石在抗戰期間處理中共問題
的過程讓其對此現象亦深有體認，因此在處置中共問題
上，無論是政治防共或武力剿共措施，均不得不有所調
整，最後在戰爭末期著眼於國際關係與外交政策的視
角，展開布局準備戰後以政治處理中共問題。

---

208 「中蘇友好同盟條約」（1945 年 8 月 14 日），李嘉谷編，《中
　　蘇國家關係史資料匯編（1933-1945）》（北京：社會科學文獻
　　出版社，1997 年），頁 643-644。

209 《蔣介石日記》（手稿），1945 年 7 月 28 日「對國際形勢與今
　　後政策之研究」。

二、日俘的繳械與遣返

1945 年 8 月，抗日戰爭方結束，中國國內暗潮洶湧的國共紛爭才正準備開始。在此之前，駐瑞士大使館武官彭克定（1901-1962）於 6 月 22 日致電蔣介石指出，綜合該地與中國國內情報，證實日本已在預備第一步退卻，認為「對日本軍隊，我國不僅應作軍事上統籌反攻計劃，亦應準備政治手腕上之運用」，因此建議：

> 我軍似應慎密準備可與日軍發生關係，派可靠之人員與日軍及南京偽組織分別進行，使其投降談判。為達到目的起見，無妨允許以戰後親中政治上優待條件。職按我國此項計劃進行之目的，非僅為用政治手腕消滅敵人之道理，實亦藉此可收獲敵人全部武裝軍械。如能作到，實與我軍擴軍有莫大適宜。[210]

彭克定的意見著眼於以政治手段收繳日軍武器，並以德軍投降之前，美國總統羅斯福派遣代表與德國將領

---

210 「彭克定致蔣介石電」（1945 年 6 月 22 日），〈特交文電－勝利受降（四）〉，《蔣檔》：002-090105-00015-141。彭克定，字靜安，湖北雲夢人，黃埔軍校第二期輜重科畢業，參加東征與北伐戰役。1930 年派赴德國柏林陸軍大學參謀班學習機械化戰術。1933 年回國任戰車教導營首任營長，編訂《戰車兵操典》、《車輛保養條例》與戰術訓練計畫，為中國創建裝甲兵訓練重要幹部。1937 年 7 月後，歷任戰時工作幹部訓練團第一團第二總隊長、中央軍校第七分校教育處長、第四十二師長、第九十八軍副軍長。1944 年秋，派任駐瑞士大使館武官，1946 年離任回國，在漢口經營巴川銀行。1948 年 2 月至西安依附胡宗南，任西安綏靖公署高級參謀。1949 年冬，隨部隊退至四川，後經印度到臺灣，1962 年病逝。以上請參閱：「華人百科」網站：https://www.itsfun.com.tw/%E5%BD%AD%E5%85%8B%E5%AE%9A/wiki-56899-34549（2019/03/18 點閱）。

特里倫貝格（Wolf-Günther Trierenberg,1891-1981）接
洽成功，方使得德軍全部武裝落於英美之手的案例提供
參考。

　　8 月 10 日，日本透過瑞士向同盟國投降。翌日，
彭克定再致電蔣介石：「現日本請求投降，其最複雜
問題，似在繳收日軍全部武裝及如何善後能對我方有
利。」其中在繳械方面，建議：（1）先決定計劃繳
收日軍武器辦法，並立即實行，不必等待盟軍決定；
（2）國軍應盡量避免與日軍正面衝突，並用日語向日
軍宣傳向國軍繳械；（3）迅速出兵占領北平、徐州以
及滬寧之間的據點，設法進軍東北與蘇軍會師；（4）
參加盟軍占領日本本土，並接收其海軍及共同占海軍港
與商船等。[211]

　　當蘇聯於同年 4 月 5 日對日本通告「日蘇中立條
約」不再續約之時，蔣介石認為「此乃世界戰局一大轉
變」，「對倭戰局，實有急轉直下之可能」，並研判
「俄必於最近期間對倭宣戰也，我應積極準備事項：
（甲）俄對倭宣戰時之態度與手續；（乙）倭如提求和
條約時，我之態度與手續如何」。[212] 然而，由於日本
於 8 月投降一事甚為突然，在此之前蔣介石在意且關
心並非日本戰敗後的處置問題。縱觀蔣介石 1945 年日
記，在此刻之前其關注重心在於對美關係、對俄外交以
及中共問題，並費心地從國際政策上構思布局處理中共

211　「彭克定致蔣介石未真電」（1945 年 8 月 11 日），〈特交文電
　　　—勝利受降（四）〉，《蔣檔》：002-090105-00015-149。

212　《蔣介石日記》（手稿），1945 年 4 月 6 日、7 日。

問題。雖然蔣介石因為蘇聯不再續約訊息而認為應該積極著手準備日本求和之方針與事項，但至 6 月 9 日卻仍自我告誡：「對日方鍼與方法，應切實研究，不可再事遷延，如何進行與實施乎？」甚至在 7 月 14 日，蔣介石獲知來自美方訊息：「日本投降心切，但不願無條件投降，並由天皇準備派近衛〔文麿〕赴俄商談，或可於三個月至半年內結束戰事。」認為「倭如在三個月內投降，則我華北軍事之布置與籌備更應急進，勿再遲延」。[213] 顯示蔣介石認為戰事最快也是在 10 月之後結束，但因為此刻正專注於中蘇條約事務，尚未及真正深思如何處置日本投降的問題。

8 月 10 日，蔣介石獲知日本投降訊息當夜，「即召軍事幹部會商，準備對前方各戰區照預擬令稿發電後，手擬對偽軍通令廣播稿，並令吳鐵城與〔陳〕布雷對宣傳與黨部應辦各事之措施」。[214] 各項命令最重要為立即致電何應欽，命令在華日軍最高指揮官，即「支那派遣軍」總司令官岡村寧次，轉飭所部就現態勢停止一切軍事行動，並且命令各戰區「警告轄區以內敵軍，不得向我已指定之軍事長官以外任何人投降繳械」。[215] 此外，次日亦相繼發出各電令，包括命令淪陷區地下軍及偽軍維持駐地之治安，「非本委員長命令，不得擅自移

213　《蔣介石日記》（手稿），1945 年 6 月 9 日、7 月 14 日、本星期預定工作課目。
214　《蔣介石日記》（手稿），1945 年 8 月 11 日。
215　「蔣介石致何應欽灰電」（1945 年 8 月 10 日），〈革命文獻──日本投降〉，《蔣檔》：002-020300-00027-005。

動駐地，並不得受未經本委員長許可之收編」。[216] 以
及電令朱德：「所有該集團軍所屬部隊，應就原地駐防
待命。」「政府對於敵軍之繳械、敵俘之收容、偽軍之
處理，及收復地區秩序之恢復、政權之行使等事項，均
已統籌決定，分令實施。」[217] 15 日，日本正式宣布投
降，蔣介石直接電令岡村寧次：「應即通令所屬日軍，
停止一切軍事行動，並派代表至玉山接受中國陸軍總司
令何應欽之命令。」「日軍可暫保有其武裝及裝備，保
持現有態勢，並維持所在地之秩序及交通。」而且「不
得破壞任何設備及物資。」[218]

　　日本投降後的諸多事務之中，最急迫者為彭克定提
及繳收日軍武器一事。據岡村寧次與「支那派遣軍」總
參謀副長今井武夫回憶指出，8 月 15 日午後，一位身
著類似苦力服飾而全身髒污的男子突然出現於總令司令
門前，名為章克（1902-1990），自稱為新四軍軍使，
前來要求會見總司令官不果後，出示一張鉛筆書寫的紙
張要求接收日軍武器。結果被今井武夫以日軍交涉的對
手為中國政府正規軍，不可與中央軍以外的地方軍交涉
而打發。岡村寧次認為此插曲顯示了武裝貧弱的共軍是

---

216 「蔣介石致淪陷區地下軍及偽軍命令」（1945 年 8 月 11 日），
〈革命文獻—日本投降〉，《蔣檔》：002-020300-00027-007。

217 「蔣介石致朱德電」（1945 年 8 月 11 日），秦孝儀主編，《中
華民國重要史料初編——對日抗戰時期》，第七編：戰後中國
（二）（臺北：中國國民黨中央委員會黨史委員會，1981 年），
頁 275。

218 「蔣介石致岡村寧次電」（1945 年 8 月 15 日），〈革命文獻—
日本投降〉，《蔣檔》：002-020300-00027-017。

如何迫切需要日軍武器。[219]

　　蔣介石各相關電令重點在於確認日軍受降與接收事務的原則性問題，行使彭克定建議繳械措施係以掌控此項關鍵權利為基礎。特別是收繳武器的結果當會立即影響日後國共兩軍武力消長，蔣介石以為「此時惟一政策，在接收國內各地區敵軍之投降與繳械」，「否則敵械未繳，西陲起釁，反為俄共與敵寇所利用，使中國紛亂不可收拾」。[220] 故而何應欽於 8 月 21 日致岡村寧次中字第一號備忘錄特別針對此問題說明：「凡非蔣委員長或本總司令所指定之部隊指揮官，日本陸海空軍不得向其投降繳械，及接洽交出地區與交出任何物資。」「對本總司令所轄地區內所有日本陸海空軍及補助部隊之武器、彈藥、航空器、船艦」等，「應立即妥為保管，不得移動，並應絕對保持完好狀態，由岡村寧次將軍負其全責，聽候本總司令派員接收。」翌日，何應欽再以中字第四號備忘錄說明日軍投降與收繳械彈器材等細部規定，要求岡村寧次先行下令準備實施。[221]

　　在確認收繳日軍武器後，蔣介石於 8 月 18 日致電何應欽，指示各區受降主官、指揮部隊、接收地區與接

219　稻葉正夫編，國防部史政局譯，《岡村寧次大將回憶錄》（臺北：國防部史政局，1972 年），頁 10；今井武夫著，高橋久志、今井貞夫監修，《日中和平工作：回想と証言 1937-1947》（東京：みすず書房，2009 年），頁 202。

220　《蔣介石日記》（手稿），1945 年 9 月 8 日上星期反省錄。

221　「中國戰區中國陸軍總司令部備忘錄：中字第一號」（1945 年 8 月 21 日）、「中國戰區中國陸軍總司令部備忘錄：中字第四號」（1945 年 8 月 22 日），中國陸軍總司令部，《中國戰區中國陸軍總司令部處理日本投降文件彙編》，上卷（南京：同編者，1945 年），頁 37-38、42。

收日軍投降部隊番號。[222]　22 日，何應欽以中字第四號
備忘錄致岡村寧次，致上各地區受降相關規定附表，要
求下令各地日軍按表列地點分別分集中，準備實施受降
與交接。[223] 各地區受降儀式分別於 9 月與 10 月間舉辦
結束後，即為日俘善後問題。

軍令部長徐永昌曾於 8 月 19 日致電蔣介石稱：「魏
德邁建議，日軍投降，應規定向較大海口集中，以便美
海軍協助解除敵軍武裝，并將其遣送回國等由。」不
過，徐永昌則以為：

> 湘鄂日軍二十餘萬，如向滬杭集中，深恐影響地
> 方民食，且佔用交通工具，不利我國復員工作。
> 擬規定華北、華南日軍分向天津、海州、滬杭及
> 廣州等四處海口集中外，湘鄂日軍似應飭在武漢
> 附近集中，聽候解除武裝。[224]

徐永昌建議集中日俘的地點由滬杭一處擴大為四處
海口。不過，何應欽於 10 月 19 日致電蔣介石稱，擬將
各地日俘與日僑向天津、青島、連雲、上海、漢口、廣
州、雷州、海口、汕頭、廈門、海南、基隆、高雄等地
集結，後續再辦理遣返回日事宜。[225] 由於日俘加上人

---

222 「蔣介石致何應欽巧辰電」（1945 年 8 月 18 日），〈特交文電—
　　勝利受降（一）〉，《蔣檔》：002-090105-00012-199。

223 「中國戰區中國陸軍總司令部備忘錄：中字第四號」（1945 年
　　8 月 22 日），中國陸軍總司令部編，《中國戰區中國陸軍總司
　　令部處理日本投降文件彙編》，上卷，頁 41-42。

224 「徐永昌致蔣介石皓代電」（1945 年 8 月 19 日），〈革命文獻
　　—日本投降〉，《蔣檔》：002-020300-00027-031。

225 「何應欽致蔣介石皓電」（1945 年 10 月 19 日），〈特交文電

數更多的日僑總數恐逾 300 萬以上，何應欽增加集結在
華日人的地點再辦理遣送作業，盡量避免徐永昌憂慮的
影響。

　　1946 年 5 月 13 日，何應欽在總理紀念周報告經過
約半年多來遣送日俘與日僑工作情況：

> 遣送日俘，在中國戰區內（東三省在外）之日俘及
> 日僑，共二百零三萬九千九百七十四人，分十二
> 個港口遣回日本。自各港口至日本之運輸，由美
> 海軍擔任；在中國及臺灣、越南各內地至各港口
> 之運輸，由中國自行擔任。截至本年五月五日止，
> 已遣回日本者為一百六十三萬一千四百三十六
> 人，尚餘四十萬零八千五百三十八人，正在加緊
> 遣送中。[226]

　　此後亦陸續再由各地將其他日俘與日僑集中各港口
進行遣送作業，截至 1947 年 12 月底，全部已遣送人數
多達 315 萬 9,907 人。[227]

　　學者鹿錫俊指出，在處置日俘的過程中，蔣介石並
沒有「利用投降後的日軍幫助國民黨消滅共產黨」，主
要原因包括：（1）此時蔣介石躊躇滿志，低估共軍而

　　─勝利受降（一）〉，《蔣檔》：002-090105-00012-168。

226 葉健青編，《蔣中正總統檔案：事略稿本》，第 65 冊（臺北：
　　國史館，2012 年），頁 523-524。

227 「全國各地遣送日僑日俘數目表（至卅六年十二月底止）」，
　　〈僑俘遣返概況及收費辦法〉，《外交部檔案（國）》：020-
　　010118-0008，頁 78。

高估國軍，「因而認為單憑國民黨自身的力量即可取得完全勝利」；（2）「既不願亦自感不必冒天下之大不韙，因利用敵國軍隊打內戰而自陷困境」；（3）蔣介石警惕於中共與日軍勾結一氣，演成極大之動亂。[228]

不過，該文章指出蔣介石樂觀地以為僅需半年時間即可打敗共軍，但卻未說明蔣介石自信的來源。其次，雖然引用蔣介石日記告誡自己「萬不可借外力或弄小智，徒陷黨國於不可收拾之地」，[229] 亦未說明其顧慮內容。最後，則是轉引中共華中區敵區工作部部長揚帆（1912-1998）的回憶錄，敘述「支那派遣軍」於 1945 年 6 月透過被俘的中共情報幹部紀綱（1902-1996），與新四軍保衛部長梁國斌（1910-1980）及揚帆會見而建立聯繫渠道等情形，[230] 認為此動向自然不可能完全欺瞞過蔣介石，而當其在 7 月批閱情報即解讀為「共匪與倭寇已經連成一片，協以謀我」，[231] 但卻未徵引有關此次日軍與共軍聯繫的情報內容史料為佐證。

其實在同年 3 月 14 日，第十戰區副司令長官何柱國（1897-1985）即電告蔣介石，偵知汪政權代理主席兼行政院長陳公博（1982-1946）於上個月 22 日召集軍事會議，「敵顧問矢崎世示意偽軍可局部與奸偽妥協，并將剿共委員會招牌取消。但各偽軍將領均不贊同，敵

228　鹿錫俊，〈蔣介石與戰後國共相爭中的日本人角色〉，《抗日戰爭研究》，2013 年第 1 期（2013 年 2 月），頁 8-9。

229　《蔣介石日記》（手稿），1945 年 9 月 8 日上星期反省錄。

230　汪朝光，〈抗戰勝利前後國共日三方互動關係研究〉，《史學月刊》，2005 年第 3 期（2005 年 3 月），頁 65。

231　《蔣介石日記》（手稿），1945 年 7 月 9 日。

方仍盛傳聯共攻西安說」。[232] 同月 28 日，第九戰區副
司令長官王陵基（1883-1964）亦來電稱，共軍王政部
在去年陰曆 8 月由延安出發，於宜川吉縣渡過黃河，在
黃河大屋山會合新四軍第五師第十四旅，於本年經黃河
下游渡長江至鄂城，再竄至大冶，而且新四軍第四師似
企圖在湘鄂贛建立根據地。[233]

　　同月底，蔣介石分析中共的擴張途徑，認為中共
「以倭寇為其掩護者，以淪陷區為其逋逃藪，一面推
動寇軍進逼我軍，擴大其淪陷區，乃可擴充其勢力範
圍」。「今日之勢，共匪與敵寇已相依為命，敵寇冥
頑，且願為其效前驅，而以共同消滅我國軍與政府，以
求好於共俄矣」。[234] 蔣介石的分析描述抗戰期間共軍
在日軍占領區發展並擴張根據地的表面現象，巧合的是
其臆測日本與中共聯合消滅國軍以討好蘇聯，正好與日
本參謀本部和陸軍省於前一年 8 月 8 日研擬對外政策指
導要領案不謀而合。[235] 雖然此案並未成為日本政府的
政策，但日本方面企圖透過承認中共來示好蘇聯，藉以
打開對蘇外交則為不爭的事實。

232　「何柱國致蔣介石寅寒電」（1945 年 3 月 14 日），〈特交文電─
　　汪偽組織（三）〉，《蔣檔》：002-090200-00024-317。

233　「王陵基致蔣介石寅儉電」（1945 年 3 月 28 日），〈特交文電
　　─增編（九）〉，《蔣檔》：002-090300-00224-062。

234　《蔣介石日記》（手稿），1945 年 3 月 30 日。

235　要領案構想是藉由蘇聯斡旋日本與重慶（包含延安）之間停戰，並
　　「努力促成汪精衛、蔣介石、中共的合作，若蔣介石不應允的話，
　　則支援中共，認可其取代重慶的地位」，冀望藉此展開對蘇交涉。
　　請參閱：省部主務者案，「今後採るべき戰爭指導の大綱に基く對
　　外政略指導要領（案）」（1944 年 8 月 8 日），〈昭和 19 年大東亞
　　戰爭：戰爭指導關係綴（一般の部）〉，JACAR Ref. C12120291700。

　　未久，第十戰區司令長官李品仙（1890-1987）於
6月30日亦電稱：「敵近派員赴藕塘與奸匪協定三項：
A. 物資交換、B. 互不侵犯、C. 接濟奸匪武器。」而且
「土肥原〔賢二〕秘書洪錫恩與陳毅來往頗密，內幕不
詳。」[236] 7月5日，河南全省保安司令劉茂恩（1898-
1981）也電稱：「日方向奸偽要求合作共擊英美，奸偽
當要求日協力共守互不侵犯條約等情。」[237] 此二件情
報或許和6月「支那派遣軍」與新四軍聯繫之事有所關
連，但難以據此斷定。不過，確實讓蔣介石以為「知共
匪與倭寇已經連成一氣，協以謀我矣」。惟蔣介石對於
日軍與共軍可能掛勾的猜疑，早在共黨人員回憶錄指稱
日共雙方於6月建立聯繫渠道之前，即已心生疑慮。

　　事實上，如前所述，蔣介石於1945年年初始即逐
步構思，並展開親蘇聯美措施，推動疏離美國與中共關
係以孤立中共的國際布局策略。換言之，即是準備以政
治方式解決中共問題，因此根本無所謂運用投降日軍打
擊共軍的議題。若謂戰後利用日軍力量一事，或可說蔣
介石在日軍受降之前以治安所需，命令岡村寧次保持現
有態勢，負責維護日軍所在地秩序與交通，不僅達到
維持治安目的，同時也藉由日軍約束中共擴張地盤與
力量。

　　此外，戰後美國供應國軍武器與國際宣言的規範，

---

236 「李品仙致蔣介石代電」（1945年6月30日），〈特交文電—抗
　　命禍國苛擾殃民：抗戰時期（十四）〉，《蔣檔》：002-090300-
　　00215-103。

237 「劉茂恩致軍事委員會午微電」（1945年7月5日），〈特交文電—種
　　種不法罪行（二）〉，《蔣檔》：002-090300-00018-158。

也都讓蔣介石無需或者不能做此種考慮。就國共的武器
問題，1945 年 1 月底，蔣介石確認「美國對中共擅自
接濟軍械之企圖，確已打消」，以及赫爾利於 4 月對記
者表示美國不會接濟中共武器，加上中蘇締約時，雙方
照會規範蘇聯的援助完全供給國民政府等，均使蔣介石
認定已經封鎖中共的軍需援助。相對地，蔣介石於日本
投降後次日立即與赫爾利、魏德邁確認「中美聯合對敵
辦法以及租借法案、八十師武器是否於休戰後繼續供給
問題」，隨即於一週後獲得美方回應，認為「彼等實有
誠意合作，助我建軍」。[238] 國共武器軍需來源如此一
來一往，自然增加蔣介石對國軍戰力的信心。

重要的是國際宣言的規範。1945 年 7 月 26 日，中
美英三國聯合發表「波茨坦宣言」，敦促日本立即無條
件投降。宣言第 9 條規定：「日本軍隊在完全解除武裝
以後，將被允許返其家鄉，得有和平及生產生活之機
會。」[239] 戰爭結束後，重慶中美聯合參謀會議於 9 月
29 日致中國陸軍總司令部備忘錄，說明由蔣介石負責
區域內日本繳械部隊及僑民遣送回日事宜，要求對於
「日本被解除武裝部隊及日本僑民之遣送」應有完善
的計畫，並指出「遣散工作極可能於 10 月 31 日前不
能開始，或日本本土之日人全部解除武裝並復員後，
及至日本之情況可能迅速收容，及順利分佈之後，始

238　《蔣介石日記》（手稿），1945 年 1 月 31 日上月反省錄、4 月
　　　4 日、8 月 11 日、19 日。

239　「美英中三領袖公告　迫日本無條件投降」，《中央日報》，重慶，
　　　1945 年 7 月 28 日，版 2。

能開始」，因此希望「在上述時期中間，中國戰區應盡一切之準備，以使遣送工作得迅速及順利完成」。[240] 10 月 25 日至 27 日，盟軍最高司令官總司令部在東京舉行「遣送日人之聯席會議」，中國方面亦有派代表參加，會議規定中國政府應負責遣送中國戰區繳械日俘與日僑。[241] 同一時間，中美雙方相關人員在上海召開第一次遣送日俘與日僑會議，制定「中國戰區日本官兵與日僑遣送歸國計劃」，在總則首條即明訂「中國戰區日本官兵與日僑之遣送返國由中國政府負責」。[242] 次年7 月，美國駐華大使館為了中國方面留用日本技術人員事照會外交部稱：「美國政府始終認為，為遵守『波茨坦宣言』及免除中國境內日本惡勢力可能復起之危險，所有在中國之日籍人民均宜於最近遣送返國。」[243] 另外，美蘇兩國為了遣送中國東北地區的日俘回國一事有所爭議，雙方發表聲明爭辯。蘇聯「提及遣送日俘回國問題時，則表示自受『波茨坦宣言』之約束」；美國則認為「遣送日本平民回國，純係基於人道立場，至

240 「重慶中美聯合參謀會議致中國陸軍總司令部備忘錄」（1945 年 9 月 29 日），中國陸軍總司令部編，《中國戰區中國陸軍總司令部處理日本投降文件彙編》，下卷（南京：同編者，1945 年），頁 221-223。

241 「美國大使館卅五年七月六日照會」，〈留用日籍技術員法規及中美交涉留用日僑人數〉，《外交部檔案（國）》：020-010118-0018，頁 90。

242 「中國戰區日本官兵與日僑遣送歸國計劃」（1945 年 10 月 25 日），中國陸軍總司令部編，《中國戰區中國陸軍總司令部處理日本投降文件彙編》，下卷，頁 224。

243 「美國大使館卅五年七月六日照會」，〈留用日籍技術員法規及中美交涉留用日僑人數〉，《外交部檔案（國）》：020-010118-0018，頁 90。

於遣送戰俘回國，是乃履行『波茨坦宣言』所規定之義務」。[244]

可知，遣送日俘回國在戰爭結束前夕公告的「波茨坦宣言」已有明文規範，戰後歷經重慶、上海、東京各次會議，均決定由中國負責遣送中國戰區日俘與日僑業務。蔣介石身為此件宣言署名者之一，美蘇兩國也都曾聲明有遵守此宣言的義務，其規定對於蔣介石自有強大的約束力。

若蔣介石冒天下之大不韙而違反宣言的規定，圖謀運用日俘武力協助消滅中共，後果首當其衝為破壞國際信用而惡化中美關係，並讓蘇聯有誣陷的藉口。當蔣介石得知山西省主席閻錫山利用日俘與共軍作戰，不僅怒斥其不爭氣，認為此舉對內破壞國家政策；對外喪失國格。[245] 因為利用日俘的結果將牽一髮而動全身，蔣介石自 1945 年年初以來籌劃多時親蘇聯美的國際政策布局將毀於一旦，加上魏德邁曾於 11 月 10 日致蔣介石備忘錄表示：「極端反對利用日軍以制共軍。」[246] 因此貪圖眼前之利，美國同意的租借法案與八十師建軍武器亦將付之流水。整體而言，蔣介石苦心布局以政治處理中共問題的策略將功虧一簣，後果將得不償失。

---

244 「中華民國駐日代表團致外交部代電」（1946 年 9 月 12 日），
　　〈中國境內敵僑俘處理案（二）〉，《外交部檔案（國）》：
　　020-010118-0003，頁 114-116。

245 《蔣介石日記》（手稿），1946 年 1 月 20 日、3 月 28 日；徐永昌著，
　　中央研究院近代史研究所編，《徐永昌日記》，第八冊（臺北：中
　　央研究院近代史研究所，1991 年），1946 年 3 月 28 日，頁 251。

246 「魏德邁致蔣介石備忘錄」（1945 年 11 月 10 日），〈美國軍事
　　援華〉，《國民政府檔案》：001-118330-00001-001。

此外，就日本的立場，最高戰爭指導會議已於 1944 年 9 月 5 日通過「關於對重慶政治工作實施之件」，決定將蔣汪合作與中共問題都視為中國內政而不予干涉。[247] 日本投降後，大本營也依據「波茨坦宣言」第 9 條的規定制定復員方針，決定立即由日本國內部隊開始進行復員，在外各處部隊則回到日本後立即復員，並預定於停戰協定成立之後展開復員工作。[248] 8 月 18 日，陸軍省根據此方針以軍令陸甲第一一六號頒布「帝國陸軍復員要領」，規定「應該復員的部隊為〔日本〕帝國全部陸軍部隊」，並委由陸相與參謀總長協議擬就復員實施細則。[249] 同日，陸相與參謀總長立即擬定「帝國陸軍復員要領細則」，並於 23 日頒行各相關部隊準備執行。[250] 可知，日本政府在停戰後數日即立刻著手準備將全部部隊進行復員。

戰爭末期日本在中國本土作戰軍隊以「支那派遣軍」為主體，戰爭結束之際約有 105 萬左右。總司令官岡村寧次於日本投降時，首先擔憂的即為日本國家前途，以及如何處理其所統帥的百萬大軍，並在此後日夜思考如何將包含日僑在內的上百萬日本軍民安全撤回日

---

247 最高戰爭指導会議，「対重慶政治工作実施ニ関スル件」（1944 年 9 月 5 日），〈大東亜戦争関係一件：本邦ノ対重慶工作関係〉，JACAR Ref. B02032986200。

248 服部卓四郎，《大東亜戦争全史》，頁 956。

249 「帝国陸軍復員要領」（1945 年 8 月 18 日），〈帝国陸軍復員要領（軍令陸甲第 116 号）〉，《陸軍一般史料》，JACAR Ref. C15010406700。

250 「帝国陸軍復員要領細則」（1945 年 8 月 18 日）。〈帝国陸軍復員要領（軍令陸甲第 116 号）〉，JACAR Ref. C15010406800。

本國內。[251]

8月18日，岡村寧次親自擬具「和平之後對支處理要綱」，經與當地海軍與駐汪政權大使谷正之協議後，由谷正之於21日電告大東亞大臣重光葵，準備據以實行。其中要領最重要為第4項至第6項：

(4) 關於強化對華支援，以真正把握中國民心為主。首先應使重慶中央政權容易統一，並協助中國復興建設。渝延〔國共〕關係應該由中國方面自行處理，但延安方面若採取侮日態度的話，則斷然嚴懲之；

(5) 交付中國的武器彈藥、軍需品等，基於統帥命令於指示之時期及場所，全部且圓滿地移交中國方面，以充實中央政權武力；

(6) 在華軍用及民用各項設施、資材等，一律嚴禁損毀，完全移交中國方面，以助其復興。[252]

岡村寧次主要是基於結束中日關係的不睦及援助中國復興，以有助於將來日本的發展與東亞復興的態度而擬定此件要綱。雖然他明言支持重慶方面能夠統一中國，但對於國共關係則明確表明不欲介入的態度，可以說是延續1944年9月最高戰爭指導會議制定「關於對重慶政治工作實施之件」的立場，將延安政權與共軍部隊問題視為中國內政。

---

251 稻葉正夫編，國防部史政局譯，《岡村寧次大將回憶錄》，頁5、28。

252 「谷正之より重光葵宛合第167号電」（1945年8月22日），〈ポツダム宣言受諾関係一件：善後措置及び各地状況関係〉，第3卷（中国の1），《戰後外交記錄》，日本外務省外交史料館藏，JACAR Ref. B18090015300。

　　岡村寧次為了將中國內陸的日俘與日僑安全集結於
乘船地點，並得以順利載運返國，於9月1日致何應欽
「關於停戰協定事前諒解事項」，表示有關運送返日事
項，希望於最短時間內完成撤兵，為此需要向聯合國方
面多次借用至少50萬噸的船隻；有關解除武裝事項，
希望至乘船地點止，准予攜帶自衛武器，以及准許指揮
官攜帶刀劍回國；有關歸國日僑事項，要求由日軍同行
保護，並希望優先乘船遣送等。[253] 岡村寧次亦將諒解
事項意旨下達隸屬的全部軍隊，期望先行統一部隊的意
志。[254] 說明他已對部隊明確表達將全數撤出中國返回
日本的態度。

　　9月10日，何應欽召見岡村寧次，針對他所申請
及顧慮事項，例如自衛武器、糧食、運輸、連絡用飛機
與通信器材、命令系統等逐一說明辦理原則。其中有關
運輸返日一事，何應欽說明：「將來你們一百數十萬人
回國時所需船隻，我可負責向我盟邦美國要求撥用，使
你們早日返日。」[255] 何應欽所提的運輸船隻，中美人
員於10月25日至27日在上海舉行聯合會議制定遣送
計畫時，已決定將遣送計畫分兩階段，第一階段：向港
口之輸送與上船時之檢查，由中國陸軍總司令部擔任；

253　「谷正之より重光葵宛合第192号電」（1945年9月3日），〈ポ
　　　ツダム宣言受諾関係一件：善後措置及び各地状況関係〉，第3卷
　　　（中国の1），JACAR Ref. B18090015300。

254　防衛庁防衛研修所戰史室，《昭和二十年の支那派遣軍（2）—
　　　終戰まで—》（東京：朝雲新聞社，1973年），頁556-557。

255　「何應欽召見岡村寧次談話記錄」（1945年9月10日），中國
　　　陸軍總司令部編，《中國戰區中國陸軍總司令部處理日本投降
　　　文件彙編》，上卷，頁103-106。

第二階段：中國本土、臺灣及日本間之水運用登陸艇之運送，由美國第七艦隊擔任，用其他船隻輸送則由 SCAJaP 負責。[256] 岡村寧次依據派遣回日聯絡的參謀報告，由於船隻極度欠缺，欲將在華日本軍民全部運送回日將需三年半左右，因此日夜擔憂不已。直至 11 月 17 日獲知第一批運送船隻於當日出港才令其感到安心，並且由於前述美方負責提供船隻，而讓其負責區域的上百萬日本軍民能於十個月左右撤離完畢。[257]

可知，無論是日本政府的立場或者在華統帥上百萬日軍的岡村，因為敗戰的情勢，都已經不欲理會中國內部的國共紛爭，並且依照「波茨坦宣言」的規定，進行日軍復員措施。可以說中日兩國在戰後同樣地都遵守國際宣言的規範，處理包含日俘繳械遣返的戰後問題。

小 結

日本為了擺脫中日戰爭困局，企圖切斷重慶國民政府外援物資管道而展開南進政策。因此外交上採取「結德制美和蘇」策略，冀望藉由簽訂「德義日三國同盟條約」與「日蘇中立條約」的國際態勢防範美國，並暫時以曲線防共措施促成北方靜謐局面。惟德蘇戰爭爆發，日本見獵心喜地制定向南擴展並待機北方的機會主義方案，欲投機展開武力防共，直接解決北方威脅。但此插

---

256 「中國戰區日本官兵與日僑遣送歸國計劃」（1945 年 10 月 25 日），中國陸軍總司令部編，《中國戰區中國陸軍總司令部處理日本投降文件彙編》，下卷，頁 224。

257 舩木繁，《支那派遣軍総司令官岡村寧次大将》，頁 338。

曲因日軍武力進駐法屬印度支那南部，引發美國採取禁運石油的激烈反應，讓日本關注重心轉至南方問題，最終回歸外交式的曲線防共措施，發動太平洋戰爭。

惟太平洋戰況發展非如日本設想，日本因 1943 年 2 月瓜達康納爾島爭奪戰失敗而陷入戰略防禦態勢，原本依賴「日蘇中立條約」的消極對蘇靜默態度，因重光葵就任外相並主張對蘇外交的重要性，展開積極的對蘇外交措施，確保蘇聯中立。但不論是以解決日蘇懸案或對中共妥協的容共政策都無法打開對蘇外交，遑論是戰爭尾聲之際東鄉茂德冀望透過蘇聯仲介和平。在此過程中，無論日本如何構思聯蘇策略，都是延續著籌備南進之際以來的曲線防共措施。日本因無法打開對蘇外交，大本營自 1944 年 9 月起逐步推動對蘇備戰，縮限中國大陸戰線，抽調部隊充實滿洲戰力，防共政策回到武力防共，惟性質已由攻勢作戰被迫轉為防衛作戰，但仍未放棄以滿洲作為防共的對蘇戰略地位。然而，日本推動多年防共國防政策在戰敗投降後，一切均灰飛煙滅。

日本推動防共國防政策的過程並非總是一成不變，而是受到戰爭情勢影響並調整變動，包括中日戰爭的泥淖、德蘇戰爭的誘惑、太平洋戰爭的策動，以及太平洋戰場的敗退。期間因為中立條約造成日本防範蘇聯的防共概念隱而未顯，但德蘇戰爭爆發後的待機北擊蘇聯與戰爭末期籌備抗蘇的武力防共，說明日本隨時準備採取以蘇聯為主要對象的防共概念。

至於中國方面，雖然西安事變促成國共合作，但國民政府方面仍極力防範其發展。不過，中共因抗戰契機

而大肆擴張軍隊與根據地，國共各地部隊摩擦不斷。雖
然蔣介石曾經欲利用 1943 年 5 月共產國際解散時機，
籌劃軍事剿滅中共計畫，卻因忌憚於國際壓力而於 9 月
放棄。此後國軍部隊因 1944 年間日軍「一號作戰」損
失慘重，中共趁機向淪陷區發展，擴大地盤與勢力，引
起美國對中共軍事力量的重視並介入國共糾紛。雖然美
軍於 1945 年 1 月收復菲律賓，採取北攻沖繩再進軍日
本本土戰術，不再需要共軍部隊。但過程中令蔣介石再
度體認中共問題與國際關係的密切性，因此逐步推動
「親蘇俄，聯英美」的外交政策，欲「用國際形勢與政
治力量制服中共」的政治解決策略。

　　在政治處理中共問題的前提下，所謂蔣介石是否考
慮在戰後運用投降日軍打擊共軍可視為假議題。重要是
戰後日俘繳械遣返為「波茨坦宣言」的規定，不僅蔣介
石遵守規範遣返日俘，日本方面也據此展開軍隊復員工
作，而且岡村寧次同樣表明不願涉及國共紛爭的立場，
急於將其統帥部隊與日僑撤回日本。總之，日本戰敗
後，所謂中日共同防共政策已經告終；國民政府方面也
以政治方式處理中共問題，展開國際孤立中共的布局，
籌謀避免美蘇支持中共，並以美國供給武器以及保持蘇
聯友好態度的策略與手段，自行處理國共紛爭。

結　論

北方的大熊，在他廣大的巢穴裡從容地剝食他的果實，
打著一種會心的微笑，自己說：「現代世界那有真正
的反共結合？」

蔣百里，〈歐洲大陸英雄之覆轍〉[1]

一、日本防共政策的演變

「國際政治的重點在於探討衝突，當不同國家想
獲得不同的東西，而這些渴望互相衝突時會發生的事
情。」[2] 日本以中國大陸為基地推動防共國防，追求
日本一國利益，結果引發中日蘇三角連橫捭闔關係，牽
動德、英、美等國，擾動東亞國際局勢，觸發中日戰爭
與太平洋戰爭的結果，型塑今日生存且熟悉的東亞局勢
運作體系與構造，是現今東亞各國共同邁向和平的背
景，同時也是阻礙合作的因素。

過去已發生的歷史事實並無法改變，但如何理解、
解釋與認識歷史，並非只有一個正確的答案。[3] 對於
1931 年至 1945 年期間中日糾紛與戰爭的歷史本質，若
只是理解為強權國家侵略弱國的單一觀點並不適切，應

1　蔣百里，〈歐洲大陸英雄之覆轍〉，收入蔣百里著，黃萍遜等編，
　　《蔣百里抗戰論集》（北京：國家圖書館出版社，2014 年），頁 3。
2　Marc Trachtenberg 著，陳秉逵譯，《歷史研究取徑與方法：以外
　　交史為例》（臺北：韋伯文化，2010 年），頁 192。
3　入江昭著，楊博雅譯，《我與歷史有個約會：入江昭治史心得》（北
　　京：北京大學出版社，2013 年），頁 83。

該要深入釐清中日的國家發展及彼此關係發展的困境。
而在考慮中日外交與戰爭的歷史性格，防共是一個不可
忽略的重要觀點，[4] 更是兩國關係惡化與陷入長期戰
爭的主要根源。

　　戰前日本防共根源在於日俄戰爭後的恐俄報復心
理，在欲打破華盛頓體系的國際局勢背景下，聯結總體
戰思惟以及防範共產思想入侵的意識型態目的，方式則
是將中國大陸視為禁臠，以外交與戰爭軟硬兼施手段執
意推動，造成東亞生靈塗炭的戰火。綜觀本書的論述與
分析，日本以蘇聯為目標而強行在中國大陸推動的防共
政策並非一成不變，而是配合外交手段與因應戰爭情勢
調整政策的措施與內涵，故而日本初始以對蘇備戰為目
的的防共概念，也是在戰爭與外交糾結之下呈現不同表
象，時為防止共產主義滲透或時為以蘇聯為對象，又或
同時兼具。整體過程日本防共政策的演變約可分為三
期：戰前防共政策的形成期、戰爭前後防共議題的交涉
期、戰爭期間防共措施的變形期。

　　首就形成期方面，日本在日俄戰爭後取得南滿勢
力，賦予關東軍北向防俄任務，讓南滿洲開始具有對俄
軍備的戰略地位。然而，第一次世界大戰改變戰爭性質
與引發俄國蘇維埃革命，促使日本對於滿洲戰略地位有
著多元的想象。日本陸軍少壯派組成一夕會，計劃推動
建立國家總動員體制，並籌謀占領滿洲全境。少壯派從

4　家永三郎，《太平洋戰爭》（東京：岩波書店，2002年，第2版），
　頁 127-128。

確立對蘇作戰基礎的戰略目標著眼，因應戰爭型態的改變，針對總體戰所需資源來源問題，認為控制滿洲可直接擁有當地資源，同時也可作為奪取華北與華中資源的橋頭堡。而且蘇俄成立後，共產主義思想對日本造成意識型態兼戰略的威脅，占領滿洲也有防止赤化思想漫延至日本的目的。對日本而言，此刻滿洲戰略地位同時兼具對蘇軍備、對華掠取國防資源、防止共產思想入侵的多重涵意。九一八事變陰謀肇端於此，但中國方面著眼於日軍占領東北領土的侵略意圖，未曾深論日軍的深層目的。此後中日雙方因為事變惡化兩國邦交而謀思改善關係，在醞釀和談氛圍過程中，日軍的防共國防構想逐步成為日本對華政策的廣田三原則之一，並經由德日洽商簽訂「防共協定」與「支那駐屯軍」推動華北「防共協定」，充實了共同防共的措施與內容，決定以締結防共軍事協定與中日軍事同盟的方式，要求中國合作防共。

其次，交涉期方面，日本藉由中日「調整國交」會談的契機，展開對華推動共同防共的外交談判。中國方面雖然未預想到會談以防共議題為主，但在九一八事變後已恢復中蘇邦交，蔣介石冀望利用中日會談籌謀獲取中蘇軍事互助條約，或以解決華北主權問題作為中日共同防共的代價。蘇聯對日採取宥和政策卻無法取得「日蘇互不侵犯條約」的保證，但也對中國方面期望的合作或軍事互助採取觀望拖延態度，甚至將之利用於改善日蘇關係的交涉工具。期間德國因在華日軍策動一系列華北事件，不願介入中日糾紛而放棄汪精衛的中德日反共

同盟構想，但卻與日本簽訂防範蘇聯為目標的「防共協定」。結果呈現中日蘇各有需求而拒絕另一方的三角縱橫捭闔關係，卻因德日結合的插曲，讓蘇聯的先日後華態度改對德關係為主，於 1937 年恢復對華交涉互不侵犯條約、促成太平洋地區公約、同意軍售中國、同意蔣經國返華等，可謂全為以德國為重心的對外措施，極力避免引發日蘇戰火而陷入同時東西應敵的窘境，故而強化中國抗日態勢。日本一直亟為關注中蘇復交與合作內情，透過偵得情報確知中蘇並無密約，因此在會談時肆無忌憚地對華強推共同防共。此後日本趁中日戰爭契機發表拒絕出席布魯塞爾九國公約會議聲明，對國際宣示揚棄華盛頓體系，並利用戰爭壓力，冀望陶德曼調停完成中日防共訴求。結果在調停訴求不成後，改與謀略成立的汪政權達成日汪共同防共的宿願。

最後，變形期方面，可分為落實防共措施與調整防共外交兩部分。就落實措施部分，日本與汪政權合作防共，將之納入東亞防共體系，首要工作在確保中國大陸為日本國防資源供應地，落實防共國防政策。但日軍占領區的治安問題，嚴重影響經濟合作與開發國防資源，促使日軍指導華北政務委員會在華北共同推動治安強化運動，以及與汪政權合作在華中展開清鄉活動，以共軍為主要目標，進行肅清治安工作，藉以強化汪政權政治統治力以利開發中國經濟。有關日汪合作該兩項活動，一般習慣分別論述並單純地視為肅清治安工作，但該兩項活動本質同為日軍以開發中國大陸國防資源來支援防共國防政策的目的。不過，形式上呈現日汪合作以中共

為對象的共同防共現象，相較於日軍構想以蘇聯為目標而言，可謂是因應占領地所需而變形的防共措施。惟日汪防共結果並未消滅共軍，卻嚴重打擊國軍的敵後游擊戰力，直接影響國共戰力與地盤的消長。

就調整外交部分，日本陷於中日戰爭泥淖難以自拔，決定在德軍襲捲歐洲戰場減弱歐洲列強對東南亞殖民地政治力的契機採取南進政策，切斷重慶國民政府抗戰的外援路線，為此日本採取「結德制美和蘇」的外交策略。表面上「日蘇中立條約」與南進似乎改變日本的防共政策，但日本真實目的為保持「北方靜謐」以備南進之需所做的暫時性調整，故可視為曲線防共措施。此點由德蘇戰爭爆發後，日本制定靜待遠東蘇軍大部西調後即北上擊蘇的待機武力防共政策可資證明。日本構想在發動太平洋戰爭占領南洋戰略地區，確立長期不敗態勢後，南方作戰即告一段落，當可靈活調整兵力應付蘇聯動向。惟戰況不如日本預料，日軍自中途島海戰後逐步敗退，日本不得不持續採取曲線防共，甚至因戰情極度不利而拋棄德日「防共協定」與中日共同防共，積極展開聯蘇政策，冀望蘇聯的媾和，使得為南進而保持北方靜謐的曲線防共，倒退為九一八事變之際僅以滿洲為基地的對蘇軍備戰略地位。日本雖然因應戰爭情勢仍未放棄防共政策，而是變形為曲線防共措施。不過，日本因遲未能打開對蘇外交而縮限中國戰線以集兵滿洲，回歸武力防共措施，但局勢已難挽救，防衛型武力防共在日本投降後即告瓦解。

二、中日防共概念的分歧

　　「國家到底是以合作的方式，還是以單邊或衝突的方式來實現『自助』，在很大程度上取決於它們之間的相互依存（interdependence）程度。」[5] 戰前中國方面同樣面臨蘇聯的侵略野心，並有代理人中共的武力叛亂陰謀。中日雙方面對相同的蘇聯威脅，中國卻無法回應日本的共同防共訴求，原因在於國家主權問題與國內民族主義浪潮，而此兩原因正是由日本所造成。

　　日本陸軍少壯派發想的防共國防，以策動九一八事變侵占中國東北而展開，諷刺的是也因為此種開端方式與結果成為中日難以合作的首因。中日雙方於事變後為謀改善緊張的邦交而醞釀親善氣氛，汪精衛對有吉明的提議、蔣介石匿名發表〈敵乎？友乎？〉一文、王寵惠訪日提出中國三原則等，明示中方的訴求在於期望以主權國家為基礎發展兩國平等與和平關係。然而，日本陸軍卻進一步覬覦華北利益，策動華北事件與自治運動，加深中國方面的疑慮。故而張羣在 1936 年 3 月與駐華大使有田八郎非正式談話稱：「我人認為若欲根本調整中日邦交，必先從解決滿洲問題作起。但因日本認為困難，故只能退一步，先談解決華北問題。」「中國希望日本尊重中國主權與獨立，停止一切非法行動，並不直接間接干涉華北內政。」[6] 9 月，中日正式展開會談

5　赫德利・布爾（Hedley Bull）著，《無政治社會：世界政治秩序研究》（北京：世界知識出版社，2003 年），頁 7。

6　「張羣與有田八郎談話紀錄」（1936 年 3 月 16 日 -19 日），〈特交檔案－國交調整（二）〉，《蔣檔》：002-080103-00002-012。

之際，張羣向新任駐華大使川越茂強調「中日關係之調整，應合乎平等及互尊領土與主權之原則」，同時提出 5 項中國對案，均為當前之華北主權問題，[7] 加上蔣介石認為「防共問題必須有相當代價，且須與華北問題並論」。但川越茂拒絕商談華北問題，而且執意強迫中方接受共同防共，最後會談因 12 月 14 日綏遠戰役而中止。戰役僅是結束會談的藉口，中日難以洽商合作並改善關係的背景因素為九一八事變打破中日原本脆弱的互信基礎，直接原因則為由東北擴大為華北的主權問題。

外交部在 1935 年 10 月首度回覆廣田三原則有關「來自外蒙等之赤化勢力之威脅」一事表示：「中國在不妨礙中國主權獨立原則下，擬與日本協議有效之方法。」透露出外交部似有商議合作之意，惟提出主權獨立的但書，說明事變造成雙方互信不足，嚴重影響雙方互動。國際關係學者 Kenneth A. Oye 指出：「國家必須從長遠出發來考慮問題，以便和其他國家保持相互往來的關係。每一次只圖眼前利益的背叛行為都會使合作前景變得更為暗淡；對未來的互動關係加以考慮將使合作前景變得更加光明。」[8] 由東北領土問題進一步發展為華北主權問題，突顯出日本陸軍僅會著眼於當前利益，缺乏國際視野的戰略觀，直接熄滅中日可能有合作機會

7　張羣提出中國對案包括：（1）取消塘沽協定；（2）撤銷冀東防共自治政府；（3）停止日機在華北非法飛行；（4）停止走私行為與恢復緝私；（5）消除冀東綏北偽軍。請參閱：「張羣致蔣介石梗戌電」（1936 年 9 月 23 日），〈特交文電－迭造事端（五）〉，《蔣檔》：002-090200-00018-044。

8　Kenneth A. Oye, "Explaining Cooperation Under Anarchy: Hypotheses and Strategies," *World Politics*, XXXVIII (October 1985), pp. 9-13.

的微弱燭光。

　　此外，對於掌控國民政府的蔣介石而言，真正統一中國是迫切且重要的國內任務，其國內敵人除了地方實力派，主要為中共。然而，日本侵占中國東北，「對這個國家的生存造成一種獨有的外來威脅」，雖然九一八事變之前的中國仍不是統一的民族國家，僅為一群地方實力派名義上服從中國國民黨的政治實體。但「日本對華巨大而無休止的壓力，形成了一種新的民族共識」，在某種程度上強化蔣介石的地位。但蔣介石基於國內統一問題而欲對日避戰或推遲戰爭，因此採取「攘外必先安內」政策，「使得蔣很難利用民族主義作為政治統合的因素」，造成「蔣介石無法利用日本問題來獲益。在中國政治中，日本問題最大的後果是『群情』激憤。一個又一個事件、一次又一次恥辱使所有帶有政治色彩的中國人感到憤慨」。可以說「是蔣介石和日本人自身把共產黨置於了一種非常有利的地位。由於蔣把中共的活動作為無法對日開戰的藉口，數以百萬計的中國人開始呼籲實行統一戰線。」尤其是日本對華要求防共更是激化中國民族主義情緒，例如「支那駐屯軍」多田駿策動華北自治運動所宣傳的目的，就是其發表聲明所稱「通過北支五省的軍事合作來防止赤化」。[9] 防共被中國社會視為迎合日本的軟弱表現，「統一戰線及與蘇聯合作的思想意味著抵抗日本的侵略。在這種情況下，民族主

9　秦郁彥，《日中戰爭史》（東京：河出書房新社，1977 年，增補改訂 3 版），頁 57。

義的問題造成了對共產主義運動的同情,並提高了它的聲望。」[10] 蔣介石亟需民族主義作為統一中國的統合工具,在「日方連續用武力或威力壓迫中國,中國人民之反感當然日甚一日」的情況,[11] 中日合作防共自當令其躊躇再三。

日本的防共概念主要為對蘇備戰,在推動對華外交上加上防止共產主義滲透,即主要以此二者為目標。但戰前中國方面因為內部國家統一問題,國民政府的防共概念基本上以中共為對象展開武力清剿。雖然同為防共,但概念的不同與目的的差距,在對話基礎上已經難以同調,若欲合作防共當會有一番折衝拉扯與對抗,導致九一八事變惡化的中日關係雪上加霜而引爆戰爭。即使在日本與臨時政府及汪政權等附日政權合作防共的過程中,也可以發現日「華」雙方的防共概念不盡相同。日方的概念基本上主要仍是以蘇聯為對象,附日政權則為共產主義與中共。惟雙方並未仔細或者不欲釐清此種差別,並在占領區的治安問題下,共同防共的結果反而符合附日政權以中共為對象的防共概念。重慶國民政府在抗戰期間並未放棄以中共為對象的防共概念,而日軍在華北與華中戰場已與附日政權合作剿共,但重慶方面因為主權與民族主義問題,以及中共高舉的「抗日民族統一戰線」旗幟,還有美蘇勢力藉由戰爭進入影響中國

---

10 柯博文(Parks M. Coble)著,馬俊亞譯,《走向「最後關頭」——中國民族國家構建中的日本因素(1931-1937)》(北京:社會科學文獻出版社,2004年),頁402-404。

11 「張羣與有田八郎談話紀錄」(1936年3月16日-19日),〈特交檔案—國交調整(二)〉,《蔣檔》:002-080103-00002-012。

內部的國際因素等，都使得重慶方面不可能放棄抗日政策而改以與日本合作武力剿共，因此重慶主要仍是採取政治解決中共問題的防共概念。結果不論是戰前或戰爭期間，中日雙方都難有合作防共的空間。

三、中日蘇三角縱橫捭闔

　　日本的防共訴求激化中國統一問題的矛盾性，蔣介石即是糾葛在日本壓迫與國內統一問題及民族主義激憤的思緒下，被迫捲入日蘇爭霸的鬥爭旋渦，並在同時牽涉德、英、美等國際競合關係之中極盡縱橫捭闔之術。惟日蘇兩國在對外政策與態度彼此以對方為主，中國次之，使得身為弱國的中國在國際列強競合消長之中，主觀地期望發揮合縱連橫的作用力畢竟有限。隨著納粹德國整軍經武，擴充實力，蘇聯關注重心轉向德國威脅，促使蘇聯積極推動國共統一戰線，為中國民族主義的反日風潮助一臂之力，卻又懸宕中蘇軍事互助，冀望中日先行衝突。未久，中日因為盧溝橋事變而意外開啟戰火，蘇聯達成避免東西應敵的期望。

　　可知，日本為了防範蘇聯的軍事威脅而促使其採取侵略政策，結果卻導致中日蘇三國陷入「安全困境（security dilemma）」的危局。政治學家 John Herz 說明安全困境是：「國家致力於獲得免遭攻擊的安全，被驅使著獲取越來越多的權力以逃避他國權力的影響。結果反而使其他國家變得更不安全，並迫使它們為最糟的情況作準備。」[12]

---

12 John Herz, "Idealist Internationalism and the Security Dilemma,"

日本占領滿洲以及透過外交談判來糾纏中國共同防共，
在於企圖獲取更多權力以防範蘇聯勢力的影響。但「根
據安全困境的邏輯，一個國家積聚力量會使其他國家變
的更不安全」。[13] 中國推動對日親善政策以及中蘇復交
與尋求中蘇軍事互助條約，都是因為安全受到日本威脅
所採取的避戰措施；蘇聯強化遠東軍備、提議締結「日
蘇互不侵犯條約」、對日出售中東鐵路、改善對華關係
卻不同意軍事互助等，也同樣是面對日本軍事壓力所採
取的因應方式。結果在三國關係緊繃之際突發的盧溝橋
事變，讓日本因外交手段不可得的防共訴求，改以戰爭
暴力壓迫中國接受，令已經身感不安的中國更加抗拒，
迫使日本改與「新興支那政權」合作建構東亞防共體
系，同時也讓蘇聯因勢利導將日本的戰爭威脅壓力導向
中國。由此視角觀之，中日戰爭可謂是日蘇關係緊張的
產物，而且蘇聯的作為發揮了舉足輕重作用。

　　但是，日本的對華政策也是以對蘇關係為導向，卻
陷入蘇聯的中日先戰策略而誤入戰區。日本防共國防政
策雖然以對蘇關係為主，但對蘇政策的展開在於落實對
華政策。由於日本冀望先行在中國大陸建設防共國防的
基礎，使其執行對蘇政策重心置於完成對華措施的前提
之上，並在推動中日共同防共毫無進展的焦慮情緒下，
加強對華壓迫力度，激化中國民族主義風潮，邁向難以

World Politics 2:2 (January 1950), pp. 157-180.

13 卡倫‧明斯特（Kare A. Mingst）、伊萬‧阿雷奎恩‧托夫特（Ivan M.
　 Arreguin-Toft）著，潘忠岐譯，《國際關係精要》（上海：上海人民
　 出版社，2012年），頁246。

挽回的戰爭之途。而且日本對蘇政策建立在對華問題基
礎上的結果，制約了日本的對蘇關係，甚至形成為了因
應對華問題反而影響對蘇政策與對外方針的調整。此種
現象在中日戰爭長期化後更為明顯，南進政策即是因應
中日戰爭困境所採取的方式，為此日本調整防共政策而
簽訂「日蘇中立條約」，可謂是日本難以解決對華戰爭
所衍生的結果。表面上日本對華政策從屬於對蘇關係，
實際上日本對蘇政策受到對華問題的牽引。

　　此後日軍陷入太平洋戰爭的頹勢，日本對蘇政策才
真正成為其對外方針的重心。參謀本部第二課長真田
穰一郎（1897-1957）於 1943 年 3 月 20 日課長會報指
出，對蘇問題是日本戰爭指導的重大因素，就此對策是
片刻都不許忘卻。[14] 參謀本部戰爭指導課員種村佐孝
在 1945 年 2 月擬具「對於今後對蘇施策意見」也指出，
蘇聯的對日動向對於日本完成大東亞戰爭帶來致命的影
響，是大東亞戰爭開始之前以來戰爭指導方面最為關心
之事。[15] 日本因戰爭敗局而著重於聯蘇的對蘇政策，
才真正地讓對華政策從屬於對蘇關係，例如對中共妥協
的「容共」政策、冀望重啟「重慶政治工作」促成中日
停戰以及放棄中日共同防共訴求等，都是以打開對蘇外
交為目的對華措施。

---

14 軍事史学会編，《大本營陸軍部戰爭指導班：機密戰爭日誌》，
　　上（東京：錦正社，2008 年），1943 年 3 月 20 日，頁 370。

15 種村佐孝，「今後の対『ソ』施策に対する意見」（1945 年 4
　　月 29 日），〈昭和 20 年大東亜戦争：戦争指導関係綴（一般の
　　部）〉，《陸軍一般史料》，日本防衛省防衛研究所藏，JACAR
　　Ref. C12120293800。

四、日本主觀的國家利益

在日本推動防共政策過程中，日本方面的作為與決策卻一再呈現出誤判國際形勢的結果。除了眾所周知關東軍策動九一八事變後日本執意占領中國東北，導致日本退出國際聯盟而在國際日益孤立，以及第二次近衛文麿內閣簽訂「德義日三國同盟條約」，意味著與轟炸倫敦的德國結盟，促使英國與美國更加明顯支持重慶國民政府等，一般多忽略日本錯估國際情勢而拒絕出席布魯塞爾會議以及締結「日蘇中立條約」的歷史意義。

第一次近衛文麿內閣於 1937 年 10 月發表拒絕出席布魯塞爾會議的聲明，宣稱華盛頓體系已不適用於今日東亞情勢，訴求中日直接交涉，要求中國取消排日政策與排除赤化勢力作為兩國合作基礎。國際關係學者愛德華‧卡爾著（Edward H. Carr）指出：「如果一個國家對另一個國家提出要求，它沒有義務並且通常也不會清楚地表明自己提出的要求是基於現有的法律性權利，還是要改變這些權利。」「革命和戰爭較少地起源於對現行法律權利的不同解釋，更多地起源於改變這些權利的願望。」[16] 日本的聲明並非單純拒絕出席之意，而是表明不惜戰爭也將改變日本在美國主導華盛頓體系中的權利，意指將自行建立東亞防共體系。

1941 年 4 月「日蘇中立條約」是日本計劃南進的外交策略之一。外相松岡洋右欲以德國方面提議德義日

<hr>

16 愛德華‧卡爾（Edward H. Carr）著，秦亞青譯，《20 年危機（1919-1939）：國際關係研究導論》（北京：世界知識出版社，2005 年），頁 183。

三國同盟，加上蘇聯的四國連合態勢阻止美國參戰，同時確保北方靜謐以達日軍武力南進目的。但是，德國在無法取得蘇聯同意加入後，立即放棄此構想及展開對蘇作戰計畫，並向訪德的松岡洋右暗示德可能開戰。松岡洋右無視德方暗示仍徑自與蘇聯簽約，猶望確保北方安全以及藉由條約強化日本國際地位來迫使美方讓步，但締約兩個月後德蘇戰爭即告爆發，日美兩國亦交涉不順在同年底開戰。學者巴恩哈特（Michael Barnhart）指出日本官員分析情勢據以制定政策是採取「最優情勢分析」方式，即自行描繪心中想像的外交與戰爭情勢劇本，不允許出現任何意外狀況，並以最初的構想來行動，甚少多加考慮之後的情況。[17] 德國的四國連合構想是以三國同盟為基礎連結蘇聯，但在難以推動後即已放棄。松岡洋右卻執著於當初描繪的最佳外交情勢，關注於日本眼前利益而獨自拉攏蘇聯，暫時達成北方靜謐與阻止英美結合蘇聯的對日包圍網成果。學者服部聰對照戰爭末期蘇聯片面廢棄中立條約並與英美包圍日本，迫使日本投降的歷史發展，讚譽松岡洋右的國際政治觀具有傑出的通透見識。[18] 但松岡洋右短暫取得的二項成果在德軍戰敗投降，蘇聯解除西方威脅後迅告破滅。睽諸史實，「日蘇中立條約」的最

17　Michael Barnhart, "Japanese intelligence before the Second World War: 'best case' analysis," in E. May(ed.), *Knowing One's Enemies: Intelligence Assessment before the Two World Wars* (Princeton, NJ : Princeton UP, 1984), p. 424.

18　服部聰，《松岡洋右と日米開戰──大眾政治家の功と罪》（東京：吉川弘文館，2020 年），頁 215。

後得利者是蘇聯，絕非日本。重點是「日蘇中立條約」模糊日本防共國防的戰略目標，以及為了推動中日共同防共而進行的中日戰爭目的，讓蘇聯在中日戰爭與德蘇戰火一觸即發的軍事威脅情勢，取得靈活的彈性立場，更在嗣後太平洋戰爭立於戰略制高點，得以在戰時與戰後掠取戰爭最大利益，給予蘇聯此項機會正是該件條約以及德蘇戰爭。簡言之，松岡洋右目光短淺地著眼於當下日本南進利益所施展的外交手段，並不具有高瞻遠矚的國際視野以及貫徹中日戰爭目的所需的戰略眼光。

綜上所論，防共問題在近現代中日關係史上涵意，不同於盧溝橋事變成為中日戰爭導火線的直接意義，也迥異於武漢會戰結束後形成中日長期戰態勢的明顯轉捩點。而是自九一八事變至二戰結束期間，不時地對中國內部問題的矛盾、中日外交談判的僵局、中日戰爭的擴大、中日蘇三角關係的連橫、世界情勢的變動等，發揮著或明或暗、或直接或間接的作用力與影響力。換言之，防共問題對中日關係發展具有持續性與多面性的涵意，不僅可以直觀它糾纏在中日外交與戰爭領域上不時地展現它的重要，也可以發現它隱藏在波詭雲譎的國際局勢之中，在關鍵時刻暗中施展它的力量。

最後，日本非但未能建立防衛蘇聯的防共國防，反而創造蘇聯在世界場域發揮實力的條件與中共勢力坐大的機會，形成戰後蘇聯影響力與共產勢力在東亞大肆擴張的局面。二戰結束，日本防共國防構想破滅，並在美軍占領下展開和平的復員與重建工作；新的中國局勢與

東亞情勢也將揚帆航向新里程，卻是朝著一個渾沌的赤
色風暴方向而去。

徵引書目

一、未刊檔案

（1）中文

- 臺北：國史館藏

  《國民政府檔案》

  《外交部檔案》

  《蔣中正總統文物》

  《汪兆銘史料》

- 臺北：中央研究院近代史研究所檔案館藏

  《外交部檔案》

- 臺北：中國國民黨黨史館藏

  《政治檔案》

（2）日文

- 日本：国立公文書館藏，アジア歴史資料

  センター

  《內閣》

  《內閣文庫》

- 日本：外務省外交史料館藏，アジア歴史資料

  センター

  《戦前期外務省記録》

  《戦前期条約書》

  《戦後外務省記録》

  《調書》

  《議会調書》

- 日本：防衛省防衛研究所藏，アジア歷史資料
  センター
  《陸軍一般史料》
  《陸軍省大日記》

二、已刊史料

（1）中文

- 上海申社編輯，《國際聯合會調查報告書（中
  英文合刊本）》。上海：上海申社，1932 年。
- 中央檔案館等編，《日本帝國主義侵華檔案資
  料選編：日汪的清鄉》。北京：中華書局，
  1995 年。
- 中央檔案館等編，《日本帝國主義侵華檔案資
  料選編：汪偽政權》。北京：中華書局，2004 年。
- 中央檔案館等編，《日本帝國主義侵華檔案資
  料選編：華北治安強化運動》。北京：中華書
  局，1997 年。
- 中共中央黨史研究室第一研究部譯，《共產國
  際、聯共（布）與中國革命檔案資料叢書》
  （17）。北京：中共黨史出版社，2007 年。
- 中共南通市委黨史辦公室編，《蘇中四分區反
  「清鄉」鬥爭》。南通：江蘇人民出版社，
  1985 年。
- 中國國民黨中央宣傳部編印，《和平反共建國
  文獻》。出版地不詳：編者，1941 年。
- 中國第二歷史檔案館編，〈九一八事變後顧維

鈞致張學良密電選〉（上），《民國檔案》，
1985 年第 1 期（1985 年 2 月）。

- 中國第二歷史檔案館編，〈有關張羣出任南京國民政府外交部長期間中日交涉的一組史料〉，《民國檔案》，1988 年第 2 期（1988 年 5 月）。
- 中國第二歷史檔案館編，〈駐蘇大使蔣廷黻與蘇聯外交官員會談紀錄〉，《民國檔案》，1989 年第 4 期（1989 年 11 月）。
- 中國第二歷史檔案館編，《中華民國史檔案資料匯編》，第五輯第一編：外交（二）。南京：江蘇古籍出版社，1994 年。
- 中國第二歷史檔案館編，《中華民國檔案資料彙編》，第五輯第二編：政治（二）。南京：江蘇古籍出版社，1998 年。
- 中國第二歷史檔案館編，《中華民國檔案資料彙編》，第五輯第二編：附錄（上）。南京：鳳凰出版社，2010 年。
- 中國第二歷史檔案館編，《汪偽中央政治委員會暨最高國防會議會議錄》（四）。桂林：廣西師範大學出版社，2002 年。
- 中國陸軍總司令部編，《中國戰區中國陸軍總司令部處理日本投降文件彙編》，上卷、下卷。南京：同編者，1945 年。

- 王正華編，《蔣中正總統檔案：事略稿本》，第 16 冊。臺北：國史館，2004 年。

- 王正華編，《蔣中正總統檔案：事略稿本》，第 40 冊。臺北：國史館，2010 年。

- 北京市檔案館編，《日偽北京新民會》。北京：光明日報出版社，1989 年。

- 北京市檔案館編，《日偽在北京地區的五次強化治安運動》（下）。北京：北京燕山出版社，1987 年。

- 民國歷史文化學社編輯部，《近代中日關係史料彙編：九一八事變的發生與中國的反應》。臺北：民國歷史文化學社，2019 年。

- 民國歷史文化學社編輯部，《近代中日關係史料彙編：偽組織的建立與各國態度》。臺北：民國歷史文化學社，2020 年。

- 民國歷史文化學社編輯部，《近代中日關係史料彙編：蘆溝橋事變前後的中日外交關係》。臺北：民國歷史文化學社，2020 年。

- 民國歷史文化學社編輯部，《近代中日關係史料彙編：蘆溝橋事變發生後中國向國際的申訴》。臺北：民國歷史文化學社，2020 年。

- 北京市檔案館編，《日偽北京新民會》。北京：光明日報出版社，1989 年。

- 北京市檔案館編，《日偽在北京地區的五次強化治安運動》（下）。北京：北京燕山出版社，1987 年。

- 朱利譯，〈李頓赴華調查中國事件期間致其妻子信件〉（上），《民國檔案》，2002年第2期（2002年5月）。
- 何智霖等編輯，《陳誠先生書信集：家書》（下）。臺北：國史館，2006年。
- 余子道、劉其奎、曹振威編，《汪偽政權資料選編：汪精衛國民政府「清鄉」運動》。上海：人民出版社，1985年。
- 李玉貞譯，〈《中蘇外交文件》選譯〉（上）、（下），章伯鋒主編，《近代史資料》，總79號。北京：中國社會科學出版社，1991年、1992年。
- 李雲漢編，《九一八事變史料》。臺北：正中書局，1982年，第2版。
- 李嘉谷編，《中蘇國家關係史資料匯編（1933-1945）》。北京：社會科學文獻出版社，1997年。
- 周美華編，《蔣中正總統檔案：事略稿本》，第12冊。臺北：國史館，2004年。
- 周美華編，《蔣中正總統檔案：事略稿本》，第13冊。臺北：國史館，2004年。
- 周琇環編，《蔣中正總統檔案：事略稿本》，第36冊。臺北：國史館，2008年。
- 季嘯風、沈友益主編，《中華民國史史料外編——前日本末次研究所情報資料》，第八十五冊。桂林：廣西師範大學出版社，1996年。

• 南開大學馬列主義教研室中共黨史教研組編，
  《華北事變資料選編》。鄭州：河南人民出版
  社，1983 年。

• 施子愉譯，〈抗戰初期德日法西斯誘降的陰
  謀〉，中國科學院歷史研究所第三所編，《近
  代史資料》，總 14 號。北京：科學出版社，
  1957 年。

• 美國國務院編、張瑋瑛等譯，《美國外交文
  件：日本1931 －1941 年（選譯）》。北京：
  中國社會科學出版社，1998 年。

• 秦孝儀主編，《中華民國重要史料初編——對日
  抗戰時期》，第七編：戰後中國（二）。臺北：
  中國國民黨中央委員會黨史委員會，1981 年。

• 秦孝儀主編，《中華民國重要史料初編——對日
  抗戰時期》，第三編：戰時外交（二）。臺北：
  中國國民黨中央委員會黨史委員會，1981 年。

• 秦孝儀主編，《中華民國重要史料初編——對
  日抗戰時期》，第五編：中共活動真相（一）。
  臺北：中國國民黨中央委員會黨史委員會，
  1985 年。

• 秦孝儀主編，《中華民國重要史料初編——對
  日抗戰時期》，緒編（一）。臺北：中國國民
  黨中央委員會黨史委員會，1981 年。

• 秦孝儀主編，《中華民國重要史料初編——對
  日抗戰時期》，緒編（三）。臺北：中國國民
  黨中央委員會黨史委員會，1981 年。

- 秦孝儀主編，《先總統蔣公思想言論總集》，卷十二 演講。臺北：中國國民黨中央委員會黨史委員會，1984 年。

- 秦孝儀主編，《先總統蔣公思想言論總集》，卷三十八 談話。臺北：中國國民黨中央委員會黨史委員會，1984 年。

- 秦孝儀主編，《革命文獻》，第七十六輯。臺北：中國國民黨中央委員會黨史委員會，1978 年。

- 秦孝儀主編，《總統蔣公大事長編初稿》，卷三。臺北：中國國民黨中央委員會黨史委員會，1978 年。

- 國史館史料處編輯，《第二次中日戰爭各重要戰役史料彙編：東北義勇軍》。臺北：國史館，1984 年，再版。

- 郭恆鈺、羅梅君主編，許琳菲、孫書豪譯，《德國外交檔案：1928～1938 年代中德關係》。臺北：中央研究院近代史研究所，1991 年。

- 黃美真、張雲編，《汪精衛國民政府成立》。上海：人民出版社，1984 年。

- 葉健青編，《蔣中正總統檔案：事略稿本》，第 37 冊。臺北：國史館，2009 年。

- 葉健青編，《蔣中正總統檔案：事略稿本》，第 65 冊。臺北：國史館，2012 年。

- 葉惠芬編，《蔣中正總統檔案：事略稿本》，第 59 冊。臺北：國史館，2011 年。

- 劉維開編輯，《國民政府處理九一八事變之重要文獻》。臺北：中國國民黨中央委員會黨史委員會，1992年。
- 蔡盛琦編，《蔣中正總統檔案：事略稿本》，第35冊。臺北：國史館，2009年。
- 戴季陶著，陳天錫編訂，《戴季陶先生文存》（一）。臺北：中國國民黨中央委員會，1959年。
- 羅家倫主編，《革命文獻》，第三十五輯。臺北：中國國民黨中央委員會黨史史料編纂委員會，1984年，影印再版。
- 羅家倫主編，《革命文獻》，第三十六輯。臺北：中國國民黨中央委員會黨史史料編纂委員會，1984年，影印再版。
- 羅家倫主編，《革命文獻》，第三十九輯。臺北：中國國民黨中央委員會黨史史料編纂委員會，1966年。
- 羅家倫主編，《革命文獻》，第四十輯。臺北：中國國民黨中央委員會黨史史料編纂委員會，1967年。

（2）日文
- 小林龍夫、島田俊彦解說，《現代史資料（11）：続・満洲事変》。東京：みすず書房，1977年。

- 小林龍夫、稲葉正夫解說，《現代史資料（12）：日中戦争（4）》。東京：みすず書房，1978 年。
- 三好章編著，《《清郷日報》記事目録》。福岡：中國書店，2005 年。
- 外務省編，《日本外交文書：太平洋戦争》，第一冊。東京：外務省，2010 年。
- 外務省編，《日本外交文書：日中戦争》，第一冊。東京：六一書房，2011 年。
- 外務省編，《日本外交文書：第二次欧州大戦と日本》，第一冊。東京：六一書房，2012 年。
- 外務省編纂，《日本外交文書：昭和期 II》，第一部第四卷（上）。東京：外務省，2006 年。
- 外務省編纂，《日本外交文書：昭和期 II》，第一部第五卷（上）。東京：外務省，2008 年。
- 外務省編纂，《日本外交文書：昭和期 II》，第二部第一卷。東京：外務省，1996 年。
- 外務省編纂，《日本外交文書：満州事変》，第一卷第二冊。東京：外務省，1977 年。
- 外務省編纂，《日本外交文書：満州事変》，第一卷第三冊。東京：外務省，1978 年。
- 外務省編纂，《日本外交文書：満州事変》，第二卷第一冊。東京：外務省，1979 年。
- 外務省編纂，《日本外交文書：満州事変》，第二卷第二冊。東京：外務省，1980 年。

- 外務省編纂，《日本外交年表竝主要文書》（下）。東京：原書房，1978 年。
- 外務省編纂，《終戰史録》，上巻。東京：新聞月鑑社，1952 年。
- 石原莞爾，《最終戦争論・戦争史大観》。東京：中央公論社，1993 年。
- 伊藤隆、照沼康孝解説，《続・現代史資料（4）：陸軍畑俊六日誌》。東京，みすず書房，1983 年。
- 臼井勝美、稲葉正夫解説，《現代史資料（9）：日中戦争（2）》。東京：みすず書房，1978 年。
- 臼井勝美解説，《現代史資料（13）：日中戦争（5）》。東京：みすず書房，1973 年。
- 角田順編，《石原莞爾資料－国防論策篇－》。東京：原書房，1978 年，増補版。
- 永田鉄山，〈国家総動員準備施設と青少年訓練〉，收入沢本孟虎編，《国家総動員の意義》。東京：青山書院，1926 年。
- 永田鉄山，〈国家総動員に就て〉，收入内閣統計局編，《内閣統計講習会講演録》。東京：帝国地方行政学会，1926 年。
- 永田鉄山，〈現代国防概論〉，收入遠藤二雄編，《公民教育概論》。東京：義済会，1928 年。

- 永田鉄山，《国家総動員》。大阪：大阪毎日新聞社，1928 年。
- 河原地英武、平野達志譯著，家近亮子、川島真、岩谷將監修，《日中戦争と中ソ関係——1937 年ソ連外交文書邦訳・解題・解説》。東京：東京大学出版会，2018 年。
- 參謀本部編，《杉山メモ—大本営・政府連絡会議等筆記—》，下。東京：原書房，1978 年。
- 武田知己監修・解説，《重光葵・外交意見書集》，第 2 巻：駐華大使・外務大臣時代（上）。東京：現代史料出版，2007 年。
- 武田知己監修・解說，《重光葵・外交意見書集》，第 3 巻：外務大臣時代（下）・その他。東京：現代史料出版，2008 年。
- 軍事史学会編，《大本営陸軍部戦争指導班：機密戦争日誌》，上、下。東京：錦正社，2008 年。
- 島田俊彦、稲葉正夫解說，《現代史資料（8）：日中戦争（1）》。東京：みすず書房，1964 年。
- 姫野德一，《北支の政情》。東京：日支問題研究会，1936 年。
- 種村佐孝，《大本営機密日誌》。東京：芙蓉書房，1981 年。

- 稻葉正夫、小林龍夫等編，《太平洋戦争への道：別巻 資料編》。東京：朝日新聞社，1963 年。
- 稻葉正夫、小林龍夫解說，《現代史資料（7）：満洲事変》。東京：みすず書房，1964 年。
- 臨時軍事調查委員，《国家総動員に関する意見》。東京：陸軍省，1920 年。

三、專書

（1）中文
- 方德萬（Hans van de Ven）著，何啟仁譯，《戰火中國 1937-1952：流轉的勝利與悲劇，近代新中國的內爆與崛起》。新北：聯經出版公司，2020 年。
- 王真，《動盪中的同盟——抗戰時期的中蘇關係》。桂林：廣西師範大學出版社，1993 年。
- 日本每日新聞社編，張效林譯，《遠東國際軍事法庭判決書》。北京：群眾出版社，1986 年。
- 田保國，《民國時期中蘇關係（1917-1949）》。濟南：濟南出版社，1999 年。
- 江沛，《日偽「治安強化運動」研究》。天津：南開大學出版社，2006 年。
- 吳相湘，《俄帝侵略中國史》。臺北：正中書局，1957 年。

- 吳相湘，《第二次中日戰爭史》，上冊。臺北：綜合月刊社，1973 年。
- 呂芳上主編，《中國抗日戰爭史新編（一）：和戰抉擇》。臺北：國史館，2015 年。
- 呂芳上主編，《中國抗日戰爭史新編（四）：對外關係》。臺北：國史館，2015 年。
- 呂芳上主編，《中國抗日戰爭史新編（五）：戰時社會》。臺北：國史館，2015 年。
- 李凡，《日蘇關係史（1917-1991）》。北京：人民出版社，2005 年。
- 李仕德，《英國與中國的外交關係（一九二九～一九三七）》。臺北：國史館，1999 年。
- 李君山，《全面抗戰前的中日關係（1931-1936）》。臺北：文津出版社，2010 年。
- 李君山，《蔣中正與中日開戰（1935-1938）：國民政府之外交準備與策略運用》。臺北：政大出版社，2017 年。
- 李志毓，《驚弦：汪精衛的政治生涯》。香港：牛津大學出版社，2014 年。
- 李雲漢，《宋哲元與七七抗戰》。臺北：傳記文學出版社，1987 年。
- 李嘉谷，《合作與衝突——1931-1945 年的中蘇關係》。桂林：廣西師範大學出版社，1996年。
- 沈志華主編，《中蘇關係史綱（1917-1991）》。北京：新華出版社，2007 年。

- 周美華，《中國抗日政策的形成》。臺北：國史館，2000 年。
- 周惠民，《德國對華政策研究》。臺北：三民書局，1995 年。
- 周開慶，《抗戰以前之中日關係》。臺北：自由出版社，1962 年。
- 林明德，《近代中日關係史》。臺北：三民書局，1984 年。
- 林桶法，《戰後中國的變局：以國民黨為中心的探討（1945-1949 年）》。臺北：臺灣商務印書館，2003 年。
- 邵銘煌，《和比戰難？八年抗戰的暗流》。臺北：政大出版社，2019 年，增訂一版。
- 俞辛焞，《唇槍舌劍——九一八變時期的中日外交》。桂林：廣西師範大學出版社，1997 年。
- 柯博文（Parks M. Coble）著，馬俊亞譯，《走向「最後關頭」——中國民族國家構建中的日本因素（1931-1937）》。北京：社會科學文獻出版社，2004 年。
- 胡德坤、彭敦文，《戰時中國對日政策研究（1937~1945）》。北京：社會科學文獻出版社，2010 年。
- 胡德坤、韓永利，《中國抗戰與世界反法西斯戰爭》。北京：社會科學文獻出版社，2005 年。
- 夏侯敘五，《高宗武隱居華盛頓遺事》。長沙：湖南教育出版社，2008 年。

- 孫科，《中蘇關係》。上海：中華書局，1946 年。
- 徐勇，《征服之夢：日本侵華戰略》。桂林：廣西師範大學出版社，1993 年。
- 徐藍，《英國與中日戰爭（1931-1941）》。北京：北京師範學院出版社，1991 年。
- 馬振犢、戚如高著，《友乎？敵乎？德國與中國抗戰》。桂林：廣西師範大學出版社，1997 年。
- 張力，《國際合作在中國：國際聯盟角色的考察，1919-1946》。臺北：中央研究院近代史研究所，1999 年。
- 張同樂，《華北淪陷區日偽政權研究》。北京：三聯書店，2012 年。
- 張廷貴、袁偉、陳浩良，《中共抗日部隊發展史略》。北京：解放軍出版社，1990 年。
- 曹藝，《「蘇日中立條約」與二戰時期的中國及遠東》。北京：社會科學文獻出版社，2012 年。
- 梁敬錞，《九一八事變史述》。臺北：世界書局，1995 年，第 5 版。
- 梁敬錞，《日本侵略華北史述》。臺北：傳記文學雜誌社，1984 年。
- 許育銘，《汪兆銘與國民政府：1931 至1936 年對日問題下的政治變動》。臺北：國史館，1999 年。

- 郭貴儒、張同樂、封漢章，《華北偽政權史稿
——從「臨時政府」到「華北政務委員會」》。
北京：社會科學文獻出版社，2007年。
- 陳仁霞，《中德日三角關係研究（1936-1938）》。
北京：新華書店，2003年。
- 陳世松主編，《宋哲元傳》。長春：吉林文史
出版社，1992年。
- 陳立文，《宋子文與戰時外交》。臺北：國史
館，1991年。
- 陶文釗、楊奎松、王建朗，《抗日戰爭時期中
國對外關係》。北京：中國社會科學文獻出版
社，2009年。
- 傅虹霖，《張學良與西安事變》。臺北：時報
文化，1989年。
- 彭敦文，《國民政府對日政策及其變化——從
九一八事變到七七事變》。北京：社會科學文
獻出版社，2007年。
- 黃自進，《蔣介石與日本：一部近代中日關係
史的縮影》。臺北：中央研究院近代史研究
所，2012年。
- 黃美平、宋志勇，《近代以來日本的中國觀》，
第四卷。南京：江蘇人民出版社，2012年。
- 楊天石，《找尋真實的蔣介石——蔣介石日記
解讀（二）》。香港：三聯書店，2010年。
- 楊天石，《找尋真實的蔣介石——蔣介石日記
解讀》。香港：三聯書店，2008年。

- 楊奎松，《失去的機會？——戰時國共談判實錄》。桂林：廣西師範大學出版社，1992 年。
- 楊奎松，《國民黨的「聯共」與「反共」》。北京：社會科學文獻出版社，2008 年。
- 道格拉斯・福特（Douglas Ford）著，劉建波譯，《太平洋戰爭》。北京：北京聯合出版公司，2014 年。
- 雷國山，《日本侵華決策史研究》。上海：學林出版，2006 年。
- 熊沛彪，《日本外交史研究》。北京：商務印書館，2011 年。
- 臧運祜，《七七事變前的日本對華政策》。北京：社會科學文獻出版社，2000 年。
- 劉笑盈，《眺望珍珠港——美日從合作走向戰爭的歷史透視》。北京：北京廣播學院出版社，2002 年。
- 劉維開，《國難期間應變圖存問題之研究——從九一八到七七》。臺北：國史館，1995 年。
- 蔡鳳林，《日俄四次密約——近代日本「滿蒙」政策研究之一》。北京：中央民族大學出版社，2008 年。
- 蔡德金，《周佛海》。北京：河北人民出版社，1997 年。
- 蔡德金、劉松茂，《走向深淵——抗戰時期的汪精衛》。桂林：廣西師範大學出版社，1997 年。

- 蔣中正，《蘇俄在中國》。臺北：中央文物供應社，1981年，第30版。
- 蔣永敬，《抗戰史論》。臺北：東大圖書，1995年。
- 鄧野，《蔣介石的戰略布局：1939-1941》。北京：社會科學文獻出版社，2019年。
- 藤井志津枝，《誘和——日本對華諜報工作》。臺北：文英堂，1997年。
- 關中，《中國命運‧關鍵十年：美國與國共談判真相（1937-1947）》。臺北：天下遠見，2010年。

（2）日文
- 入江昭，《日本の外交》。東京：中央公論新社，2002年，第33版。
- 三宅正樹，《スターリン、ヒトラーと日ソ独伊連合構想》。東京：朝日新聞社，2007年。
- 三宅正樹，《日独伊三国同盟の研究》。東京：南窓社，1975年。
- 三宅正樹，《近代ユーラシア外交史論集：日露独中の接近と抗争》。東京：千倉書房，2015年。
- 上村伸一，《日本外交史（19）：日華事変（上）》。東京：鹿島研究所出版会，1971年。
- 上村伸一，《日本外交史（20）：日華事変（下）》。東京：鹿島研究所出版会，1971年。

- 大杉一雄，《日中戦争への道：満蒙華北問題と衝突への分歧点》。東京：講談社，2007年。
- 大杉一雄，《日米開戦への道：避戦への九つの選択肢》（下）。東京：講談社，2008年。
- 川田稔，《石原莞爾の世界戦略構想》。東京：祥伝社，2016年。
- 川田稔，《昭和陸軍の軌跡――永田鉄山の構想とその分岐》。東京：中公新書，2011年。
- 川田稔，《昭和陸軍全史1：満州事変》。東京：講談社，2014年。
- 川田稔，《昭和陸軍全史2：日中戦争》。東京：講談社，2014年。
- 川田稔，《戦前日本の安全保障》。東京：講談社，2013年。
- 五百旗頭真、下斗米伸夫編，《日ロ関係史：バラレル・ヒストリーの挑戦》。東京：東京大学出版会，2015年。
- 井上寿一，《危機のなかの協調外交――日中戦争に至る対外政策の形成と展開》。東京：山川出版社，1998年。
- 太平洋戦争研究会編，《石原莞爾と満州事変》。東京：PHP研究所，2009年。
- 日本国際政治学会、太平洋戦争原因研究部編，《太平洋戦争への道（2）：満州事変》。東京：朝日新聞社，1962年。

- 日本国際政治学会、太平洋戦争原因研究部編，《太平洋戦争への道（3）：日中戦争（上）》。東京：朝日新聞社，1962 年。
- 日本国際政治学会、太平洋戦争原因研究部編，《太平洋戦争への道（5）：三国同盟・日ソ中立条約》。東京：朝日新聞社，1963 年。
- 日本国際政治学会、太平洋戦争原因研究部編，《太平洋戦争への道（7）：日米開戦》。東京：朝日新聞社，1963 年。
- 加藤陽子，《満洲事変から日中戦争へ》。東京：岩波書店，2007 年。
- 古屋奎二，《蔣介石秘録 12：日中全面戦争》。東京：サンケイ新聞社，1976 年。
- 外務省百年史編纂委員会，《外務省の百年》，下巻。東京：原書房，1979 年，再版。
- 広田弘毅伝記刊行会，《広田弘毅》。東京：中央公論事業出版，1966 年。
- 田中新一著，松下芳男編，《田中作戦部長の証言－大戦突入の真相－》。東京，芙蓉書房，1978 年。
- 田嶋信雄，《ナチズム極東戦略：日独防共協定を巡る諜報戦》。東京：講談社，2001 年，第 2 刷。
- 江口圭一，《十五年戦争の開幕》。東京：小學館，1994 年。

- 江口圭一，《十五年戦争小史》。東京：青木書店，1991 年。
- 臼井勝美，《中国をめぐる近代日本の外交》。東京：筑摩書房，1983 年。
- 防衛庁防衛研修所戦史室，《大本営陸軍部（1）－昭和十五年五月まで－》。東京：朝雲新聞社，1974 年。
- 防衛庁防衛研修所戦史室，《大本営陸軍部（2）－昭和十六年十二月まで－》。東京：朝雲新聞社，1968 年。
- 防衛庁防衛研修所戦史室，《支那事変陸軍作戦（1）－昭和十三年一月まで－》。東京：朝雲新聞社，1975 年。
- 防衛庁防衛研修所戦史室，《支那事変陸軍作戦（2）－昭和十四年九月まで－》。東京：朝雲新聞社，1976 年。
- 防衛庁防衛研修所戦史室，《支那事変陸軍作戦（3）－昭和十六年十二月まで－》。東京：朝雲新聞社，1975 年。
- 防衛庁防衛研修所戦史室，《北支の治安戦（1）》。東京：朝雲新聞社，1968 年。
- 防衛庁防衛研修所戦史室，《北支の治安戦（2）》。東京：朝雲新聞社，1971 年。
- 防衛庁防衛研修所戦史室，《昭和二十年の支那派遣軍（2）－終戦まで－》。東京：朝雲新聞社，1973 年。

- 防衛庁防衛研修所戦史室，《陸軍軍需動員（1）：計画編》。東京：朝雲新聞社，1967年。
- 防衛庁防衛研修所戦史室，《関東軍（1）－対ソ戦備・ノモンハン事件－》。東京：朝雲新聞社，1969年。
- 防衛庁防衛研修所戦史室，《関東軍（2）－関特演 終戦時の対ソ戦－》。東京：朝雲新聞社，1974年。
- 服部卓四郎，《大東亜戦争全史》。東京：原書房，1981年。
- 服部龍二，《広田弘毅：「悲劇の宰相」の実像》。東京：中央公論新社，2009年，第5版。
- 服部聡，《松岡外交——日米開戦をめぐる国内要因と国際関係》。東京：千倉書房，2012年。
- 服部聡，《松岡洋右と日米開戦——大衆政治家の功と罪》。東京：吉川弘文館，2020年。
- 松下芳男，《日本国防の悲劇》。東京：芙蓉書房，1976年。
- 松本俊一、安東義良監修，《日本外交史（25）：大東亜戦争・終戦外交》。東京：鹿島研究所出版会，1972年。
- 波多野澄雄，《太平洋戦争とアジア外交》。東京：東京大学出版会，1996年。
- 信夫清三郎編，《日本外交史 II 》。東京：毎日新聞社，1974年。

- 風見章,《近衛內閣》。東京:中央公論社,1982 年。
- 家永三郎,《太平洋戦争》。東京:岩波書店,2002 年。
- 島田俊彦,《関東軍:在満陸軍の独走》。東京:講談社,2005 年。
- 秦郁彦,《日中戦争史》。東京:河出書房,1977 年,第3 版。
- 秦郁彦,《昭和史を縦走する:柳条溝事件から教科書問題まで》。東京:クラブ社,1984 年。
- 舩木繁,《支那派遣軍総司令官岡村寧次大将》。東京:河出書房新社,1984 年。
- 酒井三郎,《昭和研究会:ある知識人集団の軌跡》。東京:中央公論社,1992 年。
- 酒井哲哉,《大正デモクラシー体制の崩壊:内政と外交》。東京:東京大学出版会,2007 年。
- 堀幸雄,《戦前の国家主義運動史》。東京:三嶺書房,1997 年。
- 堀場一雄,《支那事変戦争指導史》。東京:時事通信社,1965 年。
- 笠原十九司,《日本軍の治安戦——日中戦争の実相》。東京:岩波書店,2010 年。
- 野村乙二朗,《石原莞爾——一軍事イデオロギストの功罪》。東京:同成社,1992 年。
- 麻田雅文,《満蒙:日露中の「最前線」》。東京:講談社,2014 年。

- 富田武，《戦間期の日ソ関係（1917-1937）》。東京：岩波書店，2010 年。

- 義井博，《日独伊三国同盟と日米関係》。東京：南窓社，1977 年。

- 読売新聞戦争責任検証委員会編著，《検証戦争責任》I、II。東京：中央公論新社，2006 年。

- 関岡英之，《帝国陸軍見果てぬ「防共回廊」：機密公電が明かす、戦前日本のユーラシア戦略》。東京：祥伝社，2010 年。

- 関静雄，《日本外交の基軸と展開》。東京：ミネルヴァ書房，1990 年。

- 榛原茂樹、柏正彦，《満洲事変外交史》。東京：金港堂書籍株式會社，1932 年。

- 緒方貞子，《満州事変——政策の形成過程》。東京：岩波書店，2011 年。

- 劉傑，《日中戦争下の外交》。東京：吉川弘文館，1995 年。

- 横山臣平，《秘録石原莞爾》。東京：芙蓉書房，1971 年。

- 藤原彰等編，《十五年戦争史》。東京：青木書店，1988 年。

- 纐纈厚，《総力戦体制研究——日本陸軍の国家総動員構想》。東京：社会評論社，2010 年。

- 鶴見俊輔，《戦時期日本の精神史（1931～1945）》。東京：岩波書店，2001 年。

四、期刊、論文集、學位論文

（1）中文

- A. A. 柯西金著，王真譯，〈1941 年蘇日中立條約及其影響〉，《民國檔案》，1997 年第 4 期（1997 年11 月）。

- 川島真著，廖敏淑譯，〈再論華盛頓會議體制〉，收入金光耀、王建朗主編，《北洋時期的中國外交》。上海：復旦大學出版社，2006 年。

- 王奇生，〈抗戰初期的「和」聲〉，收入呂芳上主編，《戰爭的歷史與記憶（1）：和與戰》。臺北：國史館，2015 年。

- 王建國，〈「清鄉運動」與李士羣之死〉，《安徽史學》，2004 年第 6 期（2004 年11 月）。

- 王紀元，〈日德密約與國際局勢〉，《申報週刊》，第 1 卷第 2 期（1936 年1 月12 日）。

- 仲華、季云飛，〈抗戰時期反「清鄉」鬥爭述論〉，《南京政治學院學報》，2008 年第 3 期（2008 年 5 月）。

- 余子道，〈日偽在淪陷區的「清鄉」活動〉，《近代史研究》，1982 年第 2 期（1982 年 3 月）。

- 吳天威，〈蔣介石與「九・一八」事變〉，收入中國抗日戰爭史學會編，《抗日戰爭與中國歷史：「九・一八」事變 60 周年國際學術討論會論文集》。瀋陽：遼寧人民出版社，1994 年。

- 李義彬，〈南京國民政府的聯蘇制日方針〉，《歷史研究》，1991 年第1 期（1991 年2 月）。

- 步平，〈《檢證‧戰爭責任》讀後〉，《抗日戰爭研究》，2007 年第 2 期（2007 年 5 月）。
- 汪朝光，〈抗戰勝利前後國共日三方互動關係研究〉，《史學月刊》，2005 年第 3 期（2005 年 3 月）。
- 周美華，〈從軍事解決到政治解決——抗戰前蔣中正剿共政策的演變〉，《國史館館刊復刊》，第 27 期（1999 年 12 月）。
- 周惠民，〈德國對「滿洲國」及「汪政權」的外交態度〉，《國立政治大學歷史學報》，第 23 期（2005 年 5 月）。
- 波多野澄雄，〈國共對立與日本：戰爭末期有關「容共」政策的糾葛〉，收入黃自進主編，《國共關係與中日戰爭》。新北：稻鄉出版社，2016 年。
- 柯偉林（William C. Kirby），〈中國的國際化：民國時代的對外關係〉，《二十一世紀》，1997 年 12 月號（1997 年 12 月）。
- 唐啟華，〈北洋外交與「凡爾賽─華盛頓體系」〉，收入金光耀、王建朗主編，《北洋時期的中國外交》。上海：復旦大學出版社，2006 年。
- 徐藍，〈布魯塞爾會議與中日戰爭〉，《民國檔案》，1990 年第 1 期（1990 年 2 月）。
- 常凱，〈「華北防共協定」考〉，《歷史教學》，1985 年第 11 期（1985 年 11 月）。

- 梁敬錞,〈赫爾利調停國共之經過〉,《傳記文學》,第26卷第4期（1975年4月）。
- 鹿錫俊,〈1932年中國對蘇復交的決策過程〉,《近代史研究》,2001年第1期（2001年1月）。
- 鹿錫俊,〈蔣介石的中日蘇關係觀與「制俄攘日」構想——兼論蔣汪分此的一個重要側面（1933～1934）〉,《近代史研究》,2003年第4期（2003年7月）。
- 鹿錫俊,〈蔣介石與戰後國共相爭中的日本人角色〉,《抗日戰爭研究》,2013年第1期（2013年2月）。
- 彭敦文,〈中日華北「共同防共」問題交涉與國民政府的抉擇〉,《抗日戰爭研究》,1997年第2期（1997年5月）。
- 黃自進,〈「安內攘外」的另一章：蔣介石對「日蘇先戰」的期盼〉,收入氏編,《蔣中正與近代中日關係1》。臺北：稻鄉出版社,2006年。
- 黃自進,〈日本的侵華政策與蔣介石的對應：1932-1945〉,《思與言》,第41卷第4期（2003年12月）。
- 黃自進,〈訴諸國聯公論：國際聯盟對「九一八事變」的討論（1931-1933）〉,《中央研究院近代史研究所集刊》,第70期（2010年12月）。

- 黃自進，〈蔣介石的對日戰略：以反共為結盟訴求的探討（1933年-1935年）〉，收入氏編，《國共關係與中日戰爭》。新北：稻鄉出版社，2016年。

- 楊奎松，〈抗戰前夕陳立夫赴蘇秘密使命失敗及原因〉，收入慶祝抗戰勝利五十週年兩岸學術討論會籌備委員會編，《慶祝抗戰勝利五十週年兩岸學術研討會論文集》，下冊。臺北：聯經出版公司，1996年。

- 劉維開，〈蔣中正委員長在廬山談話會講話的新資料〉，《近代中國》，第118期（1997年4月）。

- 劉維開，〈蔣中正的東北經驗與九一八事變的應變作為——兼論所謂「銑電」及「蔣張會面說」〉，收入中國社會科學院中日歷史研究中心編，《九一八事變與近代中日關係——九一八事變70周年國際學術討論會論文集》。北京：社會科學文獻出版社，2004年。

- 劉鳳翰，〈論「百團大戰」〉，《中央研究院近代史研究所集刊》，第16期（1987年6月）。

- 蔣永敬，〈汪精衛的「恐共」與「投日」〉，《抗日戰爭研究》，1999年第1期（1990年2月）。

- 蔣永敬，〈顧維鈞與「九‧一八」事變〉，收入中國抗日戰爭史學會編，《抗日戰爭與中國歷史：「九‧一八」事變60周年國際學術討論會論文集》。瀋陽：遼寧人民出版社，1994年。

- 蕭李居，〈國民政府對於德日「防共協定」的因應〉，《國史館館刊》，第 58 期（2018 年 12 月）。
- 蕭李居，〈蔣中正對「多田聲明」的因應態度〉，《國史館館刊》，第 32 期（2012 年 6 月）。
- 蕭李居，〈變調的國民政府：汪、日對新政權正統性的折衝〉，《國立政治大學歷史學報》，第 32 期（2009 年 11 月）。
- 謝國興，〈塘沽協定的由來及其意義〉，《中央研究院近代史研究所集刊》，第 13 期（1984 年 6 月）。

（2）日文
- A. S. ローシキナ（Anastasiia S. Lozhkina）等，〈スターリンの日本像と対日政策〉，收入五百旗頭真、下斗米伸夫編，《日ロ関係史：バラレル・ヒストリーの挑戦》。東京：東京大学出版会，2015 年。
- V. A. グリニューク（Vladimir A. Griniuk）等，〈ソ連外交と対中・日関係〉，收入五百旗頭真、下斗米伸夫編，《日ロ関係史：バラレル・ヒストリーの挑戦》。東京：東京大学出版会，2015 年。

- ワシーリー・モロジャコフ（Vassili E. Molodiakov），〈ソ連と三国軍事同盟—再検討の試み—〉，收入三宅正樹、庄司潤一郎など編著，《戦争と外交・同盟戦略——検証太平洋戦争とその戦略 2》。東京：中央公論新社，2013 年。
- 三輪公忠，〈満州事変と「八紘一宇」—石原莞爾を中心に—〉，收入軍事史学会編，《再考・満州事変》。東京：錦正社，2001 年。
- 中西治，〈関東軍と日ソ対決〉，收入三宅正樹、秦郁彦編集，《昭和史の軍部と政治 2：大陸侵攻と戦時体制》。東京：第一法規，1983 年。
- 戸部良一等，〈『日本外交文書』昭和期 II 第一部第五巻所収「川越・張羣会談」関係文書について〉，《外交史料館報》，第 22 号（2008 年 12 月）。
- 戸部良一，〈日本の対ソ政策——日ソ不侵略条約問題を中心として〉，收入五百旗頭真、下斗米伸夫編，《日ロ関係史：バラレル・ヒストリーの挑戦》。東京：東京大学出版会，2015 年。
- 寺山恭輔，〈一九三〇年代初頭のソ連における內政と外交——満州事変への対応を中心に〉，《ロシア史研究》，第 60 号（1997 年 3 月）。

- 伊勢弘志，〈石原莞爾における信仰問題〉，《日本史研究》，第 627 号（2014 年 11 月）。
- 酒井哲哉，〈防共概念の導入と日ソ関係の変容〉，《北大法学論集》，第 40 巻第 5、6 合併号下巻（1990 年 9 月）。
- 宮田昌明，〈トラウトマン工作再考〉，收入軍事史学会編，《日中戦争の諸相》。東京：錦正社，1997 年。
- 島田俊彦，〈「船津工作など」〉，收入日本国際政治学会編，《日中戦争と国際的対応》。東京：有斐閣，1972 年。
- 黒沢文貴，〈第一次世界大戦の衝撃と日本陸軍—軍近代化論覚書—〉，收入滝田毅編，《転換期のヨーロッパと日本》。東京：南窓社，1997 年。
- 野村乙二朗，〈石原莞爾の満州事変—満州事変のモデルはむしろロシア革命であった－〉，收入軍事史学会編，《再考・満州事変》。東京：錦正社，2001 年。
- 劉傑，〈汪兆銘政権論〉，收入倉沢愛子編集，《岩波講座：アジア・太平洋戦争》，第 7 巻。東京：岩波書店，2006 年。

五、日記、回憶錄、訪談錄、年譜

（1）中文

- 《蔣介石日記》（手稿），美國史丹佛大學胡佛研究所檔案館藏（Hoover Institution Archives, Stanford University）。
- 王世杰著，林美莉編輯校訂，《王世杰日記》，上冊。臺北：中央研究院近代史研究所，2012 年。
- 王啟華譯，〈李頓赴華調查中國事件期間日記〉，《民國檔案》，2002 年第 4 期（2002 年 11 月）。
- 沈雲龍、林泉、林忠勝訪問，林忠勝紀錄，《齊世英先生訪問紀錄》。臺北：中央研究院近代史研究所，1990 年。
- 沈雲龍編，《黃膺白先生年譜長編》。臺北：聯經出版事業公司，1976 年。
- 周佛海著，蔡德金編注，《周佛海日記全編》，上編。北京：中國文聯出版社，2003 年。
- 邵元冲著，王仰清、許映湖標注，《邵元冲日記》。上海：上海人民出版社，1990 年。
- 胡宗南著，蔡盛琦、陳世局編輯校訂，《胡宗南先生日記》。臺北：國史館，2015。
- 約瑟夫・C・格魯（Joseph C. Grew）著，沙青青譯，《使日十年——1932 ～1942 年美國駐日大使約瑟夫・C・格魯的日記及公私文件摘錄》。北京：社會科學文獻出版社，2020 年。

- 唐縱，《在蔣介石身邊八年——侍從室高級幕僚唐縱日記》。北京：群眾出版社，1991年。

- 徐永昌著，中央研究院近代史研究所編，《徐永昌日記》，第二冊、第三冊、第四冊、第七冊、第八冊。臺北：中央研究院近代史研究所，1990年、1991年。

- 翁文灝著，李學通、劉萍、翁文鈞整理，《翁文灝日記》。北京：中華書局，2010年。

- 張羣，《我與日本七十年》。臺北：中日關係研究會，1980年。

- 陳克文著，陳方正編輯校訂，《陳克文日記（1937-1952）》，上冊。臺北：中央研究院近代史研究所，2012年。

- 陳惠芬，《王寵惠先生年譜（1881-1958）》。香港，作者自刊，2009年。

- 陶希聖，《潮流與點滴》。臺北：傳記文學出版社，1979年。

- 傅秉常著，傅錡華、張力校註，《傅秉常日記‧民國三十三年（1944）》。臺北：中央研究院近代史研究所，2014年。

- 傅秉常著，傅錡華、張力校註，《傅秉常日記‧民國三十四年（1945）》。臺北：中央研究院近代史研究所，2014年。

- 黃美真編，《偽廷幽影錄——對汪偽政權的回憶紀實》。北京：中國文史出版社，1991年。

- 稻葉正夫編，國防部史政局譯，《岡村寧次大將回憶錄》。臺北：國防部史政局，1972年。
- 蔣廷黻口述，謝鍾璉譯，《蔣廷黻回憶錄》。臺北：傳記文學出版社，1979年。
- 顏惠慶著，上海市檔案館譯，《顏惠慶日記》，第二卷。上海：中國檔案出版社，1996年。
- 顧維鈞著，中國社會科學院近代史研究所譯，《顧維鈞回憶錄》，第一分冊、第二分冊。北京：中華書局，1983、1985年。

（2）日文
- 中田実，〈根本博中将回想録〉，軍事史学会編，《軍事史学》，第11号（1967年11月）。
- 今井武夫著，高橋久志、今井貞夫監修，《日中和平工作：回想と証言1937-1947》。東京：みすず書房，2009年。
- 石射猪太郎，《外交官の一生》。東京：中央公論社，1986年。
- 石射猪太郎著，伊藤隆、劉傑編，《石射猪太郎日記》。東京：中央公論社，1993年。
- 西義顯，《悲劇の証人：日華和平工作秘史》。東京：文献社，1962年。
- 佐藤尚武，《回顧八十年》。東京：ゆまに書房，2002年。
- 近衛文麿，《平和への努力》。東京：日本電報通信社，1946年。

- 松本重治，《上海時代：ジャーナリストの回想》（下）。東京：中央公論社，1975年。
- 重光葵，《昭和の動乱》（上）（下）。東京：中央公論新社，2001年。
- 原田熊雄，《西園寺公と政局》，第六卷、第八卷。東京：岩波書店，1951年、1952年。
- 森島守人，《陰謀・暗殺・軍刀── 一外交官の回想》。東京：岩波書店，2015年，第14刷。
- 鈴木貞一，〈鈴木貞一日記〉，《史学雑誌》，第87編第1号（1978年）。
- 緒方竹虎，《一軍人の生涯──回想の米内光政》。東京：文藝春秋新社，1956年。

六、報紙、公報

- 《中央日報》，南京，1932年-1937年。
- 《申報》，上海，1934年-1938年。
- 《國民政府公報》，第927號（1931年11月18日）。

七、工具書

- Marc Trachtenberg著，陳秉逵譯，《歷史研究取徑與方法：以外交史為例》。臺北：韋伯文化，2010年。
- 入江昭著，楊博雅譯，《我與歷史有個約會：入江昭治史心得》。北京：北京大學出版社，2013年。
- 日本近現代史辞典編集委員會編，《日本近現代史辞典》。東京：東洋經濟新報社，1978年。

- 卡倫‧明斯特（Kare A. Mingst）、伊萬‧阿雷奎恩-托夫特（Ivan M. Arreguin-Toft）著，潘忠岐譯，《國際關係精要》。上海：上海人民出版社，2012 年。
- 外山操、森松俊夫編，《帝国陸軍編制総覧》，第一卷。東京：芙蓉書房，1993 年。
- 徐友春主編，《民國人物大辭典（增訂本）》（下）。石家莊市：河北人民出版社，2007 年。
- 愛德華‧卡爾（Edward. H. Carr）著，秦亞青譯，《20 年危機（1919-1939）：國際關係研究導論》。北京：世界知識出版社，2005 年。
- 詹姆斯‧多爾蒂（James E. Dougherty）、小羅伯特‧普法爾茨格拉夫（Robert L. Pfaltzgraff Jr.）著，閻學通等譯，《爭論中的國際關係理論》。北京：世界知識出版社，2003 年。
- 赫德利‧布爾（Hedley Bull）著，《無政治社會：世界政治秩序研究》。北京：世界知識出版社，2003 年。
- 稲子恒夫編著，《ロシアの 20 世紀──年表‧資料‧分析》。東京：東洋書店，2007 年。

八、英文專書、期刊

- Barnhart, Michael, "Japanese intelligence before the Second World War: 'best case' analysis," in E. May (ed.), *Knowing One's Enemies: Intelligence Assessment before the Two World Wars*, Princeton, NJ: Princeton UP, 1984.

- Boyle, John H., *China and Japan at War 1937-1945: The Politics of Collaboration*, Stanford: Stanford University Press, 1972.

- Crowley, James B., *Japan's Quest for Autonomy: National Security and Foreign Policy, 1930-1938*, New Jersey: Princeton University Press, 1966.

- Feis, Herbert, *The Road to Pearl Harbor: The Coming of the War between the United States and Japan*, Princeton, NJ: Princeton University Press, 1966.

- Herz, John, "Idealist Internationalism and the Security Dilemma," *World Politics* 2:2 (January 1950).

- Iriye, Akira, *After Imperialism: the Search for a New Order in the Far East, 1921~1931*, Cambridge, Massachusetts: Harvard University Press, 1965.

- Iriye, Akira, *The Origins of the Second World War in Asia and Pacific*, London: Longman Group UK Limited, 1987.

- Oye, Kenneth A., "Explaining Cooperation Under Anarchy: Hypotheses and Strategies," *World Politics*, XXXVIII (October 1985).

民國論叢 05

合作或衝突——
防共問題糾結下的中日關係
（1931-1945）

Cooperation or Conflict: Anti-Comintern Issues
and Sino-Japanese Relations, 1931-1945

作　　者	蕭李居
總 編 輯	陳新林、呂芳上
執行編輯	林育薇
封面設計	溫心忻
排　　版	溫心忻
助理編輯	李承恩

出　　版　🛡 開源書局出版有限公司

香港金鐘夏愨道 18 號海富中心
1 座 26 樓 06 室
TEL：+852-35860995

🌼 民國歷史文化學社 有限公司

10646 台北市大安區羅斯福路三段
37 號 7 樓之 1
TEL：+886-2-2369-6912
FAX：+886-2-2369-6990

http://www.rchcs.com.tw

初版一刷　2021 年 7 月 31 日
定　　價　新台幣 700 元
　　　　　港　幣 200 元
　　　　　美　元 28 元
I S B N　978-986-5578-48-0（精裝）
印　　刷　長達印刷有限公司
　　　　　台北市西園路二段 50 巷 4 弄 21 號
　　　　　TEL：+886-2-2304-0488

國家圖書館出版品預行編目 (CIP) 資料

合作或衝突：防共問題糾結下的中日關係
(1931-1945) = Cooperation or conflict :
anti-comintern issues and Sino-Japanese
relations,1931-1945/ 蕭李居著 . -- 初版 . -- 臺北
市：民國歷史文化學社有限公司, 2021.07

　面；　公分 . --（民國論叢；5）

ISBN 978-986-5578-48-0（精裝）

1. 中日關係　2. 外交史

643.1　　　　　　　　　　　　110010761